CPC DE 2015

INOVAÇÕES

SERGIO BERMUDES
Professor de Direito Processual Civil da Faculdade de Direito da Pontifícia Universidade.
Católica do Rio de Janeiro e do Instituto Brasiliense de Direito Púbico – IDP.
Ex-professor de Direito Processual Civil da Faculdade Brasileira de Ciências Jurídicas.
Membro da Comissão Governamental de Revisão do Código de Processo Civil (1985). Advogado.

CPC DE 2015
INOVAÇÕES

GZ
EDITORA

Rio de Janeiro
2016

1ª edição – 2016

© Copyright
Sergio Bermudes

CIP – Brasil. Catalogação-na-fonte.
Sindicato Nacional dos Editores de Livros, RJ.

B442c
    Bermudes, Sergio
        CPC de 2015: inovações / Sergio Bermudes. - 1. ed. - Rio de Janeiro: LMJ Mundo Jurídico, 2016.
        502 p.; 24 cm.

        ISBN 978-85-62027-93-2

        1. Brasil. [Código de processo civil (1973)]. 2. Processo civil - Brasil. I. Título.

16-35454
                CDU: 347.91/95 (81)

    O titular cuja obra seja fraudulentamente reproduzida, divulgada ou de qualquer forma utilizada poderá requerer a apreensão dos exemplares reproduzidos ou a suspensão da divulgação, sem prejuízo da indenização cabível (art. 102 da Lei nº 9.610, de 19.02.1998).

    Quem vender, expuser à venda, ocultar, adquirir, distribuir, tiver em depósito ou utilizar obra ou fonograma reproduzidos com fraude, com a finalidade de vender, obter ganho, vantagem, proveito, lucro direto ou indireto, para si ou para outrem, será solidariamente responsável com o contrafator, nos termos dos artigos precedentes, respondendo como contrafatores o importador e o distribuidor em caso de reprodução no exterior (art. 104 da Lei nº 9.610/1998).

    As reclamações devem ser feitas até noventa dias a partir da compra e venda com nota fiscal (interpretação do art. 26 da Lei nº 8.078, de 11.09.1990).

Reservados os direitos de propriedade desta edição pela
GZ EDITORA
e-mail: contato@editoragz.com.br
www.editoragz.com.br
Av. Erasmo Braga, 299 – sala 202 – 2º andar – Centro – Rio de Janeiro – RJ – CEP 20010-170
Tels.: (0XX21) 2240-1406 / 2240-1416 – Fax: (0XX21) 2240-1511

Impresso no Brasil
Printed in Brazil

A Luiz Fux, a quem o país deve o novo Código de Processo Civil; à memória de Alfredo Buzaid, autor do CPC de 1973; à memória de José Frederico Marques, Pedro Lins Palmeiras, José Joaquim Calmon de Passos, Wellington Moreira Pimentel, Galeno Lacerda, Moacyr Lobo da Costa, Alcides de Mendonça Lima, Athos Gusmão Carneiro e Mauro Cappelletti.

PREFÁCIO

Este livro trata das inovações trazidas ao Direito Processual positivo brasileiro pelo Código de Processo Civil, instituído pela Lei nº 13.105, de 16 de março de 2015.

Não escrevi comentários a cada um dos 1.072 artigos do novo diploma. Isto seria tarefa, além de espinhosa, inútil, pois a maioria dos artigos já constava do Código de Processo Civil, instituído pela Lei nº 5.869, de 11 de janeiro de 1973, e agora aparecem modificados por irrelevantes substituições de vocábulos, ou deslocamentos anódinos. Já ouvi de críticos exagerados que se trata, paradoxalmente, de um "novo velho" Código de Processo Civil. Não chego a tanto.

Será louvável e produtivo o esforço de compreender e aplicar, adequadamente, o Código que agora aparece. Tentei contribuir para esse objetivo, apontando os artigos reconstituídos, e explicando os novos. Faço a ressalva de que certas notas retratam a primeira impressão sobre dispositivos do novo Código. Por certo, elas poderão esvaecer-se depois de reflexões mais detidas.

O interesse geral pela nova disciplina da ação rescisória e dos recursos levou-me a interromper a cronologia da exposição para antepor as anotações aos artigos reguladores desses institutos aos dispositivos posteriores ao art. 508.

Agradeço aos meus colegas de escritório Isabel Saraiva Braga e João Pedro Bion a paciente revisão e organização dos originais, e ao nosso funcionário Harryson Luis da Silva Machado a digitação dos quase indecifráveis manuscritos de quem ainda não se adaptou aos instrumentos contemporâneos de fixação.

Rio, agosto de 2016.

Sergio Bermudes

SUMÁRIO

PARTE GERAL
(Arts. 1º a 317)

Livro I
DAS NORMAS PROCESSUAIS CIVIS

Título Único
DAS NORMAS FUNDAMENTAIS E DA APLICAÇÃO DAS NORMAS PROCESSUAIS

Capítulo I
DAS NORMAS FUNDAMENTAIS DO PROCESSO CIVIL
(Arts. 1º a 12)

1. Observações	5
2. Normas e princípios	6
3. Jurisdição, ação, processo, procedimento, autocomposição e julgamento	6
4. Juiz e partes	11
5. Cronologia.	13

Capítulo II
DA APLICAÇÃO DAS NORMAS PROCESSUAIS
(Arts. 13 a 15)

1. Observações	15
2. Abrangência da jurisdição civil	15
3. Vigência da norma processual.	16
4. Aplicação subsidiária	17

Livro II
DA FUNÇÃO JURISDICIONAL
(Arts. 16 a 69)

1. Observações	18

Título I
DA JURISDIÇÃO E DA AÇÃO
(Arts. 16 a 20)

1. Observações	19

2. Exercício da jurisdição 19
3. Interesse e legitimidade 19
4. Substituição processual 19
5. Ação declaratória 20

Título II
DOS LIMITES DA JURISDIÇÃO NACIONAL E DA COOPERAÇÃO INTERNACIONAL
(Arts. 21 a 41)

1. Observações 21

Capítulo I
DOS LIMITES DA JURISDIÇÃO NACIONAL
(Arts. 21 a 25)

1. Observações 22
2. Competência relativa 23
3. Competência absoluta 24
4. Litispendência 25
5. Exclusão 26

Capítulo II
DA COOPERAÇÃO INTERNACIONAL
(Arts. 26 a 41)

1. Observações 26

Seção I
DISPOSIÇÕES GERAIS
(Arts. 26 e 27)

1. Observações 28
2. Princípios e condições. 28
3. Objeto da cooperação 30

Seção II
DO AUXÍLIO DIRETO
(Arts. 28 a 34)

1. Observações 31
2. Solicitação e procedimento 31

Seção III
DA CARTA ROGATÓRIA
(Arts. 35 e 36)

1. Observações 33
2. Objetivo e partes 33
3. Procedimento 33

Seção IV
DISPOSIÇÕES COMUNS ÀS SEÇÕES ANTERIORES
(Arts. 37 a 41)

1. Observações 35
2. Procedimento 35
3. Espécies de cooperação 36
4. Autenticidade de documento e reciprocidade 36

Título III
DA COMPETÊNCIA INTERNA
(Arts. 42 a 69)

Capítulo I
DA COMPETÊNCIA
(Arts. 42 a 66)

Seção I
DISPOSIÇÕES GERAIS
(Arts. 42 a 53)

1. Observações 40
2. Determinação da competência 40
3. Competência territorial 42

Seção II
DA MODIFICAÇÃO DA COMPETÊNCIA
(Arts. 54 a 63)

1. Observações 47
2. Conexão, continência e reflexos 48
3. Conflito e contradição 51
4. Continência e prevenção 51
5. Irrevogabilidade e eleição 53

Seção III
DA INCOMPETÊNCIA
(Arts. 64 a 66)

1. Observações 55
2. Incompetência absoluta e relativa 56
3. Alegação da incompetência 56
4. Conservação dos atos 58
5. Conflito de competência 58

Capítulo II
DA COOPERAÇÃO NACIONAL
(Arts. 67 a 69)

1. Unidade do judiciário 61

2. Cooperação 61
3. Modalidades e procedimento 62

Livro III
DOS SUJEITOS DO PROCESSO
(Arts. 70 a 187)

Título I
DAS PARTES E DOS PROCURADORES
(Arts. 70 a 112)

Capítulo I
DA CAPACIDADE PROCESSUAL
(Arts. 70 a 76)

1. Observações 66
2. Repetição 66
3. Incapacidade e irregularidade 70

Capítulo II
DOS DEVERES DAS PARTES E DE SEUS PROCURADORES
(Arts. 77 a 102)

1. Observações 71

Seções I a IV
(Arts. 77 a 102)

1. Observações (Deveres das partes e de seus procuradores) 71
2. Seção I – Dos Deveres (arts. 77 e 78) 72
3. Sanções 74
4. Seção II – Da responsabilidade das Partes por Dano Processual (arts. 79 a 81) .. 75
5. Seção III – Das Despesas, dos Honorários Advocatícios e das Multas (arts. 82 a 97) . 76
    a. Observações 80
    b. Repetições e semelhanças 81
6. Seção IV – Da Gratuidade da Justiça (arts. 98 a 102) 89
    a. Observações 91
    b. Questões específicas 91

Capítulo III
DOS PROCURADORES
(Arts. 103 a 107)

1. Observações 94
2. Dispositivos específicos 94
3. Inovações do capítulo 94

Capítulo IV
DA SUCESSÃO DAS PARTES E DOS PROCURADORES
(Arts. 108 a 112)

1. Observações	96
2. Dispositivos semelhantes	96
3. Normas supervenientes	96

Título II
DO LITISCONSÓRCIO
(Arts. 113 a 118)

1. Observações	98
2. Repetições	99
3. Inovações	100

Título III
DA INTERVENÇÃO DE TERCEIROS
(Arts. 119 a 138)

1. Observações	101
2. O terceiro no processo	102
3. Espécies de intervenção	102
4. Nomeação à autoria	102
5. Oposição	102

Capítulo I
DA ASSISTÊNCIA

Seções I a III
(Arts. 119 a 124)

1. Observações	103
2. Semelhanças	104

Capítulo II
DA DENUNCIAÇÃO DA LIDE
(Arts. 125 a 129)

1. Observações	105
2. Semelhanças	105

Capítulo III
DO CHAMAMENTO AO PROCESSO
(Arts. 130 a 132)

1. Observações	107
2. Semelhanças	107

Capítulo IV
DO INCIDENTE DE DESCONSIDERAÇÃO DA PERSONALIDADE JURÍDICA
(Arts. 133 a 137)

1. Natureza jurídica	108
2. Procedimento	109

Capítulo V
DO AMICUS CURIAE
(art. 138)

1. Observações	110
2. Intervenção	111

Título IV
DO JUIZ E DOS AUXILIARES DA JUSTIÇA
(Arts. 139 a 175)

Capítulo I
DOS PODERES, DOS DEVERES E DA RESPONSABILIDADE DO JUIZ
(Arts. 139 a 143)

1. Observações	112
2. Poderes do juiz	113
3. Deveres	115

Capítulo II
DOS IMPEDIMENTOS E DA SUSPEIÇÃO
(Arts. 144 a 148)

1. Observações	119
2. Impedimentos	119
3. Singularidades de um inciso esdrúxulo	120
4. Parentesco e afinidade	123
5. Suspeição	123
6. Procedimento	124
7. Outros órgãos	126

Capítulo III
DOS AUXILIARES DA JUSTIÇA

Seções I A IV
(Arts. 149 a 164)

1. Observações	130
2. Destaques	131

Seção V
DOS CONCILIADORES E MEDIADORES JUDICIAIS
(Arts. 165 a 175)

1. Conciliação e mediação 134
2. O CPC e a Lei de Mediação (revogação) 136
3. Espécies e tempo 137
4. Natureza 138

Título V
DO MINISTÉRIO PÚBLICO
(Arts. 176 a 181)

1. Função 139
2. Atuação 140

Título VI
DA ADVOCACIA PÚBLICA
(Arts. 182 a 184)

1. Função 140
2. Atuação 140

Título VII
DA DEFENSORIA PÚBLICA
(Arts. 185 a 187)

1. Função 141
2. Atuação 141

Livro IV
DOS ATOS PROCESSUAIS
(Arts. 188 a 293)

Título I
DA FORMA, DO TEMPO E DO LUGAR DOS ATOS PROCESSUAIS
(Arts. 188 a 235)

Capítulo I
DA FORMA DOS ATOS PROCESSUAIS
(Arts. 188 a 211)

Seção I
DOS ATOS EM GERAL
(Arts. 188 a 199)

1. Atos e termos 143
2. Atos públicos e secretos 143
3. Negócio processual 144

Seção II
DA PRÁTICA ELETRÔNICA DE ATOS PROCESSUAIS
(Arts. 193 a 199)

1. Processo eletrônico 146
2. Nulidades 146

Seção III
DOS ATOS DAS PARTES
(Arts. 200 a 202)

1. Partes. 147
2. Correções ociosas 147

Seção IV
DOS PRONUNCIAMENTOS DO JUIZ
(Arts. 203 a 205)

1. Natureza 148
2. Definições 148
3. Decisões unipessoais 149
4. Assinatura e publicação 149

Seção V
DOS ATOS DO ESCRIVÃO OU DO CHEFE DE SECRETARIA
(Arts. 206 a 211)

1. Repetições 150
2. Contradições 151
3. Registro de atos. 151

Capítulo II
DO TEMPO E DO LUGAR DOS ATOS PROCESSUAIS
(Arts. 212 a 217)

Seção I
DO TEMPO
(Arts. 212 a 216)

1. Tempo para os atos 153

Seção II
DO LUGAR
(Art. 217)

1. Regra geral 155
2. Exceções à regra 155

Capítulo III
DOS PRAZOS
(Arts. 218 a 232)

1. Observações 156

Seção I
DISPOSIÇÕES GERAIS
(Arts. 218 a 232)

1. Observações 159
2. Repetições 159
3. Inovações 159

Seção II
DA VERIFICAÇÃO DOS PRAZOS E DAS PENALIDADES
(Arts. 233 a 235)

1. Observações 167
2. Repetições 167
3. Inovações 168

Título II
DA COMUNICAÇÃO DOS ATOS PROCESSUAIS
(Arts. 236 a 275)

Capítulo I
DISPOSIÇÕES GERAIS
(Arts. 236 e 237)

Capítulo II
DA CITAÇÃO
(Arts. 238 a 259)

1. Observações 174
2. Estrutura 175
3. Disposições gerais 176
4. Citação (semelhanças) 176
5. Citação (diferenças e inovações) 176

Capítulo III
DAS CARTAS
(Arts. 260 a 268)

1. Observações 180
2. Repetições 181
3. Inovações 181

Capítulo IV
DAS INTIMAÇÕES
(Arts. 269 a 275)

1. Observações	185
2. Repetições	186
3. Inovações	186

Título III
DAS NULIDADES
(Arts. 276 a 283)

1. Observações	191
2. Repetições	192
3. Inovações	192

Título IV
DA DISTRIBUIÇÃO E DO REGISTRO
(Arts. 284 a 290)

1. Observações	193
2. Repetições	194
3. Inovações	194

Título V
DO VALOR DA CAUSA
(Arts. 291 a 293)

1. Observações	196
2. Repetições	196
3. Inovações	196

Livro V
DA TUTELA PROVISÓRIA
(Arts. 294 a 311)

Título I
DISPOSIÇÕES GERAIS
(Arts. 294 a 299)

1. Observações	198
2. Taxinomia	199
3. Disposições gerais	200

Título II
DA TUTELA DE URGÊNCIA
(Arts. 300 a 310)

Capítulo I
DISPOSIÇÕES GERAIS
(Arts. 300 a 302)

1. Observações 202
2. Requisitos 202
3. Indenização de prejuízos 203

Capítulo II
DO PROCEDIMENTO DA TUTELA ANTECIPADA REQUERIDA EM CARÁTER ANTECEDENTE
(Arts. 303 e 304).

1. Observações 205
2. Tutela antecipada antecedente 205
3. Tutela antecipada incidente 206
4. Concessão da tutela 206
5. Estabilidade da tutela 208
6. Ação desconstitutiva 208

Capítulo III
DO PROCEDIMENTO DA TUTELA CAUTELAR REQUERIDA EM CARÁTER ANTECEDENTE
(Arts. 305 a 310)

1. Observações 210
2. Procedimento 210
3. Pedido principal 211
4. Indeferimento 212
5. Cessação da eficácia 212

Título III
DA TUTELA DA EVIDÊNCIA
(Art. 311)

1. Tutela da evidência 213
2. Requisitos da tutela 214
3. Requerimento da tutela 215

Livro VI
DA FORMAÇÃO, DA SUSPENSÃO E DA EXTINÇÃO DO PROCESSO
(Arts. 312 a 317)

1. Observações 216
2. Distribuição das matérias 216

Título I
DA FORMAÇÃO DO PROCESSO
(Art. 312)

1. Propositura da ação 217
2. Efeitos 217

Título II
DA SUSPENSÃO DO PROCESSO
(Arts. 313 a 315)

1. Observações 219
2. Repetições 219
3. Inovações 219

Título III
DA EXTINÇÃO DO PROCESSO
(Arts. 316 e 317)

1. Observações 221
2. Sentenças extintivas 221
3. Correção de vícios 222

PARTE ESPECIAL
(Arts. 318 a 1.044)

1. Observações 225

Livro I
DO PROCESSO DE CONHECIMENTO E DO CUMPRIMENTO DE SENTENÇA
(Arts. 318 a 538)

1. Observações 226

Título I
DO PROCEDIMENTO COMUM
(Arts. 318 a 484)

1. Observações 226
2. Ação ordinária, sumária e sumaríssima 227
3. Fungibilidade 228
4. Fases do procedimento 228

Capítulo I
DISPOSIÇÕES GERAIS
(Art. 318)

1. Observações 229
2. Aplicação subsidiária 229

Capítulo II
DA PETIÇÃO INICIAL
(Arts. 319 a 331)

1. Observação 229

Seção I
DOS REQUISITOS DA PETIÇÃO INICIAL
(Arts. 319 a 321)

1. Observações 230
2. Repetições 231
3. Inovações 231

Seção II
DO PEDIDO
(Arts. 322 a 329)

1. Observações 234
2. Repetições 234
3. Inovações 235

Seção III
DO INDEFERIMENTO DA PETIÇÃO INICIAL
(Arts. 330 e 331)

1. Observações 238
2. Inépcia da inicial 238
3. Outros casos de indeferimento 239
4. Apelação e forma 239
5. Trânsito em julgado 240

Capítulo III
DA IMPROCEDÊNCIA LIMINAR DO PEDIDO
(Art. 332)

1. Observações 241
2. Improcedência do pedido e da ação 241
3. Improcedência liminar 242
4. Pressupostos da improcedência 242
5. Retratação e apelação 244

Capítulo IV
DA CONVERSÃO DA AÇÃO INDIVIDUAL EM AÇÃO COLETIVA
(Art. 333)

1. Observações 246

Capítulo V
DA AUDIÊNCIA DE CONCILIAÇÃO OU DE MEDIAÇÃO
(Art. 334)

1. Observações	247
2. Conciliadores e mediadores	247
3. Exercício da função	248
4. Procedimento	248
5. Dispensa da audiência	249
6. Termo, sentença e pauta	250
7. Ausência da parte	251

RESPOSTA DO RÉU

1. Observações	251
2. Modalidades de resposta	251

AS EXCEÇÕES

1. Abrangência do vocábulo	252
2. Exceções de incompetência absoluta ou relativa	252
3. Exceções de impedimento ou suspeição	254

Capítulo VI
DA CONTESTAÇÃO
(Arts. 335 a 342)

1. Observações	256
2. Repetições	257
3. Alterações	257
4. Inovações	259

Capítulo VII
DA RECONVENÇÃO
(Art. 343)

1. Observações	263
2. Ajuizamento	263
3. Pressupostos	263
4. Litisconsórcio na reconvenção	264
5. Procedimento	265
6. Extinção da ação ou da reconvenção	265
7. Substituição processual	266

Capítulo VIII
DA REVELIA
(Arts. 344 a 346)

1. Observações	267
2. Inovações	267

Capítulo IX
DAS PROVIDÊNCIAS PRELIMINARES E DO SANEAMENTO
(Arts. 347 a 355)

1. Observações 268
2. Providências preliminares 269

Seção I
DA NÃO INCIDÊNCIA DOS EFEITOS DA REVELIA
(Arts. 348 e 349)

1. Sem efeitos 269

Seção II
DO FATO IMPEDITIVO, MODIFICATIVO OU EXTINTIVO DO DIREITO DO AUTOR
(art. 350)

1. Fatos obstativos 270

Seção III
DAS ALEGAÇÕES DO RÉU
(Arts. 351 a 353)

1. Réplica 271
2. Saneamento 271
3. Julgamento 272

Capítulo X
DO JULGAMENTO CONFORME O ESTADO DO PROCESSO
(Arts. 354 a 357)

1. Modalidades 272

Seção I
DA EXTINÇÃO DO PROCESSO
(Art. 354)

1. Observações 273

Seção II
DO JULGAMENTO ANTECIPADO DO MÉRITO
(Art. 355)

1. Observações 274

Seção III
DO JULGAMENTO ANTECIPADO PARCIAL DO MÉRITO
(Art. 356)

1. Observações 275

Seção IV
DO SANEAMENTO E DA ORGANIZAÇÃO DO PROCESSO
(Art. 357)

1. Observações	277
2. Saneamento e organização	277
3. Despacho saneador	278
4. Questões pendentes	278
5. Delimitações	278
6. Esclarecimentos e ajustes	279
7. Ônus da prova	279
8. Delimitação consensual	280
9. Audiências	281
10. Testemunhas e perícia	282
11. Observação complementar	283

Capítulo XI
DA AUDIÊNCIA DE INSTRUÇÃO E JULGAMENTO
(Arts. 358 a 368)

1. Observações	285
2. Repetições	285
3. Semelhanças	286
4. Inovações	289

Capítulo XII
DAS PROVAS
(Arts. 369 a 484)

1. Observações	290
2. Divisão da matéria	291
3. O plano da exposição	291

Seção I
DISPOSIÇÕES GERAIS
(Arts. 369 a 380)

1. Observações	293
2. Repetições	293
3. Semelhanças	294
4. Inovações	296

Seção II
DA PRODUÇÃO ANTECIPADA DA PROVA
(Arts. 381 a 383)

1. Observações	300
2. Repetições	301
3. Alterações	301
4. Inovações	302

Seção III
DA ATA NOTARIAL
(Art. 384)

1. Observações 304
2. Interpretação 304

Seção IV
DO DEPOIMENTO PESSOAL
(Arts. 385 a 388)

1. Observações 306
2. Repetições 306
3. Alterações 307
4. Inovações 308

Seção V
DA CONFISSÃO
(Arts. 389 a 395)

1. Observações 309
2. Repetições 310
3. Alterações 310
4. Inovações 312

Seção VI
DA EXIBIÇÃO DE DOCUMENTO OU COISA
(Arts. 396 a 404)

1. Observações 314
2. Repetições 315
3. Alterações 316
4. Inovações 316

Seção VII
DA PROVA DOCUMENTAL
(Arts. 405 a 441)

Subseção I
DA FORÇA PROBANTE DOS DOCUMENTOS
(Arts. 405 a 429)

1. Observações 320
2. Repetições 321
3. Alterações 322
4. Inovações 324

Subseção II
DA ARGUIÇÃO DE FALSIDADE
(Arts. 430 a 433)

1. Observações	325
2. Alterações e inovação	326

Subseção III
DA PRODUÇÃO DA PROVA DOCUMENTAL
(Arts. 434 a 438)

1. Observações	328
2. Repetições	329
3. Alterações	329
4. Inovações	329

Seção VIII
DOS DOCUMENTOS ELETRÔNICOS
(Arts. 439 a 441)

1. Observações	331
2. Inovações	331

Seção IX
DA PROVA TESTEMUNHAL
(Arts. 442 a 463)

Subseção I
DA ADMISSIBILIDADE E DO VALOR DA PROVA TESTEMUNHAL
(Arts. 442 a 449)

1. Observações	334
2. Repetições	334
3. Alterações	334
4. Inovações	336

Subseção II
DA PRODUÇÃO DE PROVA TESTEMUNHAL
(Arts. 450 a 463)

1. Observações	339
2. Repetições	340
3. Alterações	340
4. Inovações	343

Seção X
DA PROVA PERICIAL
(Arts. 464 a 480)

1. Observações	350
2. Repetições	350

3. Alterações 351
4. Inovações 354

Seção XI
DA INSPEÇÃO JUDICIAL
(Arts. 481 a 484)

1. Observações 360
2. Repetições 360
3. Alterações 360
4. Ausência de inovações 361

Capítulo XIII
DA SENTENÇA E DA COISA JULGADA
(Arts. 485 a 508)

Seção I
DISPOSIÇÕES GERAIS
(Arts. 485 a 488)

1. Repetições 362
2. Semelhanças 363
3. Inovações 366

Seção II
DOS ELEMENTOS E DOS EFEITOS DA SENTENÇA
(Arts. 489 a 495)

1. Repetições 370
2. Semelhanças 371
3. Inovações 372

Seção III
DA REMESSA NECESSÁRIA
(art. 496)

1. Observações 376
2. Repetição 377
3. Semelhanças. 377
4. Inovações 378

Seção IV
DO JULGAMENTO DAS AÇÕES RELATIVAS ÀS PRESTAÇÕES DE FAZER, DE NÃO FAZER E DE ENTREGAR COISA
(Arts. 497 a 501)

1. Observações 381
2. Repetições 381
3. Semelhanças 381
4. Inovações 382

Seção V
DA COISA JULGADA
(Arts. 502 a 508)

1. Observações 383
2. Repetições 384
3. Semelhanças 384
4. Inovações 385

EXPLICAÇÃO

PARTE ESPECIAL

Livro III

Título I

Capítulo VII
DA AÇÃO RESCISÓRIA
(Arts. 966 a 975)

1. Observações 392
2. Repetições 392
3. Inovações 392

Livro III

Título II
DOS RECURSOS
(Arts. 994 a 1.044)

Capítulo I
DISPOSIÇÕES GERAIS
(Arts. 994 a 1.008)

1. Observações 402
2. Recursos 403
3. Repetições 404
4. Semelhanças 404
5. Eficácia da decisão recorrida e suspensão dela 406
6. Análise autônoma da questão 407
7. Outras inovações 408
8. Desaparecimento dos embargos infringentes 412

Capítulo II
DA APELAÇÃO
(Arts. 1.009 a 1.014)

1. Observações 414
2. Repetições 414

3. Agravo retido 414
4. Sentenças apeláveis 415
5. Procedimento 416
6. Efeitos 417
7. Eliminação dos embargos infringentes 419

Capítulo III
DO AGRAVO DE INSTRUMENTO
(Arts. 1.015 a 1.020)

1. Observações 422
2. Repetições 423
3. Decisões agraváveis 424
4. Decisão majoritária 429

Capítulo IV
DO AGRAVO INTERNO
(art. 1.021)

1. Observações 430
2. Cabimento 431
3. Impugnação 431
4. Prazos 431
5. Vedação 431
6. Multa e restrição 432

Capítulo V
DOS EMBARGOS DE DECLARAÇÃO
(Arts. 1.022 a 1.026)

1. Observações 434
2. Casos de embargos 435
3. Prazos 436
4. Endereço, fundamentos e preparo 436
5. Efeitos infringentes 436
6. Procedimento 438

Capítulo VI
DOS RECURSOS PARA O SUPREMO TRIBUNAL FEDERAL
E PARA O SUPERIOR TRIBUNAL DE JUSTIÇA
(Arts. 1.027 a 1.044)

1. Observações 439
2. Exceção à singularidade 440

Seção I
DO RECURSO ORDINÁRIO
(Arts. 1.027 e 1.028)

1. Observações 441
2. Recursos extraordinário e especial: contrariedade à Constituição 441

Seção II
DO RECURSO EXTRAORDINÁRIO E DO RECURSO ESPECIAL
(Arts. 1.029 a 1.042)

Subseção I
DISPOSIÇÕES GERAIS
(Arts. 1.029 a 1.035)

1. Observações 445
2. Constituição e Lei Federal 446
3. Procedimento 446
4. Efeito suspensivo 448
5. Admissibilidade 448
6. Juízo de retratação 448
7. Sobrestamento e seleção 449
8. Remessa do recurso 449

Subseção II
DO JULGAMENTO DOS RECURSOS EXTRAORDINÁRIO
E ESPECIAL REPETITIVOS
(Arts. 1.036 a 1.041)

1. Observações 456
2. Multiplicidade de recursos 457
3. Afetação 457
4. Função do relator 460
5. Efeitos do julgamento repetitivo 461
6. Consequências do acórdão paradigmático 462
7. Manutenção do acórdão divergente 464

Seção III
DO AGRAVO EM RECURSO ESPECIAL E EM RECURSO EXTRAORDINÁRIO
(Art. 1.042)

1. Observações 465
2. Cabimento do agravo 465
3. Procedimento 466

Seção IV
DOS EMBARGOS DE DIVERGÊNCIA
(Arts. 1.043 e 1.044)

1. Observações 468
2. Admissibilidade 469
3. Casos específicos 469
4. Procedimento 471

PARTE GERAL

(Arts. 1º a 317)

Livro I
DAS NORMAS PROCESSUAIS CIVIS

PARTE GERAL
(Arts. 1º a 317)

Livro I
DAS NORMAS PROCESSUAIS CIVIS

Título Único
DAS NORMAS FUNDAMENTAIS E DA APLICAÇÃO DAS NORMAS PROCESSUAIS

Capítulo I

Das Normas Fundamentais do Processo Civil
(Arts. 1º a 12)

Art. 1º O processo civil será ordenado, disciplinado e interpretado conforme os valores e as normas fundamentais estabelecidos na Constituição da República Federativa do Brasil, observando-se as disposições deste Código.

Art. 2º O processo começa por iniciativa da parte e se desenvolve por impulso oficial, salvo as exceções previstas em lei.

Art. 3º Não se excluirá da apreciação jurisdicional ameaça ou lesão a direito.
§ 1º É permitida a arbitragem, na forma da lei.
§ 2º O Estado promoverá, sempre que possível, a solução consensual dos conflitos.
§ 3º A conciliação, a mediação e outros métodos de solução consensual de conflitos deverão ser estimulados por juízes, advogados, defensores públicos e membros do Ministério Público, inclusive no curso do processo judicial.

Art. 4º As partes têm o direito de obter em prazo razoável a solução integral do mérito, incluída a atividade satisfativa.

Art. 5º Aquele que de qualquer forma participa do processo deve comportar-se de acordo com a boa-fé.

Art. 6º Todos os sujeitos do processo devem cooperar entre si para que se obtenha, em tempo razoável, decisão de mérito justa e efetiva.

Art. 7º É assegurada às partes paridade de tratamento em relação ao exercício de direitos e faculdades processuais, aos meios de defesa, aos ônus, aos deveres e à aplicação de sanções processuais, competindo ao juiz zelar pelo efetivo contraditório.

Art. 8º Ao aplicar o ordenamento jurídico, o juiz atenderá aos fins sociais e às exigências do bem comum, resguardando e promovendo a dignidade da pessoa humana e observando a proporcionalidade, a razoabilidade, a legalidade, a publicidade e a eficiência.

Art. 9º Não se proferirá decisão contra uma das partes sem que ela seja previamente ouvida.
    Parágrafo único. O disposto no *caput* não se aplica:
    I – à tutela provisória de urgência;
    II – às hipóteses de tutela da evidência previstas no art. 311, incisos II e III;
    III – à decisão prevista no art. 701.

Art. 10. O juiz não pode decidir, em grau algum de jurisdição, com base em fundamento a respeito do qual não se tenha dado às partes oportunidade de se manifestar, ainda que se trate de matéria sobre a qual deva decidir de ofício.

Art. 11. Todos os julgamentos dos órgãos do Poder Judiciário serão públicos, e fundamentadas todas as decisões, sob pena de nulidade.
    Parágrafo único. Nos casos de segredo de justiça, pode ser autorizada a presença somente das partes, de seus advogados, de defensores públicos ou do Ministério Público.

Art. 12. Os juízes e os tribunais atenderão, preferencialmente, à ordem cronológica de conclusão para proferir sentença ou acórdão.
    § 1º A lista de processos aptos a julgamento deverá estar permanentemente à disposição para consulta pública em cartório e na rede mundial de computadores.
    § 2º Estão excluídos da regra do *caput*:
        I – as sentenças proferidas em audiência, homologatórias de acordo ou de improcedência liminar do pedido;
        II – o julgamento de processos em bloco para aplicação de tese jurídica firmada em julgamento de casos repetitivos;
        III – o julgamento de recursos repetitivos ou de incidente de resolução de demandas repetitivas;
        IV – as decisões proferidas com base nos arts. 485 e 932;
        V – o julgamento de embargos de declaração;
        VI – o julgamento de agravo interno;
        VII – as preferências legais e as metas estabelecidas pelo Conselho Nacional de Justiça;
        VIII – os processos criminais, nos órgãos jurisdicionais que tenham competência penal;
        IX – a causa que exija urgência no julgamento, assim reconhecida por decisão fundamentada.

    § 3º Após elaboração de lista própria, respeitar-se-á a ordem cronológica das conclusões entre as preferências legais.
    § 4º Após a inclusão do processo na lista de que trata o § 1º, o requerimento formulado pela parte não altera a ordem cronológica para a decisão, exceto quando implicar a reabertura da instrução ou a conversão do julgamento em diligência.

§ 5º Decidido o requerimento previsto no § 4º, o processo retornará à mesma posição em que anteriormente se encontrava na lista.

§ 6º Ocupará o primeiro lugar na lista prevista no § 1º ou, conforme o caso, no § 3º, o processo que:
I – tiver sua sentença ou acórdão anulado, salvo quando houver necessidade de realização de diligência ou de complementação da instrução;
II – se enquadrar na hipótese do art. 1.040, inciso II.

1. Observações. 2. Normas e Princípios. 3. Jurisdição, Ação, Processo, Procedimento, Autocomposição e Julgamento 4. Juiz e Partes 5. Cronologia.

1. Observações – Sob a epígrafe "Do Processo de Conhecimento", o Código de Processo Civil anterior, instituído pela Lei nº 5.869, de 11 de janeiro de 1973, reuniu, em dez títulos (arts. 1º a 565), desdobrados em capítulos e seções, dispositivos regentes não apenas daquela modalidade do processo civil contencioso, mas também das duas outras espécies: o processo de execução e o processo cautelar, abrangidos, na primeira delas, os procedimentos especiais e os de jurisdição voluntária. O novo Código (Lei nº 13.105, de 16 de março de 2015) tomou rumo diferente dessa divisão. Principiou por uma parte geral, em cujos livros I e II estabeleceu normas processuais civis, atinentes a todo o processo, ou melhor, à administração da justiça civil, regulada no diploma e nas leis especiais, e regras pertinentes à função jurisdicional. Cabe assinalar que o conteúdo dessas normas gerais se projeta noutras, específicas. Assim, por exemplo, artigos reguladores da atuação processual das partes (v.g., os arts. 4º, 5º e 6º) se minudenciam em dispositivos do Título I do Livro III, e os que tratam do juiz (por exemplo, os arts. 8º, 11 e 12) encontram-se, de algum modo, repetidos no Título IV. Algumas das normas dessa divisão são programáticas, já que enunciam meros propósitos da lei, sem estipular contudo sanções pela violação dos preceitos que consagram. Esses artigos revelam que o novo Código se inspirou na Constituição Federal. Ela começa com os princípios fundamentais, e edita normas idealísticas. A índole ética, visível nessas regras jurídicas, afasta-se do entendimento de que o direito e a moral sejam realidades distintas, absolutamente separadas, de todo diferentes uma da outra, já que princípios morais são adotados nos preceitos que elas enunciam.

Examine-se agora o conteúdo do capítulo em questão, mas com a nota de **que este livro se volta para as regras que aparecem novas, no Direito Processual Civil positivo brasileiro**, com abstração daquelas já constantes do sistema, objeto de análise de obras e julgados que delas se ocuparam, de modo profundo, ou perfunctório.

2. Normas e Princípios – O art. 1º enuncia o preceito de que as normas jurídicas são, em análise última, um desdobramento da Constituição, que nelas se reflete. Se contrárias à Carta Política, as regras jurídicas são nulas. Devem ser desconsideradas porque a inconstitucionalidade delas impede a sua incidência e aplicação. Fala-se num Direito Processual Constitucional, usando-se a expressão para vincular à Constituição as regras que presidem o processo. Há que se integrar o processo à sistemática da Constituição, como se nela as regras que o regulam estivessem contidas. Deve-se atrelar cada norma à Constituição. O dispositivo manda que o processo civil se reja pelo respectivo Código, porém mediante a integração dele no sistema estruturado pela Constituição. Descobre-se, na leitura do diploma, que também as regras processuais obedecem às opções axiológicas da Constituição e aos preceitos que, explícita ou implicitamente, nela se encerram.

3. Jurisdição, Ação, Processo, Procedimento, Autocomposição e Julgamento – A jurisdição civil é regida pelas normas processuais, cuja exegese e aplicação se fazem sob as normas e princípios constitucionais (art. 1º). A jurisdição, função estatal entregue ao Judiciário, salvo excepcionalmente, só opera mediante provocação, que se efetiva com a propositura da ação judicial, que é o direito de invocá-la, dito abstrato porque o seu exercício não depende da efetiva existência do direito afirmado pela parte. Uma vez proposta, por meio da demanda, que é o ato pelo qual o autor apresenta a sua postulação a um juízo, a ação desencadeia o processo, que é instrumento, ou método, pelo qual o Estado desempenha a função jurisdicional. O processo desenvolve-se de um modo, estabelecido na lei, que se chama procedimento.

Ao estatuir que "o processo começa por iniciativa da parte e se desenvolve por impulso oficial", o art. 2º repete, quase literalmente, o art. 262 do Código de Processo Civil anterior. Essa, a razão por que, de acordo com o propósito deste livro, de voltar-se apenas para as inovações trazidas pelo Código ao sistema de Direito Processual positivo, se remete o leitor ao quanto ensinou a doutrina e decidiu a jurisprudência sobre aquela norma. Assinale-se, porém, que o art. 2º substituiu, desvantajosamente, a adversativa **mas**, usada no art. 262 do Código anterior, pela aditiva **e**, quando aquela conjunção mostra que, regida a demanda pelo princípio dispositivo, que a faz dependente da vontade soberana da parte, o processo é uma relação jurídica de direito público, cujo desenvolvimento não fica na dependência de atos das partes, mas decorre da função jurisdicional. A regra é o começo do processo por iniciativa da parte e o desenvolvimento dele por impulso oficial, mas há exceções a ambos os princípios, como demonstrará a análise, que se fará ao longo destas linhas, de diferentes dispositivos do CPC.

Estatuindo que "não se excluirá da apreciação jurisdicional ameaça ou lesão a direito", o art. 3º consagra, ociosamente, o princípio da inafastabilidade da jurisdição, feito norma no inciso XXXV do art. 5º da Constituição, longamente tratado por tribunais e doutrinadores. Entretanto, a jurisdição não se exerce apenas para a proteção de direitos ameaçados, ou violados. Por razões de ordem política, a jurisdição também administra interesses sociais relevantes. Aqui, a jurisdição voluntária, ou graciosa, que principia por um requerimento (na realidade, uma ação), de que decorrem atos constitutivos de um processo, desenvolvido mediante um procedimento. Assinale-se, aliás, que o substantivo **procedimento** tem sido usado, como ocorre neste Código, na acepção de **processo**, admitindo-se o desvio da palavra do seu significado porque a linguagem técnica também é linguagem, aceitando-se que nela se usem os tropos, como a metonímia, encontradiça no ponto examinado.

A processualística hodierna faz da jurisdição estatal, não apenas uma função destinada a prevenir ou solucionar conflitos, mediante atos decisórios coercitivos, como ainda um meio de compor lides, iminentes ou atuais, pela só deliberação das partes.

A autocomposição é a prevenção ou solução da lide pelos próprios litigantes. Atento às vantagens desse meio de composição dos conflitos, o § 2º do art. 3º destaca essa faceta da jurisdição, declarando que o Estado – não apenas o Judiciário, o que dá colorido heterotópico ao dispositivo – promoverá a solução consensual dos conflitos. Daí, o § 3º, que determina que se estimulem juízes, advogados, defensores públicos, membros do Ministério Público e, por extensão, todos os sujeitos principais e auxiliares da jurisdição a promoverem a solução consensual, não apenas previamente à instauração do processo, como ainda no curso dele, em qualquer tempo, antes que se extinga pelo trânsito em julgado da sentença, ou acórdão, terminativo ou definitivo.

A conciliação e a mediação são métodos de solução consensual dos conflitos, como reconhece o próprio § 3º do art. 3º, quando emprega o pronome **outro** para afirmar a existência de meios diferentes dos nomeados. A conciliação é um dos instrumentos da autocomposição. Pondo juntos, pela pacificação, os que estavam separados pelo conflito, a conciliação faz cessar a lide. É tempo de dizer que a conciliação, a abdicação e a transação são instrumentos de composição do conflito. Assim também a mediação, referida no § 3º do art. 3º, por meio da qual um estranho ao conflito, o mediador, leva as partes a fazerem cessar o processo, ou a evitarem a instauração dele, mediante um dos meios de composição, como acontece quando as leva a se fazerem concessões mútuas.

A autotutela, forma primitiva de solução dos conflitos, da qual há ainda poucos vestígios, não é recomendável pelas injustiças que gera o uso da força na defesa das pretensões.

Dentre os meios alternativos do processo judicial (**ADR** – *alternative dispute resolutions*, na expressão de língua inglesa) destaca-se, sobremaneira, a arbitragem, que consiste na entrega da lide ao julgamento de particulares, que proferirão sentença de eficácia idêntica aos julgamentos dos órgãos do Poder Judiciário. Neste momento, a arbitragem é governada, no Brasil, por lei específica. A constitucionalidade do diploma regente já foi declarada por acórdão majoritário do Supremo Tribunal Federal (RTJ, 190/908), como deverão ser leis futuras, disciplinadoras do mesmo instituto.

Superfluamente, o § 1º do art. 3º admite a arbitragem, na forma da lei. Dispositivo vazio, que se limita a dizer que a arbitragem será admitida pela lei que regular o instituto. Se o direito positivo adota essa modalidade alternativa do processo judicial, ela é admissível, sem que o Código o diga. Entenda-se, no entanto, o artigo como indicativo de um sistema que prestigia os meios alternativos do processo para a composição das lides.

Assegurando às partes e, por extensão lógica, a todos os integrantes da relação processual, a razoável duração do feito, o art. 4º traz para o processo a garantia do inciso LXXVIII do art. 5º da Constituição da República, conforme o qual são assegurados a todos, no âmbito judicial e administrativo, "a razoável duração do processo e os meios que garantam a celeridade de sua tramitação". O adjetivo **razoável**, na voz da Constituição e do art. 4º do Código, dá a ideia de que não se pode condescender com a prolongada duração do processo, excedente do conjunto dos prazos que a lei fixou para a realização das suas diferentes etapas. A norma sob exame será contudo apenas programática, se o Estado não providenciar os meios necessários a que se alcance o objetivo dela. Não se pode pensar em duração razoável do processo, num país, como este, em que atuam menos de um terço dos juízes necessários ao desempenho da sua atividade; onde o número de serventuários é escasso e precária a infraestrutura forense. Não se afere a razoabilidade, à vista das possibilidades de duração do processo nos diferentes foros em que ele se desenvolve. Ela é um fato objetivo, que se verificará, ou não, conforme o processo se desenvolva e alcance o seu fim sem delongas. Fora disso, não se atenderá a essa garantia, devendo-se entender, pura e simplesmente, que ela não se operou. Não se pode esperar razoabilidade, quando faltarem condições para alcançá-la, com perdão pelo truísmo. Afinal, *ad impossibilia nemo tenetur*.

Fala o art. 4º em "solução integral do mérito, incluída a atividade satisfativa". Se o Direito quer que a razoável duração do processo propicie a integral solução do mérito, ele também determina, *a fortiori*, que o processo não ultrapasse o prazo necessário à sua extinção por pronunciamento terminativo, sem resolução do mérito. Portanto, o processo deve sempre ter duração razoável, ainda quando não se possa proferir nele julgamento do mérito. Por "solução integral", o artigo agora examinado alude ao julgamento do mérito em toda a extensão necessária e possível, não se admitindo nem julgamento *citra*, nem *ultra*, nem *extra petita*.

Refere-se ainda o art. 4º à "atividade satisfativa". Neste ponto, o Código revela o seu empenho na efetividade do processo, consistente na transformação desse instrumento, como já escrevi, "em meio ótimo para a realização dos seus fins; à sua utilização de modo adequado ao exercício da função jurisdicional; a tirar do processo, em termos práticos, o melhor rendimento possível, como instrumento de administração da justiça". Extrai-se do artigo que não apenas o processo haverá de ter duração razoável, como razoável também será o tempo de fazer atuar, na vida prática, a decisão de mérito, que o encerra. A lide é um fato social. Levada ao Judiciário, a decisão que a julga se torna um fato jurídico que se devolve à sociedade para extinguir o conflito, cuja solução é também outro fato social. Não se encontram, nos dicionários de língua portuguesa, nem o adjetivo **satisfativo**, nem o substantivo **satisfatividade**. Usam-nos, entretanto, importados da doutrina italiana, juristas e tribunais brasileiros, para designar o resultado prático do processo, como instrumento de atuação da vontade do Estado na prevenção ou solução do litígio. Extrai-se do artigo, quando fala em atividade satisfativa, uma concepção ampla do processo, que se desborda dos seus limites existenciais para projetar-se na vida social. Neste sentido, a atividade satisfativa também faz parte do processo a que ela dá elasticidade. Pode haver uma satisfatividade temporária quando a sentença atende, ainda que provisoriamente, à pretensão da parte, ou mesmo do terceiro.

Acrescente-se a essas considerações a observação de que, para conseguir-se um prazo razoável para a conclusão integral do processo, aí incluída a atividade satisfativa, como quer o art. 4º, repercutindo o mandamento do inciso LXXVIII do art. 5º da Constituição, é imprescindível a cooperação de todos, nela compreendida a determinação dos sujeitos do processo, principais e secundários. Por isto, o art. 6º dispõe que todos os sujeitos do processo devem colaborar para que se obtenha, em tempo razoável, decisão de mérito justa e efetiva. São gêmeos os arts. 4º e 6º do novo Código. Todos os integrantes do processo devem concorrer para que, em tempo razoável, se alcance o julgamento do mérito e também, impossível o pronunciamento sobre o pedido do autor, uma decisão terminativa dele. Fala o artigo em decisão de mérito justa e efetiva, querendo com isto referir-se a uma decisão que aplique de modo correto o direito incidente, a fim de propiciar a efetividade do ditame.

No inciso LX do seu art. 5º e no inciso IX do art. 93, a Constituição Federal consagra o princípio da **publicidade** dos julgamentos dos órgãos do Poder Judiciário, compreendidos, nesse substantivo, todos os atos do processo. Esse princípio permite a fiscalização das atividades do Judiciário pelos jurisdicionados, valendo lembrar a peroração de Rui Barbosa, na sustentação de *habeas corpus* impetrado em favor de presos de Floriano Peixoto, quando ele conclama os juízes do Supremo Tribunal Federal a se lembrarem de que eles julgam a causa do povo, enquanto este lhes julga a justiça que administram. A Constituição permite restrições à publicidade dos atos processuais, "quando a defesa da intimidade ou o interesse social o exigirem" (art. 5º, LX). Assim também o inciso IX do art. 93 da Carta. No mesmo sentido, dispõe o CPC, no parágrafo único do art. 11, autorizando o segredo de justiça, determinando que, havendo essa restrição, pode ser autorizada somente a presença das partes e de seus advogados, não importa a denominação deles, como no caso dos procuradores, de defensores públicos e do Ministério Público.

Numa opção axiológica, não seguida, entretanto, por todos os sistemas de Direito positivo do mundo, o inciso IX do art. 5º da Constituição adota o princípio da fundamentação dos atos do Poder Judiciário, cominando a pena de nulidade às decisões que violam essa garantia. Já disse eu que o substantivo **julgamentos** abrange todos os atos decisórios. O inciso IX do art. 93 da lei fundamental mostra isto, quando fala em todas as decisões. A norma constitucional é repetida no art. 11 do novo Código de Processo Civil. Não se considere errônea, ou inadequada, a repetição da regra constitucional na legislação ordinária porque essa reiteração por vezes contribui para a divulgação da norma, que prevalece sobre a lei infraconstitucional.

Colhe-se, no sistema do CPC, a inevitável adoção do princípio da celeridade, tratado no art. 125, II, do Código anterior, a cuja doutrina e jurisprudência se remete. Esse princípio consta, por exemplo, do inciso IX do § 2º do art. 12, em que se excluem da ordem cronológica de julgamento as causas que exigem decisões urgentes, para atender à garantia do prazo razoável, posta no inciso LXXVIII do art. 5º da Constituição e nos arts. 4º e 6º do Código. Com essa prerrogativa não se confunde o princípio da celeridade, que impõe o rápido julgamento do processo, para que ele produza os resultados próprios ao seu fim. Acelera-se o processo, quando ele é despojado de atos inúteis, e se praticam os atos que o compõem na medida da sua utilidade, observando-se os prazos processuais. A celeridade vai além da duração razoável, permitindo que se avance nos atos processuais em tempo mais exíguo do que o estipulado para a sua prática.

4. Juiz e Partes – O princípio da boa-fé, encerrado no art. 5º do Código, não se aplica apenas às partes, aos terceiros intervenientes, aos defensores e Ministério Público e aos órgãos jurisdicionais auxiliares mas inclui também o juiz de qualquer instância, pois o substantivo juiz compreende não só o magistrado que atua sozinho, no primeiro grau, mas qualquer outro, que exerça a jurisdição, monocraticamente, ou em conjunto, num colegiado. Urge que ele se comporte com a boa-fé que é a atitude despida de qualquer descompromisso com a jurisdição, mas decorrente do propósito de exercê-la limpidamente, sem submissão aos fatores exógenos que viciam essa atividade, levando a *errores in procedendo*, ou *in judicando*, aqueles decorrentes da violação das normas de que ele é destinatário, estes consubstanciados na transgressão das regras de direito material.

Sujeito do processo também ele, deve o juiz agir para que se alcance a razoável duração do feito, ou a sua celeridade, como do art. 6º se infere.

A regra do art. 8º, conforme a qual, no exercício da sua função de aplicar o ordenamento jurídico, o juiz deve atender aos fins sociais e às exigências do bem comum, resguardando e promovendo a dignidade humana e observando a proporcionalidade, a razoabilidade, a legalidade e eficiência, já está no art. 5º da Lei de Introdução às Normas do Direito Brasileiro e noutras, reguladoras da função de quem presta a jurisdição, todas impondo a boa-fé e obrigando a observância dos princípios inerentes à magna atividade.

Note-se que o art. 8º fala, expressamente, em obediência à proporcionalidade e razoabilidade, princípios inerentes ao devido processo legal, como explicam a doutrina e os julgados que contemplam essa cláusula.

Dirigido também ao juiz de qualquer grau, o art. 9º dispõe que não se proferirá decisão (qualquer decisão, no significado mais amplo desse nome) contra uma das partes sem que ela seja previamente ouvida. A norma assegura a observância do devido processo legal, que compreende as garantias do contraditório e da ampla defesa, estabelecidas nos incs. LIV e LV do art. 5º da Constituição.

O art. 10 protege, em termos peremptórios, para não dizer exagerados, a prerrogativa do contraditório. Esse dispositivo proíbe o juiz de qualquer instância, agindo monocraticamente, bem como o colegiado, que juiz é (v.g., § 3º do art. 485 – q.v.) de assentar a sua decisão num fundamento sobre o qual não tenha ele próprio, ou outro, dado às partes oportunidade de manifestar-se, não importa que esse fundamento possa ser usado de ofício, independentemente de provocação da parte. Assim, por exemplo, se o juiz, ou o colegiado se adverte da sua incompetência absoluta, ele, conquanto possa declará-la de ofício (art. 64, § 1º), terá que dar às partes e intervenientes a oportunidade de se manifestarem sobre o ponto. Obviamente, o art. 10 não incidirá, se a parte teve, em qualquer momento anterior à decisão, a oportunidade, aberta pela lei ou pelo juiz, para pronunciar-se sobre o fundamento. Presume-se que houve a oportunidade de manifestação, se a parte, independentemente de qualquer determinação, falar sobre a matéria, de modo espontâneo, ainda que na forma de um suelto; de um *obiter dictum*. A adequada interpretação do insólito dispositivo leva a concluir que a exigência nele formulada se tem como atendida, se as circunstâncias do processo mostrarem que o juízo singular ou coletivo poderia decidir com base em determinado fundamento. Férteis serão os tribunais, a doutrina e a postulação na conciliação desse art. 10 com o princípio da celeridade processual, da lógica, da interpretação que evite o absurdo.

Assinale-se que o art. 10 não incide no tocante à norma jurídica, ao princípio legal, à doutrina ou à jurisprudência. O juiz deve fundamentar a sua decisão porém, evidentemente, não está adstrito à lei, às opiniões dos escritores, ou julgamentos invocados no processo, nem compelido a determinar a manifestação das partes sobre a lei, os pronunciamentos doutrinários, ou julgados sobre os quais apoiará sua decisão, o que seria incompatível com a natureza da sua função. Deve ele dar aos litigantes a oportunidade de falarem sobre a questão (v.g., competência, preterição de forma, exceção material, como as de pagamento, novação, compensação). Diga-se, por derradeiro, que a transgressão do art. 10 pode fundamentar a ação rescisória (art. 966, V). O art. 508 não apaga a violação do art. 10 porque o trânsito em julgado da decisão de mérito não leva a presumir a manifestação da parte acerca de fundamento sobre o qual não lhe foi dado o ensejo de pronunciar-se. No cumprimento do artigo, o juiz deve dar às partes a oportunidade de arrazoar sobre matéria suscetível de contradição, que exige a observância da garantia da ampla defesa.

Voltando ao art. 9º, devem-se esquecer as exceções que o seu parágrafo único cria à regra do *caput*. Vezes ocorrem em que a atividade jurisdicional será frustrânea se dependente do pronunciamento da parte contra a qual a providência é requerida. Por isto, admite-se a decisão proferida *inaudita altera parte*, nos casos de urgência. A expressão tutela provisória, usada no inciso I do artigo, engloba todos os casos em que se verificar o perigo na demora da prestação, que deve ser urgente.

O art. 5º, aludindo àquele que de qualquer forma participa do processo, engloba as partes, os terceiros, os serventuários, atendendo a circunstâncias específicas, como a jurisprudência consolidada, os precedentes do juízo, a necessidade das partes. Preferir significa dar primazia, escolher, o que o juiz fará, fundamentando a sua opção, embora em decisão sintética.

5. Cronologia – O art. 12, de que são destinatários juízes e tribunais, determina que se obedeça, preferencialmente, a ordem cronológica de conclusão. Isto significa que se deve proferir a sentença, ou o acórdão, e, de resto, qualquer decisão, segundo a data em que o processo se apresenta em condições de julgamento. Nos tribunais, essa ordem cronológica deve considerar os processos entregues a juízes diferentes, pondo-se um na frente do outro, conforme a data em que se pediu dia para julgá-los.

Por lista de processos aptos ao julgamento, o § 1º do art. 12 refere-se à relação em que se enumeram os processos que serão julgados, ou uma relação dos que, para esse fim, foram assinalados. Lista, ou relação devem ser apresentadas de modo a possibilitar a consulta permanente, não apenas das partes, como ainda de qualquer jurisdicionado, sabido que, relação jurídica de direito público, o andamento do processo deve ser oferecido ao conhecimento de todos, ainda quando não tenham interesse direto no feito. Essas listas devem ser postas em cartório, secretaria, ou repartição forense equivalente e constarem também da rede de computadores, demasiado o adjetivo mundial, se existem computadores de rede nacional, ou circunscrita à comarca do julgamento.

Conforme o § 3º, elaborar-se-á uma ordem cronológica dos feitos cujo julgamento deve preferir os demais. Há, então, uma lista paralela à ordinária, referida no art. 12 e só depois de esgotada a preferencial se principiarão os julgamentos indicados na ordem rotineira.

Prossegue o longuíssimo art. 12, prolixo e abundante na regulação da ordem dos julgamentos, matéria também da competência da organização judiciária (Constituição Federal, art. 96, I, *a* e *b*). Assim, por exemplo, as normas sobre a sustentação oral de vários recorrentes, ou recorridos, e do Ministério Público, que falará antes ou depois, conforme atue numa dessas posições, ou como fiscal da lei.

A lista referida no § 1º enuncia os processos a serem julgados, na ordem em que postos ali, respeitadas contudo as preferências legais (§ 2º). O § 3º alude, implicitamente, às listas dos processos a se julgarem conforme a ordem rotineira e também à lista dos processos a se julgarem com preferência. Pode a parte interessada pedir a inclusão do processo, constante da lista comum, na relação dos feitos a serem julgados preferencialmente. Indeferido o requerimento, o processo permanece na lista onde está (§§ 4º e 5º). Após a decisão do pedido, se indeferido, o processo volta ao seu lugar na lista ordinária. Se deferido, entra na relação dos feitos preferenciais. Consoante o *caput* e o § 6º, os processos referidos nos seus dois incisos sempre terão preferência nas respectivas listas. Eis como se devem interpretar o confuso art. 12 e seus parágrafos.

Recue-se esta exposição ao inciso I do § 2º do art. 12. Conforme este dispositivo, não obedecerão a ordem cronológica, prevista no *caput* do artigo, podendo ser julgadas em qualquer tempo, as sentenças proferidas em audiência. Isto significa que elas podem ser proferidas desde logo, sem que constem de qualquer lista. O inciso I exclui da ordem cronológica as sentenças homologatórias de acordo, ou de improcedência liminar do pedido.

O inciso II exclui o julgamento de processos em bloco para a aplicação de tese jurídica firmada em julgamento de casos repetitivos. O inciso III do § 2º também exclui da incidência do *caput* do artigo o julgamento de recursos repetitivos, ou de incidentes destinados à resolução de demandas repetitivas.

Escapam ainda da cronologia do *caput* do art. 12 os embargos de declaração, inciso V, e o agravo interno (inciso VI), ainda chamado agravo regimental, por força da tradição, bem como os feitos que devem ser julgados preferencialmente, seja por força de lei, seja para atingir as metas estabelecidas pelo Conselho Nacional de Justiça, que pode fixar, a bem da administração da Justiça, o número de causas a serem decididas (inciso VII). O inciso IX exclui também da incidência do *caput* as causas urgentes, assim consideradas as que forem objeto de decisão fundamentada acerca dessa premência, como acontecerá, por exemplo, no recurso de indeferimento de busca e apreensão de um menor necessitado de cirurgia imediata.

A regra do inciso VIII do § 2º do art. 12 diz respeito à jurisdição criminal, mas considera a hipótese de órgão criminal competente também para julgar processos que tenham por objeto matéria cível.

O § 2º não aludiu a outros casos, como os de suspensão de processo ou de recurso. Eles deverão, entretanto, ser postos entre aqueles que, conforme critério do órgão jurisdicional, convém que sejam julgados preferencialmente.

Não deveria o novo Código legislar com tanta minúcia sobre matéria que cabe na competência de juízes ou tribunais. Essas normas acabarão desprezadas, ou aplicadas com comedimento e de acordo com as circunstâncias, sem que isso implique a nulidade das decisões que as deixarem de lado, salvo quando causarem prejuízo à parte, privada, por exemplo, do direito de sustentar, integrante do elenco dos atos de ampla defesa. O princípio *pas de nullité sans grief* aplica-se, na espécie, não se admitindo, para ilustrar o ponto, que se declare nulo o julgamento a pedido da parte não prejudicada pela inobservância da cronologia.

Capítulo II

Da Aplicação Das Normas Processuais
(arts. 13 a 15)

Art. 13. A jurisdição civil será regida pelas normas processuais brasileiras, ressalvadas as disposições específicas previstas em tratados, convenções ou acordos internacionais de que o Brasil seja parte.

Art. 14. A norma processual não retroagirá e será aplicável imediatamente aos processos em curso, respeitados os atos processuais praticados e as situações jurídicas consolidadas sob a vigência da norma revogada.

Art. 15. Na ausência de normas que regulem processos eleitorais, trabalhistas ou administrativos, as disposições deste Código lhes serão aplicadas supletiva e subsidiariamente.

1. Observações. 2. Abrangência da Jurisdição Civil. 3. Vigência da Norma Processual. 4. Aplicação Subsidiária.

1. Observações – O Código de 1973 não continha parte semelhante ao Capítulo II do Título Único do Livro I do CPC atual. A segunda proposição do art. 1.211 daquele diploma dispunha que, ao entrar ele em vigor, suas regras se aplicariam, desde logo, aos processos pendentes. Vale a pena reler os comentários e a jurisprudência relativos a esse ponto. Eles abordaram o problema da eficácia da lei no tempo, e também no espaço. Dos três dispositivos desse segundo capítulo, só o art. 14 ocupa-se da eficácia da lei processual, cumprindo determinar a sua incidência, para depois proceder-se à aplicação dele. O art. 13 não cuida da eficácia da lei processual no tempo. Nem o art. 15.

2. Abrangência da Jurisdição Civil – Tal como a primeira parte do art. 1.211 do Código que sucede, consoante a qual aquela lei se destinava a reger o processo civil brasileiro, o art. 13 dispõe que a jurisdição civil será governada pelas normas processuais brasileiras. Nessa parte, o artigo trata, acanhadamente embora, da eficácia da lei no espaço. Corretamente, o artigo não alude ao país, já que a lei processual pode ser estendida a atos praticados noutros territórios, dependendo inclusive do direito positivo neles vigente.

Cuidou também o art. 13 de ressalvar a vigência de disposições específicas de tratados, convenções ou acordos de que o Brasil seja parte, sem contudo excluir outros atos da mesma natureza. Entende-se, porém, que os dispositivos aqui aludidos podem ser derrogados, ou ab-rogados por normas nas quais se distingam essas duas espécies de revogação.

Determina-se o conceito de jurisdição civil por exclusão. As normas do Código não abrangem a função jurisdicional governada por outras leis, como a eleitoral, a trabalhista, a penal, a menos que elas façam suas subsidiárias as regras do CPC.

3. Vigência da Norma Processual – Fiel à Constituição e à ordem jurídica, o art. 14 adota o princípio da irretroatividade das normas de processo, que não podem alcançar os atos processuais perfeitos, os já concluídos na instância em que foram praticados, ainda que sujeitos a recurso, suscetível de reformá-los ou modificá-los. Note-se que o artigo fala em atos processuais praticados, sem aludir à preclusão deles.

A construção da doutrina e da jurisprudência, escassa esta, é a de que a lei processual não retroage sobre os atos praticados na instância em que se proferiram, nem se aplica aos atos em curso. Os novos dispositivos legais regem os atos ainda não principiados quando eles passaram a viger, aos quais, então, se aplicam. Assim, para dar um exemplo, se a lei nova encurta ou amplia o prazo para a interposição de recurso, ela se aplica aos recursos futuros. Então observa-se esse prazo, desprezando-se o prazo anteriormente fixado. O recurso, no exemplo, será ato futuro, cuja prática ainda não começou.

O artigo fala ainda em situações jurídicas, figura de que não se tem ocupado a legislação nem a jurisdição brasileiras.

Situação jurídica, no art. 14, é o estado decorrente da aplicação de uma norma. A norma superveniente não apaga o estado (o **é**, o **ser**, o **estar**) criado pela norma revogada. Assim, *verbi gratia*, se, num determinado processo de reintegração de posse se concedesse uma liminar, em função da qual se entregasse a posse a uma pessoa, revogada, por acaso, a lei permissiva da liminar por outra lei, que não admitisse a concessão dela, esta última não alteraria a posse concedida pela liminar, que, então, subsistiria. No exemplo, a possibilidade de revogação da liminar não altera a situação criada pela medida, que produziria efeitos enquanto subsistisse.

4. Aplicação Subsidiária – Lógico seria que as leis reguladoras dos processos eleitorais, trabalhistas, administrativos e quejandos determinassem a aplicação subsidiária do Código de Processo Civil aos feitos regidos por elas. Sem dúvida, essa aplicação supletiva, que preenche lacunas, ocupando vazios da lei, é subsidiária. Ela busca noutra lei elementos, por assim dizer auxiliares da sua adequada incidência. Pode-se efetivar essa aplicação independentemente de norma que a determine, como acontece no âmbito das leis especiais. O art. 15, entretanto, se oferece supletivo e subsidiário. O novo Código não proíbe a aplicação analógica das suas normas. O art. 15 seria dispensável mas foi intrometido no novel diploma, constituindo disposição anódina, concebida pela só vontade de legislar.

Livro II

DA FUNÇÃO JURISDICIONAL
(arts. 16 a 69)

1. Observações – Não havia, no Código de Processo Civil de 1973, vigorante desde 1974, um livro dedicado à função jurisdicional, disciplinada pelas regras do Título I do Livro I e por outras normas, dispersas ao longo daquela lei. O Código agora vigente seguiu outro caminho, numa tentativa de concentrar, no Livro II da sua Parte Geral, a disciplina da função jurisdicional. Função do Poder Judiciário, consistente na identificação do direito incidente nos casos concretos e na aplicação das suas normas, diz-se que, quanto à finalidade do seu exercício, a jurisdição é contenciosa ou voluntária, também denominada graciosa. A primeira modalidade tem por objeto a composição da lide, exercendo-se para evitar ou solucionar os conflitos sociais. A segunda destina-se à administração de interesses sociais relevantes, integrada, por razões de ordem política, no âmbito da atividade jurisdicional. Ambas as espécies da jurisdição civil, que mais nitidamente se distinguem, se confrontadas com outras, como a jurisdição penal, a eleitoral, a trabalhista, estão disciplinadas no Código, a primeira delas, da qual se ocupa o Livro II, subsidiária da segunda e das outras, como está no art. 15.

Título I

DA JURISDIÇÃO E DA AÇÃO
(arts. 16 a 20)

Art. 16. A jurisdição civil é exercida pelos juízes e pelos tribunais em todo o território nacional, conforme as disposições deste Código.

Art. 17. Para postular em juízo é necessário ter interesse e legitimidade.

Art. 18. Ninguém poderá pleitear direito alheio em nome próprio, salvo quando autorizado pelo ordenamento jurídico.
Parágrafo único. Havendo substituição processual, o substituído poderá intervir como assistente litisconsorcial.

Art. 19. O interesse do autor pode limitar-se à declaração:
I –da existência, da inexistência ou do modo de ser de uma relação jurídica;
II –da autenticidade ou da falsidade de documento.

Art. 20. É admissível a ação meramente declaratória, ainda que tenha ocorrido a violação do direito.

1. Observações. 2. Exercício da Jurisdição. 3. Interesse e Legitimidade. 4. Substituição Processual. 5. Ação Declaratória.

1. Observações – O Título I do Livro II tem a mesma epígrafe do Título I do Livro I do CPC anterior. Dedica-se à jurisdição, como função do Estado, e à ação, como direito de invocá-la; direito abstrato, de acordo com o entendimento dominante. Tal como o Código anterior, o atual preferiu não dizer, mas também a jurisdição voluntária é provocada por uma ação, não importa se denominada requerimento.

2. Exercício da Jurisdição – O art. 16 repete, no conteúdo, o art. 1º do Código de 1973, sem falar nas suas duas modalidades, como fazia o diploma anterior. Ao contrário dele, o artigo fala em juízes e tribunais, quando o substantivo **juiz** indica, não apenas o magistrado unipessoal, como ainda o órgão jurisdicional colegiado. Posto que irrelevante a troca, a frase "conforme as disposições deste Código", é melhor que "conforme as disposições que este Código estabelece".

Assinale-se que este livro se limita a comparar artigos semelhantes dos dois Códigos, destacando diferenças de redação e apontando o significado delas. Só se trata, aqui, das inovações. Só se comentam os novos dispositivos, ou os que, semelhantes aos anteriores, alteraram, substancialmente, o conteúdo deles. Diga-se, em síntese, que esta não é uma obra de comentários a cada artigo, o que redundaria numa coletânea de vários tomos, mas apenas um trabalho de comparação dos dois Códigos e de apresentação do sistema e dispositivos do que começa a vigorar.

3. Interesse e Legitimidade – O art. 17 repete o art. 3º do CPC anterior, com troca do verbo **propor** pelo verbo **postular** e a supressão do objeto direto **ação**, com o acréscimo do adjunto **em juízo**. Modificações meramente formais.

4. Substituição Processual – Com o vezo brasileiro de modificar, desnecessariamente, a redação da lei, sem todavia mudar-lhe o conteúdo, e sem atentar nas consequências das alterações, o art. 18, *caput*, disciplina a substituição processual, regulada no art. 6º do Código anterior. Qual a vantagem de substituir o substantivo **lei**, do texto revogado, pela locução **ordenamento jurídico**? Sobre a substituição, vejam-se a doutrina e a jurisprudência do art. 6º do diploma revogado.

O parágrafo único introduz uma novidade. Permite que, nos casos de substituição processual, o substituído intervenha, no processo, como assistente litisconsorcial do substituto. Correto o parágrafo porque a substituição não retira a legitimidade do substituído, que, então, pode intervir no processo como parte, aplicando-se-lhe todos os pressupostos processuais e condições da ação inerentes a essa espécie de litisconsórcio. Com propriedade o parágrafo dá ao substituído a condição de assistente litisconsorcial, objeto do art. 54 do Código anterior, a cuja jurisprudência e doutrina se enviam os interessados. Insista-se em que o parágrafo examinado não dá ao substituído, que vem ao processo, a condição de terceiro interveniente, mas, sim, a de litisconsorte do substituto, aplicando-se a ele, então, os dispositivos reguladores do litisconsórcio. Aliás, doravante, o parágrafo servirá como exemplo, nada encontradiço, de assistência litisconsorcial. Veja-se também o art. 124 do novo Código.

5. Ação Declaratória – Tratando da ação declaratória; aliás meramente declaratória, o art. 19 do novo Código repete, com um acréscimo no inciso I, o art. 4º do anterior, sobre o qual subsiste vasta doutrina e abundante jurisprudência cuja consulta se impõe.

O novo Código acrescentou à redação do inciso I do art. 4º do Código anterior, que repetiu o parágrafo único do art. 2º do CPC de 1939, a oração alternativa, "ou do modo de ser de uma relação jurídica".

O inciso I do art. 19 aparece acrescido da oração "ou do modo de ser", explicitando o que virtualmente se continha no texto anterior desse item. Trata-se de destacar, não a essência, porém o modo de existir da relação jurídica, a maneira como ela se desenvolve na regência das situações que constituem o seu objeto. O "modo de ser", a maneira como ela produz os seus efeitos e incide sobre o desenvolvimento deles. Se se permite a evidência, esse modo de ser tem por pressuposto necessário a existência da relação jurídica, conquanto se pudesse também tirar consequências da sua inexistência, mas aí já não se trataria do modo de ser, mas também do modo de não ser. Se não há a relação jurídica de pagar uma alegada dívida, não se pode pretender a solução do débito.

Embora não sejam a mesma coisa a existência e o modo de ser, pressuposto aquela deste, as figuras até certo ponto se confundem porque modo de ser é a existência no seu aspecto dinâmico. Assim, se existe uma relação jurídica de locação (existência) pode-se determinar, através da ação declaratória, a sua eficácia. Afirmada, por exemplo, a locação, admite-se pedir a declaração de que ela impõe ao locatário a obrigação de conservar a coisa locada, e dá ao locador o direito de pedir o reparo de alguma danificação. Veja-se que se pode propor a ação meramente declaratória sem se pedir a declaração de uma relação jurídica, afirmando-se a existência dela e buscando-se apenas a declaração da existência ou inexistência de algum ou alguns dos seus efeitos. Bom exemplo do que aqui se assevera é a declaração da possibilidade de cobrar, executivamente, o cumprimento de uma obrigação de pagar.

O art. 20 repete, literalmente, o parágrafo único do art. 4º do Código de 1973, a cuja exegese aqui se reporta.

Título II
DOS LIMITES DA JURISDIÇÃO NACIONAL E DA COOPERAÇÃO INTERNACIONAL
(arts. 21 a 41)

1. Observações – O Código revogado não tinha título semelhante ao que agora aparece, embora se pudessem joeirar, aqui e ali, dispositivos sobre o mesmo assunto. Na epígrafe, o substantivo plural **limites** refere-se à jurisdição nacional e, igualmente, à cooperação internacional, que se desenvolve não apenas entre órgãos do Judiciário deste país e do Judiciário estrangeiro, mas também entre aqueles e outros órgãos de qualquer Estado alienígena, dependente da competência da legislação do Estado soberano a que se dirige a autoridade judiciária do Brasil. A locução **jurisdição nacional** aparece na doutrina, tanto mais quanto o mundo se apequena pelo constante aprimoramento dos meios de comunicação. E-mails, mensagens, computadores, documentos velozmente transportados, tudo fortalece a cooperação internacional, que se efetiva em tratados, acordos, atos semelhantes e até mesmo em práticas não previstas explicitamente em pactos entre países. Cumpre, entretanto, dizer que a cooperação internacional se efetiva, de modo mais amplo ou restrito, dependendo da legislação do país ao qual se pede a providência de colaboração. Não é demais vislumbrar a instauração de processos conjuntos, desenvolvidos em parte num país e em parte noutro, como se aqui se exercesse a prestação e ali a instrução; aqui o julgamento e ali o recurso. O mundo caminha rápido e se unifica pelos meios de comunicação à distância. Parece, por exemplo, que o passaporte tem seus dias contados.

Capítulo I
Dos Limites da Jurisdição Nacional
(arts. 21 a 25)

Art. 21. Compete à autoridade judiciária brasileira processar e julgar as ações em que:
  I – o réu, qualquer que seja a sua nacionalidade, estiver domiciliado no Brasil;
  II – no Brasil tiver de ser cumprida a obrigação;

III – o fundamento seja fato ocorrido ou ato praticado no Brasil.

Parágrafo único. Para o fim do disposto no inciso I, considera-se domiciliada no Brasil a pessoa jurídica estrangeira que nele tiver agência, filial ou sucursal.

Art. 22. Compete, ainda, à autoridade judiciária brasileira processar e julgar as ações:
  I – de alimentos, quando:
    a) o credor tiver domicílio ou residência no Brasil;
    b) o réu mantiver vínculos no Brasil, tais como posse ou propriedade de bens, recebimento de renda ou obtenção de benefícios econômicos;
  II – decorrentes de relações de consumo, quando o consumidor tiver domicílio ou residência no Brasil;
  III – em que as partes, expressa ou tacitamente, se submeterem à jurisdição nacional.

Art. 23. Compete à autoridade judiciária brasileira, com exclusão de qualquer outra:
  I – conhecer de ações relativas a imóveis situados no Brasil;
  II – em matéria de sucessão hereditária, proceder à confirmação de testamento particular e ao inventário e à partilha de bens situados no Brasil, ainda que o autor da herança seja de nacionalidade estrangeira ou tenha domicílio fora do território nacional;
  III – em divórcio, separação judicial ou dissolução de união estável, proceder à partilha de bens situados no Brasil, ainda que o titular seja de nacionalidade estrangeira ou tenha domicílio fora do território nacional.

Art. 24. A ação proposta perante tribunal estrangeiro não induz litispendência e não obsta a que a autoridade judiciária brasileira conheça da mesma causa e das que lhe são conexas, ressalvadas as disposições em contrário de tratados internacionais e acordos bilaterais em vigor no Brasil.

Parágrafo único. A pendência de causa perante a jurisdição brasileira não impede a homologação de sentença judicial estrangeira quando exigida para produzir efeitos no Brasil.

Art. 25. Não compete à autoridade judiciária brasileira o processamento e o julgamento da ação quando houver cláusula de eleição de foro exclusivo estrangeiro em contrato internacional, arguida pelo réu na contestação.

§ 1º Não se aplica o disposto no *caput* às hipóteses de competência internacional exclusiva previstas neste capítulo.

§ 2º Aplica-se à hipótese do *caput* o art. 63, §§ 1º a 4º.

> 1. Observações. 2. Competência Relativa. 3. Competência Absoluta. 4. Litispendência. 5. Exclusão.

1. Observações – O Código anterior não continha capítulo voltado para os limites da jurisdição nacional, nem encimado pela epígrafe da parte agora focalizada. Nele contudo existiam regras semelhantes ou idênticas às aqui reunidas. Falando em limites, o Código quer estremar a jurisdição brasileira, mediante a enumeração dos casos em que o Judiciário nacional tem competência para exercê-la. Ele distingue, nitidamente, a competência relativa (arts. 21 e 22) da competência absoluta (art. 23).

2. Competência Relativa – O art. 21 e parágrafo único, que dispõem sobre a competência relativa do Judiciário brasileiro, assim admitindo a competência concorrente de órgãos jurisdicionais alienígenas, é cópia fiel do art. 88 e seu parágrafo do Código anterior.

O art. 22 complementa, pelo advérbio **ainda**, o artigo anterior. Preceitua o inciso I que as ações de alimentos podem ser propostas no Brasil, quando o credor, isto é, o alimentando, a pessoa que recebe alimentos, tiver domicílio ou residência neste país, não importa onde habite o alimentante, aqui ou no exterior. Aplica-se o dispositivo também à ação de oferecimento de pensão alimentícia e às demais ações relativas a essa obrigação, como a de exoneração, diminuição ou aumento dela. Usa-se com alguma imperfeição o verbo **conhecer**, na acepção dos tribunais, que o empregam no sentido de processar e julgar o pedido.

A alínea *b* do mesmo item também outorga competência ao Judiciário nacional para as ações decorrentes da relação alimentícia, se o réu mantiver vínculos no Brasil, isto é, ligação com este país, consubstanciada na existência de alguma situação jurídica, transitória ou permanente. Passageira a relação, a competência existirá, enquanto ela existir, mas, desaparecendo, não afetará a competência já firmada pela propositura da ação e integração da parte na relação processual. Os exemplos, de nenhum modo exaurientes do tal vínculo, mostram a necessidade de uma apreciação de casos concretos. Dir-se-á, para ilustração, que a referência do texto à posse e propriedade não afasta a detenção como caracterizadora do vínculo.

O dispositivo não trata da citação do réu com vínculos no Brasil. Seria heterotópica qualquer regra que ele contivesse sobre essa comunicação, regulada alhures, no art. 238.

Já o inciso II confere competência aos juízes brasileiros para as ações decorrentes de relações de consumo, definidas nas normas de direito material. Não importa que o fornecedor do produto ou do serviço se encontre fora do Brasil. A competência é a do Judiciário nacional, em concorrência com o poder do outro Estado soberano. Entende-se que, se a competência é relativa, como no caso do art. 22, admite-se a propositura da ação noutro país, ficando a eficácia da sentença estrangeira sujeita à homologação, hoje da competência do Superior Tribunal de Justiça (Constituição Federal, art. 105, I, *i*).

O inciso III declara competente o Judiciário nacional, se as partes, diz o texto, se submeterem, expressa ou tacitamente, à jurisdição daqui. Essa submissão estende-se a causas oriundas de fatos absolutamente estranhos ao Brasil, inadmissíveis apenas se repelidas pela ordem jurídica brasileira. A submissão será explícita, se convencionada em instrumento particular ou público, anterior ao processo, ou declarada nos próprios autos, ou na fixação eletrônica. Implícita, se, ajuizada a ação, não houver manifestação contrária à sua propositura neste país. A aceitação da competência tem natureza consensual.

3. Competência Absoluta – O *caput* do art. 23, idêntico ao do art. 89 do Código anterior, abre lugar para a enumeração dos casos da competência exclusiva da autoridade judiciária brasileira (leia-se: dos órgãos jurisdicionais deste país), como indica a frase "com exclusão de qualquer outra". Será inelutavelmente absoluta a incompetência de outras Justiças para processar os casos indicados e, em consequência, serão irreversivelmente nulos todos os pronunciamentos delas, despachos, decisões interlocutórias, sentenças e acórdãos (arts. 203 e 204), sem qualquer eficácia no Brasil. Se, erroneamente se homologar a sentença estrangeira de mérito, a decisão ou o acórdão homologatório fica sujeito à ação rescisória. Procedente esta ação (*rectius*, o pedido nela feito), o pronunciamento homologatório se desconstitui e o julgado quedará fora da ordem jurídica nacional, sem nela produzir qualquer eficácia, apagados e reversíveis os atos praticados antes do desfazimento da decisão rescindenda.

O inciso I do artigo repete inciso igual do art. 89 do CPC de 1973, valendo o que se escreveu e decidiu sobre esse item, enquanto vigia aquela lei.

O inciso II é mais amplo do que o inciso II do revogado art. 89, que ditava a competência exclusiva da autoridade judiciária brasileira para "proceder a inventário e partilha de bens, situados no Brasil". Agora, a competência exclusiva estende-se à confirmação de testamento particular. O inciso II restringe a competência nacional absoluta ao inventário e partilha de bens imóveis, situados no Brasil e repete, *verbatim*, a última proposição do inciso II da antiga lei, afirmando a competência exclusiva, mesmo que o *de cujus* seja estrangeiro, ou tiver domicílio fora do Brasil. Sobre essa cláusula, consultem-se os doutrinadores e tribunais que trataram da aplicação da norma.

No inciso III, a nova lei estende a competência absoluta, não para as ações concernentes ao divórcio, à separação judicial, ou à dissolução de união estável. Para essas, a competência do Brasil continua relativa. A competência do Judiciário nacional torna-se exclusiva para proceder à partilha de bens situados no Brasil. O advérbio **ainda**, empregado no texto, fecha a porta para qualquer exceção. Não importa a nacionalidade do titular dos bens. Brasileiro, ou estrangeiro, o inciso se aplica. Diga-se o mesmo quanto ao domicílio. Também aplica-se a regra, se o titular for domiciliado fora do país, além das suas fronteiras, no território de outro Estado. Mesmo nesse caso aplica-se a norma. Por titular há que se entender a pessoa, natural, jurídica, ou mesmo formal, à qual caberá o bem partilhado. A partilha sempre será feita pelo Judiciário brasileiro. Não assim se a partilha for amigavelmente convencionada. O verbo **proceder** exclui essa hipótese da regra do inciso, que também não se estende à simples homologação da divisão dos bens. Se essa partilha incluir bens imóveis, situados no Brasil, incide o inciso I, onde o substantivo **ação** há que ser entendido como ato jurisdicional. Não faria sentido deixar de lado a norma desse primeiro inciso, se a partilha, amigável ou judicial, incluir imóveis situados no Brasil porque essa exclusão poderia obstar ao efeito que o inciso I quer evitar: a deliberação de outro Judiciário acerca de imóveis que se encontrarem neste país. Veja-se que o inciso II só abrange a partilha de bens recebidos por via sucessória.

Ainda quanto ao inciso III, deve-se entender que ele alcança sempre os bens da pessoa residente fora do território nacional. No texto, o advérbio **ainda** foi usado como expletivo, para generalizar e fortalecer o núcleo do inciso, fosse isso necessário.

Aludindo a bens, sem indicar-lhes a natureza, o inciso inclui todas as coisas, imóveis, móveis e semoventes, corpóreas e incorpóreas.

4. Litispendência – O art. 24 é, salvo na parte final, idêntico ao art. 90 do Código de 1973. Por isto, prescinde de comentários, nesta obra de apresentação apenas de dispositivos inéditos ou modificados.

Não carece o inciso de fazer a ressalva da sua última proposição, que exclui a incidência da sua primeira parte, se houver tratados internacionais ou acordos bilaterais vigentes no Brasil. Essas convenções são regras especiais, que obstam à aplicação da norma geral, não revocatória delas, diante do princípio de que a lei especial não afeta a geral.

Não falta ao parágrafo único do art. 24 a feição de norma interpretativa do *caput* do dispositivo, do qual já se poderia extrair a conclusão de que a litispendência deixa de existir, ou melhor, não é obstativa do processo de ação idêntica, proposta no Brasil. O parágrafo separa situações distintas. Considera a hipótese, não de litispendência, como fenômeno determinante de extinção do processo, mas de sentença proferida no estrangeiro, em processo idêntico ao instaurado no Brasil. Se a lei processual brasileira afasta a litispendência, para que o feito estrangeiro não obste ao prosseguimento do processo nacional, tratando um e outro como unidades isoladas, é natural que ela admita a eficácia, no Brasil, da sentença proferida fora dele, contanto que se implemente a condição da sua integração à ordem jurídica nacional, que é a sua homologação, obtida por meio da ação homologatória, da competência originária do STJ (CF, art. 105, I, *i*). A homologação terá efeito de impedir o prosseguimento do processo doméstico, determinando a sua extinção pela falta do pressuposto processual da inexistência de fato impeditivo do exercício da jurisdição. A homologação da sentença estrangeira faz dela, pela equivalência, um ato de jurisdição nacional, que não pode coexistir com outro de igual conteúdo. A sentença estrangeira aqui homologada não prevalecerá sobre a brasileira, transitada em julgado antes dela. Essa anterioridade não torna a homologação ineficaz, mas impede a eficácia da sentença homologada, diante da eficácia da sentença nacional transitada em julgado. O fenômeno é, em tudo e por tudo, idêntico ao que ocorre entre duas ou mais sentenças idênticas, proferidas no país, uma transitada em julgado antes da outra, ou das outras.

5. Exclusão – O art. 25 cria a incompetência da autoridade judiciária brasileira para processar e julgar a ação, se, para esse processamento e julgamento, houver sido escolhido, por convenção das partes, objeto de contrato internacional, qualquer outro foro. Mister que essa convenção seja válida e eficaz. Deve-se dar acepção ampla ao que seja contrato internacional, incluindo-se nele a convenção isolada das partes, não embutida no instrumento de contrato cujo objeto cardeal não seja a eleição de foro. O óbice, criado no parágrafo, torna relativa a incompetência do Judiciário pátrio, já que a declaração dela depende de arguição do réu. Propondo a ação aqui, o autor terá renunciado ao foro convencional. Faz-se a arguição da incompetência na contestação. Se não feita aí, a faculdade de arguir torna-se preclusa, não podendo realizar-se noutro momento processual.

O § 1º do artigo afasta a incidência da norma do *caput*, nos casos da competência internacional exclusiva, que é absoluta.

O § 2º inclui, na incidência do *caput* do art. 25, o art. 63, §§ 1º a 4º (q.v.).

Capítulo II

Da Cooperação Internacional
(arts. 26 a 41)

1. Observações – Já se falou, em termos cada vez menos oníricos, ou idealistas, mas ainda pouco palpáveis, num direito só num mundo só. A cooperação internacional torna menos distante esse vislumbre, já que órgãos de diferentes Estados soberanos cooperam uns com os outros. Um deles, de certo modo, torna seu próprio o direito de outro. A aceitação de uma norma por ordem jurídica diferente da que a editou contribui para tornar efetiva a regra jurídica. A colaboração processual internacional consiste na contribuição de um país para efetivar a jurisdição do outro. Ambos se associam. Nos diferentes artigos deste capítulo, o novo Código, trata desse concurso. Advirta-se, porém, que a cooperação jurisdicional internacional só é possível se um Estado admitir a aplicação do direito do outro, ou dos demais. Não basta apenas que um deles legisle sobre essa espécie de solidariedade, se a legislação do outro enclausura sua atividade jurisdicional, não se dispondo a receber e efetivar atos que vêm de fora. O novo Código de Processo Civil tentou reunir dispositivos concernentes a essa cooperação, ou transformar em normas de direito positivo práticas que vinham sendo adotadas sem legislação específica, mas admitidas pela falta de proibição legal.

Seção I
Disposições Gerais
(arts. 26 a 27)

Art. 26. A cooperação jurídica internacional será regida por tratado de que o Brasil faz parte e observará:

  I – o respeito às garantias do devido processo legal no Estado requerente;
  II – a igualdade de tratamento entre nacionais e estrangeiros, residentes ou não no Brasil, em relação ao acesso à justiça e à tramitação dos processos, assegurando-se assistência judiciária aos necessitados;
  III – a publicidade processual, exceto nas hipóteses de sigilo previstas na legislação brasileira ou na do Estado requerente;
  IV – a existência de autoridade central para recepção e transmissão dos pedidos de cooperação;
  V – a espontaneidade na transmissão de informações a autoridades estrangeiras.

§ 1º Na ausência de tratado, a cooperação jurídica internacional poderá realizar-se com base em reciprocidade, manifestada por via diplomática.

§ 2º Não se exigirá a reciprocidade referida no § 1º para homologação de sentença estrangeira.

§ 3º Na cooperação jurídica internacional não será admitida a prática de atos que contrariem ou que produzam resultados incompatíveis com as normas fundamentais que regem o Estado brasileiro.

§ 4º O Ministério da Justiça exercerá as funções de autoridade central na ausência de designação específica.

Art. 27. A cooperação jurídica internacional terá por objeto:
  I – citação, intimação e notificação judicial e extrajudicial;

II – colheita de provas e obtenção de informações;
III – homologação e cumprimento de decisão;
IV – concessão de medida judicial de urgência;
V – assistência jurídica internacional;
VI – qualquer outra medida judicial ou extrajudicial não proibida pela lei brasileira.

1. Observações. 2. Princípios e Condições. 3. Objeto da Cooperação.

1. Observações – As disposições gerais concernentes à cooperação jurídica tratam dos princípios que governam esse instituto, transformando-os em normas, algumas delas de conteúdo apenas declaratório, destinadas a traçar o esquema conforme o qual o Direito brasileiro admite a colaboração. As regras relativas a essa cooperação não se encontram apenas nesse capítulo, mas podem-se colher noutros dispositivos, espalhados pelo Código, ou contidos na legislação especial.

2. Princípios e Condições – A só leitura do art. 26 levaria ao entendimento de que a cooperação internacional depende de tratado (*lato sensu*), do qual o Brasil seja parte. Não é assim, como demonstra o § 1º, ao dispor que a inexistência de tratado é suprida pela reciprocidade manifestada por via diplomática. Entretanto, nem essa reciprocidade é necessária, bastando que um Estado se disponha a cooperar, ainda que o outro não o faça. A homologação de sentença estrangeira oferece um bom exemplo disso. É possível que o Brasil homologue sentença de outro país que, no entanto, não admita igual providência (art. 26, § 2º).

O inciso I do mesmo artigo condicionou a cooperação do Brasil à existência de garantias do devido processo legal no Estado estrangeiro requerente dessa colaboração, assim profligando a autocracia e estimulando a adoção de uma instituição do Estado Democrático de Direito. O órgão jurisdicional brasileiro aferirá a existência dessa garantia em decisão soberana, preliminar da prática do ato requisitado.

O inciso II condiciona a cooperação ao fato de que, no país requerente, se deem aos estrangeiros submetidos à sua jurisdição, residam eles no Brasil, ou fora dele, as mesmas garantias asseguradas aos nacionais deste país, no tocante ao acesso à Justiça e à tramitação dos processos, assegurando-se, ademais, aos estrangeiros, a assistência judiciária aos necessitados desse amparo. Noutras palavras, é necessário que o tratado referido no *caput* dê aos brasileiros e aos estrangeiros submetidos à ordem jurídica brasileira as mesmas garantias conferidas aos seus cidadãos, ou súditos. Dessarte, não poderia o Judiciário brasileiro cooperar com o estrangeiro se, no tratado do qual o Brasil faça parte, se estabelecesse que, no outro país convenente, os não nacionais não pudessem invocar a jurisdição, se indiciados ou denunciados criminalmente. Por igual, se, no país convenente, se criasse alguma restrição ao andamento do processo, no qual figurasse um brasileiro, como parte ou terceiro interveniente, exigindo-se dele que garantisse com imóvel local o pagamento de custas e honorários da sucumbência, a cooperação não seria admitida. Assim também, se o requerimento proviesse de país convenente, que, entretanto, não concedesse assistência judiciária gratuita ao brasileiro, ou ao estrangeiro residente aqui, ou lá fora, mas jurisdicionado do Brasil.

Note-se que, no *caput* do art. 26, há duas proposições: na primeira, estatui-se que a cooperação jurídica internacional será regida por tratado do qual o Brasil seja parte. A segunda proposição, consistente na oração "e observará", sujeita a cooperação aos requisitos postos nos cinco incisos. A interpretação lógica do dispositivo repele a ideia de que o país pudesse integrar tratado contendo as restrições arroladas nos cinco itens, o que, aliás, faria inconstitucional a convenção.

O inciso III condiciona a cooperação à vigência, no país requerente, do princípio da publicidade dos atos processuais (CF, art. 93, IX), aceitando todavia as limitações desse preceito, iguais ou semelhantes às criadas pela ordem jurídica brasileira.

O inciso IV do art. 26 sujeita a cooperação à existência, no país requerente, de autoridade central (entidade, órgão, ou pessoa física) competente para receber ou transmitir pedidos de cooperação. A existência dessa autoridade é determinada pelas leis do país requerente, mas decidida pelo órgão jurisdicional brasileiro.

O inciso V sujeita a cooperação, reza ele, à espontaneidade na transmissão de informações a autoridades estrangeiras. Leia-se o substantivo **espontaneidade** como liberdade de informação dos atos processuais a autoridades estrangeiras.

Já comentado o § 1º do art. 26, no início deste tópico, cabe repetir que a homologação de sentença estrangeira pelo Judiciário brasileiro não está condicionada à possibilidade de homologação da sentença alienígena no país requerente. Assim dispõe o § 2º, atento ao fato de que certos Estados não homologam, ou podem não homologar sentenças estrangeiras.

O § 3º, chovendo no molhado, exclui da cooperação a prática de atos contrários a normas fundamentais da ordem jurídica brasileira. Consequentemente, não se cumpririam aqui pedidos de prisão por dívida, decretada no país requerente.

Finalmente, o § 4º confere ao Ministério da Justiça as funções de autoridade central, destinada a receber ou transmitir pedido de cooperação, se não se criar outra autoridade para exercer essa função.

3. Objeto da Cooperação – Os seis incisos do art. 27 enumeram, sem contudo exauri-los, os meios pelos quais se efetiva a cooperação internacional. Mostram os incisos I e VI que essa colaboração não é necessariamente feita através dos órgãos do Poder Judiciário, mas também mediante providências que se dirão parajudiciais, como, por exemplo, as notificações e interpelações que se fazem através de órgãos da administração direta ou indireta. O inciso II alude à obtenção de informações, normalmente prestadas em resposta a solicitações, requerimentos, ou ordens judiciais, como são as que se oferecem no mandado de segurança. O inciso III refere-se à homologação e ao cumprimento de decisões, dando ampla significação ao substantivo, empregado para indicar qualquer ato decisório, como a liminar de busca e apreensão. Alude o inciso V à assistência jurídica internacional, usada a expressão para designar qualquer ato de amparo a estrangeiros, aos quais se prestam informações, se dá orientação, em cujo favor se designam advogados e intérpretes, ou se concedem os benefícios da gratuidade de justiça.

Seção II
Do Auxílio Direto
(arts. 28 a 34)

Art. 28. Cabe auxílio direto quando a medida não decorrer diretamente de decisão de autoridade jurisdicional estrangeira a ser submetida a juízo de delibação no Brasil.

Art. 29. A solicitação de auxílio direto será encaminhada pelo órgão estrangeiro interessado à autoridade central, cabendo ao Estado requerente assegurar a autenticidade e a clareza do pedido.

Art. 30. Além dos casos previstos em tratados de que o Brasil faz parte, o auxílio direto terá os seguintes objetos:
    I – obtenção e prestação de informações sobre o ordenamento jurídico e sobre processos administrativos ou jurisdicionais findos ou em curso;
    II – colheita de provas, salvo se a medida for adotada em processo, em curso no estrangeiro, de competência exclusiva de autoridade judiciária brasileira;
    III – qualquer outra medida judicial ou extrajudicial não proibida pela lei brasileira.

Art. 31. A autoridade central brasileira comunicar-se-á diretamente com suas congêneres e, se necessário, com outros órgãos estrangeiros responsáveis pela tramitação e pela execução de pedidos de cooperação enviados e recebidos pelo Estado brasileiro, respeitadas disposições específicas constantes de tratado.

Art. 32. No caso de auxílio direto para a prática de atos que, segundo a lei brasileira, não necessitem de prestação jurisdicional, a autoridade central adotará as providências necessárias para seu cumprimento.

Art. 33. Recebido o pedido de auxílio direto passivo, a autoridade central o encaminhará à Advocacia-Geral da União, que requererá em juízo a medida solicitada.

Parágrafo único. O Ministério Público requererá em juízo a medida solicitada quando for autoridade central.

Art. 34. Compete ao juízo federal do lugar em que deva ser executada a medida apreciar pedido de auxílio direto passivo que demande prestação de atividade jurisdicional.

1. Observações. 2 Solicitação e Procedimento.

1. Observações – O Código dispõe sobre a colaboração da autoridade brasileira com a estrangeira, mediante a prática de atos solicitados por esta para o exercício da sua jurisdição. O auxílio é direto, quando se atende, pura e simplesmente, à deprecação, sem se examinar o conteúdo do ato deprecado a que se dará cumprimento mediante a verificação do preenchimento da regularidade formal da solicitação. Assim, a autoridade requerida não decide sobre a necessidade da prova testemunhal, mas, formalmente correto o pedido de cooperação, toma o depoimento solicitado.

2. Solicitação e Procedimento – Não se poderiam atender as medidas de auxílio direto, enumeradas no art. 30, se dependessem de juízo de delibação da autoridade judiciária brasileira. Nessa hipótese, não haveria auxílio direto, já que o atendimento da solicitação dependeria de pronunciamento prévio do Judiciário nacional, que se poria de permeio entre a decisão e sua efetividade. Trata-se, no entanto, de auxílio direto, dependente apenas de verificação formal.

O art. 29 tem que ser interpretado de modo a adaptar a solicitação aos meios disponíveis. A autoridade requerente não está obrigada a saber da existência da autoridade central, valendo a solicitação à representação diplomática brasileira no país solicitante, ao Ministério Público, ao Ministério da Justiça, ou das Relações Exteriores, que a encaminharão ao órgão competente. O endereçamento errôneo não faz nula a solicitação nem impede o seu cumprimento. Com o pretexto de inovar, o Código criou um sistema burocrático de colaboração, quando as disposições do diploma revogado bastavam para tornar possível o auxílio deste. Tem-se a impressão de que o novo CPC criou esse sistema de auxílio direto, não porque fosse necessário, mas para dar ao diploma a aparência de substancial e vantajosa inovação.

Volte-se ao art. 30. Ele oferece exemplos não exaustivos do auxílio direto, como o atendimento da solicitação de informações sobre a ordem jurídica brasileira, ou acerca de processos administrativos ou judiciais findos, isto é extintos por decisão transitada em julgado, ou ainda em curso. Faz-se o pertinente requerimento, em geral à representação diplomática do Brasil no país requerente, podendo ele ser dirigido a qualquer autoridade brasileira, que o encaminhará à competente. Sendo absoluta a incompetência da autoridade estrangeira para processar feito da competência absoluta do Judiciário brasileiro, não se atende o pedido de cooperação, admitindo-se, porém, claro está, o fornecimento de informações e elementos destinados a demonstrar a incompetência do órgão jurisdicional de outro país. Assim se interpreta o inciso II do art. 30. O inciso III proíbe, *a contrario sensu*, o auxílio direto para a prática de ato proibido pela ordem jurídica brasileira. Esse item, de todo desnecessário, diz que se veda o que não se permite e se permite o que não se proíbe.

Consoante o art. 32, se o auxílio direto puder ser atendido sem a interferência da autoridade judiciária, ela o encaminhará ao órgão competente para a adoção da providência, que pode ser do próprio Judiciário, assim como do Executivo e mesmo do Legislativo. O art. 32 mostra que a cooperação nem sempre se realiza por ato jurisdicional.

Sem esclarecer o que seja pedido de auxílio direto passivo, o art. 33 preceitua que, recebido, a autoridade central (arts. 26, IV e § 4º) o encaminhará à Advocacia-Geral da União, a fim de que ela requeira em juízo a medida solicitada. Esse requerimento, que tem natureza de ação, formulará pedido cuja concessão dependa de ato decisório da autoridade brasileira. Ativo será o requerente; passiva a autoridade judiciária.

É manifesta a inconstitucionalidade do art. 34, que outorga ao juízo federal do lugar onde deva ser executada a medida, a competência para apreciar o pedido de auxílio direto passivo. Essa atribuição confere aos juízos federais competência exorbitante da que lhes outorga, em enumeração exaustiva, o art. 109 da Constituição Federal. Se a lei ordinária, como é o CPC, pudesse aumentar a competência da Justiça Federal, ela terminaria por desequilibrar o sistema daquela carta. Dessarte, a competência de que trata o art. 34 será determinada em consonância com as regras de distribuição da competência dos órgãos jurisdicionais.

Seção III
Da Carta Rogatória
(arts. 35 e 36)

Art. 35. Vetado.

Art. 36. O procedimento da carta rogatória perante o Superior Tribunal de Justiça é de jurisdição contenciosa e deve assegurar às partes as garantias do devido processo legal.

§ 1º A defesa restringir-se-á à discussão quanto ao atendimento dos requisitos para que o pronunciamento judicial estrangeiro produza efeitos no Brasil.

§ 2º Em qualquer hipótese, é vedada a revisão do mérito do pronunciamento judicial estrangeiro pela autoridade judiciária brasileira.

1. Observações. 2. Objetivo e Partes. 3. Procedimento.

1. Observações – O Código põe a carta rogatória no capítulo que trata da cooperação internacional porque, como mostram os artigos pertinentes, ela é o instrumento pelo qual a autoridade judiciária brasileira pede ao Judiciário estrangeiro a prática de algum ato processual destinado ao exercício da jurisdição doméstica. Geralmente, a rogatória solicita a prática de um ato, não se afastando porém a hipótese de que ela peça uma abstenção, como ocorrerá quando deprecar uma obrigação de não fazer. O Código de Processo Civil disciplina a rogatória destinada a possibilitar a função jurisdicional cível, não excluindo todavia a regência da matéria noutras leis, como aquelas do processo penal. A Constituição Federal dá ao Superior Tribunal de Justiça a competência para a concessão de *exequatur* às cartas rogatórias (art. 105, I, *i*). Naquela Corte, trata das rogatórias a Resolução nº 9, de 4 de maio de 2005, cujo art. 13 determina que, concedido o *exequatur*, a carta "será remetida para cumprimento pelo Juízo Federal competente".

2. Objetivo e Partes – Vetado – O objetivo da carta rogatória é o cumprimento, num país, de ato necessário ao exercício da função jurisdicional de outro. O novo CPC, no art. 35, faria enumeração não exaustiva dos principais atos cuja prática se pode alcançar por meio da rogatória, instrumento da cooperação jurídica internacional. Entretanto, esse artigo foi vetado, não integrando, por isto, o sistema do Direito Processual positivo.

3. Procedimento – Da competência do Superior Tribunal de Justiça, a concessão de *exequatur*, ordem de cumprimento das rogatórias, é disciplinada por essa Corte. Não o procedimento da expedição da carta rogatória, que o juiz rogante dirigirá à autoridade central (art. 26, IV), ou ao Ministério da Justiça (art. 26, § 4º), obedecendo regras fixadas pelo regimento do respectivo tribunal, por lei específica, ou, ausentes essas normas, pela prática estabelecida.

Dispõe o art. 36 que o procedimento da carta rogatória perante o STJ é de jurisdição contenciosa, devendo, por isso, assegurar às partes as garantias do devido processo legal. Silenciam o artigo e o Código sobre o procedimento da carta rogatória no juízo brasileiro rogante, ou rogado, mas ele integrará o regime da prática dos atos processuais, admitindo-se agravo interno (art. 1.021) da decisão que ordena a expedição da carta, ou o seu cumprimento.

Depois de declarar, no seu *caput*, que é contencioso o procedimento da rogatória no STJ, o art. 36 faz, no § 1º, uma limitação relativa às rogatórias. A defesa, que nelas se faz, cinge-se ao preenchimento dos requisitos de cumprimento da rogatória no Brasil. A defesa, então, discutirá apenas o atendimento das formalidades necessárias ao cumprimento da rogatória. O § 2º proíbe o juízo brasileiro requerido de rever o mérito do ato objeto da rogatória. Permitir essa revisão seria atentar contra a soberania do Estado requerente. Assim, nada poderá fazer o juízo requerido, por exemplo, quanto à incompetência do juízo requerente para ordenar o ato cujo cumprimento se pede.

O § 1º do artigo fala em defesa, sem dizer quem será a pessoa legitimada a oferecê-la. Entenda-se, então, que a defesa será apresentada pela pessoa contra a qual o cumprimento do ato é requerido, a qual passará a ser parte no procedimento de cumprimento, ainda que não seja parte no processo estrangeiro no qual se determinou a expedição da carta.

Seção IV
Disposições Comuns
às Seções Anteriores
(arts. 37 a 41)

Art. 37. O pedido de cooperação jurídica internacional oriundo de autoridade brasileira competente será encaminhado à autoridade central para posterior envio ao Estado requerido para lhe dar andamento.

Art. 38. O pedido de cooperação oriundo de autoridade brasileira competente e os documentos anexos que o instruem serão encaminhados à autoridade central, acompanhados de tradução para a língua oficial do Estado requerido.

Art. 39. O pedido passivo de cooperação jurídica internacional será recusado se configurar manifesta ofensa à ordem pública.

Art. 40. A cooperação jurídica internacional para execução de decisão estrangeira dar-se-á por meio de carta rogatória ou de ação de homologação de sentença estrangeira, de acordo com o art. 960.

Art. 41. Considera-se autêntico o documento que instruir pedido de cooperação jurídica internacional, inclusive tradução para a língua portuguesa, quando encaminhado ao Estado brasileiro por meio de autoridade central ou por via diplomática, dispensando-se ajuramentação, autenticação ou qualquer procedimento de legalização.

Parágrafo único. O disposto no *caput* não impede, quando necessária, a aplicação pelo Estado brasileiro do princípio da reciprocidade de tratamento.

1. Observações. **2.** Procedimento **3.** Espécies de Cooperação. **4.** Autenticidade de Documento e Reciprocidade.

1. Observações – Na seção IV, composta pelos arts. 37 a 41, o Código reúne dispositivos que se aplicam às seções precedentes, subsidiários das normas nelas contidas. São normas procedimentais, que o novo CPC estabeleceu para regular um instituto de pouca usança, mas integrante do sistema de cooperação entre órgãos jurisdicionais de Estados diferentes, tanto mais frequente e útil essa cooperação quanto se considera o entrosamento econômico e cultural entre países distintos e se aprimoram os meios de comunicação. As leis espelham a realidade social em que elas operam. O exame das normas do Direito Processual anterior mostra como a cooperação internacional se desenvolveu.

2. Procedimento – O art. 37 determina o encaminhamento da carta rogatória, expedida pela autoridade judiciária brasileira, à autoridade central de que fala o inciso IV do art. 26, ou, inexistente ela, ao Ministério da Justiça. Fala o art. 37 em pedido oriundo de autoridade brasileira competente. Quer isto dizer que a autoridade central, ou a que as vezes dela fizer, pode pronunciar-se acerca da competência da autoridade rogante. Se declarar a incompetência dela, deverá remeter a rogatória ao juízo rogante, que, órgão jurisdicional do processo, acolherá a alegação, ou a rejeitará, devolvendo a rogatória à autoridade central para cumpri-la. Dessa última decisão, sem dúvida interlocutória, não caberá agravo por não enunciada no art. 1.015, nem em qualquer outro.

De novo, o art. 38 alude à autoridade brasileira competente, permitindo, então, o juízo de admissibilidade do órgão central sobre a competência. Não se pode determinar se a vontade do legislador, irrelevante para a interpretação da lei, quis qualificar com o adjetivo **oficial** a língua do Estado requerido. Fala o artigo em tradução para a língua oficial, devendo-se entender que se trata da língua ou línguas adotadas pelos países onde se falam vários idiomas, como a Suíça. Língua oficial será a legalmente adotada no país, como é o português no Brasil (CF, art. 13). O artigo não exige que a tradução noutra língua se faça por tradutor público, assim permitindo que por outra pessoa ela se realize, podendo essa versão, obviamente, ser impugnada por qualquer interessado, ou revista por terceiro, por ordem do juízo rogante ou rogado, dada a requerimento ou de ofício.

O art. 39 mostra que o pedido passivo de cooperação jurídica é o que tem por destinatária a Justiça do país rogado. Pedido ativo será o proveniente do Estado solicitante. Segundo esse artigo, sem dúvida cogente, o pedido proveniente do exterior será recusado, se ele ofender a ordem pública, tido como tal o conjunto de normas imperativas e de princípios morais vigentes no país deprecado. Pode a autoridade central, assim como a rogada, indeferir o pedido ofensivo da ordem pública, mas a decisão daquela se submeterá ao juízo desta, ao qual se remeterá a carta para esse fim, ali ficando para ser cumprida, se se negar o desrespeito à ordem pública.

O art. 41 considera autêntico o documento que instruir o pedido de cooperação jurídica se encaminhado ao Brasil por meio de autoridade central do país rogante, ou por via diplomática. Essa presunção de autenticidade é relativa e pode ser ilidida pela autoridade deprecada, a qual se valerá de meio hábil a determinar a autenticidade, como perícia e solicitação de informações ao juízo rogante.

3 Espécies de Cooperação – O art. 40 mostra que a cooperação jurídica internacional para a execução de decisão estrangeira faz-se por meio de rogatória ou de ação de homologação de sentença estrangeira. Homologada, a decisão passa a integrar a ordem jurídica nacional e será efetivada como qualquer decisão jurisdicional brasileira. Homologam-se não apenas a sentença ou o acórdão estrangeiro mas também decisões interlocutórias proferidas por juízo de outro país (art. 960, § 1º).

Os artigos examinados até aqui cuidam apenas da rogatória, expedida por um país e cumprida pelo outro, de ofício, independentemente de requerimento. Pede-se, entretanto, a integração de sentença, acórdão, decisões interlocutórias, estrangeira no ordenamento jurídico nacional, não por meio de rogatória, mas da ação de homologação, governada pelo princípio dispositivo, pelo qual a propositura da ação é direito do legitimado, não podendo ser exercido por terceiro, salvo disposição legal específica.

A carta rogatória é expedida pela autoridade judiciária, independentemente da vontade da parte e até mesmo contra ela. A ação homologatória não parte do juízo, mas é proposta somente pelo legitimado. Carta e ação se regem por dispositivos próprios.

4. Autenticidade de Documento e Reciprocidade – Conforme o art. 41, o documento acompanhante de pedido de cooperação internacional, seja ele qual for, inclusive cópia da decisão ou a respectiva tradução, se considerará autêntico, desde que encaminhado ao Brasil por meio de autoridade central estrangeira, assim considerada a que a legislação alienígena indicar, ou por via diplomática. Pode o juízo do país estrangeiro apresentar o pedido ao serviço diplomático brasileiro no exterior, ou valer-se de representação diplomática daquele no Brasil. É relativa a presunção de autenticidade.

Seguindo o parágrafo único do art. 41, pode não ser aplicada a presunção de autenticidade, instituída no *caput*, se o Estado estrangeiro não adotar presunção idêntica quanto aos documentos provenientes do Brasil. Nesse caso, pode-se pedir prova da autenticidade de documento, que será feita por qualquer meio lícito, como declaração da autoridade estrangeira à brasileira, ou certidão da autoridade do país expedidor.

Título III
DA COMPETÊNCIA INTERNA
(arts. 42 a 69)

Capítulo I
DA COMPETÊNCIA
(arts. 42 a 66)

Seção I
Disposições Gerais
(arts. 42 a 53)

Art. 42. As causas cíveis serão processadas e decididas pelo juiz nos limites de sua competência, ressalvado às partes o direito de instituir juízo arbitral, na forma da lei.

Art. 43. Determina-se a competência no momento do registro ou da distribuição da petição inicial, sendo irrelevantes as modificações do estado de fato ou de direito ocorridas posteriormente, salvo quando suprimirem órgão judiciário ou alterarem a competência absoluta.

Art. 44. Obedecidos os limites estabelecidos pela Constituição Federal, a competência é determinada pelas normas previstas neste Código ou em legislação especial, pelas normas de organização judiciária e, ainda, no que couber, pelas constituições dos Estados.

Art. 45. Tramitando o processo perante outro juízo, os autos serão remetidos ao juízo federal competente se nele intervier a União, suas empresas públicas, entidades autárquicas e fundações, ou conselho de fiscalização de atividade profissional, na qualidade de parte ou de terceiro interveniente, exceto as ações:

I – de recuperação judicial, falência, insolvência civil e acidente de trabalho;

II – sujeitas à justiça eleitoral e à justiça do trabalho.

§ 1º Os autos não serão remetidos se houver pedido cuja apreciação seja de competência do juízo perante o qual foi proposta a ação.

§ 2º Na hipótese do § 1º, o juiz, ao não admitir a cumulação de pedidos em razão da incompetência para apreciar qualquer deles, não examinará o mérito daquele em que exista interesse da União, de suas entidades autárquicas ou de suas empresas públicas.

§ 3º O juízo federal restituirá os autos ao juízo estadual sem suscitar conflito se o ente federal cuja presença ensejou a remessa for excluído do processo.

Art. 46. A ação fundada em direito pessoal ou em direito real sobre bens móveis será proposta, em regra, no foro de domicílio do réu.

§ 1º Tendo mais de um domicílio, o réu será demandado no foro de qualquer deles.

§ 2º Sendo incerto ou desconhecido o domicílio do réu, ele poderá ser demandado onde for encontrado ou no foro de domicílio do autor.

§ 3º Quando o réu não tiver domicílio ou residência no Brasil, a ação será proposta no foro de domicílio do autor, e, se este também residir fora do Brasil, a ação será proposta em qualquer foro.

§ 4º Havendo 2 (dois) ou mais réus com diferentes domicílios, serão demandados no foro de qualquer deles, à escolha do autor.

§ 5º A execução fiscal será proposta no foro de domicílio do réu, no de sua residência ou no do lugar onde for encontrado.

Art. 47. Para as ações fundadas em direito real sobre imóveis é competente o foro de situação da coisa.

§ 1º O autor pode optar pelo foro de domicílio do réu ou pelo foro de eleição se o litígio não recair sobre direito de propriedade, vizinhança, servidão, divisão e demarcação de terras e de nunciação de obra nova.

§ 2º A ação possessória imobiliária será proposta no foro de situação da coisa, cujo juízo tem competência absoluta.

Art. 48. O foro de domicílio do autor da herança, no Brasil, é o competente para o inventário, a partilha, a arrecadação, o cumprimento de disposições de última vontade, a impugnação ou anulação de partilha extrajudicial e para todas as ações em que o espólio for réu, ainda que o óbito tenha ocorrido no estrangeiro.

Parágrafo único. Se o autor da herança não possuía domicílio certo, é competente:

I – o foro de situação dos bens imóveis;

II – havendo bens imóveis em foros diferentes, qualquer destes;

III – não havendo bens imóveis, o foro do local de qualquer dos bens do espólio.

Art. 49. A ação em que o ausente for réu será proposta no foro de seu último domicílio, também competente para a arrecadação, o inventário, a partilha e o cumprimento de disposições testamentárias.

Art. 50. A ação em que o incapaz for réu será proposta no foro de domicílio de seu representante ou assistente.

Art. 51. É competente o foro de domicílio do réu para as causas em que seja autora a União.

Parágrafo único. Se a União for a demandada, a ação poderá ser proposta no foro de domicílio do autor, no de ocorrência do ato ou fato que originou a demanda, no de situação da coisa ou no Distrito Federal.

Art. 52. É competente o foro de domicílio do réu para as causas em que seja autor Estado ou o Distrito Federal.

Parágrafo único. Se Estado ou o Distrito Federal for o demandado, a ação poderá ser proposta no foro de domicílio do autor, no de ocorrência do ato ou fato que originou a demanda, no de situação da coisa ou na capital do respectivo ente federado.

Art. 53. É competente o foro:
   I – para a ação de divórcio, separação, anulação de casamento e reconhecimento ou dissolução de união estável:
      a) de domicílio do guardião de filho incapaz;
      b) do último domicílio do casal, caso não haja filho incapaz;
      c) de domicílio do réu, se nenhuma das partes residir no antigo domicílio do casal;
   II – e domicílio ou residência do alimentando, para a ação em que se pedem alimentos;
   III – do lugar:
      a) onde está a sede, para a ação em que for ré pessoa jurídica;
      b) onde se acha agência ou sucursal, quanto às obrigações que a pessoa jurídica contraiu;
      c) onde exerce suas atividades, para a ação em que for ré sociedade ou associação sem personalidade jurídica;
      d) onde a obrigação deve ser satisfeita, para a ação em que se lhe exigir o cumprimento;
      e) de residência do idoso, para a causa que verse sobre direito previsto no respectivo estatuto;
      f) da sede da serventia notarial ou de registro, para a ação de reparação de dano por ato praticado em razão do ofício;
   IV – do lugar do ato ou fato para a ação:
      a) de reparação de dano;
      b) em que for réu administrador ou gestor de negócios alheios;
   V – de domicílio do autor ou do local do fato, para a ação de reparação de dano sofrido em razão de delito ou acidente de veículos, inclusive aeronaves.

1. Observações. 2. Determinação da Competência. 3. Competência Territorial.

1. Observações – No Código anterior, a competência era tratada nos três capítulos do Título IV, relativo aos órgãos judiciários e aos auxiliares da Justiça. O novo Código, porém, cuida da competência no Título III do Livro II, sob a rubrica Da Competência Interna. No Capítulo I desse Título III, o CPC de 2015 regula a competência em duas seções, voltando-se a seção I para as disposições gerais e a seção II, para a modificação da competência. Malgrado a diferença de localização, o Código de 2015 fez, na verdade, poucas alterações de substância quanto à matéria tratada no Título, relativa à competência interna. É o que mostra a comparação entre o diploma passado e o atual. Esse cotejo leva à conclusão de que um novo CPC era desnecessário, pois as alterações impositivas poderiam ter sido feitas por leis que atualizariam o Código revogado.

Nas disposições gerais da Seção I, o Código introduziu normas específicas, desnaturando-as pelo conteúdo, que também reúne regras particulares. As notas que se seguem procurarão mostrar os artigos que repetem dispositivos do CPC anterior, os que apenas os alteram e os que aparecem novos no Direito Processual Civil positivo.

2. Determinação de Competência – Vê-se, na Seção I, que o Código adota o prevalecente método de distribuição da competência, conforme o qual ela se determina pelo critério objetivo, que a fixa em razão da matéria, das partes, do valor; em função do critério territorial e de acordo com o critério funcional. Diz-se relativa a incompetência quando sua fixação viola apenas o critério territorial, ou se transgride o critério da fixação pelo valor. Por outro lado, é absoluta a incompetência se a determinação dela viola o critério objetivo, quanto às partes, à matéria, ou com transgressão do critério funcional.

O art. 42 repete o art. 86 do Código anterior com irrelevantes alterações de redação. Diz que as causas cíveis serão processadas e decididas pelo juiz, enquanto o dispositivo anterior falava em processadas e decididas, "ou simplesmente decididas". Fala em decisão pelo juiz, enquanto aquele aludia a órgãos jurisdicionais, mudando o verbo **instituírem** pelo infinitivo **instituir** e ressalvando às partes o direito de trocar a jurisdição comum pelo juízo arbitral, "na forma da lei", como se esse processo alternativo se pudesse constituir sem lei que o regulasse. Indague-se se, efetivamente, houve alteração de substância, ou se a nova redação decorre da vontade de deixar a impressão de que houve reforma. Esse fenômeno verifica-se ao longo de todo o novo Código.

Diferente do art. 263 do Código anterior, segundo o qual a competência se determina no momento em que a ação é proposta, o art. 43 estatui que a determinação ocorre no momento do registro, que é o assentamento da apresentação da inicial à repartição competente do Judiciário, o que se chama demanda, ou da distribuição, quando ela é encaminhada ao órgão competente e assim distribuída, sem registro, ou antes dele. A determinação de competência é fenômeno importante pelas consequências, como se verá no exame de outros dispositivos. Segue o art. 43 com proposição idêntica à última do art. 87 do CPC de 1973, a cujo entendimento por autores e tribunais se remete.

O art. 44 nada altera quanto à competência. Limita-se a enumerar as leis que a disciplinam, dentro dos limites traçados pela Constituição Federal.

O art. 45 determina a remessa do processo ao juiz federal competente, se nele intervier, como parte ou terceiro, a União, suas empresas públicas, entidades autárquicas e fundações, ou conselhos de fiscalização de atividade profissional. A remessa pressupõe o desenvolvimento do processo perante outro juízo, diferente do federal. Proposta a ação por uma das pessoas referidas no artigo, ou contra elas, ocorrerá a incompetência absoluta da Justiça Comum. Neste caso, o juiz declarará a sua incompetência, de ofício ou a requerimento, assim procedendo também quanto ao ingresso ou intervenção daquelas pessoas, depois da propositura da ação.

Fala o art. 45 em remessa dos autos (por extensão, na transmissão da base eletrônica) ao juízo federal. Entretanto, os juízes federais não têm competência para as causas em que são partes, ou terceiros intervenientes, as fundações ou o conselho de fiscalização de atividade profissional, como é o caso da Ordem dos Advogados do Brasil. Assim, na parte onde indica tais entes, o artigo é inconstitucional, pois o art. 109 da Constituição da República não outorga competência aos juízes federais para as causas de fundações nem de conselho de fiscalização de atividade profissional.

As exceções dos incisos I e II do art. 45 repetem a última proposição do art. 109, I, da Constituição da República, explicitando, corretamente, que as falências, ali referidas, incluem a recuperação judicial e a insolvência civil.

Conforme o melhor entendimento, intervindo na causa uma das pessoas referidas no artigo, o juiz o remete à Justiça Federal, a fim de que o juiz destinatário do encaminhamento decida se o caso é, efetivamente, de sua competência. Incide aqui o princípio da competência sobre a competência. O § 1º, entretanto, não cuida disso. Trata do caso em que, no processo em que se dá a intervenção, houver pedido para cuja apreciação o juiz comum for competente. Nesse caso, o juiz julga primeiro o pedido relativo à sua competência para, só depois, remeter os autos, ou transmitir a fixação eletrônica do processo à Justiça Federal. De acordo com o § 2º, ocorrendo o caso do § 1º, se o juiz não admitir que se reúnam pedidos para cuja admissibilidade e julgamento de algum ou alguns dos quais for incompetente, não apreciará o pedido relativo ao qual haja interesse da União, das suas entidades autárquicas ou empresas públicas. Aqui, corretamente, o § 2º não incluiu as fundações, nem o conselho de fiscalização, ambos aludidos no *caput* do artigo. De acordo com o § 2º, se se cumularem pedidos, um dos quais for formulado pela União, autarquias ou empresas públicas, o juiz estadual remete o processo para que o órgão federal julgue esse pedido. Julgado ele, o processo volverá ao juízo comum para apreciação do pedido da sua competência. Melhor será, na hipótese do § 2º, que o juiz estadual desmembre o feito, retendo o da sua competência.

O § 3º manda que, excluída do feito a pessoa, referida no *caput*, que determinou a sua competência, o juiz federal o devolverá ao juízo remetente, sem suscitar o conflito porque, nesse caso, ele se despojará de sua competência. O juiz federal não suscitará conflito de competência já que não é competente. O juiz comum suscitará o conflito, assim como qualquer outro legitimado, se entender que não se esgota a competência negada pelo juiz competente.

3. Competência Territorial – A partir do art. 46 e até o art. 53 a Seção I ocupa-se de dispositivos que o Código anterior reuniu sob a rubrica "Da competência territorial". Não são muitas, nem substanciais as alterações que o atual Código fez com relação ao anterior. Algumas delas limitam-se a mudar uma palavra, locução, ou frase, sem contudo lhes alterar o sentido. Será que o legislador preferiu esse enganoso expediente só para dar a impressão de que a substituição do Código de 1973 por outro se fazia necessária? A presunção de boa-fé do legislador impede a acolhida dessa suposição, justificada, no entanto, pelo cotejo entre os dispositivos semelhantes das duas leis.

O *caput* do art. 46 do Código de 2015 espelha o *caput* do art. 94 do Código anterior. Diga-se o mesmo sobre o § 1º do art. 46, idêntico a igual parágrafo do revogado art. 94. Também o § 2º do art. 46 do novo Código é réplica do § 2º do art. 94 do Código de 1973. Enquanto o § 3º do art. 94 do Código anterior principiava pela temporal "quando o réu não tiver domicílio nem residência no Brasil[...]", o § 3º do art. 46 substitui a conjunção **nem** pela conjunção **ou**. Considera-se inútil a troca de conjunções, a menos que se queira louvar o espírito somítico do legislador que trocando o vocábulo **nem**, de três letras, pelo vocábulo **ou**, de duas, economizou uma letra, poupando o gasto de tinta e papel com o uso do sinal **m** (haja reforma!). A alteração é gramaticalmente desvantajosa. No mais, a redação desse § 3º é igual à do § 1º do art. 94.

O § 4º do art. 94 do Código revogado encontra gêmeo no § 4º do art. 46 do atual.

O § 5º do art. 46 não tem correspondência no art. 94 do Código revogado. Aparece novo esse parágrafo, conforme o qual a execução fiscal será proposta no foro do domicílio ou da residência do executado, ou no foro do lugar onde ele for encontrado. É irrelevante o lugar do fato gerador do tributo.

O *caput* do art. 47 repete o art. 95 do Código anterior, substituindo a frase "nas ações fundadas[...]" por "para as ações fundadas". Substituição imprestável. Retirou do texto o substantivo **posse**, acrescentando todavia, no § 2º que a ação possessória imobiliária será proposta no foro de situação da coisa. O § 2º acaba com a perplexidade gerada pelo art. 95, dizendo que a ação nele referida gera a competência absoluta do juízo. Nada dizem, nem o *caput* do art. 47, nem o seu § 2º sobre a ação fundada em posse do bem móvel (ou semovente – Código Civil, art. 82), mas, nesse caso, incide o § 1º, já que ele permite ao autor optar pelo foro do domicílio do réu ou pelo foro de eleição, se o litígio não recair sobre direito de vizinhança, servidão, divisão e demarcação de terras, e de nunciação de obra nova. Conforme a situação, os §§ 1º a 4º também incidem.

O art. 49 do novo Código repete, parcialmente, o art. 96 do Código anterior. Por este motivo, só se fala, aqui e agora, das suas inovações. O art. 49 acrescenta ao rol das enumeradas no anterior art. 96 a ação de impugnação ou anulação de partilha extrajudicial, pois esse instituto é superveniente à vigência do CPC de 1973. O parágrafo único do art. 48, diferente do inciso I do art. 96, anterior, fala em competência do foro de situação dos bens imóveis, se o *de cujus* não tinha domicílio certo, ou o foro da situação de quaisquer imóveis, se ele os tivesse em dois ou mais foros. Se o espólio não tiver bens imóveis, mas só móveis, inclusive semoventes, é competente o foro do local de qualquer dos bens de tal acervo, como o gado de sua fazenda, o dinheiro depositado, ou os títulos custodiados.

O art. 49 diz que a ação em que o ausente for réu será proposta no foro de seu último domicílio. O texto fala, vantajosamente, que "será proposta", enquanto o anterior art. 97 usava o verbo "correm". O artigo elimina a frase "que é", sem contudo alterar o conteúdo do dispositivo, que permanece o mesmo. As ações em que o ausente, por seu representante, for autor serão propostas nos foros indicados nos outros artigos.

O art. 50 também fala em ação que "será proposta", enquanto o art. 98 usava a fórmula "se processará". O artigo alude a representante ou assistente, contemplando, pela menção a este último, a hipótese em que não é absoluta a incapacidade.

O art. 51 e o art. 52 cuidam da competência para as causas em que a União, o Estado ou o Distrito Federal for autor. Não falam em território porque o Brasil não mais tem essa divisão política. Sendo a União autora, o foro será o do domicílio do réu. Dispondo o § 1º do art. 109 da Constituição que as causas de autoria da União têm por foro a seção judiciária onde tiver domicílio a outra parte, entende-se que o foro da propositura será, se houver, o do juízo dessa seção que funcionar no domicílio do réu. Não havendo, será o foro do juízo que funcionar na seção. Nas ações propostas contra a União, incide o § 2º do art. 109 da lei fundamental. Aplicam-se, *mutatis mutandis*, os dois parágrafos nas ações em que a União intervier como terceiro.

Autor o Estado, ou o Distrito Federal, o art. 52 dispõe que o foro da ação é o do domicílio do réu. Ré uma dessas pessoas jurídicas, a ação será proposta no foro do domicílio do autor, no da prática do ato ou ocorrência do fato que originou a demanda, no foro da situação da coisa, ou da capital do Estado, ou ainda, evidentemente, no Distrito Federal, sendo ele réu. Fala o artigo em ente federado para evitar a repetição dos substantivos **Estado** e **Distrito Federal**. Quanto a este último, ele é considerado sua própria capital. Integrado por mais de uma seção judiciária, a ação será proposta no foro central.

Finalmente, o art. 53 do novo Código contempla situações diferentes, só devendo se explicarem, neste livro, considerada a sua finalidade, as que aparecem da primeira vez.

Cumpre assinalar que o inciso I do art. 53 é diferente do inciso I do CPC de 1973, que não transformava o foro de domicílio do guardião de filho incapaz no competente para as ações aludidas no item agora focalizado. A opção do legislador cria uma comodidade para a parte ré, cujas atividades se presumem agravadas pelo dever de guarda. Se ela tiver mais de um domicílio, o foro será aquele onde se encontrar o incapaz. Não havendo guarda de incapaz, o foro competente será o foro do último domicílio do casal. Este critério seria ilógico porque autor e réu podem ter deixado o seu último domicílio. A última parte da alínea *c* do inciso I do art. 53 considera essa hipótese, quando declara competente o foro do domicílio do réu, "se nenhuma das partes residir no antigo domicílio do casal". Diz a alínea *c* do inciso em residência no antigo domicílio, o que leva a cogitar a situação em que haja residência no domicílio antigo, tendo a parte, entretanto, domicílio diferente. O inciso escorregou numa embrulhada.

O inciso II do mesmo art. 53 repete o inciso II do art. 100 do Código anterior (q.v.). No inciso III, a alínea *a* é repetição de igual alínea do inciso IV do art. 100 anterior.

Falava a alínea *b* do inciso IV do art. 100 do Código revogado em foro onde se acha a agência ou sucursal quanto às obrigações que ela contraiu. O pronome **ela** foi, sem qualquer dúvida, empregado para evitar a repetição de **agência**, ou de **sucursal**, assim indicando que o foro é o do lugar onde se acha um desses segmentos quanto às obrigações aí contraídas, certo que pela pessoa jurídica, a qual, entretanto, será acionada, tirantes esses casos, no foro do seu domicílio. A interpretação literal, sempre perigosa, do novo dispositivo levaria a concluir que a pessoa jurídica pode ser acionada, quanto às obrigações que contrair, no foro da sua agência ou sucursal, mas não é isto, pois a alínea refere-se apenas às obrigações contraídas pela pessoa jurídica através de uma agência ou sucursal. Por certo, a agência ou sucursal onde se constituiu a obrigação e não noutra, se mais de uma tiver a pessoa.

Alude a alínea *c* do inciso III, à ré que seja sociedade ou associação sem personalidade jurídica. Essa alínea repete, na substância, igual dispositivo do Código anterior, modificando-lhe contudo a redação para falar em "suas atividades", quando o texto anterior colocava no singular o possessivo e o substantivo. Acrescentou também o substantivo **associação**, irrelevante quando basta a referência a ente sem personalidade jurídica.

Cuida a alínea *d* também do inciso III do lugar onde a obrigação deve ser satisfeita, para a ação em que se lhe exigir o cumprimento. É repetição da alínea *d* do inciso IV do art. 100 do Código revogado.

A alínea *e* elege a residência do idoso para a causa que verse sobre direito previsto no respectivo estatuto. Aqui, o Código não define idoso, nem mostra o direito a que se refere. Deixa esses pontos para o estatuto do idoso, que é, hoje, a Lei nº 10.741, de 1º de outubro de 2003.

Conforme a alínea f, é competente o foro da serventia notarial ou de registro, para a ação de reparação de dano por ato praticado em razão do ofício. Não constante do Código anterior, este dispositivo é dispensável porque a ação haverá de ser proposta no foro do domicílio do réu. Não define a norma o que possa ser serventia notarial, nem serventia de registro. Explicarão esses vocábulos as leis específicas, inclusive normas de organização judiciária. Na falta de definição, há que se entender por serventia notarial todo e qualquer cartório que preste serviços extrajudiciais, consistentes em escrituras, testamentos, separação e partilha amigáveis, certidões, atestados, distribuições, enfim de atos para os quais a lei impuser comunicação ou formação em repartições submetidas ao Judiciário mas sem atribuições jurisdicionais.

Serventia de registro é aquela onde se apresentam e armazenam atos que, segundo a lei, devem constar de livros e outros assentamentos públicos, para fins de conservação, documentação e publicidade. Trata-se de ações ajuizadas contra o titular da repartição, o serventuário, sem se excluir o Estado ou o Município a que servem, caso em que prevalece a norma que determina o foro competente para a ação movida contra o Estado, ou Município.

Conforme o inciso IV é competente o lugar do ato ou do fato para a ação (a) de reparação de dano e (b) em que for réu administrador ou gestor de negócios alheios. Este inciso e suas duas alíneas repetem o inciso V e suas duas letras do art. 100 do Código anterior. Por esse motivo, faz-se remissão à doutrina e à jurisprudência de tais dispositivos.

O inciso V do art. 53 elege como competente o foro do domicílio do autor ou do local do fato, para a ação de reparação de dano sofrido em razão de delito ou acidente de veículos, inclusive aeronaves.

Este inciso repete o parágrafo único do art. 100 do CPC de 1973, acrescentando-lhe uma referência a aeronaves, que são um tipo de veículo. A aplicação do texto não depende de conceito legal de aeronave, mas abrange, genericamente, os aparelhos pelos quais se navega no ar, inclusive balões e foguetes espaciais.

Seção II
Da Modificação da Competência
(arts. 54 a 63)

Art. 54. A competência relativa poderá modificar-se pela conexão ou pela continência, observado o disposto nesta Seção.

Art. 55. Reputam-se conexas 2 (duas) ou mais ações quando lhes for comum o pedido ou a causa de pedir.

§ 1º Os processos de ações conexas serão reunidos para decisão conjunta, salvo se um deles já houver sido sentenciado.

§ 2º Aplica-se o disposto no *caput*:
    I – à execução de título extrajudicial e à ação de conhecimento relativa ao mesmo ato jurídico;
    II – às execuções fundadas no mesmo título executivo.

§ 3º Serão reunidos para julgamento conjunto os processos que possam gerar risco de prolação de decisões conflitantes ou contraditórias caso decididos separadamente, mesmo sem conexão entre eles.

Art. 56. Dá-se a continência entre 2 (duas) ou mais ações quando houver identidade quanto às partes e à causa de pedir, mas o pedido de uma, por ser mais amplo, abrange o das demais.

Art. 57. Quando houver continência e a ação continente tiver sido proposta anteriormente, no processo relativo à ação contida será proferida sentença sem resolução de mérito, caso contrário, as ações serão necessariamente reunidas.

Art. 58. A reunião das ações propostas em separado far-se-á no juízo prevento, onde serão decididas simultaneamente.

Art. 59. O registro ou a distribuição da petição inicial torna prevento o juízo.

Art. 60. Se o imóvel se achar situado em mais de um Estado, comarca, seção ou subseção judiciária, a competência territorial do juízo prevento estender-se-á sobre a totalidade do imóvel.

Art. 61. A ação acessória será proposta no juízo competente para a ação principal.

Art. 62. A competência determinada em razão da matéria, da pessoa ou da função é inderrogável por convenção das partes.

Art. 63. As partes podem modificar a competência em razão do valor e do território, elegendo foro onde será proposta ação oriunda de direitos e obrigações.

§ 1º A eleição de foro só produz efeito quando constar de instrumento escrito e aludir expressamente a determinado negócio jurídico.

§ 2º O foro contratual obriga os herdeiros e sucessores das partes.

§ 3º Antes da citação, a cláusula de eleição de foro, se abusiva, pode ser reputada ineficaz de ofício pelo juiz, que determinará a remessa dos autos ao juízo do foro de domicílio do réu.

§ 4º Citado, incumbe ao réu alegar a abusividade da cláusula de eleição de foro na contestação, sob pena de preclusão.

> 1. Observações. 2. Conexão, Continência e Reflexos. 3. Conflito e Contradição. 4. Continência e Prevenção. 5. Irrevogabilidade e Eleição.

1. Observações – Firmada a competência do órgão jurisdicional, ela pode sofrer alterações como demonstra a leitura desta Seção II e indica a sua epígrafe. Pode-se dizer também que a competência se modifica, não porque alterada depois da sua determinação, mas por outros fatores. Assim, por exemplo, a competência para uma certa ação seria determinada pelos conhecidos critérios de fixação dela. Entretanto, se a ação é conexa com outra, ela será desviada do curso que tomaria, não existisse tal liame. O art. 54 mostra isto.

O novo Código, menos que inovar sobre a modificação da competência, ou repetiu normas que já constavam do diploma anterior, ou as explicitou, de acordo com a doutrina e os tribunais.

2. Conexão, Continência e Reflexos – O art. 54 não trouxe qualquer inovação. Desrespeitados os critérios de determinação da competência pelo valor, ou pelo território, dá-se a incompetência relativa. Assim já estava no art. 102 do Código revogado, que, em vez de falar em incompetência relativa, como faz o atual, aludia à competência em razão do valor e do território. Convém lembrar que a incompetência em função do valor é relativa, se se entrega a ação de menor valor a um órgão competente para qualquer ação de maior valor porque aquele se encontra contido neste. Todavia, é absoluta a incompetência, se se envia a ação de maior valor ao órgão competente para julgar ações de menor valor, deferindo-lhe, neste caso, poder jurisdicional que lhe falta. No mais, é consultar a vasta jurisprudência e doutrina sobre o art. 102 do CPC anterior.

O art. 55 aperfeiçoou a redação do revogado art. 103 do Código de 1973, trocando o substantivo **objeto** pela palavra **pedido**, específica para designar o que se postula do órgão jurisdicional. A substituição todavia não altera, no texto, o sentido do vocábulo **objeto**.

A primeira parte do § 1º do art. 55 ("os processos de ações conexas serão reunidos para decisão conjunta") não difere da primeira proposição do art. 105. Ao contrário, o parágrafo não falou em decisão de ofício do juízo, ou requerida pelas partes, ou mesmo pelo terceiro interveniente, ou pelo Ministério Público. Por sua natureza, a conexão, assim como a continência, impõe julgamento conjunto. Eis por que pode o juiz declará-las por conta própria, sem aguardar pedido da parte. O § 1º não fala em continência porque deixou para determinar a reunião de processos por continência, no art. 57. Acertadamente, o § 1º dispõe que, conexas as ações, serão elas reunidas para decisão conjunta. Decisão conjunta é aquela que se aplica a ambos os processos. Pode, entretanto, ser proferida decisão só aplicável a um dos processos porque a conexão não significa que cada processo se desenvolve, necessariamente, do mesmo modo, podendo haver situações peculiares a um só deles, e não a ambos, ou a todos. O § 1º do mesmo art. 55 fala em "decisão conjunta", querendo dizer com isto que a reunião de ações permite uma só decisão abrangente de todas elas. O substantivo **decisão** compreende dos despachos às decisões interlocutórias, às sentenças e acórdãos. Estes últimos pronunciamentos podem, como no mais das vezes acontece, ser divididos em capítulos, cada um deles destinado a um processo, admitindo-se todavia um único capítulo, no qual se julgam todos os pedidos. É possível que cada capítulo tenha um dispositivo diferente do outro. Assim, por exemplo, pode um capítulo extinguir um dos processos sem julgamento do mérito e outro capítulo extinguir outro processo mediante pronunciamento de mérito, acolhendo ou rejeitando o pedido do autor. Ação e reconvenção se processam e julgam conjuntamente, admitido, porém, o julgamento separado, como quando o juiz extingue uma, deixando prosseguir a outra (art. 343, § 2º).

O § 1º ressalva a hipótese em que, conexas as ações, uma delas já houver sido julgada. Neste caso, os processos, conexos embora, não se reúnem. Correm separadamente. Contraditórias as sentenças (v.g., uma delas julgou procedente o pedido de despejo por falta de pagamento dos aluguéis, enquanto outra também acolheu o pedido de consignação deles), prevalecerá o julgamento que primeiro houver transitado em julgado, ficando extinto o processo pendente de sentença, ou acórdão, ou do trânsito em julgado deste ou daquela. Julgar-se-á, então, extinto este processo por decisão terminativa, considerada a falta superveniente do interesse processual.

Os §§ 1º e 2º do art. 55 juntos com os arts. 57 e 58 mostram o empenho do Código em evitar decisões contraditórias, se conexos dois ou mais processos. Diz o § 1º que as ações conexas serão reunidas para julgamento conjunto. O § 2º e seus dois incisos repetem a norma. O § 3º mostra a finalidade da reunião para julgamento conjunto: evitar a prolação de decisões conflitantes ou contraditórias. O art. 57 ordena a extinção, sem julgamento de mérito, da ação contida e o art. 58 declara que as ações separadas serão reunidas para decisão simultânea no juízo prevento, determinada essa prevenção de acordo com as pertinentes regras do Código.

O § 2º do art. 55 explicita o que já estava implícito no § 1º: devem processar-se, conjuntamente, a execução de título extrajudicial e a ação cognitiva pertinente ao mesmo título. *Mutatis mutandis*, a ação de conhecimento será processada tal qual os embargos do devedor, não havendo todavia sentença conjunta já que, na execução, que tem por pressuposto título certo (art. 783), não há sentença de mérito, no sentido de pronunciamento sobre a validade e eficácia do título exequendo. Transitada em julgado a decisão da ação cognitiva, ela, se houver acolhido pedido de anulação, nulidade, redução do título, levará à extinção da execução, ou redução do crédito, sem que se proceda ao pagamento do credor. Se este já houver recebido o crédito, restará ao devedor propor contra ele uma ação de repetição do indébito.

Esse § 2º do art. 55 faz conexas duas espécies do processo civil contencioso: o processo de conhecimento e o processo de execução, mandando que eles se reúnam, embora não haja entre eles relação de continência. Fala o inciso I em execução de título extrajudicial e ação de conhecimento relativa ao mesmo ato jurídico. Dessarte, não basta que o título e a execução envolvam as mesmas pessoas, nem que coincidam na aparência, as causas de pedir. Urge que a pretensão de executar e o processo de conhecimento tenham a mesma base. Isto ocorrerá, por exemplo, entre a ação de nulidade de uma nota promissória e a ação proposta para a satisfação do crédito que ela representa.

Pode haver conexão entre os embargos do devedor e a ação cognitiva. Pede-se, nos embargos, a declaração de ineficácia do título executivo, por sua nulidade; busca-se, na ação de conhecimento, a decretação da nulidade do mesmo título. Aqui, haverá conexão. Pede-se, no processo cognitivo, a anulação do título, enquanto nos embargos, a declaração da ineficácia dele, em virtude da sua nulidade. Se houver continência e as partes forem as mesmas, haverá litispendência entre as duas ações, até o ponto em que coincidirem os pedidos contidos e o continente (na ação continente se pediu **a** mais **b**; na ação contida, pediu-se **a**). A resposta será negativa se, tomadas duas, ou mais ações, uma for diferente da outra, caso em que não haverá litispendência, que pressupõe que uma ação repita exatamente a outra, mas litispendência ocorrerá até o ponto em que uma ação for idêntica à outra quanto às partes, à causa de pedir e, até determinado ponto, ao pedido.

O § 3º do art. 55 manda reunir os processos, dois ou mais, mesmo que, não havendo conexão (nem continência) entre eles, ocorrer o risco de decisões contraditórias. A ação de nulidade de um contrato não é conexa com a de cumprimento de obrigação nele contraída mas ocorre a possibilidade de decisões conflitantes, o que aconteceria, por exemplo, se uma sentença decretasse a nulidade do contrato e outra, acolhesse o pedido de cumprimento da obrigação nele assumida.

Urge compreender que haverá continência entre duas ou mais ações se, por maior, o objeto de uma já contiver o objeto da outra, ou outras. Esse fenômeno pode repetir-se, de tal modo que o objeto de uma ação abranja o objeto de outra que, por seu turno, absorve o objeto de uma terceira ação, que engloba o objeto de uma quarta e assim sucessivamente. Observado esse fenômeno, dir-se-á que o mais amplo objeto de todas acabará contendo o objeto das demais.

A continência entre duas ou mais ações acarreta a absorção do pedido de uma pelo objeto de outra (art. 56). O art. 57 considera a hipótese em que a ação continente, na qual se formulou o pedido maior, seja proposta antes da ação contida, de pedido menor, englobado no primeiro. Nesse caso, extingue-se o processo da ação contida por sentença terminativa, sem resolução do mérito. Se, entretanto, a ação continente for ajuizada depois da propositura da ação contida, elas serão reunidas para julgamento conjunto. Neste caso, ao capítulo da sentença, que acolher o pedido continente, se seguirá outro, julgando extinto o processo contido, sem decisão sobre o pedido nela formulado, julgado no capítulo anterior.

No inciso I do § 2º, o legislador optou por falar em ato jurídico, em vez de negócio jurídico porque este é menos abrangente que aquele. No texto, o adjetivo **relativa** qualifica, simultaneamente, a execução e a ação de conhecimento. É preciso que as pretensões, lá e cá, brotem do mesmo ato. O dispositivo incide também quando a ação executiva e a ação de conhecimento forem relativas ao mesmo fato.

O inciso II manda reunir execuções fundadas no mesmo título executivo. Assim se, credores solidários de um débito representado por uma confissão de dívida, cada um deles propõe uma execução, visando ao recebimento do crédito fundado no mesmo título, as ações serão reunidas, por força do inciso II, combinado com o § 1º.

3. Conflito e Contradição – O § 3º do art. 55 não trata, especificamente, nem de conexão, nem de continência, porém do risco de decisões conflitantes, ou contraditórias. Reconheça-se que empregou dois adjetivos de evidente parecença, entretanto de acepções distintas, particularmente no texto. Decisões conflitantes são as proferidas de tal maneira que uma contenha ideia que possa repelir a outra, como a que negasse a existência de uma posse e a que assegurasse a reintegração nela; ou a decisão que afirmasse a nulidade de um contrato e a que mandasse cumprir uma obrigação nele assumida. Entrementes, há um elemento de contradição entre as decisões conflituosas, que não são contraditórias porque não têm o mesmo conteúdo, como ocorrerá, para ilustrar, entre a decisão que afirma a autenticidade de um documento e a que lhe declara a falsidade. De novo, há um elemento de conflito entre os dois atos decisórios. Certamente, a lei leva em consideração aquelas decisões que, não sendo conexas, nem continentes e contidas, nos termos da lei (arts. 55 e 56), podem levar a prestações incompatíveis. Rigorosamente, não são conexas a ação de consignação em pagamento e a de despejo, pois irrelevante a coincidência de partes, naquela o locatário busca a subsistência da locação, excludente da sua mora (pedido), em função da injusta recusa do locador (causa de pedir), enquanto nesta, o locador postula a resolução do contrato de locação (pedido), diante da mora do locatário (causa de pedir). Da mesma forma, se o marido pede a dissolução da sociedade conjugal por adultério da mulher e ela postula a dissolução fundada em sevícia por ele praticada.

4. Continência e Prevenção – O art. 56 do novo Código repete a definição de continência do art. 104 do CPC anterior, escrevendo todavia "quando houver identidade" em vez de "sempre que há identidade" e "pedido", no lugar de "objeto". Pode-se dizer que o art. 57 aperfeiçoou a redação do revogado art. 104 mas caberia censurar ambos por conterem mera definição, quando definir não é o escopo da lei, embora por vezes a definição venha a calhar por sua finalidade esclarecedora.

Foi dito, linhas atrás, que, havendo continência, existe também coincidência entre duas ou mais ações, uma repetindo a outra, salvo quanto aos pedidos pois um deles, por maior e mais amplo, abrangerá os demais. Nesse caso, ocorrerá uma litispendência parcial, já que, nas ações continente e contida serão idênticas as partes e a causa de pedir, diferenciando-se apenas os pedidos por ser um mais amplo do que o outro.

O art. 57 dispõe que, se a ação continente houver sido proposta antes da contida, o processo desta última será extinto sem julgamento do mérito, logo, por sentença terminativa. Na hipótese inversa, isto é, proposta a ação contida antes da continente, ambas as ações serão necessariamente reunidas, como está na última parte do art. 57. O artigo não indica a finalidade da reunião. Convém, entretanto, interpretá-lo, no sentido de que, reunidas as ações, deve-se julgar extinto o processo da ação continente, proposta depois da contida, até o ponto em que coincidirem as duas, pois até aí haverá litispendência. Dar-se-á fenômeno inverso do previsto na primeira parte do artigo, se a ação contida for ajuizada em primeiro lugar. Neste caso, o processo da ação continente deve ser extinto parcialmente, só devendo ser julgado na parte excedente da ação contida. Assim, se se permite o exemplo, proposta, em primeiro lugar, a ação em que se pediram **a**, **b** e **c**, extingue-se, por completo, o processo da ação posterior, na qual se pediram somente **b** e **c**, ou só **a** e **b**. Proposta, em primeiro lugar, a ação em que se pediu **b** e **c**, o processo da ação posterior, na qual se pediu **a**, **b** e **c**, será extinto sem julgamento do mérito, quanto a **b** e **c**, mas se lhe julgará o mérito quanto a **a**.

A prevenção é a fixação da competência de um determinado juízo, ou juiz, dentre os vários que poderiam julgar a ação. Corretamente, o art. 58 não define prevenção. Nem trata da hipótese de conflito sobre a prevenção. Parte do pressuposto de que ela já existe e manda que as ações de que tratam o art. 55 e seu § 2º, I e II, e o art. 56 sejam reunidas para julgamento simultâneo. Isto, se uma delas ainda não houver sido julgada, como, aliás, se colhe no § 1º, última parte, do art. 55, onde se pôs a condicional "salvo se um deles já houver sido sentenciado".

O art. 59 dispõe que o registro ou distribuição da inicial torna prevento o juízo. Não se confundem os dois atos, como já mostrava o art. 251 do CPC anterior, na regra de que todos os processos estavam sujeitos a registro, devendo ser distribuídos onde houvesse mais de um juiz ou escrivão. O registro, ato de anotação, da demanda, nos assentamentos forenses, isto é, da apresentação da inicial ao Judiciário, só previne a competência, se houver um só juízo competente e no respectivo cartório, secretaria, ou serviço, se fizer constar a propositura da ação. No art. 59, a distribuição é o ato que designa o juízo competente, seja ele o único dotado de competência, seja ele o órgão determinado por sorteio, ou outro método de escolha. Registra-se a apresentação da inicial ao único juízo da comarca, competente para julgar a ação, excluídos outros, que ali julguem. Aqui, o registro previne a competência, não se concebendo contudo que ele possa produzir esse efeito se, existindo mais de um juízo competente, a ação não houver sido encaminhada ao juízo competente para julgá-la, conforme a distribuição. Distribui-se a inicial, a encaminhando, da divisão forense ao único juízo competente, ou ao determinado por sorteio, se existir mais de um órgão competente. Aqui, é o ato que ordena o encaminhamento que previne a competência, ainda que a inicial não haja chegado ao seu destino.

O art. 60 trata da prorrogação da competência, pela qual o poder jurisdicional de um órgão se projeta para além dos limites territoriais da sua jurisdição. Estado, comarca, seção, subseção judiciárias são divisões políticas, traçadas em consonância com as regras de organização judiciária. Um juízo pode exercer sua função dentro de certo espaço mas a sua competência vai além desse âmbito, quando uma parte do imóvel estiver situada fora dele.

O art. 61 repete o art. 108 do Código anterior (q.v.), substituindo o adjunto "perante o juízo competente" pelo adjunto "no juízo competente".

5. Irrevogabilidade e Eleição – O art. 111 do Código anterior continha norma proibitiva da modificação convencional da competência determinada em razão da matéria e da hierarquia. Segundo essa norma, era permitida, pela vontade das partes, a modificação da competência estabelecida em razão do valor e do território, bem como a eleição do foro da propositura de ações fundadas em direitos e obrigações.

O art. 62 do novo Código prescreve a inderrogabilidade, pela convenção das partes, da competência determinada em razão da matéria, da pessoa ou da função. Fala o artigo em pessoa, como não fazia o diploma anterior, incluindo, no substantivo, não só as partes, como ainda o terceiro, que contudo pode participar da convenção, quando esse acordo é admissível. O artigo estende a proibição à competência funcional, estabelecida em virtude da possibilidade de exercício da função por um juiz, ou juízo determinado, dentre os da mesma competência territorial.

Assim, se, por exemplo, a lei de organização estabelece que, dentre os juízos cíveis, só um ou alguns, mas não todos, são competentes para julgar ações relativas à locação imobiliária, não podem as partes escolher outro órgão jurisdicional para dirigir o processo em que contendem.

O *caput* do art. 63 repete o art. 111 do Código anterior, excluída a primeira proposição desse dispositivo que, no novo Código, ficou no art. 62. O § 1º reproduz igual parágrafo daquele artigo; bem assim o § 2º, gêmeo do revogado § 2º.

O § 3º do art. 63 dispõe que, de ofício, independentemente de provocação, mesmo porque o réu ainda não se terá integrado à relação processual, o juiz pode reputar ineficaz a cláusula de eleição de foro abusiva. A *fortiori*, também depois da citação. Feita a citação, o juiz ainda terá competência para fazer a declaração espontaneamente. Diga-se o mesmo se o réu houver comparecido ao processo, independentemente de citação. Se o juiz não pronuncia a ineficácia, cabe à parte, ou ao terceiro, requerer que ele o faça. O processo eletrônico torna imperfeito o emprego do substantivo **autos**. O juízo competente será o determinado pelas normas que disciplinam a fixação da competência.

O juiz só poderá afastar a eleição do foro, se reputar abusiva a cláusula que a adotar. A verificação do abuso faz-se pelos critérios de identificação do abuso de direito. Aliás, a cláusula abusiva é modalidade desse abuso, que se consubstanciará na escolha de um juízo conhecido por sua ideologia, ou por qualquer outro fator obstativo de uma conduta imparcial. Pode haver abuso na eleição de foro, quando se escolhe foro remoto, de acesso difícil ou oneroso. Ficou na memória o caso de uma parte que se aproveitou da necessidade da outra de celebrar um contrato para impor-lhe a escolha de um foro longínquo. A eleição do foro vincula-se ao princípio da comodidade. Elege-se o foro do lugar onde se encontra o autor, ou o réu, ou ambos. Difícil, mas não impossível, a eleição do foro mediante acordo das partes entre si e estas com terceiro.

Fala ainda o § 3º em remessa ao juízo do foro do domicílio do réu. No texto, o foro, que não se confunde com **fórum**, edifício onde funcionam os órgãos judiciários, é a porção territorial onde se exerce a jurisdição. Pode, num município, haver mais de um foro. Neste caso, remete-se o processo ao órgão competente para a distribuição dos feitos, que encaminhará o processo ao juízo competente. Desconhecida essa repartição, pode-se enviar o processo ao tribunal a que se submete o juízo do foro destinatário.

Conforme o § 4º do art. 63, uma vez citado, ou tendo comparecido espontaneamente, o réu deve alegar a abusividade da cláusula de eleição do foro, sob pena de preclusão, que é, no texto, a faculdade de exercer um direito processual. O réu alegará o vício como preliminar da contestação (art. 337, II). Fala o artigo na parte ré. O terceiro se submete, inelutavelmente, ao foro de eleição.

Seção III
Da Incompetência
(arts. 64 a 66)

Art. 64. A incompetência, absoluta ou relativa, será alegada como questão preliminar de contestação.

§ 1º A incompetência absoluta pode ser alegada em qualquer tempo e grau de jurisdição e deve ser declarada de ofício.

§ 2º Após manifestação da parte contrária, o juiz decidirá imediatamente a alegação de incompetência.

§ 3º Caso a alegação de incompetência seja acolhida, os autos serão remetidos ao juízo competente.

§ 4º Salvo decisão judicial em sentido contrário, conservar-se-ão os efeitos de decisão proferida pelo juízo incompetente até que outra seja proferida, se for o caso, pelo juízo competente.

Art. 65. Prorrogar-se-á a competência relativa se o réu não alegar a incompetência em preliminar de contestação.

Parágrafo único. A incompetência relativa pode ser alegada pelo Ministério Público nas causas em que atuar.

Art. 66. Há conflito de competência quando:
  I – 2 (dois) ou mais juízes se declaram competentes;
  II – 2 (dois) ou mais juízes se consideram incompetentes, atribuindo um ao outro a competência;
  III – entre 2 (dois) ou mais juízes surge controvérsia acerca da reunião ou separação de processos.

Parágrafo único. O juiz que não acolher a competência declinada deverá suscitar o conflito, salvo se a atribuir a outro juízo.

1. Observações. 2. Incompetência Absoluta e Relativa. 3. Alegação da Incompetência. 4. Conservação dos Atos. 5. Conflito de Competência.

1. Observações – Nos arts. 64 a 66, o Código trata, não apenas da incompetência propriamente dita, como ainda do conflito de competência, cujo deslinde leva à afirmação da competência, deixando implícita a incompetência de um dos juízes conflitantes, ao menos para o processo no qual se suscitou o incidente. A declaração da incompetência de determinado juízo para dirigir certo processo não implica, necessariamente, a falta de competência para julgar outras ações da mesma natureza, semelhantes em razão da matéria, das partes, do valor. Imagine-se, por exemplo, que a incompetência de um juízo se dê apenas pela prevenção.

Corretamente, o Código não define incompetência relativa, nem incompetência absoluta. Esta distinção é matéria da doutrina e dos tribunais. Assinale-se, aqui, apenas que a competência dos diversos órgãos do Judiciário a Constituição e as leis a estabelecem pela necessidade de organizar o exercício da função jurisdicional do Estado. Casos há em que a competência é impositiva, estabelecida na presunção inelidível de que só determinado, ou determinados órgãos podem julgar certas causas (art. 62). Não é preciso que um órgão jurisdicional, mais que outros, esteja apetrechado para ocupar-se de determinado caso. Prevalece a vontade da lei. Só essa vontade explica o fato de que um magistrado, que ontem se assentava num juízo criminal, pode hoje ocupar um juízo cível e exercer, aqui, a jurisdição civil, que lá não poderia prestar.

Aparece aqui, como novidade, a extinção do incidente da arguição de incompetência relativa, que é alegada na contestação, em preliminar, e julgada imediatamente, depois de ouvido o excepto, sem o procedimento dos arts. 307 a 311 do Código anterior.

2. Incompetência Absoluta e Relativa – A incompetência absoluta decorre da violação dos critérios objetivos de determinação da competência, conforme os quais ela se fixa, em razão das partes, ou da matéria, ou do critério funcional. Só ocorre a incompetência absoluta em função do valor, quando se distribui a um juízo de menor alçada a ação de competência de um juízo de maior alçada. A incompetência relativa ocorrerá quando ela for determinada com violação do critério territorial, ou de valor. Quanto a este último, será relativa a incompetência, se se distribuir a um órgão de maior alçada a causa da competência de órgão de menor alçada.

A incompetência absoluta e relativa consubstanciam nulidades, absoluta aquela, relativa esta.

3. Alegação da Incompetência – A norma do § 1º do art. 64 não contradiz a do *caput* desse dispositivo.

No *caput*, o art. 64 determina que a incompetência absoluta e também a incompetência relativa se aleguem como preliminar da contestação (também o art. 337, II). A norma não fala em réu, atenta ao fato de que a contestação pode ser apresentada por um substituto processual passivo, ou pelo Ministério Público. Entretanto, no art. 65, o Código alude a réu, quando trata de alegação de incompetência relativa.

Também no art. 335, a lei refere-se à apresentação da contestação pelo réu, assim como no art. 344.

O Código de 2015 aboliu a arguição da incompetência relativa por meio de exceção, como determinava o art. 112 do diploma anterior, tomado o substantivo **exceção** no sentido de incidente. Alega-se essa anulabilidade, em preliminar da contestação, sob pena de preclusão, como está no *caput* do art. 65.

Conforme o *caput* do art. 64, deve-se alegar a incompetência absoluta, tal como a relativa, na contestação. O direito de arguir a incompetência absoluta não preclui, tanto assim que o § 1º permite que ela seja alegada em qualquer tempo e autoriza o juiz a declará-la de ofício. Da falta de arguição de incompetência absoluta, não decorre a preclusão, referida no cabeço do art. 278, incidindo contudo a norma do seu parágrafo único. O § 1º do art. 64 é idêntico, no conteúdo, ao art. 113 do CPC de 1973, mas o Código atual não repetiu a regra do § 1º desse dispositivo, conforme o qual a inércia quanto à alegação implicava o pagamento de custas, porque o juiz pode, de ofício, declarar a incompetência absoluta (art. 64, § 1º).

O § 2º do art. 64 ordena ao juiz decidir, imediatamente, a alegação de incompetência. O advérbio, entretanto, não exclui a possibilidade de que haja uma instrução destinada a fornecer ao órgão judiciário elementos que lhe permitam decidir, como, v.g., a audiência de testemunhas que contribuam para a determinação de um domicílio. Decisão imediata é a que se profere logo que haja condições para a sua prolação.

A norma do § 3º do art. 64, igual à do art. 311 do CPC anterior, é supérflua, pois evidente que, acolhida a arguição, o juiz remeterá os autos ao juízo competente. Remeterá os autos ou, eletrônico o processo, o encaminhará ao juízo competente também por esse meio. Não tendo o juízo destinatário meios para receber a transferência eletrônica, a solução será materializar o que está registrado, formando autos que serão remetidos. O juiz não está obrigado a enviar o processo ao juízo indicado pela parte, porém para o que entender competente. Este, por seu turno, poderá também declarar-se incompetente, dando azo a um conflito.

O art. 65 dispõe que a competência relativa se prorroga, isto é, faz plena a competência do órgão relativamente incompetente, se o réu não alegar a incompetência em preliminar da contestação. Norma parente da última parte do art. 114 do diploma revogado. O parágrafo único permite ao Ministério Público arguir a incompetência relativa, não sempre, porém, só e só, nas causas em que intervier. Não o terceiro, que haverá de vergar-se à deliberação do réu que, não arguindo a incompetência relativa, quis que a processo permanecesse no lugar para onde foi distribuído.

4. Conservação dos Atos (art. 64, § 4º) – Ao contrário do Código de 1973, cujo § 2º rezava que, declarada a incompetência absoluta, somente os atos decisórios seriam nulos, o § 4º enveredou por caminho diferente. O núcleo deste parágrafo está na frase "conservar-se-ão os efeitos de decisão proferida pelo juízo incompetente". Este o princípio da conservação, adotado pelo Código, no parágrafo citado. Todas as decisões do juízo incompetente prevalecem e produzem eficácia, apesar da declaração (*rectius*, decretação), que, de início, não retroage e assim permanece enquanto não revogada. O parágrafo permite que o juízo competente profira decisão contrária do ato praticado, o que compreende a possibilidade de apenas suspender a eficácia dele, sem que outra se profira. Subsiste ainda a decisão do juízo absolutamente incompetente até que outra se profira pelo órgão competente. A revogação, ou suspensão, pode ser total ou parcial.

O § 4º não se aplica às decisões proferidas pelo juízo relativamente incompetente, já que seus atos não são nulos mas podem continuar existindo, tanto que, não afirmada essa incompetência, os atos decisórios continuam eficazes, apesar do defeito. Precluídos os pronunciamentos do juízo relativamente incompetente, eles, porque já transitados em julgado, não se podem modificar. Não assim as decisões que, por sua natureza, ou por disposição legal, puderem ser desfeitas.

A distribuição da ação, ou do requerimento de jurisdição voluntária ao juízo incompetente não fere o princípio do juiz natural. Isto só aconteceria se se dirigisse a distribuição a um juízo determinado, havendo outros de igual competência, ou a um juízo constituído para julgar a causa, hipótese improvável porém não impossível. A distribuição ao juízo absolutamente incompetente não faz dele um juízo constituído com a violação das regras regentes da designação do órgão jurisdicional, mas configura um erro de procedimento insanável, e é fundamento de ação desconstitutiva (**art. 966, II**).

5. Conflito de Competência – O *caput* do art. 66 é idêntico ao do art. 115 do Código anterior, com o acréscimo da conjunção subordinativa temporal **quando**, repetida em cada um dos três itens desse dispositivo. O inciso I do artigo repete o inciso I do desaparecido art. 115. O inciso II do artigo afirma ocorrente o conflito, quando dois ou mais juízes se consideram incompetentes, atribuindo um ao outro a competência. Para a configuração do conflito, é mister que um juízo atribua ao outro a competência, que este nega. Não há conflito se dois ou mais juízes se declaram incompetentes sem contudo atribuírem competência a outro. Quando, no exercício da competência para decidir da sua competência, o juiz simplesmente a nega, ordenando a remessa do processo à distribuição, o conflito não ocorre. Pode acontecer que o juiz distribuidor ao qual o juiz, declarando-se incompetente, remete o processo, decida da incompetência dos juízes aos quais poderia distribuir o feito, fossem competentes. Neste caso, encaminhará ao órgão que entende competente, ou o devolverá ao juízo remetente, a fim de que o destine a outro juízo. Pode, então, surgir conflito negativo entre o remetente e o destinatário da remessa.

O inciso III do artigo repete igual inciso do art. 115 do Código anterior.

Acrescenta o parágrafo único do art. 66 que o juiz que não acolher a competência deverá suscitar o conflito, salvo se a atribuir a outro juízo. Noutras palavras, recebendo o processo do juízo que se declarou incompetente e lhe remeteu, o juízo recipiente, que se entendeu incompetente poderá remeter o processo a outro juízo (v.g., o juízo de uma vara remete o processo ao de outra que, por sua vez, declarando-se também incompetente, o envia a um terceiro órgão). Neste caso, de três, uma: (a) ou o juízo destinatário declara, implícita ou explicitamente, a sua competência, ou (b) remete o feito a um terceiro juízo, podendo acontecer que este o remeta a um quarto e assim sucessivamente (no caso, não ocorrem as hipóteses dos três incisos do artigo), ou ainda (c) o juiz que recebeu o processo, entendendo-se incompetente, suscitará o conflito, o devolvendo ao juiz remetente, se entender que é deste a competência.

Os exemplos que se acabam de oferecer não abrangem o caso em que, encaminhado um processo a um distribuidor, ele se recusa a distribuir o feito entre os juízes aos quais se encaminham os processos, alegando que nenhum deles tem competência para processar e julgar o feito recebido, como, por exemplo, se se mandasse ao distribuidor da Justiça Federal um processo da competência do Judiciário estadual. A devolução do processo ao juízo remetente, ou ao serviço de distribuição estadual não configura juízo negativo de competência, como o define o inciso II do art. 66.

O Código não diz, mas a parte, o terceiro, o Ministério Público podem pedir ao juiz que, tendo recebido o processo, se declarou competente, que suscite o conflito (art. 66, parágrafo único). Por igual, na hipótese em que, havendo recebido o processo, o juiz se abstenha de praticar nele qualquer ato, afirmativo ou negativo de sua competência.

O procedimento do conflito, nos tribunais, rege-se por seu regimento. Não tratou o novo Código do conflito de atribuições entre o órgão judiciário e o administrativo, como fazia o Código anterior, no art. 124, a cuja exegese se remete. Esse conflito pode, no entanto, ocorrer (v.g., conflito entre o Conselho Nacional de Justiça, que não é órgão jurisdicional, sem embargo de constar dos indicados no art. 92 da Constituição) e algum juízo. Se os órgãos conflitantes pertencerem ambos à unidade federada, Estado ou Município (v.g., conflito negativo entre um órgão cível e o tribunal de contas estadual), o tribunal de justiça decidirá o conflito. Se contudo o conflito ocorrer entre órgãos situados em plano diferente (por exemplo, entre o tribunal de justiça e o Conselho Nacional de Justiça, que órgão jurisdicional não é) à falta de previsão constitucional ou legal, a solução será interpor agravo interno da decisão de remessa se monocrática, ou mandado de segurança ao próprio tribunal, se coletiva. Da decisão do CNJ, dando-se por competente, ou incompetente, caberá mandado de segurança para o Supremo Tribunal Federal, competente para o julgamento do conflito de atribuições referido na alínea g do inciso I do art. 105 da Constituição.

CAPÍTULO II

DA COOPERAÇÃO NACIONAL
(ARTS. 67 A 69)

Art. 67. Aos órgãos do Poder Judiciário, estadual ou federal, especializado ou comum, em todas as instâncias e graus de jurisdição, inclusive aos tribunais superiores, incumbe o dever de recíproca cooperação, por meio de seus magistrados e servidores.

Art. 68. Os juízos poderão formular entre si pedido de cooperação para prática de qualquer ato processual.

Art. 69. O pedido de cooperação jurisdicional deve ser prontamente atendido, prescinde de forma específica e pode ser executado como:
    I – auxílio direto;
    II – reunião ou apensamento de processos;
    III – prestação de informações;
    IV – atos concertados entre os juízes cooperantes.

§ 1º As cartas de ordem, precatória e arbitral seguirão o regime previsto neste Código.

§ 2º Os atos concertados entre os juízes cooperantes poderão consistir, além de outros, no estabelecimento de procedimento para:
    I – a prática de citação, intimação ou notificação de ato;

II – a obtenção e apresentação de provas e a coleta de depoimentos;
III – a efetivação de tutela provisória;
IV – a efetivação de medidas e providências para recuperação e preservação de empresas;
V – a facilitação de habilitação de créditos na falência e na recuperação judicial;
VI – a centralização de processos repetitivos;
VII – a execução de decisão jurisdicional.
§ 3º O pedido de cooperação judiciária pode ser realizado entre órgãos jurisdicionais de diferentes ramos do Poder Judiciário.

1. Unidade do Judiciário. 2. Cooperação. 3. Modalidades e Procedimento.

1. Unidade do Judiciário – Repita-se que não existe um Judiciário estadual e outro, federal. Há, na realidade, um só Poder Judiciário, o nacional, constituído pelos órgãos enumerados no art. 92 da Constituição da República. Todos exercem a função jurisdicional, salvo o Conselho Nacional de Justiça que, se ocupando embora de atividades relativas ao Judiciário, não desempenha o mister que é próprio dele. Como integrantes de um organismo pluricelular, os diferentes órgãos concorrem para a prestação jurisdicional, atividade do poder que integram. Portanto, nada mais compreensível, para não dizer necessário, que os diferentes juízos e tribunais funcionem conjuntamente, como instrumentos de uma orquestra, concorrendo cada um, nos limites da sua competência, para a administração da justiça. Visto com olhos de ver, o Capítulo II, agora analisado, destaca esse ponto.

2. Cooperação – O art. 67, norma que não diz respeito apenas à jurisdição civil, impõe o dever de colaboração recíproca aos magistrados e servidores, permanentes ou transitórios, de juízos e tribunais, com a finalidade de efetivar a jurisdição com presteza e segurança. Assim está nos arts. 67, 68 e também, explicitamente, no § 3º do art. 69.

O art. 68 fala de formulação de pedido por juízos, entre si. Quer isto dizer que órgãos de qualquer instância podem pedir a cooperação de outros, admitindo-se todos os cruzamentos, irrelevante o plano em que se situem. O Tribunal de Justiça do Estado do Espírito Santo pode, por exemplo, pedir a colaboração de um juízo de comarca do interior de Minas Gerais. A unicidade do Judiciário leva a essa conclusão. Não atinentes apenas à jurisdição civil, mas, genericamente, à função jurisdicional, as normas heterotópicas dos arts. 67 a 69 aplicam-se a todos os órgãos judiciais, sempre respeitadas as peculiaridades de cada um, sempre obediente a regras específicas que se sobrepõem às genéricas e à sua competência.

3. Modalidades e Procedimento – Depois de conceituar o pedido de cooperação, o Código, no art. 69, afirma a sua finalidade de contribuir para a efetivação do processo. O advérbio **prontamente** e a norma de que o ato cooperativo não precisa obedecer formalidade específica e pode exercer-se livremente revelam o significado do artigo.

Nos diferentes incisos, o art. 69 dá exemplos, apenas exemplos de atos de colaboração que, evidentemente, não excluem outros. Fala, no inciso I, em auxílio direto, que constitui a prática imediata de qualquer ato, solicitado por telefone, telegrama, carta, e-mail, whatsapp, mensagem de texto, ou mesmo pessoalmente, adotadas as medidas de segurança cabíveis. Não há limites para esse pedido de auxílio, contanto que não transgrida os limites da competência dos órgãos envolvidos e respeite as garantias constitucionais das partes, e de todos, inclusive terceiros, os próprios magistrados e auxiliares permanentes ou episódicos da função.

A reunião, ou apensação de processos não ocorre apenas nos casos de conexão, porém em todos os outros, nos quais o ajuntamento se faz necessário, ou conveniente, como na hipótese de recursos repetitivos.

A prestação de informações se solicita ou se realiza por escrito ou oralmente, documentados ambos os modos em termos processuais.

O conserto dos atos; a colocação deles em ordem depende de acerto entre os órgãos jurisdicionais. O § 2º do artigo deveria ser anteposto ao § 1º, pois as cartas são meios pelos quais se praticam as medidas de cooperação. Dentre elas, a carta arbitral, extraída do processo de arbitragem, no qual também cabem as medidas de cooperação. Nos seus sete incisos, o § 2º do art. 69 se desdobra e se espalha, sempre exemplificando. Refere-se a atos virtualmente contidos nos quatro incisos do *caput*. Assim, a prática de citação, intimação ou notificação de atos; a obtenção e apresentação de provas e a coleta de depoimentos, pessoais ou testemunhais, que meios de provas são; a efetivação da tutela provisória, mediante a fiscalização dos atos do tutor, e, por extensão, do curador, que os pratica em lugar diferente do foro do processo; a efetivação de medida provisória, como são as cautelares expressas ou embutidas, tudo isto cabe nos incisos do *caput* do artigo. Por facilitação de habilitação de créditos na falência e na recuperação judicial se haverá de entender qualquer providência que remova dificuldades à atuação do credor habilitante. A centralização de processos repetitivos pode ser pedida, a fim de que, reunidos num único juízo, eles possam submeter-se aos efeitos do julgamento-padrão. O inciso VII volta-se para a execução de decisão jurisdicional. Cumpre dar interpretação extensiva ao substantivo **decisão**, para que nele se incluam também os pronunciamentos feitos nos processos de jurisdição voluntária e arbitral, nos quais cabe o pedido de cooperação, já que há jurisdição em ambos.

O § 3º do art. 69 cabe nos dispositivos dos arts. 67 e 68 que, só por si, deixam implícita mas inequívoca a regra de que a cooperação pode ser feita entre ramos diferentes do Poder Judiciário, como um tribunal de justiça e um tribunal do trabalho.

Livro III
DOS SUJEITOS DO PROCESSO
(Arts. 70 a 187)

Título I
DAS PARTES E DOS PROCURADORES
(Arts. 70 a 112)

Capítulo I

Da Capacidade Processual
(Arts. 70 a 76)

Art. 70. Toda pessoa que se encontre no exercício de seus direitos tem capacidade para estar em juízo.

Art. 71. O incapaz será representado ou assistido por seus pais, por tutor ou por curador, na forma da lei.

Art. 72. O juiz nomeará curador especial ao:
 I – incapaz, se não tiver representante legal ou se os interesses deste colidirem com os daquele, enquanto durar a incapacidade;
 II – réu preso revel, bem como ao réu revel citado por edital ou com hora certa, enquanto não for constituído advogado.

Parágrafo único. A curatela especial será exercida pela Defensoria Pública, nos termos da lei.

Art. 73. O cônjuge necessitará do consentimento do outro para propor ação que verse sobre direito real imobiliário, salvo quando casados sob o regime de separação absoluta de bens.

§ 1º Ambos os cônjuges serão necessariamente citados para a ação:
 I – que verse sobre direito real imobiliário, salvo quando casados sob o regime de separação absoluta de bens;
 II – resultante de fato que diga respeito a ambos os cônjuges ou de ato praticado por eles;
 III – fundada em dívida contraída por um dos cônjuges a bem da família;
 IV – que tenha por objeto o reconhecimento, a constituição ou a extinção de ônus sobre imóvel de um ou de ambos os cônjuges.

§ 2º Nas ações possessórias, a participação do cônjuge do autor ou do réu somente é indispensável nas hipóteses de composse ou de ato por ambos praticado.

§ 3º Aplica-se o disposto neste artigo à união estável comprovada nos autos.

Art. 74. O consentimento previsto no art. 73 pode ser suprido judicialmente quando for negado por um dos cônjuges sem justo motivo, ou quando lhe seja impossível concedê-lo.

Parágrafo único. A falta de consentimento, quando necessário e não suprido pelo juiz, invalida o processo.

Art. 75. Serão representados em juízo, ativa e passivamente:

I – a União, pela Advocacia-Geral da União, diretamente ou mediante órgão vinculado;
II – o Estado e o Distrito Federal, por seus procuradores;
III – o Município, por seu prefeito ou procurador;
IV – a autarquia e a fundação de direito público, por quem a lei do ente federado designar;
V – a massa falida, pelo administrador judicial;
VI – a herança jacente ou vacante, por seu curador;
VII – o espólio, pelo inventariante;
VIII – a pessoa jurídica, por quem os respectivos atos constitutivos designarem ou, não havendo essa designação, por seus diretores;
IX – a sociedade e a associação irregulares e outros entes organizados sem personalidade jurídica, pela pessoa a quem couber a administração de seus bens;
X – a pessoa jurídica estrangeira, pelo gerente, representante ou administrador de sua filial, agência ou sucursal aberta ou instalada no Brasil;
XI – o condomínio, pelo administrador ou síndico.

§ 1º Quando o inventariante for dativo, os sucessores do falecido serão intimados no processo no qual o espólio seja parte.

§ 2º A sociedade ou associação sem personalidade jurídica não poderá opor a irregularidade de sua constituição quando demandada.

§ 3º O gerente de filial ou agência presume-se autorizado pela pessoa jurídica estrangeira a receber citação para qualquer processo.

§ 4º Os Estados e o Distrito Federal poderão ajustar compromisso recíproco para prática de ato processual por seus procuradores em favor de outro ente federado, mediante convênio firmado pelas respectivas procuradorias.

Art. 76. Verificada a incapacidade processual ou a irregularidade da representação da parte, o juiz suspenderá o processo e designará prazo razoável para que seja sanado o vício.

§ 1º Descumprida a determinação, caso o processo esteja na instância originária:

I – o processo será extinto, se a providência couber ao autor;
II – o réu será considerado revel, se a providência lhe couber;
III – o terceiro será considerado revel ou excluído do processo, dependendo do polo em que se encontre.

§ 2º Descumprida a determinação em fase recursal perante tribunal de justiça, tribunal regional federal ou tribunal superior, o relator:

I – não conhecerá do recurso, se a providência couber ao recorrente;
II – determinará o desentranhamento das contrarrazões, se a providência couber ao recorrido.

1. Observações. 2. Repetições. 3. Incapacidade e Irregularidade.

1. Observações – O Código de Processo Civil de 1973 tratava das partes e dos procuradores, do Ministério Público, dos órgãos judiciários e dos auxiliares da justiça, nos Títulos II a IV do seu Livro I. O Código de 2015 não se afastou dessa divisão, como se extrai do cotejo entre os dois diplomas. Ao cuidarem das partes e dos procuradores principiam eles pela capacidade processual, que é a capacidade para estar em juízo. Nos diferentes capítulos do Título I, o novo Código ocupa-se das partes, do juiz, dos órgãos jurisdicionais auxiliares e se expande, cuidando de outros elementos pertinentes a esses sujeitos. Diga-se que o CPC de hoje não difere, nas linhas gerais, do Código anterior. Daí o mero registro da repetição de normas, conquanto feita em dispositivos de numeração diferente.

2. Repetições – Consinta-se na repetição da advertência de que este livro não comenta os artigos repetidos, cuja interpretação haverá de ser buscada na doutrina e na jurisprudência do CPC de 1973.

O art. 70 do novo Código repete o art. 7º do CPC anterior com a anódina mudança da oração "que se acha" pela frase "que se encontra". O art. 71 repete o art. 8º da lei revogada, com a nota de que pôs no singular o substantivo **incapaz** e repetiu sem vantagem a preposição **por**. Também aqui procede a crítica de que muitos artigos do Código de 2015 e seus desdobramentos limitam-se a alterar a redação de dispositivos semelhantes do Código revogado, algumas vezes corretamente, noutras com alteração de aprimoramento duvidoso, noutras ainda de modo errôneo, todos demonstrando que um novo Código de Processo Civil era desnecessário pelas razões sucintamente expostas ao longo deste trabalho. Igualmente, no *caput* do art. 72 apenas se troca o verbo "dará" por "nomeará". Qual o proveito dessa modificação? Repetiu-se, no inciso I do art. 72, igual inciso do art. 9º, anterior, acrescentando-se ao *caput* a combinação **ao**, com que começavam os dois incisos do revogado art. 9º. A oração "enquanto durar a incapacidade" diz o óbvio. O inciso II do art. 72 restringiu, corretamente, a curatela processual ao réu preso, apenas quando for revel. De novo, a oração "enquanto não for constituído advogado" é demasiada. O parágrafo único do artigo deve ser interpretado de modo ampliativo porque nem todas as comarcas brasileiras dispõem de Defensoria Pública. Cautelosamente, o parágrafo vale-se do adjunto "nos termos da lei", para indicar que, não havendo Defensoria Pública, o juiz se valerá dos meios legais para supri-la, nomeando um curador dativo.

O art. 73 suprimiu o advérbio **somente**, do *caput* do art. 10 do Código anterior por causa da ressalva da última proposição do *caput*, onde não se exige a outorga do cônjuge, quando o regime de bens for o da separação absoluta. O vocábulo **casados** vai tomando acepção mais ampla, na medida que se reconhece como casamento a união homossexual, sobre a qual incidirá o artigo na sua inteireza.

No empenho de demonstrar a necessidade de um novo Código e para evadir-se da afirmação de que, na maior parte, se limitou a proceder a reformas inúteis, o legislador, no § 1º do art. 73, pôs no singular o substantivo **ações**, usado em igual parágrafo do art. 10 do Código anterior. No inciso I, também se exclui a necessidade da citação de ambos os cônjuges, quando for de absoluta separação o regime de bens. Neste ponto, o item conjuga-se com o *caput* do artigo. Tirante a singularização dos substantivos ato e fato, no plural, no inciso II do art. 10 do CPC de 1973, coincidem a redação do dispositivo anterior com a que agora aparece.

O inciso III tem redação mais curta do que a do inciso III do art. 10 do antigo CPC. É necessária a citação de ambos os cônjuges para as ações fundadas em dívida contraída por um deles – e, *a fortiori*, por ambos – a bem da família. Não importa que a ação seja de conhecimento, de execução, ou mesmo cautelar, preparatória ou incidente do processo daquelas (art. 300). O inciso fala, genericamente, em ação fundada em dívida, sem especificar a natureza da ação para a cobrança dela. É preciso que a dívida seja constituída "a bem da família", diz o inciso. A determinação da finalidade da dívida, ou ficará implícita, ou será explicitada e, por vezes, discutida e julgada por decisão interlocutória. Essa decisão restringe-se à determinação da necessidade da citação do par. Ela não obriga o juízo a julgar do mesmo modo questões que envolvam a discussão em torno do que possa consistir débito contraído em benefício da família. Judiciosas as decisões que presumem assumidas para a família as dívidas contraídas por qualquer dos cônjuges. A presunção é contudo relativa. Pode ser ilidida por qualquer meio de convencimento, como se a dívida decorresse da aquisição, por um dos cônjuges, de bem destinado a presentear terceira pessoa com quem o adquirente mantenha relações extraconjugais. Quanto aos atos ilícitos, cumpre determinar se foram, ou não, praticados com o intuito de beneficiar a família, matéria que refoge do âmbito do direito processual.

O inciso IV do art. 73 é repetição literal de igual item do art. 10 do Código de 1973, salvo quanto ao verbo **tenha**, posto no singular para corresponder ao sujeito **a ação**, escrito, no diploma revogado, no plural, exigido pelo sujeito **as ações**.

No § 2º apenas se substituiu **nos casos** por **nas hipóteses**, o que dá no mesmo, convindo, por conseguinte, consultar doutrina e julgados do mesmo parágrafo do art. 10 do velho CPC.

O § 3º manda aplicar o disposto no artigo à união estável, "comprovada nos autos" e, acrescente-se, declarada por decisão interlocutória cuja eficácia se restringe a determinar a necessidade da citação, não se estendendo todavia a qualquer outra parte do processo em que se discuta a existência de tal situação.

Não há diferença essencial entre o art. 11 e parágrafo único do Código revogado e o art. 74 e parágrafo único do atual. Consulte-se, então, a doutrina e a jurisprudência daquele, dando-se alguma atenção à troca de palavras que contudo não modificou a norma anterior.

Coincide o *caput* do art. 75 do atual Código com o do art. 12 da lei anterior. O inciso III do art. 75 repete o inciso II do art. 12 do diploma revogado. Por igual, o inciso VI reproduz o anterior inciso IV; o VII é igual ao V; o X copiou o VIII e o XI, o anterior inciso IX.

O inciso I do art. 75 fala que a União será representada, diretamente, por sua Advocacia-Geral, ou mediante órgão vinculado, caso em que a representação será indireta, como ocorrerá, por exemplo, quando algum órgão da administração direta possuir procuradoria ou serviço jurídico próprio, caso em que esse órgão estará vinculado, não à AGU, porém à União mesma. O inciso II foi extraído do inciso I do art. 12 do Código anterior, eliminando-se a referência deste aos territórios, hoje inexistentes, mas que teriam representação semelhante, se voltassem a existir. As autarquias e fundações serão representadas como dispuserem a lei ou os atos que lhes regem o funcionamento. Nunca se entenda a expressão "ente federado", do § 4º, como abrangente da União porque ela não tem essa natureza e a sua representação é disciplinada pelo inciso I. O inciso V do art. 75 só é diferente do inciso IV do art. 12 da lei anterior porque substituiu a palavra **síndico** por **administrador judicial**, como fez a vigente Lei nº 11.101, de 9 de fevereiro de 2005, reguladora da falência e da recuperação judicial. O inciso VIII alterou apenas na forma o item VI do art. 12 da lei revogada. Pôs no singular a referência a pessoa jurídica, substituiu, corretamente, o substantivo **estatutos** por **atos constitutivos**, já que aquele nome se aplica, geralmente, às companhias, e trocou a oração "não os designando" pela frase "não havendo essa designação". Já se vê que a norma não foi modificada, salvo na sua enunciação. A referência do inciso IX do art. 75 às sociedades ou associações irregulares e outros entes organizados sem personalidade jurídica aprimorou o inciso VII anterior, que mencionava as sociedades sem personalidade jurídica. Deve-se interpretar o inciso IX como abrangente de pessoas jurídicas ainda em formação, ou constituídas sem observância das normas disciplinadoras da sua formação, bem como os outros entes que se poderiam designar de pessoas formais, insuficiente a classificação das pessoas apenas em físicas e jurídicas. A identificação dos entes de que tratou o inciso deve ser buscada no direito material.

O exame dos quatro parágrafos do art. 75 mostra que, verdadeiramente, só o último deles constitui inovação. O § 1º fala apenas em sucessores do falecido, enquanto, no § 1º do art. 12 do Código anterior aparecia a menção a herdeiros ou sucessores. O parágrafo também determinou a intimação desses sucessores para irem ao processo em que o espólio seja parte, se o inventariante for dativo. Essa norma encontra-se interpretada na doutrina e jurisprudência do § 1º do art. 12 do Código anterior. Veja-se que agora o § 1º fala em intimação no processo, devendo-se entendê-la como intimação para ciência do processo. Ao contrário da citação, ordenada no § 1º do art. 12 do Código de 1973, essa intimação não integra o sucessor no processo, como acontecia anteriormente com a citação. Ela apenas dá ciência do processo, para que o sucessor nele intervenha como terceiro, ou formule pedido de litisconsórcio. A coisa julgada nessas ações alcança indiretamente os sucessores porque se opera relativamente ao espólio.

A norma do § 2º do art. 75 é idêntica à do § 2º do art. 12 do Código de 1973. O § 3º concentrou na frase "para qualquer processo", a referência do § 3º do art. 12 às três espécies do processo civil contencioso e aos procedimentos especiais. O uso do pronome **qualquer** é abrangente, inclusive dos processos de jurisdição voluntária que, imperfeitamente, o Código revogado e a doutrina chamam procedimento, como se pudesse haver movimento sem móvel.

O § 4º é disposição nova no Direito Processual Civil positivo brasileiro. Em linguagem extensa, o dispositivo autoriza Estados e Distrito Federal a celebrarem convênios mediante os quais os procuradores de uma unidade possam praticar atos processuais do interesse da outra. A reciprocidade não é essencial, admitindo-se que uma dessas unidades celebre convênio com outra para que os procuradores desta última a representem, sem que a representada assuma igual compromisso. Se a reciprocidade entrega a um ente a representação de outro, nada obsta a que uma dessas partes ajuste com a outra a sua representação porque a prestação recíproca contém a representação isolada de cada parte. Os atos processuais a que se refere o parágrafo são todos aqueles que não exigem a prática do ato exclusivamente pela parte, ou por meio de autorização expressa dela, como a transação, o reconhecimento da procedência do pedido, a renúncia ao direito sobre o qual se funda a ação.

3. Incapacidade e Irregularidade – O art. 76 não difere do art. 13 do CPC anterior, salvo a alteração dos modos verbais. O § 1º do art. 75 é semelhante à segunda proposição do velho art. 13.

A redação do inciso I do § 1º é diferente do inciso I do art. 13, anterior, porquanto ali se fala, corretamente, em extinção do processo, enquanto aqui se alude à nulidade dele. A capacidade da parte é pressuposto processual, sem cuja regularidade o processo se extingue sem julgamento do mérito. Daí ser precisa a redação do inciso, quando fala em extinção, em vez de nulidade.

O inciso II comina ao réu a mesma sanção de igual inciso do art. 13 da lei anterior. Agiu com demasia o novo Código ao esclarecer o óbvio, quando diz que o réu será considerado revel, se a providência lhe couber. Estranho seria que se aplicasse essa sanção ao demandado por contumácia quando a providência a ele não incumbe.

O inciso III desentende-se com o art. 344, na literalidade de ambos, porque este último mostra que a revelia é a falta de contestação, evidentemente do réu: "se o réu não contestar a ação[...]". Ordenando que se considere revel o terceiro que descumpriu a determinação, esse inciso lhe comina a pena de revelia, que, no caso do item, surtirá os efeitos previstos, *mutatis mutandis*, nos arts. 344 a 346 do novo Código, isto é, presumir-se-ão verdadeiras as alegações de fato formuladas contra o terceiro, salvo nas hipóteses do art. 345. Todavia, o terceiro continuará no processo, do qual só será excluído, se se encontrar no polo ativo do feito. Assim, são presumidas as alegações de fato suscitadas contra o terceiro, que só será excluído se integrar o polo ativo do processo, como ocorre, v.g, quando ele for assistente do autor. Na hipótese de denunciação da lide, que é, na verdade, uma ação, e em qualquer outra semelhante, aplica-se, na totalidade, o inciso III, do § 1º desse art. 76.

O § 2º volta-se para o descumprimento da determinação depois de interposto recurso, e durante o processamento dele. Se a providência desatendida competir ao recorrente, o relator não conhecerá do recurso (*rectius*, não o admitirá). Não se pode, entretanto, interpretar o inciso, desconsiderando a hipótese de haver mais de um recorrente. Nesse caso, só não se admitirá o recurso do recorrente desidioso, admitindo-se, contudo, o recurso de outro ou outros recorrentes, que bem pode aproveitar o do recorrente penalizado. O inciso II do § 2º ordena o desentranhamento das contrarrazões (leia-se: resposta) do recorrido. Ele, no entanto, permanecerá no processo e poderá recorrer do acórdão que julgou o recurso sem sua resposta.

CAPÍTULO II

DOS DEVERES DAS PARTES E DE SEUS PROCURADORES
(ARTS. 77 A 102)

1. Observações – Exceto a substituição da contração **dos** pela preposição **de**, a epígrafe deste Capítulo II repete a do capítulo de igual número do Título II do Livro I do CPC de 1973. Anódina a mudança, vale notar todavia que o novo Código pôs, no Livro III, o que, naquele diploma, se encontrava no Livro I. O legislador dividiu o capítulo em quatro seções, explicitando, na epígrafe da sua Seção III, que ali também se trata dos honorários, tal como nos arts. 20 a 28 da lei revogada.

SEÇÕES I A IV
(ARTS. 77 A 102)

1. Observações. **2.** Seção I – Dos Deveres. **3.** Sanções. **4.** Seção II – Da Responsabilidade das Partes por Dano Processual. **5.** Seção III – Das Despesas, dos Honorários Advocatícios e das Multas. **6.** Seção IV – Da Gratuidade da Justiça.

1. Observações (Deveres das partes e de seus procuradores) – O Código de Processo Civil de 1973 tratava das partes e dos seus procuradores, no Título II do seu Livro I, desdobrado aquele em seis capítulos (arts. 7º a 80). O novo Código dedicou à matéria os quatro capítulos do Título I do Livro III da sua Parte Geral. Ao contrário do vencido CPC, o atual abriu novos títulos, II e III, para cuidar dos litisconsortes e dos terceiros. Se se pode restringir o conceito de parte aos ocupantes dos dois polos da relação processual, autor e réu, não cabe excluir do meio deles, os litisconsortes, necessariamente ocupantes de uma dessas duas partes. Só se compreende o tratamento do litisconsórcio em título separado pelas peculiaridades do instituto, tratado por meio de diferentes normas. Acrescente-se todavia que há um conceito amplo de parte, que permite estender essa natureza absolutamente a todos quantos figuram no processo.

Se se compreende a extensão do título reservado às partes e aos procuradores na Lei nº 13.105, não se pode concordar com a distribuição das normas, muitas delas postas em parágrafos, quando melhor seria a sua interpretação e aplicação se constassem de dispositivos distintos. Veja-se que o art. 77 tem oito parágrafos, o art. 80, sete incisos, e o art. 85, nada menos que dezenove parágrafos, desdobrado o § 2º em quatro incisos, o § 3º, em cinco, e em quatro o § 4º. Positivamente, não é assim que se legisla no Brasil.

Acrescente-se que, na parte agora examinada, o Código trata dos procuradores judiciais, mandatários sem dúvida, mas constituídos para agir no processo, ligados à parte, sob esse aspecto, por um vínculo que não é contratual, como ocorre no mandato instituído pelo direito privado mas uma relação jurídica de direito público, formada para atender um imperativo legal (art. 103 e ss.). A função processual de procurador, a atuação dele no processo encontra-se regulada na lei processual, disciplinadas pelas regras de direito material as relações concernentes à prestação dos serviços contratados.

Procuradores, no CPC, não são apenas aqueles constituídos pela parte, como ainda os que postularem em nome dela por força de lei, como no caso dos advogados públicos (art. 182), ou dos nomeados pelo juiz (v.g., art. 72).

2. Seção I – Dos Deveres (arts. 77 e 78)

Art. 77. Além de outros previstos neste Código, são deveres das partes, de seus procuradores e de todos aqueles que de qualquer forma participem do processo:

    I – expor os fatos em juízo conforme a verdade;

    II – não formular pretensão ou de apresentar defesa quando cientes de que são destituídas de fundamento;

    III – não produzir provas e não praticar atos inúteis ou desnecessários à declaração ou à defesa do direito;

    IV – cumprir com exatidão as decisões jurisdicionais, de natureza provisória ou final, e não criar embaraços à sua efetivação;

    V – declinar, no primeiro momento que lhes couber falar nos autos, o endereço residencial ou profissional onde receberão intimações, atualizando essa informação sempre que ocorrer qualquer modificação temporária ou definitiva;

    VI – não praticar inovação ilegal no estado de fato de bem ou direito litigioso.

§ 1º Nas hipóteses dos incisos IV e VI, o juiz advertirá qualquer das pessoas mencionadas no *caput* de que sua conduta poderá ser punida como ato atentatório à dignidade da justiça.

§ 2º A violação ao disposto nos incisos IV e VI constitui ato atentatório à dignidade da justiça, devendo o juiz, sem prejuízo das sanções criminais, civis e processuais cabíveis, aplicar ao responsável multa de até vinte por cento do valor da causa, de acordo com a gravidade da conduta.

§ 3º Não sendo paga no prazo a ser fixado pelo juiz, a multa prevista no § 2º será inscrita como dívida ativa da União ou do Estado após o trânsito em julgado da decisão que a fixou, e sua execução observará o procedimento da execução fiscal, revertendo-se aos fundos previstos no art. 97.

§ 4º A multa estabelecida no § 2º poderá ser fixada independentemente da incidência das previstas nos arts. 523, § 1º, e 536, § 1º.

§ 5º Quando o valor da causa for irrisório ou inestimável, a multa prevista no § 2º poderá ser fixada em até 10 (dez) vezes o valor do salário-mínimo.

§ 6º Aos advogados públicos ou privados e aos membros da Defensoria Pública e do Ministério Público não se aplica o disposto nos §§ 2º a 5º, devendo eventual responsabilidade disciplinar ser apurada pelo respectivo órgão de classe ou corregedoria, ao qual o juiz oficiará.

§ 7º Reconhecida violação ao disposto no inciso VI, o juiz determinará o restabelecimento do estado anterior, podendo, ainda, proibir a parte de falar nos autos até a purgação do atentado, sem prejuízo da aplicação do § 2º.

§ 8º O representante judicial da parte não pode ser compelido a cumprir decisão em seu lugar.

Art. 78. É vedado às partes, a seus procuradores, aos juízes, aos membros do Ministério Público e da Defensoria Pública e a qualquer pessoa que participe do processo empregar expressões ofensivas nos escritos apresentados.

§ 1º Quando expressões ou condutas ofensivas forem manifestadas oral ou presencialmente, o juiz advertirá o ofensor de que não as deve usar ou repetir, sob pena de lhe ser cassada a palavra.

§ 2º De ofício ou a requerimento do ofendido, o juiz determinará que as expressões ofensivas sejam riscadas e, a requerimento do ofendido, determinará a expedição de certidão com inteiro teor das expressões ofensivas e a colocará à disposição da parte interessada.

Comparado o art. 14 do Código anterior com o art. 77 do atual, aparece, como novidade, a supérflua referência aos procuradores, implicitamente contida, na lei revogada, que usou a expressão genérica "todos aqueles". O inciso II está mal escrito, quando reza que são deveres das partes, de seus procuradores e demais participantes do processo não formular pretensão ou apresentar defesa quando cientes de que são destituídos de fundamento. Entende-se que é defeso às partes apresentar defesas de tal ordem, dispensável o substantivo **pretensão**, assim como a preposição **de** antes de **apresentar**. Idênticos os incs. III e IV aos incs. IV e V do revogado art. 14. Ainda no item IV, substituiu-se o substantivo plural **provimentos** por **decisões** para evitar a repetição do vocábulo e fala-se em natureza **provisória**, mais abrangente do que **antecipatórias**. Acrescentou-se o inciso V, que determina a todos a indicação do endereço residencial, ou, quando se tratar de advogado, ou órgãos jurisdicionais auxiliares, como o perito e seus assistentes, o endereço profissional onde receberão intimações. A inobservância do dispositivo não gera nulidade, mas o descumprimento da determinação de que se supra a omissão acarreta o desentranhamento da peça deficiente, se se trata do réu ou de outras pessoas, ou o indeferimento da inicial, cuidando-se do autor. Vejam-se, porém, os §§ 1º a 3º do art. 319. O inciso VI poda a prática de inovação ilegal no estado de falta de bem ou direito litigioso, mas com a ressalva, *a contrario sensu* pelo uso do adjetivo **ilegais**, da inovação legal. A ilegalidade pode ser sanada por decisão judicial, no âmbito do próprio processo, mediante incidente, que, na substância, substitui o atentado do CPC anterior (arts. 879 a 881). Por isto, aliás, o novo Código retirou o atentado do elenco de procedimentos cautelares, sem que, entretanto, o incidente de que aqui se trata haja abolido um meio de restituir o processo ao estado anterior. Nada obsta a que o juiz, tal como ocorria no art. 880 do diploma revogado, mande processar o incidente em autos apartados que se acrescentam ao processo principal. O juiz julgará o incidente, nos termos do § 7º, proferindo decisão interlocutória.

3. Sanções – Conforme o § 1º do art. 77, o juiz advertirá as partes, seus procuradores e qualquer outra pessoa que intervenha no processo de que a infração dos incisos IV e VI é atentatória à dignidade da justiça, suscetível de sanção. Essa advertência não constitui decisão interlocutória, mas simples ato jurisdicional não decisório, diferente da punição de que cogita o dispositivo, interlocutória, aí sim, a decisão que impõe a pena. Também é interlocutória a imposição da multa de que trata o § 2º. A multa haverá de aplicar-se com observância dos princípios constitucionais da proporcionalidade e razoabilidade, postos, implicitamente, nos incs. LIV e LV do art. 5º da Constituição Federal. O § 4º torna autônoma a multa que não será anulada pelas sanções que ali se indicam. Incide o § 5º, quando o valor da causa for irrisório ou inestimável. O salário-mínimo será o vigente na data da violação e não da decisão, que se pode distanciar do ilícito. O § 6º inclui a possibilidade de imposição da multa aos advogados públicos e privados, isto é, aos que exerçam a advocacia na condição de servidores públicos, que atuam nos órgãos da administração direta e indireta. Os advogados, que o parágrafo chama privados, são os profissionais liberais, que exercem a profissão desvinculados do Poder Público, incluindo-se nessa categoria os advogados das sociedades de economia mista, considerada a natureza desses entes. Mediante ofício, acompanhado das peças pertinentes, o juiz dará ciência da infração aos órgãos de classe, ou à corregedoria, que aplicarão ao faltoso as sanções cabíveis, sempre previstas na lei. Extrai-se do § 8º que a sanção deve ser aplicada à parte, e não ao seu representante, quando dela partir o ilícito, hipótese nada frequente, já que a parte, normalmente, não pratica atos processuais, sendo representada. Tutores, curadores, administradores judiciais pagam a multa, se a pena lhes for cominada.

O art. 78 repete o art. 15 do Código de 1973, acrescentando-lhe, porém, referência aos procuradores, membros do MP e defensores, e também os juízes, e outros participantes do processo. Explicitação do que se encontrava implícito no anterior art. 15. Na conformidade do § 1º, o juiz advertirá o ofensor de que não deve repetir a transgressão, sob pena de cassar-lhe a palavra, quando ela for feita oralmente, pois a sanção é prevista para a hipótese de manifestação oral. Essa manifestação é a que se enuncia em qualquer momento, de viva voz, presente, ou não, a pessoa a quem se dirige o doesto. O § 2º manda que o juiz determine a risca da palavra ou frase ofensiva. Como essa determinação constitui decisão interlocutória, suscetível de reversão pelo próprio juiz, ou pelo tribunal, pode o juiz apenas assinalar, a lápis, as palavras agressivas, a fim de que se proceda à riscagem somente depois de preclusa a decisão, como pode determinar a enumeração delas em termo nos autos. Se o ofendido requerer, o juiz pode determinar que a serventia lhe forneça certidão das palavras ofensivas, seguramente para que ele tome as iniciativas disciplinares civis e penais cabíveis.

Quando o ofensor for o juiz, a parte molestada pode pedir-lhe que, em retratação, risque a palavra ou frase injuriosas. Indeferido o requerimento, poderá formular representação contra o magistrado de qualquer instância. A ofensa poderá ser punida pelos órgãos disciplinares a que estiver submetido o juiz, os quais contudo não poderão ordenar o risco, pela falta de competência jurisdicional.

4. Seção II – Da Responsabilidade das Partes por Dano Processual (arts. 79 a 81)

Art. 79. Responde por perdas e danos aquele que litigar de má-fé como autor, réu ou interveniente.

Art. 80. Considera-se litigante de má-fé aquele que:
    I – deduzir pretensão ou defesa contra texto expresso de lei ou fato incontroverso;
    II – alterar a verdade dos fatos;
    III – usar do processo para conseguir objetivo ilegal;
    IV – opuser resistência injustificada ao andamento do processo;
    V – proceder de modo temerário em qualquer incidente ou ato do processo;

VI – provocar incidente manifestamente infundado;
VII – interpuser recurso com intuito manifestamente protelatório.

Art. 81. De ofício ou a requerimento, o juiz condenará o litigante de má-fé a pagar multa, que deverá ser superior a um por cento e inferior a dez por cento do valor corrigido da causa, a indenizar a parte contrária pelos prejuízos que esta sofreu e a arcar com os honorários advocatícios e com todas as despesas que efetuou.

§1º Quando forem 2 (dois) ou mais os litigantes de má-fé, o juiz condenará cada um na proporção de seu respectivo interesse na causa ou solidariamente aqueles que se coligaram para lesar a parte contrária.

§ 2º Quando o valor da causa for irrisório ou inestimável, a multa poderá ser fixada em até 10 (dez) vezes o valor do salário-mínimo.

§ 3º O valor da indenização será fixado pelo juiz ou, caso não seja possível mensurá-lo, liquidado por arbitramento ou pelo procedimento comum, nos próprios autos.

Observações – Esta seção repete os arts. 16 a 18 do Código de Processo anterior, com as pequenas modificações que aqui se apontam. Por esta razão remetem-se os interessados à doutrina e jurisprudência daqueles dispositivos, já que o propósito deste livro é anotar as modificações de substância nas normas semelhantes do Código de 1973, bem como os dispositivos que agora aparecem.

O art. 81 é idêntico ao art. 18 do Código revogado, salvo quanto à multa, que será fixada em montante superior, maior portanto, a um por cento do valor corrigido da causa, na hora em que se pagar a penalidade, e inferior, assim menor, a dez por cento. O § 2º do artigo repete o § 5º do art. 78 do CPC anterior.

5. Seção III – Das Despesas, dos Honorários Advocatícios e das Multas (arts. 82 a 97)

Art. 82. Salvo as disposições concernentes à gratuidade da justiça, incumbe às partes prover as despesas dos atos que realizarem ou requererem no processo, antecipando-lhes o pagamento, desde o início até a sentença final ou, na execução, até a plena satisfação do direito reconhecido no título.

§ 1º Incumbe ao autor adiantar as despesas relativas a ato cuja realização o juiz determinar de ofício ou a requerimento do Ministério Público, quando sua intervenção ocorrer como fiscal da ordem jurídica.

§ 2º A sentença condenará o vencido a pagar ao vencedor as despesas que antecipou.

Art. 83. O autor, brasileiro ou estrangeiro, que residir fora do Brasil ou deixar de residir no país ao longo da tramitação de processo prestará caução suficiente ao pagamento das custas e dos honorários de advogado da parte contrária nas ações que propuser, se não tiver no Brasil bens imóveis que lhes assegurem o pagamento.

§ 1º Não se exigirá a caução de que trata o *caput*:
  I – quando houver dispensa prevista em acordo ou tratado internacional de que o Brasil faz parte;
  II – na execução fundada em título extrajudicial e no cumprimento de sentença;
  III – na reconvenção.

§ 2º Verificando-se no trâmite do processo que se desfalcou a garantia, poderá o interessado exigir reforço da caução, justificando seu pedido com a indicação da depreciação do bem dado em garantia e a importância do reforço que pretende obter.

Art. 84. As despesas abrangem as custas dos atos do processo, a indenização de viagem, a remuneração do assistente técnico e a diária de testemunha.

Art. 85. A sentença condenará o vencido a pagar honorários ao advogado do vencedor.

§ 1º São devidos honorários advocatícios na reconvenção, no cumprimento de sentença, provisório ou definitivo, na execução, resistida ou não, e nos recursos interpostos, cumulativamente.

§ 2º Os honorários serão fixados entre o mínimo de dez e o máximo de vinte por cento sobre o valor da condenação, do proveito econômico obtido ou, não sendo possível mensurá-lo, sobre o valor atualizado da causa, atendidos:
  I – o grau de zelo do profissional;
  II – o lugar de prestação do serviço;
  III – a natureza e a importância da causa;
  IV – o trabalho realizado pelo advogado e o tempo exigido para o seu serviço.

§ 3º Nas causas em que a Fazenda Pública for parte, a fixação dos honorários observará os critérios estabelecidos nos incisos I a IV do § 2º e os seguintes percentuais:
  I – mínimo de dez e máximo de vinte por cento sobre o valor da condenação ou do proveito econômico obtido até 200 (duzentos) salários-mínimos;
  II – mínimo de oito e máximo de dez por cento sobre o valor da condenação ou do proveito econômico obtido acima de 200 (duzentos) salários-mínimos até 2.000 (dois mil) salários-mínimos;
  III – mínimo de cinco e máximo de oito por cento sobre o valor da condenação ou do proveito econômico obtido acima de 2.000 (dois mil) salários-mínimos até 20.000 (vinte mil) salários-mínimos;
  IV – mínimo de três e máximo de cinco por cento sobre o valor da condenação ou do proveito econômico obtido acima de 20.000 (vinte mil) salários-mínimos até 100.000 (cem mil) salários-mínimos;
  V – mínimo de um e máximo de três por cento sobre o valor da condenação ou do proveito econômico obtido acima de 100.000 (cem mil) salários-mínimos.

§ 4º Em qualquer das hipóteses do § 3º:
  I – os percentuais previstos nos incisos I a V devem ser aplicados desde logo, quando for líquida a sentença;

II – não sendo líquida a sentença, a definição do percentual, nos termos previstos nos incisos I a V, somente ocorrerá quando liquidado o julgado;

III – não havendo condenação principal ou não sendo possível mensurar o proveito econômico obtido, a condenação em honorários dar-se-á sobre o valor atualizado da causa;

IV – será considerado o salário-mínimo vigente quando prolatada sentença líquida ou o que estiver em vigor na data da decisão de liquidação.

§ 5º Quando, conforme o caso, a condenação contra a Fazenda Pública ou o benefício econômico obtido pelo vencedor ou o valor da causa for superior ao valor previsto no inciso I do § 3º, a fixação do percentual de honorários deve observar a faixa inicial e, naquilo que a exceder, a faixa subsequente, e assim sucessivamente.

§ 6º Os limites e critérios previstos nos §§ 2º e 3º aplicam-se independentemente de qual seja o conteúdo da decisão, inclusive aos casos de improcedência ou de sentença sem resolução de mérito.

§ 7º Não serão devidos honorários no cumprimento de sentença contra a Fazenda Pública que enseje expedição de precatório, desde que não tenha sido impugnada.

§ 8º Nas causas em que for inestimável ou irrisório o proveito econômico ou, ainda, quando o valor da causa for muito baixo, o juiz fixará o valor dos honorários por apreciação equitativa, observando o disposto nos incisos do § 2º.

§ 9º Na ação de indenização por ato ilícito contra pessoa, o percentual de honorários incidirá sobre a soma das prestações vencidas acrescida de 12 (doze) prestações vincendas.

§ 10. Nos casos de perda do objeto, os honorários serão devidos por quem deu causa ao processo.

§ 11. O tribunal, ao julgar recurso, majorará os honorários fixados anteriormente levando em conta o trabalho adicional realizado em grau recursal, observando, conforme o caso, o disposto nos §§ 2º a 6º, sendo vedado ao tribunal, no cômputo geral da fixação de honorários devidos ao advogado do vencedor, ultrapassar os respectivos limites estabelecidos nos §§ 2º e 3º para a fase de conhecimento.

§ 12. Os honorários referidos no § 11 são cumuláveis com multas e outras sanções processuais, inclusive as previstas no art. 77.

§ 13. As verbas de sucumbência arbitradas em embargos à execução rejeitados ou julgados improcedentes e em fase de cumprimento de sentença serão acrescidas no valor do débito principal, para todos os efeitos legais.

§ 14. Os honorários constituem direito do advogado e têm natureza alimentar, com os mesmos privilégios dos créditos oriundos da legislação do trabalho, sendo vedada a compensação em caso de sucumbência parcial.

§ 15. O advogado pode requerer que o pagamento dos honorários que lhe caibam seja efetuado em favor da sociedade de advogados que integra na qualidade de sócio, aplicando-se à hipótese o disposto no § 14.

§ 16. Quando os honorários forem fixados em quantia certa, os juros moratórios incidirão a partir da data do trânsito em julgado da decisão.

§ 17. Os honorários serão devidos quando o advogado atuar em causa própria.

§ 18. Caso a decisão transitada em julgado seja omissa quanto ao direito aos honorários ou ao seu valor, é cabível ação autônoma para sua definição e cobrança.

§ 19. Os advogados públicos perceberão honorários de sucumbência, nos termos da lei.

Art. 86. Se cada litigante for, em parte, vencedor e vencido, serão proporcionalmente distribuídas entre eles as despesas.

Parágrafo único. Se um litigante sucumbir em parte mínima do pedido, o outro responderá, por inteiro, pelas despesas e pelos honorários.

Art. 87. Concorrendo diversos autores ou diversos réus, os vencidos respondem proporcionalmente pelas despesas e pelos honorários.

§ 1º A sentença deverá distribuir entre os litisconsortes, de forma expressa, a responsabilidade proporcional pelo pagamento das verbas previstas no *caput*.

§ 2º Se a distribuição de que trata o § 1º não for feita, os vencidos responderão solidariamente pelas despesas e pelos honorários.

Art. 88. Nos procedimentos de jurisdição voluntária, as despesas serão adiantadas pelo requerente e rateadas entre os interessados.

Art. 89. Nos juízos divisórios, não havendo litígio, os interessados pagarão as despesas proporcionalmente a seus quinhões.

Art. 90. Proferida sentença com fundamento em desistência, em renúncia ou em reconhecimento do pedido, as despesas e os honorários serão pagos pela parte que desistiu, renunciou ou reconheceu.

§ 1º Sendo parcial a desistência, a renúncia ou o reconhecimento, a responsabilidade pelas despesas e pelos honorários será proporcional à parcela reconhecida, à qual se renunciou ou da qual se desistiu.

§ 2º Havendo transação e nada tendo as partes disposto quanto às despesas, estas serão divididas igualmente.

§ 3º Se a transação ocorrer antes da sentença, as partes ficam dispensadas do pagamento das custas processuais remanescentes, se houver.

§ 4º Se o réu reconhecer a procedência do pedido e, simultaneamente, cumprir integralmente a prestação reconhecida, os honorários serão reduzidos pela metade.

Art. 91. As despesas dos atos processuais praticados a requerimento da Fazenda Pública, do Ministério Público ou da Defensoria Pública serão pagas ao final pelo vencido.

§ 1º As perícias requeridas pela Fazenda Pública, pelo Ministério Público ou pela Defensoria Pública poderão ser realizadas por entidade pública ou, havendo previsão orçamentária, ter os valores adiantados por aquele que requerer a prova.

§ 2º Não havendo previsão orçamentária no exercício financeiro para adiantamento dos honorários periciais, eles serão pagos no exercício seguinte ou ao final, pelo vencido, caso o processo se encerre antes do adiantamento a ser feito pelo ente público.

Art. 92. Quando, a requerimento do réu, o juiz proferir sentença sem resolver o mérito, o autor não poderá propor novamente a ação sem pagar ou depositar em cartório as despesas e os honorários a que foi condenado.

Art. 93. As despesas de atos adiados ou cuja repetição for necessária ficarão a cargo da parte, do auxiliar da justiça, do órgão do Ministério Público ou da Defensoria Pública ou do juiz que, sem justo motivo, houver dado causa ao adiamento ou à repetição.

Art. 94. Se o assistido for vencido, o assistente será condenado ao pagamento das custas em proporção à atividade que houver exercido no processo.

Art. 95. Cada parte adiantará a remuneração do assistente técnico que houver indicado, sendo a do perito adiantada pela parte que houver requerido a perícia ou rateada quando a perícia for determinada de ofício ou requerida por ambas as partes.

§ 1º O juiz poderá determinar que a parte responsável pelo pagamento dos honorários do perito deposite em juízo o valor correspondente.

§ 2º A quantia recolhida em depósito bancário à ordem do juízo será corrigida monetariamente e paga de acordo com o art. 465, § 4º.

§ 3º Quando o pagamento da perícia for de responsabilidade de beneficiário de gratuidade da justiça, ela poderá ser:

I – custeada com recursos alocados no orçamento do ente público e realizada por servidor do Poder Judiciário ou por órgão público conveniado;

II – paga com recursos alocados no orçamento da União, do Estado ou do Distrito Federal, no caso de ser realizada por particular, hipótese em que o valor será fixado conforme tabela do tribunal respectivo ou, em caso de sua omissão, do Conselho Nacional de Justiça.

§ 4º Na hipótese do § 3º, o juiz, após o trânsito em julgado da decisão final, oficiará a Fazenda Pública para que promova, contra quem tiver sido condenado ao pagamento das despesas processuais, a execução dos valores gastos com a perícia particular ou com a utilização de servidor público ou da estrutura de órgão público, observando-se, caso o responsável pelo pagamento das despesas seja beneficiário de gratuidade da justiça, o disposto no art. 98, § 2º.

§ 5º Para fins de aplicação do § 3º, é vedada a utilização de recursos do fundo de custeio da Defensoria Pública.

Art. 96. O valor das sanções impostas ao litigante de má-fé reverterá em benefício da parte contrária, e o valor das sanções impostas aos serventuários pertencerá ao Estado ou à União.

Art. 97. A União e os Estados podem criar fundos de modernização do Poder Judiciário, aos quais serão revertidos os valores das sanções pecuniárias processuais destinadas à União e aos Estados, e outras verbas previstas em lei.

a. Observações. b. Repetições e semelhanças.

a. Observações – A epígrafe desta seção difere da que encimou a Seção III (arts. 19 a 35) do Capítulo II do Título II do Livro I do CPC de 1973, pela inserção da referência aos honorários advocatícios, que, entretanto, eram também tratados naquela parte. Embora muito longa esta seção, desdobrada em dezesseis artigos, parágrafos e incisos, ela contém poucas normas que não se encontravam no direito anterior. Cabe, de novo, observar que, aqui e ali, o legislador apenas procedeu a uma desnecessária troca de palavras, provavelmente com o ânimo de mostrar que elaborava um novo Código.

b. Repetições e Semelhanças – O *caput* do art. 82 acompanha o do art. 19 do Código anterior. O § 1º desse artigo reproduz o § 2º do art. 19, devendo-se aprovar a substituição do verbo **competir** pelo verbo **incumbir** e a ressalva de que só se admitem despesas com atos requeridos pelo Ministério Público, quando ele atuar como fiscal da lei, e não como parte, ou terceiro. O § 2º repete o *caput* do art. 20 do CPC de 1973, cuja segunda proposição se encontra agora no art. 85.

No *caput*, o art. 83 reproduz o art. 835 do Código anterior. O inciso II do § 1º afasta a necessidade da caução, em se tratando de execução de título extrajudicial, repetindo o disposto no inciso I daquele artigo. Dispensa também a caução, quando se tratar de execução de título extrajudicial ou de cumprimento da sentença, que é execução de título judicial (art. 515), pois o autor se saiu vencedor. Tal como o inciso II do revogado art. 836, o inciso III do art. 83, que agora se anota, exclui a caução na hipótese de reconvenção, já que essa garantia o *caput* do art. 83 a exige do autor, réu na reconvenção, jamais autor dela. O item I do § 1º deste art. 83 afasta a caução, se dispensada em acordo ou tratado de que o Brasil faça parte, norma especial, excludente de incidência da geral. O § 2º permite ao interessado, que é o réu, o Ministério Público, ou o terceiro interveniente pedir reforço da caução, assim como também permitia o art. 837 do CPC de 1973. Não se repetiu, no entanto, o erro daquele artigo que falava em petição inicial do pedido de reforço que se faz, nos autos principais, onde se instaurou o incidente, ou nos da própria caução.

O art. 84 do novo Código ecoa o § 2º do anterior art. 20, que já definia despesas, em enumeração exemplificativa.

O art. 85 encerra norma afim do *caput* do revogado art. 20. Note-se todavia que, enquanto este último falava em condenação do vencido no pagamento de honorários advocatícios ao vencedor, o novo dispositivo determina o pagamento, não ao vencedor, porém ao advogado do vencedor. Indaga-se, apenas, se honorários de advogado serão devidos a quem ficou revel e não se fez representar por advogado, ou foi representado pelo defensor público, pelo Ministério Público, ou por pessoa proibida por lei de receber honorários. Há que se observar que o fato da derrota fez o vencido devedor de honorários, como uma penalidade decorrente da presunção de que levou o vencedor a juízo. Esse aspecto punitivo determina a condenação em honorários, que serão embolsados pelo próprio vencedor. O novo Código não repetiu, por desnecessária, a norma do art. 20, aliás redigida com deficiência técnica, de que os honorários se deveriam ainda quando o vencedor advogasse em causa própria. Prevalece esse entendimento porque, permitindo a lei, que a parte atue em causa própria, vislumbra-se, na atuação dela, a condição de parte e a função de advogado, que se podem distinguir, embora formalmente se confundam.

O § 1º do art. 85 estatui que os honorários de advogado serão devidos na reconvenção. Mostra o dispositivo, pelo uso do advérbio **cumulativamente**, que os honorários cominados ao vencido na ação não obstam à cominação de honorários na reconvenção, impositivos, ainda quando o vencedor da ação for também o da reconvenção. Cumulam-se os honorários. Determina ainda o § 1º do art. 85 a condenação em honorários no cumprimento, provisório ou definitivo da sentença, na execução, não importa se de título judicial ou extrajudicial e nos recursos de qualquer espécie. A norma é drástica e visa a desestimular atos temerários.

O § 2º do art. 85 é idêntico ao § 3º do art. 20 do Código anterior. Os incs. I a IV deste artigo encontram-se explícitos e implícitos nos itens do § 2º do art. 85.

Aparece como inovação o disposto no § 3º do mesmo art. 85. Fala-se, ali, nas causas em que a Fazenda Pública for parte, e não nos feitos em que ela for vencida, estabelecendo-se os percentuais sobre o valor da condenação, ou do proveito econômico obtido, até duzentos salários-mínimos (inciso I). Cumpre entender que o proveito econômico só será considerado quando a condenação não puder servir de base à fixação dos honorários, como ocorrerá, por exemplo, em hipóteses de condenação à entrega de coisa, a fazer ou não fazer. A fixação do proveito econômico faz-se por liquidação, em qualquer das suas espécies, admitindo-se que as partes forneçam dados hábeis a determinar o montante desse benefício. Conforme o inciso II, o percentual incidente sobre o valor da condenação ou do proveito econômico, é fixado de acordo com o valor dos salários-mínimos, observados o piso ou o teto ali estipulados. Incumbe ao juiz, ou tribunal, na hipótese do item II, estipular a condenação entre o mínimo de 8% e o máximo de 10%. Observar-se-á a mesma interpretação, nos casos previstos nos incisos III, IV e V do parágrafo.

Extraem-se dos 18 parágrafos do art. 85 (*excusez du peu!*) regras e princípios relativos aos honorários e respectivo pagamento, editados de acordo com dispositivos especiais, com a doutrina e a jurisprudência. Avultam, nesses parágrafos, regras como a do § 7º, conforme a qual, se a

Fazenda Pública não impugnar a execução de título judicial, dependente de precatório (Constituição Federal, art. 100) ou extrajudicial, ela não será condenada em honorários. O § 8º repete, parcialmente, o § 4º do art. 20 do Código anterior, excluindo da norma a Fazenda Pública, diante das regras específicas a ela concernentes. O § 9º, tal como o § 5º do art. 20 do diploma revogado, alude à ação de indenização por ato ilícito contra pessoa, mas trata somente de honorários, estabelecendo que eles se calculam sobre a soma das prestações vencidas mas acrescida essa base do montante de 12 prestações vincendas. O § 2º do artigo deve ser cumulativamente observado, de modo que os honorários nunca ficarão aquém nem irão além dos 10% e 20% ali estipulados.

Na aplicação do § 11, o tribunal majorará os honorários fixados na decisão recorrida, observando porém os §§ 2º a 6º. Mesmo com a majoração os honorários deverão observar o disposto nos §§ 2º e 3º. Não houvesse essa limitação, a verba poderia alcançar montante exagerado, especialmente se se considerar o número de recursos admissíveis.

O § 12 explicita a regra de que os honorários são cumuláveis com o valor das multas e de outras sanções, já que essas penalidades têm natureza diversa daqueles. O § 13 contempla as hipóteses de honorários estipulados na sentença que rejeita ou julga improcedentes os embargos à execução (arts. 918 e 920, II e III), ou rejeita ou julga improcedente a impugnação (art. 525). Esses honorários serão somados ao valor do débito principal mas pertencerão ao advogado (§ 14), que poderá pedir o levantamento da soma respectiva, em favor dele ou da sociedade profissional que integre, como dispõe o § 15. É desnecessário que a decisão que estipula honorários indique a integração do advogado em sociedade profissional, que pode inclusive ser constituída, ou por ele integrada, somente após a condenação.

O § 14 estipula que os honorários são do advogado, e não da parte. Mais de um advogado, deverão eles ser remetidos às vias ordinárias, se não se ajustarem quanto à divisão. O parágrafo atribui natureza alimentar aos honorários, assegurando-lhes a mesma feição dos créditos trabalhistas, inclusive quanto a direito de preferência, no caso de cobrança. Quando o parágrafo veda a compensação de honorários no caso de sucumbência parcial, ele assegura ao advogado o direito de receber os honorários que lhe foram dados, sem que se compensem com os honorários devidos pela parte que ele representa, mesmo porque não se confundem os honorários do advogado com os honorários que a parte por ele representada deve pagar ao vencedor, somas de natureza distinta.

Conforme o § 16, fixados os honorários em quantia certa, isto é, em valor nominal, ou calculável por mera operação aritmética, sobre o seu montante só correrão juros, a partir do trânsito em julgado da decisão que os fixar. Diante dos termos do parágrafo, os juros não se contam retroativamente, porém só após o trânsito em julgado da decisão que os concede e devem ser calculados em consideração ao número de dias faltantes para que se complete o mês. A atualização monetária é admissível.

Atuando em causa própria, a parte que em si reúne as qualidades de sujeito do processo e advogado tem direito a honorários. Assim dispõe o § 17. Se ela atuou com outro ou outros advogados, os honorários serão igualmente divididos entre todos, admitindo-se todavia divisão diferente.

Em vez de determinar a instauração de um incidente para decidir as situações nele contempladas, o § 18 remete o advogado, que aí será parte na demanda, ele próprio, às vias ordinárias. A ação ele a proporá contra o sucumbente, nada impedindo que o seu representado ingresse no processo como assistente litisconsorcial (art. 124). Essa ação declara o direito do advogado a honorários e respectiva extensão e condena o réu ao pagamento da verba, sendo título executivo judicial a sentença condenatória, que também cominará honorários de sucumbência na ação de cobrança.

O § 19 dispõe que os honorários de advogado, quando estabelecidos em favor de advogados públicos, serão recebidos na forma da lei, que poderá inclusive ordenar que, recebidos, eles sejam recolhidos a um fundo. Omissa a lei, incidem as normas referentes a honorários devidos a advogados particulares.

O art. 86 reproduz, em parte, o art. 21 do Código anterior, aludindo contudo somente às despesas. O juiz fixará os honorários dos advogados, ainda quando o seu constituinte haja vencido apenas em parte, proibida a compensação como disposto no § 14 do artigo anterior. O parágrafo único deste artigo repete o parágrafo único do art. 21 do CPC de 1973, com a troca do verbo **decair** pelo verbo **sucumbir**, o que pode ser mais técnico porém de pouca relevância.

O art. 87 reproduz o *caput* do art. 23 do diploma revogado. Por isto, se se permitir a repetição, não se fazem anotações ao dispositivo, neste trabalho que, como dito e repetido, só se ocupa das inovações trazidas pelo Código de 2015. Seja qual for o critério de fixação dos honorários, o § 1º do artigo determina que a sentença distribuirá entre os litisconsortes vencidos a responsabilidade de cada um nas verbas de sucumbência, despesas e honorários, e declarará a percentagem de cada um no montante a ser pago. Conseguintemente, ela poderá atribuir a um litisconsorte parte maior do que a do outro, ou dos outros. É evidente que a sentença, ou o acórdão poderá distribuir a sucumbência em partes iguais, assim declarando. O § 2º não faz presumir a distribuição em partes iguais, pois dispõe que, não efetuada nos termos do § 1º, os vencidos responderão solidariamente pelas verbas da sucumbência, de modo que o credor pode cobrá-las de apenas um deles, ou de alguns, ou de todos. O parágrafo não obsta à oposição de embargos declaratórios ao pronunciamento, se se verificar algum dos vícios que permitem a suscitação desse incidente. Pode o juiz acolhê-los para fazer incidir o § 1º, se reconhecer a omissão. Neste caso, procederá à distribuição prevista no parágrafo.

O art. 88 reza que, nos procedimentos (*rectius*, nos processos) de jurisdição voluntária, as despesas serão adiantadas pelo requerente, ou requerentes, e rateadas entre os interessados que não são apenas os requerentes, mas, por igual, os requeridos, ou algum interveniente. Esquecido de que também na jurisdição voluntária ocorre sucumbência, quando a pretensão de uma parte pode prevalecer sobre a da outra, o dispositivo silenciou sobre honorários que, no entanto, serão estipulados na conformidade das regras pertinentes à jurisdição contenciosa, valendo consultar a doutrina e a jurisprudência do art. 34 do Código anterior.

Por sua natureza, os juízos divisórios a que se refere o art. 89 integram os processos de jurisdição contenciosa. Havendo lide sobre a repartição, aplicam-se as normas relativas à sucumbência no processo contencioso. Não havendo, cabe aplicar o disposto no art. 88. O rateio das despesas será desigual, se diferentes forem os quinhões dos requerentes que, no entanto, podem convencionar como quiserem a sua participação nesses gastos. Esse art. 89 é repetição literal do art. 25 do Código anterior.

O art. 90, *caput*, reproduziu igual ponto do art. 25 da lei revogada, acrescentando-lhe menção à renúncia do direito sobre o qual se funda a ação, o que não muda o sentido da norma, nem altera a sua aplicação. O § 1º é semelhante a idêntico parágrafo do art. 26 anterior. Por igual, o § 2º do artigo repete o § 2º do revogado art. 26. O novo Código edita norma relativa à transação, quando dispõe, no § 3º do art. 90, que, ocorrendo ela, as partes ficam dispensadas do pagamento das custas processuais remanescentes. Interpreta-se todavia esse parágrafo restritivamente, pois ele não se pode referir a taxas eventualmente exigíveis, incidindo, nesse caso, o § 2º. Visivelmente, a norma desse § 3º visa a estimular a solução do litígio por autocomposição. Com o mesmo fim se editou a norma do § 4º, que manda reduzir pela metade os honorários de sucumbência, se o réu reconhecer a procedência do pedido (art. 487, III, *a*, q.v.). Esses honorários, o juiz os declarará concedidos pela metade, na sentença homologatória, ou serão devidos em 50% da condenação, se faltar essa declaração.

As três figuras de que trata o art. 90 implicam a extinção total ou parcial do processo. Consultem-se as construções da doutrina e dos tribunais, feitas em torno do art. 26 do Código anterior. Vejam-se as referências à desistência, à renúncia e ao reconhecimento, adiante, nas anotações ao Título III do Livro VI. Trata-se, aqui, dos honorários a serem fixados, ocorrendo essas situações. Integral a extinção, o juiz singular, ou colegiado, estipulará os honorários, a serem pagos pela parte que desistiu, renunciou, ou reconheceu, reduzidos, porém, se isso ocorrer antes da sentença ou do acórdão. Há o problema da desistência, da renúncia, ou do reconhecimento, depois de proferida a sentença, ou o acórdão extintivo, na pendência de recurso interposto desse julgamento. Admitida essa ocorrência, prevalecerão os honorários já estipulados, como aconteceria se transitados em julgado esses pronunciamentos porque não faria sentido se reduzir a remuneração do advogado, depois do fato objetivo da derrota. O § 1º incide somente no caso em que a extinção decorrente desses atos acontecer antes do julgamento que fixou os honorários na sua inteireza. A proporcionalidade a que se refere esse parágrafo será considerada pelo juiz, ou tribunal, não abstraída a hipótese, rara mas possível, de nomeação de perito para identificar a proporção, pressuposto da fixação dos honorários.

O § 2º considera a hipótese em que a transação não dispõe sobre as despesas. Elas serão divididas entre as partes transigentes porque aí todas concorreram para a extinção do processo. Quanto aos honorários, incidirão o *caput* do artigo e o seu § 1º. Veja-se que, referindo-se à omissão, o parágrafo não proíbe que os transatores estipulem as despesas como quiserem, possível a hipótese de que uma assuma a totalidade do encargo, ou que se deem quitação quanto ao que já despenderam.

O § 4º do art. 90 estimula o réu, que reconheceu a procedência do pedido, a cumprir a sentença na parte objeto do reconhecimento, determinando que se reduzam por metade os honorários fixados. Aqui, a lei, como pode fazer, reduz à metade os honorários podendo-se afirmar que o capítulo relativo a essa remuneração fica sujeito a uma condição resolutiva: ocorrendo, o cumprimento diminui os honorários. Não se pode cogitar de retroatividade da sentença, já que a condição é inerente ao seu próprio conteúdo.

O *caput* do art. 91 repete o art. 27 do Código anterior com a adição de referência à Defensoria Pública. No § 1º, distinguem-se duas proposições. A primeira permite que as perícias, se requeridas pelo MP, pela Fazenda, ou pela Defensoria, e somente as perícias requeridas por esses órgãos, poderão ser realizadas por entidade pública, abrangidas nesta expressão, não apenas entidades que forem pessoas jurídicas, como ainda divisões segmentárias de qualquer órgão da Administração direta, ou indireta. A segunda parte do parágrafo, que não é, propriamente, norma processual, permite que qualquer dos três órgãos nele mencionados adiante os valores que custeiam a perícia, da eventual taxa, à remuneração do perito e aos assistentes. Se houver previsão orçamentária, diz a oração gerundiva que deve todavia ser interpretada como a existência de recursos destinados ao dispêndio, estejam ou não especificamente referidos no orçamento.

O art. 91 do novo Código repete o *caput* do art. 27 do antigo, incluindo, entretanto, menção à Defensoria Pública.

Entendem-se os §§ 1º e 2º do art. 91, no sentido de que as despesas dos atos processuais que forem requeridos pela Fazenda, pelo MP, ou pela Defensoria, haja ou não a parte contrária concordado com a prática do ato, serão pagos pelo vencido, que pode ser o próprio requerente, mas apenas no final, isto é, na extinção do processo por sentença ou acórdão transitado em julgado. As perícias, e só as perícias, requeridas por um desses entes, por dois, ou pelos três, serão realizadas pela entidade pública, que nada cobrará por elas, incumbindo contudo à parte remunerar o seu assistente técnico. O pagamento dessas despesas será, no entanto, feito pelo órgão requerente, "havendo previsão orçamentária", diz o parágrafo, devendo-se interpretar a gerundiva como havendo recursos disponíveis, previstos no orçamento, ou não, como mostra a última oração, que permite o pagamento se puder ser adiantado pelo ente postulante da prova. Leia-se o § 2º, no sentido de que, não havendo meios para o órgão público requerente adiantar os honorários periciais, isto é, os devidos ao perito e ao assistente do órgão público, essa remuneração será paga pelo vencido incluída nas despesas de responsabilidade dele a respectiva soma, se já houver sido adiantada por quem requereu a prova.

O art. 92 é idêntico ao art. 28 do Código anterior. O art. 93 coincide com o revogado art. 29. São iguais aos arts. 32 e 33 anteriores os arts. 94 e 95 do novo Código, salvo quanto aos §§ 3º a 5º deste e à norma, introduzida pelo último, conforme a qual, quando a perícia for determinada de ofício, ou requerida por ambas as partes, a remuneração do perito será rateada entre elas. Partes são autor e réu, ocupantes, respectivamente, do polo ativo ou passivo da relação processual. Assim, divide-se por dois o custeio da perícia e cada parte arcará com a metade dela. Havendo litisconsórcio, o valor dessa metade será dividido pelo número de litisconsortes, que pagarão frações iguais, salvo se disputarem o contrário. O terceiro remunerará sozinho o perito se só ele houver requerido a perícia, mas participará do rateio, se houver pedido o exame técnico com uma das partes, ou com ambas.

O art. 92 tem origem no art. 268 do CPC de 1973. Ele só incide, entretanto, se a sentença terminativa for proferida "a requerimento do réu", diz o artigo, assim afastando a sua aplicação quando o juiz, ou tribunal, proceder de ofício. A norma também recai sobre os casos em que a sentença definitiva for substituída por acórdão terminativo. De mérito a sentença extintiva do processo, não se poderia cogitar a repetição da ação, que esbarraria na coisa julgada, ou na litispendência, se ainda não ocorrente aquele fenômeno. Nada avaro na regulação das despesas, dos honorários e das multas, o legislador vai dispondo, no art. 93, sobre as despesas de atos adiados ou repetidos. Elas são pagas pelos órgãos ali mencionados, inclusive o juiz, singular ou coletivo, com recursos próprios; não verbas públicas. E quanto mais se poderia dizer, não fosse este um livro de anotações sobre o art. 93, que, aliás, repete o art. 28 do Código anterior. O art. 94 trata da responsabilidade do assistente, na proporção da atividade por ele desenvolvida. O art. 95 e seus cinco parágrafos disciplinam, em minúcias, a remuneração do assistente e do perito. A norma é igual à do art. 32 do Código anterior. O art. 95 está redigido conforme a doutrina e a copiosa jurisprudência do art. 33 do Código de 1973, dispensável a disciplina minudente da matéria nele tratada. A execução pela Fazenda Pública não tem funcionado por causa do seu montante, normalmente de pequena monta. O art. 96 tem sua origem no art. 35 do diploma revogado. O art. 97 não cria os fundos de modernização do Judiciário mas pressupõe a existência deles. Inexistente o fundo, os valores das sanções serão encaminhados pelo juiz, ou diretamente pelo próprio responsável às pessoas jurídicas mencionadas na norma. Existisse Justiça municipal, a verba da sanção seria entregue ao município.

Compreenda-se que, na aplicação do art. 95, o juiz ou o tribunal poderá adotar critérios diferentes de divisão, dependendo do caso concreto. Se, por exemplo, a perícia não aproveitar a todos os litisconsortes, caberá a divisão de honorários só entre os aproveitadores. No processo da ação de usucapião, a perícia relativa à lide entre o usucapiente e um dos confinantes será paga do modo estabelecido no art. 95, excluídos os demais confrontantes.

Os §§ 3º a 5º dizem respeito ao pagamento da remuneração do perito, quando ele for de responsabilidade do beneficiário da gratuidade. A perícia poderá ser paga com recursos alocados no orçamento do ente público, salvo a vedada utilização de recursos do fundo de custeio da Defensoria Pública, conforme a proibição do § 5º. Conforme o inciso II do § 3º, o valor da remuneração será estabelecido de acordo com a tabela do respectivo tribunal, ou do CNJ. De acordo com o § 4º, transitada em julgado a decisão final do processo, o juiz oficiará à Fazenda, a fim de que ela cobre do vencido os montantes despendidos, o que pode fazer, independentemente do ofício. Sem recursos o executado, a execução ficará suspensa (art. 921, III), operando-se a prescrição intercorrente.

O art. 96 não difere do art. 35 do Código anterior. O art. 97 permite, como se essa autorização fosse necessária (*quod non*), a criação de fundos que receberão os valores das sanções para a modernização do Judiciário.

6. Seção IV – Da Gratuidade da Justiça (arts. 98 a 102)

Art. 98. A pessoa natural ou jurídica, brasileira ou estrangeira, com insuficiência de recursos para pagar as custas, as despesas processuais e os honorários advocatícios tem direito à gratuidade da justiça, na forma da lei.

§ 1º A gratuidade da justiça compreende:

I – as taxas ou as custas judiciais;
II – os selos postais;
III – as despesas com publicação na imprensa oficial, dispensando-se a publicação em outros meios;
IV – a indenização devida à testemunha que, quando empregada, receberá do empregador salário integral, como se em serviço estivesse;
V – as despesas com a realização de exame de Código genético – DNA e de outros exames considerados essenciais;
VI – os honorários do advogado e do perito e a remuneração do intérprete ou do tradutor nomeado para apresentação de versão em português de documento redigido em língua estrangeira;
VII – o custo com a elaboração de memória de cálculo, quando exigida para instauração da execução;
VIII – os depósitos previstos em lei para interposição de recurso, para propositura de ação e para a prática de outros atos processuais inerentes ao exercício da ampla defesa e do contraditório;
IX – os emolumentos devidos a notários ou registradores em decorrência da prática de registro, averbação ou qualquer outro ato notarial necessário à efetivação de decisão judicial ou à continuidade de processo judicial no qual o benefício tenha sido concedido.

§ 2º A concessão de gratuidade não afasta a responsabilidade do beneficiário pelas despesas processuais e pelos honorários advocatícios decorrentes de sua sucumbência.

§ 3º Vencido o beneficiário, as obrigações decorrentes de sua sucumbência ficarão sob condição suspensiva de exigibilidade e somente poderão ser executadas se, nos 5 (cinco) anos subsequentes ao trânsito em julgado da decisão que as certificou, o credor demonstrar que deixou de existir a situação de insuficiência de recursos que justificou a concessão de gratuidade, extinguindo-se, passado esse prazo, tais obrigações do beneficiário.

§ 4º A concessão de gratuidade não afasta o dever de o beneficiário pagar, ao final, as multas processuais que lhe sejam impostas.

§ 5º A gratuidade poderá ser concedida em relação a algum ou a todos os atos processuais, ou consistir na redução percentual de despesas processuais que o beneficiário tiver de adiantar no curso do procedimento.

§ 6º Conforme o caso, o juiz poderá conceder direito ao parcelamento de despesas processuais que o beneficiário tiver de adiantar no curso do procedimento.

§ 7º Aplica-se o disposto no art. 95, §§ 3º a 5º, ao custeio dos emolumentos previstos no § 1º, inciso IX, do presente artigo, observada a tabela e as condições da lei estadual ou distrital respectiva.

§ 8º Na hipótese do § 1º, inciso IX, havendo dúvida fundada quanto ao preenchimento atual dos pressupostos para a concessão de gratuidade, o notário ou registrador, após praticar o ato, pode requerer, ao juízo competente para decidir questões notariais ou registrais, a revogação total ou parcial do benefício ou a sua substituição pelo parcelamento de que trata o § 6º deste artigo, caso em que o beneficiário será citado para, em 15 (quinze) dias, manifestar-se sobre esse requerimento.

Art. 99. O pedido de gratuidade da justiça pode ser formulado na petição inicial, na contestação, na petição para ingresso de terceiro no processo ou em recurso.

§ 1º Se superveniente à primeira manifestação da parte na instância, o pedido poderá ser formulado por petição simples, nos autos do próprio processo, e não suspenderá seu curso.

§ 2º O juiz somente poderá indeferir o pedido se houver nos autos elementos que evidenciem a falta dos pressupostos legais para a concessão de gratuidade, devendo, antes de indeferir o pedido, determinar à parte a comprovação do preenchimento dos referidos pressupostos.

§ 3º Presume-se verdadeira a alegação de insuficiência deduzida exclusivamente por pessoa natural.

§ 4º A assistência do requerente por advogado particular não impede a concessão de gratuidade da justiça.

§ 5º Na hipótese do § 4º, o recurso que verse exclusivamente sobre valor de honorários de sucumbência fixados em favor do advogado de beneficiário estará sujeito a preparo, salvo se o próprio advogado demonstrar que tem direito à gratuidade.

§ 6º O direito à gratuidade da justiça é pessoal, não se estendendo a litisconsorte ou a sucessor do beneficiário, salvo requerimento e deferimento expressos.

§ 7º Requerida a concessão de gratuidade da justiça em recurso, o recorrente estará dispensado de comprovar o recolhimento do preparo, incumbindo ao relator, neste caso, apreciar o requerimento e, se indeferi-lo, fixar prazo para realização do recolhimento.

Art. 100. Deferido o pedido, a parte contrária poderá oferecer impugnação na contestação, na réplica, nas contrarrazões de recurso ou, nos casos de pedido superveniente ou formulado por terceiro, por meio de petição simples, a ser apresentada no prazo de 15 (quinze) dias, nos autos do próprio processo, sem suspensão de seu curso.

Parágrafo único. Revogado o benefício, a parte arcará com as despesas processuais que tiver deixado de adiantar e pagará, em caso de má-fé, até o décuplo de seu valor a título de multa, que será revertida em benefício da Fazenda Pública estadual ou federal e poderá ser inscrita em dívida ativa.

Art. 101. Contra a decisão que indeferir a gratuidade ou a que acolher pedido de sua revogação caberá agravo de instrumento, exceto quando a questão for resolvida na sentença, contra a qual caberá apelação.

§ 1º O recorrente estará dispensado do recolhimento de custas até decisão do relator sobre a questão, preliminarmente ao julgamento do recurso.

§ 2º Confirmada a denegação ou a revogação da gratuidade, o relator ou o órgão colegiado determinará ao recorrente o recolhimento das custas processuais, no prazo de 5 (cinco) dias, sob pena de não conhecimento do recurso.

Art. 102. Sobrevindo o trânsito em julgado de decisão que revoga a gratuidade, a parte deverá efetuar o recolhimento de todas as despesas de cujo adiantamento foi dispensada, inclusive as relativas ao recurso interposto, se houver, no prazo fixado pelo juiz, sem prejuízo de aplicação das sanções previstas em lei.

Parágrafo único. Não efetuado o recolhimento, o processo será extinto sem resolução de mérito, tratando-se do autor, e, nos demais casos, não poderá ser deferida a realização de nenhum ato ou diligência requerida pela parte enquanto não efetuado o depósito.

a. Observações. **b.** Questões Específicas.

a. Observações – Esparramou-se o legislador na regulação da justiça gratuita, enunciando, em cinco artigos e numerosos parágrafos, dispositivos aplicáveis somente ao processo civil, sem contudo revogarem normas aplicáveis a outros segmentos do Direito Processual positivo. Poderia o Código limitar-se a algumas proposições, aplicáveis ao instituto da gratuidade, como não fez, preferindo derramar-se em regras minuciosas. A esse propósito, atente-se em que o art. 98 se expande em oito parágrafos, o primeiro deles desdobrado em nove incisos (*excusez du peu*). A verdade é que o Código poderia limitar-se à norma de que, concedido o benefício da gratuidade, nos casos de insuficiência de recursos da parte, ela fica dispensada das despesas e custas processuais, que todavia serão devidas e cobradas, se superveniente a sua capacidade de arcar com elas, ou dispensadas na hipótese de se exaurirem os meios de pagamento. A essas regras se juntariam outras, impositivas por sua relevância, todas com espaço para que o juiz ou tribunal decida questões específicas, mediante incidentes formados para esse fim.

b. Questões Específicas – Deve-se observar que o órgão jurisdicional não pode impor a pessoas ou entidades privadas a prática gratuita de atos como o exame de código genético DNA, referido no inciso V do § 1º do art. 98. Obviamente, poderá solicitar a prestação gratuita dessas atividades. Pela função que exercem (Constituição Federal, art. 133), pode-se impor aos advogados a assistência gratuita, contanto que eles não sejam onerados pela repetida determinação, a ser alegada e comprovada mediante incidente no processo em que ela for baixada. A recusa do advogado deverá ser submetida à OAB, assim como a de qualquer entidade, ao órgão superior. Unitária a função jurisdicional, o juiz ou tribunal poderá ordenar que o ato seja praticado por qualquer instituição pública, ainda que situada fora do âmbito da sua competência territorial. Não se abstraiu a possibilidade de solicitação do ato à pessoa física, jurídica, ou formal, domiciliada no exterior. Nada impróprias observações pessoais do autor, registro que com êxito já pedi exame de DNA gratuito a laboratório situado fora do país. Impossível a prática do ato, por recusa do particular, ou impossibilidade do órgão público, decorrente, por exemplo, da falta de material ou instrumentos, o juiz decidirá ele próprio, valendo-se de outros meios para o seu convencimento. A prestação da jurisdição é obrigatória, ainda quando deficientes os meios de efetivá-la.

A parte contrária, assim como o Ministério Público, a Defensoria e qualquer terceiro, exercente da função pública ou particular, poderá impugnar o pedido, assim como o juiz indeferi-lo de ofício. Pode-se reiterar o pedido de gratuidade através da demonstração de estado superveniente ao que existia quando do indeferimento. Generosa a concessão da gratuidade, é natural que, sobrevindo a possibilidade, o beneficiário pague as despesas dos atos praticados sem que os remunerasse (art. 100, parágrafo único). Considerada a sistemática dos recursos, que o novo CPC estabeleceu no Título II do Livro III da Parte Especial, o art. 101 concede agravo de instrumento contra a decisão que indeferir a gratuidade ou a revogar. Se isto acontecer na sentença, a decisão será impugnada na apelação, como questão prévia, em capítulo próprio das próprias razões do apelante ou do apelado. Ambos os recursos obedecerão o procedimento a eles reservado nos dispositivos inerentes.

Capítulo III

Dos Procuradores
(arts. 103 a 107)

Art. 103. A parte será representada em juízo por advogado regularmente inscrito na Ordem dos Advogados do Brasil.

Parágrafo único. É lícito à parte postular em causa própria quando tiver habilitação legal.

Art. 104. O advogado não será admitido a postular em juízo sem procuração, salvo para evitar preclusão, decadência ou prescrição, ou para praticar ato considerado urgente.

§ 1º Nas hipóteses previstas no *caput*, o advogado deverá, independentemente de caução, exibir a procuração no prazo de 15 (quinze) dias, prorrogável por igual período por despacho do juiz.

§ 2º O ato não ratificado será considerado ineficaz relativamente àquele em cujo nome foi praticado, respondendo o advogado pelas despesas e por perdas e danos.

Art. 105. A procuração geral para o foro, outorgada por instrumento público ou particular assinado pela parte, habilita o advogado a praticar todos os atos do processo, exceto receber citação, confessar, reconhecer a procedência do pedido, transigir, desistir, renunciar ao direito sobre o qual se funda a ação, receber, dar quitação, firmar compromisso e assinar declaração de hipossuficiência econômica, que devem constar de cláusula específica.
§ 1º A procuração pode ser assinada digitalmente, na forma da lei.
§ 2º A procuração deverá conter o nome do advogado, seu número de inscrição na Ordem dos Advogados do Brasil e endereço completo.
§ 3º Se o outorgado integrar sociedade de advogados, a procuração também deverá conter o nome dessa, seu número de registro na Ordem dos Advogados do Brasil e endereço completo.
§ 4º Salvo disposição expressa em sentido contrário constante do próprio instrumento, a procuração outorgada na fase de conhecimento é eficaz para todas as fases do processo, inclusive para o cumprimento de sentença.

Art. 106. Quando postular em causa própria, incumbe ao advogado:
I – declarar, na petição inicial ou na contestação, o endereço, seu número de inscrição na Ordem dos Advogados do Brasil e o nome da sociedade de advogados da qual participa, para o recebimento de intimações;
II – comunicar ao juízo qualquer mudança de endereço.
§ 1º Se o advogado descumprir o disposto no inciso I, o juiz ordenará que se supra a omissão, no prazo de 5 (cinco) dias, antes de determinar a citação do réu, sob pena de indeferimento da petição.
§ 2º Se o advogado infringir o previsto no inciso II, serão consideradas válidas as intimações enviadas por carta registrada ou meio eletrônico ao endereço constante dos autos.

Art. 107. O advogado tem direito a:
    I – examinar, em cartório de fórum e secretaria de tribunal, mesmo sem procuração, autos de qualquer processo, independentemente da fase de tramitação, assegurados a obtenção de cópias e o registro de anotações, salvo na hipótese de segredo de justiça, nas quais apenas o advogado constituído terá acesso aos autos;
    II – requerer, como procurador, vista dos autos de qualquer processo, pelo prazo de 5 (cinco) dias;
    III – retirar os autos do cartório ou da secretaria, pelo prazo legal, sempre que neles lhe couber falar por determinação do juiz, nos casos previstos em lei.
§ 1º Ao receber os autos, o advogado assinará carga em livro ou documento próprio.
§ 2º Sendo o prazo comum às partes, os procuradores poderão retirar os autos somente em conjunto ou mediante prévio ajuste, por petição nos autos.

§ 3º Na hipótese do § 2º, é lícito ao procurador retirar os autos para obtenção de cópias, pelo prazo de 2 (duas) a 6 (seis) horas, independentemente de ajuste e sem prejuízo da continuidade do prazo.

§ 4º O procurador perderá no mesmo processo o direito a que se refere o § 3º se não devolver os autos tempestivamente, salvo se o prazo for prorrogado pelo juiz.

1. Observações. 2. Dispositivos Específicos. 3. Inovações do Capítulo.

1. Observações – Este Capítulo III coincide, na maior parte, com o capítulo de igual número do Título II do Livro I do Código revogado. No fundo, as disposições que agora se examinam destinam-se à formação da capacidade postulatória, condição da ação, consistente no binômio parte-advogado.

2. Dispositivos Específicos – O art. 103 do atual Código é semelhante ao art. 36 do anterior, acontecendo igual semelhança no caso do parágrafo único desse dispositivo. O art. 104 repete o art. 37 e seu § 1º também encontra a sua matriz no *caput* do art. 37, salvo no § 2º, anotado no próximo item. Também o art. 105 é próximo do art. 38 do Código de 1973, distanciando-se contudo o seu *caput* e o § 4º, dos quais se ocuparão as anotações feitas em seguida. Norma igual à do art. 106 se verifica no anterior art. 39 e seu parágrafo único, acontecendo o mesmo com o art. 107, salvo no § 3º. As parecenças assinaladas afastam a ideia de repetição literal dos artigos comparados.

3. Inovações do Capítulo – O § 2º do art. 104 dispõe que se considera ineficaz, relativamente à parte, o ato não ratificado, enquanto o parágrafo único do art. 37 do CPC anterior dava o ato por inexistente. A redação atual avantaja a anterior, pois o ato existe, tanto que foi praticado. A ineficácia relativa à pessoa em cujo nome o ato foi praticado não determina a sua inexistência, porém ele deixa de produzir os efeitos que produziria, se regularmente praticado. Dessarte, se se emendou a inicial sem procuração, o juiz desconsiderará a emenda, permanecendo o defeito não reparado daquela peça com as consequências decorrentes dele.

Aparece como novidade o *caput* do art. 105, conforme o qual também se exclui dos poderes para a prática de todos os atos do processo o de assinar declaração de hipossuficiência. Retirou-se o adjetivo **inicial** que qualificava a citação. Seja ela qual for, é necessário poder expresso.

Os §§ 3º e 4º do art. 107 são novos, na legislação processual. Dá-se ao procurador o prazo de duas a seis horas, independentemente do ajuste referido no § 2º. Esse prazo o juiz poderá estendê-lo, se, por qualquer motivo, for insuficiente para as cópias. Pergunte-se se o legislador deveria ser tão minucioso na regulação da retirada dos autos a fim de obter-se cópia deles. A sanção para o procurador que descumpre o prazo, fixado em horas, é a perda do direito de retirar os autos, como previsto no § 3º, salvo se o prazo for prorrogado, não por serventuário, mas só pelo juiz. A retirada dos autos pelo prazo estipulado no § 3º, ou por tempo maior, sempre fixado em horas que não tomam todo o expediente forense, não suspende nem interrompe o prazo em curso, se este for estipulado em dias. Entretanto, fixado o prazo em horas, o tempo da retirada fará cessar a contagem delas, que prosseguirá após a devolução. O dispositivo só alcança o processo físico.

Capítulo IV

Da Sucessão das Partes e dos Procuradores (arts. 108 a 112)

Art. 108. No curso do processo, somente é lícita a sucessão voluntária das partes nos casos expressos em lei.

Art. 109. A alienação da coisa ou do direito litigioso por ato entre vivos, a título particular, não altera a legitimidade das partes.

§ 1º O adquirente ou cessionário não poderá ingressar em juízo, sucedendo o alienante ou cedente, sem que o consinta a parte contrária.

§ 2º O adquirente ou cessionário poderá intervir no processo como assistente litisconsorcial do alienante ou cedente.

§ 3º Estendem-se os efeitos da sentença proferida entre as partes originárias ao adquirente ou cessionário.

Art. 110. Ocorrendo a morte de qualquer das partes, dar-se-á a sucessão pelo seu espólio ou pelos seus sucessores, observado o disposto no art. 313, §§ 1º e 2º.

Art. 111. A parte que revogar o mandato outorgado a seu advogado constituirá, no mesmo ato, outro que assuma o patrocínio da causa.

Parágrafo único. Não sendo constituído novo procurador no prazo de 15 (quinze) dias, observar-se-á o disposto no art. 76.

Art. 112. O advogado poderá renunciar ao mandato a qualquer tempo, provando, na forma prevista neste Código, que comunicou a renúncia ao mandante, a fim de que este nomeie sucessor.

§ 1º Durante os 10 (dez) dias seguintes, o advogado continuará a representar o mandante, desde que necessário para lhe evitar prejuízo

§ 2º Dispensa-se a comunicação referida no *caput* quando a procuração tiver sido outorgada a vários advogados e a parte continuar representada por outro, apesar da renúncia.

1. Observações. 2. Dispositivos Semelhantes. 3. Normas Supervenientes.

1. Observações – Este Capítulo IV do Livro III da Parte Geral do Código de Processo Civil de 2015 trata da sucessão das partes e dos procuradores. Essa epígrafe é melhor do que a do título "Da substituição das partes e dos procuradores", do Capítulo IV do Título II do Livro I do diploma anterior. Nem os artigos constantes desse Capítulo IV, nem as normas reunidas nos arts. 108 a 112 do novel CPC tratam da substituição das partes, regulada no art. 6º daquele diploma e no art. 18 deste, dispondo ambos que ninguém poderá pleitear direito alheio em nome próprio, salvo quando autorizado por lei. A sucessão processual ocorre quando, no processo, uma pessoa toma o lugar de outra, como no caso, previsto no art. 110, em que, morta uma das partes, o espólio ou os sucessores do falecido lhe ocupam a posição.

2. Dispositivos Semelhantes – O art. 108 do CPC de 2015 repete o anterior art. 41. O § 1º do art. 109 é igual ao § 1º do velho art. 42, e o § 3º é gêmeo do § 3º do mesmo dispositivo. Idênticos são o atual art. 110 e o revogado art. 43. A mesma repetição acontece com os arts. 111 e 44 e com o § 2º dos arts. 112 e 45.

3. Normas Supervenientes – Não constavam do Código de 2015 as normas que agora figuram no § 2º do art. 109, no parágrafo único do art. 111 e no § 2º do art. 112.

O Código anterior dispunha, no § 2º do art. 42, que o adquirente ou cessionário poderia intervir no processo, assistindo o alienante, ou cedente, mas não qualificava a assistência, que agora aparece como assistência litisconsorcial, prevista no art. 124, e no art. 54 do Código anterior. Andou bem o legislador do novo diploma porque, intervindo no feito, o adquirente ou cessionário litigará ao lado do assistido, não porque tenha interesse numa sentença favorável a ele (art. 119), mas porque quer um julgado que favoreça a si próprio. Não há antinomia entre o § 1º e o § 2º do art. 109 porque aquele condiciona a troca do alienante ou do cedente pelo adquirente ou cessionário ao consentimento da parte contrária (não do eventual assistente desta, ou de terceiro que já interveio). No caso do § 2º, o alienante ou cedente permanece no processo mas o adquirente ou cessionário vem litigar com ele, auxiliando-o, tal como no caso do art. 119, porém não porque esteja empenhado no êxito dele mas numa sentença beneficiária a si próprio. Melhor seria que, em vez de criar a situação de assistente litisconsorcial, o novo

Código permitisse ou determinasse o ingresso do adquirente ou cessionário sem a aquiescência do adversário.

Remetendo ao art. 76, o parágrafo único do art. 111 explicita consequência já prevista, implicitamente, no art. 13 do Código anterior. A falta de constituição de novo procurador despoja a parte da capacidade postulatória, condição da ação, a menos que, saindo o advogado constituído, o constituinte tenha habilitação legal para postular em causa própria, ou não exista advogado no foro, ou esteja impedido o que ali militar, caso em que o juiz nomeará um advogado dativo, ou deixará a postulação a cargo da própria parte.

O § 2º do art. 112 é supérfluo porque, constituídos vários advogados, dois ou mais, a parte continuará representada pelos que não renunciaram, sem perder a capacidade postulatória.

Título II
DO LITISCONSÓRCIO
(arts. 113 a 118)

Art. 113. Duas ou mais pessoas podem litigar, no mesmo processo, em conjunto, ativa ou passivamente, quando:

    I – entre elas houver comunhão de direitos ou de obrigações relativamente à lide;

    II – entre as causas houver conexão pelo pedido ou pela causa de pedir;

    III – ocorrer afinidade de questões por ponto comum de fato ou de direito.

§ 1º O juiz poderá limitar o litisconsórcio facultativo quanto ao número de litigantes na fase de conhecimento, na liquidação de sentença ou na execução, quando este comprometer a rápida solução do litígio ou dificultar a defesa ou o cumprimento da sentença.

§ 2º O requerimento de limitação interrompe o prazo para manifestação ou resposta, que recomeçará da intimação da decisão que o solucionar.

Art. 114. O litisconsórcio será necessário por disposição de lei ou quando, pela natureza da relação jurídica controvertida, a eficácia da sentença depender da citação de todos que devam ser litisconsortes.

Art. 115. A sentença de mérito, quando proferida sem a integração do contraditório, será:

    I – nula, se a decisão deveria ser uniforme em relação a todos que deveriam ter integrado o processo;

    II – ineficaz, nos outros casos, apenas para os que não foram citados.

Parágrafo único. Nos casos de litisconsórcio passivo necessário, o juiz determinará ao autor que requeira a citação de todos que devam ser litisconsortes, dentro do prazo que assinar, sob pena de extinção do processo.

Art. 116. O litisconsórcio será unitário quando, pela natureza da relação jurídica, o juiz tiver de decidir o mérito de modo uniforme para todos os litisconsortes.

Art. 117. Os litisconsortes serão considerados, em suas relações com a parte adversa, como litigantes distintos, exceto no litisconsórcio unitário, caso em que os atos e as omissões de um não prejudicarão os outros, mas os poderão beneficiar.

Art. 118. Cada litisconsorte tem o direito de promover o andamento do processo, e todos devem ser intimados dos respectivos atos.

1. Observações. 2. Repetições. 3. Inovações.

1. Observações – A primeira observação deve ser feita quanto à epígrafe do Título II, "Do Litisconsórcio" (arts. 113 a 118), comparada à do Capítulo V do Título II do Livro I do Código anterior, "Do Litisconsórcio e da Assistência" (arts. 46 a 55). Não havia razão para se colocarem juntos o litisconsórcio e a assistência, quando ela não é cumulação de partes, porém modalidade de intervenção de terceiros (arts. 119 a 124), adequadamente posta entre as figuras por meio das quais se realiza a intervenção.

O novo Código corrigiu também o erro do art. 47 do anterior, que baralhou litisconsórcio necessário e unitário, posto que diferentes um do outro. Dá-se o litisconsórcio necessário, de que trata o atual art. 114, quando por imposição legal, ou pela natureza da relação jurídica em causa, a eficácia da sentença depender da integração de duas ou mais pessoas, no polo ativo ou passivo da relação processual, ou lá e cá. O litisconsórcio é unitário quando a sentença de mérito tiver que ser igual para todos os litisconsortes do mesmo grupo. Pode haver litisconsórcio necessário não unitário, como no processo da ação de usucapião, no qual faz-se mister a citação de todos os confrontantes do imóvel usucapiendo, mas não será inevitavelmente idêntica para todos os litisconsortes a sentença de mérito, tanto assim que ela pode acolher defesa de um, ou alguns dos confinantes e rejeitar a defesa de outro, ou outros. E pode existir litisconsórcio unitário não necessário, como no caso em que dois ou mais acionistas de uma companhia se unem em litisconsórcio simples, para pedir a decretação de nulidade de uma assembleia. O legislador dos dois códigos cometeu a impropriedade de definir as duas espécies de litisconsórcio, quando isso é encargo da doutrina e da jurisprudência, e não da lei. Se se permitir aqui um *obter dictum*, lembrarei que se fez grande celeuma em torno da definição de litisconsórcio necessário do art. 47 do Código de 1973, sem que da confusão ali ocorrida adviessem, salvo excepcionalmente, resultados práticos negativos. Assinala-se o ponto para dizer que nem sempre a lei errônea produz efeitos negativos, nem cabe abstenção de crítica à lei, que deve ser feita, quando ela se desviar do verdadeiro sentido das instituições.

2. Repetições – Coincidem o *caput* do art. 46 do CPC e o *caput* do art. 113 do novo Código. O inciso I do art. 113 repete igual item do art. 46 anterior. O inciso II atual é semelhante ao passado inciso III, anódina a troca do substantivo **objeto** pela palavra **pedido**. Iguais o inciso III do atual art. 113 e o item IV do art. 46 do diploma revogado. Não se repetiu, no elenco do art. 113, o inciso II do velho art. 46, conforme o qual ocorreria o litisconsórcio, quando "os direitos ou as obrigações derivarem do mesmo fundamento de fato ou de direito". Explica-se a supressão do item, observando-se que ele já se encontra implícito nos três incisos do art. 113.

A redação do § 1º do art. 113 é diferente da redação do parágrafo único do art. 46. Neste, a limitação era permitida no processo de conhecimento. O atual § 1º do art. 113 autoriza a limitação na liquidação e no cumprimento de sentença (execução na essência). Não deveria o dispositivo falar em fase de conhecimento porque cognitiva é uma das três espécies do processo civil contencioso, havendo cognição também no processo de jurisdição voluntária. Incide o parágrafo, por igual, no processo cautelar, intrometido no processo de cognição, como fase dele (art. 294). A possibilidade de limitação do número de litisconsortes, nas condições do § 1º, abrange a execução, tanto de título executivo judicial (cumprimento – art. 513) quanto de título executivo extrajudicial (art. 748). Como se vê, não são diferentes, salvo na redação, as normas do velho Código e do novo sobre limitação de litisconsortes facultativos, em qualquer dos polos da relação processual. No conteúdo, uma regra legal não se diferencia da outra. *Plus ça change plus c'est la même chose.*

O § 1º do art. 113 fala, corretamente, em litisconsórcio facultativo. Se o litisconsórcio é necessário, não pode haver a limitação porque, por sua natureza, ele impõe a presença de todas as pessoas de cuja participação dependa a eficácia da sentença.

O § 2º do art. 113 reproduz a última proposição do parágrafo único do art. 46 anterior. Não há, por isto, necessidade de anotá-lo, num livro cujo objeto é apontar o que, no CPC de 2015, aparece de novo ou de diferente.

O parágrafo único do art. 115 repete com alteração igual parágrafo do art. 47 do CPC de 1973, que não foi ab-rogado por inteiro, haja vista o art. 1.052. Dispunha aquele artigo que o juiz ordenaria ao autor que promovesse a citação de todos os litisconsortes necessários, ao passo que a norma agora vigente ordena que o juiz determine ao autor que requeira a citação de todos os que devem ser litisconsortes. A redação da última oração do parágrafo, "citação de todos os que devam ser litisconsorte", é mais exata do que a expressão "de todos os litisconsortes", que ainda não são as pessoas que não se integraram na relação processual por meio de citação ou comparecimento espontâneo. Contudo, o sentido das duas regras é o mesmo. O novo Código fala apenas em litisconsórcio passivo necessário. Dativo o inventariante, já não são litisconsortes do espólio os sucessores do falecido que serão apenas intimados para ciência do processo, como dispõe o § 1º do art. 75. A intimação se faz para a ciência do processo, no qual eles podem ingressar como litisconsortes facultativos ativos.

O art. 116 corrige o art. 47 do Código de Processo Civil de 1973, com a definição correta de litisconsórcio unitário.

Tal qual o art. 48 do Código anterior, o art. 117 consagra o princípio da autonomia dos litisconsortes. Este artigo, entretanto, cria exceção ao princípio da autonomia dos litisconsortes, quando dispõe que, nessa cumulação subjetiva, os atos e omissões de um dos consortes estendem-se aos demais, porém só para beneficiá-los. Dessarte, vigora o princípio da autonomia quando a prática ou omissão de um ou alguns dos litisconsortes prejudicar os demais, mas esse princípio cede passo aos atos e omissões benéficos. O art. 118 é cópia fiel do art. 49 da lei anterior.

3. Inovações – As modificações apontadas no item 2, acima, não constituem inovações propriamente ditas, mas reparos à redação de dispositivos regentes do litisconsórcio, no Código anterior.

Aparece, entretanto, como novo, o art. 115. No inciso I, ele prescreve a nulidade e, no inciso II, a ineficácia da sentença, "quando proferida sem a integração do contraditório". Essa oração temporal deve ser interpretada como alusiva às situações previstas nos dois incisos do artigo, e não como referente ao caso em que se negou a qualquer das partes o direito ao contraditório (CF, art. 5º, LV) porque aí a sentença será sempre nula, inconcebível que possa prevalecer uma decisão afrontosa da garantia constitucional.

Por "integração do contraditório" deve-se compreender a integração da pessoa na relação processual, tomado, então, o vocábulo **contraditório**, metonimicamente, como sinônimo de **processo**.

Entende-se, portanto, o inciso I do art. 115, como alusivo à situação em que não se integraram no processo, em litisconsórcio necessário, todas as partes que, se nele estivessem, receberiam com as que nele estavam uma sentença de mérito uniforme (art. 116). Atente-se, nesse inciso, ao adjetivo **uniforme** e à oração "que deveriam ter integrado o processo".

Já o inciso II dita a ineficácia da sentença, relativamente aos que não foram citados, nem compareceram espontaneamente, salvo no caso do inciso I, em que a decisão é nula.

Diga-se, em síntese, que o inciso I contempla a situação em que necessário e simultaneamente unitário o litisconsórcio, não vieram ao processo todos os litisconsortes, ativos ou passivos, que nele deveriam estar. Por outro lado, o inciso II trata da situação da falta de integração no processo dos que nele deveriam estar obrigatoriamente, um litisconsórcio simples, não unitário. Na interpretação do artigo, deve-se considerar que o litisconsórcio necessário ativo pode não se completar se um litisconsorte não estiver no processo, ou se se recusar a ir a juízo com os demais, caso em que deverá ser chamado para ficar no polo ativo da relação processual. É, por exemplo, o que se extrai do § 1º do art. 75.

Não cabe o entendimento de que os litisconsortes presentes agiriam em nome próprio e também como substitutos dos que não se encontram no processo porque lhes faltaria a indispensável autorização legal prevista no art. 18 para que ocorra a substituição.

O parágrafo único do art. 115 é semelhante ao art. 47 do Código de 1973, mas perde para este, quando fala apenas em litisconsórcio passivo necessário, quando, ocorrendo litisconsórcio ativo necessário o autor deverá promover também a citação de outras pessoas que têm, obrigatoriamente, de vir ao processo para integrar o seu polo ativo, ficando sujeitas à eficácia da sentença que será nula, se não forem integradas no feito.

Título III
DA INTERVENÇÃO DE TERCEIROS
(arts. 119 a 138)

1. Observações. 2. O Terceiro no Processo. 3. Espécies de Intervenção. 4. Nomeação à Autoria. 5. Oposição.

1. Observações – Ao regular a intervenção de terceiros, o CPC de 2015 corrigiu o erro do Código anterior, que tratava da assistência junto com o litisconsórcio, no capítulo V do Título II do Livro I (arts. 50 a 55). A assistência, nas suas duas espécies, é modalidade de intervenção de terceiros, como reconhecia o diploma revogado, quando falava que o terceiro "poderá intervir" (art. 50); "para intervir" (art. 51); "cessa a intervenção" (art. 53); "pedido de intervenção" (art. 54, parágrafo único); "na causa em que interveio" (art. 55). O novo Código disciplina a intervenção de terceiros, nos Capítulos I a V do Título III do Livro I da sua parte geral (arts. 119 a 139). Vê-se, no título ora examinado, que o CPC de 2015 suprimiu a nomeação à autoria das modalidades de intervenção e não incluiu entre elas a oposição, tratada como procedimento especial (arts. 682 a 686).

2. O Terceiro no Processo – Chamam-se terceiros as pessoas que ingressam, voluntariamente, no processo, ou são chamados a intervir nele, porque não ocupam, na relação processual, nem a posição de autor, nem a de réu, tornando-se, contudo, também seus sujeitos. Não são terceiros, todavia, os litisconsortes necessários que o juiz convoca a integrarem o polo ativo ou passivo do processo, como autor ou réu. Diga-se o mesmo sobre o litisconsorte facultativo, que ingressa no processo depois de distribuída a ação, ou depois de integrado nele o réu, pela citação, ou pelo comparecimento espontâneo (art. 239 e § 1º).

3. Espécies de Intervenção – Seis são as modalidades de intervenção, objeto dos Capítulos I a V (arts. 119 a 138): assistência simples (arts. 121 a 123), assistência litisconsorcial (art. 124), denunciação da lide (arts. 125 a 129), chamamento ao processo (arts. 130 a 132), desconsideração da personalidade jurídica (arts. 133 a 137) e *amicus curiae* (art. 138). No entanto, essas modalidades não esgotam o rol da intervenção, haja vista, para dar um significativo exemplo, o recurso de terceiro prejudicado (art. 996).

4. Nomeação à Autoria – O CPC de 2015 eliminou a nomeação à autoria, regulada nos arts. 62 a 69 do Código anterior. As hipóteses de nomeação, previstas naqueles artigos, cabem nos arts. 338 e 339, a cujas anotações se remete o leitor. Acrescente-se, aqui e agora, que a nomeação foi extinta apenas no *nomen juris*, mas continua existindo, nos dispositivos indicados.

5. Oposição – Assinalei, alhures, que a oposição não constitui, rigorosamente, modalidade de intervenção de terceiro, posto que a incluísse, nessa categoria, o CPC de 1973. Consiste ela na ação proposta por um terceiro, quando pretende, no todo, ou em parte, a coisa, ou o direito sobre o qual contravenham autor e réu.

Andou bem o legislador do Código de 2015, no deslocar a oposição, do elenco das modalidades de intervenção de terceiro, para os procedimentos especiais (arts. 682 a 686). Vejam-se, pois, as anotações relativas a essas normas.

Capítulo I

Da Assistência

Seções I a III
(arts. 119 a 124)

Art. 119. Pendendo causa entre 2 (duas) ou mais pessoas, o terceiro juridicamente interessado em que a sentença seja favorável a uma delas poderá intervir no processo para assisti-la.

Parágrafo único. A assistência será admitida em qualquer procedimento e em todos os graus de jurisdição, recebendo o assistente o processo no estado em que se encontre.

Art. 120. Não havendo impugnação no prazo de 15 (quinze) dias, o pedido do assistente será deferido, salvo se for caso de rejeição liminar.

Parágrafo único. Se qualquer parte alegar que falta ao requerente interesse jurídico para intervir, o juiz decidirá o incidente, sem suspensão do processo.

Art. 121. O assistente simples atuará como auxiliar da parte principal, exercerá os mesmos poderes e sujeitar-se-á aos mesmos ônus processuais que o assistido.

Parágrafo único. Sendo revel ou, de qualquer outro modo, omisso o assistido, o assistente será considerado seu substituto processual.

Art. 122. A assistência simples não obsta a que a parte principal reconheça a procedência do pedido, desista da ação, renuncie ao direito sobre o que se funda a ação ou transija sobre direitos controvertidos.

Art. 123. Transitada em julgado a sentença no processo em que interveio o assistente, este não poderá, em processo posterior, discutir a justiça da decisão, salvo se alegar e provar que:

    I – pelo estado em que recebeu o processo ou pelas declarações e pelos atos do assistido, foi impedido de produzir provas suscetíveis de influir na sentença;

    II – desconhecia a existência de alegações ou de provas das quais o assistido, por dolo ou culpa, não se valeu.

Art. 124. Considera-se litisconsorte da parte principal o assistente sempre que a sentença influir na relação jurídica entre ele e o adversário do assistido.

1. Observações. 2. Semelhanças.

1. Observações – Tirante algumas poucas e irrelevantes alterações, o CPC de 2015 manteve os dispositivos reguladores das duas modalidades de assistência no Código anterior. Qual a utilidade de substituir a oração "que tiver interesse jurídico", do art. 50 da lei revogada, pela expressão "juridicamente interessado", posta no art. 119? De que vale suprimir o artigo indefinido uma, constante do mesmo art. 50, ou trocar a oração "tem lugar em qualquer dos tipos de procedimento" (parágrafo único do art. 50) por "será admitida em qualquer procedimento" (parágrafo único do art. 119)?

2. Semelhanças – No art. 120, dilatou-se para 15 dias o prazo que, no anterior art. 50, era de cinco dias. O parágrafo único desse artigo encontrou vantajosa e compreensível modificação no art. 120. O art. 122 apenas acrescentou com propriedade a frase "renuncie ao direito sobre o que se funda a ação", melhorando o texto do revogado art. 53, inclusive pela supressão da desnecessária sentença de que, nos casos assinalados, o processo termina e cessa a assistência. Iguais o art. 123 e seus dois incisos e o art. 55, bem como os arts. 124 e 54, posto o primeiro sob a seção III com a epígrafe "Da Assistência Litisconsorcial".

Capítulo II

Da Denunciação da Lide
(arts. 125 a 129)

Art. 125. É admissível a denunciação da lide, promovida por qualquer das partes:
    I – ao alienante imediato, no processo relativo à coisa cujo domínio foi transferido ao denunciante, a fim de que possa exercer os direitos que da evicção lhe resultam;
    II – àquele que estiver obrigado, por lei ou pelo contrato, a indenizar, em ação regressiva, o prejuízo de quem for vencido no processo.
§ 1º O direito regressivo será exercido por ação autônoma quando a denunciação da lide for indeferida, deixar de ser promovida ou não for permitida.
§ 2º Admite-se uma única denunciação sucessiva, promovida pelo denunciado, contra seu antecessor imediato na cadeia dominial ou quem seja responsável por indenizá-lo, não podendo o denunciado sucessivo promover nova denunciação, hipótese em que eventual direito de regresso será exercido por ação autônoma.

Art. 126. A citação do denunciado será requerida na petição inicial, se o denunciante for autor, ou na contestação, se o denunciante for réu, devendo ser realizada na forma e nos prazos previstos no art. 131.

Art. 127. Feita a denunciação pelo autor, o denunciado poderá assumir a posição de litisconsorte do denunciante e acrescentar novos argumentos à petição inicial, procedendo-se em seguida à citação do réu.

Art. 128. Feita a denunciação pelo réu:
    I – se o denunciado contestar o pedido formulado pelo autor, o processo prosseguirá tendo, na ação principal, em litisconsórcio, denunciante e denunciado;

II – se o denunciado for revel, o denunciante pode deixar de prosseguir com sua defesa, eventualmente oferecida, e abster-se de recorrer, restringindo sua atuação à ação regressiva;

III – se o denunciado confessar os fatos alegados pelo autor na ação principal, o denunciante poderá prosseguir com sua defesa ou, aderindo a tal reconhecimento, pedir apenas a procedência da ação de regresso.

Parágrafo único. Procedente o pedido da ação principal, pode o autor, se for o caso, requerer o cumprimento da sentença também contra o denunciado, nos limites da condenação deste na ação regressiva.

Art. 129. Se o denunciante for vencido na ação principal, o juiz passará ao julgamento da denunciação da lide.

Parágrafo único. Se o denunciante for vencedor, a ação de denunciação não terá o seu pedido examinado, sem prejuízo da condenação do denunciante ao pagamento das verbas de sucumbência em favor do denunciado.

1. Observações. 2. Semelhanças.

1. Observações – Acertou o Código, ao substituir, no *caput* do art. 125, o período "a denunciação da lide é 'obrigatória'", do art. 70 do diploma anterior, por "é admissível a denunciação da lide, promovida por qualquer das partes". Na realidade, os dois incisos do art. 125 contemplam hipóteses em que, em vez de fazer denunciação da lide, o legitimado a promovê-la pode optar pela propositura de ação autônoma. Existe, então, um concurso de ações, pela possibilidade de se proporem ações diferentes, ou melhor de se deduzirem pedidos diferentes para a satisfação da mesma pretensão. Devidamente examinado, o § 1º do art. 125 mostra isso.

2. Semelhanças – O inciso II do art. 70 do Código anterior admitia a denunciação da lide "ao proprietário ou ao possuidor indireto quando, por força de obrigação ou direito, em casos como o do usufrutuário, do credor pignoratício, do locatário, o réu citado em nome próprio exerça a posse direta da coisa demandada". O caso de que se ocupou o inciso melhor integraria o elenco das hipóteses de nomeação à autoria, houvesse o novo diploma instituído aquela forma de intervenção de terceiros. A hipótese do inciso eliminado cabe, entretanto, nos casos dos arts. 338 e 339, a cujas notas se remete.

O § 1º do art. 125 é, de certo modo, expletivo porque diz o que já se pode extrair dos dois incisos da norma. A denunciação da lide é ação, cujo processo pode extinguir-se por sentença terminativa, logo, sem julgamento do mérito do pedido de quem faz essa intervenção, o litisdenunciante. Se é indeferida, ou não for permitida (a diferença entre indeferimento e proibição é, no § 1º, assaz sutil, se existente), nada obsta a que se proponha ação autônoma, para a dedução do mesmo pedido feito na denunciação malograda. Isto também prova a ocorrência de um concurso de ações. Extinto o processo da denunciação da lide, como previsto no § 1º, o respectivo autor pode ir a juízo, formulando, de novo, o pedido feito na litisdenunciação cortada cerce. É sentença, não se tratando de decisão interlocutória, ainda que se veja como tal o pronunciamento de indeferimento, ou de inadmissibilidade, como não é difícil adivinhar, fará a jurisprudência, por motivos práticos. A propositiva da ação autônoma está condicionada ao depósito das despesas e dos honorários, incidindo a norma sancionadora do § 2º do art. 486 porque se trata de repetição da ação.

Diferente é o caso, previsto no § 1º do art. 486, em que não se procedeu à denunciação. Essa omissão não faz preclusa a faculdade de formular o pedido por ação autônoma, o que, aliás, mostra a inconveniência do *caput* do art. 70 do Código anterior. Se o autor deixa de promover a denunciação da lide, na petição inicial, ou o réu, na contestação, ficam impedidos de denunciar, mas poderão servir-se da ação autônoma cuja pretensão, ou direito, se sujeita à prescrição comum das pretensões.

O § 2º do art. 125 não repetiu, na sua enumeração literal, a regra do art. 73 do Código anterior. O parágrafo admite a denunciação sucessiva, porém não mais de uma vez. A pretensão do segundo litisdenunciado se deduzirá do mesmo modo que a do primeiro.

O art. 71 do Código de 1973 está repetido no art. 126 do novo CPC. Fala este artigo em denunciação da lide pelo autor. Essa hipótese não é frequente, porém admissível. Atente-se, por exemplo, em que, na divisão (arts. 574 a 586), o autor pode promover a denunciação da lide à pessoa de quem houve o imóvel, a fim de que o indenize da diminuição do espaço do bem dele adquirido.

O art. 127 é semelhante ao art. 74 do antigo Código. O réu requererá, na contestação, a citação do litisconsorte, que deve ser efetivada em trinta dias, ou em dois meses, se o réu residir em outra comarca. A denunciação não ficará sem efeito, se não se realizar nesses prazos. A norma é programática. Não será aplicada se a citação não se efetivar nos prazos assinados sem culpa do litisdenunciante. Incide aqui com a devida adaptação a última parte do art. 131, não por analogia mas porque o art. 126 manda obedecer aquela norma.

O art. 127 é idêntico ao art. 74 do Código anterior. O art. 128 é semelhante ao revogado art. 75.

O parágrafo único do art. 128 faz da sentença de procedência do pedido, ou pedidos formulados na denunciação da lide um título judicial dúplice. Ele pode ser executado contra o devedor e também contra o litisdenunciado, este, nos termos da denunciação que pode ficar aquém do pedido da ação principal.

CAPÍTULO III

DO CHAMAMENTO AO PROCESSO
(ARTS. 130 A 132)

Art. 130. É admissível o chamamento ao processo, requerido pelo réu:
I – do afiançado, na ação em que o fiador for réu;
II – dos demais fiadores, na ação proposta contra um ou alguns deles;
III – dos demais devedores solidários, quando o credor exigir de um ou de alguns o pagamento da dívida comum.

Art. 131. A citação daqueles que devam figurar em litisconsórcio passivo será requerida pelo réu na contestação e deve ser promovida no prazo de 30 (trinta) dias, sob pena de ficar sem efeito o chamamento.
Parágrafo único. Se o chamado residir em outra comarca, seção ou subseção judiciárias, ou em lugar incerto, o prazo será de 2 (dois) meses.

Art. 132. A sentença de procedência valerá como título executivo em favor do réu que satisfizer a dívida, a fim de que possa exigi-la, por inteiro, do devedor principal, ou, de cada um dos codevedores, a sua quota, na proporção que lhes tocar.

1. Observações. 2. Semelhanças.

1. Observações – Salvo alterações menores, o Código de 2015 repetiu as disposições do CPC de 1973 relativas ao chamamento ao processo que, em síntese, permite ao réu trazer ao processo pessoas obrigadas, junto com ele, ou perante ele.

2. Semelhanças – O art. 132 é idêntico, na essência, ao art. 80 do Código anterior. O novo Código não repetiu o art. 79 do diploma de 1973. Logo, o juiz não suspende o processo, na hipótese de chamamento, mas durante os prazos do art. 131 e parágrafos o processo ficará paralisado, à espera da citação. Efetuada ela, o prazo para responder será o mesmo de contestação (art. 335) porque o chamado será litisconsorte passivo (art. 131).

Capítulo IV

Do Incidente de Desconsideração da Personalidade Jurídica
(arts. 133 a 137)

Art. 133. O incidente de desconsideração da personalidade jurídica será instaurado a pedido da parte ou do Ministério Público, quando lhe couber intervir no processo.

§ 1º O pedido de desconsideração da personalidade jurídica observará os pressupostos previstos em lei.

§ 2º Aplica-se o disposto neste Capítulo à hipótese de desconsideração inversa da personalidade jurídica.

Art. 134. O incidente de desconsideração é cabível em todas as fases do processo de conhecimento, no cumprimento de sentença e na execução fundada em título executivo extrajudicial.

§ 1º A instauração do incidente será imediatamente comunicada ao distribuidor para as anotações devidas.

§ 2º Dispensa-se a instauração do incidente se a desconsideração da personalidade jurídica for requerida na petição inicial, hipótese em que será citado o sócio ou a pessoa jurídica.

§ 3º A instauração do incidente suspenderá o processo, salvo na hipótese do § 2º.

§ 4º O requerimento deve demonstrar o preenchimento dos pressupostos legais específicos para desconsideração da personalidade jurídica.

Art. 135. Instaurado o incidente, o sócio ou a pessoa jurídica será citado para manifestar-se e requerer as provas cabíveis no prazo de 15 (quinze) dias.

Art. 136. Concluída a instrução, se necessária, o incidente será resolvido por decisão interlocutória.

Parágrafo único. Se a decisão for proferida pelo relator, cabe agravo interno.

Art. 137. Acolhido o pedido de desconsideração, a alienação ou a oneração de bens, havida em fraude de execução, será ineficaz em relação ao requerente.

1. Natureza Jurídica. 2. Procedimento.

1. Natureza jurídica – O novo Código não trata da verificação dos pressupostos da desconsideração da personalidade jurídica que não é matéria de direito processual, porém de direito material, posta no art. 50 do Código Civil, nos seguintes termos: "Em caso de abuso da personalidade jurídica, caracterizado pelo desvio de finalidade, ou pela confusão patrimonial, pode o juiz decidir, a requerimento da parte, ou do Ministério Público quando lhe couber intervir no processo, que os efeitos de certas e determinadas relações de obrigações sejam estendidos aos bens particulares dos administradores ou sócios da pessoa jurídica". Haverá a desconsideração inversa da personalidade jurídica, de que trata o § 2º do art. 133, quando relações jurídicas obrigacionais dos administradores se estenderem aos bens da pessoa jurídica, como ocorrerá quando o devedor oculta nela bens que garantem a sua responsabilidade patrimonial. Os arts. 133 e ss. regulam o incidente de determinação da desconsideração, que, no conteúdo, é uma ação incidental, que pode culminar com uma sentença condenatória, ou declaratória negativa, conforme se decrete ou se negue a desconsideração, tratada como incidente, segundo a epígrafe do capítulo IV, os §§2º e 3º do art. 134 e os arts. 135 e 136.

2. Procedimento – Instaura-se o incidente, que pode ser indeferido pelo juiz, mediante requerimento do legitimado, feito na inicial da ação cognitiva, no pedido de cumprimento da sentença, que ação executiva é, ou na inicial da execução de título extrajudicial. Assim está no *caput* do art. 134, que permite o requerimento do incidente em qualquer fase do processo. O incidente pode desconsiderar alienações ou onerações sucessivas, desde que nesses atos se identifiquem os pressupostos da desconsideração (art. 134, § 4º). Conforme o § 2º desse artigo, não se instaura o incidente, se formular o requerimento de desconsideração na inicial porque, nesses casos, a resposta será dada na contestação, na impugnação, ou nos embargos, nada obrigando a que venha em petição separada. É indispensável a citação, que constitui pressuposto processual. Essa citação é do requerido e da pessoa, ou pessoas, que fraudulentamente receberam o bem.

O prazo para contestar o incidente é de quinze dias e se conta conforme as regras relativas ao prazo da contestação, pouco importando a fase em que se encontra o processo. O juiz ou o relator, nos tribunais, determina a instauração do incidente que suspende o processo, salvo se requerido na inicial da ação. Procede-se à instrução (art. 136), mediante a produção de quaisquer provas, oral, documental, pericial. Por razões de ordem prática, o incidente pode processar-se em autos apartados, mesmo quando requerido na inicial. Neste caso, bastará reproduzi-la com os documentos pertinentes. Diga-se o mesmo quando a resposta vier com a contestação. O incidente pode também ser requerido na inicial da reconvenção.

Reza o art. 136 que, concluída a instrução, se ela for necessária, o incidente será resolvido por decisão interlocutória, da qual caberá agravo de instrumento (art. 1.015, IV). O parágrafo único desse artigo torna inequívoca a possibilidade de julgamento do incidente apenas pelo relator, tanto assim que da decisão dele cabe agravo interno (art. 1.021). Porque o relator atua em nome do colegiado, nada obsta a que ele, em vez de decidi-lo, leve o incidente ao julgamento do órgão que integra. Atendidos os respectivos pressupostos, cabe recurso especial ou extraordinário do acórdão que julgar o agravo interno, ou o incidente. Os embargos de declaração serão sempre admissíveis.

Será declaratória negativa a decisão que não acolher o incidente ou negar o pedido nele formulado. A decisão que acolher o pedido será constitutiva porque torna ineficaz a alienação ou oneração, formando situação diferente da criada pelo ato de transferência ou gravame. A decisão que acolher o pedido de desconsideração não anula a alienação, ou a oneração, porém a torna ineficaz quanto à execução, na qual pode haver a apreensão do bem, como se em poder do executado se encontrasse. Pode o bem ser penhorado antes ou depois de outros, em poder do fraudador.

O incidente de desconsideração é modalidade de intervenção coacta de terceiro, já que ele vem ao processo com as garantias asseguradas aos litigantes pela Constituição, para ficar sujeito ao incidente cuja sentença de mérito faz coisa julgada material.

Capítulo V

Do *Amicus Curiae*
(art. 138)

Art. 138. O juiz ou o relator, considerando a relevância da matéria, a especificidade do tema objeto da demanda ou a repercussão social da controvérsia, poderá, por decisão irrecorrível, de ofício ou a requerimento das partes ou de quem pretenda manifestar-se, solicitar ou admitir a participação de pessoa natural ou jurídica, órgão ou entidade especializada, com representatividade adequada, no prazo de 15 (quinze) dias de sua intimação.

§ 1º A intervenção de que trata o *caput* não implica alteração de competência nem autoriza a interposição de recursos, ressalvadas a oposição de embargos de declaração e a hipótese do § 3º.

§ 2º Caberá ao juiz ou ao relator, na decisão que solicitar ou admitir a intervenção, definir os poderes do *amicus curiae*.

§ 3º O *amicus curiae* pode recorrer da decisão que julgar o incidente de resolução de demandas repetitivas.

1. Observações. 2. Intervenção.

1. Observações – Conquanto os substantivos *amicus* e *curia* tenham plural, deve-se manter invariável a expressão *amicus curiae*, não importa o número de pessoas que ocupem essa posição, nem a quantidade de órgãos jurisdicionais para os quais se volta a figura. Trata-se de fórmula fixa (a *formule figée* dos franceses) que permanece invariável, tal como deve ocorrer com a expressão **juiz a quo**, que não se muda para *juíza a qua*, quando se trata de magistrada, ou **instância a qua**, quando se menciona o órgão inferior na hierarquia.

2. Intervenção – Pressuposto objetivo da atuação como *amicus curiae* é a ocorrência de questão que verse matéria relevante, extravazante do interesse exclusivo das partes, da prestação jurisdicional, cuja deliberação repercutirá para além do caso concreto, como ocorre com a repercussão, pressuposto do recurso extraordinário (CF, art. 102, § 3º).

A atuação do "colaborador do tribunal", ou "lobista", no sentido democrático da palavra, pode dar-se mediante requerimento dele próprio, ou de qualquer das partes, aí compreendido o Ministério Público, a Defensoria Pública, procuradores, e, na verdade, por qualquer outra pessoa, integrante do processo, ou estranha a ele, ilimitadamente. Pode também ser determinada pelo juiz de qualquer instância, ou por deliberação do colegiado, mas sem sanção para o desatendimento. Admite-se como *amicus* qualquer pessoa física, jurídica, ou formal.

Reza o § 1º que a intervenção, como *amicus curiae*, não implica alteração de competência nem autoriza a interposição de recursos, ressalvados a oposição de embargos de declaração, ou da decisão que julgar o incidente de resolução de demandas repetitivas, como previsto no § 3º. Entendam-se esses dispositivos, mediante a consideração de que a intervenção como *amicus curiae* não é intervenção de terceiros, apesar do substantivo usado nos §§ 1º e 2º do art. 138, e já que o *amicus* não fica sujeito ao julgamento proferido no processo a que comparece, salvo naqueles casos em que a coisa julgada se estende às pessoas que não integram o feito, naqueles casos em que essa consequência opera. Tem a pessoa o direito de opor embargos declaratórios a qualquer decisão proferida no processo, já que esses embargos (arts. 1.022 a 1.026) apesar da referência do art. 994, IV, não constituem um recurso, porém um incidente, sempre admissível, consoante o art. 1.022, destinado a esclarecer o pronunciamento judicial, nas hipóteses dos três itens dessa norma. Pode ainda o *amicus* recorrer da decisão que julgar as demandas repetitivas (art. 1.037, § 13, a cujas notas aqui se faz remissão).

O § 2º do art. 138 dá poder ao juiz, ou ao relator, ou mesmo ao colegiado, que determina a convocação, competência para definir os poderes da pessoa cuja colaboração requisita. Essa definição destina-se a determinar o campo de atuação da pessoa ou pessoas convocadas, às quais se pode dar o direito de requerer a vinda de outras pessoas, a juntada de documentos, o pedido de exibição de documentos, a acareação com outro *amicus*, não porém o direito de recorrer, salvo na hipótese do § 3º e no caso do cabimento de embargos de declaração, limitados esses meios somente no que disser às prerrogativas referentes à posição em que se encontra o *amicus*. Não se dá a ele o direito de intervir no processo mediante o recurso de terceiro prejudicado de que tratam o art. 996 e seu parágrafo único.

Título IV
DO JUIZ E DOS AUXILIARES DA JUSTIÇA
(arts. 139 a 175)

Capítulo I

Dos Poderes, dos Deveres e da Responsabilidade do Juiz
(arts. 139 a 143)

Art. 139. O juiz dirigirá o processo conforme as disposições deste Código, incumbindo-lhe:

I – assegurar às partes igualdade de tratamento;

II – velar pela duração razoável do processo;

III – prevenir ou reprimir qualquer ato contrário à dignidade da justiça e indeferir postulações meramente protelatórias;

IV – determinar todas as medidas indutivas, coercitivas, mandamentais ou sub-rogatórias necessárias para assegurar o cumprimento de ordem judicial, inclusive nas ações que tenham por objeto prestação pecuniária;

V – promover, a qualquer tempo, a autocomposição, preferencialmente com auxílio de conciliadores e mediadores judiciais;

VI – dilatar os prazos processuais e alterar a ordem de produção dos meios de prova, adequando-os às necessidades do conflito de modo a conferir maior efetividade à tutela do direito;

VII – exercer o poder de polícia, requisitando, quando necessário, força policial, além da segurança interna dos fóruns e tribunais;

VIII – determinar, a qualquer tempo, o comparecimento pessoal das partes, para inquiri-las sobre os fatos da causa, hipótese em que não incidirá a pena de confesso;

IX – determinar o suprimento de pressupostos processuais e o saneamento de outros vícios processuais;

X – quando se deparar com diversas demandas individuais repetitivas, oficiar o Ministério Público, a Defensoria Pública e, na medida do possível, outros legitimados a que se referem o art. 5º da Lei no 7.347, de 24 de julho de 1985, e o art. 82 da Lei no 8.078, de 11 de setembro de 1990, para, se for o caso, promover a propositura da ação coletiva respectiva.

Parágrafo único. A dilação de prazos prevista no inciso VI somente pode ser determinada antes de encerrado o prazo regular.

Art. 140. O juiz não se exime de decidir sob a alegação de lacuna ou obscuridade do ordenamento jurídico.

Parágrafo único. O juiz só decidirá por equidade nos casos previstos em lei.

Art. 141. O juiz decidirá o mérito nos limites propostos pelas partes, sendo-lhe vedado conhecer de questões não suscitadas a cujo respeito a lei exige iniciativa da parte.

Art. 142. Convencendo-se, pelas circunstâncias, de que autor e réu se serviram do processo para praticar ato simulado ou conseguir fim vedado por lei, o juiz proferirá decisão que impeça os objetivos das partes, aplicando, de ofício, as penalidades da litigância de má-fé.

Art. 143. O juiz responderá, civil e regressivamente, por perdas e danos quando:
 I – no exercício de suas funções, proceder com dolo ou fraude;
 II – recusar, omitir ou retardar, sem justo motivo, providência que deva ordenar de ofício ou a requerimento da parte.

Parágrafo único. As hipóteses previstas no inciso II somente serão verificadas depois que a parte requerer ao juiz que determine a providência e o requerimento não for apreciado no prazo de 10 (dez) dias.

1. Observações. 2. Poderes do Juiz. 3. Deveres.

1. Observações – Os cinco artigos deste capítulo cuidam, exclusivamente dos deveres e da responsabilidade do juiz, como fazia o Código de 1973, no art. 125 e ss. As normas agora anotadas têm por destinatários os juízes que exercem a jurisdição civil em qualquer instância, ordinária ou extraordinária, mas não se podem perder de vista as normas regentes das atividades dos magistrados em geral, como as que se encontram na Seção I do Capítulo III do Título IV da Constituição Federal e na lei complementar a que alude o art. 93 dessa Carta. Não é exaustiva a enumeração dos artigos do Capítulo I. Ao longo do Código e de outras leis encontram-se dispositivos que investem os juízes de poderes específicos e lhes impõem deveres. O Código, entretanto, reúne os poderes e deveres mais salientes, nos artigos agora examinados.

2. Poderes do Juiz – Vislumbram-se, nos artigos que tratam dos poderes do juiz, não apenas direitos, como ainda deveres dos magistrados, aos quais cumpre exercer tais prerrogativas, quando estas se mostrarem oportunas. Para ficar num exemplo, a que se poderiam juntar outros, deve-se atentar que, se é poder do juiz, como está no inciso II, velar pela duração razoável do processo, deve ele também providenciar para que isso ocorra. Nesse caso, ele estará cumprindo o inciso LXXVIII do art. 5º da Constituição.

O inciso I do art. 139 repete o inciso I do art. 125 do Código anterior. O inciso II repete o anterior inciso II deste artigo, com alteração diferente só na forma, coincidente com o dispositivo constitucional citado. A segunda proposição do inciso III explicita a regra da sua primeira parte.

Não há diferença entre o inciso VII desse artigo e o inciso III do artigo anterior. A segurança interna dos fóruns e tribunais é matéria da organização deles e a referência a elas parece demasiada. Demasiada também é a segunda norma do inciso III, já que se se encontra entre os poderes do juiz, estará também entre os seus deveres o indeferimento de postulações protelatórias, irrelevante o advérbio **meramente**.

Renderá panos para as mangas o inciso IV do art. 139, pois o juiz não pode com base nele, sair às tontas, determinando medidas coercitivas, fora dos poderes que a lei lhe dá. Não pode o juiz, v.g., ordenar a apreensão de quantias em poder de uma parte, ou nas contas bancárias que ela tiver em instituições financeiras. Muito amplo, o inciso demanda interpretação restritiva, conforme a qual ao juiz só caberá tomar as medidas mencionadas, nos limites da lei.

Permite a norma do inciso VI que o juiz dilate os prazos processuais, peremptórios ou dilatórios, indistintamente. O parágrafo único do artigo só consente a dilação do prazo "antes de encerrado o prazo regular". Não importa o momento em que se encontre o prazo em curso. Pode o juiz, antevendo a necessidade de prazo maior, dilatá-lo, antes que comece a correr. A regra agora anotada não afasta as dos arts. 222 e 223, que podem ser aplicadas conjuntamente, pois diferentes os respectivos pressupostos.

De acordo com o inciso VI do art. 139, pode o juiz alterar a ordem de produção dos meios de prova, de acordo com as necessidades de inteirar-se sobre o conflito, na sua extensão, antecedentes e consequentes. Destarte, pode ele ouvir partes e testemunhas, ou proceder à inspeção, antes da perícia. Se se permite ao juiz alterar a ordem da produção de provas, antepondo, por exemplo, a prova oral à pericial, não pode ele, porque a tanto não lhe permite a lei, alterar, sem a concordância das partes, a ordem interna da produção, como aconteceria, se ele ouvisse primeiro as testemunhas do réu e depois as do autor sem o consentimento das partes (art. 456 e parágrafo único).

Os incisos V, que repete o IV do ab-rogado art. 125, e VIII do art. 139 podem ser examinados conjuntamente. O juiz pode determinar o comparecimento pessoal das partes (e *a fortiori*, de testemunhas já arroladas) para falarem sobre fatos da causa. Não se aplica às partes a pena de confesso, não importa o que elas digam ao magistrado, ainda que admitam fatos relevantes. Obviamente, ao chamar as partes, o juiz pode tentar conciliá-las, ou, depois de ouvi-las, encaminhá-las a conciliadores ou mediadores, que o juiz pode nomear, ainda quando essas pessoas já existam no quadro de órgãos jurisdicionais auxiliares. Essa nomeação aponta no sentido de que a processualística hodierna faz do juiz não apenas um julgador mas também um mediador.

Interprete-se com reservas o inciso IX, que permite o suprimento de pressupostos processuais e o saneamento de outros vícios processuais. É de longo alcance a incidência dessa norma. Diz a doutrina que os pressupostos processuais, dentre eles, há os supríveis e os insanáveis, tanto assim que o art. 316 estatui que o juiz deverá conceder à parte oportunidade para corrigir o vício, se possível. O art. 485, IV, dispõe que o juiz não resolverá o mérito, deixando, portanto, de julgar o pedido do autor, ou do reconvinte, quando verificar a ausência de pressupostos de constituição e de desenvolvimento válido e regular do processo. Mostra essa norma que há pressupostos cujo desatendimento é irreparável. Por saneamento de outros vícios processuais se haverá de entender os defeitos corrigíveis, como a emenda da inicial, a fim de que ela atenda os respectivos requisitos ou a falta de atribuição de valor à causa (art. 321). A inocorrência de uma das condições da ação leva à extinção do processo por sentença terminativa (art. 485, VI), mas essa falta é sanável por fato posterior ao ajuizamento da ação (v.g., o autor pede a condenação do réu ao pagamento de um crédito de que não é titular, mas assume essa condição se o crédito lhe é cedido antes da sentença).

Na aplicação do inciso IX do mesmo art. 139, deve-se tomar em conta o fato de que o processo não é um fim em si mesmo, porém um meio de composição da lide. Consequentemente, deve-se ajustá-lo, quando possível, à consecução do seu fim.

Andou mal o inciso X, ao mencionar as duas leis nele referidas, já que elas podem, a qualquer tempo, ser derrogadas ou ab-rogadas. Essa revogação pode tornar imprestável a remissão a elas. Entenda-se, no entanto, que o dispositivo se aplicará também às hipóteses de existência de normas idênticas às contidas nas referidas naqueles diplomas. Anota-se que os órgãos referidos no item X não estarão compelidos à propositura da ação coletiva, que também se rege pelo princípio dispositivo.

3. Deveres – Além dos deveres, que se descobrem no art. 139, encontram-se, nos arts. 140 a 143, normas de que o juiz é destinatário, constituindo assim, deveres que a lei lhe impõe para o adequado exercício da jurisdição.

O art. 140 repele o art. 126 do Código anterior com ligeira alteração, que não lhe modifica o conteúdo. O parágrafo único do mesmo art. 140 é espelho do art. 127 do diploma de 1973. A norma do art. 128 desse Código é repetida no art. 141 do atual. A norma do revogado art. 129 está agora no art. 142, que substituiu o substantivo **sentença** pelo nome **decisão** porque esse pronunciamento não extingue o processo, necessariamente, já que o juiz pode limitar-se a escoimar o erro e mandar prosseguir o feito, se possível, como ocorrerá se a simulação ou a tentativa de alcançar fim proibido não cobrir toda a postulação. Pode acontecer o câmbio entre uma das partes e terceiro interveniente. Nesse caso, o juiz aplicará a norma, menos por analogia do que por estendê-la a uma situação nela implicitamente contemplada. As penalidades da litigância de má-fé são aplicadas a ambos os contendores, ou a todos ou alguns deles, na hipótese de litisconsórcio. Bem pode haver o ilícito processual entre um ou algum dos litisconsortes ou terceiros, sem que todos fiquem envolvidos na trama.

Tal como o art. 133 do CPC anterior, o art. 143 dispõe sobre a responsabilidade do juiz. O inciso I desse artigo corresponde ao mesmo item do revogado art. 133. Igualmente, o inciso II do art. 143 é **fotografia** de igual inciso do art. 133. O parágrafo único, todavia, condiciona a incidência do item II ao requerimento da parte, no sentido de que o juiz determine a providência solicitada, sem que ele aprecie o requerimento, em prazo de um decêndio. O indeferimento do pedido ou a providência diferente da requerida obstam à aplicação da regra do parágrafo.

Anote-se, afinal, que o *caput* desse art. 143 fala que o juiz responderá "civil e regressivamente". Com o uso desses vocábulos, a lei deixa claro que, no caso dos dois incisos, a responsabilidade é civil. Isto, obviamente, não afasta a responsabilidade criminal, tipificada na lei penal, que pode qualificar como delituoso algum dos atos referidos nos dois itens do dispositivo. No *caput*, o advérbio **regressivamente** alude à situação em que, condenada ao pagamento de perdas e danos a pessoa jurídica a que está vinculado o juiz, ela pode pleitear o ressarcimento do que pagar ou entregar à vítima do dano.

Capítulo II

Dos Impedimentos e da Suspeição
(arts. 144 a 148)

Art. 144. Há impedimento do juiz, sendo-lhe vedado exercer suas funções no processo:

I – em que interveio como mandatário da parte, oficiou como perito, funcionou como membro do Ministério Público ou prestou depoimento como testemunha;
II – de que conheceu em outro grau de jurisdição, tendo proferido decisão;
III – quando nele estiver postulando, como defensor público, advogado ou membro do Ministério Público, seu cônjuge ou companheiro, ou qualquer parente, consanguíneo ou afim, em linha reta ou colateral, até o terceiro grau, inclusive;
IV – quando for parte no processo ele próprio, seu cônjuge ou companheiro, ou parente, consanguíneo ou afim, em linha reta ou colateral, até o terceiro grau, inclusive;
V – quando for sócio ou membro de direção ou de administração de pessoa jurídica parte no processo;
VI – quando for herdeiro presuntivo, donatário ou empregador de qualquer das partes;
VII – em que figure como parte instituição de ensino com a qual tenha relação de emprego ou decorrente de contrato de prestação de serviços;
VIII – em que figure como parte cliente do escritório de advocacia de seu cônjuge, companheiro ou parente, consanguíneo ou afim, em linha reta ou colateral, até o terceiro grau, inclusive, mesmo que patrocinado por advogado de outro escritório;
IX – quando promover ação contra a parte ou seu advogado.

§ 1º Na hipótese do inciso III, o impedimento só se verifica quando o defensor público, o advogado ou o membro do Ministério Público já integrava o processo antes do início da atividade judicante do juiz.

§ 2º É vedada a criação de fato superveniente a fim de caracterizar impedimento do juiz.

§ 3º O impedimento previsto no inciso III também se verifica no caso de mandato conferido a membro de escritório de advocacia que tenha em seus quadros advogado que individualmente ostente a condição nele prevista, mesmo que não intervenha diretamente no processo.

Art. 145. Há suspeição do juiz:
I – amigo íntimo ou inimigo de qualquer das partes ou de seus advogados;
II – que receber presentes de pessoas que tiverem interesse na causa antes ou depois de iniciado o processo, que aconselhar alguma das partes acerca do objeto da causa ou que subministrar meios para atender às despesas do litígio;
III – quando qualquer das partes for sua credora ou devedora, de seu cônjuge ou companheiro ou de parentes destes, em linha reta até o terceiro grau, inclusive;
IV – interessado no julgamento do processo em favor de qualquer das partes.

§ 1º Poderá o juiz declarar-se suspeito por motivo de foro íntimo, sem necessidade de declarar suas razões.

§ 2º Será ilegítima a alegação de suspeição quando:

I – houver sido provocada por quem a alega;
II – a parte que a alega houver praticado ato que signifique manifesta aceitação do arguido.

Art. 146. No prazo de 15 (quinze) dias, a contar do conhecimento do fato, a parte alegará o impedimento ou a suspeição, em petição específica dirigida ao juiz do processo, na qual indicará o fundamento da recusa, podendo instruí-la com documentos em que se fundar a alegação e com rol de testemunhas.

§ 1º Se reconhecer o impedimento ou a suspeição ao receber a petição, o juiz ordenará imediatamente a remessa dos autos a seu substituto legal, caso contrário, determinará a autuação em apartado da petição e, no prazo de 15 (quinze) dias, apresentará suas razões, acompanhadas de documentos e de rol de testemunhas, se houver, ordenando a remessa do incidente ao tribunal.

§ 2º Distribuído o incidente, o relator deverá declarar os seus efeitos, sendo que, se o incidente for recebido:
I – sem efeito suspensivo, o processo voltará a correr;
II – com efeito suspensivo, o processo permanecerá suspenso até o julgamento do incidente.

§ 3º Enquanto não for declarado o efeito em que é recebido o incidente ou quando este for recebido com efeito suspensivo, a tutela de urgência será requerida ao substituto legal.

§ 4º Verificando que a alegação de impedimento ou de suspeição é improcedente, o tribunal rejeitá-la-á.

§ 5º Acolhida a alegação, tratando-se de impedimento ou de manifesta suspeição, o tribunal condenará o juiz nas custas e remeterá os autos ao seu substituto legal, podendo o juiz recorrer da decisão.

§ 6º Reconhecido o impedimento ou a suspeição, o tribunal fixará o momento a partir do qual o juiz não poderia ter atuado.

§ 7º O tribunal decretará a nulidade dos atos do juiz, se praticados quando já presente o motivo de impedimento ou de suspeição.

Art. 147. Quando 2 (dois) ou mais juízes forem parentes, consanguíneos ou afins, em linha reta ou colateral, até o terceiro grau, inclusive, o primeiro que conhecer do processo impede que o outro nele atue, caso em que o segundo se escusará, remetendo os autos ao seu substituto legal.

Art. 148. Aplicam-se os motivos de impedimento e de suspeição:
I – ao membro do Ministério Público;
II – aos auxiliares da justiça;
III – aos demais sujeitos imparciais do processo.

§ 1º A parte interessada deverá arguir o impedimento ou a suspeição, em petição fundamentada e devidamente instruída, na primeira oportunidade em que lhe couber falar nos autos.

§ 2º O juiz mandará processar o incidente em separado e sem suspensão do processo, ouvindo o arguido no prazo de 15 (quinze) dias e facultando a produção de prova, quando necessária.

§ 3º Nos tribunais, a arguição a que se refere o § 1º será disciplinada pelo regimento interno.

§ 4º O disposto nos §§ 1º e 2º não se aplica à arguição de impedimento ou de suspeição de testemunha.

> 1. Observações. 2. Impedimentos. 3. Singularidades de um Inciso Esdrúxulo. 4. Parentesco e Afinidade. 5. Suspeição. 6. Procedimento. 7. Outros Órgãos.

1. Observações – A imparcialidade do juiz de qualquer instância é pressuposto processual subjetivo. O juiz parcial transforma o órgão que integra num juízo de exceção, proibido pelo art. 5º, XXXVII, da Constituição Federal. O impedimento do juiz de qualquer instância permite a desconstituição da sentença, do acórdão e da decisão monocrática, se esses pronunciamentos forem de mérito, por meio da ação rescisória (art. 966, II, primeira parte).

A nulidade decorrente da suspeição é relativa, suscetível de convalescimento, se não for arguida por meio de exceção. Esse vício não afeta a coisa julgada.

2. Impedimentos – O novo Código estabelece os casos em que há impedimento do juiz, proibido, então, de exercer a função jurisdicional no processo, em qualquer instância. O substantivo **juiz** indica, na norma, todo e qualquer magistrado, não importa o grau de jurisdição em que atue. De novo, estas anotações só focalizam dispositivos novos, limitando-se a indicar os incisos do art. 134 do Código anterior a que correspondem os atuais. Cotejam-se, então, os arts. 134 do CPC de 1973 e 144 do CPC de 2015.

A primeira parte do inciso IV do art. 144 do novo Código corresponde ao inciso I do Código anterior. O inciso I coincide com o revogado inciso II, substituída a palavra **órgão** do MP por **membro**. O inciso II é igual ao III, anterior, eliminada a palavra **sentença** e mantido o abrangente substantivo **decisão**. O inciso III aproxima-se do IV do Código revogado, mas com o acréscimo das palavras **defensor público** e **membro do Ministério Público** e **companheiro**. Estendeu o impedimento a qualquer parente até o terceiro grau, e não ao segundo. O inciso dá ao consanguíneo e ao afim a condição de parentes, quando estes são os que procedem de um ascendente comum e a afinidade é o vínculo entre um cônjuge e os parentes do outro. O inciso V assemelha-se ao VI do Código anterior, com modificações que não alteram a causa do impedimento. O inciso VI desse art. 144 tornou motivo de impedimento o inciso III do art. 135, que considerava as condições nele aludidas como motivo de presunção da suspeição.

Aparecem como novos os dispositivos dos incs. VII, VIII e IX do art. 144. É exagero dar por impedido o juiz para o processo em que figure como parte instituição de ensino com a qual tenha relação de emprego ou decorrente de contrato de prestação de serviços. Esse fato deveria ser considerado, no máximo, gerador da presunção de suspeição, que deixaria ao critério da parte a valoração do fato obstativo. Do inciso VIII do art. 144 se fala em seguida. Assinale-se que o item IX impede o juiz quando este promover ação contra a parte ou contra o advogado dela. O substantivo **parte** abrange os terceiros intervenientes (*ubi eadem ratio ibi eadem dispositio*). Obviamente, o inciso é de ampla incidência porque cria, no processo, impedimento do juiz que promove ação contra a parte, ou contra o advogado dela, não importa se a ação corre no juízo do processo em que ocorre o impedimento, ou noutro, de qualquer parte do país ou do mundo, de jurisdição contenciosa ou voluntária, e mesmo no processo arbitral. O inciso não considerou o caso em que o juiz sofre, noutro processo, ação proposta pela parte, ou pelo advogado dela. Nesse caso, do qual não cogitam os incisos dos arts. 144 e 145, o Código confere à parte a faculdade de arguir a suspeição do juiz, quiçá com fundamento nos incs. I e IV do art. 145. O juiz estará impedido para o exercício da jurisdição no processo em que é parte (inciso IV), porém não estará no processo em que for parte ou advogado pessoa que o processa noutro feito, de jurisdição contenciosa, voluntária, ou arbitral.

Não há impedimento, nem suspeição, quando já estiver extinto o processo no qual, em andamento se encontrasse, se configurasse uma situação determinante desses óbices. O inciso II do art. 144 não se aplica a processos semelhantes àqueles mencionados nesse item. A interpretação da lei que cria casos de impedimento ou suspeição é casuística. Não se estende a processos análogos. Incide, entretanto, nos processos em que a pretensão da parte, ou de terceiros, se fundar nos mesmos fatos geradores da pretensão fundada ao processo entregue ao juiz.

3. Singularidades de um Inciso Esdrúxulo – Leia-se com olhos de ler o inciso VIII do art. 144. Dispõe ele que está impedido o juiz, no processo "em que figure como parte cliente do escritório de advocacia de seu cônjuge, companheiro, consanguíneo ou afim, em linha reta ou colateral, até o terceiro grau, inclusive, mesmo que patrocinado por advogado de outro escritório". Decomponha-se, então, o dispositivo.

O inciso VIII cria impedimento do juiz para processar e julgar o processo (de jurisdição contenciosa, ou voluntária) em que figure como parte (abrangido o terceiro, nesse substantivo) cliente de outro escritório. Impedimento, então, decorrente de vínculo profissional, consubstanciado em relação de prestação de serviço. Note-se que a condição do cliente de um escritório não se alcança somente pela representação em processo judicial, ou arbitral, mas se estende a toda e qualquer espécie de assistência, como a postulação perante órgãos da Administração ou do Legislativo, pessoas físicas, jurídicas, ou formais, brasileiras ou estrangeiras, em relação de qualquer natureza, consultas, formação de sociedades, elaboração de projetos. Basta a relação de clientela de um escritório para produzir o impedimento, nas condições assinaladas no inciso.

O impedimento ocorre se a parte for cliente do escritório de advocacia do qual integre o cônjuge do juiz, seu companheiro, irrelevante o sexo, ou parente, ou afim, em linha reta (isto é, até o bisavô ou o bisneto), ou colateral (até os sobrinhos). Repare-se que, no país, há escritórios compostos de dezenas, centenas e até mais de um milhar de advogados. A lei não faz distinção: basta que uma das pessoas enumeradas no inciso integre o escritório, não importa o número dos seus membros, para impedir o juiz, ainda que a parte tenha vínculo profissional com um dos advogados do escritório. Ocasional vínculo da parte com estagiário do escritório não causa o impedimento.

Vai adiante o inciso VIII também na oração concessiva "mesmo que patrocinado por advogado de outro escritório". Quer essa norma que o juiz fique impedido se o cliente de escritório integrado pelo seu cônjuge, companheiro, parente ou afim até o terceiro grau, também for cliente de outro escritório e se fizer representar por membro deste último. Imagine-se, então, o caso em que, cliente do escritório de advocacia exclusivamente criminal, trabalhista, tributarista, societário, falimentar onde trabalha uma das pessoas indicadas, a parte cause, só por isto, o impedimento do juiz, ainda que se faça representar, no processo, por advogado de outro escritório, absolutamente desvinculado de um daqueles. Observe-se que, por falta de restrição, interpretado literalmente, o dispositivo incidirá ainda quando uma das pessoas nele indicadas exercer a advocacia em escritório estrangeiro, que funcione, exclusivamente, fora dos limites geográficos do país. Se considerada constitucional a norma, a jurisprudência evitará situações teratológicas desse jaez.

Não se pode evitar a observação de que o inciso é tanto mais estranhável quanto se considerar que se devem restringir os casos de impedimento na proporção inversa do número, estipulado em lei, de advogados de certos escritórios. Os escritórios de advocacia americanos lograram equacionar o problema, instituindo a chamada *"Chinese wall"*, que chega a permitir que advogados de certos escritórios patrocinem, simultaneamente, partes conflitantes, desde que, militantes em lados opostos, os advogados preservem o sigilo dos elementos necessários à assistência do cliente e regulem o modo pelo qual poderão entender-se sobre o caso, com vistas, por exemplo, a uma composição.

O inciso VIII criará problemas gravíssimos, no tocante ao óbice por ele criado. O impedimento é um fato objetivo, consubstanciado na situação prevista na lei. Ao contrário da suspeição, não precisa ser arguido porque gera a nulidade, independentemente da alegação da parte.

Esse inciso VIII encerrará temeroso cerceamento da liberdade do exercício de qualquer profissão, assegurada no inciso XIII do art. 5º da Constituição Federal. Interpretado ao pé da letra, ele levaria os membros de escritório onde militam pessoas mencionadas no dispositivo a recusarem o patrocínio de clientes em causas que, possivelmente, poderiam ser distribuídas a juízes alcançados pelo impedimento previsto na norma. Alertado para a possibilidade, o constituinte talvez procure a assistência de outro profissional, mormente se o juiz que poderia ficar impedido, se notabilizou pelo modo com que exerce a jurisdição. Evidentemente, pode ser concentrado ou difuso o controle da constitucionalidade da tenebrosa norma.

A norma, deveras acerba, merecedora da mais veemente crítica, foi ditada pelo nepotismo, pelo compadrio, pela proteção decorrente de elementos exógenos do processo, flagelo da prestação jurisdicional. Permita-se a dolorosa observação de que, não raramente, os clientes têm mais interesse em saber se existem relações diretas ou transversas entre o advogado e os magistrados, propícias a uma decisão favorável, do que perscrutar a existência de amparo legal à sua pretensão, num quadro melancólico.

O § 1º do art. 144 condiciona o impedimento à atuação, no processo, das pessoas nele indicadas, se já estavam no feito quando o juiz assume o processo, mesmo porque o § 2º proíbe que as pessoas indicadas no § 1º ingressem no processo, criando a atuação impeditiva. A locução **a fim**, usada no inciso, não condiciona o impedimento à vontade do ingressante de criar esse óbice, embora ela indique um propósito, como já constava do parágrafo único do art. 134 do Código de 1973. A expressão **a fim** deve ser entendida no sentido de que o ingresso gera o impedimento.

Próximo do inciso VIII é o § 3º do artigo. Para gerar o impedimento do juiz, basta que a parte tenha outorgado um mandato, para a prática de qualquer atividade profissional, a advogado integrante do escritório no qual militem as pessoas indicadas no inciso III. Noutras palavras, se a parte constitui seu procurador um advogado do escritório onde milite uma das pessoas indicadas no inciso III, isto impede o juiz.

4. Parentesco e Afinidade – O art. 147 do novo Código registra mais um caso de impedimento, que já se encontrava no art. 136 da lei anterior, mas com redação diferente.

Se dois ou mais juízes, diz o artigo, sem limitar o número de magistrados, forem parentes uns dos outros, até o terceiro grau, na linha reta (pai, avô, bisavô, filho, neto bisneto), ou na linha colateral (irmão, sobrinho, sobrinho neto), o juiz que conhecer (*rectius*, que exerceu a jurisdição) do processo, não importa por quanto tempo, ainda que mínimo e de mínima relevância o ato por ele praticado, impede o juiz posterior de qualquer instância. Assim, o juiz da instância superior (v.g., desembargador ou ministro) sempre estará impedido de funcionar no processo, ainda quando o feito passe por juiz desimpedido, como ocorrerá com o juiz do tribunal superior, ainda quando de permeio atuar juiz desimpedido. Por igual, haverá impedimento com relação aos parentes do cônjuge, ou companheiro do juiz, que é caso de afinidade, relação entre um cônjuge e os parentes do outro, mesmo na hipótese de mero companheirismo, decorrente de união estável, já que a lei veda qualquer situação em que haja impedimento do magistrado. O juiz impedido remeterá o processo ao seu substituto legal, assim definido pela norma de organização judiciária, constante da lei ou regimento.

5. Suspeição – O art. 145 dita os casos de suspeição, de modo diferente do art. 135 da lei anterior, conforme mostrará a comparação entre os dois dispositivos.

O inciso I do art. 145 faz suspeito o juiz amigo íntimo ou inimigo das partes (ou de herdeiro, que parte é, *lato sensu*), do advogado ou advogados dela. A lei já não qualifica a inimizade como capital, para colocá-la na intensidade máxima. Basta a existência da inimizade, na acepção que os léxicos atribuem a esse substantivo. Dir-se-á com razão que a nova lei andou mal ao criar suspeição na hipótese de amizade íntima, ou de inimizade, situação encontradiça na comunidade de profissionais do Direito. Há que se dar ao juiz o crédito da imparcialidade, mesmo nos casos de relação afetiva ou mal querença entre ele e o advogado. Aliás, deveria estender o substantivo ao Ministério Público, à Defensoria, aos procuradores e advogados públicos em geral, assim como se deve considerar parte o representante legal, o tutor e o curador do demandante, do demandado, ou do terceiro. O inciso II trata das situações previstas nos incs. IV e V do art. 135 do Código de 1973, irrelevante a troca do substantivo **dádiva** por **presente**, pois ambos têm o significado de benefício material ou imaterial. O inciso III repete o inciso II do art. 135 da lei anterior, mas acrescenta o companheiro às pessoas nele enumeradas.

Da suspeição decorre nulidade relativa, que pode ser explícita ou implicitamente sanada pela parte, ao deixar de argui-la, ou dizer que a releva. Não assim o impedimento, que proíbe o juiz de atuar, ainda que minimamente, nos casos do art. 144, cujo *caput* é expresso: "sendo-lhe vedado exercer suas funções no processo", o que constitui fundamento da desconstituição da sentença de mérito, consoante o inciso II do art. 966.

6. Procedimento – Conforme o § 1º do art. 145, o juiz pode declarar-se suspeito por motivo de foro íntimo, sem necessidade de declarar suas razões. É óbvio que sucessivas declarações de suspeição, como documentam experiências forenses, podem caracterizar abuso do direito de declarar-se suspeito, ilícito pelo qual responderá o magistrado.

O § 2º do art. 145 declara ilegítima a arguição da suspeição, se ela for provocada pelo excipiente, isto é, se for ele o gerador do motivo da recusa. A norma não se aplica na hipótese de motivo superveniente involuntário. Também é ilegítima a arguição, se o excipiente, antes dela, houver praticado ato de manifesta (isto é, de clara, visível, inequívoca) aceitação do juiz, como acontecerá se ela se dirigir a ele, sabendo que é o juiz incurso num dos itens do art. 145.

Ao contrário do Código anterior, que disciplinou o procedimento da exceção de suspeição, juntamente com as de impedimento e incompetência, a partir do seu art. 304, o Código de 2015 regula a matéria a partir do art. 146. Da incompetência absoluta e relativa tratam os arts. 64 e 65.

Para alegar o impedimento ou a suspeição, a parte tem o prazo de 15 dias, contados, não a partir do fato determinante do vício, como fazia o art. 305 do Código revogado, mas do conhecimento desse fato. Incumbe ao alegante indicar e, se necessário, provar o dia do conhecimento, que pode ser presumido. A alegação se faz por escrito, salvo nos processos em que predomina a oralidade, através de petição com documentos e rol de testemunhas. Conforme a segunda proposição do § 1º do art. 146, o juiz, se não aquiescer à alegação, determinará que se autue a petição em apartado. Nestes autos, se estabelece o contraditório entre o juiz excepto, que não aceitar a exceção, e o excipiente. O art. 146 fala com questionável escrúpulo, que a parte "alegará o impedimento ou a suspeição", fugindo da palavra "exceção". Porém de exceção se trata, na acepção que a processualística dá a esse vocábulo. A garantia constitucional do contraditório e da ampla defesa impõe a manifestação da parte que, no processo, for contrária ao excipiente. Ela tem o direito de opor-se à recusa, defendendo a imparcialidade do juiz. Por isto, além de responder, o juiz deve conceder prazo para a manifestação do adversário do excipiente, que poderá se opor à alegação, ou aderir a ela. Se não o fizer o juiz, poderá fazê-lo o relator, no tribunal.

O § 1º determina que o juiz questionado, reconhecendo o seu impedimento ou suspeição, ordenará, imediatamente, a remessa dos autos ao seu substituto legal. A decisão que afirma o impedimento, ou a suspeição, é interlocutória mas insuscetível de agravo, o que deveria acontecer, bastando imaginar-se que o juiz erre na interpretação de um dos incisos dos arts. 144 ou 145, ou se declare, erroneamente, numa das situações neles previstas. Se o juiz a quem se remeter o processo decidir que é incompetente para presidir ao seu desenvolvimento e julgá-lo, haverá conflito negativo de competência.

O art. 146 desdobrou-se em sete parágrafos (*excusez du peu*). De acordo com o § 2º, o relator do incidente, se deferir o seu processamento, declarará os efeitos da arguição, negando-lhe ou lhe atribuindo efeito suspensivo. No primeiro caso, contemplado no inciso I, o processo, paralisado como determina o art. 313, III, voltará a correr, num caso em que a decisão do relator (e, *a fortiori*, do órgão a que pertence), afastará a incidência da lei. Conferido o efeito suspensivo, o processo, de acordo com o inciso II, continuará suspenso, até o julgamento do incidente por decisão monocrática irrecorrível, ou pelo órgão competente.

O § 3º alude a uma necessidade de apreciação imediata: ainda não declarado o seu efeito, ou concedido o efeito suspensivo ao incidente, a tutela de urgência (art. 300 e ss.) será entregue ao substituto legal do juiz, assim indicado pelas normas de organização judiciária. A alegação de suspeição ou impedimento é pessoal; dirige-se à pessoa do juiz, de modo que, se ele se afastar, temporária ou definitivamente, do juízo, a tutela será concedida pelo juiz que o suceder. Se o afastamento do juiz que se afirma suspeito ou impedido for temporário, o processo continuará suspenso, salvo se não lhe for atribuído efeito suspensivo. Se o afastamento for definitivo, o processo volta a correr, ainda quando se lhe tenha atribuído efeito suspensivo. Neste caso, o incidente se julgará prejudicado e novo incidente deverá ser requerido, se o juiz voltar ao posto do qual se desligara.

Desnecessário o § 4º do artigo ora anotado porque, improcedente a alegação (*rectius*, exceção) de impedimento, ou de suspeição, o tribunal deve rejeitá-la, por acórdão, ou decisão monocrática do relator, com agravo interno (art. 1.021), se verificados os pressupostos legais.

Na essência, ao rezar que, reconhecida a suspeição ou o impedimento, o tribunal remeterá o processo ao substituto legal do juiz, condenando este nas custas, só as do incidente, o § 5º repete o art. 314, segunda parte, do Código anterior. A novidade é permitir que o juiz recorra da decisão que o julgar suspeito ou impedido, o que ele fará com observância dos pressupostos recursais. Também pode recorrer a parte que se opôs à arguição.

Considerem-se os §§ 6º e 7º do art. 146. Procedente a arguição, o tribunal, ou o relator, determina o momento a partir do qual o juiz não poderia ter atuado. Esse momento não coincide com o início do processo porque as causas de impedimento ou suspeição podem surgir posteriormente. Pense-se, no casamento do juiz com a parte, ou seu advogado, ou na imprevista rixa entre o juiz e o advogado da parte, oriunda, por exemplo, de um acidente de trânsito. Fixado esse momento, são nulos os atos posteriores praticados pelo juiz suspeito, ou impedido. A violação do § 7º configura *error in procedendo*, já que a norma tem por destinatário o tribunal ao qual a lei impõe o dever de decretar a nulidade dos atos do juiz, por ele praticados quando já existente o motivo do impedimento ou da suspeição. Aplica-se o conteúdo desse parágrafo com observância do ocorrido no processo. Não se deve decretar a nulidade daqueles atos que teriam, inequivocamente, sido praticados por juiz insuspeito ou desimpedido.

7. Outros Órgãos – Tal como fez o art. 138 do Código anterior, o art. 148 estende a suspeição ou impedimento aos membros do Ministério Público, aos auxiliares da Justiça e aos sujeitos imparciais do processo, dentre eles o perito, e também os assistentes, que devem ser imparciais, o intérprete, o tradutor, o leiloeiro e similares. Entende-se que o Ministério Público não pode ser tido como suspeito ou impedido se atuar em nome da parte porque aqui será necessariamente parcial. Diga-se o mesmo quanto a qualquer advogado, inclusive os públicos.

O procedimento, regulado nos três parágrafos do artigo é praticamente igual ao dos dois parágrafos do art. 138 do Código extinto. Se a parte não arguir a suspeição dessas pessoas, na primeira oportunidade de falar nos autos, o defeito convola, mas ele persiste nos casos de impedimento não arguido. O processamento da arguição obedecerá o contraditório e o direito à ampla defesa. Tanto quanto o juiz, que pode recorrer do pronunciamento que decreta a sua suspeição ou impedimento, as pessoas referidas nos arts. 144 e 145 também podem recorrer da decisão que proclama o vício, assim como do ato que o reconheceu.

Compreende-se o § 4º, conforme o qual não se aplicam os §§1º e 2º do artigo à arguição de impedimento ou suspeição de testemunha porque há meios determinados de proibi-la de depor (art. 445).

Capítulo III

Dos Auxiliares da Justiça

Seções I a IV
(arts. 149 a 164)

Art. 149. São auxiliares da Justiça, além de outros cujas atribuições sejam determinadas pelas normas de organização judiciária, o escrivão, o chefe de secretaria, o oficial de justiça, o perito, o depositário, o administrador, o intérprete, o tradutor, o mediador, o conciliador judicial, o partidor, o distribuidor, o contabilista e o regulador de avarias.

Seção I
Do Escrivão, do Chefe de Secretaria e do Oficial de Justiça
(arts. 150 a 155)

Art. 150. Em cada juízo haverá um ou mais ofícios de justiça, cujas atribuições serão determinadas pelas normas de organização judiciária.

Art. 151. Em cada comarca, seção ou subseção judiciária haverá, no mínimo, tantos oficiais de justiça quantos sejam os juízos.

Art. 152. Incumbe ao escrivão ou ao chefe de secretaria:
   I – redigir, na forma legal, os ofícios, os mandados, as cartas precatórias e os demais atos que pertençam ao seu ofício;
   II – efetivar as ordens judiciais, realizar citações e intimações, bem como praticar todos os demais atos que lhe forem atribuídos pelas normas de organização judiciária;
   III – comparecer às audiências ou, não podendo fazê-lo, designar servidor para substituí-lo;
   IV – manter sob sua guarda e responsabilidade os autos, não permitindo que saiam do cartório, exceto:
      a) quando tenham de seguir à conclusão do juiz;
      b) com vista a procurador, à Defensoria Pública, ao Ministério Público ou à Fazenda Pública;
      c) quando devam ser remetidos ao contabilista ou ao partidor;
      d) quando forem remetidos a outro juízo em razão da modificação da competência;
   V – fornecer certidão de qualquer ato ou termo do processo, independentemente de despacho, observadas as disposições referentes ao segredo de justiça;
   VI – praticar, de ofício, os atos meramente ordinatórios.

§ 1º O juiz titular editará ato a fim de regulamentar a atribuição prevista no inciso VI.

§ 2º No impedimento do escrivão ou chefe de secretaria, o juiz convocará substituto e, não o havendo, nomeará pessoa idônea para o ato.

Art. 153. O escrivão ou o chefe de secretaria atenderá, preferencialmente, à ordem cronológica de recebimento para publicação e efetivação dos pronunciamentos judiciais.

§ 1º A lista de processos recebidos deverá ser disponibilizada, de forma permanente, para consulta pública.

§ 2º Estão excluídos da regra do *caput*:
    I – os atos urgentes, assim reconhecidos pelo juiz no pronunciamento judicial a ser efetivado;
    II – as preferências legais.

§ 3º Após elaboração de lista própria, respeitar-se-ão a ordem cronológica de recebimento entre os atos urgentes e as preferências legais.

§ 4º A parte que se considerar preterida na ordem cronológica poderá reclamar, nos próprios autos, ao juiz do processo, que requisitará informações ao servidor, a serem prestadas no prazo de 2 (dois) dias.

§ 5º Constatada a preterição, o juiz determinará o imediato cumprimento do ato e a instauração de processo administrativo disciplinar contra o servidor.

Art. 154. Incumbe ao oficial de justiça:
    I – fazer pessoalmente citações, prisões, penhoras, arrestos e demais diligências próprias do seu ofício, sempre que possível na presença de 2 (duas) testemunhas, certificando no mandado o ocorrido, com menção ao lugar, ao dia e à hora;
    II – executar as ordens do juiz a que estiver subordinado;
    III – entregar o mandado em cartório após seu cumprimento;
    IV – auxiliar o juiz na manutenção da ordem;
    V – efetuar avaliações, quando for o caso;
    VI – certificar, em mandado, proposta de autocomposição apresentada por qualquer das partes, na ocasião de realização de ato de comunicação que lhe couber.

Parágrafo único. Certificada a proposta de autocomposição prevista no inciso VI, o juiz ordenará a intimação da parte contrária para manifestar-se, no prazo de 5 (cinco) dias, sem prejuízo do andamento regular do processo, entendendo-se o silêncio como recusa.

Art. 155. O escrivão, o chefe de secretaria e o oficial de justiça são responsáveis, civil e regressivamente, quando:
    I – sem justo motivo, se recusarem a cumprir no prazo os atos impostos pela lei ou pelo juiz a que estão subordinados;
    II – praticarem ato nulo com dolo ou culpa.

Seção II
Do Perito
(Arts. 156 a 158)

Art. 156. O juiz será assistido por perito quando a prova do fato depender de conhecimento técnico ou científico.

§ 1º Os peritos serão nomeados entre os profissionais legalmente habilitados e os órgãos técnicos ou científicos devidamente inscritos em cadastro mantido pelo tribunal ao qual o juiz está vinculado.

§ 2º Para formação do cadastro, os tribunais devem realizar consulta pública, por meio de divulgação na rede mundial de computadores ou em jornais de grande circulação, além de consulta direta a universidades, a conselhos de classe, ao Ministério Público, à Defensoria Pública e à Ordem dos Advogados do Brasil, para a indicação de profissionais ou de órgãos técnicos interessados.

§ 3º Os tribunais realizarão avaliações e reavaliações periódicas para manutenção do cadastro, considerando a formação profissional, a atualização do conhecimento e a experiência dos peritos interessados.

§ 4º Para verificação de eventual impedimento ou motivo de suspeição, nos termos dos arts. 148 e 467, o órgão técnico ou científico nomeado para realização da perícia informará ao juiz os nomes e os dados de qualificação dos profissionais que participarão da atividade.

§ 5º Na localidade onde não houver inscrito no cadastro disponibilizado pelo tribunal, a nomeação do perito é de livre escolha pelo juiz e deverá recair sobre profissional ou órgão técnico ou científico comprovadamente detentor do conhecimento necessário à realização da perícia.

Art. 157. O perito tem o dever de cumprir o ofício no prazo que lhe designar o juiz, empregando toda sua diligência, podendo escusar-se do encargo alegando motivo legítimo.

§ 1º A escusa será apresentada no prazo de 15 (quinze) dias, contado da intimação, da suspeição ou do impedimento supervenientes, sob pena de renúncia ao direito a alegá-la.

§ 2º Será organizada lista de peritos na vara ou na secretaria, com disponibilização dos documentos exigidos para habilitação à consulta de interessados, para que a nomeação seja distribuída de modo equitativo, observadas a capacidade técnica e a área de conhecimento.

Art. 158. O perito que, por dolo ou culpa, prestar informações inverídicas responderá pelos prejuízos que causar à parte e ficará inabilitado para atuar em outras perícias no prazo de 2 (dois) a 5 (cinco) anos, independentemente das demais sanções previstas em lei, devendo o juiz comunicar o fato ao respectivo órgão de classe para adoção das medidas que entender cabíveis.

Seção III
Do Depositário e do Administrador
(Arts. 159 a 161)

Art. 159. A guarda e a conservação de bens penhorados, arrestados, sequestrados ou arrecadados serão confiadas a depositário ou a administrador, não dispondo a lei de outro modo.

Art. 160. Por seu trabalho o depositário ou o administrador perceberá remuneração que o juiz fixará levando em conta a situação dos bens, ao tempo do serviço e às dificuldades de sua execução.

Parágrafo único. O juiz poderá nomear um ou mais prepostos por indicação do depositário ou do administrador.

Art. 161. O depositário ou o administrador responde pelos prejuízos que, por dolo ou culpa, causar à parte, perdendo a remuneração que lhe foi arbitrada, mas tem o direito a haver o que legitimamente despendeu no exercício do encargo.

Parágrafo único. O depositário infiel responde civilmente pelos prejuízos causados, sem prejuízo de sua responsabilidade penal e da imposição de sanção por ato atentatório à dignidade da justiça.

Seção IV
Do Intérprete e do Tradutor
(arts. 162 a 164)

Art. 162. O juiz nomeará intérprete ou tradutor quando necessário para:
   I – traduzir documento redigido em língua estrangeira;
   II – verter para o português as declarações das partes e das testemunhas que não conhecerem o idioma nacional;
   III – realizar a interpretação simultânea dos depoimentos das partes e testemunhas com deficiência auditiva que se comuniquem por meio da Língua Brasileira de Sinais, ou equivalente, quando assim for solicitado.

Art. 163. Não pode ser intérprete ou tradutor quem:
   I – não tiver a livre administração de seus bens;
   II – for arrolado como testemunha ou atuar como perito no processo;
   III – estiver inabilitado para o exercício da profissão por sentença penal condenatória, enquanto durarem seus efeitos.

Art. 164. O intérprete ou tradutor, oficial ou não, é obrigado a desempenhar seu ofício, aplicando-se-lhe o disposto nos arts. 157 e 158.

      1. Observações. 2. Destaques.

1. Observações – Nenhum juiz exerce sozinho a jurisdição. Em qualquer instância, os magistrados necessitam do apoio de pessoas que integram a organização judiciária, ou, estranhas ao quadro dos funcionários estatais, intervêm no processo para tornar possível o alcance da sua finalidade de instrumento da jurisdição. O Código, como fazia a lei anterior, nos arts. 139 e ss., chama essas pessoas de auxiliares da Justiça, identificados também como órgãos jurisdicionais auxiliares, ou secundários. Observe-se que esses órgãos não são, necessariamente, pessoas físicas. Suas funções podem ser cometidas a pessoas jurídicas, ou mesmo formais, que são aquelas universalidades despojadas de personalidade jurídica, mas que atuam como se pessoas fossem, assim, por exemplo, os escritórios de contabilidade ou os centros de reparo e conservação de instrumentos eletroeletrônicos. Por vezes, a perfeição de determinadas atividades ancilares dos órgãos jurisdicionais principais podem recomendar ou exigir que certa tarefa seja exercida em frações, entregue cada uma, ou algumas, porém não todas, a pessoas ou entidades distintas, como acontecerá na perícia de mecanismos complexos para cuja montagem e funcionamento concorrem atos distintos e separados, da incumbência de especialistas diferentes. Pode o juiz designar um perito em solo e outros, em resistência dos materiais, quando a lide versar sobre diferentes aspectos de uma construção. A enumeração do art. 149 não é exaustiva, nem é preciso que o órgão jurisdicional auxiliar transitório seja, de algum modo, tratado nas normas da organização judiciária. As Seções I a IV deste Capítulo cuidam dos órgãos tradicionais, como o escrivão, o oficial de justiça, o perito, o depositário, o administrador, o intérprete e o tradutor, mas o Código de 2015 acrescentou a esse rol a Seção V, inovação voltada para os conciliadores e mediadores judiciais à qual se dedicaram dez artigos que trazem como acompanhantes parágrafos, incisos, alíneas concentrando vários deles mais de uma proposição.

2. Destaques – Conhecidas as atividades desses órgãos, é dispensável a análise de cada dispositivo do capítulo, o que desbordaria dos reduzidos fins deste livro. Ademais, a maioria desses dispositivos já se encontrava no Código e nas leis anteriores, objeto de considerações da doutrina e aplicação dos tribunais. Por isto, far-se-ão, aqui, uns poucos destaques com as observações respectivas, dando-se contudo maior atenção às regras pertinentes aos conciliadores e mediadores judiciais, que aparecem novas no Código de Processo Civil, algumas delas derrogatórias, ou ab-rogatórias de normas anteriores, que ficam por elas revogadas.

Já se disse que não é exaustiva a lista do art. 149, posto que ele haja incluído na enumeração, além do tradutor, o mediador, o conciliador, o contabilista e o regulador de avarias.

Seção V
Dos Conciliadores e Mediadores Judiciais
(arts. 165 a 175)

Art. 165. Os tribunais criarão centros judiciários de solução consensual de conflitos, responsáveis pela realização de sessões e audiências de conciliação e mediação e pelo desenvolvimento de programas destinados a auxiliar, orientar e estimular a autocomposição.

§ 1º A composição e a organização dos centros serão definidas pelo respectivo tribunal, observadas as normas do Conselho Nacional de Justiça.

§ 2º O conciliador, que atuará preferencialmente nos casos em que não houver vínculo anterior entre as partes, poderá sugerir soluções para o litígio, sendo vedada a utilização de qualquer tipo de constrangimento ou intimidação para que as partes conciliem.

§ 3º O mediador, que atuará preferencialmente nos casos em que houver vínculo anterior entre as partes, auxiliará aos interessados a compreender as questões e os interesses em conflito, de modo que eles possam, pelo restabelecimento da comunicação, identificar, por si próprios, soluções consensuais que gerem benefícios mútuos.

Art. 166. A conciliação e a mediação são informadas pelos princípios da independência, da imparcialidade, da autonomia da vontade, da confidencialidade, da oralidade, da informalidade e da decisão informada.

§ 1º A confidencialidade estende-se a todas as informações produzidas no curso do procedimento, cujo teor não poderá ser utilizado para fim diverso daquele previsto por expressa deliberação das partes.

§ 2º Em razão do dever de sigilo, inerente às suas funções, o conciliador e o mediador, assim como os membros de suas equipes, não poderão divulgar ou depor acerca de fatos ou elementos oriundos da conciliação ou da mediação.

§ 3º Admite-se a aplicação de técnicas negociais, com o objetivo de proporcionar ambiente favorável à autocomposição.

§ 4º A mediação e a conciliação serão regidas conforme a livre autonomia dos interessados, inclusive no que diz respeito à definição das regras procedimentais.

Art. 167. Os conciliadores, os mediadores e as câmaras privadas de conciliação e mediação serão inscritos em cadastro nacional e em cadastro de tribunal de justiça ou de tribunal regional federal, que manterá registro de profissionais habilitados, com indicação de sua área profissional.

§ 1º Preenchendo o requisito da capacitação mínima, por meio de curso realizado por entidade credenciada, conforme parâmetro curricular definido pelo Conselho Nacional de Justiça em conjunto com o Ministério da Justiça, o conciliador ou o mediador, com o respectivo certificado, poderá requerer sua inscrição no cadastro nacional e no cadastro de tribunal de justiça ou de tribunal regional federal.

§ 2º Efetivado o registro, que poderá ser precedido de concurso público, o tribunal remeterá ao diretor do foro da comarca, seção ou subseção judiciária onde atuará o conciliador ou o mediador os dados necessários para que seu nome passe a constar da respectiva lista, a ser observada na distribuição alternada e aleatória, respeitado o princípio da igualdade dentro da mesma área de atuação profissional.

§ 3º Do credenciamento das câmaras e do cadastro de conciliadores e mediadores constarão todos os dados relevantes para a sua atuação, tais como o número de processos de que participou, o sucesso ou insucesso da atividade, a matéria sobre a qual versou a controvérsia, bem como outros dados que o tribunal julgar relevantes.

§ 4º Os dados colhidos na forma do § 3º serão classificados sistematicamente pelo tribunal, que os publicará, ao menos anualmente, para conhecimento da população e para fins estatísticos e de avaliação da conciliação, da mediação, das câmaras privadas de conciliação e de mediação, dos conciliadores e dos mediadores.

§ 5º Os conciliadores e mediadores judiciais cadastrados na forma do *caput*, se advogados, estarão impedidos de exercer a advocacia nos juízos em que desempenhem suas funções.

§ 6º O tribunal poderá optar pela criação de quadro próprio de conciliadores e mediadores, a ser preenchido por concurso público de provas e títulos, observadas as disposições deste Capítulo.

Art. 168. As partes podem escolher, de comum acordo, o conciliador, o mediador ou a câmara privada de conciliação e de mediação.

§ 1º O conciliador ou mediador escolhido pelas partes poderá ou não estar cadastrado no tribunal.

§ 2º Inexistindo acordo quanto à escolha do mediador ou conciliador, haverá distribuição entre aqueles cadastrados no registro do tribunal, observada a respectiva formação.

§ 3º Sempre que recomendável, haverá a designação de mais de um mediador ou conciliador.

Art. 169. Ressalvada a hipótese do art. 167, § 6º, o conciliador e o mediador receberão pelo seu trabalho remuneração prevista em tabela fixada pelo tribunal, conforme parâmetros estabelecidos pelo Conselho Nacional de Justiça.

§ 1º A mediação e a conciliação podem ser realizadas como trabalho voluntário, observada a legislação pertinente e a regulamentação do tribunal.

§ 2º Os tribunais determinarão o percentual de audiências não remuneradas que deverão ser suportadas pelas câmaras privadas de conciliação e mediação, com o fim de atender aos processos em que deferida gratuidade da justiça, como contrapartida de seu credenciamento.

Art. 170. No caso de impedimento, o conciliador ou mediador o comunicará imediatamente, de preferência por meio eletrônico, e devolverá os autos ao juiz do processo ou ao coordenador do centro judiciário de solução de conflitos, devendo este realizar nova distribuição.

Parágrafo único. Se a causa de impedimento for apurada quando já iniciado o procedimento, a atividade será interrompida, lavrando-se ata com relatório do ocorrido e solicitação de distribuição para novo conciliador ou mediador.

Art. 171. No caso de impossibilidade temporária do exercício da função, o conciliador ou mediador informará o fato ao centro, preferencialmente por meio eletrônico, para que, durante o período em que perdurar a impossibilidade, não haja novas distribuições

Art. 172. O conciliador e o mediador ficam impedidos, pelo prazo de 1 (um) ano, contado do término da última audiência em que atuaram, de assessorar, representar ou patrocinar qualquer das partes.

Art. 173. Será excluído do cadastro de conciliadores e mediadores aquele que:
  I – agir com dolo ou culpa na condução da conciliação ou da mediação sob sua responsabilidade ou violar qualquer dos deveres decorrentes do art. 166, §§ 1º e 2º;
  II – atuar em procedimento de mediação ou conciliação, apesar de impedido ou suspeito.
  § 1º Os casos previstos neste artigo serão apurados em processo administrativo.
  § 2º O juiz do processo ou o juiz coordenador do centro de conciliação e mediação, se houver, verificando atuação inadequada do mediador ou conciliador, poderá afastá-lo de suas atividades por até 180 (cento e oitenta) dias, por decisão fundamentada, informando o fato imediatamente ao tribunal para instauração do respectivo processo administrativo.

Art. 174. A União, os Estados, o Distrito Federal e os Municípios criarão câmaras de mediação e conciliação, com atribuições relacionadas à solução consensual de conflitos no âmbito administrativo, tais como:
  I – dirimir conflitos envolvendo órgãos e entidades da administração pública;
  II – avaliar a admissibilidade dos pedidos de resolução de conflitos, por meio de conciliação, no âmbito da administração pública;
  III – promover, quando couber, a celebração de termo de ajustamento de conduta.

Art. 175. As disposições desta Seção não excluem outras formas de conciliação e mediação extrajudiciais vinculadas a órgãos institucionais ou realizadas por intermédio de profissionais independentes, que poderão ser regulamentadas por lei específica.
  Parágrafo único. Os dispositivos desta Seção aplicam-se, no que couber, às câmaras privadas de conciliação e mediação.

1. Conciliação e Mediação. 2. O CPC e a Lei de Mediação (revogação). 3. Espécies e Tempo. 4. Natureza.

1. Conciliação e Mediação – As próprias partes poderiam, sem a interferência de terceiros, se entenderem, de modo a evitar a lide, ou encerrá-la, se já ocorrente. Essa modalidade de prevenção, ou solução do conflito chama-se autocomposição, que pode consistir na abdicação da pretensão, por uma, ou ambas as partes, ou uma transação, pela qual elas se fazem concessões mútuas que redundam numa abdicação parcial da pretensão dedutível, ou deduzida.

As partes podem ser induzidas por terceiro a abdicar da sua pretensão, ou a transigir. Aqui, a conciliação, que pode decorrer da simples exortação de um terceiro, a que faça cessar o litígio, ou impedir-lhe a instauração até a solução dele por meio de concessões recíprocas. A conciliação (*conciliatio*, associação, benevolência, de *conciliare*, juntar, unir; de *cum* e *cillere*, mover; logo, mover junto) é, por assim dizer, uma atividade pacificadora, que, quando exitosa, produz efeito idêntico ao entendimento pessoal dos litigantes. O novo Código obriga a diferenciar conciliação de mediação (*mediatio*, intervenção, intercessão; de *mediare*, partir ou dividir em dois), na verdade idênticas no desenvolvimento e no resultado. Mediante a observação do modo como se realizam, pode-se dizer que, enquanto a conciliação é atividade que leva as partes ao encerramento voluntário da lide, a mediação, mais sofisticada, é a operação mediante a qual um terceiro, pessoa física, singular ou coletiva, ou jurídica, convence as partes a cessar o litígio, mostrando-lhes as vantagens de compô-lo, através de soluções que ele aponta, mediante a apresentação de alternativas como será a entrega de coisa, em vez do pagamento de dinheiro, ou a prática de um ato, substituto de outro, como será a construção de uma casa no lugar da terraplanagem de um espaço.

Quanto ao resultado, conciliação e mediação se igualam. São a mesma atividade, ambas instrumentos da autocomposição. Uma e outra levam à autocomposição e podem ser desempenhadas por qualquer pessoa, mesmo incapaz para os atos de vida civil, sem que se cogite de impedimento ou suspeição. Não constituem modalidade de intervenção de terceiro no processo, que pode ainda não se ter iniciado. O conciliador e o mediador não se submetem aos efeitos da composição extrajudicial ou judicial que propiciam.

Conciliação e mediação processam-se, livremente, sem obedecer nem fórmulas, nem qualificação especial do conciliador ou do mediador, que não precisam ter formação jurídica, bastando que sejam maiores e capazes. As partes, no entanto, devem ter capacidade de gerir os atos da vida civil, ou agir por seus representantes legais, nos limites em que a lei permitir a atuação deles, que podem recorrer à autorização do juiz para a prática de atos que dependam da permissão dessa autoridade. Qualquer língua pode ser usada para a conciliação ou mediação, contanto que partes e agentes dessa modalidade de autocomposição falem e entendam. Podem as partes proceder à conciliação, valendo-se de subsídios ou elementos de lei estrangeira, desde que o seu resultado não ofenda normas inafastáveis do Direito nacional. Não podem as partes alterar o que dispuseram, salvo por mútuo consentimento, sabido que, no processo judicial, admite-se a modificação da coisa julgada pelos contendores. Não se exige homologação judicial do acordo alcançado pelas partes, a menos que a lei nacional o exija. Veja-se, então, e de uma boa vez, que a conciliação e a mediação não desempenham uma atividade substitutiva da vontade das partes mas as levam a formular a vontade que elas manifestam, uma vez conciliadas, ou aquiescentes quanto à composição conseguida através da mediação. A vontade que leva à prevenção ou cessação da lide é, necessariamente, das partes conflitantes, e nunca dos conciliadores ou mediadores.

A conciliação e mediação e os respectivos agentes não são terceiros intervenientes no processo porventura já instaurado, nem sofrem os efeitos da sentença que acolhe a composição, ainda quando judicialmente homologada. Extingue-se o processo por sentença terminativa, se houver desistência de ação, mas é definitiva, portanto de mérito, a sentença que encerra o processo por transação.

2. O CPC e a Lei de Mediação (revogação) – A vigência do novo Código de Processo Civil, instituído pela Lei nº 13.105, de 16.3.2015, publicado no Diário Oficial da União, de 17.3.2015, ficou fixada em 18.3.2016 (art. 1.045). Durante a *vacatio* do novo CPC, sobreveio a Lei nº 13.140, de 26.6.2015, publicada no DOU de 29.6.2015, que entrou em vigor 180 dias após sua publicação, em 29.12.2015. Essa lei "dispõe sobre a mediação entre particulares como meio de solução de controvérsias e sobre a autocomposição de conflitos no âmbito da Administração Pública[...]."

O art. 24 da Lei de Mediação dispõe que os tribunais criarão centros jurídicos de solução consensual de conflitos, responsáveis pela "realização de sessões e audiências de conciliação e mediação, pré-processuais e processuais, e pelo desenvolvimento de programas destinados a auxiliar, orientar e estimular a autocomposição". O parágrafo único desse artigo estatui que a composição e a organização do centro serão definidas pelo respectivo tribunal, observadas as normas do Conselho Nacional de Justiça. Na Seção V do Capítulo III do Título IV do Livro III da sua Parte Geral, o Código trata dos conciliadores e mediadores judiciais. Reza o art. 165 que "os tribunais criarão centros judiciários de solução consensual de conflitos, responsáveis pela realização de sessões e audiências de conciliação e mediação e pelo desenvolvimento de programas destinados a auxiliar, orientar e estimular a autocomposição". Acrescenta o § 1º desse artigo que "a composição e a organização dos centros serão definidas pelo respectivo tribunal, observadas as normas do Conselho Nacional de Justiça".

Contemplem-se esses artigos apenas para verificar que eles constituem indício de que ambas as leis, o Código de Processo Civil e a superveniente Lei nº 13.140, regulam o mesmo instituto, como demonstra a comparação entre os dispositivos deste e daquele diploma. Afaste-se a ideia de que a Lei de Mediação seja uma lei especial, insuscetível de revogar a lei geral, constante da Seção V, arts. 165 a 175. Partindo-se do conceito de código e considerando-se que ele regula matérias diversas, deve-se concluir que a parte dedicada aos conciliadores e mediadores judiciais é composta de normas específicas, o que coloca o hermeneuta diante de duas leis. Tratam de matéria idêntica e, há que se entender que a Lei de Mediação revoga, por completo, as normas da seção ora examinada, diante do princípio de que a lei posterior revoga a anterior quando regula inteiramente a matéria de que tratava aquela, como está no § 1º do art. 2º da Lei de Introdução ao Código Civil, Lei de Introdução às Normas do Direito Brasileiro, na denominação que lhe deu a Lei nº 12.376, de 30.12.2010. Ab-rogada a Seção V, haverá que se aplicar por inteiro a lei posterior, que não coexiste com a precedente, de todo revogada. Não se busca nesta uma aplicação subsidiária, como se houvesse apenas uma derrogação do Código; uma revogação parcial que manteria em vigor artigos não repetidos na lei revogatória. O fenômeno da revogação de uma lei por outra não exige que a lei nova repita, literalmente, norma por norma da antiga. Nem exige isso o § 1º do art. 2º da Lei de Introdução. Nada impede todavia que, obrigado a decidir (art. 140), o juiz aplique, analogicamente, artigos da lei revogada na hipótese de lacuna na lei revogatória.

A Lei nº 13.140 ab-rogou a Seção V, agora examinada, não importa, obviamente, que vá além dela, dispondo, não apenas sobre conciliadores e mediadores judiciais, mas cuidando também de matérias de que não se ocupavam os arts. 165 a 175 do Código.

Diga-se, por derradeiro, que não se pode negar a ocorrência do conflito de leis no tempo, nem o fenômeno da revogação, pelo fato de que a lei regente da mediação, publicada depois da edição do Código de Processo Civil, entre em vigor antes dele, o que lhe daria, pela posterior vigência, a condição de lei revocatória. Para decidir se a Lei 13.140 revogou por completo os arts. 165 a 175 do Código de Processo Civil basta considerar o fato de que este diploma já existia, quando foi publicada a Lei de Mediação. Na falta de norma contrária, uma lei revoga a outra, por ab-rogação ou derrogação, mesmo que seja editada e entre em vigor na *vacatio* desta. A *vacatio* de uma lei não se confunde com a sua existência, esta, sim, indispensável à revogação.

A ab-rogação dos arts. 165 a 175 do Código de Processo Civil pela Lei nº 13.140 dispensa anotações a esses dispositivos, que já não vigem. E não cabe tratar da Lei de Mediação, da qual se ocupará, vantajosamente, a doutrina, neste livro, todo ele voltado, exclusivamente, para o novo Código de Processo Civil.

3. Espécies e Tempo – A conciliação e a mediação podem operar-se judicial ou extrajudicialmente. Não importa o fato de já estar em curso o processo judicial, ou arbitral, a conciliação e a mediação podem ocorrer fora do âmbito deles, sem que sequer se faça menção ao feito, que, obviamente, se extinguirá, no todo ou em parte, diante do resultado de uma dessas espécies de autocomposição. A conciliação ou mediação judicial ocorrerá se as partes a instaurarem já avançado o processo, dentro dele, como negócio jurídico processual. Assim, as partes podem convencionar a suspensão do processo, nos limites da lei (art. 313, II e § 4º), pedindo a nomeação de um conciliador, ou mediador, que, decerto, podem escolher elas próprias.

A conciliação e a mediação podem ser convencionadas verbalmente, por escritura pública ou instrumento particular, porém, a menos que frustrânea, a transação a que leva uma dessas modalidades deve ser homologada por sentença, que consubstanciará julgamento do mérito (art. 487, III, *a*, *b*, *c*). Se a transação levar à desistência da ação, a sentença a homologará. A sentença de mérito que homologa a transação dispensa a escritura pública, quando a eficácia do ato dela decorrente dependesse dessa forma, se praticado extrajudicialmente. A sentença pode ser registrada no registro de imóveis quando substitutiva do ato cuja eficácia depender do registro.

4. Natureza – Iniciado o processo, a conciliação e a transação não constituem, de rigor, modalidade de intervenção de terceiro no processo porque são instituídas e concluídas pelas próprias partes. Conciliador e mediador serão órgãos jurisdicionais auxiliares, e não intervenientes, porque não sofrem a eficácia da sentença homologatória do negócio consubstanciado na transação.

Título V
DO MINISTÉRIO PÚBLICO
(Arts. 176 a 181)

Art. 176. O Ministério Público atuará na defesa da ordem jurídica, do regime democrático e dos interesses e direitos sociais e individuais indisponíveis.

Art. 177. O Ministério Público exercerá o direito de ação em conformidade com suas atribuições constitucionais.

Art. 178. O Ministério Público será intimado para, no prazo de 30 (trinta) dias, intervir como fiscal da ordem jurídica nas hipóteses previstas em lei ou na Constituição Federal e nos processos que envolvam:
    I – interesse público ou social;
    II – interesse de incapaz;
    III – litígios coletivos pela posse de terra rural ou urbana.

Parágrafo único. A participação da Fazenda Pública não configura, por si só, hipótese de intervenção do Ministério Público.

Art. 179. Nos casos de intervenção como fiscal da ordem jurídica, o Ministério Público:

    I – terá vista dos autos depois das partes, sendo intimado de todos os atos do processo;

    II – poderá produzir provas, requerer as medidas processuais pertinentes e recorrer.

Art. 180. O Ministério Público gozará de prazo em dobro para manifestar-se nos autos, que terá início a partir de sua intimação pessoal, nos termos do art. 183, § 1º.

§ 1º Findo o prazo para manifestação do Ministério Público sem o oferecimento de parecer, o juiz requisitará os autos e dará andamento ao processo.

§ 2º Não se aplica o benefício da contagem em dobro quando a lei estabelecer, de forma expressa, prazo próprio para o Ministério Público.

Art. 181. O membro do Ministério Público será civil e regressivamente responsável quando agir com dolo ou fraude no exercício de suas funções.

    1. Função. 2. Atuação.

1. Função – O art. 176 repete o art. 127, *caput*, da Constituição Federal. Não chega a ser mera enunciação da norma constitucional. É esta que prevalece pela hierarquia, tornando anódino o texto repetitivo. O art. 177 é redundante, quando diz o que, virtualmente, está na Carta Política. Ele trata do direito de ação, conforme o disposto, explícita e implicitamente, na Constituição, atuando como parte (CPC, art. 177) ou como fiscal da lei (CF, art. 129). Acertada a regra do parágrafo único do art. 178 do CPC, segundo a qual, como lá se colhe, a participação da Fazenda Pública, no processo não determina a intervenção do Ministério Público. "Por si só", reza o parágrafo, indicando, nessa locução, que o Ministério Público intervém no processo, ainda que nele figure a Fazenda Pública, nas hipóteses em que a lei determina a sua intervenção, como nos casos do art. 178.

O art. 179 é igual ao art. 83 do Código anterior. A norma do art. 180, *caput*, encontra exceção, aliás desnecessária, no § 2º desse dispositivo porque, obviamente, não se duplica o prazo concedido ao MP, se a lei estabelecer prazo específico para o órgão. Quando fala em "forma expressa", esse § 2º exclui a possibilidade de interpretação da lei para que dela se extraia regra implícita, mas a expressão dispensa a alusão ao fato de que não se conta em dobro o prazo, bastando que nele se encontre restrição inequívoca, como ocorrerá se se usassem, v.g., os advérbios "exclusivamente" ou "apenas". Sem o parecer do Ministério Público, no prazo singular ou duplo, que lhe é concedido, o juiz requisitará os autos mediante a intimação pessoal, de que trata o *caput*. O juiz "dará andamento ao processo", consoante o § 1º, que não exclui a possibilidade do juiz solicitar ao órgão superior a designação de outro membro para dar parecer, ou mesmo nomear uma pessoa para substituir, como MP dativo, o recalcitrante, quando o dever de opinar, se entender indispensável à atuação do órgão.

2. Atuação – O Código não deveria ter disciplinado o exercício da função de que trata o Título V, objeto de estatuto próprio.

Título VI
DA ADVOCACIA PÚBLICA
(Arts. 182 a 184)

Art. 182. Incumbe à Advocacia Pública, na forma da lei, defender e promover os interesses públicos da União, dos Estados, do Distrito Federal e dos Municípios, por meio da representação judicial, em todos os âmbitos federativos, das pessoas jurídicas de direito público que integram a administração direta e indireta.

Art. 183. A União, os Estados, o Distrito Federal, os Municípios e suas respectivas autarquias e fundações de direito público gozarão de prazo em dobro para todas as suas manifestações processuais, cuja contagem terá início a partir da intimação pessoal.

§ 1º A intimação pessoal far-se-á por carga, remessa ou meio eletrônico.

§ 2º Não se aplica o benefício da contagem em dobro quando a lei estabelecer, de forma expressa, prazo próprio para o ente público.

Art. 184. O membro da Advocacia Pública será civil e regressivamente responsável quando agir com dolo ou fraude no exercício de suas funções.

1. Função. 2. Atuação.

1. Função – Ao tratar da Advocacia Pública, o Código repete, basicamente, o disposto nos arts. 131 e 132 da Constituição da República. Não cabia no diploma dispor sobre esse órgão, praticante também ele das funções essenciais à Justiça, regulado por estatuto próprio, onde se colherão regras semelhantes às dos dois parágrafos do art. 183 e do art. 184.

2. Atuação – Os integrantes da Advocacia Pública serão beneficiários de normas especiais, como as contidas nos §§ 1º e 2º do art. 183, aplicando-se-lhes outros dispositivos da legislação ordinária, que constituem normas gerais que operam em conjunto com as regras específicas.

Título VII
DA DEFENSORIA PÚBLICA
(arts. 185 a 187)

Art. 185. A Defensoria Pública exercerá a orientação jurídica, a promoção dos direitos humanos e a defesa dos direitos individuais e coletivos dos necessitados, em todos os graus, de forma integral e gratuita.

Art. 186. A Defensoria Pública gozará de prazo em dobro para todas as suas manifestações processuais.

§ 1º O prazo tem início com a intimação pessoal do defensor público, nos termos do art. 183, § 1º.

§ 2º A requerimento da Defensoria Pública, o juiz determinará a intimação pessoal da parte patrocinada quando o ato processual depender de providência ou informação que somente por ela possa ser realizada ou prestada.

§ 3º O disposto no *caput* aplica-se aos escritórios de prática jurídica das faculdades de Direito reconhecidas na forma da lei e às entidades que prestam assistência jurídica gratuita em razão de convênios firmados com a Defensoria Pública.

§ 4º Não se aplica o benefício da contagem em dobro quando a lei estabelecer, de forma expressa, prazo próprio para a Defensoria Pública.

Art. 187. O membro da Defensoria Pública será civil e regressivamente responsável quando agir com dolo ou fraude no exercício de suas funções.

1. Função. 2. Atuação.

1. Função – A Defensoria Pública, referida no art. 134 da Constituição, é um dos órgãos da Advocacia Pública, regido por estatuto próprio, que prevalece sobre as normas do CPC, que dela não deveria se ter ocupado. Consoante o art. 187, semelhante aos arts. 181 e 184, os defensores serão civil e regressivamente responsáveis, quando, no exercício das suas funções, agirem com dolo ou fraude. Por óbvio, o dispositivo não exclui a incidência dos arts. 37 e ss. da Constituição.

2. Atuação – Normas relativas aos prazos são semelhantes às regras aplicáveis à Advocacia Pública.

As regras dos §§ 2º e 3º do art. 186 têm sabor de superfluidade, já que se inferem do sistema da lei processual. Inclui-se entre os poderes do juiz o de determinar a intimação da parte para tomar providências ou prestar informações, quando personalíssimas. Não incidem os dois parágrafos, se não houver parte, ou terceiro, patrocinada pelo defensor público. Entretanto, o juiz pode, no exercício dos seus poderes de condução do processo, determinar a prática de atos semelhantes aos previstos nos dois parágrafos (art. 139, IV).

Livro IV
DOS ATOS PROCESSUAIS
(Arts. 188 a 293)

Título I
DA FORMA, DO TEMPO E DO LUGAR DOS ATOS PROCESSUAIS
(Arts. 188 a 235)

Capítulo I
Da Forma Dos Atos Processuais
(Arts. 188 a 211)

Seção I
Dos Atos em Geral
(Arts. 188 a 192)

Art. 188. Os atos e os termos processuais independem de forma determinada, salvo quando a lei expressamente a exigir, considerando-se válidos os que, realizados de outro modo, lhe preencham a finalidade essencial.

Art. 189. Os atos processuais são públicos, todavia tramitam em segredo de justiça os processos:
    I – em que o exija o interesse público ou social;
    II – que versem sobre casamento, separação de corpos, divórcio, separação, união estável, filiação, alimentos e guarda de crianças e adolescentes;
    III – em que constem dados protegidos pelo direito constitucional à intimidade;
    IV – que versem sobre arbitragem, inclusive sobre cumprimento de carta arbitral, desde que a confidencialidade estipulada na arbitragem seja comprovada perante o juízo.

§ 1º O direito de consultar os autos de processo que tramite em segredo de justiça e de pedir certidões de seus atos é restrito às partes e aos seus procuradores.

§ 2º O terceiro que demonstrar interesse jurídico pode requerer ao juiz certidão do dispositivo da sentença, bem como de inventário e de partilha resultantes de divórcio ou separação.

Art. 190. Versando o processo sobre direitos que admitam autocomposição, é lícito às partes plenamente capazes estipular mudanças no procedimento para ajustá-lo às especificidades da causa e convencionar sobre os seus ônus, poderes, faculdades e deveres processuais, antes ou durante o processo.

Parágrafo único. De ofício ou a requerimento, o juiz controlará a validade das convenções previstas neste artigo, recusando-lhes aplicação somente nos casos de nulidade ou de inserção abusiva em contrato de adesão ou em que alguma parte se encontre em manifesta situação de vulnerabilidade.

Art. 191. De comum acordo, o juiz e as partes podem fixar calendário para a prática dos atos processuais, quando for o caso.

§ 1º O calendário vincula as partes e o juiz, e os prazos nele previstos somente serão modificados em casos excepcionais, devidamente justificados.

§ 2º Dispensa-se a intimação das partes para a prática de ato processual ou a realização de audiência cujas datas tiverem sido designadas no calendário.

Art. 192. Em todos os atos e termos do processo é obrigatório o uso da língua portuguesa.

Parágrafo único. O documento redigido em língua estrangeira somente poderá ser juntado aos autos quando acompanhado de versão para a língua portuguesa tramitada por via diplomática ou pela autoridade central, ou firmada por tradutor juramentado.

1. Atos e Termos. 2. Atos Públicos e Secretos. 3. Negócio Processual.

1. Atos e Termos – Tal como no art. 154 do CPC anterior, o art. 188 distingue atos processuais de termos processuais. Os primeiros são atos jurídicos praticados dentro do processo de jurisdição contenciosa ou voluntária. Obedecerão os requisitos dos atos jurídicos em geral e aqueles exigidos pela lei processual ou, excepcionalmente, por leis extravagantes. Os termos processuais consistem na documentação de atos processuais, lançados no processo (v.g., art. 367).

2. Atos Públicos e Secretos – A regra, de natureza constitucional (CF, art. 93, IX) é a publicidade dos atos processuais. Essa publicidade permite a fiscalização do que se pratica no processo. Entretanto, por interesse público, a lei pode limitar a publicidade dos atos, como está no art. 189 e seus incisos e estava no art. 155 do Código anterior. Os dois incisos daquele artigo coincidem com os dois itens deste, mas o novo diploma acrescentou àqueles o inciso III, visivelmente desnecessário porque norma idêntica se encontra no artigo e inciso citados da Constituição. O inciso III é redundante porque conserva dados constitucionalmente protegidos. O inciso IV inclui os processos arbitrais, nos quais a confidencialidade for estipulada e comprovada por certidão ou declaração, sempre escrita, do juízo arbitral. Obviamente, a alusão à existência da arbitragem, ou a exceção de arbitragem (art. 387, X) não estão cobertas pela confidencialidade.

Os dois parágrafos do art. 189 correspondem ao parágrafo único do art. 155, anterior.

3. Negócio Processual – Dispõe o art. 190 que, versando o processo sobre direitos que admitem autocomposição (direitos disponíveis e indisponíveis, suscetíveis, entretanto, de alteração pelas partes, como o direito a alimentos), é lícito às partes plenamente capazes estipular mudanças no procedimento, para ajustá-lo às especificidades da causa e convencionar sobre os seus ônus, poderes, faculdades e deveres processuais, antes ou durante o processo. Há, aqui, um negócio processual.

Censurada por alguns, tanto quanto a fórmula **negócio jurídico**, a expressão **negócio processual** é a convenção dos sujeitos da relação processual, qualquer deles, mormente as partes, que altera o processo na sua existência, tal como ele é estruturado pelo Código, ou outra lei da mesma natureza. Pode-se alterar o processo, no caso do art. 190, por acordo entre as partes, quando a lei permitir, como no caso do dispositivo; ou, por exemplo, do art. 191, ou do art. 362, I. O negócio não se pode estender a institutos ou elementos insuscetíveis de modificação, como se as partes decidissem interpor apelação de decisões interlocutórias, ou agravo de sentenças.

Consoante o parágrafo único desse art. 190, o juiz controla a validade das convenções previstas no *caput*, limitado, entretanto, esse controle aos casos de nulidade, prevista na lei civil, não de anulabilidade porque, nesse caso, o desfazimento da nulidade relativa dependerá de provocação. Se o ato já houver sido desfeito por força da indispensável decisão judicial, o juiz o declarará; *a fortiori*, se tiver havido decretação de nulidade absoluta. Os casos de nulidade alcançam o de inexistência. Além de declarar a nulidade, de ofício, ou por requerimento, o juiz, também de ofício ou por provocação, declarará abusiva a inserção, em contrato de adesão, e só nessa modalidade, da cláusula em que uma parte fique em manifesta, isto é, indiscutível submissão à outra, ou a terceiro. Se o juiz pode declarar de ofício a nulidade, ou o abuso, negada validade e, consequentemente, eficácia ao ato, não haverá necessidade de que ele determine a prévia manifestação da parte. Nulidade, abuso, natureza do contrato são questões de direito material. De feição processual é apenas a declaração do abuso ou da inserção.

O art. 191 permite que as partes, mediante deferimento do juiz, fixem calendário para a prática dos atos processuais, como a perícia, a inspeção, a audiência. A temporal "quando for o caso" é dispensável. Vinculado ao processo, o juiz não pode alterá-lo, salvo em casos excepcionais, isto é, imprevistos, como, por exemplo, a morte da parte, do seu representante, ou do advogado. O § 2º é consequência lógica do calendário porque, o havendo fixado, as partes, sabem qual a data do evento. Podem celebrar negócio processual assim os terceiros, ou o Ministério Público, que não houverem participado do ajuste feito pelas partes.

O art. 192 e seu parágrafo único repetem os arts. 156 e 157 do Código anterior.

Seção II
Da Prática Eletrônica de Atos Processuais
(arts. 193 a 199)

Art. 193. Os atos processuais podem ser total ou parcialmente digitais, de forma a permitir que sejam produzidos, comunicados, armazenados e validados por meio eletrônico, na forma da lei.

Parágrafo único. O disposto nesta Seção aplica-se, no que for cabível, à prática de atos notariais e de registro.

Art. 194. Os sistemas de automação processual respeitarão a publicidade dos atos, o acesso e a participação das partes e de seus procuradores, inclusive nas audiências e sessões de julgamento, observadas as garantias da disponibilidade, independência da plataforma computacional, acessibilidade e interoperabilidade dos sistemas, serviços, dados e informações que o Poder Judiciário administre no exercício de suas funções.

Art. 195. O registro de ato processual eletrônico deverá ser feito em padrões abertos, que atenderão aos requisitos de autenticidade, integridade, temporalidade, não repúdio, conservação e, nos casos que tramitem em segredo de justiça, confidencialidade, observada a infraestrutura de chaves públicas unificada nacionalmente, nos termos da lei.

Art. 196. Compete ao Conselho Nacional de Justiça e, supletivamente, aos tribunais, regulamentar a prática e a comunicação oficial de atos processuais por meio eletrônico e velar pela compatibilidade dos sistemas, disciplinando a incorporação progressiva de novos avanços tecnológicos e editando, para esse fim, os atos que forem necessários, respeitadas as normas fundamentais deste Código.

Art. 197. Os tribunais divulgarão as informações constantes de seu sistema de automação em página própria na rede mundial de computadores, gozando a divulgação de presunção de veracidade e confiabilidade.

Parágrafo único. Nos casos de problema técnico do sistema e de erro ou omissão do auxiliar da justiça responsável pelo registro dos andamentos, poderá ser configurada a justa causa prevista no art. 223, *caput* e § 1º.

Art. 198. As unidades do Poder Judiciário deverão manter gratuitamente, à disposição dos interessados, equipamentos necessários à prática de atos processuais e à consulta e ao acesso ao sistema e aos documentos dele constantes.

Parágrafo único. Será admitida a prática de atos por meio não eletrônico no local onde não estiverem disponibilizados os equipamentos previstos no *caput*.

Art. 199. As unidades do Poder Judiciário assegurarão às pessoas com deficiência acessibilidade aos seus sítios na rede mundial de computadores, ao meio eletrônico de prática de atos judiciais, à comunicação eletrônica dos atos processuais e à assinatura eletrônica.

1. Processo Eletrônico. 2. Nulidades.

1. Processo Eletrônico – Caminhando com os tempos, o novo Código dedica sete artigos ao processo eletrônico, que se pode desenvolver por esse meio todo ele, ou apenas numa porção, como demonstra o advérbio **parcialmente**, empregado no art. 193.

Há normas de inconstitucionalidade, senão certa, ao menos duvidosa nesse artigo, como a que atribui competência ao Conselho Nacional de Justiça e, supletivamente, aos tribunais para regulamentar a prática e a comunicação oficial de atos do processo (art. 196), ou obriga as unidades do Judiciário a assegurar o acesso previsto no art. 199.

2. Nulidades – O cumprimento dessas normas é norteado pelo princípio de que a preterição delas não gera nulidade, a menos que, praticados com inobservância de algumas delas, o processo, ou o ato, não atinja os seus objetivos.

Não havia motivo para a remissão do parágrafo único do art. 197 ao art. 223 e seu § 1º, que incidirá, ou não, por si só, conforme ocorra a situação nele prevista. A oração "poderá ser configurada a justa causa prevista no art. 223, *caput* e § 1º" mostra descuido em legislar.

Desconhece-se a razão pela qual o parágrafo único do art. 193 manda aplicar o disposto na Seção II à prática de atos notariais e de registro, que não se inserem no campo processual. Também essa regra aponta no sentido de que o chamado "processo eletrônico" deveria ser objeto de regulação especial, como acontece na lei que trata dele e que se terá por derrogada somente quanto à jurisdição civil, quando houver conflito entre as suas normas e as do Código.

Seção III
Dos Atos das Partes
(arts. 200 a 202)

Art. 200. Os atos das partes consistentes em declarações unilaterais ou bilaterais de vontade produzem imediatamente a constituição, modificação ou extinção de direitos processuais.

Parágrafo único. A desistência da ação só produzirá efeitos após homologação judicial.

Art. 201. As partes poderão exigir recibo de petições, arrazoados, papéis e documentos que entregarem em cartório.

Art. 202. É vedado lançar nos autos cotas marginais ou interlineares, as quais o juiz mandará riscar, impondo a quem as escrever multa correspondente à metade do salário-mínimo.

1. Partes. 2. Correções Ociosas.

1. Partes – O art. 200 e parágrafo repetem o art. 158 e parágrafo único do Código anterior. Partes, no dispositivo, não são só autor e réu, como ainda terceiros e Ministério Público. A substituição de **sentença** por **homologação judicial**, não altera a substância da regra, que condiciona a eficácia da desistência à homologação que é sentença terminativa (art. 485, VIII).

2. Correções Ociosas – No art. 201, o novo Código muda a redação do art. 160 do anterior, para pôr na ordem direta, "as partes poderão", o que estava na ordem inversa, "poderão as partes". Não se concebe a causa de tão profunda, útil e radical transformação... O art. 202 é igual ao art. 161. Óbvio que o salário-mínimo, se diferente em pontos distintos do país, será o da sede do juízo, já que não há dispositivo contrário. Se o salário-mínimo for único, ele, como de sabença geral, também estará vigendo na sede do juízo.

Seção IV
Dos Pronunciamentos do Juiz
(arts. 203 a 205)

Art. 203. Os pronunciamentos do juiz consistirão em sentenças, decisões interlocutórias e despachos.

§ 1º Ressalvadas as disposições expressas dos procedimentos especiais, sentença é o pronunciamento por meio do qual o juiz, com fundamento nos arts. 485 e 487, põe fim à fase cognitiva do procedimento comum, bem como extingue a execução.

§ 2º Decisão interlocutória é todo pronunciamento judicial de natureza decisória que não se enquadre no § 1º.

§ 3º São despachos todos os demais pronunciamentos do juiz praticados no processo, de ofício ou a requerimento da parte.

§ 4º Os atos meramente ordinatórios, como a juntada e a vista obrigatória, independem de despacho, devendo ser praticados de ofício pelo servidor e revistos pelo juiz quando necessário.

Art. 204. Acórdão é o julgamento colegiado proferido pelos tribunais.

Art. 205. Os despachos, as decisões, as sentenças e os acórdãos serão redigidos, datados e assinados pelos juízes.

§ 1º Quando os pronunciamentos previstos no *caput* forem proferidos oralmente, o servidor os documentará, submetendo-os aos juízes para revisão e assinatura.

§ 2º A assinatura dos juízes, em todos os graus de jurisdição, pode ser feita eletronicamente, na forma da lei.

§ 3º Os despachos, as decisões interlocutórias, o dispositivo das sentenças e a ementa dos acórdãos serão publicados no Diário de Justiça Eletrônico.

    1. Natureza. 2. Definições. 3. Decisões Unipessoais. 4. Assinatura e Publicação.

1. Natureza – Tal como o *caput* do art. 162 da lei anterior, o cabeço do art. 203 fala em pronunciamentos do juiz, sem qualificá-los de decisórios, porque o juiz de qualquer grau não se limita a proferir decisões. Quando ele lembra as partes da conveniência da autocomposição, particularmente por meio de conciliação ou mediação (art. 139, V) nada decide, conquanto esteja a pronunciar-se. Assim também na audiência, quando declara aberta a fase de instrução e julgamento, ou tenta conciliar as partes (arts. 358 e 359). Mas são decisórios os pronunciamentos enumerados no *caput* do artigo, isto é, sentenças, decisões interlocutórias, despachos, definidos nos três primeiros parágrafos do art. 203. Salta aos olhos que não são decisórios os atos praticados pelo servidor, referidos no § 4º do artigo.

2. Definições – O § 1º do art. 203 diz que sentença é o pronunciamento por meio do qual o juiz põe fim à fase cognitiva do procedimento comum, nos termos dos arts. 485 e 487, que enumeram as sentenças terminativas e as definitivas, respectivamente. O legislador preferiu falar em fim da fase cognitiva do processo parece que atento ao fato de que o cumprimento da sentença é incidente mediante o qual se abre a fase executiva, que corresponde a outro processo, como demonstra a epígrafe do Livro I da Parte Especial, onde se dissocia processo de conhecimento do cumprimento da sentença. Na verdade, haverá sentença, tanto no ato que extingue o processo de conhecimento, quanto no ato que extingue o processo de execução (arts. 924 e 925).

O § 1º do art. 203 ressalva disposições expressas dos procedimentos especiais, onde pode haver sentença antes do respectivo fim, já que a jurisdição por vezes se outorga em porções, como se vê, por exemplo, no § 5º do art. 550, ou no art. 552. Também é sentença o ato decisório definitivo da execução de título judicial ou extrajudicial (art. 925).

A decisão interlocutória foi definida no § 2º, na base do que "é quando não for", lembrando a afirmação de que "o açúcar é algo que amarga o café em não se o botando". Dizendo que, tirante a sentença, conceituada no § 1º, todo pronunciamento judicial de natureza decisória é decisão interlocutória, o artigo diz que os atos decisórios do juiz, ou são sentenças, por isto apeláveis (art. 1.009), ou são decisões interlocutórias, agraváveis consoante os restritos termos do art. 1.015.

A comparação do § 3º com os §§ 1º e 2º leva a concluir que, no sistema do Código, pronunciamentos decisórios são somente as sentenças e as decisões interlocutórias. Os pronunciamentos que não se encontrarem nessas duas categorias, como é o caso do § 3º, não têm natureza decisória. Por isto, são irrecorríveis, conforme o art. 1.001.

3. Decisões Unipessoais – O art. 204 define acórdão como o julgamento colegiado, proferido pelos tribunais. Usando o adjetivo **colegiado**, esse artigo deixa implícita a ideia de que existem julgamentos monocráticos nos tribunais. Na sistemática do Código, esses pronunciamentos não constituem, nem sentenças, nem decisões interlocutórias. São chamados **decisões unipessoais** as proferidas, singularmente, pelo relator, ou por outro juiz integrante do colegiado. É o que se vê, por exemplo, no § 2º do art. 1.024, onde se fala em decisão do relator, ou **outra** decisão unipessoal. O pronome **outra**, anteposto, no parágrafo, a decisão unipessoal, mostra que também o ato do relator é decisão unipessoal. Existem, então, nos tribunais, atos coletivos, que a lei denomina acórdãos, e atos singulares, todos consubstanciados em decisão unipessoal.

4. Assinatura e Publicação – Destacam-se, na leitura do art. 205, os §§ 2º e 3º. Aquele permite que a assinatura dos juízes de qualquer grau, inclusive do STJ e do STF, se faça eletronicamente. O modo de lançamento dessa assinatura, a sua colheita, validade e eficácia são os de lei especial, o que não impede o seu questionamento fundado em normas e princípios do próprio CPC.

Extrai-se do § 3º do art. 205 a norma de que se publica, no Diário de Justiça Eletrônico, a íntegra dos despachos e decisões interlocutórias, porém somente o dispositivo da sentença e a ementa do acórdão. A preterição dessa formalidade não desfaz o pronunciamento, mas não vincula os seus destinatários, salvo se se mostrar que de outro modo tomaram conhecimento inequívoco dele.

Seção V
Dos Atos do Escrivão ou do Chefe de Secretaria
(arts. 206 a 211)

Art. 206. Ao receber a petição inicial de processo, o escrivão ou o chefe de secretaria a autuará, mencionando o juízo, a natureza do processo, o número de seu registro, os nomes das partes e a data de seu início, e procederá do mesmo modo em relação aos volumes em formação.

Art. 207. O escrivão ou o chefe de secretaria numerará e rubricará todas as folhas dos autos.

Parágrafo único. À parte, ao procurador, ao membro do Ministério Público, ao defensor público e aos auxiliares da justiça é facultado rubricar as folhas correspondentes aos atos em que intervierem.

Art. 208. Os termos de juntada, vista, conclusão e outros semelhantes constarão de notas datadas e rubricadas pelo escrivão ou pelo chefe de secretaria.

Art. 209. Os atos e os termos do processo serão assinados pelas pessoas que neles intervierem, todavia, quando essas não puderem ou não quiserem firmá-los, o escrivão ou o chefe de secretaria certificará a ocorrência.

§ 1º Quando se tratar de processo total ou parcialmente documentado em autos eletrônicos, os atos processuais praticados na presença do juiz poderão ser produzidos e armazenados de modo integralmente digital em arquivo eletrônico inviolável, na forma da lei, mediante registro em termo, que será assinado digitalmente pelo juiz e pelo escrivão ou chefe de secretaria, bem como pelos advogados das partes.

§ 2º Na hipótese do § 1º, eventuais contradições na transcrição deverão ser suscitadas oralmente no momento de realização do ato, sob pena de preclusão, devendo o juiz decidir de plano e ordenar o registro, no termo, da alegação e da decisão.

Art. 210. É lícito o uso da taquigrafia, da estenotipia ou de outro método idôneo em qualquer juízo ou tribunal.

Art. 211. Não se admitem nos atos e termos processuais espaços em branco, salvo os que forem inutilizados, assim como entrelinhas, emendas ou rasuras, exceto quando expressamente ressalvadas.

1. Repetições. 2. Contradições. 3. Registro de Atos.

1. Repetições – Os arts. 206 a 211 repetem, praticamente, os arts. 167 a 171 do Código anterior. Não tem relevância a menção ao chefe de secretaria onde só constava referência ao escrivão. Aplicar-se-á o disposto nos artigos desta seção, ainda que se designe de outro modo o serventuário responsável pela repartição forense.

O *caput* do art. 209 já não fala em datilografia tampouco em escrita com tinta escura e indelével. Nada obsta, evidentemente, ao uso da máquina de escrever, quando for inviável o processo eletrônico. A assinatura e qualquer manuscrito devem ser lançados com tinta resistente ao tempo. Se ela esmaecer, a reconstituição se fará pelos meios possíveis, aplicáveis normas e princípios da reconstituição de autos.

2. Contradições – O § 1º do art. 209 permite a produção e o armazenamento de atos processuais praticados na presença do juiz. Isto só ocorrerá, conforme o parágrafo, nos processos total ou parcialmente documentados em autos eletrônicos. O parágrafo refere-se à produção de atos ("[...] os atos processuais poderão ser produzidos e armazenados[...]"). Deve-se entender por produção a redução do ato a escrito, para posterior armazenagem. Assim, sempre na área dos exemplos, a declaração de uma testemunha deve ser transformada num texto que, então, é armazenado em arquivo eletrônico inviolável, depois de digitalmente assinado.

Pode haver contradição entre o ato e a sua redução a escrito, para armazenamento, como aconteceria se a testemunha dissesse que todas as noites via o motorista dirigir embriagado e da transcrição constasse que a testemunha viu tal cena, apenas uma vez.

No § 2º do art. 209, o substantivo plural **contradições** abrange qualquer transposição defeituosa. Deve essa contradição ser oralmente apontada, no momento da transcrição (esse, o ato referido no parágrafo). Não suscitada a contradição, ela não mais poderá ser arguida porque o parágrafo declara preclusa essa faculdade. A preclusão da faculdade de arguir não impede que se demonstre a contradição, ao longo da instrução. Preclusa será somente a faculdade de argui-la, na forma desse § 2º.

O mesmo § 2º determina que o juiz decida de plano a arguição, que acolherá, ordenando que o erro seja corrigido, ou rejeitará. Conclui o parágrafo determinando ao juiz que ordene o registro da alegação do suscitante e da sua decisão, no termo que documenta o ato.

3. Registro de Atos – O art. 210 permite a taquigrafia, a estenotipia e, como ali está, outro método idôneo em qualquer juízo ou tribunal. Por isto, admite-se a gravação e até mesmo o registro em "braile", a fim de que o depoente ou seu advogado possam ler e conferir o texto. Obviamente, o que se colhe por esses meios deve ser transcrito para a devida conferência. As fotografias de pessoas e coisas também se admitem. Quando um depoente se expressar de modo só compreensível por acompanhante, como médico ou enfermeiro, também se admite que se lance, nos autos materiais, ou eletrônicos o que for traduzido, por essas pessoas. Podem as partes se fazerem acompanhar de especialistas que apontarão erros na transcrição, criando incidente que o próprio juiz decidirá, nomeando, para isso, um intérprete, se necessário.

Há que se interpretar com temperança o art. 211. Não é preciso inutilizar espaços em branco nas petições. Esse dispositivo corresponde ao art. 171 do Código anterior, acerca do qual já se manifestou suficientemente a doutrina. As entrelinhas, emendas ou rasuras que devem ser ressalvadas são as que alteram o texto, não se equiparando a elas as correções ortográficas, nem as entrelinhas ou rasuras, ou outras alterações irrelevantes. Conhecem-se mais de um caso em que o juiz cortou, à tinta, o vocábulo **excelentíssimo** e o substantivo **doutor**, em atitude excêntrica, pois aquele adjetivo é usado no tratamento dos magistrados, até por comando regimental e o substantivo emprega-se, no Brasil, para o tratamento de qualquer pessoa que colou grau universitário, sem que isto altere a marcha do mundo.

Capítulo II

Do Tempo E Lugar Dos Atos Processuais
(arts. 212 a 217)

Seção I
Do Tempo
(arts. 212 a 216)

Art. 212. Os atos processuais serão realizados em dias úteis, das 6 (seis) às 20 (vinte) horas.

§ 1º Serão concluídos após as 20 (vinte) horas os atos iniciados antes, quando o adiamento prejudicar a diligência ou causar grave dano.

§ 2º Independentemente de autorização judicial, as citações, intimações e penhoras poderão realizar-se no período de férias forenses, onde as houver, e nos feriados ou dias úteis fora do horário estabelecido neste artigo, observado o disposto no art. 5º, inciso XI, da Constituição Federal.

§ 3º Quando o ato tiver de ser praticado por meio de petição em autos não eletrônicos, essa deverá ser protocolada no horário de funcionamento do fórum ou tribunal, conforme o disposto na lei de organização judiciária local.

Art. 213. A prática eletrônica de ato processual pode ocorrer em qualquer horário até as 24 (vinte e quatro) horas do último dia do prazo.

Parágrafo único. O horário vigente no juízo perante o qual o ato deve ser praticado será considerado para fins de atendimento do prazo.

Art. 214. Durante as férias forenses e nos feriados, não se praticarão atos processuais, excetuando-se:
  I – os atos previstos no art. 212, § 2º;
  II – a tutela de urgência.

Art. 215. Processam-se durante as férias forenses, onde as houver, e não se suspendem pela superveniência delas:
  I – os procedimentos de jurisdição voluntária e os necessários à conservação de direitos, quando puderem ser prejudicados pelo adiamento;
  II – a ação de alimentos e os processos de nomeação ou remoção de tutor e curador;
  III – os processos que a lei determinar.

Art. 216. Além dos declarados em lei, são feriados, para efeito forense, os sábados, os domingos e os dias em que não haja expediente forense.

1. Tempo para os Atos.

1. Tempo para os Atos – Podem-se começar estas anotações com aquele trecho bíblico, segundo o qual "debaixo do céu há momento para tudo, e tempo certo para cada coisa" (Eclesiastes, 3, 1). Assim também, no processo, no qual há um momento para cada ato que o compõe.

Tirante a troca da mesóclise pela próclise, **realizar-se-ão** pela oração "serão realizados", o art. 212 é igual ao art. 172 da lei anterior. Idêntico também ao § 1º do art. 172 é o § 1º do art. 212, onde se suprimiu a conjunção **todavia**, e substituiu-se o advérbio **depois** pela preposição **após**. Preceituava o § 2º do art. 172 do Código de 1973 que a citação e a penhora poderiam ser feitas, excepcionalmente, em feriados ou, nos dias úteis, fora das seis e vinte horas, mediante autorização expressa do juiz, respeitada a Constituição. Agora, o § 2º do art. 212 dispensa a autorização judicial para citações, intimações e penhoras, no período de férias forenses, e também nos feriados ou dias úteis, antes das seis ou depois das vinte horas. Deve-se ler o parágrafo único do art. 213, considerando-se o horário vigente no juízo, ou tribunal, onde o ato vier a ser praticado, porém sempre observado o inciso XI do art. 5º da Constituição, consoante o qual só se pode ingressar na casa com o consentimento do morador, ou por determinação judicial, durante o dia. Outros atos, que não as citações, intimações ou penhoras podem ser praticados nos termos do parágrafo único do art. 213, como, por exemplo, a efetivação de liminares. *Ubi eadem ratio, ibi eadem dispositio.* A enumeração do art. 214 confirma essa exegese.

O § 3º do art. 212 dispõe sobre os atos a se praticarem por petição, como contestação, a réplica, os recursos. Nesse caso, a petição deverá ser protocolada no horário estabelecido no *caput*, que pode ser encurtado pela lei de organização judiciária incidente. Quando, entretanto, o ato tiver que se praticar por meio eletrônico, ele poderá realizar-se até as vinte e quatro horas do termo final do prazo.

Igual ao anterior art. 174 é o art. 215. Compreende-se a supressão da referência ao art. 275, II, do CPC anterior por causa da eliminação de procedimento. A substituição, no inciso III, do sujeito **todas as** causas do inciso III do Código anterior, se mais técnica, não tem relevância prática. A retirada do inciso III do art. 215, do adjetivo **federal** do inciso III do ab-rogado art. 174 deve-se ao fato de que os Estados podem legislar sobre procedimento em matéria processual e sobre questões específicas (CF, art. 24, XI e § 2º).

Pode-se explicar o art. 213, a partir do *caput* do art. 212. Determina-se, ali, que os atos processuais serão realizados em dias úteis, das seis às vinte horas. Abrindo exceção a essa regra, o *caput* do art. 213 preceitua que a prática de ato processual pode ocorrer em qualquer horário até as vinte e quatro horas do último dia do prazo. Visivelmente, o artigo não determina, de modo cogente, que a prática eletrônica desses atos como, por exemplo, a contestação, a réplica, os recursos, aconteça até a meia-noite do dia do termo final do prazo. Atente-se na locução verbal **pode ocorrer**, usada no *caput* do art. 213, no pronome **qualquer** e na preposição **até**. A prática não deve ser exercida, mas pode sê-lo, não no horário estabelecido no artigo, porém dentro desse tempo, e até as vinte e quatro horas, não, necessariamente, observada essa hora extrema.

Vista assim a norma, e incidente o art. 196, que permite ao Conselho Nacional de Justiça e, supletivamente, aos tribunais regulamentar a prática e a comunicação oficial de atos processuais por meio eletrônico, e observados o inciso XI do art. 24 da Constituição e seus §§ 1º e 2º, deve-se concluir que aquele órgão, assim como os tribunais podem estabelecer para a prática do ato, horário mais cedo do que o indicado no art. 213. Fixado horário mais curto, o ato processual eletrônico deve ser praticado dentro dos limites fixados pelo CNJ, ou, na falta dessa estipulação, pelos tribunais. Portanto, vale, por exemplo, a assinação do horário máximo para as vinte e três ou vinte horas.

Com essa fixação, ou sem ela, incide o parágrafo único do art. 213. O ato tem que ser praticado dentro do horário estabelecido, mas vigente na sede do juízo ou tribunal a que é dirigido.

O parágrafo único do art. 213 determina que o ato processual feito por via eletrônica seja praticado até o fim do horário limite no juízo ou tribunal a que ele se dirija, não importa a hora do lugar de onde é expedido. Dessarte, se a hora desse lugar for diferente, pelo fuso horário, da hora do juízo ou tribunal onde deve ser praticado, prevalecerá sempre esta última. Por isto, e por exemplo, se o ato é de um processo em curso em qualquer juízo ou tribunal, situado numa cidade, esse ato tem que se completar até as vinte e quatro horas do horário ali vigente, não importa que o horário do lugar de onde o ato é expedido seja diferente, para mais ou para menos, em decorrência do fuso horário, ou do horário de verão.

O art. 214 abrange não apenas os atos previstos no seu inciso II, como os atos de tutela de urgência (arts. 300 a 302, a cujas anotações se remete). O dispositivo é mais técnico do que o art. 173 do Código passado, onde se enumeravam os feitos que podiam ser praticados durante as férias e feriados. O inciso II desse artigo compreende todos os atos jurisdicionais relativos à tutela de urgência (art. 300 e ss.).

O art. 215 é semelhante ao art. 174 do CPC de 1973, com alterações que não modificam a essência deste.

O art. 216 inclui os sábados dentre os feriados, como não estava no art. 175 do diploma anterior, onde só se falava nos domingos e nos feriados instituídos por lei.

Seção II
Do Lugar
(art. 217)

Art. 217. Os atos processuais realizar-se-ão ordinariamente na sede do juízo, ou, excepcionalmente, em outro lugar em razão de deferência, de interesse da justiça, da natureza do ato ou de obstáculo arguido pelo interessado e acolhido pelo juiz.

1. Regra Geral. 2. Exceções à Regra.

1. Regra Geral – Tal como o velho art. 176, o art. 217 manda que os atos processuais se realizem na sede do juízo. Compreenda-se que o substantivo **juízo** se estende aos tribunais, de sorte que no lugar onde se encontrem essas cortes.

2. Exceções à Regra – A regra não é absoluta, pois ressalva certos atos, como já fazia o art. 176 do Código revogado, a cuja doutrina e jurisprudência aqui se reporta.

Capítulo III

Dos Prazos
(arts. 218 a 232)

1. Observações.

1. Observações – Tal como o Capítulo III do Título V do Livro I do Código de Processo Civil de 1973 (arts. 177 a 199), o Capítulo III do Livro IV da Parte Geral do Código de 2015 (arts. 218 a 235) trata dos prazos, não estipulando a quantidade de dias ou horas em que os atos processuais devam ser praticados, mas estabelecendo as regras que se haverão de observar quanto ao termo inicial, a suspensão e o termo final dos prazos. Observe-se que as regras relativas aos prazos se aplicam às duas modalidades de processo, de conhecimento, de execução, de procedimentos especiais e de jurisdição voluntária, bem como a todos os recursos.

Seção I
Disposições Gerais
(arts. 218 a 232)

Art. 218. Os atos processuais serão realizados nos prazos prescritos em lei.

§ 1º Quando a lei for omissa, o juiz determinará os prazos em consideração à complexidade do ato.

§ 2º Quando a lei ou o juiz não determinar prazo, as intimações somente obrigarão a comparecimento após decorridas 48 (quarenta e oito) horas.

§ 3º Inexistindo preceito legal ou prazo determinado pelo juiz, será de 5 (cinco) dias o prazo para a prática de ato processual a cargo da parte.

§ 4º Será considerado tempestivo o ato praticado antes do termo inicial do prazo.

Art. 219. Na contagem de prazo em dias, estabelecido por lei ou pelo juiz, computar-se-ão somente os dias úteis.

Parágrafo único. O disposto neste artigo aplica-se somente aos prazos processuais.

Art. 220. Suspende-se o curso do prazo processual nos dias compreendidos entre 20 de dezembro e 20 de janeiro, inclusive.

§ 1º Ressalvadas as férias individuais e os feriados instituídos por lei, os juízes, os membros do Ministério Público, da Defensoria Pública e da Advocacia Pública e os auxiliares da Justiça exercerão suas atribuições durante o período previsto no *caput*.

§ 2º Durante a suspensão do prazo, não se realizarão audiências nem sessões de julgamento.

Art. 221. Suspende-se o curso do prazo por obstáculo criado em detrimento da parte ou ocorrendo qualquer das hipóteses do art. 313, devendo o prazo ser restituído por tempo igual ao que faltava para sua complementação.

Parágrafo único. Suspendem-se os prazos durante a execução de programa instituído pelo Poder Judiciário para promover a autocomposição, incumbindo aos tribunais especificar, com antecedência, a duração dos trabalhos.

Art. 222. Na comarca, seção ou subseção judiciária onde for difícil o transporte, o juiz poderá prorrogar os prazos por até 2 (dois) meses.

§ 1º Ao juiz é vedado reduzir prazos peremptórios sem anuência das partes.

§ 2º Havendo calamidade pública, o limite previsto no *caput* para prorrogação de prazos poderá ser excedido.

Art. 223. Decorrido o prazo, extingue-se o direito de praticar ou de emendar o ato processual, independentemente de declaração judicial, ficando assegurado, porém, à parte provar que não o realizou por justa causa.

§ 1º Considera-se justa causa o evento alheio à vontade da parte e que a impediu de praticar o ato por si ou por mandatário.

§ 2º Verificada a justa causa, o juiz permitirá à parte a prática do ato no prazo que lhe assinar.

Art. 224. Salvo disposição em contrário, os prazos serão contados excluindo o dia do começo e incluindo o dia do vencimento.

§ 1º Os dias do começo e do vencimento do prazo serão protraídos para o primeiro dia útil seguinte, se coincidirem com dia em que o expediente forense for encerrado antes ou iniciado depois da hora normal ou houver indisponibilidade da comunicação eletrônica.

§ 2º Considera-se como data de publicação o primeiro dia útil seguinte ao da disponibilização da informação no Diário da Justiça eletrônico.

§ 3º A contagem do prazo terá início no primeiro dia útil que seguir ao da publicação.

Art. 225. A parte poderá renunciar ao prazo estabelecido exclusivamente em seu favor, desde que o faça de maneira expressa.

Art. 226. O juiz proferirá:
    I – os despachos no prazo de 5 (cinco) dias;
    II – as decisões interlocutórias no prazo de 10 (dez) dias;
    III – as sentenças no prazo de 30 (trinta) dias.

Art. 227. Em qualquer grau de jurisdição, havendo motivo justificado, pode o juiz exceder, por igual tempo, os prazos a que está submetido.

Art. 228. Incumbirá ao serventuário remeter os autos conclusos no prazo de 1 (um) dia e executar os atos processuais no prazo de 5 (cinco) dias, contado da data em que:
    I – houver concluído o ato processual anterior, se lhe foi imposto pela lei;
    II – tiver ciência da ordem, quando determinada pelo juiz.

§ 1º Ao receber os autos, o serventuário certificará o dia e a hora em que teve ciência da ordem referida no inciso II.

§ 2º Nos processos em autos eletrônicos, a juntada de petições ou de manifestações em geral ocorrerá de forma automática, independentemente de ato de serventuário da justiça.

Art. 229. Os litisconsortes que tiverem diferentes procuradores, de escritórios de advocacia distintos, terão prazos contados em dobro para todas as suas manifestações, em qualquer juízo ou tribunal, independentemente de requerimento.

§ 1º Cessa a contagem do prazo em dobro se, havendo apenas 2 (dois) réus, é oferecida defesa por apenas um deles.

§ 2º Não se aplica o disposto no *caput* aos processos em autos eletrônicos.

Art. 230. O prazo para a parte, o procurador, a Advocacia Pública, a Defensoria Pública e o Ministério Público será contado da citação, da intimação ou da notificação.

Art. 231. Salvo disposição em sentido diverso, considera-se dia do começo do prazo:
　I – a data de juntada aos autos do aviso de recebimento, quando a citação ou a intimação for pelo correio;
　II – a data de juntada aos autos do mandado cumprido, quando a citação ou a intimação for por oficial de justiça;
　III – a data de ocorrência da citação ou da intimação, quando ela se der por ato do escrivão ou do chefe de secretaria;
　IV – o dia útil seguinte ao fim da dilação assinada pelo juiz, quando a citação ou a intimação for por edital;
　V – o dia útil seguinte à consulta ao teor da citação ou da intimação ou ao término do prazo para que a consulta se dê, quando a citação ou a intimação for eletrônica;
　VI – a data de juntada do comunicado de que trata o art. 232 ou, não havendo esse, a data de juntada da carta aos autos de origem devidamente cumprida, quando a citação ou a intimação se realizar em cumprimento de carta;
　VII – a data de publicação, quando a intimação se der pelo Diário da Justiça impresso ou eletrônico;
　VIII – o dia da carga, quando a intimação se der por meio da retirada dos autos, em carga, do cartório ou da secretaria.

§ 1º Quando houver mais de um réu, o dia do começo do prazo para contestar corresponderá à última das datas a que se referem os incisos I a VI do *caput*.

§ 2º Havendo mais de um intimado, o prazo para cada um é contado individualmente.

§ 3º Quando o ato tiver de ser praticado diretamente pela parte ou por quem, de qualquer forma, participe do processo, sem a intermediação de representante judicial, o dia do começo do prazo para cumprimento da determinação judicial corresponderá à data em que se der a comunicação.

§ 4º Aplica-se o disposto no inciso II do *caput* à citação com hora certa.

Art. 232. Nos atos de comunicação por carta precatória, rogatória ou de ordem, a realização da citação ou da intimação será imediatamente informada, por meio eletrônico, pelo juiz deprecado ao juiz deprecante.

1. Observações. 2. Repetições. 3. Inovações.

1. Observações – Ressalvadas exceções, como as dos §§ 2º e 3º do art. 218, não se encontra, no capítulo pertinente aos prazos, a indicação do lapso de tempo para a realização dos atos. Encontra-se todavia, ao longo do Código, a fixação de prazos peremptórios, dentro dos quais os atos devem ser praticados (v.g., arts. 335 e 1.003, § 5º), ou dilatórios, que mediam entre dois atos processuais, afastando-os um do outro por determinado período de tempo, como no caso do inciso III do art. 257, em que o prazo do edital deve ser observado, só começando a correr o prazo para a prática do ato, ao fim dele. Assim, se o prazo do edital de citação for fixado em trinta dias, só ao fim dele começará a correr o prazo para a contestação, convindo ver o inciso IV do art. 231, onde se fala em **dilação**.

2. Repetições – Há artigos do novo Código que repetem, na essência, dispositivos do diploma anterior, com anódinas alterações sintáticas.

O art. 218 e seu § 2º repetem o art. 177 do CPC de 1973. O § 2º do mesmo art. 218 é semelhante ao anterior art. 192. O § 3º é gêmeo do art. 185. A norma do art. 221 repete a do revogado art. 180. O § 2º do art. 222 reedita a regra do parágrafo único do art. 182. O art. 223 tem por modelo o art. 183 do Código anterior. Igualmente, os dois parágrafos daquele dispositivo acompanham os dois parágrafos deste último. Coincidem o art. 224, *caput*, e igual ponto do art. 184, anterior.

Prosseguindo no rol das semelhanças dos artigos dos dois Códigos, deve-se registrar que o art. 224 repete com pequenas alterações o art. 184 do CPC de 1973. Os dois incisos do art. 228 não diferem dos dois itens do art. 190, nem o § 1º daquele se distancia do parágrafo único deste. Na essência, o art. 230 do novo Código é igual ao art. 240 do anterior, como também são idênticos os *caput* (substantivo fixo, invariável) e os incs. I e II dos arts. 231 e 241 dos dois diplomas. Coincide também o inciso IV desse art. 231 com o item V do art. 241.

3. Inovações – Apontem-se agora, destacando-se cada uma por uma letra do alfabeto, seguida da indicação do dispositivo, as inovações da Seção I do Capítulo III:

a) art. 218, § 4º – O § 4º do art. 218, segundo o qual será considerado tempestivo o ato praticado antes do termo inicial do prazo, é ocioso. Se se deve praticar o ato dentro do prazo da lei, nada impede, *a fortiori*, que o ato se efetive antes de principiado esse lapso temporal. Não se justifica a jurisprudência conforme a qual é intempestivo o ato praticado antes do começo do prazo para a sua realização. O prazo é assinado para que se realize o ato. Por isto, o ato realizado antes do início desse lapso temporal é válido. O formalismo não tem sentido, mormente num país de proporções continentais, onde os advogados e outros representantes preferem não esperar as intimações. Será absurdo, incompatível com a lei e os princípios, julgar-se, por exemplo, intempestiva a contestação apresentada ao juízo antes da juntada do instrumento de citação. O entendimento contrário sabe a malvadeza.

b) art. 219 e parágrafo único – Merece particular atenção o *caput* do art. 219. Conforme essa norma, na contagem dos prazos, não importa se estabelecidos pela lei, se pelo juiz, só se computam os dias úteis. Dia útil é dia de regular expediente forense, como ordinariamente ocorre de segunda a sexta-feira. São considerados dias inúteis, ou não úteis, ou mortos, os sábados, domingos e feriados (art. 216). Nesses dias, em que o foro não abre, não correm os prazos. Sempre para exemplificar, se o prazo é de cinco dias e começou a correr na segunda-feira, inclusive, ele terminará na sexta-feira. No entanto, se a quarta-feira for feriado, o prazo chegará ao termo final somente na segunda-feira seguinte porque se eliminarão do quinquídio a quarta-feira, o sábado e o domingo. A norma incide tanto na contagem dos prazos peremptórios, para a prática de atos (v.g., arts. 335, 525, 559, 1.003, § 5º), quanto no cômputo dos prazos dilatórios, que medeiam entre a prática de um ato e outro, distanciando-os no tempo, como, por exemplo, nos arts. 257, III e 313, §§ 4º e 5º. O art. 219 se aplica não apenas aos prazos para as partes, não importa quem as represente, bem como para terceiros intervenientes (v.g., art. 120), para o juiz (art. 226), para os órgãos jurisdicionais auxiliares, permanentes, como o escrivão (v.g., art. 268), ou ocasionais, como o perito (v.g., arts. 465, § 2º, 477, § 2º).

Só se aplica o artigo quando se tratar de prazos que se contam em dias, ou *a fortiori*, em meses, ou mesmo anos. Como o *caput* do artigo só alude, expressamente, ao prazo em dias, o dispositivo não se aplica aos prazos que se computam em minutos ou horas.

Não se confunda a dedução decorrente da incidência do *caput* desse art. 219, com o protraimento de que trata o § 1º do art. 224. Aqui, o prazo é prorrogado, pela impossibilidade de começar a fluir, ou de se concluir o ato dentro do lapso de tempo para a sua prática.

O parágrafo único do art. 219 limita a incidência da norma do *caput* aos **prazos processuais**, expressão que não se encontra só nessa norma, como alhures (v.g., art. 554, § 3º). Esses prazos são períodos de tempo para a prática de atos processuais (art. 218) ou para a abstenção deles (v.g., art. 314, primeira oração).

Há prazos que, referidos embora em leis de processo, não têm natureza processual, como é o caso do art. 558 do CPC. Os prazos assinados em notificações ou interpelações (v.g., Código Civil, arts. 397, parágrafo único, ou 575; CPC, art. 726) não são prazos processuais. Por isto, na contagem deles não se computam apenas os dias úteis. Correm inclusive nos feriados existentes no curso deles.

c) art. 220 e §§ 1º e 2º – Esse artigo suspende o curso do prazo processual entre os dias 20 de dezembro, inclusive, e 20 de janeiro, inclusive. Aqui, a lei atendeu antiga reivindicação dos advogados, que tirarão férias quanto à sua atuação nos processos de jurisdição contenciosa e voluntária, conquanto possam requerer quaisquer atos urgentes.

Consoante o § 1º, a suspensão não abrange os atos das pessoas ali referidas, mas para elas o prazo se suspende se estiverem de férias, supervenientes no curso da contagem. Dessarte, e para dar um exemplo, o prazo de 30 dias, para que o juiz profira sentença (art. 226, III) se suspende se, iniciado, ele entrar em férias. Não iniciado o fluxo do prazo, o § 1º não incide.

O § 2º exige a distinção entre suspensão do prazo, e suspensão do processo e interrupção do prazo. A suspensão do prazo acarreta a paralisação da sua contagem, sem prejuízo do lapso já decorrido. Cessada a causa da suspensão, o prazo corre só pelo saldo do tempo (art. 221). A interrupção do prazo acarreta o seu reinício, por inteiro, uma vez cessada a causa determinante (art. 1.004, onde se fala em prazo restituído, e correr novamente, por inteiro). A suspensão do processo é a paralisação do feito, causa também da suspensão do prazo (art. 221).

d) art. 221, parágrafo único – Aparece como causa da suspensão do prazo a execução de programa instituído pelo Judiciário para promover a autocomposição (art. 165 e § 1º). Conseguintemente, enquanto as partes se submetem à conciliação, o prazo em curso fica paralisado. A suspensão constitui um estímulo à tentativa da autocomposição.

Providencialmente, o parágrafo estabelece que cabe aos tribunais especificar com antecedência a duração dos trabalhos. Essa especificação compreende o início e o fim do prazo assinado para essas modalidades. Durante esse período, o prazo em curso fica suspenso e não começa a correr durante esse fluxo.

e) art. 224, §§ 1º a 3º – O § 1º empregou o verbo **protrair**, que significa **tirar fora**, isto é, **suprimir**, para dizer, na primeira oração, que não se contam nem o dia em que começa o prazo, nem o dia em que ele termina, se nesses dias o expediente forense for encerrado antes da hora normal, ou iniciado depois dela. Prossegue o parágrafo, enumerando a regra de que também se aplica o dispositivo, se, no dia do começo ou do fim do prazo não houver disponibilidade da comunicação eletrônica, não importa o motivo do defeito.

Note-se que o estabelecido no *caput* do artigo incidirá sempre: salvo disposição contrária, conta-se o prazo, excluindo-se o dia do começo e incluindo-se o do vencimento. Se, no dia do começo, ocorrer um dos fatos previstos no artigo, faz-se abstração desse dia e se considerará o começo do prazo, no primeiro dia útil seguinte, que não se conta. Se os fatos ocorrerem no último dia do prazo, esse termo final será alongado, terminando no primeiro dia útil seguinte. Por dia útil se considerará o dia normal do expediente forense. Feita uma dessas exclusões, o prazo, iniciado no primeiro dia útil se sujeita às hipóteses de suspensão, ou interrupção. Só se computam os dias úteis, conforme o art. 219, havendo, então, suspensões sucessivas se, no curso do prazo, houver dias que se poderiam chamar inúteis, considerada a acepção desse antônimo.

O § 2º tem por objeto único a disponibilidade da informação no Diário da Justiça eletrônico. Disponibilizado o ato num dia, o prazo começará a correr no primeiro dia útil seguinte ao da disponibilização, o qual também se computa.

O § 3º explicita a regra, já constante do § 2º do art. 184 do Código de 1973, conforme a qual o prazo começa a correr, no primeiro dia útil após a intimação, abrangida, naquela norma a publicação que espécie de intimação é.

f) art. 225 – Esse dispositivo repete o art. 186 do CPC anterior, explicitando contudo o que neste estava implícito. A renúncia tem que ser expressa porque a simples contumácia da parte, que deixa de praticar qualquer ato no prazo, gera a preclusão, que, considerada perda da faculdade de agir, ocorrerá também na hipótese da abdicação. A renúncia expressa gera a preclusão, como também a gera a omissão da parte que fica inerte até o fim do prazo.

g) art. 226 – Esse artigo é diferente do art. 189 do Código anterior, cujos incisos I e II se referiam apenas a despachos de expediente e a decisões, respectivamente. A nova lei determina ao juiz que profira, em cinco dias, os despachos, devendo-se entender incluídos aí os de mero expediente; em dez dias, as decisões interlocutórias e em trinta dias, as sentenças terminativas ou definitivas. Sobre descumprimento dos prazos pelo juiz, veja-se a nota ao art. 227.

Aplicam-se a esses prazos as regras gerais que regulam o cômputo deles. Obviamente, cabe ao juiz de qualquer instância tomar as providências cabíveis em virtude do descumprimento dos prazos (v.g., arts. 233 e 234, § 3º).

h) art. 228, § 2º – O processo eletrônico é dominado pela celeridade. Aliás, foi instituído com a finalidade de permitir o aproveitamento dos meios eletrônicos para tornar mais célere o desenvolvimento da relação processual. Atento ao princípio da celeridade, o § 2º dispõe que, nos processos eletrônicos, os pronunciamentos das partes, petições e manifestações ingressem no sistema em que se desenvolve o feito, automaticamente, sem qualquer ato de serventuário da justiça que, então, não lançará qualquer termo de ingresso. Se entender de ordenar o desentranhamento da petição, o juiz mandará deletá-la, dando ciência ao peticionário, ou manifestante.

i) art. 229 e §§ 1º e 2º – Este artigo traz uma novidade: não basta que os litisconsortes tenham procuradores diferentes, como no art. 191 do Código revogado. É preciso que os procuradores integrem escritórios de advocacia diferentes para que se duplique o prazo. Se pertencerem ao mesmo escritório, o prazo será o da lei, sem se contar em dobro.

Parece que o art. 229 desdenhou da realidade da advocacia contemporânea, marcada pela reunião de profissionais num mesmo escritório, sem que um participe das atividades do outro. Essa circunstância fez com que a facúndia dos advogados norte-americanos construísse a *Chinese Wall*", que permite a membros do mesmo escritório advogarem uns contra os outros, observados princípios éticos, que impedem a troca de informações, o debate, as increpações. Os advogados atuantes no mesmo escritório comportam-se como se militassem em escritórios diferentes. Essa realidade bastaria para justificar a duplicação. Entretanto, ainda que atuando em unidade de reduzido número de profissionais, a duplicação se justificaria, considerando o fato de que a situação de um litisconsorte pode ser diferente das circunstâncias do outro, lidando cada advogado com os elementos particulares de cada cliente.

A demonstração de que os advogados integram escritórios diferentes faz-se por modos distintos, desde a simples afirmação dos advogados atuantes no processo, ao timbre nas petições, declaração da OAB, ou de outra entidade ou pessoa idônea. Relativa embora, existe a presunção de que os advogados militem em bancas distintas, se limitarem a assinalar a contagem duplicada do prazo. Afinal, é de supor-se que os advogados cumpram o dever de expor os fatos em juízo conforme a verdade e de não formular pretensões infundadas (art. 77, I e II). Verificada, em qualquer tempo, a impossibilidade de duplicação, o juiz não considerará qualquer petição ou manifestação feita após o decurso do prazo singular, podendo determinar o desentranhamento ou deletação delas.

O § 1º faz cessar a duplicação do prazo se, havendo apenas dois réus, é oferecida defesa por apenas um deles. A representação de dois réus no processo, assistidos por advogados diferentes, integrantes de escritórios distintos, leva ao prazo em dobro para ambas as partes. Se, entretanto, dentro desse prazo duplicado um dos dois demandados deixa de apresentar defesa, não se dobra o prazo seguinte, nem os posteriores. A norma, de interpretação restritiva, como impõem as que cominam restrições, só se aplica se houver apenas dois réus. Havendo mais de dois, ela, que só contempla essa situação, não incide, ainda quando todos eles, menos um, se abstenham de apresentar defesa. No parágrafo, defesa não é apenas contestação, porém qualquer ato da parte que atua no processo, defendendo suas pretensões.

O § 2º afasta a contagem em dobro, quando o processo se desenvolver por via eletrônica porque aí não será necessário o manuseio de autos materiais. Se, por qualquer motivo, o procedimento eletrônico for trocado pelo procedimento em autos físicos, aplica-se o *caput* do artigo e seu § 1º.

j) art. 231, III e V a VIII e §§ 1º a 4º – Aparece, no inciso III desse art. 231, um termo inicial de prazo, inexistente no Código anterior. Consoante esse dispositivo, o prazo principia a correr a partir da citação, ou da intimação feita pelo escrivão, ou pelo chefe da secretaria, como previsto no inciso III do art. 246. Aqui, a citação se faz pelo serventuário indicado no texto, ou quem o substituir, ou suas vezes fizer, se o citando comparecer em cartório, ele próprio, seu representante legal, ou seu procurador ou advogado, desde que investido de poderes para receber essa espécie de comunicação (art. 105). Incidem os arts. 70 e ss. Nas hipóteses do art. 73, a citação de que se trata dependerá do comparecimento de ambos os citandos. O serventuário não pode sair das dependências da serventia para citar ou intimar. O inciso III do art. 246 fala no comparecimento em cartório. *Idem*, quanto às intimações, o art. 274.

No caso do inciso III, o dia do começo do prazo é o dia da citação ou da intimação, feita em cartório, documentada, que equivale à da juntada, referida nos dois incisos anteriores. Aplicam-se a esse prazo as regras gerais relativas aos prazos.

O inciso V cuida da contagem do prazo, se a citação ou a intimação se der por via eletrônica. Se a citação ou intimação permitirem o acesso à íntegra do processo, o dia da transmissão e recebimento desta será considerado o dia da consulta. Nesse caso, o dia inicial do prazo, que não se computa, será o dia seguinte ao dessa consulta, real ou presumida.

A interpretação do inciso VI requer o exame do art. 232, nele referido. Conforme esta norma, realizada a citação ou intimação no juízo deprecado, ou rogado, essa ocorrência será imediatamente comunicada ao juízo deprecante, ou rogante, por via eletrônica. A data da juntada desse aviso, que é a do seu registro nos autos eletrônicos, será a data do início do prazo, que só se conta a partir do primeiro dia útil seguinte, inclusive. Não havendo essa comunicação porque só foi expedida, ou não chegou ao seu destino, conta-se o prazo a partir do dia da juntada da carta precatória (ou de ordem), ou rogatória, observado o art. 224.

De acordo como inciso VII, a intimação reputa-se feita na data da publicação dela no órgão oficial impresso, ou no eletrônico. Essa intimação deverá obedecer os requisitos legais de validade desse meio de comunicação mas se considerará perfeita se, mesmo irregular, o intimado se der por ciente, explicitamente, ou pela prática do ato ou pela abstenção.

O inciso VIII seria dispensável porque a retirada dos autos, como sempre se entendeu, gera a presunção do conhecimento de tudo o quanto neles se contém. A repetição do substantivo **carga** num item tão curto também indica o descuido no redigir e rever do Código.

Os §§ 1º e 2º do art. 231 se completam. O primeiro edita a regra de que, havendo litisconsórcio, o prazo para contestar contar-se-á da última das datas referidas nos incisos I e VI do artigo. O dispositivo não fez distinção entre litisconsórcio necessário e facultativo, unitário ou simples. Havendo litisconsórcio, não importa de que espécie, o dispositivo incide. Diferentemente, o § 2º, no caso de intimação, faz correr o prazo a partir da intimação de cada um, sem que se espere a intimação do último dos intimados. No entanto, se se tratar de intimação para ato conjunto (vejam-se, por exemplo, os decorrentes do § 1º do art. 73), o prazo correrá somente a partir da última intimação, aplicando-se, nesse caso, os incisos do artigo. Como, no conteúdo, a resposta à reconvenção é contestação (art. 343, § 1º), o § 1º do art. 231 incide, se a intimação de todos os reconvindos não for simultânea, mas sucessiva.

O § 3º trata daqueles atos que têm de ser praticados diretamente pela parte, isto é, por ela própria, sem a representação por terceiro, (v.g., advogado, procurador). O prazo começa a contar-se a partir do dia em que se fizer a comunicação, que não se computa. Comunicação e intimação se equivalem. Assim, intimada a parte para comparecer em cartório, num certo prazo, para deixar a amostra da sua assinatura, para fins de conferência da autenticidade da sua firma, lançada num documento, ou para comparecer a um laboratório a fim de deixar o sangue para uma investigação de paternidade, o prazo se conta do dia da respectiva convocação, e não da juntada do instrumento. Diga-se o mesmo quando se trata de pessoa que não seja parte mas conste do processo de algum modo, ou a ele deva comparecer, como o perito, o intérprete. O parágrafo fala em representante judicial, usando esse adjetivo para excluir o representante legal de pessoa jurídica, ou de incapaz ou incapacitado. Pode o juiz querer ouvir o próprio advogado, a pessoa integrante do Ministério Público, o membro da advocacia pública, o tutor ou curador, o intérprete. Nesses e em qualquer caso de intimação de pessoa para pronunciar-se, o inciso se aplicará.

O § 4º exprime o que virtualmente se contém no inciso II, de que é complemento. Junta-se aos autos o mandado de citação por hora certa, como se vê no art. 254. O prazo para responder conta-se dessa juntada.

O art. 232 manda que se transmita, por meio eletrônico, ao juiz do qual partiu a solicitação, dito, genericamente, juiz deprecante, a notícia de que se efetivou a citação, ou a intimação solicitada por carta. Junta-se essa comunicação ao processo eletrônico, mediante a inclusão dela no respectivo sítio, ou ao processo físico, por meio de termo que documente o recebimento do aviso. É dessa juntada que começa a correr o prazo, observando o art. 224.

Seção II
Da Verificação dos Prazos e das Penalidades
(arts. 233 a 235)

Art. 233. Incumbe ao juiz verificar se o serventuário excedeu, sem motivo legítimo, os prazos estabelecidos em lei.

§ 1º Constatada a falta, o juiz ordenará a instauração de processo administrativo, na forma da lei.

§ 2º Qualquer das partes, o Ministério Público ou a Defensoria Pública poderá representar ao juiz contra o serventuário que injustificadamente exceder os prazos previstos em lei.

Art. 234. Os advogados públicos ou privados, o defensor público e o membro do Ministério Público devem restituir os autos no prazo do ato a ser praticado.

§ 1º É lícito a qualquer interessado exigir os autos do advogado que exceder prazo legal.

§ 2º Se, intimado, o advogado não devolver os autos no prazo de 3 (três) dias, perderá o direito à vista fora de cartório e incorrerá em multa correspondente à metade do salário-mínimo.

§ 3º Verificada a falta, o juiz comunicará o fato à seção local da Ordem dos Advogados do Brasil para procedimento disciplinar e imposição de multa.

§ 4º Se a situação envolver membro do Ministério Público, da Defensoria Pública ou da Advocacia Pública, a multa, se for o caso, será aplicada ao agente público responsável pelo ato.

§ 5º Verificada a falta, o juiz comunicará o fato ao órgão competente responsável pela instauração de procedimento disciplinar contra o membro que atuou no feito.

Art. 235. Qualquer parte, o Ministério Público ou a Defensoria Pública poderá representar ao corregedor do tribunal ou ao Conselho Nacional de Justiça contra juiz ou relator que injustificadamente exceder os prazos previstos em lei, regulamento ou regimento interno.

§ 1º Distribuída a representação ao órgão competente e ouvido previamente o juiz, não sendo caso de arquivamento liminar, será instaurado procedimento para apuração da responsabilidade, com intimação do representado por meio eletrônico para, querendo, apresentar justificativa no prazo de 15 (quinze) dias.

§ 2º Sem prejuízo das sanções administrativas cabíveis, em até 48 (quarenta e oito) horas após a apresentação ou não da justificativa de que trata o § 1º, se for o caso, o corregedor do tribunal ou o relator no Conselho Nacional de Justiça determinará a intimação do representado por meio eletrônico para que, em 10 (dez) dias, pratique o ato.

§ 3º Mantida a inércia, os autos serão remetidos ao substituto legal do juiz ou do relator contra o qual se representou para decisão em 10 (dez) dias.

1. Observações. 2. Repetições. 3. Inovações.

1. Observações – O processo compõe-se de uma série de atos sucessivos, cada um deles praticado com a finalidade de prevenir ou compor lides, ou administrar interesses sociais relevantes. Para a realização desses atos, e para certas abstenções, a lei fixa um prazo, imprescindível para o desenvolvimento e extinção da relação processual. Importantíssimos esses prazos, o Código estabelece regras para a verificação da sua observância e para a sanção de eventuais transgressões. Daí, a Seção II do Capítulo III do Título I do Livro IV da Parte Geral do diploma, composta dos arts. 233 a 235. Fiscalizam o cumprimento desses prazos os juízes de todas as instâncias, o Ministério Público, os advogados em geral, os serventuários e as próprias partes e seus representantes, num tempo em que os meios de comunicação, particularmente os eletrônicos, registram e tornam acessíveis cada movimento do processo.

2. Repetições – Num Código que, na sua maior parte, repete as normas da lei a que sucede, é natural que muitos artigos coincidam, na essência, com dispositivos anteriores, conquanto dissimulados pela mudança de sintaxe e pela troca de palavras, anódinas ambas.

Nos dispositivos concernentes à verificação dos prazos e às penalidades pela sua transgressão, aparecem novas as normas do § 2º do art. 233, do art. 234 e §§ 4º e 5º, e do § 2º do art. 235. No mais, são mudanças descoloridas, como se vê, por exemplo, na substituição do verbo **compete** do anterior art. 193 pelo verbo **incumbe** do art. 233, ou a troca, nos mesmos artigos, da oração **que este Código estabelece** pela frase os **prazos estabelecidos em lei**. O § 1º do art. 233 começa pela substituição do verbo **apurada** do velho art. 194 pelo **constatada**, que sabe a galicismo. No § 3º do art. 234 o particípio **verificada** toma o lugar do particípio **apurada** do parágrafo único do ab-rogado art. 196. Mesmo quando as alterações não são somente formais, elas, às vezes, não dificultam a compreensão do texto. Daí, a abstenção de anotações a elas, neste trabalho, voltado para as novidades do Código de 2015.

3. Inovações – No art. 234, parcialmente repetitivo do art. 195, coloca-se no plural o substantivo **advogado**, a ele se acrescentando os qualificativos públicos ou privados, bem como as pessoas do defensor e dos membros do Ministério Público. Na verdade, todas as pessoas que retirarem os autos, como os peritos e os órgãos jurisdicionais, devem restituí-los tempestivamente. Convem notar que, regulando embora a mesma situação, o novel dispositivo suprimiu a determinação de que, devolvidos os autos fora do prazo, o juiz mandará riscar o que neles se houver escrito, e desentranhar alegações e documentos apresentados a destempo. Essas peças permanecerão nos autos físicos, ou nos registros eletrônicos, ali ficando inclusive para a eventualidade de reforma ou decretação da nulidade da decisão de riscar ou desentranhar. O juiz, entretanto, deve desconsiderar o escrito, ou documento. Cabível a sanção, o juiz de qualquer instância poderá mandar cobrir expressões inconvenientes, como doestos e obscenidades.

Tal como o parágrafo único do art. 196, anterior, o § 3º do art. 234 prevê a cominação de multa, aí ao próprio profissional e não à parte que ele representa. O § 4º deixa claro este ponto. Além de impor a multa, o juiz, como se lê no § 5º, comunicará a transgressão ao órgão competente para instaurar o procedimento contra o faltoso, o que, obviamente, não constitui uma ordem, porém uma solicitação, que será ou não atendida, conforme as normas regentes da entidade.

O art. 235 permite a representação à corregedoria do tribunal, quando ela for competente, ou ao órgão que o seja, contra o juiz (de qualquer instância), ou o relator, que juiz também é, que exceder o prazo estipulado pela norma regente. É claro que o representado, que será intimado, por via eletrônica, para, no prazo de quinze dias, justificar o atraso, poderá eximir-se da pena por motivo justo, como o acúmulo de serviço, a falta de colocação do feito na pauta, a ausência frequente do revisor. Igual representação poderá ser apresentada ao Conselho Nacional de Justiça, que procederá na conformidade dos seus estatutos. Pode ser simultânea a apresentação ao órgão do tribunal e ao CNJ, mas a penalidade imposta por um impede a do outro ou a torna ineficaz, conforme a ordem cronológica.

Conforme o § 2º do mesmo art. 235, o juiz ou órgão responsável no tribunal, ou o relator no CNJ, ou a divisão desse conselho, evidentemente se acolher a representação, intimará o representado, mediante comunicação eletrônica, para que pratique o ato no prazo de um decêndio. De acordo com o § 5º, o juiz, ou o relator, determinará a ida do processo ao substituto do renitente, que cometerá nova infração, como também ocorrerá com o substituto que se negar à prática do ato.

Título II
DA COMUNICAÇÃO DOS ATOS PROCESSUAIS
(Arts. 236 a 275)

Capítulo I

Disposições Gerais
(Arts. 236 a 237)

Art. 236. Os atos processuais serão cumpridos por ordem judicial.

§ 1º Será expedida carta para a prática de atos fora dos limites territoriais do tribunal, da comarca, da seção ou da subseção judiciárias, ressalvadas as hipóteses previstas em lei.

§ 2º O tribunal poderá expedir carta para juízo a ele vinculado, se o ato houver de se realizar fora dos limites territoriais do local de sua sede.

§ 3º Admite-se a prática de atos processuais por meio de videoconferência ou outro recurso tecnológico de transmissão de sons e imagens em tempo real.

Art. 237. Será expedida carta:

    I – de ordem, pelo tribunal, na hipótese do § 2º do art. 236;

    II – rogatória, para que órgão jurisdicional estrangeiro pratique ato de cooperação jurídica internacional, relativo a processo em curso perante órgão jurisdicional brasileiro;

    III – precatória, para que órgão jurisdicional brasileiro pratique ou determine o cumprimento, na área de sua competência territorial, de ato relativo a pedido de cooperação judiciária formulado por órgão jurisdicional de competência territorial diversa;

IV – arbitral, para que órgão do Poder Judiciário pratique ou determine o cumprimento, na área de sua competência territorial, de ato objeto de pedido de cooperação judiciária formulado por juízo arbitral, inclusive os que importem efetivação de tutela provisória.

Parágrafo único. Se o ato relativo a processo em curso na justiça federal ou em tribunal superior houver de ser praticado em local onde não haja vara federal, a carta poderá ser dirigida ao juízo estadual da respectiva comarca.

Capítulo II

Da Citação
(arts. 238 a 259)

Art. 238. Citação é o ato pelo qual são convocados o réu, o executado ou o interessado para integrar a relação processual.

Art. 239. Para a validade do processo é indispensável a citação do réu ou do executado, ressalvadas as hipóteses de indeferimento da petição inicial ou de improcedência liminar do pedido.

§ 1º O comparecimento espontâneo do réu ou do executado supre a falta ou a nulidade da citação, fluindo a partir desta data o prazo para apresentação de contestação ou de embargos à execução.

§ 2º Rejeitada a alegação de nulidade, tratando-se de processo de:
  I – conhecimento, o réu será considerado revel;
  II – execução, o feito terá seguimento.

Art. 240. A citação válida, ainda quando ordenada por juízo incompetente, induz litispendência, torna litigiosa a coisa e constitui em mora o devedor, ressalvado o disposto nos arts. 397 e 398 da Lei nº 10.406, de 10 de janeiro de 2002 (Código Civil).

§ 1º A interrupção da prescrição, operada pelo despacho que ordena a citação, ainda que proferido por juízo incompetente, retroagirá à data de propositura da ação.

§ 2º Incumbe ao autor adotar, no prazo de 10 (dez) dias, as providências necessárias para viabilizar a citação, sob pena de não se aplicar o disposto no § 1º.

§ 3º A parte não será prejudicada pela demora imputável exclusivamente ao serviço judiciário.

§ 4º O efeito retroativo a que se refere o § 1º aplica-se à decadência e aos demais prazos extintivos previstos em lei.

Art. 241. Transitada em julgado a sentença de mérito proferida em favor do réu antes da citação, incumbe ao escrivão ou ao chefe de secretaria comunicar-lhe o resultado do julgamento.

Art. 242. A citação será pessoal, podendo, no entanto, ser feita na pessoa do representante legal ou do procurador do réu, do executado ou do interessado.

§ 1º Na ausência do citando, a citação será feita na pessoa de seu mandatário, administrador, preposto ou gerente, quando a ação se originar de atos por eles praticados.

§ 2º O locador que se ausentar do Brasil sem cientificar o locatário de que deixou, na localidade onde estiver situado o imóvel, procurador com poderes para receber citação será citado na pessoa do administrador do imóvel encarregado do recebimento dos aluguéis, que será considerado habilitado para representar o locador em juízo.

§ 3º A citação da União, dos Estados, do Distrito Federal, dos Municípios e de suas respectivas autarquias e fundações de direito público será realizada perante o órgão de Advocacia Pública responsável por sua representação judicial.

Art. 243. A citação poderá ser feita em qualquer lugar em que se encontre o réu, o executado ou o interessado.

Parágrafo único. O militar em serviço ativo será citado na unidade em que estiver servindo, se não for conhecida sua residência ou nela não for encontrado.

Art. 244. Não se fará a citação, salvo para evitar o perecimento do direito:
  I – de quem estiver participando de ato de culto religioso;
  II – de cônjuge, de companheiro ou de qualquer parente do morto, consanguíneo ou afim, em linha reta ou na linha colateral em segundo grau, no dia do falecimento e nos 7 (sete) dias seguintes;
  III – de noivos, nos 3 (três) primeiros dias seguintes ao casamento;
  IV – de doente, enquanto grave o seu estado.

Art. 245. Não se fará citação quando se verificar que o citando é mentalmente incapaz ou está impossibilitado de recebê-la.

§ 1º O oficial de justiça descreverá e certificará minuciosamente a ocorrência.

§ 2º Para examinar o citando, o juiz nomeará médico, que apresentará laudo no prazo de 5 (cinco) dias.

§ 3º Dispensa-se a nomeação de que trata o § 2º se pessoa da família apresentar declaração do médico do citando que ateste a incapacidade deste.

§ 4º Reconhecida a impossibilidade, o juiz nomeará curador ao citando, observando, quanto à sua escolha, a preferência estabelecida em lei e restringindo a nomeação à causa.

§ 5º A citação será feita na pessoa do curador, a quem incumbirá a defesa dos interesses do citando.

Art. 246. A citação será feita:
  I – pelo correio;
  II – por oficial de justiça;
  III – pelo escrivão ou chefe de secretaria, se o citando comparecer em cartório;
  IV – por edital;
  V – por meio eletrônico, conforme regulado em lei.

§ 1º Com exceção das microempresas e das empresas de pequeno porte, as empresas públicas e privadas são obrigadas a manter cadastro nos sistemas de processo em autos eletrônicos, para efeito de recebimento de citações e intimações, as quais serão efetuadas preferencialmente por esse meio.

§ 2º O disposto no § 1º aplica-se à União, aos Estados, ao Distrito Federal, aos Municípios e às entidades da administração indireta.

§ 3º Na ação de usucapião de imóvel, os confinantes serão citados pessoalmente, exceto quando tiver por objeto unidade autônoma de prédio em condomínio, caso em que tal citação é dispensada.

Art. 247. A citação será feita pelo correio para qualquer comarca do país, exceto:
  I – nas ações de estado, observado o disposto no art. 695, § 3º;
  II – quando o citando for incapaz;
  III – quando o citando for pessoa de direito público;
  IV – quando o citando residir em local não atendido pela entrega domiciliar de correspondência;
  V – quando o autor, justificadamente, a requerer de outra forma.

Art. 248. Deferida a citação pelo correio, o escrivão ou o chefe de secretaria remeterá ao citando cópias da petição inicial e do despacho do juiz e comunicará o prazo para resposta, o endereço do juízo e o respectivo cartório.

§ 1º A carta será registrada para entrega ao citando, exigindo-lhe o carteiro, ao fazer a entrega, que assine o recibo.

§ 2º Sendo o citando pessoa jurídica, será válida a entrega do mandado a pessoa com poderes de gerência geral ou de administração ou, ainda, a funcionário responsável pelo recebimento de correspondências.

§ 3º Da carta de citação no processo de conhecimento constarão os requisitos do art. 250.

§ 4º Nos condomínios edilícios ou nos loteamentos com controle de acesso, será válida a entrega do mandado a funcionário da portaria responsável pelo recebimento de correspondência, que, entretanto, poderá recusar o recebimento, se declarar, por escrito, sob as penas da lei, que o destinatário da correspondência está ausente.

Art. 249. A citação será feita por meio de oficial de justiça nas hipóteses previstas neste Código ou em lei, ou quando frustrada a citação pelo correio.

Art. 250. O mandado que o oficial de justiça tiver de cumprir conterá:
  I – os nomes do autor e do citando e seus respectivos domicílios ou residências;
  II – a finalidade da citação, com todas as especificações constantes da petição inicial, bem como a menção do prazo para contestar, sob pena de revelia, ou para embargar a execução;
  III – a aplicação de sanção para o caso de descumprimento da ordem, se houver;
  IV – se for o caso, a intimação do citando para comparecer, acompanhado de advogado ou de defensor público, à audiência de concilia-

ção ou de mediação, com a menção do dia, da hora e do lugar do comparecimento;

V – a cópia da petição inicial, do despacho ou da decisão que deferir tutela provisória;

VI – a assinatura do escrivão ou do chefe de secretaria e a declaração de que o subscreve por ordem do juiz.

Art. 251. Incumbe ao oficial de justiça procurar o citando e, onde o encontrar, citá-lo:

I – lendo-lhe o mandado e entregando-lhe a contrafé;

II – portando por fé se recebeu ou recusou a contrafé;

III – obtendo a nota de ciente ou certificando que o citando não a apôs no mandado.

Art. 252. Quando, por 2 (duas) vezes, o oficial de justiça houver procurado o citando em seu domicílio ou residência sem o encontrar, deverá, havendo suspeita de ocultação, intimar qualquer pessoa da família ou, em sua falta, qualquer vizinho de que, no dia útil imediato, voltará a fim de efetuar a citação, na hora que designar.

Parágrafo único. Nos condomínios edilícios ou nos loteamentos com controle de acesso, será válida a intimação a que se refere o *caput* feita a funcionário da portaria responsável pelo recebimento de correspondência.

Art. 253. No dia e na hora designados, o oficial de justiça, independentemente de novo despacho, comparecerá ao domicílio ou à residência do citando a fim de realizar a diligência.

§ 1º Se o citando não estiver presente, o oficial de justiça procurará informar-se das razões da ausência, dando por feita a citação, ainda que o citando se tenha ocultado em outra comarca, seção ou subseção judiciárias.

§ 2º A citação com hora certa será efetivada mesmo que a pessoa da família ou o vizinho que houver sido intimado esteja ausente, ou se, embora presente, a pessoa da família ou o vizinho se recusar a receber o mandado.

§ 3º Da certidão da ocorrência, o oficial de justiça deixará contrafé com qualquer pessoa da família ou vizinho, conforme o caso, declarando-lhe o nome.

§ 4º O oficial de justiça fará constar do mandado a advertência de que será nomeado curador especial se houver revelia.

Art. 254. Feita a citação com hora certa, o escrivão ou chefe de secretaria enviará ao réu, executado ou interessado, no prazo de 10 (dez) dias, contado da data da juntada do mandado aos autos, carta, telegrama ou correspondência eletrônica, dando-lhe de tudo ciência.

Art. 255. Nas comarcas contíguas de fácil comunicação e nas que se situem na mesma região metropolitana, o oficial de justiça poderá efetuar, em qualquer delas, citações, intimações, notificações, penhoras e quaisquer outros atos executivos.

Art. 256. A citação por edital será feita:

I – quando desconhecido ou incerto o citando;

II – quando ignorado, incerto ou inacessível o lugar em que se encontrar o citando;
III – nos casos expressos em lei.

§ 1º Considera-se inacessível, para efeito de citação por edital, o país que recusar o cumprimento de carta rogatória.

§ 2º No caso de ser inacessível o lugar em que se encontrar o réu, a notícia de sua citação será divulgada também pelo rádio, se na comarca houver emissora de radiodifusão.

§ 3º O réu será considerado em local ignorado ou incerto se infrutíferas as tentativas de sua localização, inclusive mediante requisição pelo juízo de informações sobre seu endereço nos cadastros de órgãos públicos ou de concessionárias de serviços públicos.

Art. 257. São requisitos da citação por edital:
I – a afirmação do autor ou a certidão do oficial informando a presença das circunstâncias autorizadoras;
II – a publicação do edital na rede mundial de computadores, no sítio do respectivo tribunal e na plataforma de editais do Conselho Nacional de Justiça, que deve ser certificada nos autos;
III – a determinação, pelo juiz, do prazo, que variará entre 20 (vinte) e 60 (sessenta) dias, fluindo da data da publicação única ou, havendo mais de uma, da primeira;
IV – a advertência de que será nomeado curador especial em caso de revelia.

Parágrafo único. O juiz poderá determinar que a publicação do edital seja feita também em jornal local de ampla circulação ou por outros meios, considerando as peculiaridades da comarca, da seção ou da subseção judiciárias.

Art. 258. A parte que requerer a citação por edital, alegando dolosamente a ocorrência das circunstâncias autorizadoras para sua realização, incorrerá em multa de 5 (cinco) vezes o salário-mínimo.

Parágrafo único. A multa reverterá em benefício do citando.

Art. 259. Serão publicados editais:
I – na ação de usucapião de imóvel;
II – na ação de recuperação ou substituição de título ao portador;
III – em qualquer ação em que seja necessária, por determinação legal, a provocação, para participação no processo, de interessados incertos ou desconhecidos.

1. Observações. 2. Estrutura. 3. Disposições Gerais. 4. Citação (semelhanças). 5. Citação (diferenças e inovações).

1. Observações – O Código de Processo Civil de 1973 tratou das comunicações dos atos em quarenta e dois artigos do Capítulo IV do Título V do Livro I. Agrupou esses dispositivos (arts. 200 a 242) em quatro seções.

Por seu turno, o CPC de 2015 dedicou à matéria todo o Título II do Livro IV da Parte Especial. Não se pode esquecer, no entanto, de que também a Seção III do Capítulo II do Título II do Livro II (arts. 35 e 36) ocupa-se da carta rogatória, um dos meios de comunicação da atividade jurisdicional. Coincidem, ou assemelham-se vários artigos dos dois Códigos, que tratam da matéria, o que, evidentemente, não pode causar estranheza. Este livro que, como dito e repetido, só destaca e anota as inovações não focaliza as normas semelhantes na forma e idênticas ao conteúdo, que já constavam do CPC anterior e foram objeto da jurisprudência e da doutrina, manifestadas no quanto se decidiu e escreveu sobre o assunto. Dessarte, só se encontram aqui notas aos dispositivos que integram, pela primeira vez, o Direito Processual positivo do país.

2. Estrutura – A comparação dos dois Códigos mostra que a nova lei pospôs a seção dedicada às cartas à que cuida da citação, mera alteração, por assim dizer, topológica, sem repercussão processual. Dedicou à citação os arts. 238 a 259, nos quais regulou as espécies desse meio de comunicação (art. 246), havendo regras específicas sobre cada uma delas. *Mutatis mutandis*, procedeu do mesmo modo quanto às outras modalidades de comunicação.

O art. 238 melhorou a redação do art. 213 do Código anterior, sem contudo corrigi-lo por completo. Citação não é só o ato pelo qual, como está no novo artigo, se convocam ao processo o réu, o executado ou o interessado para integrar a relação processual. Suscetível de crítica o artigo, primeiro porque não cabe à lei definir, tarefa da doutrina e dos tribunais. Depois por não haver considerado o fato de que o autor também pode ser citado. Veja-se, por exemplo, o § 1º do art. 75, onde se preceitua que, dativo o inventariante, os sucessores do falecido serão intimados no processo no qual o espólio seja parte. Essa intimação (*rectius*, citação) pode ser feita para que o intimado integre o polo ativo da relação processual, na qual será autor. Também no caso de litisconsórcio necessário ativo, no qual, tal como no litisconsórcio necessário passivo, o juiz manda citar todos os litisconsortes, inclusive o ativo, por acaso não constante da inicial, como já mandava o parágrafo único do art. 47 do CPC anterior.

O novo Código desviou-se do princípio de que a lei não deve definir, quando procedeu assim, no art. 269, acerca da intimação, agora regulada nos arts. 269 a 275, onde se cuida das diferentes espécies do ato.

Anote-se que a citação não é imprescindível para a validade do processo, haja vista o fato de que o comparecimento espontâneo do citando supre a falta ou a nulidade dela (art. 239, § 1º), ou que, feita de outro modo (cita-se a pessoa residente ou domiciliada no exterior, para cuja citação se expediu rogatória, numa eventual passagem dela pelo território nacional – art. 277).

3. Disposições Gerais – Nessas disposições, assemelham-se os arts. 236 do novo Código e 200 do anterior, assim como o § 1º daquele e o art. 201 deste. O art. 237 e seus incisos I e II já estavam, virtualmente, no anterior art. 201.

4. Citação (semelhanças) – Apontem-se os artigos do novo Código que correspondem, no todo ou em parte, pela semelhança, ou na essência, a dispositivos do Código anterior. Assim, a primeira parte do art. 239 corresponde ao art. 214; o § 1º do art. 239, em parte, ao § 2º do art. 213; o art. 240, primeira parte, repete o art. 219; o § 1º do art. 242 é igual ao § 1º do art. 215; o § 2º do art. 242 espelha o § 2º do art. 215; o art. 243 e parágrafo único, no art. 216 e igual parágrafo do art. 216, anterior; o art. 244 é igual ao vetusto art. 217; aprimorada, mas semelhante ao anterior art. 218, é a redação do art. 245, que desdobra, nos §§ 1º e 2º, o § 1º daquele; o § 3º do art. 218 foi suprimido do art. 245; o § 2º e o § 3º do art. 218 correspondem ao § 4º do art. 58 e o § 3º, ao § 5º.

Continuando o exame das repetições e semelhanças, dir-se-á que, salvo no inciso III, o art. 246, *caput*, copiou igual ponto do art. 221; o *caput* e os incisos II, III, IV e V repetiram o art. 222 do Código derrogado; os §§ 1º e 2º do art. 248 repetiram o parágrafo único do anterior art. 223; o *caput* do art. 250 é gêmeo do *caput* do art. 225, semelhante também, nos incisos I a III do art. 225. Nos seus três incisos, o art. 250 corresponde aos incisos I a III, sem o seu item VI, igual ao anterior item VII. O art. 251, *caput*, é igual ao art. 226, anterior, assim como os incisos I a III se assemelham aos incisos I a III do anterior art. 226.

Tratando a citação por hora certa, o art. 252, salvo na primeira oração, é igual ao art. 227 do Código de 1973; o § 1º do art. 253 repete igual norma do anterior art. 228 e o § 3º é igual ao § 2º deste último. Idênticos são os arts. 254 e 229, assim como os arts. 255 e 230; não diferem o *caput* dos arts. 256 e 231, nem os seus incisos I a III, sendo iguais também os §§ 1º e 2º de ambos. Semelhantes os arts. 257 e 232, no *caput* e nos incisos I e III. O art. 258 e seu parágrafo único se assemelham ao art. 233 e seu parágrafo do antigo.

5. Citação (diferenças e inovações) – Será propício arrolar, em alíneas, as inovações do CPC de 2015 relativas à citação e destacar também as diferenças significantes entre normas dos dois Códigos, reguladoras do mesmo ponto:

a) art. 236, §§ 1º, 2º e 3º – É sintético e de melhor técnica o *caput* do art. 236, que suprimiu a indevida referência a carta e limites territoriais da comarca, pois os atos processuais são cumpridos por ordem judicial e realizados pelos meios apropriados a esse fim.

O § 1º do artigo diz, em síntese, que toda vez que se tornar necessária a prática de um ato fora dos limites territoriais da competência do tribunal e do juízo que o determinar, se expedirá carta precatória, de ordem, ou rogatória. O parágrafo exclui outras hipóteses, previstas em lei, como é o caso da citação pelo correio, ou por meio eletrônico (art. 246, I e V) que podem ser efetivadas fora dos limites da competência territorial do órgão de que emana o ato. Interpretado *a contrario sensu*, o parágrafo diz que dentro dos limites territoriais do órgão jurisdicional, os atos se cumprem pelos meios adequados, como a citação e a penhora, por oficial de justiça, a tomada de depoimento da parte ou de testemunhas pelo juiz de qualquer instância.

O § 2º não fica longe do primeiro: o tribunal pode expedir carta para juízo que embora a ele vinculado, não funcione fora dos limites territoriais do local da sua sede, isto é, do lugar onde se encontra a carta, como, por exemplo, as capitais da unidade federada, onde se situam os tribunais de justiça. O tribunal pode expedir a carta, dependendo da complexidade do ato, como pode determinar sua prática por outros meios, como o ofício, o telefonema e outros instrumentos de comunicação a distância.

O § 3º é norma nova, sem precedente no CPC de 1973. Permite a prática de atos processuais por videoconferência, método que se pode utilizar, contanto que se tomem medidas destinadas a evitar fraudes, como a verificação da identidade da testemunha, que pode ser feita pela exibição do documento, captada pela câmera, ou por terceiro, como o advogado da parte adversa. Admitindo-se, como no parágrafo se lê, outros meios de transmissão de sondas e imagens, que tragam voz e figuras em tempo real, isto é, no mesmo tempo da emissão. A possibilidade de filmes ou gravações como prova não é regulada no parágrafo. Esse tema será abordado em diferentes anotações sobre o sistema de provas no CPC. O § 3º fez-se contemporâneo dos avanços das técnicas de transmissão que caberão nele, na medida do seu aparecimento.

b) art. 237, II, IV e parágrafo único – O art. 237 desdobra, nos seus incisos I, II e III, as espécies de carta, de ordem, rogatória e precatória, como já fazia, anteriormente o art. 202. O inciso IV contém inovação, ao falar em carta arbitral, destinada a pedir do Judiciário a prática de ato que dependa de ordem dele, como, por exemplo, a apreensão de uma coisa, ou a determinação de um fazer, ou a efetivação de tutela provisória. Trata-se de carta emanada do juízo arbitral, onde quer que ele esteja operando, destinada a órgão judicial do lugar onde o ato deva ser praticado. Não se concebe com facilidade a remessa de carta precatória do órgão judiciário ao tribunal arbitral, nada obstando, entretanto, a que ela seja expedida, por exemplo, para a colheita de depoimento em audiência marcada para a oitiva de testemunha no processo de arbitragem, especialmente se a pessoa a ser inquirida tiver dificuldade para depor.

O parágrafo único trata de hipótese em que, emanado do órgão judiciário federal, não haja outro do mesmo segmento do Judiciário, no local onde o ato deva ser cumprido. A providência é possível. Não cabe cogitar da inconstitucionalidade da atribuição de competência de juiz federal a órgão de Justiça Estadual. Deve-se ter em conta que a unicidade da jurisdição leva a concluir que não existe Justiça Estadual nem Federal, mas, sim, Justiça nacional. Não se concebe, entretanto, carta precatória da Justiça Estadual à Federal porque não se encontrará comarca onde somente esta funcione, sem que exista órgão jurisdicional do Estado-membro.

c) art. 239, *caput* e § 2º – O *caput* do art. 239 dispensa a citação nos casos de indeferimento da inicial (art. 330) ou de improcedência liminar do pedido (art. 332).

d) art. 240 e §§ 1º a 4º – O *caput* do art. 240 repete o art. 219 do Código anterior, mas ressalva as hipóteses dos arts. 397 e 398 do Código Civil, quando a regra se consubstancia, não pela citação válida, mas pelas circunstâncias enumeradas nessas normas.

O § 1º desse art. 240 não muda, mas explicita a regra do anterior § 1º do art. 219 e o § 4º acrescenta a decadência aos prazos extintivos, sem contudo excluí-la dessa categoria, como demonstra o emprego do advérbio **demais**.

e) art. 242 e § 3º – Enquanto o *caput* desse artigo não mudou, na substância, o § 1º do art. 215, o seu § 3º traz uma inovação. Determina-se, ali, com efeito, que a citação da União, dos Estados Federados, do Distrito Federal, dos Municípios e respectivas autarquias e fundações de direito público se fará perante órgão da Advocacia Pública responsável por sua representação judicial. Leia-se, entretanto, o artigo na certeza de que ele permite a designação de outro órgão, para receber a citação e demais comunicações. A norma não é cogente. Fosse, haveria intervenção na autonomia das pessoas indicadas.

f) art. 246, §§ 1º e 3º – O art. 246, III, acrescentou às modalidades de citação a que é feita pelo escrivão, ou chefe da secretaria, se o citando comparecer em cartório. Norma que não constava do Código anterior, ela é de fácil compreensão.

Os §§ 1º e 2º do mesmo art. 246 devem ser lidos conjuntamente. Conforme o § 1º, todas as empresas públicas e privadas são obrigadas a manter cadastro nos sistemas de processo em autos eletrônicos. Para eles se remeterão citações e intimações, com preferência sobre quaisquer outros. Não existindo esse cadastro, a comunicação se fará pelos meios comuns. Não há sanção para o descumprimento da obrigação de instalar tal cadastro, nem a sua inexistência vicia o ato que, devendo se realizar por esse meio, se houver efetivado de outro modo. O art. 277 incide. O § 2º estende a norma do § 1º às pessoas que nele se mencionam, mas este dispensou da obrigação as microempresas e as de pequeno porte, como tal referidas na lei.

Capítulo III

Das Cartas
(arts. 260 a 268)

Art. 260. São requisitos das cartas de ordem, precatória e rogatória:
    I – a indicação dos juízes de origem e de cumprimento do ato;
    II – o inteiro teor da petição, do despacho judicial e do instrumento do mandato conferido ao advogado;
    III – a menção do ato processual que lhe constitui o objeto;
    IV – o encerramento com a assinatura do juiz.
    § 1º O juiz mandará trasladar para a carta quaisquer outras peças, bem como instruí-la com mapa, desenho ou gráfico, sempre que esses documentos devam ser examinados, na diligência, pelas partes, pelos peritos ou pelas testemunhas.
    § 2º Quando o objeto da carta for exame pericial sobre documento, este será remetido em original, ficando nos autos reprodução fotográfica.
    § 3º A carta arbitral atenderá, no que couber, aos requisitos a que se refere o *caput* e será instruída com a convenção de arbitragem e com as provas da nomeação do árbitro e de sua aceitação da função.

Art. 261. Em todas as cartas o juiz fixará o prazo para cumprimento, atendendo à facilidade das comunicações e à natureza da diligência.
    § 1º As partes deverão ser intimadas pelo juiz do ato de expedição da carta.
    § 2º Expedida a carta, as partes acompanharão o cumprimento da diligência perante o juízo destinatário, ao qual compete a prática dos atos de comunicação.
    § 3º A parte a quem interessar o cumprimento da diligência cooperará para que o prazo a que se refere o *caput* seja cumprido.

Art. 262. A carta tem caráter itinerante, podendo, antes ou depois de lhe ser ordenado o cumprimento, ser encaminhada a juízo diverso do que dela consta, a fim de se praticar o ato.

Parágrafo único. O encaminhamento da carta a outro juízo será imediatamente comunicado ao órgão expedidor, que intimará as partes.

Art. 263. As cartas deverão, preferencialmente, ser expedidas por meio eletrônico, caso em que a assinatura do juiz deverá ser eletrônica, na forma da lei.

Art. 264. A carta de ordem e a carta precatória por meio eletrônico, por telefone ou por telegrama conterão, em resumo substancial, os requisitos mencionados no art. 250, especialmente no que se refere à aferição da autenticidade.

Art. 265. O secretário do tribunal, o escrivão ou o chefe de secretaria do juízo deprecante transmitirá, por telefone, a carta de ordem ou a carta precatória ao juízo em que houver de se cumprir o ato, por intermédio do escrivão do primeiro ofício da primeira vara, se houver na comarca mais de um ofício ou de uma vara, observando-se, quanto aos requisitos, o disposto no art. 264.

§ 1º O escrivão ou o chefe de secretaria, no mesmo dia ou no dia útil imediato, telefonará ou enviará mensagem eletrônica ao secretário do tribunal, ao escrivão ou ao chefe de secretaria do juízo deprecante, lendo-lhe os termos da carta e solicitando-lhe que os confirme.

§ 2º Sendo confirmada, o escrivão ou o chefe de secretaria submeterá a carta a despacho.

Art. 266. Serão praticados de ofício os atos requisitados por meio eletrônico e de telegrama, devendo a parte depositar, contudo, na secretaria do tribunal ou no cartório do juízo deprecante, a importância correspondente às despesas que serão feitas no juízo em que houver de praticar-se o ato.

Art. 267. O juiz recusará cumprimento a carta precatória ou arbitral, devolvendo-a com decisão motivada quando:

    I – a carta não estiver revestida dos requisitos legais;
    II – faltar ao juiz competência em razão da matéria ou da hierarquia;
    III – o juiz tiver dúvida acerca de sua autenticidade.

Parágrafo único. No caso de incompetência em razão da matéria ou da hierarquia, o juiz deprecado, conforme o ato a ser praticado, poderá remeter a carta ao juiz ou ao tribunal competente.

Art. 268. Cumprida a carta, será devolvida ao juízo de origem no prazo de 10 (dez) dias, independentemente de traslado, pagas as custas pela parte.

1. Observações. 2. Repetições. 3. Inovações.

1. Observações – O Código de 2015 dedica o Capítulo III do Título II do Livro IV da Parte Geral (arts. 260 a 268) às cartas, que constituem outro meio de comunicação dos atos processuais. São poucas as alterações do novo diploma, em comparação com os arts. 202 a 212 do CPC anterior, merecedores porém de alteração. O exame dos artigos relativos às cartas mostra o empenho do legislador em torná-las um instrumento ágil de prática de atos processuais fora do âmbito da competência territorial ou hierárquica do juiz. Tal como já fazia o CPC anterior (v.g., o § 3º do art. 202), a lei superveniente dá primazia ao meio eletrônico. Assim se vê no art. 263, onde se empregou, de modo significativo, o advérbio **preferencialmente**. Destaca-se também, no sistema de cartas do Código de 2015, a carta arbitral (art. 260, § 3º), referida, pela primeira vez, no inciso IV do art. 237.

O juiz a quem se solicita a prática do ato, no Brasil ou no estrangeiro, é também, quanto ao particular, juiz da causa, o que torna o processo, por assim dizer, um ato processual complexo. Coubesse aqui (*quod non*), seria interessante uma reflexão acerca de carta rogatória, cujo cumprimento faz atuar duas ou mais soberanias distintas que exercem uma jurisdição conjunta, fenômeno tanto mais comum quando o mundo se estreita pela facilidade de locomoção das pessoas e pelo aperfeiçoamento das comunicações, dois fatores de um planeta que se vai unificando, ao ponto de ir-se tornando obsoleto, por exemplo, o passaporte como meio de ingresso do cidadão ou súdito de um Estado nos domínios do outro, tema que refoge, entretanto, ao propósito deste acanhado trabalho.

2. Repetições – Com alterações de pequena monta, o novo Código repete, também no tocante às cartas, vários dispositivos do antigo. É o que demonstra o confronto de normas das duas leis relativas ao mesmo ponto, como se descobre, por exemplo, na leitura dos incs. I a IV e §§ 1º e 2º do art. 260 e do art. 202, I a IV e §§ 1º e 2º; dos arts. 262, *caput*, e 204; do art. 265, e seus dois parágrafos, e o art. 207 e parágrafos; dos três incisos do art. 267 frente aos três incisos do anterior art. 209, e assim por diante. Não se anotarão as normas repetitivas, já que o propósito das observações aqui feitas é destacar as inovações do CPC de 2015, diante do sistema da lei processual de 1973.

3. Inovações – Examinem-se apenas, sob alíneas que as explicam, as inovações que merecem atenção.

a) art. 260 – O Código retirou daqui o adjetivo **essenciais** do art. 202 da lei anterior. Indicou com isto que nem todos os requisitos têm que, necessariamente, estar contidos nas cartas, sob pena de impedir o cumprimento delas. Vejam-se, por exemplo, o inciso III do art. 260 e os §§ 2º e 3º do art. 261. O descumprimento de qualquer das exigências do Código pode ser corrigido, mediante o suprimento de qualquer omissão, mas, cumprida e devolvida, pode-se impugnar a carta e pedir-se a devolução dela ou a remessa ao juízo requerido, depois de emendada ou substituída. A correção pode ser feita por qualquer meio, inclusive os referidos no art. 264, de cuja enumeração excluiu-se o desusado radiograma, o que não impede a sua utilização, se existente, assim como o radioamador, se apto a transmitir e captar a informação.

b) art. 260, § 3º – Esse parágrafo, sem correspondência no Código precedente, enumera os requisitos da carta arbitral, que pode ser dirigida aqualquer juízo, nacional ou estrangeiro. Na verdade, o juízo arbitral expede carta precatória, abrangente da que se destina a um tribunal, e rogatória. Os documentos referidos no parágrafo destinam-se a demonstrar a existência da arbitragem, decorrente da cláusula compromissória e do compromisso arbitral, bem como a abrangência dela e a competência do árbitro que a assina.

c) art. 261 e §§ 1º, 2º e 3º – A intimação das partes se faz por qualquer dos meios admissíveis para essa forma de comunicação dos atos processuais e pode ser suprida pelo ato de ciência das partes; de todas as partes do processo, ocupantes do seu polo ativo ou passivo, bem como de terceiros intervenientes e do Ministério Público, quando ele estiver no processo como fiscal da lei. Representante ou assistente da parte, ele será intimado na condição de parte. O § 2º é supérfluo. Ato processual, posto que praticado noutro juízo, a parte ou o interessado, tem direito de acompanhar o seu cumprimento. Os atos de comunicação a que se refere a última parte do parágrafo são, evidentemente, os atos necessários ao cumprimento da carta, mas o juízo deprecado, ou rogado, não tem competência para expedir cartas. Se, por exemplo, a testemunha se mostrar fora do âmbito de sua competência territorial, o juiz comunicará o fato ao juiz requerente, a fim de que ele delibere sobre a conveniência da expedição de outra carta. Distribuída a carta a um juiz ou juízo incompetente, poderá ele declinar da sua competência e mandar a carta ao juízo competente, no âmbito da mesma organização judiciária. Será do tribunal a que ambos estiverem vinculados o eventual conflito entre ambos esses juízos. Decidindo que a competência é de juízo que exerce a jurisdição fora da esfera de competência do mesmo órgão, incumbirá ao juiz restituir a carta ao solicitante. A norma do § 3º é desnecessária porque o princípio da cooperação abrange a atuação das partes ao longo de todo o processo judicial, como se extrai do art. 77.

d) art. 262, parágrafo único – Esse parágrafo único complementa a regra do § 1º do art. 261. O pronome **outro** indica tanto o juízo que faz a remessa da carta restituída, como aquele em favor do qual o juiz deprecado, dando-se por incompetente, remete a carta a outro órgão da mesma circunscrição. Por exemplo, distribuída a precatória para o cumprimento de ato de processo de nulidade de casamento a um juízo cível da comarca onde há juízo de família, o primeiro remeterá a carta ao segundo (veja-se o parágrafo único do art. 267). É preciso que se entenda que a carta é ato processual, que se rege pelas normas do processo, sem necessidade de alusão expressa a elas. Consequentemente, distribuída, por exemplo, a um juiz impedido, ou suspeito (arts. 144 e 145), pode-se arguir esse óbice, perante o juízo deprecado, na forma da lei.

e) art. 264 – Esse artigo permite, mas não obriga, um resumo das cartas nele aludidas, e também da carta de ordem, desde que contenha os requisitos essenciais, como o objeto e a indicação completa do ato solicitado. O resumo é inerente à natureza da comunicação.

f) art. 267 e parágrafo único – O artigo admite a recusa do cumprimento da carta e a sua devolução, nas hipóteses dos seus três incisos. Deve, entretanto, o juiz solicitado pedir a correção de erros da carta, antes de recusar o seu cumprimento ou fazer a sua devolução, cumprindo o princípio de aproveitamento dos atos processuais.

O parágrafo único do artigo confirma a nota feita na alínea *c*, acima. A remessa que se admite ordene o juiz deprecado se circunscreve ao erro na distribuição da carta a juízo que, na circunscrição, não detenha competência para o cumprimento, que cabe a outro órgão jurisdicional. Competente, entretanto, outro juízo, que exerce a jurisdição fora do âmbito do exercício a que erroneamente se distribuiu a carta, o juiz solicitado deve recusar-lhe o cumprimento, determinando sua devolução ao juízo solicitante (art. 267, II), ao qual, como juiz do feito, caberá decidir a que juízo remeter a carta. Não se abstraia contudo a hipótese do juiz deprecante entender pela competência do juiz recusador. Nesse caso, incide o art. 105, I, *d*, da Constituição Federal. Recusado o cumprimento da rogatória, o juiz rogante a encaminhará a outro juízo, indicado por aquele, ou que ordenar competente, diante da recusa. Declarada a incompetência do juízo estrangeiro, o nacional, se não tiver outro modo, considerará o ato inexigível e julgará o processo com abstenção dele. Não se exclui a solução do conflito na conformidade de tratado, convenção e atos internacionais referendados pelo Congresso Nacional.

Admite-se a arguição do impedimento ou da suspenção do juiz ao qual se designou a carta. Na rogatória, os vícios relativos à imparcialidade são os determinados pela lei do juízo rogado.

Capítulo IV

Das Intimações
(arts. 269 a 275)

Art. 269. Intimação é o ato pelo qual se dá ciência a alguém dos atos e dos termos do processo.

§ 1º É facultado aos advogados promover a intimação do advogado da outra parte por meio do correio, juntando aos autos, a seguir, cópia do ofício de intimação e do aviso de recebimento.

§ 2º O ofício de intimação deverá ser instruído com cópia do despacho, da decisão ou da sentença.

§ 3º A intimação da União, dos Estados, do Distrito Federal, dos Municípios e de suas respectivas autarquias e fundações de direito público será realizada perante o órgão de Advocacia Pública responsável por sua representação judicial.

Art. 270. As intimações realizam-se, sempre que possível, por meio eletrônico, na forma da lei.

Parágrafo único. Aplica-se ao Ministério Público, à Defensoria Pública e à Advocacia Pública o disposto no § 1º do art. 246.

Art. 271. O juiz determinará de ofício as intimações em processos pendentes, salvo disposição em contrário.

Art. 272. Quando não realizadas por meio eletrônico, consideram-se feitas as intimações pela publicação dos atos no órgão oficial.

§ 1º Os advogados poderão requerer que, na intimação a eles dirigida, figure apenas o nome da sociedade a que pertençam, desde que devidamente registrada na Ordem dos Advogados do Brasil.

§ 2º Sob pena de nulidade, é indispensável que da publicação constem os nomes das partes e de seus advogados, com o respectivo número de inscrição na Ordem dos Advogados do Brasil, ou, se assim requerido, da sociedade de advogados.

§ 3º A grafia dos nomes das partes não deve conter abreviaturas.

§ 4º A grafia dos nomes dos advogados deve corresponder ao nome completo e ser a mesma que constar da procuração ou que estiver registrada na Ordem dos Advogados do Brasil.

§ 5º Constando dos autos pedido expresso para que as comunicações dos atos processuais sejam feitas em nome dos advogados indicados, o seu desatendimento implicará nulidade.

§ 6º A retirada dos autos do cartório ou da secretaria em carga pelo advogado, por pessoa credenciada a pedido do advogado ou da sociedade de advogados, pela Advocacia Pública, pela Defensoria Pública ou pelo Ministério Público implicará intimação de qualquer decisão contida no processo retirado, ainda que pendente de publicação.

§ 7º O advogado e a sociedade de advogados deverão requerer o respectivo credenciamento para a retirada de autos por preposto.

§ 8º A parte arguirá a nulidade da intimação em capítulo preliminar do próprio ato que lhe caiba praticar, o qual será tido por tempestivo se o vício for reconhecido.

§ 9º Não sendo possível a prática imediata do ato diante da necessidade de acesso prévio aos autos, a parte limitar-se-á a arguir a nulidade da intimação, caso em que o prazo será contado da intimação da decisão que a reconheça.

Art. 273. Se inviável a intimação por meio eletrônico e não houver na localidade publicação em órgão oficial, incumbirá ao escrivão ou chefe de secretaria intimar de todos os atos do processo os advogados das partes:
    I – pessoalmente, se tiverem domicílio na sede do juízo;
    II – por carta registrada, com aviso de recebimento, quando forem domiciliados fora do juízo.

Art. 274. Não dispondo a lei de outro modo, as intimações serão feitas às partes, aos seus representantes legais, aos advogados e aos demais sujeitos do processo pelo correio ou, se presentes em cartório, diretamente pelo escrivão ou chefe de secretaria.

Parágrafo único. Presumem-se válidas as intimações dirigidas ao endereço constante dos autos, ainda que não recebidas pessoalmente pelo interessado, se a modificação temporária ou definitiva não tiver sido devidamente comunicada ao juízo, fluindo os prazos a partir da juntada aos autos do comprovante de entrega da correspondência no primitivo endereço.

Art. 275. A intimação será feita por oficial de justiça quando frustrada a realização por meio eletrônico ou pelo correio.

§ 1º A certidão de intimação deve conter:
    I – a indicação do lugar e a descrição da pessoa intimada, mencionando, quando possível, o número de seu documento de identidade e o órgão que o expediu;
    II – a declaração de entrega da contrafé;
    III – a nota de ciente ou a certidão de que o interessado não a apôs no mandado.

§ 2º Caso necessário, a intimação poderá ser efetuada com hora certa ou por edital.

1. Observações. 2. Repetições. 3. Inovações.

1. Observações – A leitura dos sete artigos da Seção IV do Título II do Livro IV da Parte Geral mostra a preocupação do legislador de aperfeiçoar o sistema de intimações do Código de Processo Civil de 2015, que se tornou melhor que o conjunto de regras do CPC anterior, reguladoras da matéria.

O legislador decidiu concentrar essas normas num capítulo inteiriço, diante da desnecessidade de reuni-las em diferentes seções, pois elas regulam o mesmo meio de comunicação dos atos do processo. Intimam-se as partes e terceiros, os seus representantes e advogados, os procuradores, o Ministério Público e a Defensoria, as testemunhas, os órgãos jurisdicionais auxiliares e permanentes, órgãos dos três poderes, e até os juízes se intimam.

A intimação é o ato que se efetiva por meio eletrônico, pelo correio, através do escrivão, ou chefe de secretaria, pela publicação, por editais, pelo oficial da justiça. Qualquer ato de ciência inequívoca supre a necessidade de intimação que será demonstrada de diversos modos, como a referência, em petições e outras manifestações que mostre o conhecimento integral do acontecimento processual, dependente de comunicação.

2. Repetições – Como acontece ao longo de todo o novo Código, há normas que reproduzem, *verbatim*, regras do diploma anterior e outras semelhantes a elas. É o que se vê no art. 271, no parágrafo único do art. 274, no § 1º e nos três incisos do art. 275. Este livro não se volta para essas repetições, das quais já se ocuparam doutrina e jurisprudência. Limita-se a apontar e a esclarecer o que aparece pela primeira vez, ou vem substancialmente modificado.

3. Inovações – Discorre-se agora sobre as inovações, aqui assinaladas por alíneas, que remetem aos dispositivos merecedores de destaque.

a) art. 269 e §§ 1º, 2º e 3º – Suprimiram-se, aqui, por desnecessárias, as orações "para que faça ou deixe de fazer alguma coisa", do art. 234 do diploma anterior, mas se manteve a definição nele contida. A repetição do nome **ato** poderia ter sido evitada pelo emprego do substantivo **meio**. A supressão indicada deriva do fato de que, ao tomar ciência do ato, o destinatário dele recebe o comando, que lhe é dirigido, para fazer, ou abster-se. A leitura do termo permitirá aferir-se a exatidão do que nele se contém.

b) art. 270 e parágrafo único – A intimação faz-se, preferencialmente, por meio eletrônico, como se extraí do *caput* do art. 272. O § 1º do art. 269, entretanto, parece que inspirado no *common law*, permite aos advogados promoverem a intimação do advogado da outra parte por via postal. O substantivo **advogado**, no singular e no plural, permite a qualquer advogado, privado ou público, promover a intimação do outro advogado, da mesma natureza. Não é obrigatório o uso desse meio de intimação. Fica a critério do advogado utilizá-lo, ou não, bastando o silêncio dele para indicar que abdicou dessa prerrogativa. A intimação faz-se por via postal, aplicando-se as normas e princípios inerentes a essa modalidade. A intimação de um advogado a outro é válida e eficaz, desde que o intimado tome atitude correspondente ao ato de que foi intimado (art. 277). O § 1º emprega o substantivo **ofício**, habitualmente usado para designar a comunicação de autoridade, como assinalam os léxicos. Porém, no texto, o vocábulo indica também a correspondência privada, tudo apontando no sentido de que o legislador se valeu dela porque, público o processo, têm essa natureza todos os atos que nele se praticam. O parágrafo exige que se juntem aos autos, não só a cópia do aviso de recebimento, como também a cópia do ofício de intimação, e a do despacho, da decisão, da sentença, termo, como determina o § 2º em enumeração não exaustiva porque não teria sentido o art. 269 falar, genericamente, em atos e termos sem que deles o advogado pudesse intimar o patrono da outra parte, que assiste o réu ou o terceiro interveniente.

No § 3º do art. 269 estabeleceu-se que a intimação da União, dos Estados, do Distrito Federal, dos Municípios e das respectivas autarquias e fundações de direito público será realizada **perante** o órgão de Advocacia Pública responsável pela representação judicial dessas pessoas. O emprego dessa preposição, que significa **diante**, **ante**, **na presença**, geraria perplexidade, se não se soubesse que a representação desses entes é pluripessoal. Assim, a intimação não pode ser feita a uma pessoa física, não se aplicando, quanto a elas, o § 1º, a menos que se requeira que a comunicação se faça a pessoa ou pessoas específicas. Não vale, pois, a intimação feita na pessoa que subscreveu a inicial, a contestação ou outra manifestação porque a representação é variável. Vale, no entanto, a intimação feita ao órgão responsável pela representação, não sendo possível a incidência do § 1º. Feita, porventura, a intimação por esse meio, ela será válida diante da conduta que a atenda. Não se pode esquecer que, conforme o art. 183 e seu § 1º, a intimação das pessoas indicadas deve ser pessoal. Isto afasta a possibilidade de aplicação do § 1º do art. 269. Excluem-se da incidência de seu § 3º as empresas públicas e as sociedades de economia mista, não referidas nas normas. A intimação delas faz-se em consonância com o § 1º do art. 269, se indicado o advogado, e de acordo com o art. 270 e, *mutatis mutandis*, com o art. 272, § 1º.

Remetendo ao § 1º do art. 246, o parágrafo único do art. 270 permite a intimação do Ministério Público e da Defensoria por meio eletrônico, desde que tenham, como é óbvio, o aparelhamento apto a receber esse tipo de comunicação. Não existindo, ela se faz pelos demais meios, não se aplicando, porém, o § 1º do art. 269.

c) art. 271 – Segundo esse artigo, o juiz, de ofício e, *a fortiori*, a pedido das partes (em sentido lato), determinará as intimações em processos pendentes, que são os processos em curso, ainda que temporariamente suspensos, não importa a fase em que se encontrem. Aplica-se o dispositivo aos processos cognitivos e executivos, bem como à jurisdição voluntária. O dispositivo não exclui contudo a possibilidade de intimação em processos findos, como acontecerá, por exemplo, se, transitado em julgado o acórdão do processo da ação rescisória, consequentemente extinto, e não mais pendente, o réu pedir a reversão do depósito do art. 968, II (art. 974, parágrafo único), que lhe será entregue.

d) art. 272 e §§ 1º a 9º – A leitura perfunctória do *caput* do art. 272 poderia levar ao equivocado entendimento de que só existem duas modalidades de intimação, a que se faz por meio eletrônico, ou por intermédio da publicação. Assim não é todavia, já que a comunicação poderá realizar-se por outros meios, explícita ou implicitamente constantes do capítulo ora analisado. Não é possível a intimação por via eletrônica nem por publicação, dos entes referidos no § 3º do art. 269 e no parágrafo único do art. 270, tampouco da Advocacia Pública ou da Defensoria Pública, como se lê no § 3º do art. 269, no art. 180, no art. 183 e seu § 1º e no art. 186, § 1º.

O § 1º do art. 272 permite aos advogados requererem que, na intimação a eles dirigida, figure apenas, logo sem menção a eles, o nome da sociedade que integram, desde que registrada na Ordem dos Advogados do Brasil. O dispositivo mostra que a sociedade profissional avantaja o advogado. Publicada a intimação em nome dela, qualquer dos seus componentes poderá praticar o ato, ou providenciar a abstenção de que ela trata. O requerimento representa um risco.

O § 2º determina que da publicação conste os nomes das partes e de seus advogados com o número da inscrição no quadro correspondente da OAB. O gerúndio da última oração desse tópico mostra que a intimação da sociedade de advogados depende de requerimento, conciliando-se o dispositivo com o § 1º. A nulidade cominada é relativa e pode ser apagada, na forma do art. 277.

Múltiplas as partes, e não tendo havido a limitação do § 1º do art. 113, é indispensável o nome de todas elas, bem como o de terceiros intervenientes, abrangidos pelo substantivo plural. O nome de todas as partes deve constar da intimação, sob pena de nulidade, entretanto suprível (art. 277). Pode ocorrer que, na procuração, conste um grande número de advogados, como acontece quando se procuram escritórios de muitos integrantes. Nesse caso, o juiz pode restringir a publicação aos nomes dos advogados atuantes no processo, ou intimar algum, ou alguns, que nele hajam praticado atos, a fim de que nomeiem os que devem figurar nas publicações, podendo reduzir os indicados, se numerosos.

Os §§ 3º e 4º do art. 272 têm que ser interpretados criteriosamente. A grafia dos nomes das partes, nas intimações, pode conter abreviaturas, se elas habitualmente forem usadas por esses sujeitos, quando praticam atos do quotidiano. Diga-se o mesmo do § 4º, mais explícito quanto a essa possibilidade, quando permite que da publicação conste somente o nome usado na procuração, ou, indistintamente, o nome registrado no órgão de classe.

O § 5º estabelece que se deve atender o requerimento expresso do advogado. Urge, então, que as intimações se façam em nome dos advogados indicados, a menos que se aponte grande número deles com a finalidade de tumultuar o processo e com violação do inciso III, segunda parte, do art. 77. Pode o juiz limitar o número dos advogados indicados. A nulidade a que alude a última parte do parágrafo é relativa, devendo ser considerada à luz do art. 277.

O § 6º do mesmo art. 272 traz de novo a possibilidade de retirada dos autos por pessoa credenciada, como estagiários, funcionários auxiliares do advogado, da sociedade que ele integra, da Advocacia, da Defensoria ou do Ministério Público. As pessoas indicadas efetuarão a retirada, sendo responsáveis pessoalmente, por qualquer desvio ou ilícito decorrente dela, como também será solidariamente o advogado, a sociedade, ou o servidor e o órgão em cujo nome eles atuam. Retirados os autos, considera-se feita a intimação, ainda que não publicado o ato, ou não feita a comunicação de outro modo. Efetivada a intimação por outro meio, ela já estará realizada e a retirada dos autos será inócua para esse fim.

Entenda-se o § 7º, no sentido de que o credenciamento só será necessário se o preposto não for advogado no processo. Sendo, o credenciamento é, evidentemente, desnecessário e, na realidade, impossível. Nada obsta porém a que se credencie como preposto pessoa que seja advogado sem representação nos autos.

O § 8º trata da hipótese em que a intimação seria válida e eficaz, não fosse a nulidade que a vicia. Nesse caso, pratica-se o ato a que visa a intimação, mas se pede a decretação de nulidade dela, como preliminar da petição que atende a comunicação. A nulidade pode ser arguida em petição autônoma, se da intimação não decorrer a necessidade de realização de algum ato, ou se objetivar uma abstenção.

O § 9º conjuga-se com o dispositivo anterior. Pode acontecer que a prática do ato determinado pela intimação dependa de consulta ao processo físico, ou eletrônico. Imagine-se o caso em que a intimação chame o advogado a suprimir expressões ofensivas (art. 78, § 2º). Impossível a prática do ato, porque inacessíveis os autos, a parte, usado aqui o substantivo na sua mais ampla acepção, pede a decretação da nulidade dela e o prazo para cumprimento da intimação começa a contar-se a partir da comunicação válida do ato que decretou tal nulidade.

e) art. 273 – Neste artigo, o adjetivo **inviável** alcança qualquer espécie de impossibilidade, permanente ou temporária, decorrente da inexistência ou de defeito da aparelhagem, ou da falta de quem possa operá-la. Nesse caso, a intimação eletrônica, preferencial (art. 270) será substituída pela publicação, se houver esse meio na localidade da sede do foro. Não havendo, faz-se pessoalmente, ou por carta, aplicando-se o procedimento dos incs. I e III do art. 246.

f) art. 274 e parágrafo único – Como a capacidade postulatória se consubstancia no binômio parte-advogado, as intimações, não obstante a ordem das pessoas referidas no artigo, serão feitas a quem postula em juízo em nome da parte, ou do terceiro. Só se intima diretamente a parte na ausência de quem por ela postule, ou se ela advogar em causa própria (art. 103 e parágrafo único).

O parágrafo único comina uma sanção, ao presumir a validade da intimação feita no endereço constante dos autos porém modificado pela mudança provisória ou temporária, sem que dessa ocorrência haja aviso no processo. Portanto, se a intimação se faz à parte, e não ao seu advogado, ou a quem por ela postule, não ocorre a presunção que, aliás, é relativa, podendo ser ilidida. A acolhida da alegação importa a decretação da nulidade da intimação, que se considerará se feita a partir da intimação válida do ato que a decreta.

g) art. 275, § 1º e incs. I a III e § 2º – O § 1º e seus três incisos repetem o parágrafo único e seus incisos do art. 239 do CPC anterior. O *caput* do artigo torna a intimação por oficial de justiça supletiva da intimação eletrônica ou postal, mas não impede que ela se faça por outro meio, como pelo escrivão, ou chefe de secretaria. Configurados os respectivos pressupostos (arts. 252 e 256, q.v.), a intimação poderá ser feita por hora certa, ou por edital, observado o respectivo procedimento.

Título III
DAS NULIDADES
(arts. 276 a 283)

Art. 276. Quando a lei prescrever determinada forma sob pena de nulidade, a decretação desta não pode ser requerida pela parte que lhe deu causa.

Art. 277. Quando a lei prescrever determinada forma, o juiz considerará válido o ato se, realizado de outro modo, lhe alcançar a finalidade.

Art. 278. A nulidade dos atos deve ser alegada na primeira oportunidade em que couber à parte falar nos autos, sob pena de preclusão.

Parágrafo único. Não se aplica o disposto no *caput* às nulidades que o juiz deva decretar de ofício, nem prevalece a preclusão provando a parte legítimo impedimento.

Art. 279. É nulo o processo quando o membro do Ministério Público não for intimado a acompanhar o feito em que deva intervir.

§ 1º Se o processo tiver tramitado sem conhecimento do membro do Ministério Público, o juiz invalidará os atos praticados a partir do momento em que ele deveria ter sido intimado.

§ 2º A nulidade só pode ser decretada após a intimação do Ministério Público, que se manifestará sobre a existência ou a inexistência de prejuízo.

Art. 280. As citações e as intimações serão nulas quando feitas sem observância das prescrições legais.

Art. 281. Anulado o ato, consideram-se de nenhum efeito todos os subsequentes que dele dependam, todavia, a nulidade de uma parte do ato não prejudicará as outras que dela sejam independentes.

Art. 282. Ao pronunciar a nulidade, o juiz declarará que atos são atingidos e ordenará as providências necessárias a fim de que sejam repetidos ou retificados.

§ 1º O ato não será repetido nem sua falta será suprida quando não prejudicar a parte.

§ 2º Quando puder decidir o mérito a favor da parte a quem aproveite a decretação da nulidade, o juiz não a pronunciará nem mandará repetir o ato ou suprir-lhe a falta.

Art. 283. O erro de forma do processo acarreta unicamente a anulação dos atos que não possam ser aproveitados, devendo ser praticados os que forem necessários a fim de se observarem as prescrições legais.

Parágrafo único. Dar-se-á o aproveitamento dos atos praticados desde que não resulte prejuízo à defesa de qualquer parte.

1. Observações. 2. Repetições. 3. Inovações.

1. Observações – As nulidades constituem ponto essencial do processo. Sucessivos legisladores têm tentado concentrar em local específico das leis, particularmente dos Códigos, os princípios relativos a esse vício, que pode comprometer, definitivamente, a relação processual, ou retardar o seu desenvolvimento pela invalidade de certos atos.

Um dos pontos fundamentais das nulidades na processualística hodierna foi corretamente posto no art. 277 do novo Código: a validade do ato se, praticado de modo diferente do estabelecido na lei, alcançar a sua finalidade. Reconheça-se que a doutrina é insuficiente na análise da matéria, sem que os tribunais sugerem os autores.

2. Repetições – O título concernente às nulidades seguiu o Capítulo V do Título V do Livro I (arts. 243 a 250) do Código anterior. Não diferem dos dispositivos da lei passada os arts. 276, 278 e parágrafo único, 279, 280, 281, 282 e §§ 1º e 2º, 283 e parágrafo único. Encontram-se inovações somente no art. 277 e nos §§ 1º e 2º do art. 279. Passa-se ao exame delas com a já agora enfadonha observação de que a finalidade deste livro é ressaltar, por meio de notas explicativas, o que o Código de 2015 trouxe de novo, já que as normas que ele repete foram analisadas e aplicadas pela doutrina e jurisprudência.

3. Inovações – O art. 277 encontra-se redigido com as mesmas palavras do art. 244 do Código anterior, suprimida, entretanto, a frase **sem cominação de nulidade**, cuja eliminação foi correta. Se a lei considera válido o ato praticado de modo diferente do que ela prescreve, ela admite a substituição deste por aquele que, assim, desaparece do processo, sendo inútil a cominação que nele pudesse haver. Nulidade haveria se, praticado de outro modo (também a nova lei, como a precedente, faz sinônimos os vocábulos **forma** e **modo**) o ato não atingisse a sua finalidade.

O § 1º do art. 279 não traz inovação de monta. **Corrido**, do parágrafo único do art. 246 do Código anterior, e **tramitado**, do novo dispositivo, se equivalem. O legislador do novo diploma preferiu usar, no futuro do presente, o verbo invalidar, de maior abrangência que o verbo anular.

O § 2º desse art. 279 não exige a manifestação do Ministério Público sobre a existência de toda e qualquer nulidade, mas apenas da nulidade de que trate o § 1º, decorrente da falta de pronunciamento obrigatório do órgão.

Repare-se que a decretação da nulidade de que tratam os dois parágrafos depende da existência de prejuízo, como se deduz da última oração do § 2º. As normas agora examinadas aplicam-se em qualquer instância. Obviamente o juiz pode decretar a nulidade sem que, intimado, o Ministério Público se manifeste, ou sustente a inocorrência do vício, assim como, se se permite o truísmo, não estará obrigado a acolher o pedido do órgão.

Título IV
DA DISTRIBUIÇÃO E DO REGISTRO
(arts. 284 a 290)

Art. 284. Todos os processos estão sujeitos a registro, devendo ser distribuídos onde houver mais de um juiz.

Art. 285. A distribuição, que poderá ser eletrônica, será alternada e aleatória, obedecendo-se rigorosa igualdade.
Parágrafo único. A lista de distribuição deverá ser publicada no Diário de Justiça.

Art. 286. Serão distribuídas por dependência as causas de qualquer natureza:
I – quando se relacionarem, por conexão ou continência, com outra já ajuizada;
II – quando, tendo sido extinto o processo sem resolução de mérito, for reiterado o pedido, ainda que em litisconsórcio com outros autores ou que sejam parcialmente alterados os réus da demanda;
III – quando houver ajuizamento de ações nos termos do art. 55, § 3º, ao juízo prevento.
Parágrafo único. Havendo intervenção de terceiro, reconvenção ou outra hipótese de ampliação objetiva do processo, o juiz, de ofício, mandará proceder à respectiva anotação pelo distribuidor.

Art. 287. A petição inicial deve vir acompanhada de procuração, que conterá os endereços do advogado, eletrônico e não eletrônico.
Parágrafo único. Dispensa-se a juntada da procuração:
I – no caso previsto no art. 104;
II – se a parte estiver representada pela Defensoria Pública;
III – se a representação decorrer diretamente de norma prevista na Constituição Federal ou em lei.

Art. 288. O juiz, de ofício ou a requerimento do interessado, corrigirá o erro ou compensará a falta de distribuição.

Art. 289. A distribuição poderá ser fiscalizada pela parte, por seu procurador, pelo Ministério Público e pela Defensoria Pública.

Art. 290. Será cancelada a distribuição do feito se a parte, intimada na pessoa de seu advogado, não realizar o pagamento das custas e despesas de ingresso em 15 (quinze) dias.

1. Observações. 2. Repetições. 3. Inovações.

1. Observações – Os oito artigos deste título tratam de dois atos processuais diferentes: a distribuição, que é o encaminhamento da ação, ou do requerimento de jurisdição voluntária, ao órgão jurisdicional competente, ou a um deles, se mais de um houver com igual competência, e o registro, que é a anotação da demanda, ato de exercício do direito de ação, nos assentamentos judiciários destinados a esse fim.

2. Repetições – O art. 284 repete o art. 251 do Código anterior. Cabe um reparo a ambos os dispositivos. Não se pode confundir distribuição com sorteio, pois a primeira é encaminhamento, que ocorre ainda quando só haja um juiz competente. Distribui-se a ação, ou o requerimento de jurisdição graciosa, mediante sua remessa ao juiz, ou juízo, se funcionarem dois. Na primeira instância, a distribuição remete o feito ao órgão jurisdicional e, dentro dele, a um juiz, se dois ou mais ali funcionarem. Nos tribunais, a distribuição pode fazer-se a um juiz, ou ao órgão competente, ao qual vai o feito porque integrado por quem o recebe, ou é aí entregue a um dos componentes do colegiado.

O art. 286, seus três incisos e parágrafo único, e o art. 288 repetem regras do CPC de 1973, arts. 253 e 255.

3. Inovações – Vejam-se agora, separadas por alíneas, as inovações trazidas pelo Código de Processo Civil de 2015, em confronto com o diploma anterior:

a) art. 285 e parágrafo único – Permite esse artigo a distribuição eletrônica, aliás já praticada em inúmeros, senão todos os tribunais brasileiros. Esse modo de distribuir permite o melhor alcance da aleatoriedade, que torna consistente a distribuição, afastando a possibilidade de escolha do órgão jurisdicional ou de juiz, tudo com vistas a um julgamento imparcial, não dirigido, transgressor da quantia do juízo natural.

O parágrafo único do artigo determina que se publique a lista de distribuição, isto é, a relação dos processos distribuídos. A falta dessa lista não torna nula a distribuição. Trata-se de expediente de controle para que se demonstre a igualdade de que fala o *caput*, sem que se dirijam as ações a um órgão em detrimento do outro.

b) art. 287, parágrafo único e seus incs. I a III – Esse artigo trata da procuração, elemento necessário a verificar a existência de capacidade postulatória, pressuposto processual subjetivo.

A indicação do endereço eletrônico do advogado depende, se se permite dizer o óbvio, da existência dele, mas a omissão desse dado, que pode ser suprida a qualquer tempo, não acarreta a nulidade do ato do qual deveria constar, nem, muito menos, do processo. A qualquer momento e pode-se determinar que repare a falta, prestando a informação.

O parágrafo único dispensa a juntada da procuração, conforme o seu inciso I, no caso do art. 104, em que se trata da hipótese da necessidade da prática de ato urgente, como, além de outros, o destinado a impedir que se consumem a preclusão, a decadência ou a prescrição. Também não se junta a procuração, consoante o inciso II, se a parte, ou o terceiro, estiver representado pela Defensoria Pública. O juiz pode pedir do defensor a prova da sua condição, militando, entretanto, em favor dele uma presunção relativa da veracidade da informação que ele ou a instituição fizerem. O inciso III é algo supérfluo porque, se a representação decorre de norma constitucional, ou legal, é suficiente a invocação dessa regra jurídica.

c) art. 289 – Descobre-se, nesse artigo, o atendimento do princípio da publicidade dos atos judiciais. Às pessoas indicadas se permite fiscalizar a distribuição, como poderá fazê-lo qualquer outra pessoa. O eventual indeferimento pelo juiz distribuidor de pedido de fiscalização acarreta a nulidade do ato que deverá ser repetido, salvo se se provar que foi público, demonstrando-se, por exemplo, que outras pessoas assistiram a ele. A nulidade da distribuição, decorrente da proibição do direito de fiscalizar é relativa, contanto que se demonstre que o ato não desviou o processo do órgão, ou do juiz a que deveria ser distribuído.

d) art. 290 – Determina-se, aqui, o cancelamento da distribuição, se a parte, intimada na pessoa do seu advogado, ou da sociedade profissional que a assiste, não recolher, em quinze dias, as custas e despesas de ingresso, significando essa expressão as quantias que o postulante deve pagar, como a taxa judiciária, ou as custas e honorários referidos no § 2º do art. 486.

Título V
DO VALOR DA CAUSA
(Arts. 291 a 293)

Art. 291. A toda causa será atribuído valor certo, ainda que não tenha conteúdo econômico imediatamente aferível.

Art. 292. O valor da causa constará da petição inicial ou da reconvenção e será:
    I – na ação de cobrança de dívida, a soma monetariamente corrigida do principal, dos juros de mora vencidos e de outras penalidades, se houver, até a data de propositura da ação;
    II – na ação que tiver por objeto a existência, a validade, o cumprimento, a modificação, a resolução, a resilição ou a rescisão de ato jurídico, o valor do ato ou o de sua parte controvertida;

III – na ação de alimentos, a soma de 12 (doze) prestações mensais pedidas pelo autor;

IV – na ação de divisão, de demarcação e de reivindicação, o valor de avaliação da área ou do bem objeto do pedido;

V – na ação indenizatória, inclusive a fundada em dano moral, o valor pretendido;

VI – na ação em que há cumulação de pedidos, a quantia correspondente à soma dos valores de todos eles;

VII – na ação em que os pedidos são alternativos, o de maior valor;

VIII – na ação em que houver pedido subsidiário, o valor do pedido principal.

§ 1º Quando se pedirem prestações vencidas e vincendas, considerar-se-á o valor de umas e outras.

§ 2º O valor das prestações vincendas será igual a uma prestação anual, se a obrigação for por tempo indeterminado ou por tempo superior a 1 (um) ano, e, se por tempo inferior, será igual à soma das prestações.

§ 3º O juiz corrigirá, de ofício e por arbitramento, o valor da causa quando verificar que não corresponde ao conteúdo patrimonial em discussão ou ao proveito econômico perseguido pelo autor, caso em que se procederá ao recolhimento das custas correspondentes.

Art. 293. O réu poderá impugnar, em preliminar da contestação, o valor atribuído à causa pelo autor, sob pena de preclusão, e o juiz decidirá a respeito, impondo, se for o caso, a complementação das custas.

1. Observações. 2. Repetições. 3. Inovações.

1. Observações – O valor da causa, indispensável a todo processo de jurisdição voluntária ou contenciosa, é regulado, no novo Código, em três artigos e várias normas. De notar-se que o valor da causa deve ser indicado em toda e qualquer petição inicial (art. 319, V), não importa a natureza do processo, cognitivo, executivo de título extrajudicial, de jurisdição contenciosa, ou voluntária. Não suprida a ausência desse requisito, a inicial será indeferida (art. 321, parágrafo único).

2. Repetições – O art. 291 é semelhante ao art. 258 do Código anterior. O *caput* do art. 292 espelha o art. 259. No art. 292, os incs. III e VI a VIII e os §§ 1º e 2º reproduzem dispositivos do Código revogado, no art. 259.

3. Inovações – Apresentam-se agora, por meio de alíneas, as inovações trazidas pelo Título V, na forma de modificação do texto de dispositivos, e de introdução de outros:

a) art. 292, I, II, IV e V e § 3º – No inciso I, acrescentaram-se à soma que corresponde ao valor da causa a pena que se pode cobrar do réu, normalmente convencionada em contrato, bem como outras penalidades, definidas pelo direito material. Corrige-se monetariamente a dívida, a partir do seu vencimento até a propositura da ação. Somam-se apenas os juros de mora, não os compensatórios. Atribuído corretamente, o valor é fixo e não se altera ao longo do tempo, embora deva ser atualizado para outros fins, como no caso do inciso II do art. 968.

No inciso II, o montante será o valor do ato, ou, se for objeto da lide apenas uma parte dele, o valor dessa porção, que a própria parte indicará.

O inciso V mostra que, na ação de dano moral, se deve indicar, como valor da causa, o montante do ressarcimento pretendido, que não pode ficar a critério do juízo como, hoje em dia, tem sido erroneamente praticado. Esse valor deve ser corrigido monetariamente, a partir do ato danoso e será acrescido dos juros moratórios.

O § 3º permite ao juiz alterar de ofício o valor, sem que a parte o solicite. Isto ele fará de ofício, sem provocação da parte, fixando o valor por ele próprio calculado, ou aferido mediante arbitramento do qual participarão as partes. Devem-se recolher as custas correspondentes ao valor dado na inicial e o estabelecido pelo juiz. A correção do valor pode ser para diminuí-lo, pois o dispositivo não fala em aumento. Nesse caso, a diferença será pedida do Estado, a título de indébito, nada impedindo que esse valor seja deduzido de outros tributos, devidos ao mesmo fisco.

b) art. 293 – Esse artigo permite ao réu a impugnação do valor da causa, como preliminar da contestação. Assim também ao terceiro interveniente, que atua no feito como parte. Legitimado à ação rescisória (art. 967, II), ele pode ter interesse na fixação exata do valor da causa, para menos ou para mais, pois isto refletirá, na eventualidade de ação rescisória, no montante do depósito do art. 968, II.

Descobre-se, no art. 293, um caso de preclusão para a parte, e não para o juiz, que poderá de ofício corrigir o valor da causa, nos termos do § 3º, se a parte não o houver impugnado. A impugnação ao valor dado à causa, na reconvenção será apresentada como preliminar a essa ação (art. 343, § 1º)

Livro V
DA TUTELA PROVISÓRIA
(arts. 294 a 311)

Título I
DISPOSIÇÕES GERAIS
(arts. 294 a 299)

Art. 294. A tutela provisória pode fundamentar-se em urgência ou evidência.

Parágrafo único. A tutela provisória de urgência, cautelar ou antecipada, pode ser concedida em caráter antecedente ou incidental.

Art. 295. A tutela provisória requerida em caráter incidental independe do pagamento de custas.

Art. 296. A tutela provisória conserva sua eficácia na pendência do processo, mas pode, a qualquer tempo, ser revogada ou modificada.

Parágrafo único. Salvo decisão judicial em contrário, a tutela provisória conservará a eficácia durante o período de suspensão do processo.

Art. 297. O juiz poderá determinar as medidas que considerar adequadas para efetivação da tutela provisória.

Parágrafo único. A efetivação da tutela provisória observará as normas referentes ao cumprimento provisório da sentença, no que couber.

Art. 298. Na decisão que conceder, negar, modificar ou revogar a tutela provisória, o juiz motivará seu convencimento de modo claro e preciso.

Art. 299. A tutela provisória será requerida ao juízo da causa e, quando antecedente, ao juízo competente para conhecer do pedido principal.

Parágrafo único. Ressalvada disposição especial, na ação de competência originária de tribunal e nos recursos a tutela provisória será requerida ao órgão jurisdicional competente para apreciar o mérito.

1. Observações. 2. Taxinomia 3. Disposições Gerais.

1. Observações – Não custa lembrar que uma das figurações de Themis, a deusa da Justiça, no Palais de Justice, em Paris, a retrata de olhos vendados, segurando a balança e a espada, porém com o pé pousado, significativamente, numa tartaruga. A realidade é que a demora da justiça pode terminar frustrando a eficácia da sentença, ou prejudicando a execução dela. A tarefa magna dos processualistas de todo o mundo é dar efetividade ao processo, transformando-o num instrumento de rápida composição da lide, sem contudo comprometer o exercício do direito de defesa dos contendores. Só se atinge essa meta, conciliando-se os ideais de segurança e de celeridade. Para satisfazer essa necessidade, o direito criou, paralelamente aos processos de conhecimento e de execução, uma terceira espécie de processo, cuja formação também depende da propositura de uma ação. Eis a figura do **processo cautelar**, que se destina ao exercício da jurisdição, requerida para a obtenção de uma medida transitória e urgente, apta a resguardar a coisa, a pessoa, o direito, o fato, com que lida o processo principal de conhecimento, ou de execução, cuja eficácia fica assim assegurada. Tudo isto já escrevi, com a finalidade de explicar esse ramo do processo civil contencioso.

Pode ocorrer que o processo cautelar redunde na composição da lide, consubstanciada numa tutela que impeça ou solucione o conflito. Neste caso, a jurisdição cautelar dispensa outro processo, prestando-se ela própria para outorgar uma sentença de mérito que dispense nova atividade jurisdicional. Costumo dar o exemplo do caso em que a mãe recalcitra em entregar ao pai, para uma cirurgia urgente, a criança, cuja guarda detém, alegando a possibilidade de curar o menor com rezas e mezinhas. Obtida, por sentença, ou por liminar, a entrega da criança, e feita a operação, a lide, configurada na pretensão do pai e na resistência da mãe, estará definitivamente composta. Eis uma amostra de que a jurisdição cautelar pode prestar-se à composição do conflito.

Uma das formas de exercer a jurisdição cautelar é a tutela provisória de que trata o Livro V da Parte Geral do Código de Processo Civil de 2015, conquanto o diploma, no art. 294, preceitue que a tutela provisória pode ser exercida diante da urgência de uma prestação, ou da evidência do direito. A jurisdição cautelar já não é objeto de livro próprio, como acontecia no Código anterior, mas continua existindo.

2. Taxinomia – Separada a tutela provisória em tutela de urgência e tutela de evidência (art. 294, *caput*), o Código divide a tutela cautelar provisória de urgência em tutela provisória de urgência cautelar e tutela provisória de urgência antecipada (art. 294, parágrafo único). Vê-se a distinção entre as duas modalidades pela comparação entre os Capítulos II e III do Título II do Livro V. A tutela provisória de urgência antecipada compõe, transitoriamente, a lide, embora, como no exemplo da cirurgia da criança, possa solucionar o litígio de modo definitivo. A tutela provisória de urgência cautelar consiste, como superiormente já se escreveu, na apreciação provisória da relação litigiosa, na qual o juiz outorga providência transitória e urgente, destinada a assegurar a eficácia prática da prestação jurisdicional no processo de conhecimento, ou de execução. Na tutela de urgência antecipada, o juiz decide como se estivesse julgando o pedido; na cautelar, o juiz outorga medida protetora, mas ambas têm natureza cautelar, sem embargo da distinção feita no mencionado parágrafo único do art. 294.

3. Disposições Gerais – Posto que distintas, a tutela provisória de urgência antecipada, e a tutela provisória de urgência cautelar podem ser requeridas e, evidentemente, concedidas, em caráter antecedente, ou incidental. Da tutela antecipada antecedente trata o Capítulo II, ao passo que da tutela cautelar antecedente cuida o Capítulo III. Por tutela antecedente entende-se a que é pedida antes do ajuizamento da ação principal, podendo ocorrer que esta ação se torne desnecessária, quando, por meio da tutela, se compuser definitivamente a lide, tal como aconteceria no caso, agora mencionado para ilustração, em que o acionista de uma companhia que obtém do juiz a ordem impeditiva de uma assembleia cuja realização não importa se realize, mesmo na data aprazada. A tutela incidental será postulada no curso do processo. Volta-se ao parágrafo único do art. 294. Esta última não depende do pagamento de custas, conforme o art. 295.

Ambas as tutelas, de urgência antecipada, ou de urgência cautelar conservam sua eficácia na pendência do processo, mesmo que suspenso (art. 313), até o trânsito em julgado da decisão, sentença, ou acórdão nele proferido inclusive na última instância, como preceitua o art. 296, que também permite a revogação, ou modificação, em qualquer tempo (art. 296 e parágrafo único).

A tutela provisória, como está no art. 299, será requerida, se incidental, ao juiz da causa, isto é, ao órgão perante o qual tramita o processo. Antecedente o pedido, competente será o juiz designado para julgar o processo principal (art. 299). Conforme o parágrafo único desse artigo, a tutela provisória será requerida ao órgão a que houver sido distribuído o recurso (art. 299, parágrafo único), mas só se o recurso tiver por objeto o mérito da ação, e não de decisão interlocutória proferida no respectivo processo. Consequentemente, se interposto o agravo de instrumento de uma interlocutória, o processo da ação estiver tramitando no juízo inferior, a ele se requererá a tutela. O mesmo acontecerá se o recurso, interposto embora, ainda estiver tramitando no juízo recorrido. O pedido de tutela provisória, antecedente ou incidental, no processo da competência originária do tribunal, será requerido no órgão competente para julgar-lhe o mérito, não para decidir algum incidente, como acontecerá, por exemplo, no caso do parágrafo único do art. 1.032.

Conforme o art. 297, o juiz poderá determinar medidas que considere adequadas para a efetivação da tutela provisória. Essa norma é idêntica à do § 5º do art. 461 do Código anterior (repetida no § 1º do art. 536 do novo), a cuja doutrina e jurisprudência se remete. A tutela, já o diz a epígrafe do Livro V, é provisória. Por isto, conforme o parágrafo único do art. 297, ela observará as normas do cumprimento provisório da sentença (art. 520 – q.v.), valendo a consulta ao que se escreveu e decidiu sobre o art. 475-O do Código anterior).

O art. 298 refere-se à norma do inciso X do art. 93 da Constituição Federal. Ainda que o processo corra em segredo de justiça (art. 189), a decisão que conceder, negar, modificar ou revogar a tutela provisória será motivada, de modo claro e preciso, como conclui o dispositivo, em fórmula expletiva.

Título II
DA TUTELA DE URGÊNCIA
(Arts. 300 a 310)

Capítulo I

Disposições Gerais
(Arts. 300 a 302)

Art. 300. A tutela de urgência será concedida quando houver elementos que evidenciem a probabilidade do direito e o perigo de dano ou o risco ao resultado útil do processo.

§ 1º Para a concessão da tutela de urgência, o juiz pode, conforme o caso, exigir caução real ou fidejussória idônea para ressarcir os danos que a outra parte possa vir a sofrer, podendo a caução ser dispensada se a parte economicamente hipossuficiente não puder oferecê-la.

§ 2º A tutela de urgência pode ser concedida liminarmente ou após justificação prévia.

§ 3º A tutela de urgência de natureza antecipada não será concedida quando houver perigo de irreversibilidade dos efeitos da decisão.

Art. 301. A tutela de urgência de natureza cautelar pode ser efetivada mediante arresto, sequestro, arrolamento de bens, registro de protesto contra alienação de bem e qualquer outra medida idônea para asseguração do direito.

Art. 302. Independentemente da reparação por dano processual, a parte responde pelo prejuízo que a efetivação da tutela de urgência causar à parte adversa, se:

I – a sentença lhe for desfavorável;
II – obtida liminarmente a tutela em caráter antecedente, não fornecer os meios necessários para a citação do requerido no prazo de 5 (cinco) dias;
III – ocorrer a cessação da eficácia da medida em qualquer hipótese legal;
IV – o juiz acolher a alegação de decadência ou prescrição da pretensão do autor.

Parágrafo único. A indenização será liquidada nos autos em que a medida tiver sido concedida, sempre que possível.

1. Observações. 2. Requisitos. 3. Indenização de Prejuízos.

1. Observações – Este capítulo contém normas aplicáveis à tutela de urgência antecipada bem como à tutela de urgência cautelar. Diferentes embora as modalidades, elas se tocam e se atravessam em mais de um ponto.

2. Requisitos – O art. 300 dispõe que a tutela de urgência, nas suas duas modalidades, seja ela antecedente, seja incidental, tem por requisitos o *fumus boni iuris* e o perigo de dano, ou o risco ao resultado útil do processo, pressupostos fáticos da proteção. Conforme o § 1º, para a outorga da tutela, o juiz pode exigir caução real, isto é, de coisa corpórea ou incorpórea, ou fidejussória, seja de pessoa física ou jurídica, como o administrador de sociedades ou bancos e instituições financeiras, conforme, aliás, dispunha o art. 804 do Código de 1973 (q.v.). Não se trata, aqui, de caução substitutiva de medida cautelar, como a outorgada no art. 805 do diploma anterior, mas medida de garantia do ressarcimento dos danos que o requerido, réu da ação, vier a sofrer. O novo Código não repetiu a norma do art. 805, que permitia a substituição da medida cautelar por caução, determinada de ofício, ou a requerimento de qualquer das partes. Pode, no entanto, o juiz, como é da natureza da jurisdição cautelar, conceder a medida liminar ou final, facultando, de ofício, à parte substituí-la por caução. Trata-se de substituição, que pressupõe a concessão da medida, inadmissível que se determine essa caução, sem anterior outorga da providência. Essa caução, portanto, não é a própria medida, porém providência substitutiva dela.

A caução pode ser dispensada, se a parte não puder oferecê-la por hipossuficiência, situação que será comprovada nos próprios autos, ou em autos apensados, mediante a demonstração dos requisitos de concessão da gratuidade de justiça. Para a outorga do benefício, basta que a parte mostre que não tem condições de prestar a caução, mesmo que aufira recursos suficientes para prover a sua subsistência. No caso, a caução não será exigida da parte requerente da tutela, e a medida prevalecerá, quando o requerido não puder substituí-la pela garantia, na hipótese em que se pudesse admitir essa substituição.

Pode o juiz conceder a tutela mediante liminar, ou depois de justificação prévia. Na verdade, será liminar a providência outorgada após a justificação prévia, que também se pode realizar sem a presença da parte contrária. A justificação é ato de instrução que se realizará com a finalidade de subministrar elementos para a outorga liminar da medida. Nada obsta a que o juiz mande intimar a parte contrária para a justificação. A liminar, dada no início do processo, ou mesmo no curso dele, é decisão interlocutória, suscetível de agravo de instrumento (art. 1.015, I). Tal como a providência concedida na sentença final do processo em que se requereu a tutela, a liminar conserva a sua eficácia mas pode ser revogada ou modificada incidindo o art. 296 e seu parágrafo.

O § 3º do art. 300 condiciona a outorga liminar ou final da tutela de urgência antecipada à reversibilidade dos efeitos da decisão final e, *a fortiori*, da liminar.

Mal colocado no Capítulo I porque, norma relativa à tutela de urgência de natureza cautelar, tratada no Capítulo II, o art. 301 faz enumeração exemplificativa, aludindo às providências cautelares de maior uso. A regra desse artigo limita-se à tutela de urgência de natureza cautelar, mesmo porque as medidas não cabem no procedimento da tutela de urgência antecipada. Note-se que o próprio artigo mostra que o juiz pode adotar outras medidas hábeis a assegurar o direito protegido pela providência cautelar, como a apreensão da coisa a ser examinada, ou a designação de perícia médica para determinar se uma pessoa tem condições de prestar um depoimento. No caso, o juiz, ou o tribunal, toma medidas de efetivação da tutela cautelar.

3. Indenização de Prejuízos – O art. 302 repete, basicamente, o art. 811 do Código anterior, mas procede a algumas alterações. A remissão ao art. 16 do CPC anterior foi suprimida pela ab-rogação dessa norma, substituída pelo art. 79. O inciso I do art. 302, ao contrário do inciso I do art. 811 do CPC anterior, já não fala em sentença do processo principal mas, genericamente, em sentença, indicando que a parte responde também se a sentença cautelar lhe for desfavorável.

Preceitua o parágrafo único do art. 302 que a indenização será liquidada nos autos em que a medida houver sido concedida, se possível. A regra alude, implicitamente, ao caso em que a providência houver sido concedida noutros autos, questão meramente topológica, por assim dizer. A indenização depende da prova do dano, a cargo do prejudicado (art. 373, I) que pode alegar dano apenas moral. A liquidação far-se-á por qualquer dos meios através dos quais ela se efetiva.

Capítulo II

Do Procedimento da Tutela Antecipada Requerida em Caráter Antecedente
(arts. 303 e 304)

Art. 303. Nos casos em que a urgência for contemporânea à propositura da ação, a petição inicial pode limitar-se ao requerimento da tutela antecipada e à indicação do pedido de tutela final, com a exposição da lide, do direito que se busca realizar e do perigo de dano ou do risco ao resultado útil do processo.

§ 1º Concedida a tutela antecipada a que se refere o *caput* deste artigo:

   I – o autor deverá aditar a petição inicial, com a complementação de sua argumentação, a juntada de novos documentos e a confirmação do pedido de tutela final, em 15 (quinze) dias ou em outro prazo maior que o juiz fixar;

   II – o réu será citado e intimado para a audiência de conciliação ou de mediação na forma do art. 334;

   III – não havendo autocomposição, o prazo para contestação será contado na forma do art. 335.

§ 2º Não realizado o aditamento a que se refere o inciso I do § 1º deste artigo, o processo será extinto sem resolução do mérito.

§ 3º O aditamento a que se refere o inciso I do § 1º deste artigo dar-se-á nos mesmos autos, sem incidência de novas custas processuais.

§ 4º Na petição inicial a que se refere o *caput* deste artigo, o autor terá de indicar o valor da causa, que deve levar em consideração o pedido de tutela final.

§ 5º O autor indicará na petição inicial, ainda, que pretende valer-se do benefício previsto no *caput* deste artigo.

§ 6º Caso entenda que não há elementos para a concessão de tutela antecipada, o órgão jurisdicional determinará a emenda da petição inicial em até 5 (cinco) dias, sob pena de ser indeferida e de o processo ser extinto sem resolução de mérito.

Art. 304. A tutela antecipada, concedida nos termos do art. 303, torna-se estável se da decisão que a conceder não for interposto o respectivo recurso.

§ 1º No caso previsto no *caput*, o processo será extinto.

§ 2º Qualquer das partes poderá demandar a outra com o intuito de rever, reformar ou invalidar a tutela antecipada estabilizada nos termos do *caput*.

§ 3º A tutela antecipada conservará seus efeitos enquanto não revista, reformada ou invalidada por decisão de mérito proferida na ação de que trata o § 2º.

§ 4º Qualquer das partes poderá requerer o desarquivamento dos autos em que foi concedida a medida, para instruir a petição inicial da ação a que se refere o § 2º, prevento o juízo em que a tutela antecipada foi concedida.

§ 5º O direito de rever, reformar ou invalidar a tutela antecipada, previsto no § 2º deste artigo, extingue-se após 2 (dois) anos, contados da ciência da decisão que extinguiu o processo, nos termos do § 1º.

§ 6º A decisão que concede a tutela não fará coisa julgada, mas a estabilidade dos respectivos efeitos só será afastada por decisão que a revir, reformar ou invalidar, proferida em ação ajuizada por uma das partes, nos termos do § 2º deste artigo.

> 1. Observações. 2. Tutela Antecipada Antecedente. 3. Tutela Antecipada Incidente. 4. Concessão da Tutela. 5. Estabilidade da Tutela. 6. Ação Desconstitutiva.

1. Observações – Falando embora com as devidas cautelas, não será demasiado afirmar que não houve proveito na eliminação do Livro III do CPC de 1973, que continha, explícita ou implicitamente, as regras condensadas no livro, além de outras, encontradiças ao longo daquele diploma.

2. Tutela Antecipada Antecedente – Cuida o Capítulo II da tutela antecipada antecedente. Trata-se, pois, do pedido de tutela que antecede a ação principal, formulado antes do ajuizamento dela, que pode inclusive ser dispensado, se a tutela obtida compuser a lide, definitivamente, como acontecerá, v.g, se se pedir e obtiver a demolição, que é tudo o que pretende o autor, de um muro prestes a desabar.

O *caput* do art. 303 cuida da hipótese em que a urgência seja **contemporânea** da propositura da ação. A epígrafe fala em caráter **antecedente**. É preciso, então, conciliar os dois adjetivos para dissipar a perplexidade criada pelo legislador. Se o pedido de tutela antecipada é antecedente, ele se formula antes da propositura da ação, embora esta possa ser ajuizada ao mesmo tempo, buscando-se nela, a proteção do direito e, naquela, a antecipação da tutela. Para voltar ao exemplo do muro, dado no parágrafo anterior, buscar-se-á, na ação, a derrubada dele, e, mediante outra ação, a antecipação da tutela que naquela se postulará. Não se trata de medida preparatória, como seria a produção de prova, requerida antes da propositura da ação principal, porém de antepor-se uma tutela provisória e urgente à que poderá ser dada na ação definitiva. Pela urgência da medida que se postulará na ação principal, a ajuizar-se em trinta dias (art. 308), poderá o legitimado pedir que, desde logo, se conceda a providência, como dispõe o art. 300. A parte não está obrigada a requerer a tutela antes da propositura da ação, já que poderá requerê-la, incidentalmente, no curso do processo daquela (art. 294, parágrafo único), mas o Capítulo II, aqui e agora examinado, cuida do pedido de tutela antecipada antecedente. O pedido se faz com antecedência, embora o autor possa, formulado ele, e até simultaneamente, propor a ação na qual buscará a solução definitiva da lide.

Fala o art. 303 em petição inicial. Alude, aqui, à inicial da ação de tutela antecipada, que pode, sem que a isto esteja obrigado o autor, limitar-se ao requerimento da tutela antecipada, à indicação do pedido da tutela a ser formulado na ação principal com a exposição da lide, do direito que se busca realizar e do perigo de dano, com risco ao resultado útil do processo. O artigo fica rente ao art. 305, indispensável a demonstração do *fumus boni iuris* e do *periculum in mora*. Conforme o § 4º do artigo, a petição inicial levará em consideração o pedido de tutela final, feito na ação principal. Porém, efêmera a providência postulada, ela não precisará coincidir com o pedido principal. Poderá ser diminuída, considerada a natureza do pleito da tutela provisória (art. 296). A parte requerida poderá impugnar o valor da causa, como previsto no art. 293. O § 5º do art. 303 acrescenta um requisito à petição inicial. Deverá o autor do pedido de tutela afirmar, na referida peça, que está exercendo o direito de postular na forma autorizada no *caput* do art. 303. Não feita essa declaração, poderá o juiz determinar a emenda da inicial, e indeferi-la, se não atendida a determinação. A declaração exigida no parágrafo poderá ser inferida dos termos da própria inicial.

3. Tutela Antecipada Incidente – O parágrafo único do art. 294 é claro: a tutela provisória poderá ser pedida também de modo incidental, no curso do processo principal, não importa onde ele se encontra. Aplicam-se a esse pedido, também ele formulado por meio de ação, todos os princípios e requisitos do Capítulo II.

4. Concessão da Tutela – O § 1º do art. 303 determina medidas a se tomarem apenas se deferida a tutela. Da outorga e da denegação da providência cabe agravo de instrumento (art. 1.015, I). Os atos indicados no § 1º do art. 303 justificam-se, ainda que a tutela seja deferida apenas em parte, mas só dirão respeito à parte deferida. Concedida a tutela antecipada apenas em instâncias superiores, adotam-se as providências indicadas nos três incisos, a partir do momento em que se tornar eficaz a decisão, mas elas são cumpridas no juízo da instância onde se iniciou o processo, como se extrai do § 3º do próprio art. 303.

Advirta-se que, nem o *caput* do art. 303, aqui analisado, nem qualquer dos seus parágrafos encontram iguais no Código de 1973.

Concedida a tutela, o autor, conforme o inciso I do § 1º do art. 303, deverá aditar a inicial, com a complementação das suas razões (o eco "complementação da argumentação" é amostra do descuido do legislador quanto ao vernáculo), a juntada de novos documentos e a confirmação do pedido de tutela final. Demasiado o verbo **deverá**, o autor procede à complementação dos seus argumentos, se a sentir necessária, como juntará novos documentos, se os houver. Não havendo necessidade de complementar as razões, nem existindo outros documentos a se oferecerem, basta que o requerente faça declaração nesse sentido, para evitar a incidência do § 2º do mesmo art. 303. Dispõe esse parágrafo que, não feito o aditamento, o processo de tutela antecipada antecedente será extinto sem resolução do mérito, isto é, do pedido formulado nesse feito, e não no principal. A sanção cominada no parágrafo, que, como as normas da sua natureza, impõe interpretação restritiva, só cabe se não se realizar o aditamento das razões (sobre a acepção de **aditar**, veja-se o que se escreveu e decidiu acerca do art. 294 do Código anterior e o art. 329, I, do novo), não assim se não se juntarem novos documentos. Não se aplicará o parágrafo, se a inicial deixar inequívoca a inexistência de outros argumentos e a desnecessidade da apresentação de novos documentos. A superveniente apresentação de outros documentos, ignorados pelo requerente, é permitida em qualquer tempo (arts. 435 e 397 do CPC de 1973). A confirmação do pedido de tutela final faz-se por declaração da parte, mas o juiz não extinguirá o processo na sua falta, desde que inequívoco o pedido da inicial. A confirmação do pedido pode restringi-lo, se ele for secionável e o requerente quiser diminuí-lo, já que o pedido é, tal qual a ação, governado pelo princípio dispositivo. Extenso o prazo de quinze dias, aplicam-se a ele as regras da contagem dos prazos em geral. Se o recorrente não cumprir, de todo, o inciso I, será aplicado o § 2º, porém se o fizer de modo defeituoso, o juiz poderá determinar a correção do defeito.

O inciso II do art. 303 obriga a realização da audiência de conciliação ou mediação, que será designada pelo juiz, para a qual o réu será intimado, junto com sua citação, feita pelos meios admissíveis, ou depois dela. Malograda a autocomposição, que se efetiva na forma do art. 334 e seus doze parágrafos (*excusez du peu!*) começa a correr o prazo da contestação, de quinze dias (art. 335, I e II).

Não havia necessidade da norma da primeira parte do § 3º, já que as petições se apresentam nos autos do respectivo feito. Correta a dispensa de novas custas pois o aditamento não é ação.

O § 6º do art. 303 considera a hipótese em que a inicial não traga os elementos para a concessão da tutela antecipada como, por exemplo, a exposição da lide. É preciso que falte elemento essencial à apreciação do pedido de outorga da tutela. Ausentes esses elementos, o juiz de qualquer instância (fala o § 6º, prudentemente, em órgão jurisdicional) ordenará a emenda da inicial para a apresentação de tais elementos. Desatendida a determinação, a inicial será indeferida, desnecessário dizer, como faz a última oração do parágrafo, que o processo fica extinto sem julgamento do mérito, consequência inafastável do indeferimento (art. 485, I). Emendada a inicial, o processo prossegue até sentença final.

5. Estabilidade da Tutela – Dispõe o *caput* do art. 304 que, concedida a tutela antecipada, requerida em caráter antecedente, a decisão concessiva torna-se estável, se desse pronunciamento não for interposto o respectivo recurso, que será o de agravo de instrumento (art. 1.015, I), se a decisão for de primeira instância. Se monocrática a decisão no tribunal, o recurso será o agravo interno (art. 1.021). Julgado ele, o recurso cabível será especial ou extraordinário. No texto, o adjetivo **estável** tem o significado de **permanente**. Interposto o recurso, a decisão perde a estabilidade mas produzirá efeitos não tendo o recurso efeito suspensivo ou não lhe tendo sido atribuída essa suspensão (art. 995 e parágrafo único). A estabilidade da decisão, decorrente da falta de recurso, ou da inadmissibilidade ou desprovimento dele, leva à extinção do processo, conforme o § 1º, porque a estabilidade dispensa o prosseguimento do feito, assim como a sentença final. A decisão estável é satisfativa (melhor, satisfatória).

6. Ação Desconstitutiva – O § 3º do art. 304 dispõe que a tutela antecipada (*rectius*, a decisão que a concede) conservará seus efeitos até que seja revista, reformada ou invalidada. Com isso, colhe-se do parágrafo que a decisão concessiva da tutela não faz coisa julgada, pois pode ser revogada ou modificada em qualquer tempo (art. 296). A estabilidade de que trata o § 1º pode contudo, conforme esse parágrafo, ser afastada, isto é, desfeita por decisão que reveja, reforme ou invalide o ato concessivo de tutela, assemelhada, assim, às sentenças determinativas.

Para obter a revisão, reforma, ou invalidade da decisão concessiva da tutela, pode qualquer das partes pedir ao juiz que a reforme, ou modifique. A eficácia da interlocutória cessará com a procedência do pedido, formulado na inicial da ação, que pode ser feito em cumulação eventual.

A ação, prevista no § 2º, poderá ser proposta por qualquer das partes, inclusive a que obtiver a providência. Por isto, o § 4º do art. 304 estatui que uma ou outra pode requerer o desarquivamento dos autos para com eles instruir a inicial da ação para cujo processamento e julgamento estará prevento o juízo que concedeu a tutela. Ainda que a tutela haja sido outorgada por tribunal, mediante provimento do recurso da decisão que a indeferir, a ação desconstitutiva será proposta no juízo que primeiro apreciou o pedido de proteção. Quando o § 4º diz "prevento o juízo em que a tutela antecipada foi concedida", ele engloba, nessa cláusula, o provimento do recurso interposto contra a decisão denegatória da tutela, pois, substituindo a recorrida (art. 1.008), a decisão de provimento, dada no juízo recursal, substitui aquela, como se proferida no juízo recorrido.

O § 5º do art. 304 fixa prazo decadencial de dois anos para a ação de que trata o § 2º, regida a decadência pelas normas a ela pertinentes. Conta-se o biênio da data em que se tornar estável a decisão concessiva pela exaustão do prazo recursal, ou pelo trânsito em julgado da decisão de inadmissibilidade ou desprovimento do recurso interposto.

Capítulo III

Do Procedimento da Tutela Cautelar Requerida
em Caráter Antecedente
(arts. 305 a 310)

Art. 305. A petição inicial da ação que visa à prestação de tutela cautelar em caráter antecedente indicará a lide e seu fundamento, a exposição sumária do direito que se objetiva assegurar e o perigo de dano ou o risco ao resultado útil do processo.

Parágrafo único. Caso entenda que o pedido a que se refere o *caput* tem natureza antecipada, o juiz observará o disposto no art. 303.

Art. 306. O réu será citado para, no prazo de 5 (cinco) dias, contestar o pedido e indicar as provas que pretende produzir.

Art. 307. Não sendo contestado o pedido, os fatos alegados pelo autor presumir-se-ão aceitos pelo réu como ocorridos, caso em que o juiz decidirá dentro de 5 (cinco) dias.

Parágrafo único. Contestado o pedido no prazo legal, observar-se-á o procedimento comum.

Art. 308. Efetivada a tutela cautelar, o pedido principal terá de ser formulado pelo autor no prazo de 30 (trinta) dias, caso em que será apresentado nos mesmos autos em que deduzido o pedido de tutela cautelar, não dependendo do adiantamento de novas custas processuais.

§ 1º O pedido principal pode ser formulado conjuntamente com o pedido de tutela cautelar.

§ 2º A causa de pedir poderá ser aditada no momento de formulação do pedido principal.

§ 3º Apresentado o pedido principal, as partes serão intimadas para a audiência de conciliação ou de mediação, na forma do art. 334, por seus advogados ou pessoalmente, sem necessidade de nova citação do réu.

§ 4º Não havendo autocomposição, o prazo para contestação será contado na forma do art. 335.

Art. 309. Cessa a eficácia da tutela concedida em caráter antecedente, se:
  I – o autor não deduzir o pedido principal no prazo legal;
  II – não for efetivada dentro de 30 (trinta) dias;
  III – o juiz julgar improcedente o pedido principal formulado pelo autor ou extinguir o processo sem resolução de mérito.
  Parágrafo único. Se por qualquer motivo cessar a eficácia da tutela cautelar, é vedado à parte renovar o pedido, salvo sob novo fundamento.

Art. 310. O indeferimento da tutela cautelar não obsta a que a parte formule o pedido principal, nem influi no julgamento desse, salvo se o motivo do indeferimento for o reconhecimento de decadência ou de prescrição.

> **1.** Observações. **2.** Procedimento. **3.** Pedido Principal. **4.** Indeferimento. **5.** Cessação da Eficácia.

1. Observações – Vê-se, no parágrafo único do art. 294, conjugado com o art. 295, que se pode pedir, por meio de uma ação, antecedente, ou incidental, uma tutela provisória de urgência antecipada, ou uma tutela provisória de urgência cautelar. Há também uma ação de tutela provisória de evidência, esta disciplinada no art. 311. Aquela está regulada no art. 300 e ss.

As ações que visam a qualquer das duas espécies de tutela de urgência, bem como a ação de tutela provisória, dão início a um processo, também ele principiado por iniciativa da parte mas desenvolvido por impulso oficial (art. 2º). Busca-se, nesta demanda, prestação jurisdicional que, como é da essência da jurisdição cautelar – e ambas as ações têm essa natureza –, e já se escreveu, a apreciação provisória da relação litigiosa, na qual o juiz examina, em cognição sumária, tal relação, com a finalidade de outorgar providência que assegure a eficácia prática da prestação jurisdicional no processo de conhecimento, ou de execução. A urgência e a transitoriedade são requisitos da prestação da tutela cautelar. Pode acontecer, entretanto, que essa prestação solucione a lide, definitivamente. Pretendendo, v.g., que se retire de certa exposição, por falso, um quadro cuja autoria lhe é atribuída, a fim de que ele não seja exibido, o pintor requer o exame técnico da pintura, determinado pela liminar ou pela sentença cautelar. Retirada a peça, para esse fim, a exposição acaba antes que se conclua a perícia e a pretensão do artista foi tutelada em termos definitivos.

2. Procedimento – Conforme o art. 305, a inicial dessa ação cautelar indicará a lide e seu fundamento, exporá, sumariamente, o direito que se quer preservar e demonstrará o perigo de dano, ou o risco ao resultado útil do processo, descobrindo-se nestes dois requisitos o *fumus boni iuris* e o *periculum in mora*, pressupostos da jurisdição cautelar. Além desses requisitos, a inicial atenderá os genéricos, do art. 319, I, II, V e VI. Pode o juiz mandar corrigir a inicial, sob pena de indeferimento (art. 321 e parágrafo único).

O parágrafo único do art. 305 empresta fungibilidade ao pedido, quando ele, sob a forma de ação de tutela cautelar, veicular pretensão de tutela de urgência antecipada. Nesse caso, o juiz, ou o tribunal, determinará que o processo siga o procedimento dos arts. 303 e ss. Não se trata, aqui, de emenda da inicial, porém de mudança da espécie de procedimento.

Conforme o art. 306, o réu será citado para contestar o pedido, no prazo de cinco dias, diferente do prazo da contestação no procedimento de tutela antecipada (art. 335). A indicação das provas, determinada na última oração do art. 306, é imanente à contestação, como se vê na oração gerundial que encerra o art. 336.

A revelia é tratada no art. 307. Se o réu não contestar o pedido, se presumirão verdadeiros os fatos alegados pelo autor (art. 344); só os fatos. Essa presunção, decorrente da revelia, não leva, necessariamente, à procedência do pedido. O prazo de um quinquídio, assinado ao juiz para sentenciar, é programático. Pode não ser cumprido por causa justa, como o acúmulo de processos pendentes. Contestado o pedido, "no prazo legal", diz, em demasia o parágrafo único do art. 307, o processo seguirá pelo procedimento comum (art. 318), ainda que o processo principal deva obedecer outro procedimento.

3. Pedido Principal – Parecido com o art. 806 do CPC anterior, o art. 308 contém todavia duas inovações. O pedido principal será apresentado nos próprios autos do processo cautelar antecedente. Dessa norma decorrerá a situação em que o processo de duas ações, a cautelar e a principal, se formaliza nos mesmos autos. Não cominada nulidade para o desatendimento dessa norma, o juiz pode determinar que o processo principal e o cautelar se desenvolvam em autos distintos, quando a separação for conveniente ao adequado andamento dos feitos. Seja como for, a ação do pedido principal não depende do adiantamento, isto é, do pagamento antecipado de novas custas que, entretanto, podem ser devidas, instaurado o processo, de acordo com norma tributária específica. Note-se que, quando quis dispensar o pagamento de custas, o legislador o disse expressamente, como no art. 295. O art. 308 dispensa o adiantamento, situação distinta, não aplicável, por sinal, a norma do art. 295

pertinente à tutela provisória, requerida incidentalmente. A determinação de que o pedido seja apresentado nos mesmos autos afasta a discussão sobre a competência do juízo da tutela para a ação principal, o que só deixa de acontecer mediante disposição expressa, como a do § 3º do art. 381.

O § 1º do art. 308 permite a formulação conjunta do pedido principal e do pedido de tutela cautelar, faculdade do requerente ("pode ser formulado"). Nesse caso, cabe formular o pedido na mesma petição, em capítulos distintos, ou, simultaneamente, em petições separadas.

Consoante o § 3º do art. 308, apresentado o pedido principal, o juiz designará audiência de conciliação ou mediação para a qual serão intimadas as partes, na pessoa dos seus advogados. O advérbio **pessoalmente** deve ser interpretado no sentido de que só se intimarão as partes, se elas não tiverem advogado, devendo este, no entanto, ser intimado, se atuante no feito, já que a capacidade postulatória se alcança com a presença dele. Processadas as ações no mesmo juízo e até conjuntamente, o parágrafo dispensa nova citação.

Considerando que a exposição do direito é sumária (art. 305), o § 2º do art. 308 permite o aditamento da causa de pedir, no momento da formulação do pedido principal, isto é, na petição inicial desta ação. Considerando que, composta pelo fato e pelas consequências jurídicas que lhe atribui o autor, a causa de pedir da ação principal seja diferente da causa de pedir da ação cautelar, o aditamento será incabível.

Desnecessariamente embora, o § 4º do art. 308 determina que, não havendo solução amigável do litígio, o prazo para contestar, que será de cinco dias (art. 306), se conte na forma do art. 335 (q.v.).

4. Indeferimento – Indeferida a tutela cautelar, seja pelo indeferimento da inicial, seja pela extinção do processo por sentença terminativa, ou definitiva contrária, o requerente poderá, ainda assim, formular o pedido principal, cujo julgamento desconsiderará o malogro da cautelar. Se, entretanto, a improcedência do pedido cautelar decorrer da declaração de decadência ou prescrição, por sentença transitada em julgado, a ação principal não poderá ser proposta. Se for, caberá extinguir o processo pela existência de coisa julgada (art. 485, IV). Se a coisa julgada só se configurar depois de proposta a ação principal, o processo desta se extinguirá pela superveniente falta de pressuposto processual (art. 485, IV).

5. Cessação da Eficácia – O art. 309 repete, no seu inciso I, igual item do art. 808 do Código anterior. O prazo legal, nele referido, é o trintídio do art. 308. Iguais são os incs. II do art. 309 e do ab-rogado art. 808, pouco importando a troca do particípio **executada** por **efetivada**. Contêm a mesma norma o inciso III do antigo art. 808 e do art. 309. Essa semelhança leva a recomendar a consulta à doutrina e jurisprudência dos dispositivos revogados.

Coincidem também os parágrafos únicos dos arts. 309 e 808, recomendada, pois, a leitura do que se escreveu e decidiu anteriormente, já que este livro, como dito e repetido, só se ocupa das inovações trazidas ao Direito Processual Civil positivo pelo CPC de 2015.

Título III
DA TUTELA DA EVIDÊNCIA
(art. 311)

Art. 311. A tutela da evidência será concedida, independentemente da demonstração de perigo de dano ou de risco ao resultado útil do processo, quando:
    I – ficar caracterizado o abuso do direito de defesa ou o manifesto propósito protelatório da parte;
    II – as alegações de fato puderem ser comprovadas apenas documentalmente e houver tese firmada em julgamento de casos repetitivos ou em súmula vinculante;
    III – se tratar de pedido reipersecutório fundado em prova documental adequada do contrato de depósito, caso em que será decretada a ordem de entrega do objeto custodiado, sob cominação de multa;
    IV – a petição inicial for instruída com prova documental suficiente dos fatos constitutivos do direito do autor, a que o réu não oponha prova capaz de gerar dúvida razoável.
Parágrafo único. Nas hipóteses dos incisos II e III, o juiz poderá decidir liminarmente.

1. Tutela da Evidência. **2.** Requisitos da Tutela. **3.** Requerimento da Tutela.

1. Tutela da Evidência – Esse tipo de proteção ocorrerá quando os elementos trazidos ao processo mostrarem, inequivocamente, a existência dos requisitos da sua outorga. Não se trata, a rigor, de providência cautelar, mas da anteposição do julgamento da lide ao momento próprio desse ato. O art. 311 dispensa a demonstração do perigo de dano ou de risco ao resultado útil do processo, nada obstando, no entanto, que o autor demonstre essa situação. O Código não seguiu o melhor caminho porque, antecipada a tutela, a respectiva decisão deveria permanecer, impedindo outra. No entanto, o julgamento precoce pode ser revogado, ou modificado, em qualquer tempo (art. 296). Não vale o argumento de que podem surgir novos elementos a justificar a alteração da decisão antecipatória. Fosse assim, também seria de admitir-se a alteração da sentença final, sem que se opere o art. 508.

2. Requisitos da Tutela – Os requisitos da tutela de evidência são enumerados nos quatro incisos do art. 311 que se assemelha, de longe, ao art. 273 do Código anterior, já que ambos os dispositivos cuidam do julgamento antecipado da lide, mas podem ser revogados (§ 5º do art. 273 do Código anterior e art. 296 do atual).

Será proveitosa a consulta às lições e julgamentos que tiveram por objeto o inciso II do anterior art. 273, já que a ele se assemelha o inciso I do art. 311 que todavia o avantaja, falando em **parte** em vez de **réu**. Ao demandado assiste também o direito à tutela de evidência, já que tem interesse na sentença de improcedência, posto que provisória.

Divide-se o inciso II em duas partes. A tutela de evidência pode ser concedida, se as alegações de fato puderem ser provadas apenas documentalmente, como ocorrerá se se alegar o casamento, ou o óbito e se comprovar o alegado com a respectiva certidão. Não basta contudo que as alegações possam ser comprovadas de qualquer modo. É preciso que o sejam, mediante a apresentação do documento comprobatório. A conjunção aditiva **e** pode confundir o intérprete, levando-o ao errôneo entendimento de que, além do documento que prove a alegação, deve, em torno da questão jurídica, haver tese firmada em julgamentos repetitivos, ou em súmula vinculante. Não é assim. Basta o documento comprobatório, ou a adoção da tese em julgamento repetitivo, ou em súmula vinculante. Será necessário o trânsito em julgado do acórdão repetitivo, ou da decisão que editar a súmula, que não existirão, juridicamente, enquanto não transitarem em julgado. A prova do julgamento, ou da súmula faz-se do modo estabelecido no § 1º do art. 1.029, igual ao parágrafo único do art. 541 do Código de 1973.

O inciso III do art. 311 constitui inovação. Permite a outorga de tutela de evidência se o pedido reipersecutório, isto é, relativo à coisa depositada, estiver fundado em prova adequada do contrato de depósito, feito pela exibição do respectivo instrumento, ou por documento que o supra. Nesse caso, a decisão concessiva da tutela de evidência ordenará a entrega ao autor do objeto custodiado, cominando multa para a hipótese de descumprimento. Agravável a decisão (art. 1.015, I), ela será efetivada mas com aplicação das normas reguladoras do cumprimento provisório da sentença (art. 520), afastados os dispositivos não aplicáveis ao caso, como indica a ressalva "no que couber".

Também se concede a tutela de evidência, conforme o inciso IV do art. 311, quando a petição inicial tiver por acompanhante documento suficiente para comprovar os fatos constitutivos do direito do autor, como a certidão do registro imobiliário na ação petitória. A oração condicional do término do inciso é desnecessária porque, havendo prova capaz de gerar dúvida razoável quanto à eficácia probatória do documento, o juiz não concederá a tutela.

O parágrafo único do art. 311 só permite outorga liminar da tutela de evidência, nas hipóteses dos incisos II e III. No caso do inciso I, deverá formar-se o contraditório acerca do abuso do direito, ou do ânimo protelatório. Assim também na hipótese do inciso IV, quando o juiz deverá ouvir a parte contrária sobre o documento, aplicando o § 1º do art. 437.

3. Requerimento de Tutela – A concessão da tutela de evidência pode ser requerida na inicial, ou na contestação. A alusão à petição inicial, feita no inciso IV do art. 311, não exclui a possibilidade de pedido de tutela pelo réu, na contestação. Também se admite o requerimento da tutela de evidência em caráter incidental, mediante petição. Não seria adequado fazer o pedido de tutela somente na inicial, ou na contestação. Isto contrariaria, por exemplo, o inciso I do artigo porque o abuso do direito de defesa, *lato sensu*, ou o manifesto propósito protelatório da parte, autor ou réu, pode manifestar-se apenas no curso do processo.

A tutela de evidência é requerida por meio de uma ação, principal ou incidental. Na ação o requerimento será sempre, na substância, ainda quando não se formule por meio de petição inicial, feito nos moldes do art. 305.

Livro VI
DA FORMAÇÃO, DA SUSPENSÃO E DA EXTINÇÃO DO PROCESSO
(arts. 312 a 317)

1. Observações. 2. Distribuição das Matérias.

1. Observações – Instrumento da jurisdição, o processo não existe para durar. Ele começa e se extingue, podendo, episodicamente, ser suspenso. É, portanto, efêmero, embora muitas vezes a realidade dificulte a compreensão desta característica.

A relação processual não se exaure em si mesma. O processo caminha para o seu próprio fim, como uma vela que, enquanto ilumina, vai, paradoxalmente, se extinguindo. Usa-se a palavra **processo** para designar tanto o meio de atuação da jurisdição contenciosa, como da voluntária. O Capítulo XV do Título III do Livro I da Parte Especial do Código de 2015 (arts. 719 a 770 – q.v.), reincidindo na impropriedade do CPC anterior (Título III do Livro IV, arts. 1.103 a 1.210), fala em procedimentos de jurisdição voluntária, tornando, metonimicamente, o substantivo **procedimento** por **processo**. Porém, a jurisdição voluntária também se exerce mediante um processo. Falar em procedimento é tomar o movimento pelo móvel. Salvo o último, os tais capítulos do Título III do Livro I da Parte Especial (arts. 539 a 718 – q.v.) falam em procedimentos especiais, aludindo ao procedimento do processo iniciado pelas ações que buscam as sentenças referidas nesses artigos, que assumem natureza declaratória negativa, quando julgam improcedentes os pedidos formulados.

2. Distribuição das Matérias – Os arts. 312 a 317 (Livro VI da Parte Geral) dedicam o Título I (art. 312) à formação do processo; o Título II (arts. 313 a 315) à suspensão do processo e o Título III (arts. 316 a 317) à extinção do processo, situações examinadas em seguida. Esses fenômenos decorrem de atos ou fatos processuais e dependem de pronunciamento de órgão jurisdicional.

Título I
DA FORMAÇÃO DO PROCESSO
(art. 312)

Art. 312. Considera-se proposta a ação quando a petição inicial for protocolada, todavia, a propositura da ação só produz quanto ao réu os efeitos mencionados no art. 240 depois que for validamente citado.

1. Propositura da Ação. 2. Efeitos.

1. Propositura da Ação – O art. 2º dispõe que o processo começa por iniciativa da parte. Essa iniciativa se consubstancia pela ação (direito de invocar a tutela da jurisdição, abstrato, porque exercido independentemente do direito afirmado pelo autor), ou pelo requerimento de jurisdição voluntária, aquela e este dominados pelo princípio dispositivo, pelo qual ambas dependem, salvo excepcionalmente, da iniciativa da parte, ou de outro legitimado.

A ação, que desencadeia o processo, começa por sua propositura, que ocorre, como está posto no art. 312, quando a petição inicial for protocolada (*aliter*, o art. 263 do Código anterior). Chama-se **demanda** o ato que efetiva o exercício do direito de ação. Ela produz o efeito de iniciar o processo, bastando, para isto, o protocolo, a que se segue o registro e a distribuição, onde houver mais de um juiz, ato que torna prevento o juízo (art. 59).

2. Efeitos – A propositura da ação produz efeitos, como os apontados. Quanto ao réu, porém, a propositura só produz efeito depois que validamente citado para a ação (ou depois do seu comparecimento espontâneo, como dispõe o § 1º do art. 239). Idêntica a última parte do art. 312 ao derradeiro período do ab-rogado art. 263, recorre-se à doutrina e jurisprudência dele.

Cumpre acrescentar que o art. 312 tem incidência prévia, aplicando-se ao processo cognitivo, ao processo de execução, ou a qualquer outro, cuja instauração dependa da iniciativa da parte.

Título II
DA SUSPENSÃO DO PROCESSO
(arts. 313 a 315)

Art. 313. Suspende-se o processo:

I – pela morte ou pela perda da capacidade processual de qualquer das partes, de seu representante legal ou de seu procurador;
II – pela convenção das partes;
III – pela arguição de impedimento ou de suspeição;
IV – pela admissão de incidente de resolução de demandas repetitivas;
V – quando a sentença de mérito:
   a) depender do julgamento de outra causa ou da declaração de existência ou de inexistência de relação jurídica que constitua o objeto principal de outro processo pendente;
   b) tiver de ser proferida somente após a verificação de determinado fato ou a produção de certa prova, requisitada a outro juízo;
VI – por motivo de força maior;
VII – quando se discutir em juízo questão decorrente de acidentes e fatos da navegação de competência do Tribunal Marítimo;
VIII – nos demais casos que este Código regula.

§ 1º Na hipótese do inciso I, o juiz suspenderá o processo, nos termos do art. 689.

§ 2º Não ajuizada ação de habilitação, ao tomar conhecimento da morte, o juiz determinará a suspensão do processo e observará o seguinte:
I – falecido o réu, ordenará a intimação do autor para que promova a citação do respectivo espólio, de quem for o sucessor ou, se for o caso, dos herdeiros, no prazo que designar, de no mínimo 2 (dois) e no máximo 6 (seis) meses;
II – falecido o autor e sendo transmissível o direito em litígio, determinará a intimação de seu espólio, de quem for o sucessor ou, se for o caso, dos herdeiros, pelos meios de divulgação que reputar mais adequados, para que manifestem interesse na sucessão processual e promovam a respectiva habilitação no prazo designado, sob pena de extinção do processo sem resolução de mérito.

§ 3º No caso de morte do procurador de qualquer das partes, ainda que iniciada a audiência de instrução e julgamento, o juiz determinará que a parte constitua novo mandatário, no prazo de 15 (quinze) dias, ao final do qual extinguirá o processo sem resolução de mérito, se o autor não nomear novo mandatário, ou ordenará o prosseguimento do processo à revelia do réu, se falecido o procurador deste.

§ 4º O prazo de suspensão do processo nunca poderá exceder 1 (um) ano nas hipóteses do inciso V e 6 (seis) meses naquela prevista no inciso II.

§ 5º O juiz determinará o prosseguimento do processo assim que esgotados os prazos previstos no § 4º.

Art. 314. Durante a suspensão é vedado praticar qualquer ato processual, podendo o juiz, todavia, determinar a realização de atos urgentes a fim de evitar dano irreparável, salvo no caso de arguição de impedimento e de suspeição.

Art. 315. Se o conhecimento do mérito depender de verificação da existência de fato delituoso, o juiz pode determinar a suspensão do processo até que se pronuncie a justiça criminal.

§ 1º Se a ação penal não for proposta no prazo de 3 (três) meses, contado da intimação do ato de suspensão, cessará o efeito desse, incumbindo ao juiz cível examinar incidentemente a questão prévia.

§ 2º Proposta a ação penal, o processo ficará suspenso pelo prazo máximo de 1 (um) ano, ao final do qual aplicar-se-á o disposto na parte final do § 1º.

1. Observações. 2. Repetições. 3. Inovações.

1. Observações – A doutrina, prestigiada pela jurisprudência, já dissertou, adequadamente, sobre a suspensão do processo. Ela pressupõe, evidentemente, o começo da relação processual e pode ocorrer antes mesmo da citação do réu, ou do seu comparecimento espontâneo (art. 239 e § 1º), a partir do protocolo da inicial. Imagine-se a situação em que, imediatamente após o protocolo da inicial, o autor morra.

A suspensão não faz cessar o processo, não o termina, não o extingue.

2. Repetições – Ao regular a suspensão do processo, o novo Código repete várias disposições da lei anterior, alterando apenas a redação de algumas normas, sem todavia mudar-lhes o sentido e alcance. Quanto às repetições, devem-se consultar doutrina e jurisprudência sobre as normas repetidas.

O art. 313, I, repete igual inciso do anterior art. 265. Concordam os incisos II dos dois artigos. Assim também o inciso III. O inciso VI do art. 313 corresponde ao inciso V do art. 265 e o item VIII, ao revogado inciso VI. Ainda no art. 313, o § 3º atual é semelhante ao § 2º do art. 265 do Código anterior. Excetuada a ressalva da última proposição do art. 314, esse dispositivo é igual ao art. 266 do CPC de 1973.

3. Inovações – Trata-se agora das inovações trazidas pelo Código de 2015 à suspensão do processo, período de estagnação da relação processual, salvo quanto à prática de atos urgentes. A suspensão do processo na instância recorrida implica também a sua paralisação no órgão recursal. Assim, para exemplificar, se se interpõe agravo de instrumento de certa decisão, suspenso o processo em que se proferiu a interlocutória agravada, suspende-se também a tramitação do agravo, que não é outro processo mas apenas a bifurcação do procedimento. Seria inconcebível que, morta qualquer das partes, o recurso pudesse prosseguir sem ela, salvo quanto à prática de atos urgentes.

O inciso IV do art. 313 criou novo caso de suspensão do processo: a admissão de incidente de resolução de demandas repetitivas. A admissão de incidente de demandas repetitivas se verificará no momento em que o presidente, ou o vice-presidente do tribunal, ou outro juiz, designado pela organização judiciária, selecionar dois ou mais recursos, como disposto no § 2º do art. 1.036. Igualmente, poderá o relator, em tribunal superior, proceder à seleção conforme o § 5º do mesmo artigo. A suspensão ocorrerá a partir da data em que publicado o ato determinante da paralisação do trâmite de todos os processos pendentes, como disposto no § 1º do art. 1.036. Essa suspensão subsistirá até a publicação do acórdão paradigma, prevista no *caput* do art. 1.040. Pela falta de previsão legal, não incidem os §§ 1º, 2º, 3º e 4º do art. 313. Este último limita a suspensão a um ano, mas somente nas hipóteses dos incisos II e V, deixando de fora o caso do inciso IV. Interpretado, então, *a contrario sensu*, a limitação não aponta a hipótese de admissão de incidente de resolução de demandas repetitivas. Incide, todavia, o § 5º do art. 1.037. Não ocorrendo o julgamento do incidente de resolução de demandas repetitivas em um ano, a contar da publicação da decisão de afetação, isto é, da remessa, o processo suspenso retoma o seu curso.

Na hipótese assaz rara do inciso VII, o processo ficará suspenso até a decisão do Tribunal Marítimo; melhor, até o momento em que ela se tornar eficaz. Não há limite do prazo de suspensão do inciso VII, ao qual não alude qualquer dos parágrafos do art. 313.

O art. 314 do Código de Processo Civil coincide com o art. 266 do CPC de 1973, totalmente proveitosa, portanto, a consulta à doutrina e aos julgados relativos a esta norma.

No art. 315, o substantivo **mérito** substitui com vantagem a palavra **lide** do anterior art. 110. Suprimiu-se o advérbio **necessariamente**, usado no mesmo art. 110. O reconhecimento da existência de fato delituoso pelo juízo criminal é prejudicial do julgamento do mérito do pedido feito na ação civil. O que, no juízo criminal, se decidir acerca da questão influirá no julgamento do juízo cível. A suspensão é facultativa, como indica a oração "o juiz pode determinar", do art. 315, *caput,* e o período simples "pode o juiz mandar sobrestar no julgamento", do *caput* do art. 110. A retomada do curso do processo pode ser determinada pelo juiz, a qualquer tempo, pois é faculdade dele determinar a suspensão, o que, consoante o § 1º, durará, no máximo, três meses até a propositura da ação penal em que se determinará a existência do fato delituoso. Nesse caso, a suspensão é anterior à propositura da ação. Se contudo a suspensão for determinada, já proposta a ação penal, a suspensão máxima é de um ano, como será, se, determinada antes da propositura da ação penal, esta for ajuizada, caso em que o prazo de suspensão começará a correr do seu ajuizamento. Veja-se o que se escreveu e decidiu sobre o art. 110 do Código passado. Diga-se o mesmo quanto ao § 1º do art. 315, igual, na essência, ao parágrafo único do art. 110. Conforme o § 2º, sem correspondência no Código anterior, o processo civil ficará suspenso somente durante um ano da propositura da ação penal. Chegando a termo esse prazo, o juiz decide da existência do fato delituoso incidentalmente, sem que essa decisão influa no julgamento criminal.

Título III
DA EXTINÇÃO DO PROCESSO
(Arts. 316 e 317)

Art. 316. A extinção do processo dar-se-á por sentença.

Art. 317. Antes de proferir decisão sem resolução de mérito, o juiz deverá conceder à parte oportunidade para, se possível, corrigir o vício.

1. Observações. 2. Sentenças Extintivas. 3. Correção de Vícios.

1. Observações – A extinção do processo é um fato processual, efeito da sentença, da decisão monocrática, do acórdão que põe fim ao processo, julgando, ou não, o seu mérito, decisão terminativa naquela hipótese, definitiva nesta. Esse fato só ocorre depois do trânsito em julgado da decisão extintiva. Desnecessário dizer que tal decisão poderá ser proferida na primeira instância, ou em tribunal de qualquer hierarquia. Por vezes, o julgamento terminativo pode converter-se em definitivo (v.g., art. 1.013, § 3º, I), e vice-versa (v.g., art. 485, § 3º), admitido também um julgamento terminativo por outro de igual natureza (v.g., o tribunal decidiu pela ocorrência dos pressupostos processuais (art. 485, IV) mas julgou a parte ilegítima (art. 485, VI), assim como a troca de uma decisão de mérito por outra, como no caso do § 4º do art. 1.013).

2. Sentenças Extintivas – O Código de 2015, tal como o de 1973, enumera as sentenças extintivas. O art. 485 arrola, nos seus dez incisos, as sentenças de extinção do processo sem julgamento do mérito. Prudentemente, o inciso X fala nos demais casos, prescritos no próprio Código (ou em leis especiais, acrescente-se), como acontecerá, por exemplo, na hipótese do inciso I do art. 76. As sentenças definitivas são as referidas nos incisos do art. 487. Também o art. 924 enumera os casos de extinção do processo de execução. Na jurisdição voluntária, incidem também os arts. 485 e 487.

O art. 316 dispõe que a **extinção** do processo dar-se-á por sentença, enquanto os arts. 485 e 487 aludem à resolução. De qualquer modo, haverá necessidade de sentença, que são as referidas nesses dois artigos e também no art. 925, esta última meramente declaratória; aquelas, declaratórias, condenatórias, ou constitutivas.

Sem correspondente no Código de 1973, a oração subordinada temporal, posta na segunda parte do inciso VII do art. 485, determina a extinção do processo sem julgamento do mérito, "quando o juízo arbitral reconhecer sua competência". Aqui, a lei pecou por deixar implícito o que poderia ser explicitado. O juízo regular de qualquer instância não se verga submisso à decisão do juízo arbitral, ficando obrigado a extinguir o processo sem julgamento de mérito, se aquele juízo reconhecer a sua competência por decisão que a afirma, ou por ato indicativo do seu poder de exercício da jurisdição. O processo judicial só será extinto se, independentemente da alegação da parte, aludida na primeira oração do inciso VII do art. 485, o juízo comum concordar com a decisão do arbitral. Noutras palavras, o juiz, ou tribunal regulares também deliberam sobre a competência já afirmada pelo juízo arbitral. Divergindo da decisão daquele e julgando-se competente, o juiz, ao afirmar sua competência, suscitará o conflito de competência, mencionado no inciso I do art. 66 do CPC de 2015. Esse conflito será julgado pelo Superior Tribunal de Justiça, conforme a alínea d do inciso I do art. 105 da Constituição Federal (vejam-se os arts. 951 e ss. do novo Código). Absurdo seria se se entendesse que o conflito previsto no art. 66, I, do Código só pudesse ocorrer entre órgãos regulares do Poder Judiciário. Postos no mesmo nível sem que um esteja hierarquicamente submetido ao outro, a deliberação do juízo arbitral não torna obrigatória a incidência do inciso VII do art. 485, sem que o juízo do processo concorde com o reconhecimento da competência, feito naquele órgão. Repetir-se-á o que se acaba de expor em nota ao art. 485.

3. Correção de vícios condenatórios – O art. 317 estatui que, antes de proferir decisão sem resolução do mérito, isto é, sentença, ou acórdão, terminativo, o juiz dará à parte oportunidade para corrigir o defeito, se possível. A norma é ociosa porque toda a vez que, no curso do processo, o juiz encontrar vício sanável, deverá determinar a sanação dele pelas partes, pelo terceiro, pelo Ministério Público, ou por qualquer outro órgão ou pessoa integrante da relação processual. Impossível a sanação, o juiz não decidirá o mérito, isto é, o pedido do autor, proferindo, nesse caso, julgamento terminativo. O mencionado art. 317 aplica-se também ao tribunal, quando, ainda que a instância inferior haja decidido o mérito, incidir o § 3º do art. 485.

PARTE ESPECIAL

(ARTS. 318 A 1.044)

PARTE ESPECIAL
(arts. 318 a 1.044)

1. Observações – A Parte Especial, compreendida pelos arts. 318 a 1.044 do novo Código de Processo Civil, é a maior porção do diploma, abrangente de institutos específicos, do processo de conhecimento e do cumprimento da sentença até os processos nos tribunais e os meios de impugnação das decisões que se profiram ao longo do desenvolvimento da relação processual. O CPC, instituído pela Lei nº 13.105, supera o Código anterior, senão ao distribuir as matérias, ao menos na denominação dos seus cinco livros. O Livro I, aparentemente dedicado ao processo de conhecimento, não reunia apenas a matéria concernente a esse ramo do processo, porém normas gerais, de ampla aplicação. Obviamente, os artigos reunidos no Título II daquele Livro, dedicado às partes e aos procuradores, não tratam somente dos principais sujeitos do processo cognitivo, porém de todos os integrantes, principais e secundários de um processo. Assim também, e para supérflua exemplificação, os prazos, objeto do Capítulo III do Título V, as comunicações dos atos processuais, referidas no Capítulo IV do mesmo Título, as nulidades, disciplinadas ainda nesta divisão. Nos seis livros da Parte Geral, o Código de 2015 reuniu disposições relativas, na sua imensa maioria, a todas as espécies do processo contencioso e à jurisdição voluntária. Dir-se-á que, na substância, não diferem as duas leis, pois nelas se encontram o que é necessário à administração da justiça civil.

De novo, e com perdão da insistência, este trabalho não contém comentários a cada um dos artigos da parte agora examinada, porém apenas anotações ao que aparece de novo e indicações de maioria das normas semelhantes às revogadas, mas modificadas muitas delas, pela inútil troca de um verbo, de um substantivo, de uma conjunção por outra palavra equivalente. Com esse propósito, examinam-se, neste passo, as regras jurídicas concernentes ao Título I do Livro I da Parte Especial, que regem o procedimento comum.

Livro I
DO PROCESSO DE CONHECIMENTO E DO CUMPRIMENTO DE SENTENÇA
(arts. 318 a 538)

1. Observações – A epígrafe do Livro I põe juntas uma espécie do processo contencioso – o processo de conhecimento – e uma parte integrante dele: o cumprimento da sentença. Nunca relevante a vontade do legislador, sobre a qual prevalece a vontade da lei, parece que ele, num ato falho, distinguiu os dois institutos porque, na essência, o cumprimento da sentença constitui, não processo cognitivo, mas processo de execução, já que esse instituto, e não somente os de que trata o Código a partir do art. 771, é integrado por normas que visam à satisfação do direito do credor, consubstanciado num título executivo judicial (art. 515, I a VII), independentemente da vontade do devedor.

A Lei nº 11.232, de 2005, acrescentou ao Título VIII do Livro I do Código de 1973 o Capítulo IX (arts. 475-A a 475-H) e o Capítulo X (art. 475-I a 475-R) talvez com o ânimo de simplificação. A liquidação completa a sentença condenatória, fazendo parte integrante dela. O cumprimento da sentença, no entanto, constitui parte do processo executivo (sintomaticamente, o art. 475-J falava, no § 1º, em **executado** e em **exequente**, no § 3º). No novo CPC, o parágrafo único do art. 516 também usa os substantivos **exequente** e **executado**.

Título I
DO PROCEDIMENTO COMUM
(arts. 318 a 484)

1. Observações. 2. Ação Ordinária, Sumária e Sumaríssima. 3. Fungibilidade. 4. Fases do Procedimento.

1. Observações – O procedimento é, como se sabe, o modo pelo qual o processo se desenvolve. Já se escreveu que como uma música pode ser interpretada em ritmos diferentes, uns mais lentos, outros mais ligeiros, mais demoradas umas, mais sincopadas outras, assim também o processo pode desenvolver-se longa ou abreviadamente, admitindo-se um ponto intermédio entre aquele e este.

Classifica-se o procedimento em comum ou especial, conforme ele regule o andamento do processo de um modo geral, ou de um modo específico, considerando o fim a que visa a ação proposta. A ação de consignação em pagamento (arts. 539 a 549), já se intui, não se pode desenvolver do mesmo modo que a ação de manutenção ou reintegração de posse (arts. 560 a 566), nem o processo da ação de dissolução parcial de sociedade (arts. 599 a 609) pode desenvolver-se mediante os atos que compõem o processo de inventário e partilha (arts. 610 a 673). Impossível conceber um procedimento para cada processo, o direito processual adota um procedimento comum, paralelamente ao especial, aplicável aquele quando a lei não determinar que se utilize este, que depende de disposição legal expressa.

O procedimento comum, rezava o art. 271 do Código antigo, se aplicava a todas as causas, salvo disposição em contrário daquela lei, ou de lei especial. O novo Código repete a norma, no art. 318, mas o anterior estatuía, no art. 272 que "o procedimento é ordinário ou sumário". O CPC de 2015 não alude a essa divisão. Estabelece apenas o procedimento comum sem todavia classificá-lo. Isto não quer dizer, no entanto, que a lei não possa instituir, como, aliás, se extrai da ressalva da segunda oração do art. 318, um procedimento sumário e um procedimento sumaríssimo, consistindo o sumário numa redução do ordinário, e o sumaríssimo uma compressão deste a um ponto extremo, em contraste com aqueles dois. Evidentemente, quando o Código se vale do superlativo sintético **sumaríssimo**, ele alude ao mais ligeiro procedimento possível. Pode-se, com efeito, conceber também uma forma ainda mais abreviada de movimentar um processo, sabido que o superlativo nem sempre indica um adjetivo na sua expressão máxima. Diga-se, porém, que a processualística normalmente divide o procedimento em comum e especial, subdividindo o primeiro em ordinário, sumário e sumaríssimo.

2. Ação Ordinária, Sumária e Sumaríssima – Na terminologia consagrada, qualifica-se em ação ordinária, sumária, ou sumaríssima, conforme o procedimento pelo qual se desenvolve o respectivo processo (v.g., "[...] vem propor uma ação ordinária, ou uma ação sumária, ou ainda uma ação sumaríssima"). Como certas denominações subsistem, por força da tradição, se continuará falando, sob o novo Código, em **ação ordinária**, para designar a ação de procedimento comum, sem que haja mal nisto, já que o adjetivo **ordinário** designa o que normalmente ocorre. Sob a vigência do novo Código, pode-se falar, indistintamente, na propositura de uma ação ordinária, na propositura de uma ação comum, venial a impropriedade de dizer-se ação comum ordinária. Chamar-se-á ação sumária, ou ação sumaríssima, conforme o processo siga este ou aquele procedimento. As ações de procedimento especial continuarão referidas apenas por seu nomen iuris, v.g., ação de consignação em pagamento, ação de exigir contas (ou de prestação de contas), ação monitória, ou, simplesmente, inventário, embargos de terceiro, oposição.

3. Fungibilidade – O erro na indicação do procedimento não é defeito determinante do indeferimento da petição inicial. Pode ser corrigido de ofício, pelo juízo, que determinará a troca do nome errôneo pelo adequado, ou a adoção de procedimento diverso do indicado pela parte. Como se trata de defeito que o juiz pode corrigir independentemente de provocação, não caberá o indeferimento previsto no parágrafo único do art. 321, se a parte não cumprir a determinação de emenda porque a abstenção não seria só dela, mas também do órgão jurisdicional. Tal como o CPC de 1973, no art. 920, o novo Código acolhe o princípio da fungibilidade do procedimento, como revela o seu art. 554.

4. Fases do Procedimento – Distinguem-se, não apenas no procedimento comum, como em qualquer outro, fases distintas, caracterizadas pela principal atividade que nelas se, embora em cada uma se possam encontrar elementos típicos da outra, ou das outras. Classificam-se essas fases em postulatória, na qual as partes pedem a jurisdição, instrutória, na qual predominam os elementos de convicção do juízo e também dos diferentes sujeitos do processo e decisória, caracterizada pelos atos de comando através dos quais o juízo, despachando, impulsiona o processo, soluciona incidentes, ou esgota a sua função, extinguindo o feito, com ou sem julgamento de mérito.

As fases do procedimento descobrem-se, não apenas no desenvolver do processo cognitivo, como ainda do processo de execução, ou do processo cautelar, encoberto, como está no novo Código, ou ostensivo. E sempre se aplica, subsidiariamente, em maior ou menor grau, o procedimento comum, nada obstando a que, insuficiente ele, se usem, por analogia, regras de certa modalidade procedimental.

CAPÍTULO I

DISPOSIÇÕES GERAIS
(ART. 318)

Art. 318. Aplica-se a todas as causas o procedimento comum, salvo disposição em contrário deste Código ou de lei.

Parágrafo único. O procedimento comum aplica-se subsidiariamente aos demais procedimentos especiais e ao processo de execução.

1. Observações. 2. Aplicação Subsidiária.

1. Observações – Nesse Capítulo I, o CPC de 2015 foi avaro ao tratar das disposições gerais inerentes ao procedimento comum. Colhem-se essas disposições ao longo do exame das regras e princípios aplicáveis a todas as modalidades de procedimento, daquelas pelas quais se desenvolve o processo cognitivo, como das que presidem ao desenvolvimento das relações processuais de execução e cautelar, bem como ao processo de jurisdição voluntária. São disposições gerais, no sentido de que se aplicam a todos os procedimentos, ou a algum ou alguns deles. Não se confundem as disposições gerais dos procedimentos com as disposições gerais do processo, nas suas diferentes espécies. A norma do *caput* do art. 318 do novo Código encontrava-se no *caput* do anterior art. 271 e a regra do parágrafo único daquele, na oração gerundial do parágrafo único deste.

2. Aplicação Subsidiária – O parágrafo único do art. 318 manda aplicar a todas as causas (*rectius*, a todos os processos de jurisdição contenciosa ou voluntária), subsidiariamente, o procedimento comum, que é, por isto, o procedimento-padrão, que se aplica a todos os demais, quando estes não deveriam obedecer normas específicas. Dessarte, lacunoso ou incompleto o procedimento específico, aplicar-se-á o procedimento comum, como também, por analogia, normas de procedimentos especiais.

CAPÍTULO II

DA PETIÇÃO INICIAL
(ARTS. 319 A 331)

1. Observações – Na esteira do Capítulo I do Título VII do diploma anterior, o Capítulo II do Título I do Livro I da Parte Especial, do novo Código regula, nas suas três seções, a petição inicial, peça da essência de qualquer processo, cuja apresentação ao Judiciário consubstancia a demanda, que é o ato pelo qual se efetiva o exercício do direito de ação. Conquanto desnecessariamente, registre-se que a petição inicial não desencadeia apenas o processo de conhecimento, como ainda o de execução, o cautelar e o de jurisdição voluntária. Escrita quase sempre, admite-se também que a petição inicial se faça oralmente, depois de reduzida a termo mas desta não cuida o Código de 2015, como também não fazia o antecedente.

Seção I
Dos Requisitos da Petição Inicial
(arts. 319 a 321)

Art. 319. A petição inicial indicará:
  I – o juízo a que é dirigida;
  II – os nomes, os prenomes, o estado civil, a existência de união estável, a profissão, o número de inscrição no Cadastro de Pessoas Físicas ou no Cadastro Nacional da Pessoa Jurídica, o endereço eletrônico, o domicílio e a residência do autor e do réu;
  III – o fato e os fundamentos jurídicos do pedido;
  IV – o pedido com as suas especificações;
  V – o valor da causa;
  VI – as provas com que o autor pretende demonstrar a verdade dos fatos alegados;
  VII – a opção do autor pela realização ou não de audiência de conciliação ou de mediação.

§ 1º Caso não disponha das informações previstas no inciso II, poderá o autor, na petição inicial, requerer ao juiz diligências necessárias a sua obtenção.

§ 2º A petição inicial não será indeferida se, a despeito da falta de informações a que se refere o inciso II, for possível a citação do réu.

§ 3º A petição inicial não será indeferida pelo não atendimento ao disposto no inciso II deste artigo se a obtenção de tais informações tornar impossível ou excessivamente oneroso o acesso à justiça.

Art. 320. A petição inicial será instruída com os documentos indispensáveis à propositura da ação.

Art. 321. O juiz, ao verificar que a petição inicial não preenche os requisitos dos arts. 319 e 320 ou que apresenta defeitos e irregularidades capazes de dificultar o julgamento de mérito, determinará que o autor, no prazo de 15 (quinze) dias, a emende ou a complete, indicando com precisão o que deve ser corrigido ou completado.

Parágrafo único. Se o autor não cumprir a diligência, o juiz indeferirá a petição inicial.

1. Observações. 2. Repetições. 3. Inovações.

1. Observações – Como ato indispensável à efetivação da demanda, a petição inicial mereceu do Código de 2015 meticuloso tratamento, que já se revela na enumeração dos seus requisitos, essenciais uns, acidentais outros. É de ver que a petição inicial é disciplinada, no Capítulo II do Título I do Livro I da Parte Especial do Código porque ela desencadeia o procedimento comum. Vale contudo a ressalva de que, salvo nos raríssimos casos de formulação oral, a petição abre qualquer procedimento e é a primeira manifestação da parte no processo contencioso, ou voluntário. O CPC de 1973 regulou a petição inicial no Capítulo I do Título VIII do seu Livro I (arts. 282 e ss.). O novo Código disciplina a inicial no Capítulo II do Título I, agora examinado. O Capítulo I, o legislador pôs nele as disposições gerais aplicáveis ao processo comum.

2. Repetições – Tal como acontece no curso de todo o Código de 2015, muitas vezes inevitavelmente, esse diploma repete dispositivos da lei anterior. Assim é que, além das epígrafes da Seção I, coincidem o *caput* do art. 319 e o do revogado art. 282, assim como os incisos III, IV, V e VI de um e do outro. Assim também o art. 320 e o art. 283, bem como o art. 321 e seu parágrafo único e o art. 284 e parágrafo. Naquele artigo, substituiu-se o gerúndio **verificando** pelo infinitivo **verificar**, alterou-se a remissão aos artigos e se aumentou de dez para quinze dias o prazo para emendar ou completar a inicial. Por estar fora do seu escopo, este livro, voltado somente para as inovações, não se ocupará dos artigos iguais ou semelhantes, limitando-se a fazer remissões à doutrina e à jurisprudência. Diga-se apenas que a petição não pode ser indeferida, se o autor, apesar da determinação, se abstiver de fazer emendas ou complementações que o juiz puder efetuar de ofício.

3. Inovações – No inciso I do art. 319, como não acontecia em igual item do art. 282, o Código manda que a inicial indique o juízo a que ela é dirigida. Compreenda-se, no substantivo, o juízo ou tribunal. Alude o inciso II à existência de união estável, como elemento do estado civil, ainda que a lei não venha a exigir o consentimento do acompanhante, como acontece em relação ao cônjuge, no art. 73. A indicação do estado civil, nele abrangida a união estável, é elemento de identificação da parte e concorre para a prova da união. Aparecem como requisito da inicial a indicação do CPF e do CNPJ de ambas as partes, quer litiguem individualmente, quer em litisconsórcio, e ainda a indicação do endereço eletrônico de cada uma delas. A exigência estende-se ao terceiro, quando intervém.

O § 1º do art. 319 permite ao autor requerer, na inicial, diligências necessárias à obtenção dos dados faltantes, como expedição de ofício à Receita Federal, à Justiça Eleitoral, a institutos de identificação, ou mesmo a entidades privadas, como os serviços de proteção ao crédito. Obviamente, a solicitação poderá ser feita por petição avulsa, em resposta à determinação de que se complete a inicial. O § 2º proíbe o indeferimento da inicial se, frustrânea embora a diligência referida no § 1º, os dados existentes tornarem possível a citação do réu (ou de quem deva ser citado, já que se pode pedir a citação de pessoa para integrar o polo ativo da relação processual, como acontece nos casos do § 1º dos arts. 75 e 575, q.v.). Se o citado não comparecer, ou o fizer para afirmar que não é ele a pessoa contra quem se propôs a ação, convém que se renovem as diligências, procedendo-se, em último caso, à citação por edital (art. 256, I e II). O § 3º proíbe o indeferimento da inicial, fato decerto detrimentoso ao peticionário, se impossível, apesar das diligências, a obtenção dos dados exigidos no inciso II. *Idem*, se a colheita de informações tornar onerosa, pelo custo ou outras dificuldades, o acesso da parte à Justiça. Essa onerosidade não ocorre apenas quando o autor gozar dos benefícios da gratuidade da justiça, mas quando forem excessivos os custos, objetivamente considerados pelo seu valor.

O inciso VII do mesmo art. 319 determina que, na inicial, o autor peça que se realize, ou não, a audiência de conciliação, ou de mediação. O silêncio do autor leva à incidência do parágrafo único do art. 321. Esse inciso mostra que o autor pode pedir a realização da audiência de conciliação ou mediação, mas esses meios de autocomposição serão empregados, não apenas num ato, porém mediante as práticas necessárias a que se abranja o seu fim (vejam-se as anotações aos arts. 334 e 165 a 175).

O art. 320 do novo Código é, rigorosamente, idêntico ao art. 283 do Código de 1973, objeto da doutrina e da jurisprudência. Por isto, não caberia anotá-lo, dentro do escopo deste livro, de só cuidar das inovações, não coubesse a observação de que a inicial, que deve ser datilografada, digitada, eletronicamente transmitida, em todos os casos com os documentos indispensáveis, pode também ser manuscrita (art. 188). Deve, como todos os atos e termos do processo, ser redigida, obrigatoriamente, em português, o vernáculo aludido no art. 156 da lei anterior, modificado aqui pelo art. 192, sem qualquer utilidade, parece que só pelo gosto de alterar, a menos que o legislador haja com demasiado escrúpulo considerado a existência de idiomas indígenas, ou falados, predominantemente, em dialetos locais. Nada obsta porém a citações em línguas estrangeiras de uso corrente. Difícil a compreensão, o juiz nomeará intérprete (art. 162, I), ou determinará à parte que apresente tradução do texto.

Seção II
Do Pedido
(arts. 322 a 329)

Art. 322. O pedido deve ser certo.

§ 1º Compreendem-se no principal os juros legais, a correção monetária e as verbas de sucumbência, inclusive os honorários advocatícios.

§ 2º A interpretação do pedido considerará o conjunto da postulação e observará o princípio da boa-fé.

Art. 323. Na ação que tiver por objeto cumprimento de obrigação em prestações sucessivas, essas serão consideradas incluídas no pedido, independentemente de declaração expressa do autor, e serão incluídas na condenação, enquanto durar a obrigação, se o devedor, no curso do processo, deixar de pagá-las ou de consigná-las.

Art. 324. O pedido deve ser determinado.

§ 1º É lícito, porém, formular pedido genérico:
- I – nas ações universais, se o autor não puder individuar os bens demandados;
- II – quando não for possível determinar, desde logo, as consequências do ato ou do fato;
- III – quando a determinação do objeto ou do valor da condenação depender de ato que deva ser praticado pelo réu.

§ 2º O disposto neste artigo aplica-se à reconvenção.

Art. 325. O pedido será alternativo quando, pela natureza da obrigação, o devedor puder cumprir a prestação de mais de um modo.

Parágrafo único. Quando, pela lei ou pelo contrato, a escolha couber ao devedor, o juiz lhe assegurará o direito de cumprir a prestação de um ou de outro modo, ainda que o autor não tenha formulado pedido alternativo.

Art. 326. É lícito formular mais de um pedido em ordem subsidiária, a fim de que o juiz conheça do posterior, quando não acolher o anterior.

Parágrafo único. É lícito formular mais de um pedido, alternativamente, para que o juiz acolha um deles.

Art. 327. É lícita a cumulação, em um único processo, contra o mesmo réu, de vários pedidos, ainda que entre eles não haja conexão.

§ 1º São requisitos de admissibilidade da cumulação que:
- I – os pedidos sejam compatíveis entre si;
- II – seja competente para conhecer deles o mesmo juízo;
- III – seja adequado para todos os pedidos o tipo de procedimento.

§ 2º Quando, para cada pedido, corresponder tipo diverso de procedimento, será admitida a cumulação se o autor empregar o procedimento comum, sem prejuízo do emprego das técnicas processuais diferenciadas previstas nos procedimentos especiais a que se sujeitam um ou mais pedidos cumulados, que não forem incompatíveis com as disposições sobre o procedimento comum.

§ 3º O inciso I do § 1º não se aplica às cumulações de pedidos de que trata o art. 326.

Art. 328. Na obrigação indivisível com pluralidade de credores, aquele que não participou do processo receberá sua parte, deduzidas as despesas na proporção de seu crédito.

Art. 329. O autor poderá:
- I – até a citação, aditar ou alterar o pedido ou a causa de pedir, independentemente de consentimento do réu;

II – até o saneamento do processo, aditar ou alterar o pedido e a causa de pedir, com consentimento do réu, assegurado o contraditório mediante a possibilidade de manifestação deste no prazo mínimo de 15 (quinze) dias, facultado o requerimento de prova suplementar.

Parágrafo único. Aplica-se o disposto neste artigo à reconvenção e à respectiva causa de pedir.

1. Observações. 2. Repetições. 3. Inovações.

1. Observações – A importância do pedido, no concerto dos elementos processuais, é indicada pelo fato de que o Código de 2015 dedicou à disciplina do instituto oito artigos, espraiados em múltiplas normas necessárias a regular esse ato, indispensável à função jurisdicional. Também o CPC de 1973 tratou do pedido, abundantemente, nos arts. 286 a 294.

Regida a ação pelo princípio dispositivo como se extrai do art. 141, daí decorre que, conforme essa norma, o juiz decidirá o mérito nos limites propostos pelas partes. Também o art. 490 preceitua que o juiz decidirá o mérito, acolhendo ou rejeitando os pedidos das partes, proibido pelo art. 492 de proferir decisão de natureza diversa da pedida ou de condenar a parte em quantidade superior ou em objeto diverso do que lhe foi demandado, defeso então ao órgão jurisdicional proferir sentença *ultra*, *extra* ou *citra petita*.

2. Repetições – Não só a epígrafe da Seção II repete a de igual seção do Código anterior, como o fazem, no todo ou em parte, dispositivos da nova lei. O art. 324 e seu inciso III são iguais ao art. 286 e seu inciso III. O art. 325 e seu parágrafo único repetiram o art. 288 e parágrafo. Igualmente, o § 1º dos arts. 327 e 292 e os arts. 328 e 291. Recorra-se, então, ao que disseram e decidiram doutrinadores e tribunais sobre esses dispositivos e também sobre aqueles, quase todos, em que são nonadas as modificações.

O primeiro período do art. 323 equivale ao primeiro período do art. 290, irrelevante a saída da temporal **quando** e a troca do verbo **consistir** por **tiver por objeto**. No inciso I do art. 324, a inversão de "se não puder o autor" por "se o autor não puder" e a supressão do adjunto **na petição**, do inciso I do art. 286, são desimportantes. O art. 325 e seu parágrafo ecoam o art. 288, anterior.

O *caput* do art. 327 difere do *caput* do art. 292 do Código de 1973 somente porque substituiu a frase "é permitida a cumulação, num único processo" por "é lícita a cumulação, em um único processo", sem contudo alterar o sentido da oração. O § 1º desses dois artigos é quase idêntico, porém acrescenta-se, no novo texto, o pronome **que**, eliminado do início dos três incisos. Na primeira parte do novo § 2º, substituiu-se o verbo admitir-se-á pela frase **será admitida** e o adjetivo **ordinário** pelo adjetivo **comum**, para harmonizar o texto com o que vai no art. 318 e seu parágrafo. O art. 328 é retrato do art. 291. Diga-se, mais uma vez, que se apontam os artigos iguais e os repetidos, a fim de que se possa consultá-los à luz da doutrina e da jurisprudência do Código anterior.

3. Inovações – O *caput* do art. 322 do novo Código corrigiu o do anterior art. 286, no qual a conjunção alternativa **ou**, erroneamente colocada em vez da aditiva **e**, desnorteava o intérprete ligeiro e induzia confusões. Passou o CPC de 2015, naquele ponto, a falar apenas que o pedido deve ser certo, mas o *caput* do art. 324 também impõe a determinação do pedido, mantendo inalterada a segunda proposição. Os tribunais e escritores já dissertaram sobre o significado dos adjetivos **certo** e **determinado**. Aparece novo o § 2º do art. 322, que manda considerar, na interpretação do pedido, o conjunto da postulação. Quer isto dizer que o conteúdo e a extensão do pedido são determinados, não apenas pelo que nele se explicita mas pelo que a fundamentação traz implícito, isto todavia, sem que se vá além, ou fique aquém do pedido, nem se tome por demandado o que não se pediu. A exigência da observância do princípio da boa-fé é redundante, pois já consta implícito embora, nos incs. I a IV do art. 77 e, *a contrario sensu*, no art. 79. Ainda no § 1º do mesmo artigo, declaram-se embutidos os juros e também a correção monetária, as verbas de sucumbência e os honorários de advogado. Portanto, a inicial não precisará pedi-los explicitamente. Também não é necessário postular as prestações ditas **periódicas**, do velho art. 290, e **sucessivas**, no art. 323, o que dá no mesmo. O autor não precisará exprimir o pedido delas, que, tanto num artigo quanto noutro, fica dispensado de declaração expressa. O juiz as incluirá na sentença, descumprida se o devedor deixar de pagá-las. A prova dessa mora faz-se pelos meios admissíveis.

O art. 324 fica modificado no inciso I porque eliminado o adjunto adverbial **na petição** do texto anterior. No inciso II, mudou-se a expressão **de modo definitivo** por **desde logo**, que justifica o pedido genérico, feito na inicial. Determinado o pedido posteriormente, ele se considerará formulado nos termos dessa transformação. Por desnecessário, apagou-se desse inciso II o qualificativo **lícito**. Dir-se-á supérfluo o § 2º porque a reconvenção é ação que, como a principal, se propõe por meio de petição inicial, física ou eletrônica.

Imperfeita a redação do anterior art. 289 e do atual art. 326. A cumulação de que eles tratam não é sucessiva, o que aconteceria se um pedido dependesse do outro, como o de declaração da paternidade e o pleito de alimentos. Também não é subsidiária pois o pedido cumulado não contribui para a outorga do antecedente. Cuida-se, na realidade, de cumulação eventual, que se faz de modo que o juiz acolha o pedido posterior, se não puder julgar procedente o anterior, como quando se requer a devolução da coisa emprestada, ou o seu valor em dinheiro. Na cumulação facultativa, do parágrafo único do art. 326, formulam-se dois ou mais pedidos, para que o juiz atenda um deles, qualquer deles, diante das circunstâncias do processo. Não se trata de obrigação alternativa, na qual a escolha se faz pelo credor, pelo devedor, ou por terceiro.

No prolixo § 2º do art. 327, encontra-se repetido quatro vezes o vocábulo **procedimento** o que se afasta das regras do estilo, ainda quando técnico, segmento da linguagem que se deve destacar pela clareza e precisão. O texto acrescentado à redação do Código anterior diz o que é do sistema de direito processual positivo. Aplica-se o procedimento comum, que cede aos especiais, ao mesmo tempo em que é subsidiário deles (art. 318, parágrafo único). Ocorre, na realidade, uma reciprocidade procedimental em que os dois se comunicam e completam. Deve, então, o postulante e o juiz retirar das espécies os elementos hábeis a contribuir para a adequada aplicação do genérico, não só quando se formular um só pedido, como ainda quando se cumularem dois ou mais. As pedantemente denominadas "técnicas processuais diferenciadas" são elementos e métodos que se retiram de certas espécies, contanto que, obviamente, não contrariem regras específicas. Menos que editar uma norma, o dispositivo criou um método de aplicação, uma diretriz sem sanção, já que é difícil estabelecer se o juiz se afastou do modo preconizado pelo aditivo tão longo quanto obscuro. O § 3º do artigo permite a formulação de pedidos desencontrados, ou desconexos, considerados em si mesmos, sem relação com outros. A norma segue na esteira do *caput* do artigo.

Do exame do art. 329, cujo desnecessário parágrafo único aparece pela primeira vez, visivelmente ocioso, pois a reconvenção é ação, extraem-se normas concernentes ao conteúdo temporal. Conforme o inciso I, até a citação do réu, isto é, a citação completa e eficaz do único demandado, ou do último litisconsorte, o autor pode proceder ao aditamento ou alteração do pedido, ou da causa de pedir. Sobre o conceito de aditamento, alteração e causa de pedir, vejam-se escritos e julgados sobre o art. 264 do CPC anterior. A adição significa acréscimo e a alteração, a reformulação do pedido ou da causa de pedir, sem que se admita a troca, ou a substituição de um desses elementos por outro, mas o desvio pode ser amplo. Ainda no inciso I, o advérbio **independentemente** significa sem a audiência do réu, ainda não citado, ou presente no processo.

Conforme o inciso II, do art. 325, o aditamento ou a alteração podem ocorrer depois da citação e até o saneamento do processo, porém com a aquiescência do réu único, ou de todos os litisconsortes, desimportante que o litisconsórcio seja unitário ou simples, necessário ou facultativo. A objeção é faculdade absoluta de qualquer réu; direito potestativo para quem acredita na espécie. O réu não precisa fundamentar sua oposição, nem pode o juiz examinar-lhe a conveniência, admitido, entretanto, o indeferimento por defeito de forma irremediável, ou não suprido. Por saneamento, há que se entender a data da intimação para a decisão de saneamento referida no art. 357, e não a data do cumprimento da última determinação que ela fizer porque o saneamento abrange o pedido aditado, bem como a alteração dele ou da causa de pedir. Concorde a parte ré, a ela se assegurará o contraditório à transformação, em quinze dias, podendo ela pedir prova, além de cautela no mesmo prazo, havendo aí um aditamento da resposta. Noutras palavras, o réu, que contestou o pedido primitivo, poderá contestar, naquele prazo, o pedido aditado, bem como a alteração dele, ou a causa de pedir, mas na respectiva extensão. Aí se procederá como se a metamorfose fosse outra ação, e, de fato, no fundo, é. Frustrâneos os atos previstos nos dois incisos, o autor poderá formular a pretensão respectiva em ação autônoma.

Seção III
Do Indeferimento da Petição Inicial
(arts. 330 e 331)

Art. 330. A petição inicial será indeferida quando:
    I – for inepta;
    II – a parte for manifestamente ilegítima;
    III – o autor carecer de interesse processual;
    IV – não atendidas as prescrições dos arts. 106 e 321.
§ 1º Considera-se inepta a petição inicial quando:
    I – lhe faltar pedido ou causa de pedir;
    II – o pedido for indeterminado, ressalvadas as hipóteses legais em que se permite o pedido genérico;
    III – da narração dos fatos não decorrer logicamente a conclusão;
    IV – contiver pedidos incompatíveis entre si.
§ 2º Nas ações que tenham por objeto a revisão de obrigação decorrente de empréstimo, de financiamento ou de alienação de bens, o autor terá de, sob pena de inépcia, discriminar na petição inicial, dentre as obrigações contratuais, aquelas que pretende controverter, além de quantificar o valor incontroverso do débito.
§ 3º Na hipótese do § 2º, o valor incontroverso deverá continuar a ser pago no tempo e modo contratados.

Art. 331. Indeferida a petição inicial, o autor poderá apelar, facultado ao juiz, no prazo de 5 (cinco) dias, retratar-se.

§ 1º Se não houver retratação, o juiz mandará citar o réu para responder ao recurso.

§ 2º Sendo a sentença reformada pelo tribunal, o prazo para a contestação começará a correr da intimação do retorno dos autos, observado o disposto no art. 334.

§ 3º Não interposta a apelação, o réu será intimado do trânsito em julgado da sentença.

> 1. Observações. 2. Inépcia da Inicial. 3. Outros Casos de Indeferimento. 4. Apelação e Reforma. 5. Trânsito em Julgado.

1. Observações – A petição inicial torna-se um ato do processo, a partir do momento em que é apresentada ao Judiciário, através do protocolo ou do mero despacho do juiz que manda registrá-la e autuá-la. Ela, ou melhor seu ingresso no Judiciário gera a demanda, que efetiva o exercício do direito de ação. A importância da inicial colhe-se em cada um dos incisos do art. 319, mormente os essenciais, constantes dos itens III, IV e VI do dispositivo. Não lhe podem contudo faltar os demais requisitos, constantes dos itens II, V e VII embora, não revelam a pretensão do autor.

2. Inépcia da Inicial – A petição inicial é inepta, quando não servir como instrumento hábil a apresentar o pedido do autor e dar ao réu os elementos necessários para compreendê-lo e exercer as prerrogativas constitucionais da ampla defesa e do contraditório (CF, art. 5º, LV). Por isto, o Código determina o seu indeferimento nesse caso. O juiz declarará a inépcia de ofício, ou a pedido do réu, feito na contestação (art. 337, IV), ou em qualquer outro momento. Já se ouviu dizer que, uma vez deferida a petição inicial, o juiz não pode voltar atrás e indeferi-la por inepta. Não é assim contudo, bastando ver que o Código permite ao réu alegar a inépcia na contestação (art. 337, IV), o que pressupõe o deferimento dela. O comparecimento espontâneo do réu (art. 239, § 1º) não obsta ao indeferimento, em nenhuma hipótese. O indeferimento é sentença terminativa, que extingue o processo, sem juízo de mérito (art. 485, I) e pode ser decretado em qualquer tempo anterior à sentença da primeira instância, ou do acórdão que julga a ação de competência originária do tribunal.

O § 1º do art. 330 repete o parágrafo único do art. 295 do Código anterior, quando define os casos de inépcia. Aparece novo o inciso II do parágrafo, quando declara inepta a inicial, se o pedido for indeterminado, isto é, quando não for certo (art. 322), ou não determinado (art. 324, *caput*). Aliás, o inciso II é novidade apenas topologicamente, por assim dizer, pois a norma já é compreendida pelos dois mencionados dispositivos. Os incisos III e IV do parágrafo repetem iguais itens do anterior parágrafo único do art. 295. Inepta a inicial, o juiz deve aplicar o art. 321 e seu parágrafo único.

3. Outros Casos de Indeferimento – Além da hipótese de inépcia, prevista no seu inciso I, o art. 330 arrola, nos seus incs. II, III e IV, outros casos de indeferimento da inicial. O legislador acrescentou ao *caput* do artigo a conjunção subordinativa temporal **quando**, para evitar a repetição dela, como acontecia nos quatro incisos do art. 292. Modificações desse jaez acontecem ao longo do novo Código. Alterações desse feitio levam a indagar se um novo diploma era, realmente, necessário. Não se farão aqui comentários aos incisos, proficientemente versados pelos comentaristas do Código de 1973 e, em geral, pela doutrina e jurisprudência. Cabe, entretanto, a observação de que a ilegitimidade, a falta de interesse processual, o desatendimento às determinações dos arts. 106 a 321 podem ser supridos, na forma do art. 321 com a incidência do seu parágrafo único.

A incidência desse art. 321 e do seu parágrafo ocorre também se desatendidas as normas cogentes dos §§ 2º e 3º do art. 330. Repetindo o art. 285-B do CPC de 1973, a cuja doutrina e jurisprudência se envia o leitor, o novo Código acrescentou àquele o substantivo **revisão**, levando a atentar-se no fato de que revisão da obrigação é figura de direito material, cujo conceito deve ser buscado nos escritos e julgados sobre o assunto. De somenos a substituição da palavra **litígios** por **ações**, pois é admissível a metonímia também na linguagem técnica. A referência ou alienação de bens abarca o arrendamento mercantil, o **leasing** do art. 285-B, *caput*, do velho Código. O § 3º não passa de eco do anterior § 1º.

4. Apelação e Reforma – É sentença terminativa o ato de indeferimento da petição inicial (art. 485, I). Por isto, pode o autor, ou qualquer deles, na hipótese de litisconsórcio, apelar da decisão (art. 1.009 e, especificamente, art. 331, primeira parte). A apelação processa-se em tudo e por tudo consoante as normas regentes deste recurso. Tal qual o art. 296 do CPC anterior, o art. 331 torna a apelação, no caso de que trata, um recurso reiterativo, no qual se permite ao juiz retratar-se de sua decisão. Aumentou-se de quarenta e oito horas para cinco dias o prazo para a retratação. O descumprimento dele, como sói acontecer nos casos de transgressão dos prazos, sujeita o juiz a sanções administrativas, mas sem consequências processuais.

O § 1º do art. 331 reza que, se o juiz não se retratar, mandará citar o réu para responder. Essa citação será substituída por uma intimação, se o réu houver sido citado e comparecido antes da retratação da sentença de indeferimento. Obviamente, o réu não pode responder a ação enquanto subsistir a sentença de indeferimento da inicial. Se o fizer, ficará precluso o seu direito de resposta.

Havendo retratação, cita-se ou intima-se o réu, conforme ele ainda não esteja integrado ao processo, ou se já estiver. A retratação, assim como o provimento da apelação, não impede o indeferimento da inicial por outro fundamento, tanto assim que o réu pode opor-se ao deferimento na contestação.

A retratação do ato de indeferimento consubstancia a substituição de uma sentença por uma decisão interlocutória. Dessa decisão não cabe recurso, mas nada obsta a que o réu pugne pelo indeferimento na sua resposta, salvo se houver respondido a apelação interposta daquele ato. Havendo retratação ou reforma da sentença pelo tribunal, qualquer tribunal, diz o § 2º que, na última hipótese, o prazo para contestar começará a correr da intimação do retorno dos autos. O prazo para contestar começa a correr da intimação do réu para o ato de reconsideração, não cabendo falar em citação dele, que já estará no processo por força da citação determinada no § 1º do art. 331.

5. Trânsito em Julgado – Sem precedente no Código anterior, o § 3º do art. 331 dispõe que, não havendo apelação da sentença de indeferimento, que é extintiva do processo (art. 485, I), o réu será intimado do trânsito em julgado da sentença. Norma parecida consta do art. 241. Aparentemente singelo, o parágrafo cria o problema da determinação da ocorrência do trânsito em julgado. O serventuário é incompetente para decidir da ocorrência do importante fenômeno. Assim, haverá que se ter como implicitamente declarada essa preclusão pelo despacho que ordena a citação que, evidentemente, poderá ser explícito. Da decisão que ordena a mencionada intimação não poderá o autor recorrer, pois se trata de decisão interlocutória, da qual não cabe agravo de instrumento, por falta de previsão legal (art. 1.015). O autor, então, aguardará a ocorrência do trânsito e o réu se manterá inerte, diante da subsistência do indeferimento. O escrivão, o chefe da secretaria, ou outro serventuário não podem certificar a ocorrência do trânsito em julgado, mas, sim, a inexistência da apelação após o decurso do respectivo prazo, como lhes permite o inciso V do art. 152.

Capítulo III

Da Improcedência Liminar do Pedido
(art. 332)

Art. 332. Nas causas que dispensem a fase instrutória, o juiz, independentemente da citação do réu, julgará liminarmente improcedente o pedido que contrariar:
  I – enunciado de súmula do Supremo Tribunal Federal ou do Superior Tribunal de Justiça;
  II – acórdão proferido pelo Supremo Tribunal Federal ou pelo Superior Tribunal de Justiça em julgamento de recursos repetitivos;
  III – entendimento firmado em incidente de resolução de demandas repetitivas ou de assunção de competência;
  IV – enunciado de súmula de tribunal de justiça sobre direito local.

§ 1º O juiz também poderá julgar liminarmente improcedente o pedido se verificar, desde logo, a ocorrência de decadência ou de prescrição.

§ 2º Não interposta a apelação, o réu será intimado do trânsito em julgado da sentença, nos termos do art. 241.

§ 3º Interposta a apelação, o juiz poderá retratar-se em 5 (cinco) dias.

§ 4º Se houver retratação, o juiz determinará o prosseguimento do processo, com a citação do réu, e, se não houver retratação, determinará a citação do réu para apresentar contrarrazões, no prazo de 15 (quinze) dias.

1. Observações. 2. Improcedência do Pedido e da Ação. 3. Improcedência Liminar. 4. Pressupostos da Improcedência. 5. Retratação e Apelação.

1. Observações – A efetividade do processo é uma das magnas preocupações da processualística hodierna. Instrumento da jurisdição, é mister que o processo atinja a sua finalidade, mediante a prática dos atos necessários ao seu fim, e não de outros, sem qualquer sentido, que só concorreriam para alongar a existência da relação processual. O art. 332 e seus parágrafos, cuja concepção é herdeira dos arts. 285-A e 295 do Código anterior, são exemplos típicos do empenho de conduzir o processo ao seu destino, da maneira mais rápida possível.

2. Improcedência do Pedido e da Ação – É de correntia sabença que a ação é um direito abstrato porque se exerce independentemente da existência do direito afirmado pelo autor. A ação veicula um pedido (art. 319, IV), que é o mérito dela. No julgamento do mérito, o pedido será procedente, ou improcedente. Entretanto, a terminologia forense consagrou a fórmula "procedência ou improcedência da ação", embora esta, como direito de pedir ao Estado a prestação jurisdicional, seja sempre procedente. Mas peca por exagerada precisão escrever-se "ação proposta [contra o Estado] **em face do réu**". Aliás, repetindo o inciso II do art. 488 do Código de 1973, o inciso II do art. 968 do Código entrante fala em ação improcedente.

3. Improcedência Liminar – O art. 332 do Código de 2015 não se afasta, na ideia, do art. 285-A do CPC de 1973, já que aquele também previa a improcedência liminar, o que torna útil a consulta à doutrina e jurisprudência daquele dispositivo. Diferem contudo os dois artigos, no tocante aos pressupostos da respectiva incidência, posto que tenham ambos por objetivo a improcedência liminar do pedido. Improcedência liminar é o que se faz no início do processo, antes da citação do réu, que angulariza a relação processual, autor, juiz, réu, ou depois dela. Nem a citação do réu, nem o seu comparecimento espontâneo impedem a aplicação do art. 332, como indica o advérbio **independentemente**, usado no seu *caput*. Os pressupostos da incidência do artigo estão nos seus quatro incisos e no § 1º.

Não se confundem o art. 332 e o art. 353 (q.v.), que tem por antecedente necessário a integração do réu no processo, pela citação válida, ou por seu comparecimento espontâneo.

4. Pressupostos da Improcedência – No *caput* do art. 332, colhe-se o primeiro dos pressupostos indispensáveis à incidência do dispositivo: a desnecessidade de fase instrutória (art. 357, II). Os documentos eventualmente acompanhantes da petição inicial, destinados embora a provar alegações, não integram a fase instrutória, se se permite o truísmo. Não será preciso determinar o pronunciamento do réu sobre esses documentos, já que eles não concorrerão para a improcedência.

Os quatro incisos do art. 332, assim como o seu § 1º, são autônomos. Desnecessária a ocorrência simultânea das situações neles previstas. É preciso contudo que ocorra a contrariedade, isto é, a divergência entre o pedido e uma das circunstâncias previstas nos itens ou no parágrafo.

O primeiro caso de improcedência é a formulação de pedido contrário ao enunciado da súmula do Supremo Tribunal Federal, ou do Superior Tribunal de Justiça. Por súmula se há de entender o que dispõe o regimento daquelas Cortes. É necessário que a súmula esteja em vigor porque, em processo de elaboração, ou revogada, ainda não haverá, ou já não haverá súmula, senão um processo de elaboração, ou o registro histórico da jurisprudência do tribunal. Na improvável hipótese de conflito entre súmulas das duas Cortes, poderá o juiz decidir com base em qualquer uma delas, desconsiderando a outra.

Também cabe a improcedência liminar, se o pedido se opuser a acórdão proferido, ou pelo STF, ou pelo STJ, em julgamento de recursos repetitivos (arts. 1.036 e 1.039).

O inciso III do art. 332 do novo Código, sem correspondência no diploma anterior, levou à distinção entre incidente de resolução de demandas repetitivas e julgamento de recursos repetitivos. O incidente, regido pelos arts. 976 a 987, é instaurado nos casos previstos no primeiro e julgado pelo órgão do tribunal competente para decidi-lo, como previsto no parágrafo único do art. 978, que fixará a tese jurídica, de que trata também o art. 985, limitada a aplicação dessa tese à área de jurisdição do respectivo tribunal (art. 985, I e II), salvo se adotada pelo STF, ou STJ, caso em que se aplicará no território nacional (art. 987, § 2º). É essa tese, decorrente do julgamento do incidente cível num tribunal de justiça, ou regional federal (excluído o julgamento do colégio recursal dos juizados especiais, que tribunal não é; é essa tese que consubstancia o entendimento a que alude o inciso III, que não se confunde, formalmente, com o julgamento dos recursos extraordinário e especial repetitivo, regulado nos arts. 1.036 a 1.041.

Não é necessário que o acórdão, referido no inciso II, ou o entendimento, mencionado no inciso III, estejam cobertos pela coisa julgada. Contribui para esse entendimento a oração reduzida participial do *caput* do art. 1.040, que condiciona os efeitos do aresto, previstos nos incisos I a IV, à publicação dele.

A última parte do inciso III do art. 332 permite também o julgamento de improcedência liminar do pedido quando ele contrariar entendimento firmado no julgamento de incidente de assunção de competência, regulado no art. 947, a cujas anotações se remete.

O inciso IV do mesmo art. 332 permite a improcedência liminar se o pedido for contrário a enunciado da súmula de tribunal de justiça sobre direito local. É preciso, então, que o pedido esteja fundado em direito estadual, municipal, ou mesmo do órgão da administração indireta do Estado ou do Município alcançados pela jurisdição (*rectius*, competência territorial) do tribunal de justiça.

Dizendo a mesma coisa, a redação do § 1º do art. 332 é de melhor técnica do que o enunciado do art. 295 do Código anterior, que prescrevia o indeferimento da inicial, nos casos de decadência ou prescrição. Não se trata de indeferimento, como proclamava a revogada lei, no inciso IV do art. 269, que enumerava os casos de extinção do processo com julgamento do mérito. O § 1º do artigo anotado agora corrige a falha, falando em julgamento liminar de improcedência, que se faz por sentença definitiva (art. 487, II), produtora da coisa julgada material (art. 502).

5. Retratação e Apelação – O § 3º do art. 332 mostra que cabe apelação da sentença de indeferimento da inicial, assim como da que, como permite o § 1º, julga improcedente o pedido, diante de decadência ou prescrição. Normas desnecessárias porque, sentença nos dois casos, esses pronunciamentos estão cobertos pelo *caput* do art. 1.009. Se a apelação não for interposta, o réu será intimado do trânsito em julgado da sentença. A menos que o réu já esteja no processo, essa intimação é citação, que o integra no feito. Vejam-se as anotações ao § 3º do art. 331. O § 2º do art. 332 fala em intimação, tal como o § 1º do art. 75. Não importa o modo como feito, essa intimação integra a pessoa no processo, se ela aí não estivesse. Ato de integração é insuficiente, além de incabível, a definição do ato dada no art. 238. Fugindo a eventual perplexidade, o art. 241 a que remete o § 2º do art. 332, fala no gênero comunicação, do qual a citação e a intimação são espécies.

Tal como acontece no art. 331 (q.v.) o § 3º do art. 332 permite que o juiz se retrate na apelação, transformada, no particular, em recurso reiterativo. Tem o juiz um quinquídio para retratar-se, processualmente irrelevante o descumprimento desse prazo, de natureza programática, como já se disse em doutrina.

O § 4º, que repete, em parte, o § 2º do anterior art. 285-A, manda citar o réu para responder a apelação do autor, se não houver retratação. Havendo, o réu será citado para responder (*rectius*, para ficar integrado no processo, o que lhe dá o direito de resposta). Aplica-se subsidiariamente, ou por analogia, o § 2º do art. 331. Reformada a sentença de indeferimento por qualquer tribunal, o réu será intimado para responder, ficando, se o fizer ou não, sujeito à eficácia da sentença.

Assinale-se que, na apelação da sentença de indeferimento, pode o autor pedir a desconsideração da súmula do STF, do STJ, do tribunal de justiça, ou do TRF, e a prolação de acórdão diferente do proferido por uma das duas Cortes, ou a reversão do entendimento adotado nos incidentes do inciso III. O recorrido pode, por certo, opor-se à pretensão.

Não sendo devida a fixação de honorários, só o autor poderá impugnar, na apelação, a estipulação deles e o respectivo valor. Ausente do processo, pela falta de citação ou comparecimento espontâneo do réu, não se admite recurso adesivo dele (art. 997, § 1º) porque não terá ocorrido a sua sucumbência, pressuposto subjetivo do recurso (art. 996).

Capítulo IV

Da Conversão da Ação Individual em Ação Coletiva
(art. 333)

Art. 333. Atendidos os pressupostos da relevância social e da dificuldade de formação do litisconsórcio, o juiz, a requerimento do Ministério Público ou da Defensoria Pública, ouvido o autor, poderá converter em coletiva a ação individual que veicule pedido que:

I – tenha alcance coletivo, em razão da tutela de bem jurídico difuso ou coletivo, assim entendidos aqueles definidos pelo art. 81, parágrafo único, incisos I e II, da Lei nº 8.078, de 11 de setembro de 1990 (Código de Defesa do Consumidor), e cuja ofensa afete, a um só tempo, as esferas jurídicas do indivíduo e da coletividade;

II – tenha por objetivo a solução de conflito de interesse relativo a uma mesma relação jurídica plurilateral, cuja solução, por sua natureza ou por disposição de lei, deva ser necessariamente uniforme, assegurando-se tratamento isonômico para todos os membros do grupo.

§ 1º Além do Ministério Público e da Defensoria Pública, podem requerer a conversão os legitimados referidos no art. 5º da Lei nº 7.347, de 24 de julho de 1985, e no art. 82 da Lei nº 8.078, de 11 de setembro de 1990 (Código de Defesa do Consumidor).

§ 2º A conversão não pode implicar a formação de processo coletivo para a tutela de direitos individuais homogêneos.

§ 3º Não se admite a conversão, ainda, se:

I – já iniciada, no processo individual, a audiência de instrução e julgamento; ou

II – houver processo coletivo pendente com o mesmo objeto; ou

III – o juízo não tiver competência para o processo coletivo que seria formado.

§ 4º Determinada a conversão, o juiz intimará o autor do requerimento para que, no prazo fixado, adite ou emende a petição inicial, para adaptá-la à tutela coletiva.

§ 5º Havendo aditamento ou emenda da petição inicial, o juiz determinará a intimação do réu para, querendo, manifestar-se no prazo de 15 (quinze) dias.

§ 6º O autor originário da ação individual atuará na condição de litisconsorte unitário do legitimado para condução do processo coletivo.

§ 7º O autor originário não é responsável por nenhuma despesa processual decorrente da conversão do processo individual em coletivo.

§ 8º Após a conversão, observar-se-ão as regras do processo coletivo.

§ 9º A conversão poderá ocorrer mesmo que o autor tenha cumulado pedido de natureza estritamente individual, hipótese em que o processamento desse pedido dar-se-á em autos apartados.

§ 10. O Ministério Público deverá ser ouvido sobre o requerimento previsto no *caput*, salvo quando ele próprio o houver formulado.

1. Observações – O art. 333, que se transcreve para fins de documentação, era o único dispositivo do Capítulo IV do Título I do Livro I da Parte Especial do novo Código. Foi integralmente vetado.

Legitimados apenas o Ministério Público e a Defensoria, ouvido o autor (e o réu, se já se encontrar no processo), o juiz poderia converter em coletiva a ação individual, nos casos previstos nos dois incisos da norma. Com o dispositivo, assaz longo, a jurisdição emprestaria ao processo a eficácia dada pelo direito à sentença de mérito na ação civil pública.

Capítulo V

Da Audiência de Conciliação ou de Mediação
(art. 334)

Art. 334. Se a petição inicial preencher os requisitos essenciais e não for o caso de improcedência liminar do pedido, o juiz designará audiência de conciliação ou de mediação com antecedência mínima de 30 (trinta) dias, devendo ser citado o réu com pelo menos 20 (vinte) dias de antecedência.

§ 1º O conciliador ou mediador, onde houver, atuará necessariamente na audiência de conciliação ou de mediação, observando o disposto neste Código, bem como as disposições da lei de organização judiciária.

§ 2º Poderá haver mais de uma sessão destinada à conciliação e à mediação, não podendo exceder a 2 (dois) meses da data de realização da primeira sessão, desde que necessárias à composição das partes.

§ 3º A intimação do autor para a audiência será feita na pessoa de seu advogado.

§ 4º A audiência não será realizada:
    I – se ambas as partes manifestarem, expressamente, desinteresse na composição consensual;
    II – quando não se admitir a autocomposição.

§ 5º O autor deverá indicar, na petição inicial, seu desinteresse na autocomposição, e o réu deverá fazê-lo, por petição, apresentada com 10 (dez) dias de antecedência, contados da data da audiência.

§ 6º Havendo litisconsórcio, o desinteresse na realização da audiência deve ser manifestado por todos os litisconsortes.

§ 7º A audiência de conciliação ou de mediação pode realizar-se por meio eletrônico, nos termos da lei.

§ 8º O não comparecimento injustificado do autor ou do réu à audiência de conciliação é considerado ato atentatório à dignidade da justiça e será sancionado com multa de até dois por cento da vantagem econômica pretendida ou do valor da causa, revertida em favor da União ou do Estado.

§ 9º As partes devem estar acompanhadas por seus advogados ou defensores públicos.

§ 10. A parte poderá constituir representante, por meio de procuração específica, com poderes para negociar e transigir.

§ 11. A autocomposição obtida será reduzida a termo e homologada por sentença.

§ 12. A pauta das audiências de conciliação ou de mediação será organizada de modo a respeitar o intervalo mínimo de 20 (vinte) minutos entre o início de uma e o início da seguinte.

> 1. Observações. 2. Conciliadores e Mediadores. 3. Exercício da Função. 4. Procedimento. 5. Dispensa da Audiência. 6. Termo, Sentença e Pauta. 7. Ausência da Parte.

1. Observações – Não é apenas na epígrafe deste Capítulo V do Título I do Livro I de sua Parte Especial que o Código trata da conciliação e da mediação como instituições distintas. Ele também procede assim na Seção V do Capítulo III do Título IV do Livro III da Parte Geral, arts. 163 a 175 a cujas anotações se remete o eventual consulente. Os dois institutos coincidem, entretanto, na sua finalidade, que é levar os litigantes à autocomposição (art. 165). Poder-se-ia, dizer, numa distinção algo artificial, que a conciliação mostra às partes a conveniência de chegarem elas mesmas à extinção, ou prevenção do litígio nas condições que reciprocamente engendraram, ao passo que a mediação consiste na apresentação de modos engendrados por quem a promove, para a composição da lide. Os §§ 2º e 3º do art. 165 fazem outra distinção, nebulosa pelo emprego do advérbio **preferencialmente**. A verdade é que não sendo a autocomposição em si mesma, as duas figuras são criadoras de meios de prevenção e solução da lide, composta pela boa vontade das partes, suscitada pela atuação de terceiros.

2. Conciliadores e Mediadores – Em termos práticos, podem ser vistos, como conciliadores ou mediadores, quaisquer terceiros, não importa a nacionalidade, a profissão, a residência ou domicílio, a língua que falam, nem mesmo a capacidade civil. A função pode ser desempenhada por qualquer pessoa, inclusive pelo juiz do processo, em qualquer instância, advogados, Ministério Público, defensores e advogados públicos, leigos e – ninguém se pasme – até mesmo por incapazes, crianças inclusive, como se vê na literatura, imitadora da vida.

A frase "onde houver", posta no § 1º do art. 334, se dispensa o juiz de designar a audiência, prevista no *caput*, não o impede de fazê-lo determinando às partes que indiquem pessoas para o encargo, a serem por ele nomeados, as quais também podem ser designadas por ele próprio. Havendo os centros judiciais, previstos no art. 165, inscritos, cadastrados, ou constantes do quadro próprio (arts. 167, *caput* e §§ 5º e 6º), será obrigatória a designação de audiência do art. 334. Havendo apenas o cadastro nacional (art. 167), a designação da audiência será opcional e dependerá do critério do juiz, na maioria das vezes desconhecedor dos cadastrados.

A nomeação é sempre do juiz singular da primeira instância, do relator no tribunal, ou do órgão fracionário da Corte, os quais, condutores do processo, podem, justificadamente, se recusarem a nomear conciliador ou mediador oficial.

3. Exercício da Função – Fica a critério do juiz designar audiência só de conciliação, ou só de mediação, ou ambas, uma após a outra, observados os §§ 2º e 3º do art. 165. A conjunção coordenativa alternativa **ou**, usada no *caput* do art. 334, não obsta a que o juiz designe audiência conjunta de conciliação e mediação, considerada a finalidade de ambas e as circunstâncias da causa. Nesse caso, ele adotará qualquer dos critérios dos §§ 2º e 3º do art. 165.

4. Procedimento – Conforme o *caput* do art. 334, o juiz designará a audiência no mínimo trinta dias antes da data estipulada para a realização do ato. O réu, ou, havendo litisconsórcio, o último deles, será citado, no mínimo, vinte dias antes da realização. O descumprimento de qualquer dos prazos, ou de ambos, determina a nulidade do ato porque se presume que os prazos assinados destinam-se a assegurar ao réu o exercício da prerrogativa de ampla defesa, constitucionalmente assegurada, consoante o inciso LV do art. 5º da Constituição. Nula, a designação deve ser repetida. O art. 285 do CPC de 1973 estipulava o prazo de trinta dias para a audiência, mantido para a designação dela e encurtado para vinte dias, em se tratando da citação do réu.

O § 2º do art. 334, mal posposto ao § 1º, quando deveria, logicamente, ser-lhe anteposto, permite a realização de mais de uma sessão de audiência, a realizarem-se em dias diferentes, ou em horas distintas da mesma data. O prazo que distanciaria um evento do outro é dilatório. Destina-se a permitir a análise da conveniência da autocomposição e a reflexão sobre as consequências dela. O prazo máximo de dois meses, estipulado no parágrafo, tem por destinatários o juiz, condutor do processo e as partes. Podem as partes, de comum acordo, prorrogar esse prazo, por ser dilatório, assim como o juiz pela elasticidade desse tempo, previsto em vários dispositivos reguladores da matéria (v.g., o § 2º do art. 223).

Ao preceituar que o intermediário, conciliador ou mediador, atuará, necessariamente, na audiência, o § 1º do art. 334 não limita a sua função a esse ato. Pode ele, depois de nomeado, realizar quaisquer atos visando à autocomposição, respeitada a representação da parte (v.g., advogado), à qual ele recorrerá, expondo suas ideias e sugestões. Veja-se o § 3º do artigo, que torna indispensável a presença do advogado ou de quem suas vezes faça (v.g., defensor), como mostra o § 9º do artigo. De acordo com o § 10, a parte poderá constituir representante, por meio de procuração específica, que lhe outorgue poderes para negociar e transigir, dois verbos que, no texto, têm acepção semelhante e levam ao mesmo fim. O representante pode ser o próprio advogado, sempre presente, ou terceiro, munido de procuração particular ou pública, como exigido pela lei material.

O § 7º faz obséquio ao uso dos meios eletrônicos para a realização da audiência. Por conseguinte, nos limites da lei, ela pode realizar-se por qualquer meio, como a videoconferência, o e-mail, as mensagens de texto e quejandos, reduzidos a termo os respectivos resultados (§ 11), inclusive quando frustrâneos.

5. Dispensa da Audiência – Não se podem enumerar com precisão as causas da inobservância do art. 447 do Código anterior, cuja vigência deixou de operar-se pela ab-rogação decorrente do Código de 2015. Não será assim, como ao menos se espera, na constância do novo diploma.

Conforme o § 5º do art. 334, sem igual na lei revogada, o autor deverá indicar, na inicial, o seu desinteresse na autocomposição. Nesse caso, não se realizará a audiência, nada impedindo contudo que o juiz tente conciliar as partes, no pórtico da audiência de instrução e julgamento (art. 359), ou em qualquer tempo (art. 139, V). Isto ele fará com a assistência de conciliadores ou mediadores (melhor a alternativa **ou** do que a aditiva **e**), mas sem a realização da audiência com as formalidades do art. 334 e seus parágrafos, bastando que convoque as partes a se apresentarem perante ele. O desinteresse do autor pela audiência do art. 334 é suficiente para que ela não se realize, já que, regida a ação pelo princípio dispositivo e visando ela à prestação jurisdicional, de que é devedor o Estado, o demandante pode pretender o julgamento, ainda que sem justificação. Também o réu poderá opor-se à audiência, contanto que o faça, até dez dias antes da audiência, por petição avulsa, ou na contestação. A falta de manifestação contrária das partes, ou da manifestação prevista no inciso I do § 4º levará à supressão da audiência que todavia poderá ocorrer após a resposta do réu, já que a autocomposição se admite em qualquer tempo.

Além do cancelamento da audiência pela vontade das partes (arts. 334, § 5º e § 4º, I) ela não será realizada se a causa não comportar autocomposição, como ocorrerá se versar sobre direitos indisponíveis, como a renúncia a alimentos, a alienação de bens inalienáveis, a paternidade ou maternidade.

O § 6º do art. 334 merece interpretação cuidadosa, que deverá considerar a ocorrência de litisconsórcio necessário, ou facultativo, ou unitário ou simples. Necessário o litisconsórcio, o desinteresse pela realização de audiência deverá ser manifestado por todos os litisconsortes. Na falta dessa manifestação, ou da oposição de algum, ou alguns deles, porém não de todos, a audiência se realizará, se dissociáveis as pretensões. Na ação de usucapião, por exemplo, o litisconsórcio é necessário, como se colhe no § 3º do art. 246, não bastasse a natureza da demanda (art. 114). Apesar disto, o confrontante, que entrar em disputa com o usucapiente acerca dos limites do imóvel usucapiendo pode compor-se com ele, o que justifica, nessa hipótese, a audiência do art. 334. Diga-se o mesmo relativamente ao litisconsórcio facultativo (v.g., vítimas de um acidente de veículo, os passageiros propõem ação indenizatória; credores comuns ajuízam ação pauliana) e ao litisconsórcio simples. No litisconsórcio unitário (v.g., ação de duas ou mais pessoas para obter a decretação da anulabilidade de um ato pelo mesmo motivo), a condição dependerá da cindibilidade da pretensão, admitida a autocomposição quanto ao interesse objeto da pretensão (v.g., pretende-se a nulidade da alienação ou oneração do mesmo imóvel, caso em que um dos autores poderá compor-se com o réu quanto ao seu crédito).

6. Termo, Sentença e Pauta – Não obtida a autocomposição, na audiência de conciliação ou de mediação, ou no comparecimento das partes convocadas pelo juiz, dessa ocorrência se lavrará, no processo, um termo, que é a documentação de um ato processual, ou de um momento do processo, registrada por serventuário, sob a supervisão do juiz. Frustrânea a tentativa de autocomposição, feita pelo órgão jurisdicional (art. 139, V), nada impedirá que se realize a audiência específica (art. 334), ou a tentativa de conciliação, prevista no art. 359, obrigatório esse ato. Obtida a autocomposição, ela será reduzida a termo e homologada por sentença, como dispõe o § 11 do art. 334, repetindo, quase literalmente, o § 1º do art. 331 do Código anterior. Em ambos, o substantivo "sentença" tem largo significado, compreendendo também a decisão unipessoal, proferida, por qualquer órgão colegiado de uma Corte superior, ou por este último.

A sentença de homologação, referida no § 11, terá natureza constitutiva porque transforma em título executivo judicial um ato do processo (art. 515, III). A execução dessa sentença será definitiva, se transitar em julgado, ou provisória, se impugnada por recurso recebido só no efeito devolutivo.

Legislando em demasia, o legislador compôs o § 12 do art. 334, determinando que a pauta das audiências de conciliação ou de mediação seja organizada de modo a respeitar o intervalo mínimo de vinte minutos, entre o início de uma audiência e o início da seguinte, quando é óbvio que se deve observar um intervalo entre o fim de uma audiência, que pode demorar muito tempo e o início da outra. A norma, assaz minuciosa, visa a assegurar ao juiz, partes e outras pessoas, o tempo necessário para ir ao banheiro, para tomar um cafezinho, ou lavar o rosto numa pia disponível e próxima.

7. Ausência da Parte – Draconiano, o § 8º do art. 334 condena a ausência não justificável do autor e do réu, só deles, na audiência como um ato atentatório à dignidade da justiça. Comina, para o não comparecimento, multa de até dois por cento da vantagem econômica, isto é, do benefício assegurado pela procedência do pedido, ou do valor da causa. O parágrafo foi concebido com censurável abstração de que a vantagem econômica, ou valor da causa podem ascender a somas formidáveis, como demonstra a realidade forense. A norma é contrária à Constituição porque ofende as garantias constitucionais da razoabilidade e proporcionalidade, inerentes ao devido processo legal. O valor da sanção será apurado em liquidação, depois que ela se tornar exequível, provisória ou definitivamente. A multa reverterá em benefício da União ou do Estado, conforme cominada por órgão da Justiça Estadual ou Federal, como são os juízes federais, inclusive o STF e o STJ. Revertida em recurso, a multa será devolvida, quiçá por meio de precatório.

RESPOSTA DO RÉU

1. Observações. 2. Modalidades de Resposta.

1. Observações – O contraditório, assegurado aos litigantes pelo inciso LV do art. 5º da Constituição da República, é uma das marcas do processo judicial, eminentemente dialético, já que as posições contrárias contribuem de modo fundamental para o exercício da jurisdição. Por isto, na esteira da Carta Política, o Código, é só percorrê-lo, abre ao réu a oportunidade de responder a cada pedido do autor, para objetá-lo, ou concordar com ele. Isto, aliás, é apanágio do processo judicial, que, salvo exceções, concede a uma parte o direito de manifestar-se sobre o pedido da outra.

2. Modalidades de Resposta – O art. 297 abriu sob a rubrica "Da resposta do réu", o Capítulo II do Título VIII do Livro I do Código de

Processo Civil de 1973, declarando: "O réu poderá oferecer, no prazo de 15 (quinze) dias, em petição escrita, dirigida ao juiz da causa, contestação, exceção e reconvenção". O novo CPC não repete o dispositivo mas essa omissão, obviamente, não apaga o fato de que a contestação, a reconvenção e as exceções constituem as três principais modalidades de resposta do demandado.

AS EXCEÇÕES

1. Abrangência do Vocábulo. 2. Exceções de Incompetência Absoluta ou Relativa. 3. Exceções de Impedimento ou Suspeição.

1. Abrangência do Vocábulo – No sentido mais amplo, exceção é o direito do réu de invocar a jurisdição em seu favor, contrapondo-se ao pedido formulado pelo autor, mediante alegações suscetíveis de afastar a sua acolhida. Aliás, nesse amplo sentido, qualquer objeção de uma parte a um pedido, venha de onde vier, constitui exceção. Da natureza e classificação das exceções ocupam-se a doutrina dos arts. 304 a 311 do Código anterior, prestigiada pelos tribunais. Cabível, por isto, a remissão, feita aqui e agora, aos escritos e julgados sobre o assunto. Chamam-se dilatórias as exceções não extintivas do processo, significativamente referidas, no Direito espanhol medieval, como *alongaderas* porque prolongam a existência da relação processual. Incluem-se, entre estas, as exceções de incompetência absoluta ou relativa e as exceções de impedimento e suspeição, por meio das quais se abre um incidente, julgado por uma decisão interlocutória (art. 203, § 2º), não incluída entre os pronunciamentos agraváveis, como se vê no art. 1.015 e seu parágrafo único, a menos que, conforme este, a exceção seja suscitada e decidida durante a liquidação ou cumprimento de sentença, no processo de execução a que o parágrafo chama, corretamente, de processo. A aludida impossibilidade de agravar da interlocutória que decide a arguição de impedimento ou de incompetência absoluta pode ver-se como uma cinca do legislador, que se esqueceu da relevância do assunto, mostrada pelo fato de que esses vícios podem fundamentar a desconstituição do julgado por meio de ação rescisória (art. 966, II).

2. Exceções de Incompetência Absoluta ou Relativa – No novo Código, a exceção de incompetência absoluta ou relativa, embora constitua um incidente, não precisa ser suscitada com as formalidades do Código anterior.

A incompetência absoluta pode ser declarada de ofício, ou alegada em qualquer tempo e grau de jurisdição, como dispõe o § 1º do art. 64. Basta que a parte, autor, réu, terceiro, MP, defensoria e advocacia públicas, suscite a questão mediante petição, e até oralmente, em qualquer audiência, ou ato a que esteja presente o juiz. O dispositivo da primeira parte do inciso II do art. 337, conforme o qual incumbe ao réu alegar a incompetência absoluta como preliminar da contestação, é norma genérica, que não afasta a aplicação do § 1º do art. 64.

A incompetência relativa, configurada na violação do critério territorial de distribuição da competência, ou no descumprimento do princípio de que não se pode distribuir a juízo de maior alçada causa da competência de juízo de alçada menor, deve ser arguida como preliminar da contestação, no início desta peça, como manda a segunda parte do inciso II do art. 337. Conforme o art. 65 prorroga-se a competência se, na contestação, o réu não alegar a incompetência relativa, que o juiz não pode declarar de ofício. Nas raras hipóteses de incompetência relativa causada por erro da distribuição, o autor poderá alegá-la por petição, na qual requererá a remessa do processo ao juízo competente.

Não importa como arguida, o réu sempre será ouvido sobre a alegação de incompetência absoluta, ou relativa, desnecessária a audiência do terceiro interveniente, ou do Ministério Público, salvo se a arguição decorrer da intervenção de qualquer um deles. O juiz julga a exceção mas não responde a ela, que não se opõe a ele mas pede a mudança de órgão.

O art. 340 permite, mas não obriga ajuizamento da contestação, no foro do domicílio do réu, quando aí não correr o processo da ação, mas só se ela arguir a incompetência. Acontecendo isto, o juiz, perante o qual a contestação for distribuída, imediatamente comunicará o fato ao juiz da causa, de preferência por meio eletrônico.

A contestação, no caso do *caput* do artigo, será distribuída a um juízo, a fim de que ele a receba e comunique ao juiz da causa, se houver mais de um juízo competente para o ato. Se o réu houver sido citado por precatória (ou rogatória), a contestação será juntada nos autos da carta que, evidentemente, a remeterá ao juízo de onde ela proveio. Conforme o § 2º, se a competência do foro indicado for reconhecida, o juízo declarado competente ficará prevento. O § 3º dispõe que alegada a incompetência, na contestação apresentada ao juízo do domicílio do réu, o juízo onde corre a ação deverá suspender a audiência de conciliação ou mediação designada, o que implica também a suspensão do processo. De acordo com o minudente § 4º, conservar-se-ão os atos decisórios do juízo incompetente, até que outros supram proferido pelo juízo competente.

3. Exceções de Impedimento ou Suspeição – Ambas essas exceções questionam a atuação do juiz no processo. São exceções pessoais, do ponto de vista subjetivo, dirigidas ao juiz do processo (arts. 144 e 145), e não ao órgão jurisdicional, como acontece na incompetência absoluta ou relativa (art. 64).

Não se argui, nem o impedimento, nem a suspeição, abrindo-se incidente semelhante ao previsto nos arts. 312 a 314 do Código anterior. A parte excipiente alegará um desses vícios em petição dirigida ao juiz excepto, indicando o fundamento da recusa (arts. 144 ou 145). Poderá o arguente juntar documentos para provar o alegado.

Quanto ao procedimento da arguição, vejam-se as anotações aos arts. 146, 147 e 148 e a doutrina e jurisprudência dos arts. 304, 305 e 306, bem como dos arts. 312, 313 e 314 do Código anterior.

O novo Código não usa as palavras "excepto" ou "excipiente", nem o vocábulo "exceção". Isto contudo não impede o emprego desses vocábulos que definem a natureza do incidente e nomeiam os seus participantes.

Capítulo VI

DA CONTESTAÇÃO
(arts. 335 a 342)

Art. 335. O réu poderá oferecer contestação, por petição, no prazo de 15 (quinze) dias, cujo termo inicial será a data:

I – da audiência de conciliação ou de mediação, ou da última sessão de conciliação, quando qualquer parte não comparecer ou, comparecendo, não houver autocomposição;

II – do protocolo do pedido de cancelamento da audiência de conciliação ou de mediação apresentado pelo réu, quando ocorrer a hipótese do art. 334, § 4º, inciso I;

III – prevista no art. 231, de acordo com o modo como foi feita a citação, nos demais casos.

§ 1º No caso de litisconsórcio passivo, ocorrendo a hipótese do art. 334, § 6º, o termo inicial previsto no inciso II será, para cada um dos réus, a data de apresentação de seu respectivo pedido de cancelamento da audiência.

§ 2º Quando ocorrer a hipótese do art. 334, § 4º, inciso II, havendo litisconsórcio passivo e o autor desistir da ação em relação a réu ainda não citado, o prazo para resposta correrá da data de intimação da decisão que homologar a desistência.

Art. 336. Incumbe ao réu alegar, na contestação, toda a matéria de defesa, expondo as razões de fato e de direito com que impugna o pedido do autor e especificando as provas que pretende produzir.

Art. 337. Incumbe ao réu, antes de discutir o mérito, alegar:
I – inexistência ou nulidade da citação;
II – incompetência absoluta e relativa;
III – incorreção do valor da causa;
IV – inépcia da petição inicial;
V – perempção;
VI – litispendência;
VII – coisa julgada;
VIII – conexão;
IX – incapacidade da parte, defeito de representação ou falta de autorização;
X – convenção de arbitragem;
XI – ausência de legitimidade ou de interesse processual;
XII – falta de caução ou de outra prestação que a lei exige como preliminar;
XIII – indevida concessão do benefício de gratuidade de justiça.
§ 1º Verifica-se a litispendência ou a coisa julgada quando se reproduz ação anteriormente ajuizada.
§ 2º Uma ação é idêntica a outra quando possui as mesmas partes, a mesma causa de pedir e o mesmo pedido.
§ 3º Há litispendência quando se repete ação que está em curso.
§ 4º Há coisa julgada quando se repete ação que já foi decidida por decisão transitada em julgado.
§ 5º Excetuadas a convenção de arbitragem e a incompetência relativa, o juiz conhecerá de ofício das matérias enumeradas neste artigo.
§ 6º A ausência de alegação da existência de convenção de arbitragem, na forma prevista neste Capítulo, implica aceitação da jurisdição estatal e renúncia ao juízo arbitral.

Art. 338. Alegando o réu, na contestação, ser parte ilegítima ou não ser o responsável pelo prejuízo invocado, o juiz facultará ao autor, em 15 (quinze) dias, a alteração da petição inicial para substituição do réu.

Parágrafo único. Realizada a substituição, o autor reembolsará as despesas e pagará os honorários ao procurador do réu excluído, que serão fixados entre três e cinco por cento do valor da causa ou, sendo este irrisório, nos termos do art. 85, § 8º.

Art. 339. Quando alegar sua ilegitimidade, incumbe ao réu indicar o sujeito passivo da relação jurídica discutida sempre que tiver conhecimento, sob pena de arcar com as despesas processuais e de indenizar o autor pelos prejuízos decorrentes da falta de indicação.

§ 1º O autor, ao aceitar a indicação, procederá, no prazo de 15 (quinze) dias, à alteração da petição inicial para a substituição do réu, observando-se, ainda, o parágrafo único do art. 338.

§ 2º No prazo de 15 (quinze) dias, o autor pode optar por alterar a petição inicial para incluir, como litisconsorte passivo, o sujeito indicado pelo réu.

Art. 340. Havendo alegação de incompetência relativa ou absoluta, a contestação poderá ser protocolada no foro de domicílio do réu, fato que será imediatamente comunicado ao juiz da causa, preferencialmente por meio eletrônico.

§ 1º A contestação será submetida a livre distribuição ou, se o réu houver sido citado por meio de carta precatória, juntada aos autos dessa carta, seguindo-se a sua imediata remessa para o juízo da causa.

§ 2º Reconhecida a competência do foro indicado pelo réu, o juízo para o qual for distribuída a contestação ou a carta precatória será considerado prevento.

§ 3º Alegada a incompetência nos termos do *caput*, será suspensa a realização da audiência de conciliação ou de mediação, se tiver sido designada.

§ 4º Definida a competência, o juízo competente designará nova data para a audiência de conciliação ou de mediação.

Art. 341. Incumbe também ao réu manifestar-se precisamente sobre as alegações de fato constantes da petição inicial, presumindo-se verdadeiras as não impugnadas, salvo se:

I – não for admissível, a seu respeito, a confissão;
II – a petição inicial não estiver acompanhada de instrumento que a lei considerar da substância do ato;
III – estiverem em contradição com a defesa, considerada em seu conjunto.

Parágrafo único. O ônus da impugnação especificada dos fatos não se aplica ao defensor público, ao advogado dativo e ao curador especial.

Art. 342. Depois da contestação, só é lícito ao réu deduzir novas alegações quando:

I – relativas a direito ou a fato superveniente;
II – competir ao juiz conhecer delas de ofício;
III – por expressa autorização legal, puderem ser formuladas em qualquer tempo e grau de jurisdição.

1. Observações. 2. Repetições. 3. Alterações. 4. Inovações.

1. Observações – A contestação é o mais importante de todos os atos que o réu pratica no processo porque, por meio dela, ele exerce o contraditório e o direito de ampla defesa, assegurados aos litigantes pela Constituição, no inciso LV do seu art. 5º. Da importância de tal peça fala também o art. 344, que, tal como o anterior art. 319, estatui que, na falta dela, se presumirão verdadeiras as alegações do autor. Além de esclarecer o juiz quanto aos fatos, a contestação também contribui para o julgamento dele, lembrando-lhe da lei aplicável, dando a ela sua interpretação, ancorada nas citações doutrinárias e na jurisprudência. Significativa a epígrafe do Capítulo II do Título VIII do Livro I do CPC anterior: "Da resposta do réu", pois a contestação é, por excelência, a peça pela qual o demandado reage à petição do demandante, até para concordar com ela (art. 487, III, *a*).

2. Repetições – Ao tratar da contestação, nos nove artigos, desdobrados em parágrafos, incisos e alíneas, do Capítulo VI do Título I do livro I da Parte Especial da Lei nº 13.105, o novo CPC repete vários dispositivos do Código anterior, que aqui apenas se apontam, pois não é propósito deste livro comentar cada norma do diploma, mas, quanto às repetições, somente indicá-las, remetendo o interessado à doutrina e jurisprudência construídas em torno delas.

Apontem-se, então, as repetições, a fim de que se possam consultar autores e tribunais sobre as normas e princípios repetidos.

O art. 336 do novo Código repete o art. 300 anterior com irrelevante troca da oração "compete ao réu" por "incumbe ao réu". O inciso I do art. 337 é igual ao inciso I do anterior art. 301. Iguais o inciso IV do mesmo artigo e o inciso III do art. 301, bem como o V ao IV, e o VI ao V. O VII é igual ao VI anterior; o VIII e o VII; o IX e o VIII, o IX e o VIII; o X e o IX; o XII e o XI. Iguais também os §§ 1º, 2º, 3º do art. 337 e os três primeiros do revogado art. 301. Coincidem ainda o art. 341 do Código de 2015 e seus incs. I, II e III e o *caput* e iguais itens do art. 302. Idênticos, por derradeiro, os arts. 342 e 303, gêmeos no *caput* e nos três incisos.

3. Alterações – Arrolam-se, neste item, os artigos que, no Código de 2015, se assemelham a dispositivos do Código de 1973.

O art. 335 se parece com o anterior art. 297, excluída, porém, a referência à exceção e à reconvenção deste último, embora também modalidades de resposta. Eliminou-se a oração "dirigida ao juiz da causa" porque ela pode ser oferecida noutro juízo, como mostra o art. 340. Também não fala em petição escrita porque entendeu que essa é a forma dos atos judiciais (v.g., art. 201), salvo expressa disposição contrária. O inciso I aparece novo no mesmo art. 335, já que o diploma anterior não legislou sobre audiência de conciliação ou mediação. No caso do inciso I, o prazo para contestar corre a partir da última sessão da audiência de conciliação, ou de mediação. Correrá todavia da última audiência de conciliação, se qualquer das partes a ela injustificadamente não comparecer (art. 334, § 8º). Não comparecendo autor ou réu por motivo justificado, o prazo começará a correr após a nova audiência de conciliação, ou da intimação do despacho de ciência de que nova conciliação não se realizará. Realizada a audiência sem autocomposição, o prazo para contestar conta-se da data de encerramento da audiência. Se a autocomposição for parcial, a contestação tratará da parte excluída do acordo.

Se ambas as partes, conjuntamente, manifestarem desinteresse pela conciliação ou mediação, o prazo para contestar se contará a partir da data do protocolo dessa manifestação compartilhada. Se o desinteresse for manifestado só pelo réu, o prazo se contará da manifestação dele, ainda quando a do autor se fizer posteriormente, pois a lei não prevê esta hipótese. Se o litisconsórcio for passivo, cada réu poderá manifestar, isoladamente, o seu desinteresse. Neste caso, conforme o § 1º do art. 335, o prazo começa a correr para cada réu, a partir do protocolo do seu pedido de cancelamento da audiência (art. 334, § 5º), ainda que seus litisconsortes manifestem seu desinteresse em momento posterior.

Consoante o inciso III desse art. 335, não ocorrendo a hipótese dos parágrafos antecedentes, o prazo para contestar conta-se da citação e será computado de acordo com o art. 231, seus incisos e parágrafos (q.v.).

O § 2º do art. 335 contempla a hipótese de que não haja conciliação nem mediação por inadmissível a autocomposição (inc. II do § 4º do art. 334). Nesse caso, o juiz não designará a audiência de conciliação, ou mediação, prevista no art. 334, ou a designará de modo ineficaz. Numa dessas hipóteses, se houver litisconsórcio ativo, um dos litisconsortes poderá desistir da ação contra qualquer réu inclusive o que ainda não houver sido citado, nem comparecido espontaneamente. Desistindo o autor da ação contra este, ainda não integrado à relação processual pela citação ou comparecimento, o prazo para a resposta, óbvio que de cada um dos demais réus, começará, diz o parágrafo, "da intimação da decisão que homologou a desistência". Essa intimação, feita pelos meios admissíveis, é do autor e dos demais réus já presentes no processo. Se estes se encontrarem na situação prevista no art. 229, o prazo se contará em dobro. Se os litisconsortes remanescentes tiverem o mesmo procurador, ou procuradores do mesmo escritório, o prazo não se duplicará e, evidentemente, será um só se sobrar apenas um réu.

Os arts. 336 e 300 dos dois Códigos são iguais, salvo uma substituição, naquele, de **compete** por **incumbe**, troca anódina.

Os *capita* dos arts. 337 e 301 também se igualam, salvo na oração "compete-lhe porém", substituída por "incumbe ao réu". O novo Código teria trocado pelo verbo **incumbir** o verbo **competir** porque tomou este em acepção ligada ao conceito técnico de competência, olvidando contudo que competir, como ensinam os léxicos, também se usa no sentido de caber, ou, no texto, dever, poder.

Parecem-se o § 5º do art. 337 e o § 4º do revogado art. 301. Mudou-se a expressão "compromisso arbitral", usada neste, por "convenção de arbitragem", que compreende a cláusula compromissória e o compromisso arbitral.

Assemelham-se o parágrafo único do art. 341 e igual parágrafo do art. 302 distinguindo-se, naquele, a referência ao defensor público e ao órgão do Ministério Público.

4. Inovações – Não são muitas, nem substanciosas, as inovações trazidas pelo CPC de 2015 à disciplina da contestação, nada distante da que o diploma anterior deu ao instituto.

No item acima, já se pusseram notas ao § 1º do art. 335, sem correspondência no Código anterior. Por igual, já se falou, no mesmo item, sobre os incisos e parágrafos do artigo.

Aparece, no inciso II do art. 337, alusão à incompetência relativa, que não mais se argui por exceção, como previsto no art. 112 da antiga lei, mas como preliminar da contestação (art. 64). Não arguída a incompetência relativa como preliminar da contestação, a competência se prorroga, tornando-se competente o juízo ou juiz relativamente incompetente.

No inciso III, está estabelecido que o réu deve alegar, na contestação, a incorreção do valor da causa, isto é, a fixação dele em distonia dos critérios do art. 292. O art. 293 autoriza o réu a impugnar o valor na contestação, em preliminar dessa resposta. Não o fazendo, haverá preclusão do direito de impugnação do demandado.

O inciso XI do art. 337 fala em ausência de legitimidade ou de interesse processual, ao passo que o inciso X do art. 301 falava em carência da ação, situação idêntica. O inciso VI do art. 485, seguindo pronunciamento doutrinário italiano, retira das condições da ação a possibilidade jurídica. Entretanto, a impossibilidade jurídica pode ser arguida, na contestação, com a alegação de inépcia da inicial (inc. I do parágrafo único do art. 295). O juiz pode, de ofício, extinguir o processo pela impossibilidade jurídica (art. 485, § 3º), já que o inciso VI não exaure as condições da ação, conforme reconhecia o inciso VI do revogado art. 267, ao empregar a conjunção conformativa **como**.

O inciso XIII do art. 337 manda o réu alegar, em preliminar da contestação, a concessão ao autor ou a litisconsorte do benefício da gratuidade. Assim permitindo, o inciso impede a preclusão da decisão concessiva dessa vantagem.

Aparece novo, na formulação, o § 6º do art. 337. Ele dispõe que, se o réu não alegou a convenção de arbitragem, o juiz não poderá declará-la de ofício, extinguindo o processo, como previsto no inciso VII do art. 485. A norma já estava no § 3º do art. 267 do Código anterior. A falta da alegação da convenção de arbitragem leva à presunção absoluta que, tal como o autor desistiu do juízo arbitral, indo ao juízo regular, também o fez o réu, implícita mas inequivocamente, deixando de opor-se à iniciativa do demandante.

O art. 338 do novo Código e seu parágrafo único trazem uma inovação e um absurdo. O inciso VI do art. 485 determina a resolução (ou seja, a extinção) do processo por sentença terminativa, isto é, sem julgamento do mérito, na falta de legitimidade, que pode ser ativa ou passiva. O art. 338, fiel ao princípio do aproveitamento dos atos processuais, cria um sistema singular: se, na contestação, o réu alega a sua ilegitimidade, o juiz decidirá, ou não, da procedência dessa alegação. Se a rejeitar, o réu permanecerá no processo, nada obstando a que, posteriormente, em qualquer tempo o próprio juiz, ou o tribunal declare essa falta de legitimidade passiva (arts. 3º, 485, § 3º, 351). Enfatize-se que a mera alegação do réu não permite, por si só, a aplicação da norma do art. 338. Será preciso que o juiz declare a falta dessa condição, inadmissível que a simples afirmação do réu consubstancie a ausência dela. O reconhecimento dessa falta pode ser implícito, o que acontecerá pela só decisão que dê ao autor a faculdade prevista no dispositivo.

Acolhida a alegação do réu, feita na contestação, e só nela, não se admitindo a aplicação do artigo se, como é possível, a alegação se fizer noutro momento (art. 485, § 3º), o juiz abre ao autor a faculdade (*rectius*, o direito) de alterar a inicial, indicando outro réu, em substituição do ilegítimo. Não se trata, a toda evidência, de substituição processual passiva (art. 18) mas, bem examinado o artigo, de extinção do processo contra o réu cuja ilegitimidade foi declarada. A indicação de outro réu, apontado pelo contestante, ou da livre escolha do autor, constitui a propositura de outra ação, esta contra o novo réu. Na hipótese de litisconsórcio necessário passivo, basta que a alegação parta de um dos litisconsortes. Se o litisconsórcio for facultativo, basta a acolhida da alegação de um litisconsorte para a substituição dele por outro. Vale a pena o exemplo: afirmando, na inicial, a existência de três devedores solidários, o autor propõe a ação contra dois deles, um dos quais argui com êxito a sua ilegitimidade. Isto permitiria ao autor a propositura da ação contra o devedor solidário excluído da propositura original.

O art. 338 considera duas situações. Na primeira, o réu alega, por qualquer motivo, a sua ilegitimidade. Na segunda, o réu alega não ser ele o responsável pelo prejuízo (*rectius*, pelo dano). Se o réu negar a sua responsabilidade, a acolhida dessa negativa implicará, tecnicamente, a improcedência do pedido formulado contra ele, acontecendo o mesmo, se ele indicar outra pessoa como responsável pelo ressarcimento, hipótese em que haverá quadro semelhante à nomeação à autoria, prevista nos arts. 62 a 69 do Código anterior, sem que ocorram contudo as situações mencionadas nos revogados arts. 62 e 63. Acrescente-se que, na oração alternativa "ou não ser o responsável pelo prejuízo invocado", o artigo adotou, corretamente, a teoria da asserção, conforme a qual para a configuração da legitimidade basta a coincidência entre o esquema da lei e o apresentado na petição inicial, independentemente da efetiva ocorrência da situação nela descrita.

O art. 338 determina ao juiz que faculte ao autor a substituição aludida nesse dispositivo. Contudo, não o obriga a promovê-la, eis que a ação se rege pelo princípio dispositivo, cabendo exclusivamente ao autor escolher contra quem a proporá, ou deixará de propor. O autor dispõe de quinze dias para promover a substituição. Se não a fizer, o processo ficará extinto sem julgamento do mérito, no caso de ilegitimidade, ou com esse julgamento, na hipótese de improcedência do pedido de reparação do prejuízo, ou, ajunte-se por oportuno, do pedido de declaração do respectivo crédito (arts. 485, VI ou 487, I).

Como a declaração de ilegitimidade ou o julgamento de improcedência acarretam a sucumbência do autor, é natural que, pelo fato objetivo da derrota, ele reembolse o réu excluído as despesas por ele eventualmente feitas e pague honorários ao seu procurador. O absurdo está na determinação do parágrafo de que os honorários sejam fixados entre três e cinco por cento do valor da causa. Só quem desconhece a realidade forense, ou não se lembra dela, ignora que o valor da causa pode ascender a somas vertiginosas. Nesse caso, a estipulação dos honorários pode ser impugnada como afrontosa dos princípios constitucionais da proporcionalidade e razoabilidade, inerentes ao devido processo legal (CF, art. 5º, LIV). Na oração gerundial que conclui o parágrafo, o demonstrativo **este** alude ao valor da causa. Irrisório este valor, na acepção que a doutrina e os tribunais dão a esse adjetivo, os honorários são estipulados, não em função dele, mas em quantia fixa, nos termos do § 8º do art. 85.

Deveras problemática é a inovação trazida pelo art. 339 e seu § 2º. Pode acontecer que o réu, arguente da sua ilegitimidade, ou da sua desobrigação de ressarcir o prejuízo, conheça, não importa o motivo, a relação jurídica da qual exsurgiu a pretensão e na qual se fundou o pedido do autor. Conhecendo essa relação jurídica, o réu deve indicar, no processo, a pessoa que o deverá substituir, como previsto no *caput* do art. 338. Não o fazendo, praticará, nos termos do art. 339, um ilícito processual. Neste caso, ele arcará com as despesas processuais, entendidas como os gastos do autor com a propositura da ação contra ele. Demais disso, o réu, segundo a última proposição do artigo, indenizará o autor dos prejuízos decorrentes da falta da indicação do sujeito passivo da relação jurídica discutida. Aqui, surgem os problemas, o primeiro dos quais consiste em estabelecer o modo de pedir a indenização. Não será possível, decerto, criar no processo uma ação incidental, destinada à obtenção do ressarcimento, que, então, se pedirá em ação própria, do autor contra o réu desobediente do preceito. Nesta ação, se identificará a relação jurídica discutida, se determinará qual o sujeito passivo dela, se mostrará que o réu poderia apontá-lo, se provarão os prejuízos do autor, causados pela inércia do réu.

O § 1º do art. 339 assemelha-se, no conteúdo, ao art. 338 e seu parágrafo único, valendo, por isto, as observações já feitas sobre eles.

O § 2º do art. 339, que, pela colocação, complementa o *caput* do dispositivo, e só se aplica quando ele incidir, cria para o autor faculdade de substituir o réu primitivo, como consta do art. 338, mas também de trazer o indicado ao processo, para ali permanecer, na qualidade de litisconsorte de quem o indicar. Estranhável a situação criada pelo § 2º porque permite que permaneça no processo, como litisconsorte do indicado, o indicador, paradoxalmente reconhecido como parte ilegítima. A inclusão de que trata o parágrafo não é alteração, como nele se diz, porém aditamento.

Já se fizeram, no item 2 ("Exceção de incompetência absoluta e relativa"), as anotações ao art. 340 e seus parágrafos.

Capítulo VII

Da Reconvenção
(art. 343)

Art. 343. Na contestação, é lícito ao réu propor reconvenção para manifestar pretensão própria, conexa com a ação principal ou com o fundamento da defesa.

§ 1º Proposta a reconvenção, o autor será intimado, na pessoa de seu advogado, para apresentar resposta no prazo de 15 (quinze) dias.

§ 2º A desistência da ação ou a ocorrência de causa extintiva que impeça o exame de seu mérito não obsta ao prosseguimento do processo quanto à reconvenção.

§ 3º A reconvenção pode ser proposta contra o autor e terceiro.

§ 4º A reconvenção pode ser proposta pelo réu em litisconsórcio com terceiro.

§ 5º Se o autor for substituto processual, o reconvinte deverá afirmar ser titular de direito em face do substituído, e a reconvenção deverá ser proposta em face do autor, também na qualidade de substituto processual.

§ 6º O réu pode propor reconvenção independentemente de oferecer contestação.

1. Observações. 2. Ajuizamento. 3. Pressupostos. 4. Litisconsórcio na Reconvenção. 5. Procedimento. 6. Extinção da Ação ou da Reconvenção. 7. Substituição Processual.

1. Observações – Apenas aparentemente, o novo Código disciplinou, num único artigo, o instituto regulado em quatro artigos pelo diploma anterior. Entretanto, postas frente a frente essas duas leis, vê-se que a nova desdobrou em seis parágrafos o que a anterior dividiu em dispositivos diferentes. Considerações doutrinárias, impróprias aqui, considerado o propósito deste trabalho, diriam que o art. 343 e seus parágrafos mostram que a ação e a reconvenção constituem ambas e cada uma delas uma ação, cuja propositura desencadeia um processo, que se desenvolve em conjunto, no que, formalmente, é uma só relação processual. Enganosa seria, porém, a ideia de que ação e reconvenção formam, na substância, um processo único. Isto não ocorre, bastando observar que, como mostra o § 2º do art. 343, extinto somente o processo da ação, o da reconvenção subsiste. Existe, aliás, como logo se falará, na anotação a esse dispositivo, o problema da recorribilidade na situação da qual ele trata (item 6, *infra*).

2. Ajuizamento – Enquanto o revogado art. 315 preceituava que o réu poderia reconvir ao autor, no mesmo processo, o *caput* do art. 343 pretende ser mais preciso. Pelo adjunto adverbial de lugar "na contestação", que lhe abre o texto, o artigo, numa interpretação literal, perigosa como as do gênero, diria que a reconvenção deve ser proposta dentro da contestação, constituindo um capítulo dela, parte da mesma peça, como por exemplo, acontece com qualquer das hipóteses do art. 337. Não é assim. Dizendo que é lícito ao réu propor reconvenção na contestação, quer o *caput* do artigo que ela seja proposta junto com a contestação, simultaneamente à apresentação desta resposta. Demonstra, vigorosamente, que a reconvenção não é parte da contestação o § 6º do mesmo art. 343, quando permite a propositura da reconvenção, independentemente do oferecimento da contestação. Entenda-se, por conseguinte, que a contestação e a reconvenção devem ser manifestadas no mesmo momento, mas em petições distintas, separadas até para visíveis fins práticos.

Sendo a reconvenção uma ação, como é da sua natureza e no *caput* do art. 343 e nos seus apêndices se vê, a petição que a ajuíza é petição inicial que deve observar, *mutatis mutandis*, o art. 319.

3. Pressupostos – Fala o *caput* do art. 343 na propositura de reconvenção, "para manifestar pretensão própria", isto é, do próprio reconvinte, usado o substantivo no significado do pedido, que traduz, no todo ou em parte, pretensão do réu. A norma deixa claro que o réu não pode reconvir ao autor, pleiteando direito alheio, como substituto processual (art. 18). Acionado, entretanto, numa das raras hipóteses de substituição processual passiva, o réu pode reconvir ao autor como substituto, pleiteando direito alheio.

É preciso que a reconvenção seja ação conexa com a ação principal, proposta pelo autor reconvindo, ou, então, que a reconvenção seja conexa com o fundamento da defesa (v.g., sustentou-se, na contestação, a improcedência do pedido de prestação estipulada num contrato, alegando-se a nulidade dele e se reconveio, pedindo-se a decretação dessa nulidade por sentença). Sobre a exigência de conexão da reconvenção com a ação principal ou com o fundamento da defesa, requisitos já constantes do art. 315 do CPC de 1973, vejam-se a jurisprudência e a doutrina desse dispositivo.

Ação como outra qualquer, o pedido feito na reconvenção pode ser formulado em ação própria. A reconvenção deve atender as condições da ação e satisfazer os respectivos pressupostos processuais.

4. Litisconsórcio na reconvenção – Se houver pluralidade de réus, cada um desses litisconsortes passivos poderá reconvir, individualmente, sem depender da aquiescência dos demais (art. 117) que, entretanto, serão intimados da iniciativa do reconvinte (art. 118). Nesse caso, a eficácia da coisa julgada cai nos domínios do art. 506 (q.v.). Necessário o litisconsórcio passivo, qualquer dos litisconsortes pode reconvir, conquanto a natureza da reconvenção ou a lei não impuserem, para a reconvenção, litisconsórcio necessário ativo.

Os §§ 3º e 4º do art. 343 cuidam, respectivamente, da pluralidade de sujeitos no polo passivo e no polo ativo da reconvenção.

Sendo a reconvenção uma ação, ela, como qualquer outra ação, pode ser proposta contra o autor reconvindo, que é réu na reconvenção, e terceiro, estranho ao processo principal, desde que atendido o *caput* do art. 343. É o que preceitua o § 3º, que trata da hipótese em que o autor da ação principal será reconvindo e o terceiro, apenas réu da reconvenção, nada importando contudo que a este se estenda o *nomen iuris* daquele. Para ilustrar o § 3º, imagine-se o caso em que, acionado por um dos credores de obrigação contratual solidária, o réu peça a nulidade do contrato, em reconvenção proposta, simultaneamente, contra o autor da ação principal e os demais credores solidários, terceiros, pela ausência, em relação ao processo da ação principal.

O § 4º do art. 343 trata da situação inversa à do § 3º. Permite que a reconvenção seja proposta pelo réu em litisconsórcio com terceiro. Este não será reconvinte mas só litisconsorte dele. Para aproveitar o exemplo dado na nota ao § 3º, suponha-se que o reconvinte reconvenha, pedindo a nulidade do contrato junto com um dos devedores solidários da relação contratual contra quem, entretanto, o reconvindo não moveu a ação que propôs.

5. Procedimento – Repita-se que a reconvenção é uma ação, como se extrai também do § 6º do art. 343. Ajuizada, a relação processual que ela inaugura se desenvolve como os processos em geral, adaptado o procedimento à coexistência dela com a ação principal.

Ajuizada a reconvenção, o juiz, deferindo a inicial, que a veicula, mandará intimar o autor para respondê-la, no prazo de quinze dias. Essa intimação, que se faz na pessoa do advogado do autor, ou do próprio demandante, eventualmente desassistido, tem natureza de citação porque integra o reconvindo no processo reconvencional. Se a reconvenção for proposta também contra terceiro (art. 343, § 3º), ele será citado, nos termos das normas reguladoras dessa comunicação.

Desenvolvendo-se, conjuntamente, a ação principal e a reconvenção, podem-se proferir decisões comuns a ambas, porque muitos atos integram, a um só tempo, o processo de cada uma. Podem ser julgadas na mesma sentença, em capítulos distintos, admitindo-se que um deles extinga o processo da ação principal sem julgar-lhe o mérito e o outro julgue o mérito da reconvenção, ou vice-versa. Caberá apelação de qualquer dos capítulos dessa sentença (art. 1.009), ainda que, para esse fim, se dupliquem os autos, o que será desnecessário no processo eletrônico (veja-se o item 6, *infra*).

Tal como o velho, o novo Código não permite reconvenção na reconvenção, o que seria incompatível com a estrutura do processo e o modo pelo qual ele se desenvolve. Não existindo norma permissiva, a errônea reconvenção do reconvindo ou do terceiro com ele acionado levaria ao indeferimento da respectiva inicial (arts. 330, I e § 1º, IV e 343, que só admite reconvenção com a contestação da ação principal).

6 Extinção da Ação ou da Reconvenção – Acertadamente, o novo Código não repetiu o art. 318 do anterior, que mandava julgar a ação e a reconvenção na mesma sentença. Possível esse julgamento, em virtude do caminhar conjunto dos processos da ação principal e da ação reconvencional, ele não é nem pode ser obrigatório. Eficaz a desistência da ação principal, ou da reconvenção, prossegue aquela não abrangida pela decisão homologatória, referida no inciso VIII do art. 485.

Resta cuidar da recorribilidade da sentença terminativa, que homologa a desistência da ação principal, ou, por outro motivo, extingue o seu processo sem julgamento do mérito (art. 485, inciso I e demais) situações previstas no § 2º do art. 343. Apelável será tanto a sentença definitiva quanto a terminativa, que extinguir ambos os processos (art. 1.009). No entanto, se subsistir o entendimento da doutrina e da jurisprudência do Código anterior, a sentença extintiva só do processo principal, ou só da reconvenção, de modo que aquele ou esta prossigam (art. 343, § 2º) serão vistas como decisões interlocutórias. No Código de 1973, fiquei vencido e sozinho no entendimento de que a mencionada decisão, sendo sentença, era apelável, interposta a apelação em autos duplicados. No Código de 2015, se se tomar o pronunciamento como decisão interlocutória (art. 203, § 2º), ele será irrecorrível, já que não previsto entre os casos de agravo de instrumento do art. 1.015. Situação deveras esdrúxula porque da sentença extintiva do processo de qualquer ação (e a reconvenção ação é) cabe apelação, porém seria irrecorrível a sentença extintiva do processo principal a que se acoplou a reconvenção. Ilógica a situação, o remédio será conceder apelação desse julgado, duplicando-se os autos, para o processamento e julgamento dela, o que só será necessário no processo eletrônico.

Aplica-se a solução que se acaba de apontar a qualquer sentença, terminativa ou definitiva, que extinga só o processo principal ou somente a reconvenção. Nos casos dos §§ 3º e 4º do art. 343, se for tida como interlocutória a decisão de indeferimento da reconvenção contra terceiro ou de terceiro, o recurso seria de agravo de instrumento (art. 1.015, VII), conquanto o ato tenha natureza de sentença.

Se se entender irrecorrível a decisão extintiva só da reconvenção, ou da ação, incidirá o § 1º do art. 1.009.

7. Substituição Processual – No caso de substituição processual (art. 181), o reconvinte deve afirmar que tem direito, não contra o substituto, porém contra o substituído, a pessoa em cujo favor o substituto estiver demandando. Conforme a segunda parte do § 5º do art. 343, a reconvenção será proposta, não contra o substituído mas contra o substituto, embora a sentença seja eficaz quanto a aquele.

CAPÍTULO VIII

DA REVELIA
(ARTS. 344 A 346)

Art. 344. Se o réu não contestar a ação, será considerado revel e presumir-se-ão verdadeiras as alegações de fato formuladas pelo autor.

Art. 345. A revelia não produz o efeito mencionado no art. 344 se:
  I – havendo pluralidade de réus, algum deles contestar a ação;
  II – o litígio versar sobre direitos indisponíveis;
  III – a petição inicial não estiver acompanhada de instrumento que a lei considere indispensável à prova do ato;
  IV – as alegações de fato formuladas pelo autor forem inverossímeis ou estiverem em contradição com prova constante dos autos.

Art. 346. Os prazos contra o revel que não tenha patrono nos autos fluirão da data de publicação do ato decisório no órgão oficial.
  Parágrafo único. O revel poderá intervir no processo em qualquer fase, recebendo-o no estado em que se encontrar.

1. Observações. 2. Inovações.

1. Observações – Ao displinar a revelia, o novo Código pouco inovou em relação ao anterior. Dessarte, a doutrina e a jurisprudência dos arts. 319 a 322 do antigo diploma se aplicarão ao disposto no Código vigente.

O CPC de 2015 tratou da revelia nos arts. 344 a 346, e da não incidência dos efeitos dela, nos arts. 348 e 349, intrometendo entre eles o art. 347, voltado para a situação em que a revelia, ocorrente só pela falta da contestação (art. 344), não produz os efeitos oriundos dessa contumácia.

2. Inovações – O inciso III do art. 345 foi mais longe do que igual item do art. 320. Excluiu este os efeitos da revelia se a petição inicial da ação não estivesse acompanhada do instrumento público indispensável à prova do ato. Pela retirada do adjetivo **público** do texto da norma, o CPC de 2015 também poupa o revel do efeito da revelia se a inicial da ação não vier acompanhada do instrumento particular que a lei considera indispensável à prova do ato. Junto aos autos, por ordem do juiz, o documento faltante, não incidirá o inciso III, que se aplicará todavia se a juntada ocorrer depois de já aplicável o item pelo decurso do prazo para contestar a inicial desacompanhada.

O inciso IV do art. 346 é novidade. Ele exclui a presunção de veracidade das alegações de fato, feitas na inicial, ou em aditamento dela, se as alegações de fato forem inverossímeis, ou estiverem em contradição com prova constante dos autos físicos, ou eletrônicos. Sobre o conceito de verossimilhança, vejam-se a doutrina e a jurisprudência do art. 273 do Código anterior, não sendo exagerado repetir que inverossímil será a alegação que salta aos olhos como falsa, ilógica, que pareça insuscetível de comprovação. A determinação da falta de verossimilhança é casuística. Quanto à contradição entre a alegação e a prova constante dos autos, é preciso que a assertiva da inicial esteja em contradição com um ou mais documentos, sem que outros haja que lhe emprestem foros de veracidade. Assim, v.g., se se junta um documento manifestamente contrário à alegação, mas também outro, que aponte no sentido de sua veracidade, não se opera o inciso IV, cuja aplicação depende de inverossimilhança da alegação, sem que elemento exista nos autos que desconvença da sua falsidade, ou induza a dúvida quanto a ela.

A publicação a que se refere o art. 346, *caput*, poderá ser suprida pela ciência da parte, tomada em cartório, ou por qualquer meio válido de comunicação. O parágrafo único desse artigo coincide com o parágrafo único do art. 322, anterior.

CAPÍTULO IX

DAS PROVIDÊNCIAS PRELIMINARES E DO SANEAMENTO
(ARTS. 347 A 353)

Art. 347. Findo o prazo para a contestação, o juiz tomará, conforme o caso, as providências preliminares constantes das seções deste Capítulo.

1. Observações. 2. Providências Preliminares.

1. Observações – Enquanto o Capítulo IV do Título VIII do Livro I do CPC de 1973 tinha a epígrafe "Das providências preliminares", o Capítulo IX do Título I do Livro I da Parte Especial traz o título "Das Providências Preliminares e do Saneamento do Processo". Por saneamento entende-se o conjunto de providências destinadas a preparar o feito para a sentença, escoimando-o de vícios sanáveis, ou adotando medidas de consubstanciação do contraditório, nele compreendido o direito de ampla defesa. Na realidade, as providências de saneamento não se tomam apenas após o prazo da contestação, como reza o art. 347, mas ao longo de todo o desenrolar da relação processual.

Note-se que o novo Código suprimiu a pouco usada declaração incidente de que tratavam os arts. 5º, 325 e 470 do anterior. Se a parte quiser sentença com efeito de coisa julgada sobre a decisão da questão prejudicial, deverá pedi-la em reconvenção, ou em ação própria, proposta e processada em apenso do processo principal, a menos que o juiz não seja competente para julgar o pedido formulado. O autor pode também formular na inicial, pedido de sentença sobre a questão prejudicial, suscetível de fazer coisa julgada. Não assim o réu, na contestação, que é peça de dedução de toda a matéria de defesa (art. 336) mas não de pedido de declaração incidental.

2. Providências Preliminares – As medidas de que tratam as três seções do Capítulo IX são chamadas "providências preliminares" porque preparam o processo para a sentença. Constituem, assim, atos que antecedem a sentença, praticados para criar uma situação processual propícia à prolação dela. Atente-se porém no fato de que são preliminares todas as providências tomadas antes da sentença, e não só aquelas indicadas nos arts. 348 a 353. Assim, por exemplo, a inspeção judicial determinada de ofício (art. 481).

Seção I
Da não Incidência dos Efeitos da Revelia
(arts. 348 e 349)

Art. 348. Se o réu não contestar a ação, o juiz, verificando a inocorrência do efeito da revelia previsto no art. 344, ordenará que o autor especifique as provas que pretenda produzir, se ainda não as tiver indicado.

Art. 349. Ao réu revel será lícita a produção de provas, contrapostas às alegações do autor, desde que se faça representar nos autos a tempo de praticar os atos processuais indispensáveis a essa produção.

    1. Sem Efeitos.

1. Sem Efeitos – Os arts. 348 e 349 tratam ambos da prova, quando não se verificarem os efeitos da revelia (arts. 344 e 345). O art. 348 do novo Código é semelhante ao art. 324 do anterior, a cuja doutrina e jurisprudência se deve recorrer, com a diferença de que o juiz não determina que o autor especifique apenas as provas que pretenda produzir na audiência, mas as provas que pretende produzir no processo, na audiência, ou em momento anterior. Note-se que o inciso VI do art. 319 manda que o demandante indique as provas com que pretende demonstrar a verdade dos fatos. Se o autor não preencher esses requisitos, nem o juiz determinar que o faça, ou se abstiver de indeferir a inicial (art. 321 e parágrafo único), o autor poderá corrigir o defeito, desde que, revel o demandado, a revelia não produza os efeitos gerados por ela. Nesse caso, o autor poderá pedir a produção de provas, ou de prova que não haja indicado na inicial. O autor pode pedir prova a qualquer momento, desde que o requeira justificadamente, mostrando que ela contribuirá para o convencimento do juiz (art. 370).

O art. 349 também permite ao réu pedir a produção de prova, desde que, incorrendo em revelia, ela não produza efeito. Esse requerimento terá que ser feito pelo réu revel, diz o artigo, "a tempo de praticar os atos processuais indispensáveis a essa produção". Esses atos são os que se praticam em preparação à produção da prova, como a nomeação de perito e indicação de assistente técnico (art. 465 e § 1º, II). A oração "a tempo de praticar" impõe que os atos preparatórios da colheita da prova se possam praticar antes que o processo esteja em condições de receber sentença, como previsto no art. 354. As provas requeridas pelo réu revel têm que se destinar à contradita das alegações do autor, e não a comprovar fatos que ele poderia alegar na contestação.

Seção II
Do Fato Impeditivo, Modificativo ou Extintivo do Direito do Autor
(art. 350)

Art. 350. Se o réu alegar fato impeditivo, modificativo ou extintivo do direito do autor, este será ouvido no prazo de 15 (quinze) dias, permitindo-lhe o juiz a produção de prova.

1. Fatos Obstativos.

1. Fatos Obstativos – O art. 350 do novo Código repete o art. 326 do antigo, quando trata do fato impeditivo, modificativo, ou extintivo do direito do autor, convindo, por isto, recorrer à doutrina e à jurisprudência deste último dispositivo para entender o que sejam esses fatos, já que esta obra, se se permite a repetição, se volta apenas para as inovações. Não é necessário que, como exigia a norma anterior, o réu reconheça o direito do demandante. Dispensa-se o reconhecimento do fato no qual se fundou a ação para que o réu lhe possa opor outro, impeditivo, modificativo ou extintivo do direito afirmado. O réu pode alegar qualquer desses fatos, em conjunto ou separadamente, não apenas na contestação, mas em qualquer momento em que o autor alegar o fato ao qual se irá opor o fato obstativo. Precluso o direito do autor de alegar o fato, o réu lhe oporá a preclusão, como fato extintivo, para dar um exemplo. Suscitado pelo réu o fato impeditivo, modificativo ou extintivo, dar-se--á ao autor o prazo de quinze dias para manifestar-se sobre a alegação, atendendo-se assim ao contraditório e à garantia da ampla defesa, assegurada pelo inciso LV do art. 5º da Constituição Federal.

A oração gerundial, que conclui o art. 350, autoriza o juiz a permitir ao autor que produza prova, tanto do fato alegado por ele próprio ou do fato alegado em réplica à alegação do réu. Essa prova produz-se pelos meios admitidos, inclusive em audiência, designada, incidentalmente, para tal fim, nada impedindo que ela se faça na audiência de instrução e julgamento.

A igualdade de tratamento, assegurada às partes pelo inciso I do art. 139 do novo Código, permite ao réu produzir, por qualquer meio, a prova de fato que se pode chamar, em termos genéricos, de obstativo.

A omissão do réu em opor ao fato alegado pelo autor outro fato, impeditivo, modificativo ou extintivo do direito, não obriga o órgão jurisdicional a acolher o fato invocado como fundamento da ação.

Seção III
Das Alegações do Réu
(arts. 351 a 353)

Art. 351. Se o réu alegar qualquer das matérias enumeradas no art. 337, o juiz determinará a oitiva do autor no prazo de 15 (quinze) dias, permitindo-lhe a produção de prova.

Art. 352. Verificando a existência de irregularidades ou de vícios sanáveis, o juiz determinará sua correção em prazo nunca superior a 30 (trinta) dias.

Art. 353. Cumpridas as providências preliminares ou não havendo necessidade delas, o juiz proferirá julgamento conforme o estado do processo, observando o que dispõe o Capítulo X.

1. Réplica. 2. Saneamento. 3. Julgamento.

1. Réplica – O art. 351 disse menos do que pretendeu. Não é só quando o réu alegar as matérias arroladas no art. 337 que o juiz determinará a oitiva do autor, no prazo de quinze dias, mas diante de qualquer outro fato, como os referidos no art. 350. Essa manifestação do autor chama--se **réplica** e a ela podem seguir a tréplica do réu e a quadrúplica do autor, e assim ilimitadamente, se o exigir o contraditório. Sobre a possibilidade de produção de prova, atente-se no que se disse na pertinente nota ao art. 350.

2. Saneamento – Incumbe ao órgão jurisdicional preparar o processo para o julgamento. Para atingir essa finalidade, o juiz de qualquer grau mandará corrigir alguma irregularidade a expungir os vícios suscetíveis de emenda. O prazo para cumprimento dessa determinação é de trinta dias, sujeito todavia às regras governantes da contagem dos prazos (art. 218 e ss.). Não cumprida essa ordem, o juiz extinguirá o processo sem julgamento do mérito (v.g., art. 13, I).

3. Julgamento – Cumpridas as providências ou não havendo necessidade delas, o art. 353 ordena ao juiz que profira o julgamento conforme o estado do processo, de acordo com o Capítulo X.

As notas às seções do Capítulo X tratarão das modalidades desse julgamento.

Capítulo X

Do Julgamento Conforme o Estado do Processo
(arts. 354 a 357)

1. Modalidades.

1. Modalidades – O princípio processual da celeridade (art. 139, II), também uma garantia constitucional (CF, art. 5º, LXXVIII) determina que se sentencie sem delongas, tão logo o feito alcance as condições de seu julgado, em qualquer instância. Não há mais tempo para atos inúteis, como ocorria, por exemplo, na vigência do Código de Processo Civil de 1939, quando se realizava uma audiência sem qualquer finalidade ou proveito, à qual compareciam apenas os advogados que se limitavam a reportar-se à matéria constante dos autos, pedindo, conforme o caso, a procedência ou improcedência da ação. Era a "audiência de reportagem", no pitoresco dialeto forense.

A processualística contemporânea escoimou o processo desses atos inúteis, determinando que ele seja julgado tão logo a proferição da sentença se torne possível. O Código de Processo Civil de 1973 precoce e desnecessariamente extinto na quase totalidade, tratou com acerto do julgamento conforme o estado do processo, no Capítulo V do Título VIII do seu Livro I (arts. 329 a 331), de cuja doutrina e jurisprudência se pode valer, pela semelhança da estrutura e dos dispositivos, alguns destes meras repetições do diploma anterior.

Vê-se, nas quatro seções constitutivas do Capítulo X, que o julgamento conforme o estado se efetiva (a) pela extinção do processo (art. 354); (b) pelo julgamento antecipado do mérito (art. 355); (c) pelo julgamento antecipado parcial do mérito (art. 356). Acrescente-se que o julgamento em audiência (arts. 357, § 3º, e 366) é também modalidade de julgamento conforme o estado do processo, já que ela se realiza pela necessidade de se trazerem aos autos elementos destinados à compreensão da causa e à convicção do juiz.

Seção I

Da Extinção do Processo
(art. 354)

Art. 354. Ocorrendo qualquer das hipóteses previstas nos arts. 485 e 487, incisos II e III, o juiz proferirá sentença.

Parágrafo único. A decisão a que se refere o *caput* pode dizer respeito a apenas parcela do processo, caso em que será impugnável por agravo de instrumento.

1. Observações.

1. Observações – O art. 329 do Código anterior determinava o julgamento de extinção do processo, ocorrendo qualquer das hipóteses dos arts. 267 e 269, II a V. O *caput* do art. 354 remete aos arts. 485 e 487, II e III, determinando que, nas hipóteses dessas normas, se profira sentença terminativa, ou definitiva.

O parágrafo único do art. 354 permite que se julgue o processo apenas parcialmente. Dessarte, o juiz pode proferir sentença extinguindo parte do processo sem julgamento do mérito, ou parte do processo com julgamento do mérito. Assim, por exemplo, faltando ao autor interesse processual para um dos pedidos, o juiz extinguirá o processo quanto a este, mandando prosseguir o feito para a apreciação de um pedido ou de outro. *Idem*, se, no processo, o autor pedir a condenação do réu a duas prestações, formulando dois pedidos, um deles manifestamente improcedente. O parágrafo permite, em suma, o julgamento parcial. Nessa hipótese, o processo subsiste e prossegue para julgamento dos outros pedidos ou para a parte de um deles não coberta pela sentença.

Da sentença, que julga apenas uma parcela do processo, surge a situação semelhante à criada pela sentença que julgar, isoladamente, a ação ou a reconvenção, sem decidir ambas. No caso do julgamento parcelado, é recorrível a sentença que o proferir, mas por agravo de instrumento. Na última oração do parágrafo único do art. 354, o Código cria mais um caso de decisão impugnável por agravo de instrumento, excedente dos enumerados no art. 1.015. Assim faz, prejudicando o vencido que teria o direito de apelar, se a sentença houvesse apenas decidido a parte que julgou, sem que outra parcela ficasse na dependência de julgamento. Se a sentença da parcela for uma das decisões referidas no art. 1.015, o recurso de agravo de instrumento será fundado tanto no inciso pertinente do art. 1.015 quanto no parágrafo único do art. 354.

Seção II
Do Julgamento Antecipado do Mérito
(art. 355)

Art. 355. O juiz julgará antecipadamente o pedido, proferindo sentença com resolução de mérito, quando:
    I – não houver necessidade de produção de outras provas;
    II – o réu for revel, ocorrer o efeito previsto no art. 344 e não houver requerimento de prova, na forma do art. 349.

1. Observações.

1. Observações – Embora o verbo "resolveu" seja usado, como registram os dicionários das línguas de maior fluência, no sentido de decidir, e o substantivo "resolução" se empregue como sinônimo de decisão, aquele e este não têm sido frequentes no Direito Processual brasileiro. Resolver o mérito significa, pois, julgar o mérito, assim como resolução do mérito é a solução dele.

Mérito é o pedido formulado pelo autor da ação, pelo reconvinte, por terceiro interveniente. Para evitar a repetição do nome **pedido**, o art. 355 empregou o substantivo mérito. Diz-se definitiva a sentença de mérito, ainda quando sujeita à anulação, modificação ou confirmação pela via recursal. Indo a juízo, o requerente busca acolhida do pedido que formula. Isto nem sempre acontece porque o juiz pode encerrar o processo, esgotando a sua função, por sentença, ou acórdão terminativo. Só está obrigado a apreciar o mérito pela existência de uma situação processual que lhe permita fazê-lo.

Ao estatuir que o juiz julgará antecipadamente o pedido, resolvendo, isto é, decidindo o mérito, o art. 355 emprega o advérbio **antecipadamente** para indicar que, nas condições previstas nos seus dois incisos, se julga antes do momento reservado para essa decisão, no procedimento comum. Antecipar significa **pôr antes**.

Mais do que permitir, o Código manda ("julgará") que o juiz julgue o pedido do autor, em primeiro lugar, se, no entendimento dele, não houver necessidade de produção de outras provas, sejam quais forem, além das já produzidas no processo. Explícito, ou tácito o indeferimento de provas requeridas pela parte, ela pode, nos termos dos §§ 1º e 2º do art. 1.009, pedir ao tribunal a produção, cujo deferimento levará à decretação da nulidade da sentença, para que outra se profira. A prova se produzirá perante o juízo da sentença, não se tratando da diligência determinada pelo tribunal porque será elemento a ser considerado para o efeito de se produzir a sentença.

A primeira proposição do inciso II desse art. 355 abriga o inciso I porque, ocorrendo o efeito da revelia (art. 344), não haverá necessidade de prova, salvo no caso do art. 349, em que é permitida a produção dela para impugnar as alegações do autor. Acentue-se que a revelia, se leva à presunção de veracidade das alegações do autor, não acarreta a acolhida do seu pedido, embora a facilite. Imagine-se que o demandante requeira a usucapião de imóvel (Código Civil, art. 1.239), alegando que possui o bem há dois anos. A revelia dos réus leva à presunção da veracidade do tempo de ocupação, não porém à procedência do pedido pela insuficiência do prazo.

Seção III
Do Julgamento Antecipado Parcial do Mérito
(Art. 356)

Art. 356. O juiz decidirá parcialmente o mérito quando um ou mais dos pedidos formulados ou parcela deles:
I – mostrar-se incontroverso;
II – estiver em condições de imediato julgamento, nos termos do art. 355.
§ 1º A decisão que julgar parcialmente o mérito poderá reconhecer a existência de obrigação líquida ou ilíquida.
§ 2º A parte poderá liquidar ou executar, desde logo, a obrigação reconhecida na decisão que julgar parcialmente o mérito, independentemente de caução, ainda que haja recurso contra essa interposto.
§ 3º Na hipótese do § 2º, se houver trânsito em julgado da decisão, a execução será definitiva.
§ 4º A liquidação e o cumprimento da decisão que julgar parcialmente o mérito poderão ser processados em autos suplementares, a requerimento da parte ou a critério do juiz.
§ 5º A decisão proferida com base neste artigo é impugnável por agravo de instrumento.

1. Observações.

1. Observações – O art. 356 manda o juiz decidir, antecipadamente, um ou alguns dos pedidos do autor, ou de parte, ou partes de algum ou alguns desses pedidos. Pediram-se, então, v.g., a recomposição de uma estrada, um trator e uma safra de café e outra, de arroz. A sentença antecipada julgou o pedido de recomposição e o do trator mas não o da safra, ou julgou, quanto ao pedido desta, apenas a de café.

Os incisos I e II do art. 356 só permitem o julgamento do pedido incontroverso, isto é, aquele que não foi objeto de resistência do réu. Não se confunda todavia pedido incontroverso com o fato incontroverso a que alude o inciso III do art. 374, que usa o mesmo adjetivo do igual item do art. 334 do diploma anterior, a cuja doutrina e jurisprudência se deve recorrer.

Conforme o inciso II do art. 356, o juiz deve julgar o pedido, ou parte dele, se ocorrer, quanto ao pedido, ou quanto à parte dele, qualquer das situações previstas nos dois incisos do art. 355.

O § 1º do art. 356 permite que, no julgamento parcial, o juiz reconheça a existência de obrigação líquida ou ilíquida. Não se trata, porém, de reconhecer a obrigação como fundamento da sentença, o que é sempre possível. É preciso que haja pedido de reconhecimento, isto é, de declaração dessa obrigação e da sua natureza (art. 515, I).

Ao rezar que **a parte** poderá liquidar ou executar, desde logo (isto é, imediatamente após a proferição da sentença), a sentença proferida nos termos do § 1º, o § 2º dá exequibilidade a esse julgado sem contudo transformar a execução em definitiva. Isto só acontecerá na hipótese de trânsito em julgado da sentença de julgamento parcial do mérito, como está no § 3º. Atento aos problemas práticos que geraria a execução, se feita nos mesmos autos em que proferida a sentença, o § 4º permite a liquidação e a execução e o cumprimento, isto é, a execução, em autos apartados, cuja abertura dependerá de autorização do juiz que não poderá, no entanto, paralisar o processo para que se processem, nos autos principais, aqueles atos de efetividade. Consentidos a liquidação e o cumprimento nos mesmos autos, nada proíbe a abertura de autos isolados se aqueles autos se mostrarem sem espaço.

O § 5º do art. 356 confere agravo de instrumento como recurso da sentença de julgamento antecipado parcial do mérito. Cria assim mais um caso de agravo fora do âmbito do art. 1.015, quando fácil seria a apelação processada em autos apartados, compostos das peças necessárias ao julgamento do recurso. Se isto acontecerá na formação do agravo de instrumento, porque não pode ocorrer em autos suplementares, a fim de que não se instituam dois recursos (apelação e agravo) para impugnar decisões de mérito?

Seção IV
Do Saneamento e da Organização do Processo
(Art. 357)

Art. 357. Não ocorrendo nenhuma das hipóteses deste Capítulo, deverá o juiz, em decisão de saneamento e de organização do processo:

I – resolver as questões processuais pendentes, se houver;

II – delimitar as questões de fato sobre as quais recairá a atividade probatória, especificando os meios de prova admitidos;
III – definir a distribuição do ônus da prova, observado o art. 373;
IV – delimitar as questões de direito relevantes para a decisão do mérito;
V – designar, se necessário, audiência de instrução e julgamento.

§ 1º Realizado o saneamento, as partes têm o direito de pedir esclarecimentos ou solicitar ajustes, no prazo comum de 5 (cinco) dias, findo o qual a decisão se torna estável.

§ 2º As partes podem apresentar ao juiz, para homologação, delimitação consensual das questões de fato e de direito a que se referem os incisos II e IV, a qual, se homologada, vincula as partes e o juiz.

§ 3º Se a causa apresentar complexidade em matéria de fato ou de direito, deverá o juiz designar audiência para que o saneamento seja feito em cooperação com as partes, oportunidade em que o juiz, se for o caso, convidará as partes a integrar ou esclarecer suas alegações.

§ 4º Caso tenha sido determinada a produção de prova testemunhal, o juiz fixará prazo comum não superior a 15 (quinze) dias para que as partes apresentem rol de testemunhas.

§ 5º Na hipótese do § 3º, as partes devem levar, para a audiência prevista, o respectivo rol de testemunhas.

§ 6º O número de testemunhas arroladas não pode ser superior a 10 (dez), sendo 3 (três), no máximo, para a prova de cada fato.

§ 7º O juiz poderá limitar o número de testemunhas levando em conta a complexidade da causa e dos fatos individualmente considerados.

§ 8º Caso tenha sido determinada a produção de prova pericial, o juiz deve observar o disposto no art. 465 e, se possível, estabelecer, desde logo, calendário para sua realização.

§ 9º As pautas deverão ser preparadas com intervalo mínimo de 1 (uma) hora entre as audiências.

1. Observações. **2.** Saneamento e Organização. **3.** Despacho Saneador. **4.** Questões Pendentes. **5.** Delimitações. **6.** Esclarecimentos e Ajustes. **7.** Ônus da Prova. **8.** Delimitação Consensual. **9.** Audiências. **10.** Testemunhas e Perícia. **11.** Observação Complementar.

1. Observações – A importância da Seção IV do Capítulo X do Título I do Livro I da Parte Especial e a importância das normas pertinentes ao saneamento e à organização do processo levam a desdobrar, em diferentes itens, marcados por rubricas específicas, os elementos constitutivos dessa parte do novo Código de Processo Civil.

2. Saneamento e Organização – O art. 357 começa pela gerundiva "não ocorrendo nenhuma das hipóteses deste Capítulo[...]". Assim, o artigo cria uma condicionante da incidência e aplicação das normas que edita. Elas somente se observam, se não for o caso dos julgamentos mencionados no art. 354, nem do julgamento antecipado total (art. 355), ou parcial do mérito (art. 356). Obviamente, quando se tratar do julgamento antecipado parcial do mérito, as regras constantes do art. 357 se aplicarão à parte não decidida.

Não ocorrendo qualquer das hipóteses dos arts. 354, 355 ou 356, o juiz procede ao saneamento e à organização do processo. Por saneamento deve-se compreender a atividade de expunção dos defeitos formais e substanciais do processo, da renumeração das folhas dos autos físicos, à regularização da representação das partes; do afastamento de um serventuário impedido (art. 148, II) à necessidade de suprimento da falta de manifestação do Ministério Público (art. 178). Por organização do processo entende-se a prática dos atos procedimentais de ordenamento do processo para criar uma situação propícia ao julgamento da lide.

3. Despacho Saneador – As providências enumeradas nos cinco incisos do art. 357 serão objeto de um ato decisório que, talvez, por força da tradição, seja chamado **despacho saneador**, conquanto seja, no sistema do Código, uma decisão interlocutória. Esse despacho não precisa ser único. As providências que o compõem podem ser determinadas separadamente. A decisão determinante de alguma delas será impugnável por agravo de instrumento, quando couber num dos incisos do art. 1.015. Também quanto a elas não se pode olvidar o § 1º do art. 1.009.

4. Questões Pendentes – A resolução de questões processuais pendentes, referida no inciso I, consiste em decisões sobre qualquer matéria que careça de deliberação, como a arguição de impedimento, ou de incompetência absoluta, a existência de nulidades, ou qualquer outra, seja ela qual for, pendente de deliberação.

5. Delimitações – O inciso II manda que, nesse ato, corretamente chamado decisão, no *caput* do art. 357, o juiz delimite as questões de fato sobre as quais devem recair as provas e a modalidade de produção delas. O juiz, então, determinará que as partes o convençam da veracidade de determinados fatos, ou atos, ou de qualquer aspecto deles. Determinará também o meio ou meios de prova destinados à demonstração desses eventos e de elementos da sua constituição, existência e extinção.

De igual modo, cumprindo o inciso IV do artigo, o juiz destacará as questões jurídicas relevantes para a resolução, isto é, o julgamento do mérito. Esse destaque destina-se a orientar as partes para os aspectos jurídicos a serem examinados. Pode o juiz determinar que, no prazo por ele fixado, as partes, ou uma delas, discorram, não sobre certo instituto, porém sobre o modo como ele se aplica a certa questão. Exemplos: o doador instituiu um fideicomisso, determinando que, por morte do donatário o bem doado passasse a outrem. Neste caso, a questão jurídica consistirá em saber se as leis e princípios que regem o instituto, inclusive na interpretação da jurisprudência e da doutrina, aprovam a substituição instituída. Convencionaram as partes, num contrato, a estipulação do preço da compra e venda pelo livre e exclusivo critério de um terceiro. Pediu-se a reintegração do locador na posse do imóvel pela falta do pagamento do aluguel pelo locatário. Nesses casos, a parte pode mencionar e interpretar a doutrina ou a jurisprudência para efeitos de repercussão delas na disputa.

6. Esclarecimentos e Ajustes – Da decisão que determinar a delimitação das questões de fato e das questões de direito não caberia recurso, ainda que fosse ilimitada a admissibilidade do agravo de instrumento, tal como no Código de 1973 (art. 522). Faltaria interesse recursal ao agravante, já que, conforme o § 1º do mesmo art. 357, as partes, qualquer delas, assim como os terceiros, podem pedir ao órgão jurisdicional que esclareça a extensão e abrangência do seu ato. Têm, ademais, o direito de solicitar ajustes dessa decisão, de modo a estendê-la, ou ampliá-la, ou então restringi-la. Da decisão desse pedido pode ser interposto agravo de instrumento, se ela couber no art. 1.015, ou a incidência do § 1º do art. 1.009.

Conforme o § 1º, pode-se pedir ao juiz que esclareça, por exemplo, se o perito médico deverá pronunciar-se sobre matéria exorbitante da sua especialidade, como quando a prova técnica pode indagar da existência de uma moléstia e também determinar a repercussão da doença no estado mental de uma pessoa. A solicitação de ajustes consistirá na adequação do ato decisório à realidade da causa pela inclusão de determinada matéria de fato ou de direito na delimitação dessas questões. O pedido de ajuste pode incluir questões de que não cogitou o saneamento.

O prazo para requerer esclarecimentos ou ajustes é de cinco dias, aplicáveis, a toda evidência, o art. 229 e as normas e princípios reguladores da contagem desse tempo.

Condutor do processo (art. 139, *caput*), o juiz pode alterar a delimitação, assim como a inversão do ônus da prova. Nas suas razões, orais (art. 364, *caput*), ou escritas (art. 364, § 2º), a parte ou o terceiro podem abordar matéria estranha à delimitação de que tratam os incisos II e IV, o que é possível fazer também noutras manifestações.

7. Ônus da Prova – O inciso III do art. 357 manda o juiz definir a distribuição do ônus da prova, como permite o § 1º do art. 373. Também o ato determinante dessa distribuição está sujeito a esclarecimentos ou ajustes. Não havendo distribuição do ônus da prova por decisão do juiz, prevalece o disposto nos dois incisos do mesmo art. 373. Consultem-se as notas a esse artigo.

8. Delimitação Consensual – As partes podem convencionar uma delimitação das questões de fato ou de direito. Essa delimitação, feita em petição ou noutro instrumento, particular ou público, o juiz pode desconsiderá-la de todo, ou alterá-la. É ele quem, como dirigente do processo, dispõe quanto à produção da prova (art. 370).

A delimitação consensual de que trata o § 2º do art. 357 pode ser convencionada antes da delimitação permitida pelos incisos II e IV do dispositivo ou depois dela. Ajustada antes da delimitação feita pelo juiz, ela, só por si, não o obriga. Pode ele indeferir, no todo ou em parte, o pacto dos litigantes. Pode também acolhê-lo com ajustes dele próprio, mediante acréscimos ou supressões.

Homologada, tal como originalmente convencionada, ou com as alterações dele próprio, a delimitação consensual vincula o juiz e as partes, porém apenas no sentido de que deve ser cumprida tal como se ajustou. Esse ajuste não impede contudo o órgão jurisdicional de determinar a realização de provas, ou de estender a delimitação das questões de fato ou de direito. O órgão judiciário não pode ser limitado por estipulações convencionais das partes. Pudesse, o feito seria, no seu desenvolvimento, dominado pelo pacto dos litigantes com retrocesso incompatível com os avanços da ciência que o veem como relação jurídica de direito público, que não se pode vergar às deliberações das partes. Convencionada a delimitação, ela vinculará juiz e partes, nos termos em que formulada, dos quais nem os litigantes nem o órgão jurisdicional se podem afastar. A vinculação, todavia, não limita a atividade investigatória do juiz nem obriga a ficar nos limites da delimitação. Ele terá que obedecê-la nos limites do seu objeto mas não pode ser contido por essa convenção. Assim, por exemplo, se as partes convencionarem que certo ato será objeto de prova testemunhal produzida só com testemunhas fluentes no idioma nacional, não se poderão arrolar outras cuja manifestação será traduzida por intérpretes. Porém, no exemplo, nada obstará a que o juiz determine a produção de documentos sobre o fato. Se se pactuar, entretanto, que determinado fato só pode ser demonstrado por prova testemunhal, e nenhuma outra, a convenção só produzirá efeitos se a situação permanecer a mesma do momento da homologação. Não constituindo o processo uma relação jurídica de direito privado, não se pode aplicar a convenção mediante uma interpretação vitoriana, na base do *pacta sunt servanda*. Homologada, a convenção se cumpre tal como ajustada, mas será ineficaz se limitar a atividade investigatória do juiz, ou impedi-lo de aplicar leis e princípios cuja observância for necessária ao desempenho da jurisdição.

9. Audiências – O inciso V do art. 357 manda o juiz designar, se necessário, a audiência de instrução e julgamento. O § 3º desse artigo manda o juiz determinar a realização de audiência para o saneamento. Apesar do *nomen iuris* idêntico, não se confundem os dois atos do processo.

Da audiência de instrução e julgamento, que se realiza para a tentativa de conciliação, para a produção de prova oral, para a apresentação de razões orais e para a prolação do julgamento, tratam o art. 358 e demais normas enfeixadas no Capítulo XI, a ser anotado em seguida.

Outro ato, distinto daquele, é o que se pode chamar, abreviadamente, de "audiência de saneamento". Esta audiência realiza-se antes do saneamento, consistente nas medidas indicadas nos cinco incisos do art. 357. Nessa audiência, o juiz ouve as partes, troca ideias com elas sobre a causa, permite que elas expliquem as suas razões, postulem, justificadamente, a produção de certas provas e a dispensa de outras. Esse ato deve realizar-se com a presença de ambas as partes, sendo recomendável a participação delas, do Ministério Público quando ele intervier, da Defensoria Pública e, eventualmente, do terceiro. Todas as partes e terceiros comparecerão, pessoalmente, se o juiz assim determinar, ou representados pelo advogado, mas sempre assistidas por seus advogados. Predominantemente técnico o ato, o juiz poderá designar um advogado dativo para representar a parte que não tiver representante, ou admitir a presença pessoal dela, sem representação, caso em que a sua atuação será ilimitada, abrangendo inclusive aspectos jurídicos. Não se confunde essa audiência com o ato do juiz que recebe o advogado, a parte, o Ministério Público, ou a Defensoria, como permitem a lei e a tradição brasileiras, para espanto de advogados do estrangeiro, onde o comparecimento unilateral do advogado, sem que se haja determinado o comparecimento do seu adversário, pode redundar no desligamento dele dos quadros da sua corporação. A ausência de uma das partes não impede a realização da audiência. No § 3º, o verbo **integrar** tem o sentido de completar.

De comum nas duas espécies de audiência é a possibilidade da conciliação espontânea, ou promovida pelo juiz (arts. 487, III, *b*, e 139, V) e a observância do § 9º do art. 357, que determina o interstício de uma hora entre as audiências, sejam de processos diferentes, sejam do mesmo processo, quando forem interrompidas por qualquer motivo (v.g., a necessidade do entendimento do advogado com seu constituinte sobre a conveniência de um acordo). Norma cuja violação não leva à ineficácia da audiência, salvo se demonstrado, cumpridamente, o prejuízo da parte, cuja reparação se pode alcançar pela repetição do ato.

A integração das alegações significa a completação delas. O esclarecimento das alegações implica a explicitação delas, mediante o suprimento de omissões, o desfazimento de contradições, o clareamento de obscuridades, providências semelhantes às que se requerem do juiz nos embargos declaratórios (art. 1.022). Integração e esclarecimentos se efetivam por escrito, ou se documentam por termo, quando orais pela necessidade ou conveniência de exame desses atos por outros magistrados que, em qualquer instância, intervierem no processo.

10. Testemunhas e Perícia – A prova testemunhal, de que tratam os §§ 4º a 7º e a prova pericial aludida no § 8º são as que se produzem na audiência de instrução e julgamento, ou no bojo da instrução. Fazem parte da atividade saneadora do juiz, no que tange à determinação de que se realizem, mas não se produzem na audiência mencionada no § 3º. O ato de saneamento, tal como ocorria no Código anterior, compreende também a ordem de produção das provas, que se realizam pelo deferimento de pedido das partes, ou de terceiros intervenientes, ou por determinação espontânea do juiz.

Conforme o § 4º do mesmo art. 357, deferida a prova testemunhal, o juiz fixará o prazo máximo de quinze dias, comum a todas as partes, para apresentação do rol de testemunhas. Conforme o § 5º, as partes devem levar para a audiência do § 3º, o rol de testemunhas, apenas essa lista, sem se fazerem acompanhar das próprias testemunhas. Isto demonstra que não se produz a prova testemunhal naquela audiência. Leva-se o rol para que o juiz decida da conveniência da tomada de depoimentos, na audiência convocada para esse fim, podendo ele indeferir, desde logo, a oitiva de certas testemunhas, ou determinar a intimação de outras. A apresentação do rol destina-se a regular a produção de prova testemunhal a incluir ou excluir testemunhas. Consoante o § 7º, o juiz poderá limitar o número de testemunhas, levando em conta as questões de fato a serem decididas e os fatos em si mesmo. O § 6º limita o número de testemunhas a três para a prova de cada fato. No todo, o número de testemunhas deve ser limitado a dez, a menos que a prova testemunhal imponha um número superior de pessoas, bastando imaginar a situação em que vários e importantes sejam os fatos, cada um deles provado pelo depoimento de três pessoas. Para a compreensão do § 6º vale a pena consultar a jurisprudência e a doutrina do art. 407 do Código anterior.

O § 8º do art. 357 manda observar, na designação de prova pericial, o art. 465. Mais uma demonstração de que as provas de que tratam os §§ 4º a 8º do art. 357 não se destinam à audiência prevista no § 3º, mas à instrução. O calendário para a realização da prova pode compreender apenas o prazo para a realização da prova, ou a data da apresentação do laudo, fixado em ano, mês e dia e até em momento, como a do fim de uma colheita, ou de reprodução de uma rês.

11. Observação Complementar – Não custa notar, inclusive para a consulta da respectiva doutrina e jurisprudência, que o art. 357 não se distancia do § 2º do art. 331 do diploma anterior, nem do art. 269 do penúltimo Código de Processo Civil, instituído pelo Decreto-Lei nº 1.608, de 18 de setembro de 1939.

Capítulo XI

Da Audiência de Instrução e Julgamento
(arts. 358 a 368)

Art. 358. No dia e na hora designados, o juiz declarará aberta a audiência de instrução e julgamento e mandará apregoar as partes e os respectivos advogados, bem como outras pessoas que dela devam participar.

Art. 359. Instalada a audiência, o juiz tentará conciliar as partes, independentemente do emprego anterior de outros métodos de solução consensual de conflitos, como a mediação e a arbitragem.

Art. 360. O juiz exerce o poder de polícia, incumbindo-lhe:
 I – manter a ordem e o decoro na audiência;
 II – ordenar que se retirem da sala de audiência os que se comportarem inconvenientemente;
 III – requisitar, quando necessário, força policial;
 IV – tratar com urbanidade as partes, os advogados, os membros do Ministério Público e da Defensoria Pública e qualquer pessoa que participe do processo;
 V – registrar em ata, com exatidão, todos os requerimentos apresentados em audiência.

Art. 361. As provas orais serão produzidas em audiência, ouvindo-se nesta ordem, preferencialmente:
 I – o perito e os assistentes técnicos, que responderão aos quesitos de esclarecimentos requeridos no prazo e na forma do art. 477, caso não respondidos anteriormente por escrito;
 II – o autor e, em seguida, o réu, que prestarão depoimentos pessoais;
 III – as testemunhas arroladas pelo autor e pelo réu, que serão inquiridas.

Parágrafo único. Enquanto depuserem o perito, os assistentes técnicos, as partes e as testemunhas, não poderão os advogados e o Ministério Público intervir ou apartear, sem licença do juiz.

Art. 362. A audiência poderá ser adiada:
  I – por convenção das partes;
  II – se não puder comparecer, por motivo justificado, qualquer pessoa que dela deva necessariamente participar;
  III – por atraso injustificado de seu início em tempo superior a 30 (trinta) minutos do horário marcado.

§ 1º O impedimento deverá ser comprovado até a abertura da audiência, e, não o sendo, o juiz procederá à instrução.

§ 2º O juiz poderá dispensar a produção das provas requeridas pela parte cujo advogado ou defensor público não tenha comparecido à audiência, aplicando-se a mesma regra ao Ministério Público.

§ 3º Quem der causa ao adiamento responderá pelas despesas acrescidas.

Art. 363. Havendo antecipação ou adiamento da audiência, o juiz, de ofício ou a requerimento da parte, determinará a intimação dos advogados ou da sociedade de advogados para ciência da nova designação.

Art. 364. Finda a instrução, o juiz dará a palavra ao advogado do autor e do réu, bem como ao membro do Ministério Público, se for o caso de sua intervenção, sucessivamente, pelo prazo de 20 (vinte) minutos para cada um, prorrogável por 10 (dez) minutos, a critério do juiz.

§ 1º Havendo litisconsorte ou terceiro interveniente, o prazo, que formará com o da prorrogação um só todo, dividir-se-á entre os do mesmo grupo, se não convencionarem de modo diverso.

§ 2º Quando a causa apresentar questões complexas de fato ou de direito, o debate oral poderá ser substituído por razões finais escritas, que serão apresentadas pelo autor e pelo réu, bem como pelo Ministério Público, se for o caso de sua intervenção, em prazos sucessivos de 15 (quinze) dias, assegurada vista dos autos.

Art. 365. A audiência é uma e contínua, podendo ser excepcional e justificadamente cindida na ausência de perito ou de testemunha, desde que haja concordância das partes.

Parágrafo único. Diante da impossibilidade de realização da instrução, do debate e do julgamento no mesmo dia, o juiz marcará seu prosseguimento para a data mais próxima possível, em pauta preferencial.

Art. 366. Encerrado o debate ou oferecidas as razões finais, o juiz proferirá sentença em audiência ou no prazo de 30 (trinta) dias.

Art. 367. O servidor lavrará, sob ditado do juiz, termo que conterá, em resumo, o ocorrido na audiência, bem como, por extenso, os despachos, as decisões e a sentença, se proferida no ato.

§ 1º Quando o termo não for registrado em meio eletrônico, o juiz rubricar-lhe-á as folhas, que serão encadernadas em volume próprio.

§ 2º Subscreverão o termo o juiz, os advogados, o membro do Ministério Público e o escrivão ou chefe de secretaria, dispensadas as partes, exceto quando houver ato de disposição para cuja prática os advogados não tenham poderes.

§ 3º O escrivão ou chefe de secretaria trasladará para os autos cópia autêntica do termo de audiência.

§ 4º Tratando-se de autos eletrônicos, observar-se-á o disposto neste Código, em legislação específica e nas normas internas dos tribunais.

§ 5º A audiência poderá ser integralmente gravada em imagem e em áudio, em meio digital ou analógico, desde que assegure o rápido acesso das partes e dos órgãos julgadores, observada a legislação específica.

§ 6º A gravação a que se refere o § 5º também pode ser realizada diretamente por qualquer das partes, independentemente de autorização judicial.

Art. 368. A audiência será pública, ressalvadas as exceções legais.

1. Observações. 2. Repetições. 3. Semelhanças. 4. Inovações.

1. Observações – O novo Código não mudou a estrutura da audiência de instrução e julgamento. Por inviabilidade ou inconveniência de alteração essa audiência é semelhante, no todo e nas partes, a igual ato, dir-se-ia a igual momento, objeto dos arts. 444 a 457 do Código de Processo Civil de 1973. Por isto, no exame dos dispositivos que, doravante, presidirão à audiência, devem-se voltar os olhos para o quanto se escreveu e decidiu sob a égide da lei anterior.

Se, na audiência, a atividade predominante consiste em ouvir as partes, as testemunhas, o perito e assistentes, e eventuais informantes, nela também se tenta alcançar a autocomposição e se ouvem razões orais dos advogados das partes e do Ministério Público, admitida a substituição delas por memoriais. Nesse ato, ou na sucessão de atos que compõem essa etapa do processo, adota-se o sistema da oralidade mediante a observância de princípios que o integram, como o da prevalência da palavra como meio de expressão, o princípio da imediação, ou imediatidade, da relação entre o juiz com as pessoas cujas declarações ele deve apreciar, o princípio da identidade física do juiz, que deve permanecer o mesmo e o da concentração, do conhecimento da causa num único momento.

Desnecessário dizer que a audiência não é ato essencial do processo. A lei a dispensa, como se vê no Capítulo X, precedente do agora examinado. A audiência se realiza porém, quando não for possível o julgamento da causa antes da realização dela, que tem por motivo predominante a necessidade da colheita da prova oral.

2. Repetições – Como acontece em tantas partes, o novo Código segue o anterior, repetindo-lhe os dispositivos.

O CPC de 1973 tratou da audiência, no Capítulo VII do Título VIII do seu Livro I, dedicando a Seção I às disposições gerais, a Seção II à conciliação e a Seção III à instrução e julgamento. Não assim o novo Código, que regula, por inteiro, a audiência de instrução e julgamento no Capítulo XI do Título I do Livro I da Parte Especial (arts. 358 a 368), que compreende a conciliação, os depoimentos, as razões e o julgamento. Claro que também se aplicam à audiência normas e princípios de incidência geral.

É indispensável a consulta, não apenas à doutrina e à jurisprudência dos dispositivos semelhantes, como ainda ao que se expôs e se decidiu acerca dos dispositivos do diploma anterior, repetidos no atual.

No novo Código, o art. 360, *caput* e seus três primeiros incisos repetem o anterior art. 445 e seus três incisos. Os incs. II e III do art. 361 são iguais, no conteúdo, aos incs. II e III do revogado art. 452. O § 3º do art. 362 é espelho de igual parágrafo do revogado art. 241. Assim também o § 1º do art. 364 e o § 1º do art. 454. Por igual, o § 3º do art. 367 e o § 3º do anterior art. 457. Desprezem-se alterações irrelevantes na repetição das normas anteriores, como a supressão, no inciso III do art. 360, do artigo **a**, que definia força, no inciso III do revogado art. 445.

3. Semelhanças – Apontam-se, aqui, as semelhanças dos artigos do novo Código com os do Código anterior, sejam acentuadas, sejam perfunctórias.

O art. 358 é muito parecido com o art. 450 do diploma anterior. Apenas indicou que os artigos seguintes tratam da audiência de instrução e julgamento, e não da instituída pelo § 3º do art. 357. O art. 358 manda ainda que o pregão anuncie, além do nome das partes e dos advogados delas (e também de terceiros e respectivos advogados, que partes são, tomado o substantivo num sentido amplo) o das pessoas que devam participar do ato. A falta do pregão não acarreta a nulidade do ato, a menos que a pessoa cujo nome foi omitido demonstre que não ouviu o pregão e indique o prejuízo causado por sua ausência, imprescindível que ela esteja registrada no termo da audiência.

O art. 361 do CPC de 2015 é, no *caput*, cópia do revogado art. 452. O advérbio **preferencialmente** indica que a ordem dos incisos pode ser alterada a critério do juiz. O parágrafo único desse artigo difere do parágrafo único do art. 446 pela referência às partes depois dos peritos e assistentes e pela substituição do presente do indicativo **não podem** pelo futuro do presente **não poderão** e pelo acréscimo do Ministério Público entre os proibidos de apartear sem licença do juiz. A proibição se estende a todos os presentes.

Convém notar que o *caput* do art. 453, usando o verbo **poderá** mostra que a audiência não será necessariamente adiada, nas hipóteses referidas nos incisos do dispositivo. Poderá o juiz cindir a audiência, paralisando-a e determinando o seu prosseguimento com nova data (veja-se a nota ao art. 365 e seu parágrafo).

Esse art. 362 admite o adiamento por convenção das partes, não limitado esse ajuste a uma única vez, como no inciso I do anterior art. 453. O juiz saberá indeferir o adiamento protelatório, resultante do conluio entre as partes, ou causador da injustificada tardança do desenvolvimento do processo. Conforme o inciso II, a audiência poderá ser adiada, se não puderem comparecer as pessoas que dela devam participar. O § 1º assemelha-se a igual parágrafo do art. 453, excluído o objeto indireto do verbo incumbir para mostrar que a comprovação deverá ser realizada por qualquer pessoa impedida. Vejam-se a jurisprudência e a doutrina do § 1º do art. 453 do Código anterior. O § 2º acrescentou ao texto do § 2º do art. 453 referência ao defensor público e ao Ministério Público.

O art. 363 do novo Código incluiu no texto do § 2º do art. 242 da lei passada a referência à sociedade de advogados, que será intimada como se intimam as pessoas jurídicas em geral. A intimação dos advogados não precisará ser feita pessoalmente, como determinavam o mesmo artigo e § 2º do CPC de 1973.

O art. 364 do Código de 2015 só difere do art. 454 do Código de 1973 pela substituição do dígrafo **ao** pelo **do** e pela troca do substantivo **órgão** por **membro**.

O § 2º do art. 364 alterou a redação do § 3º do revogado art. 454. A causa pode apresentar uma, algumas, ou várias questões complexas de fato ou de direito. Nesse caso, as razões orais das partes poderão ser substituídas por razões escritas, que podem continuar sendo chamadas de memoriais, como na lei anterior. O Código estende a apresentação de razões escritas ao Ministério Público, porém só se for o caso da sua intervenção como fiscal da lei. Como parte, as suas razões serão as da parte. No § 3º do art. 454 do Código anterior, o juiz designava dia e hora para o oferecimento de razões. Não assim o § 2º do art. 364. Este dispositivo manda que a apresentação das razões se faça em prazos sucessivos de quinze dias, primeiro do autor, depois do réu, posteriormente do Ministério Público. Haverá abertura de vista com intimação para cada uma dessas pessoas, que não ficam obrigadas a vigiar a entrega das razões. A apresentação sequencial dessas razões não desrespeita a garantia da igualdade (CF, art. 5º, *caput* e I; CPC, art. 139, I) porque o contraditório (CF, art. 5º, LV), expressão da dialética, é apanágio do processo judicial. Assegura-se às partes vista dos autos, que elas examinarão na serventia, no prazo fixado pelo juiz, ou no de cinco dias do § 3º do art. 218. Comum o prazo da vista, os autos não podem ser retirados mas esse direito é garantido a cada parte e ao MP no prazo a cada um concedido para elaborar e oferecer suas razões. O prazo em dobro do art. 229 é concedido aos litisconsortes, em conjunto, de cada polo da relação processual. Em dobro tembém o prazo do Ministério Público, conforme o art. 180.

O art. 365 é algo semelhante ao anterior art. 455, particularmente quando adota os princípios da unidade e continuidade da audiência. Essa regra pode, entretanto, não ser observada na ausência de perito ou de testemunha. Esse adiamento dependerá da concordância das partes, a menos que o juiz, que determina as provas necessárias ao julgamento do mérito (art. 370), decida adiar o ato.

O parágrafo único do art. 365 aparece sem correspondência no Código anterior, permitindo a cisão da audiência e o seu prosseguimento no dia mais próximo possível do adiamento. Nesse dia, a audiência ocorrerá antes das designadas para a mesma data e uma audiência preferencial ocorrerá antes da outra, conforme a data do adiamento. O *caput* do art. 365 fala em adiamento excepcional e justificado (pelo juiz), diante da ausência do perito, inclusive do assistente, e de testemunha e, *a fortiori*, pelo não comparecimento da parte ou do Ministério Público. O não comparecimento do terceiro interveniente pode revocar a cisão da audiência, conforme assim decida o juiz. A regra do parágrafo único do art. 365 não se confunde com a do inciso II do art. 362.

O art. 366 substituiu o substantivo plural **memoriais**, do anterior art. 456, por razões finais e aumentou para trinta dias o prazo de um decêndio, concedido ao juiz pela norma derrogada.

O art. 367 eliminou, por desnecessário, o demonstrativo **esta**, posposto ao substantivo **sentença**, no anterior art. 457, e o parágrafo único desse dispositivo trocou **datilografado** por **registrado**, atendendo ao estado contemporâneo do método da fixação. Substituiu a próclise **lhe rubricará** pela mesóclise **rubricar-lhe-á**.

O § 4º do art. 367 substituiu, corretamente, **processo eletrônico** por **autos eletrônicos**, sem contudo definir um ou outros, como não deveria fazer.

Para concluir o rol das semelhanças, assinale-se que o art. 368 do Código de 2015, tal como o anterior art. 444, consagrou o princípio da publicidade da audiência (CF, art. 93, IX), ressalvadas, genericamente, as exceções legais, sem aludir ao art. 11 do novo diploma.

4. Inovações – Apontam-se, neste item, as poucas inovações do Código de 2015, na sistemática da audiência de instrução e julgamento.

No art. 359, a troca da frase "antes de iniciar a instrução", do art. 448 do Código anterior, pela oração "instalada a audiência", se mais precisa, é irrelevante. A tentativa de conciliação é ato da audiência, que, evidentemente, se realiza após a instalação dela. O empenho do novo Código na autocomposição determina ao juiz que tente conciliar as partes, mesmo que frustrâneas tentativas anteriores. O juiz poderá valer-se de conciliadores ou mediadores para alcançar o objetivo de extinguir, total ou parcialmente, a lide pela vontade das partes.

O inciso IV do art. 360 manda o juiz tratar com urbanidade todas as pessoas que acorrerem ao processo, como se essa conduta não fosse inerente ao seu ofício. A violação do preceito sujeita o juiz a sanções administrativas e anula o ato se se provar que a grosseria interferiu no equilíbrio da parte. O inciso V manda que se registrem em ata todos os requerimentos formulados na audiência para fins de documentação. O registro faz-se mediante termo que contudo não precisa registrar pedidos repetitivos.

O art. 361, I, substituiu pela referência ao art. 477 do novo Código a alusão do anterior ao art. 435. Acrescentou, desnecessariamente, a cláusula de dispensa da prestação de esclarecimentos na audiência, se eles já houverem sido prestados em qualquer momento anterior mas tal dispensa não alcança esclarecimentos suplementares.

O inciso III do art. 362, sem correspondência no Código anterior permite o adiamento da audiência se seu início se atrasar, sem motivo justo, por tempo superior a trinta minutos do horário marcado. O adiamento é ato do juiz. Analogicamente, as partes poderão retirar-se do local da audiência na hipótese desse atraso, como tem sido a lição da doutrina e o entendimento dos tribunais.

O § 2º do art. 367, visto *a contrario sensu* exige a subscrição do termo de audiência, quando nela se praticarem atos para os quais os advogados não tenham poderes exigidos por lei (v.g., art. 105). O § 5º desse artigo, que aparece novo, permite o uso da gravação em imagem ou em áudio, em meio digital ou analógico e, acrescente-se, em qualquer outro modo de fixação que venha a ser inventado ou utilizado. A legislação específica, reguladora desses meios, incide. Só se admite todavia o uso desses meios se eles permanecerem acessíveis às partes, ao Ministério Público e aos órgãos julgadores de qualquer instância. Para isto, esses registros devem permanecer disponíveis na serventia do juízo ou do tribunal, ou onde normas de organização judiciária determinarem. O § 6º permite a gravação da audiência pelas partes, para uso delas próprias. O advérbio **independentemente** foi empregado, no texto da norma, para permitir a gravação, sem que o juiz a consinta. A dispensa da anuência do juiz não o impede de orientar as pessoas que realizarem a gravação, no sentido de que a realizem sem perturbar o ato. Não se admitirá a gravação se o processo correr em segredo de justiça (CF, art. 93, IX, e CPC, art. 189, I e II).

Capítulo XII

Das Provas
(arts. 369 a 484)

1. Observações. 2. Divisão da Matéria. 3. O Plano da Exposição

1. Observações – O novo Código de Processo Civil regula a prova em 115 artigos, mais de 10% do número total dos dispositivos que o compõem. Essa extensão mostra a relevância das provas, conjunto dos meios pelos quais se demonstra a veracidade das alegações deduzidas no processo, em qualquer instância, e cada um desses meios, de que se valem as partes, os terceiros e as demais pessoas que atuam no feito. Seja oral, documental, ou pericial, a finalidade da prova é o convencimento. O novo Código, tal como o anterior, não adota uma hierarquia das provas, como se, por exemplo, o depoimento de testemunhas pudesse avantajar os documentos trazidos ao processo, ou a perícia sobrepujasse a inspeção judicial. Uma prova, entretanto, pode contribuir, mais que outras, para o convencimento do órgão jurisdicional, pelo conteúdo. Não se tem aqui, entretanto, uma hierarquia, porém diferentes graus, ou pesos, mais intensos uns, mais frouxos outros, que fazem com que determinada prova supere outra, concorrendo, assim, com primazia sobre as demais, para o resultado do processo.

Na esteira do art. 332 do diploma a que sucede, o art. 369, desdobramento do inciso LVI, do art. 5º da Constituição Federal, começa a regular o instituto, estatuindo que as partes (*lato sensu*, abrangidos no substantivo os terceiros intervenientes e demais figurantes do processo) têm o direito de empregar todos os meios legais, bem como os moralmente legítimos. Aqueles são permitidos, ou não proibidos por normas jurídicas. Estes correspondem aos padrões sociais acolhidos num determinado tempo e lugar. A Constituição assegura o direito de informação (art. 220) mas é imoral o abuso dela, como a infundada atribuição de um crime a determinada pessoa. A verdade é que não será difícil encaixar o abuso na interpretação da norma regente da situação em que ele ocorre. Legalidade e moralidade, no artigo de que se trata, tocam-se, formando círculos concêntricos, um contido no âmbito do outro. A proibição de ofensa à moralidade não impede contudo o uso de matéria ofensiva à moral como prova. Imagine-se a juntada ao processo de desenhos pornográficos mostrados por um pedófilo a uma criança, como causa de pedir de sua ação de ressarcimento de danos morais. O ato é criminoso, contrário à lei e simultaneamente exorbitante de padrões morais.

2. Divisão da Matéria – O novo Código dedica às provas todo o Capítulo XII do Livro I da sua Parte Especial. Divide esse Capítulo em seções, e as Seções VII e IX em Subseções. Não caiu longe do CPC de 1973, que dedicou à matéria o Capítulo VI do Título V do Livro I, que, apesar da sua epígrafe – "Do processo de conhecimento" – continha normas de aplicação geral, incidentes no processo cognitivo, cautelar e de execução, como agora também acontece. Aquele Código distribuiu a matéria em oito Seções, e as Seções V e VI em Subseções.

3. O Plano de Exposição – Na tentativa de tornar clara a exposição, optei por dividi-la, anotando, separadamente, cada Seção, as Seções VII e VIII com as respectivas Subseções.

Transcrevi os artigos integrantes de cada Seção, a fim de poupar o eventual leitor do trabalho de abrir o Código para verificar o dispositivo anotado. Obedeci o exemplo dos comentaristas do Código anterior, a começar por Pontes de Miranda, o maior de todos eles, seguido por processualistas da estatura de José Carlos Barbosa Moreira, Egas Moniz de Aragão e Calmon de Passos.

Anotando cada seção, indico os artigos e seus desdobramentos não poucos rigorosamente iguais ao Código anterior. Em seguida, aponto os dispositivos do novo diploma semelhantes ao do antigo. Finalmente, explico os artigos configuradores de inovações. Esta é a melhor maneira de apresentar o novo Código. Os consulentes dele poderão recorrer à copiosa doutrina e jurisprudência do CPC de 1973, sem falar nos Códigos anteriores, construídos sobre dispositivos iguais ou semelhantes.

Seção I
Disposições Gerais
(arts. 369 a 380)

Art. 369. As partes têm o direito de empregar todos os meios legais, bem como os moralmente legítimos, ainda que não especificados neste Código, para provar a verdade dos fatos em que se funda o pedido ou a defesa e influir eficazmente na convicção do juiz.

Art. 370. Caberá ao juiz, de ofício ou a requerimento da parte, determinar as provas necessárias ao julgamento do mérito.

Parágrafo único. O juiz indeferirá, em decisão fundamentada, as diligências inúteis ou meramente protelatórias.

Art. 371. O juiz apreciará a prova constante dos autos, independentemente do sujeito que a tiver promovido, e indicará na decisão as razões da formação de seu convencimento.

Art. 372. O juiz poderá admitir a utilização de prova produzida em outro processo, atribuindo-lhe o valor que considerar adequado, observado o contraditório.

Art. 373. O ônus da prova incumbe:

I – ao autor, quanto ao fato constitutivo de seu direito;

II – ao réu, quanto à existência de fato impeditivo, modificativo ou extintivo do direito do autor.

§ 1º Nos casos previstos em lei ou diante de peculiaridades da causa relacionadas à impossibilidade ou à excessiva dificuldade de cumprir o encargo nos termos do *caput* ou à maior facilidade de obtenção da prova do fato contrário, poderá o juiz atribuir o ônus da prova de modo diverso, desde que o faça por decisão fundamentada, caso em que deverá dar à parte a oportunidade de se desincumbir do ônus que lhe foi atribuído.

§ 2º A decisão prevista no § 1º deste artigo não pode gerar situação em que a desincumbência do encargo pela parte seja impossível ou excessivamente difícil.

§ 3º A distribuição diversa do ônus da prova também pode ocorrer por convenção das partes, salvo quando:

I – recair sobre direito indisponível da parte;

II – tornar excessivamente difícil a uma parte o exercício do direito.

§ 4º A convenção de que trata o § 3º pode ser celebrada antes ou durante o processo.

Art. 374. Não dependem de prova os fatos:

I – notórios;

II – afirmados por uma parte e confessados pela parte contrária;

III – admitidos no processo como incontroversos;

IV – em cujo favor milita presunção legal de existência ou de veracidade.

Art. 375. O juiz aplicará as regras de experiência comum subministradas pela observação do que ordinariamente acontece e, ainda, as regras de experiência técnica, ressalvado, quanto a estas, o exame pericial.

Art. 376. A parte que alegar direito municipal, estadual, estrangeiro ou consuetudinário provar-lhe-á o teor e a vigência, se assim o juiz determinar.

Art. 377. A carta precatória, a carta rogatória e o auxílio direto suspenderão o julgamento da causa no caso previsto no art. 313, inciso V, alínea "b", quando, tendo sido requeridos antes da decisão de saneamento, a prova neles solicitada for imprescindível.

Parágrafo único. A carta precatória e a carta rogatória não devolvidas no prazo ou concedidas sem efeito suspensivo poderão ser juntadas aos autos a qualquer momento.

Art. 378. Ninguém se exime do dever de colaborar com o Poder Judiciário para o descobrimento da verdade.

Art. 379. Preservado o direito de não produzir prova contra si própria, incumbe à parte:
    I – comparecer em juízo, respondendo ao que lhe for interrogado;
    II – colaborar com o juízo na realização de inspeção judicial que for considerada necessária;
    III – praticar o ato que lhe for determinado.

Art. 380. Incumbe ao terceiro, em relação a qualquer causa:
    I – informar ao juiz os fatos e as circunstâncias de que tenha conhecimento;
    II – exibir coisa ou documento que esteja em seu poder.

Parágrafo único. Poderá o juiz, em caso de descumprimento, determinar, além da imposição de multa, outras medidas indutivas, coercitivas, mandamentais ou sub-rogatórias.

1. Observações. 2. Repetições. 3. Semelhanças. 4. Inovações.

1. Observações – Esta Seção contém normas aplicáveis a todas as espécies de prova, que são usadas nas três espécies de jurisdição contenciosa e nos processos de jurisdição voluntária. A preterição dessas regras nem sempre leva à nulidade dos atos em que não se verifica a prova ou em que ela é deficiente. Os dispositivos concernentes às nulidades (arts. 276 a 283) incidem. O obstáculo criado pelo órgão jurisdicional à produção da prova necessária pode acarretar a nulidade do ato, ou de todo o processo, bastando imaginar a transgressão do devido processo legal, do direito de ampla defesa, do contraditório, ou da prerrogativa de recorrer, assegurados nos incs. LIV e LV do art. 5º da Constituição. Obviamente, se a parte não se valer das oportunidades concedidas pela lei para a produção de provas, não se podem dar por verdades as garantias asseguradas pela Carta Política.

2. Repetições – Na Seção I do Capítulo XII, encontram-se artigos que constituem repetição literal de dispositivos do Código de 1973, fenômeno que se observa ao longo de todo o CPC de 2015, que, predominantemente, reproduzem, com fidelidade, disposições do diploma anterior, ou as repetem com ligeiras e superficiais alterações, raramente de substância. O art. 373 e seus dois incisos são iguais aos revogados arts. 333 e seus dois incisos. Os incs. I e II do § 3º desse artigo são iguais aos incs. I e II do parágrafo único do anterior art. 333.

O art. 374 e seus incs. I a IV correspondem, na sua inteireza, ao ab-rogado art. 334 e o art. 380, nos seus incs. I e II, é igual aos mesmos itens do art. 380. O art. 380, I e II, repete iguais incisos do art. 341.

3 Semelhanças – Agora, a parecença dos artigos da Seção I do atual Código com os da Seção I do Capítulo VI do anterior.

O vigente art. 369 é diferente do art. 332 porque explicita o que neste estava implicitamente contido. Diz ele que as partes têm o direito de empregar todos os meios legais, bem como dos moralmente legítimos, quando o art. 332 afirmava somente a licitude do uso de todos os meios legais e morais, não havendo distinção de fundo entre as normas. Se a anterior diz que todos os meios são hábeis, fica subentendido que deles se podem valer as partes. Não diz o art. 369 coisa diversa da oração "são hábeis" do art. 332.

O art. 370 e seu parágrafo único do CPC de 2015 decorrem de uma separação de normas que estavam conjuntas no art. 130 da lei revogada. Substituiu-se a referência às "provas necessárias à instrução do processo" por "provas necessárias ao julgamento do mérito", desaconselhável essa troca porque as provas se produzem também sobre questões processuais, como v.g., comprovação do domicílio quando se alega a incompetência do juízo perante o qual se propôs a ação.

O art. 131 do velho Código dispunha que o juiz apreciaria livremente a prova, atendendo aos fatos e circunstâncias constantes dos autos, ainda que não alegados pelas partes. Acrescentava que, na sentença, o juiz indicaria os motivos que firmaram o seu convencimento. O art. 371 do novo Código, mais conciso, quiçá menos enfático, aboliu o advérbio **livremente**, sem limitar contudo o princípio do livre convencimento do juiz, que continua íntegro. Retirou também a alusão aos "fatos e circunstâncias constantes dos autos, ainda que não alegados pelas partes" que, na realidade, não constituem prova, porém elementos da convicção, assim como as regras da experiência comum (art. 375). Não precisa o art. 371 dizer que o juiz apreciará a prova constante dos autos, "independentemente do sujeito que a tiver promovido", suficiente a regra de que o juiz apreciará a prova constante dos autos, não importa quem a tenha produzido, partes, terceiros intervenientes, como é o *amicus curiae*, Ministério Público, e até documentos cuja juntada o próprio magistrado ordene. O novo artigo substituiu **sentença** por **decisão** porque o juiz, ou o tribunal devem indicar, nos seus atos decisórios, as razões do seu convencimento. Deve-se interpretar a norma, no ponto alusivo às razões determinantes da convicção, no sentido de que o juiz deve explicar como a prova produzida contribuiu, ou deixou de contribuir para o seu convencimento.

O § 3º do art. 373 é, na essência, semelhante ao parágrafo único do anterior art. 333. Enunciava este, nos seus dois incisos, casos de nulidade do acordo de inversão do ônus da prova. O § 3º afirma a validade da inversão com a ressalva de que ela não vale nos casos que enumera. No fundo, não há qualquer diferença entre as duas normas.

O art. 375 do novo Código diferencia-se do art. 335 do anterior apenas porque suprimiu a cláusula "em falta de normas jurídicas particulares". A supressão quer dizer que o juiz deve sempre aplicar as regras de experiência comum, seja para suprir a inexistência de norma específica, seja para interpretar uma norma, fixando-lhe a extensão, ou para analisar a prova. Prevalece, entretanto, a norma porventura contrária aos ditames da experiência comum.

A diferença entre o art. 376 e o revogado art. 337 resume-se à supressão da vírgula posposta ao adjetivo **consuetudinário** e à colocação do substantivo **juiz** antes do verbo **determinar**. "Se assim determinar o juiz" é idêntico a "se assim o juiz determinar", sem que se possa dizer que, necessariamente, a anteposição do sujeito ao verbo é de melhor estilo.

O confronto dos arts. 377 do CPC de 2015 com o art. 338 do Código de 1973 mostra que se acrescentou à menção das cartas precatória e rogatória a referência ao auxílio direto (arts. 28 a 34 – q.v.) como fatos processuais determinantes da suspensão do julgamento da causa, posto esse substantivo no lugar do nome processo, usado na lei anterior. O art. 313, referido no art. 377, fala em processo. Aludindo à **causa**, e não ao **processo**, o artigo ora examinado refere-se ao mérito da ação e não a todo o processo, como conjunto de atos que se desenvolvem na direção da sentença. É certo que o art. 313 fala em suspensão do processo mas nada obsta a que o Código faça de um motivo determinante da suspensão do processo também motivo de suspensão do pronunciamento sobre o mérito. No caso, o processo prossegue mas se detém antes do julgamento do mérito. A suspensão permanece durante o prazo para cumprimento da precatória ou da rogatória, fixado pelo juiz (art. 261, ou para a efetivação do auxílio direto, também estipulado pelo órgão judiciário. Extinto esse prazo, o juiz julgará o mérito, independentemente dos fatos indicados no artigo. A suspensão ordenada no art. 377 não impede o julgamento do processo por sentença, que não julgue o mérito, decisão terminativa, mas um artigo é igual ao outro, valendo, por isto, a consulta à doutrina e à jurisprudência do revogado art. 338. O parágrafo único do art. 377 é distinto de igual parágrafo do art. 338 anterior porque permite a juntada da carta em qualquer tempo, e não até o julgamento final. Assim, pelo novo dispositivo podem-se juntar a precatória ou a rogatória não devolvidas no respectivo prazo, na pendência de qualquer recurso e mesmo depois de extinto o processo pela coisa julgada. Neste caso, as cartas ficarão nos autos como documentos que poderão ser utilizados na eventual ação rescisória.

O art. 379 principia por editar a norma do direito ao silêncio, constante, aliás, do inciso LXIII do art. 5º da Constituição, que beneficia o preso e, igualmente, qualquer outra pessoa. Essa prerrogativa não era contemplada no art. 340 do diploma de 1973. Idênticos os incs. I e III do art. 379 do novo Código e os incs. I e III do anterior art. 340. O inciso II do art. 379 é diferente de igual item do art. 340. Estatui este que compete à parte submeter-se à inspeção judicial que for julgada necessária, ao passo que aquele manda a parte colaborar com o juízo na realização de inspeção judicial que for considerada necessária. A necessidade da prova é indicada pelo juiz, na decisão que ordena a sua produção. O verbo **colaborar** não obriga a parte a submeter-se à inspeção judicial mas a compele a facilitar a colheita dessa prova, sem estorvar a realização dela, praticando os atos ao seu alcance, como identificar os limites de um imóvel ou indicar o local em que se encontre uma coisa.

O art. 380 do novo CPC começa por trocar o verbo **competir** pelo verbo **incumbir**, um sinônimo do outro, o que torna irrelevante a alteração. Substitui **causa** por **pleito**, assim indicando que os deveres do terceiro estão vinculados ao pedido dele, ficando ele contudo submetido também, no tocante ao processo, às normas dos incisos I e II do artigo, no tocante à sua presença no feito.

4. Inovações – A primeira das inovações da Seção I do Capítulo XII é o art. 372, sem correspondência no Código pretérito. Esse dispositivo admite a prova emprestada, que é a produzida noutro processo judicial, não importa a sua espécie, nem sua natureza. A prova produzida fora do âmbito judiciário pode ser considerada como documento, não integrando a categoria de prova judiciária. Fala o artigo em prova produzida "noutro processo", indicando com isto que se trata de prova constante dos autos físicos ou eletrônicos de processo judicial.

Ressalva o art. 372 que o juiz singular ou colegiado que conduz o processo para o qual se levou a prova emprestada lhe atribuirá o valor, irrelevante o tratamento dado a ela pelo juízo no qual foi produzida. Pode-se tomar emprestada qualquer prova, ainda quando julgada falsa pelo juízo originário. O poder que o artigo confere ao juiz de atribuir à prova o valor que considerar adequado se insere no âmbito da livre apreciação da prova (art. 371).

Quando o artigo ora examinado manda, na sua proposição final, que se observe o contraditório, ele observa a garantia constitucional, assegurada no inciso LV do art. 5º da Constituição da República. Trazida ao processo a prova emprestada, impõe-se ao juiz determinar que sobre ela se pronuncie a parte contrária ao apresentante, ainda que ele já se haja manifestado sobre ela no processo em que foi produzida. A manifestação feita alhures não dispensa o contraditório sobre a prova emprestada.

Verificam-se duas outras inovações nos §§ 1º e 2º do art. 373.

Para entender-se o § 1º é preciso ir ao *caput* do art. 373 e seus dois incisos, conforme os quais o ônus da prova incumbe ao autor, quanto ao fato constitutivo do seu direito (inciso I), e ao réu, quanto à existência de fato impeditivo, modificativo ou extintivo do direito do autor (inciso II). Essas, as regras gerais. Pode, entretanto, acontecer que a parte sobre a qual recai o ônus da prova seja dispensada de apresentá-la (v.g., caso de presunção relativa, suscetível de ser ilidida, ou, a critério do juiz, seja excessivamente dificultoso o desempenho do encargo). Nessa hipótese, reza a norma que o juiz poderá distribuir o ônus da prova de modo diverso. Isto quer dizer que o juiz pode inverter o ônus da prova, mas não necessariamente no todo. Nada obsta a que ele fracione esse ônus, determinando a uma ou alguma das partes que produza uma prova, ou porção dela, deixando o resto para a outra. Não se trata, portanto, de inversão completa do ônus da prova, porém da possibilidade de distribuição desse ônus sem observância rigorosa das normas dos dois incisos do *caput* do art. 373.

Obediente ao inciso IX do art. 93 da Constituição da República, determinante de que todas as decisões judiciais sejam fundamentadas, sob pena de nulidade, o § 1º ordena que o juiz fundamente a sua decisão, da qual cabe agravo de instrumento, consoante o inciso XI do art. 1.015.

Vai além o § 1º do art. 373, estabelecendo, na sua última proposição uma norma lógica, conforme a qual o juiz deve dar à parte a quem atribuiu o ônus a oportunidade de desincumbir-se dele. O juiz, ao atribuir o ônus, fixa o prazo para que a parte a quem ele for imposto se desincumba dele. Quer isto dizer que o juiz só pode aplicar a norma antes da instrução ou durante essa fase, mas não considerar, apenas na sentença, que a parte deveria ter realizado a prova e não o fez. Noutras palavras, não basta que a lei determine abstratamente a inversão, ou que o juiz pronuncie decisão nesse sentido. É mister que o juiz dê à parte contra quem se opera a inversão uma oportunidade para fazer a prova, fixando o prazo para o desempenho dessa tarefa e até mesmo o modo de realizá-la. Pode o juiz, por exemplo, dar à parte o ônus de produzir prova do custo de um livro, determinando que ela faça tomada de preço nas livrarias que ele apontar. O prazo será o estipulado pelo juiz, inclusive por provocação da parte, mediante requerimento simples, ou embargos de declaração que apontem a omissão desse tempo. Não fixado o prazo, incidirá o § 3º do art. 218, conforme o qual o prazo é de um quinquídio. Aplicado o § 1º, pode a outra parte produzir a prova, apesar da inversão.

O § 2º constitui outra inovação, ou melhor, é complemento da inovação trazida pelo § 1º. Poder-se-ia explicar a sua primeira e maior parte com a sentença *ad impossibilia nemo tenetur* (ninguém é obrigado a fazer o impossível). Com efeito, se se tornar impossível o cumprimento do encargo, deve-se ter a decisão por ineficaz. Nesse caso, o juiz proferirá outra, acomodando o ônus da prova às circunstâncias. Pode ele inclusive dividir o ônus em proporções desiguais. Se a incumbência do encargo for de cumprimento impossível para a parte à qual ele foi atribuído, o juiz deve proferir outra decisão, fazendo incidir os dois incisos do *caput*. Impossível, comprovadamente, a produção da prova por qualquer das partes, o juiz a considerará inexistente e dará por não provado o fato, sofrendo as consequências da falta da prova a parte à qual ela aproveitaria. Excessivamente difícil o cumprimento da incumbência, a inversão se desfaz, os dois incisos voltam a incidir e a parte a quem a prova beneficiaria ficará prejudicada pela falta dela porque, afinal, a regra prevalecente é a de que o ônus da prova incumbe a quem alega. A inversão prevista no § 1º é exceção dessa regra. Inviável a exceção, volta-se a norma cuja incidência tal exceção suspender.

O § 4º do art. 373 consagrou o entendimento de que a convenção sobre a distribuição diversa do ônus da prova, prevista no § 3º, pode ser celebrada durante o processo, isto é, depois de iniciado ele pela propositura da ação, ou pelo requerimento de jurisdição voluntária. Permite o parágrafo que essa convenção também se celebre antes da instauração do processo, vislumbrando a possibilidade de instauração dele. Há, aqui, uma situação semelhante à da cláusula compromissória, introduzida num contrato para eleger a arbitragem como meio de solução das lides decorrentes dele. A regra aplica-se a qualquer das espécies de processo civil contencioso e aos processos, ditos procedimentos, de jurisdição voluntária.

A última novidade da Seção I do Capítulo XII é o parágrafo único do art. 380. Ele cuida das sanções aplicáveis ao terceiro que descumpre as determinações dos incisos I e II. Desatendidas, pode o juiz tomar medidas que forcem o seu cumprimento. Pode o juiz impor multa ao terceiro interveniente, único destinatário da norma. Além da multa, permite-se ao juiz tomar medidas indutivas, isto é, que levem a terceiro a cumprir o encargo, como o despacho que o advirta da possibilidade de multa, ou do risco à acolhida de sua pretensão, medidas coercitivas, como a proibição de falar nos autos, medidas mandamentais, dirigidas a órgãos públicos, como o pedido de remessa de certos dados. Fala ainda o parágrafo, de canhestra redação, em enigmáticas medidas sub-rogatórias, que serão as que substituem ou complementam outras sanções já impostas.

Seção II
Da Produção Antecipada da Prova
(arts. 381 a 383)

Art. 381. A produção antecipada da prova será admitida nos casos em que:
  I – haja fundado receio de que venha a tornar-se impossível ou muito difícil a verificação de certos fatos na pendência da ação;
  II – a prova a ser produzida seja suscetível de viabilizar a autocomposição ou outro meio adequado de solução de conflito;
  III – o prévio conhecimento dos fatos possa justificar ou evitar o ajuizamento de ação.

§ 1º O arrolamento de bens observará o disposto nesta Seção quando tiver por finalidade apenas a realização de documentação e não a prática de atos de apreensão.

§ 2º A produção antecipada da prova é da competência do juízo do foro onde esta deva ser produzida ou do foro de domicílio do réu.

§ 3º A produção antecipada da prova não previne a competência do juízo para a ação que venha a ser proposta.

§ 4º O juízo estadual tem competência para produção antecipada de prova requerida em face da União, de entidade autárquica ou de empresa pública federal se, na localidade, não houver vara federal.

§ 5º Aplica-se o disposto nesta Seção àquele que pretender justificar a existência de algum fato ou relação jurídica para simples documento e sem caráter contencioso, que exporá, em petição circunstanciada, a sua intenção.

Art. 382. Na petição, o requerente apresentará as razões que justificam a necessidade de antecipação da prova e mencionará com precisão os fatos sobre os quais a prova há de recair.

§ 1º O juiz determinará, de ofício ou a requerimento da parte, a citação de interessados na produção da prova ou no fato a ser provado, salvo se inexistente caráter contencioso.

§ 2º O juiz não se pronunciará sobre a ocorrência ou a inocorrência do fato, nem sobre as respectivas consequências jurídicas.

§ 3º Os interessados poderão requerer a produção de qualquer prova no mesmo procedimento, desde que relacionada ao mesmo fato, salvo se a sua produção conjunta acarretar excessiva demora.

§ 4º Neste procedimento, não se admitirá defesa ou recurso, salvo contra decisão que indeferir totalmente a produção da prova pleiteada pelo requerente originário.

Art. 383. Os autos permanecerão em cartório durante 1 (um) mês para extração de cópias e certidões pelos interessados.

Parágrafo único. Findo o prazo, os autos serão entregues ao promovente da medida.

1. Observações. 2. Repetições. 3. Alterações. 4. Inovações

1. Observações – A produção antecipada das provas, da qual tratava o Código de 1973, na Seção VI do Capítulo Único do Livro III, dedicado ao processo cautelar, obtém-se por meio da ação cautelar que, empenhado em dissimular a existência de processo dessa espécie, o novo Código colocou entre os artigos que disciplinam as provas. O § 1º do art. 382 fala em citação dos interessados. Entenda-se, porém, que o requerente é autor da ação e os ditos interessados são réus, ocupantes do polo passivo do respectivo processo.

A produção antecipada requer-se como preparatória da ação cognitiva, ou de execução e, paradoxalmente, de outra ação cautelar. Requer-se, por exemplo, a medida chamada, na tradição forense, de vistoria *ad perpetuam rei memoriam* com a finalidade de se identificarem os danos causados à coisa, antes que se providencie a **concreta** reparação deles, como preparatória da ação de ressarcimento. Pede-se o arrolamento de bens que garantam a execução por quantia certa contra devedor solvente. Busca-se, posto que inusitadamente, providência de manutenção de coisa num certo lugar, para só depois se pedir a descrição e avaliação dos danos a ela causados, como providência preparatória da ação de indenização dos prejuízos.

A produção antecipada da prova pode ser pedida como preparatória, num processo autônomo, mas também incidentalmente, neste caso um processo embutido no principal.

Sempre sustentei que a produção antecipada de prova previne a competência do juízo perante o qual se realizou, salvo no caso de incompetência dele para a ação principal, como acontecerá, v.g., na situação do § 4º do art. 381, no qual a produção requerida contra a União se produz no juízo estadual mas a ação principal tem que ser proposta num juízo federal, conforme o inciso I do art. 109 da Constituição. A doutrina e a jurisprudência caminharam todavia noutro sentido, levando o novo CPC a editar o § 3º do mesmo art. 381.

A prova colhida na produção antecipada pode ser usada como preparatória de duas ou mais ações. Neste caso, não haverá prova emprestada (art. 372) mas, sim, uma prova polivalente, usada em mais de um processo, para a comprovação da veracidade dos fatos neles alegados. Para esse fim extraem-se cópias, como previsto no *caput* do art. 383.

2. Repetições – O Código não repete, literalmente, dispositivos do diploma anterior, no sentido de copiá-los, tal como ali se encontravam. Descobre-se, entretanto, nos artigos alterados a vontade expressa nos que se revogaram.

3. Alterações – Apontam-se aqui as alterações das normas do Código anterior com a lembrança de que a doutrina e a jurisprudência destas contribuirão para a interpretação e aplicação daquelas.

A epígrafe da Seção II do Capítulo XII do Título I do Livro I da Parte Especial é, praticamente, a mesma de igual ponto do diploma anterior. Irrelevante a substituição do substantivo plural **provas**, antecedido pela preposição **de** pelo substantivo singular **prova**, precedido da contração **da**.

Ao contrário do revogado art. 846, o art. 381 não enumera as medidas de antecipação. Apenas estabelece as condições dela, consubstanciadoras do interesse processual na produção precoce da prova. A primeira condição é o receio da impossibilidade de produção da evidência na fase instrutória do processo principal, ou temor da impossibilidade de demonstração de certos fatos que, fugazes, podem desaparecer (consultem-se os autores e julgados sobre o art. 849 do Código de 1973).

O § 5º do art. 381 consagra a **justificação** do art. 861 do diploma revogado. Ao contrário deste, aquele artigo exclui a justificação feita para servir como prova em processo regular (isto é, outro processo). Se tiver essa qualidade, o requerente proporá uma medida cautelar autônoma, na qual se assegurará ao réu o direito ao contraditório. Falando em simples documento sem caráter contencioso, o art. 861 dispensa a indicação e citação de um réu. A justificação é providência de jurisdição voluntária, que pode ser utilizada como prova noutro processo, sujeita ela, entretanto, à apreciação do réu que terá direito ao contraditório.

O art. 382, tal como o anterior art. 848, exige que o requerente de toda e qualquer produção antecipada a justifique, apresentando os seus fundamentos (art. 381, I, II e III). Sem relevância a substituição de "fatos sobre que" por "fatos sobre os quais" como a colocação da frase "a prova há de recair" na ordem direta.

O § 2º do art. 382 não se distancia do anterior parágrafo único do art. 866. Ambas as normas proíbem o juiz de pronunciar-se sobre a ocorrência do fato, afirmando-a, ou negando-a. Na produção antecipada da prova o juiz verificará apenas se o requerimento atende as exigências legais e se o procedimento é observado. Considerações sobre o cabimento da prova e seu conteúdo se farão no processo a que ela se destinar.

O art. 383 do CPC de 2015 é igual, na vontade que exprime, ao revogado art. 851. O disposto nele não se aplica apenas à produção antecipada de depoimento ou de prova pericial, mas a toda e qualquer medida. A menção do art. 383 a **autos**, tal como no velho art. 851, indica que a produção preparatória ou incidental se requer e se realiza em autos apartados.

4. Inovações – Aparecem como inovação os incs. II e III e os §§ 1º a 4º do art. 381, bem como os §§ 1º, 3º e 4º do art. 382 e o parágrafo único do art. 383.

Não constava do Código anterior a condição, enunciada no inciso II do art. 381, de que o requerimento de produção antecipada da prova pode ser fundado no fato de que a prova produzida pode levar à autocomposição ou a outro meio de solução do conflito. Toda e qualquer prova pode, em tese, levar os litigantes a se entenderem mediante concessões mútuas, ou através de abdicação da respectiva pretensão. Entretanto, é preciso que o requerente demonstre que a prova postulada, uma vez produzida, é apta a levar as partes a se comporem, o que, pode ser sugerido no requerimento de antecipação. Ele mostrará que há condições de compor o litígio, uma vez produzida a prova, pela boa-fé do seu adversário, como lhe é permitido pela demonstração da duração do processo que melhor será a solução da lide através da conciliação, da mediação, da arbitragem. Permite-se ao requerente aventar a possibilidade da tomada de qualquer atitude, como a análise da prova obtida, em apreciação conjunta com o adversário. O inciso II mostra o processo como instrumento da composição da lide, independentemente da sentença que a solucione. O inciso III é uma complementação do I. Permite o requerimento de produção antecipada fundado, só e só, na explicação de que, uma vez provados os fatos, as partes, diante da prova produzida, se componham, assim evitando o ajuizamento da ação. Não se abstraia a hipótese de que, diante da prova, qualquer das partes abdique da sua pretensão.

O § 1º cuida do arrolamento destinado à documentação da existência de bens com a respectiva descrição, como preparatório, por exemplo, de uma partilha decorrente de disposição legal ou da vontade das partes.

A apreensão de bens faz-se por medida específica, preparatória ou incidental, como se colhe, por exemplo, no art. 403 e parágrafo único.

Os §§ 2º, 3º e 4º do art. 381 tratam da competência para a produção antecipada de provas. Conforme o § 2º, ela será requerida no foro do juízo onde a prova antecipada houver de ser produzida, isto é, no foro onde se encontrar a causa a ser instruída, ou a prova a ser obtida. Pode ser requerida a produção, "no foro do domicílio do réu", diz o parágrafo, do qual se conclui, que o pedido de produção é ação, autor o requerente, réu o requerido. A propositura da ação em juízo diverso configura a incompetência relativa desse órgão, que convalesce, se não arguida. O § 3º, optando pela corrente vencedora em parte da doutrina e nos tribunais, estatui que o requerimento de produção antecipada não previne a competência do juízo perante o qual ela é requerida. Entretanto, e obviamente, quando incidental o pedido, a competência é do juízo onde corre o processo da ação principal. Assim está no § 3º. O § 4º, que se insere na linha do § 3º, dá competência para a antecipação da prova ao juízo estadual quando o requerido for a União, a entidade autárquica, ou a empresa pública, se não houver juízo federal no foro onde se requer a medida (§ 2º), mas a ação principal será desse órgão, cuja competência é absoluta, como se extrai do inciso I do art. 109 da Constituição.

O *caput* do art. 382 contém exigências de fundamentação da medida. Vê-se ali a determinação de que o requerente indique o fato com as consequências jurídicas que lhe atribui, encontrando-se aí a causa de pedir. Conforme o § 1º, ao deferir a petição, que deverá obedecer, *mutatis mutandis*, o art. 319, o juiz ordenará a citação dos que o parágrafo chama de interessados, mas réus na ação cautelar. Não há citação quando a prova for antecipada apenas para efeitos documentais (v.g., § 5º do art. 381), sem que se destine a processo contencioso de qualquer espécie. O § 3º obedece, simultaneamente, ao princípio do aproveitamento e da celeridade. Permite que qualquer interessado, o autor requerente, o réu requerido, ou qualquer terceiro, requeiram, no mesmo procedimento (*rectius*, no mesmo processo) a produção de prova relacionada com o fato a ser provado, como a estimativa do valor dos lucros cessantes, no feito em que se pediu a descrição e avaliação do dano, ou a regulamentação provisória das visitas, onde se buscou a apreensão de menor como preparatória da ação de guarda. Há cumulação de pedidos se a providência for postulada pelo requerente. Sem que se vislumbre natureza reconvencional no seu pedido, pode o demandado requerer prova que se contraponha àquela cuja produção antecipada se postulou. A seu critério, o juiz indeferirá o pedido de que trata o § 3º do art. 382, quando o deferimento e a respectiva efetivação acarretarem excessiva demora na produção da prova inicialmente requerida. Verifica-se a tardança demasiada, na conformidade da doutrina e jurisprudência que entendem ocorrente essa demora.

No processo de produção antecipada de prova, não se admite nem defesa, nem recurso, como dispõe o § 4º do art. 382. Sobre essa impossibilidade, será útil a consulta à doutrina e à jurisprudência do art. 850 do Código anterior. A segunda parte do parágrafo afasta a incidência da primeira, quando dispõe que é recorrível a decisão de indeferimento total do pedido de produção formulado inicialmente. O indeferimento parcial, bem como o indeferimento do pedido formulado com base no § 3º, no todo ou em parte, é alcançado pela proibição da defesa ou recurso. A prova antecipada fica sujeita a toda espécie de impugnação no processo principal, como se nele houvesse sido produzida.

Por derradeiro, o parágrafo único do art. 383 dispõe que, findo o prazo previsto no *caput*, para a extração de cópias ou certidões, os autos serão entregues ao promovente da medida, isto é, a quem requereu a antecipação. Havendo litisconsórcio, ou o pedido do § 3º, a entrega dos autos aos respectivos requerentes será feita mediante reprodução ou certidão.

Seção III
Da Ata Notarial
(art. 384)

Art. 384. A existência e o modo de existir de algum fato podem ser atestados ou documentados, a requerimento do interessado, mediante ata lavrada por tabelião.
Parágrafo único. Dados representados por imagem ou som gravados em arquivos eletrônicos poderão constar da ata notarial

1. Observações. 2. Interpretação.

1. Observações – O legislador do Código de 2015 trouxe para o diploma com o *nomen iuris* de **ata notarial** uma prática não raras vezes usada para documentar um ato, ou o modo como ele se desenvolve. O interessado comparece acompanhado de tabelião, que registra o ocorrido, descrevendo-o com objetividade. A ata é documento e sua disciplina bem poderia ficar entre as disposições concernentes à prova documental (Seção VII do Capítulo XII). Ela cria uma presunção relativa de veracidade, suscetível de ser ilidida no processo onde for apresentada.

2. Interpretação – Disciplinando a ata notarial, fala o *caput* do art. 384 na existência e no modo de existir. Podendo documentar a existência, a ata pode registrar também a inexistência, como a falta de eleição de um dos membros da diretoria de uma sociedade. A ata registra a existência, como é, para ficar no exemplo, a assembleia. Registra também, no todo ou em parte, o procedimento pelo qual o ato, complexo, ou simples, se desenvolve.

Fala o artigo em atos atestados ou documentados, usando palavras de acepção distinta. Atestar é declarar; documentar é registrar. O tabelião atesta que houve o ato e o modo pelo qual se desenvolveu. Documentará a existência e o modo pelo qual o ato se desenvolve, recolhendo e transcrevendo ou juntando à ata papéis, gráficos, plantas, fotos e mesmo instrumentos de fixação de som. A enumeração do parágrafo único do artigo não é exaustiva. Qualquer elemento que demonstre a existência do ato, ou o modo pelo qual ele se desenvolve pode constar da ata notarial, como seu anexo. Ela conterá uma primeira parte, na qual o tabelião afirma a existência objetiva do ato e o seu desenvolvimento e uma segunda parte que reunirá os elementos indicados no parágrafo e outros semelhantes.

O artigo alude ao requerimento do interessado. No texto, **requerimento** significa solicitação que se faz ao tabelião, no sentido de que ele lavre a ata. Se, por qualquer motivo, ele não tiver acesso ao local do ato porque foi impedido de presenciá-lo, ou por qualquer outro motivo, declarará esse impedimento na ata. Por **tabelião** se haverá de entender o serventuário habilitado à prática do ato por qualquer norma, inclusive de organização judiciária. Incompetente o serventuário, a ata será nula como ato processual, mas o juiz poderá considerá-la um documento, que apreciará livremente. Basta que a ata seja assinada pelo serventuário, mas nada impede que a assinem quaisquer outras pessoas, participantes do ato, ou de qualquer forma ligadas aos anexos. A ata é lavrada no momento da verificação, ou posteriormente a essa oportunidade. A ata notarial, que pode ser usada a qualquer tempo, é documento do qual cabe tirarem cópias, para a oportuna apreciação a juízo, ou a órgão da Administração, ou para simples arquivamento destinado a utilização de qualquer espécie.

Seção IV
Do Depoimento Pessoal
(Arts. 385 a 388)

Art. 385. Cabe à parte requerer o depoimento pessoal da outra parte, a fim de que esta seja interrogada na audiência de instrução e julgamento, sem prejuízo do poder do juiz de ordená-lo de ofício.

§ 1º Se a parte, pessoalmente intimada para prestar depoimento pessoal e advertida da pena de confesso, não comparecer ou, comparecendo, se recusar a depor, o juiz aplicar-lhe-á a pena.

§ 2º É vedado a quem ainda não depôs assistir ao interrogatório da outra parte.

§ 3º O depoimento pessoal da parte que residir em comarca, seção ou subseção judiciária diversa daquela onde tramita o processo poderá ser colhido por meio de videoconferência ou outro recurso tecnológico de transmissão de sons e imagens em tempo real, o que poderá ocorrer, inclusive, durante a realização da audiência de instrução e julgamento.

Art. 386. Quando a parte, sem motivo justificado, deixar de responder ao que lhe for perguntado ou empregar evasivas, o juiz, apreciando as demais circunstâncias e os elementos de prova, declarará, na sentença, se houve recusa de depor.

Art. 387. A parte responderá pessoalmente sobre os fatos articulados, não podendo servir-se de escritos anteriormente preparados, permitindo-lhe o juiz, todavia, a consulta a notas breves, desde que objetivem completar esclarecimentos.

Art. 388. A parte não é obrigada a depor sobre fatos:
  I – criminosos ou torpes que lhe forem imputados;
  II – a cujo respeito, por estado ou profissão, deva guardar sigilo;
  III – acerca dos quais não possa responder sem desonra própria, de seu cônjuge, de seu companheiro ou de parente em grau sucessível;
  IV – que coloquem em perigo a vida do depoente ou das pessoas referidas no inciso III.

Parágrafo único. Esta disposição não se aplica às ações de estado e de família.

1. Observações. 2. Repetições. 3. Alterações. 4. Inovações.

1. Observações – Tirante as inovações do § 3º do art. 385 e do inciso IV do art. 388, o novo Código ficou rente ao anterior, na disciplina do depoimento pessoal, que é o depoimento da parte, de todas as partes, ou de algumas delas. Sobre a pena de confesso no caso de litisconsórcio, veja-se o que se diz, em seguida, nas anotações ao § 1º do art. 385 e ao art. 391. Não se confunde o depoimento da parte, chamado depoimento pessoal, com o depoimento de testemunha, que é prestado pessoalmente. O próprio Código mostra que o depoimento pessoal pode ser prestado por procurador com poderes especiais, já que a esse tipo alude o § 1º do art. 389.

2. Repetições – Disciplinando o depoimento pessoal, o Código repete, na Seção IV, a epígrafe da Seção II do anterior e no *caput* do art. 388 e nos seus incs. I e II, o art. 347 e iguais itens da lei revogada. Por isto, e como se vem assinalando ao longo destas notas, convém examinar a doutrina e a jurisprudência desses dispositivos, o que deve ser feito igualmente, quanto às normas alteradas.

3. Alterações – O art. 342 do CPC de 1973 não continha norma sobre o depoimento pessoal. Apenas autorizava o juiz a determinar, de ofício, o comparecimento pessoal das partes, não o depoimento pessoal – de todas, algumas, ou alguma –, em qualquer momento do processo, para interrogá-la sobre os fatos da causa. O novo Código eliminou esse artigo porque estranho ao depoimento tratado na Seção, mas o repete, no inciso VIII do art. 139. A norma do art. 385 é semelhante à do anterior art. 343 porque, tal como este, aquele dispõe que o depoimento pessoal de uma parte pode ser determinado pelo juiz, de ofício, ou requerido pela outra.

Tal como o CPC de 1973, o Código de 2015 não considerou o depoimento pessoal no litisconsórcio, fenômeno suscetível de ocorrer, como se lê nos seus arts. 350 e 391, respectivamente.

O juiz pode convocar os litisconsortes para, pessoalmente, informá-lo sobre fatos da causa, como permite o inciso VIII do art. 139. Pode ainda, de ofício, intimar qualquer deles para prestar tal depoimento pessoal, como se lê no art. 385 que também autoriza uma parte a requerer o depoimento de qualquer dos ocupantes do polo oposto. Um litisconsorte pede o depoimento pessoal de outro do seu próprio grupo, contanto que mostre seu interesse nesse ato. Isto pode acontecer em qualquer espécie de cumulação de pessoas num dos extremos da relação processual. Na ação de usucapião, por exemplo (litisconsórcio necessário simples, não unitário) pode um confrontante pedir o depoimento pessoal de outro com a finalidade de contribuir para a delimitação da área usucapienda. Na ação plural (litisconsórcio facultativo simples) de indenização proposta por pessoas que sofreram acidente de veículo, um dos litisconsortes pode pugnar pela improcedência do pedido de outro por não ter sofrido dano, admite-se que ele próprio peça o depoimento pessoal do que pretende excluir, assim contribuindo para a solvência do devedor. Este exemplo, aliás, mostra a possibilidade de lide entre os litisconsortes, questão que, entretanto, refoge ao âmbito destas anotações.

Na substância, o § 1º do art. 385 não se distância dos §§ 1º e 2º do art. 342 do Código anterior. O § 2º daquele artigo é idêntico ao parágrafo único do revogado art. 344, com a troca da expressão **é defeso** por **é vedado**. Norma semelhante encontra-se no art. 456, que determina ao juiz inquirir as testemunhas separadamente.

O art. 387 alterou, minimamente, a redação do art. 346 do CPC de 1973. Substituiu o advérbio **adrede** pelo advérbio **anteriormen-**

te e substituiu o futuro do presente "lhe permitirá" pelo gerúndio "permitindo-lhe".

A norma do parágrafo único do art. 388 fala, genericamente, em ações de estado e de família, fórmula abrangente dos casos referidos no revogado art. 347. Ações de estado são as relativas à natureza e à existência das pessoas, ao passo que as ações de família são todas aquelas relativas às situações inerentes ao parentesco, à afinidade, ao casamento e situações semelhantes, como a união estável.

4. Inovações – É nova a disposição do § 3º do art. 385, que não encontra correspondência no diploma de 1973. Caminhando com os tempos, ela cuida do depoimento pessoal da parte que residir em divisão territorial diferente daquela do foro onde corre o processo. Falando em comarca, seção ou subseção judiciária, a norma, literalmente interpretada, não incide nos casos em que o depoente residir fora do país, nem na hipótese de convocação da parte para prestar esclarecimentos sobre a causa. Entretanto, devidamente interpretada, a norma, se permite o depoimento pessoal pelos meios nela indicados, consente, *a fortiori*, a colheita dos esclarecimentos pela mesma via, contanto que intimadas todas as partes para o ato. Desde que intimadas todas as partes, o depoimento pessoal (art. 385) pode ser tomado fora da audiência, como demonstra o artigo ao usar o advérbio **inclusive**. Fala o dispositivo, corretamente, em **residência**, lugar onde a pessoa efetivamente se encontra, pondo de lado o substantivo **domicílio**, que não envolve, necessariamente, o local onde está o depoente. Não há motivo para que se exclua a possibilidade de aplicação do artigo, quando o depoente estiver no exterior, diante da identidade de situações e da segurança dos meios de transmissão. Deve-se dar interpretação larga ao verbo "residir", de modo a fazê-lo incidir no caso em que a pessoa se encontrar fora da sua residência, como acontecerá quando ela estiver em viagem, não importa de recreação ou negócios.

Fala o § 3º do art. 385 em videoconferência, ou outro recurso tecnológico, de transmissão de sons e imagens. O uso do conectivo **e** exclui a possibilidade de colheita do depoimento só por som porque é necessário o reconhecimento da pessoa pelo juiz e por participantes do ato. O § 1º, IV, do art. 447 declara incapazes o cego e o surdo, quando a ciência do fato depender dos sentidos que lhes faltam. Pode, entretanto, o cego depor fora da situação cogitada no parágrafo. Não assim o mudo, pela impossibilidade de escuta do som da sua voz.

O inciso III do art. 388 explicita uma isenção já constante do sistema da lei. Aludindo a parente em grau sucessível, o dispositivo estende a norma a todas as pessoas que por lei podem suceder a parte em caso de morte, não importa a sua proximidade na linha sucessória. A norma só alcança os legatários se forem parentes de quem depõe, mas se estende também aos afins deste, pois o Código considera a afinidade uma espécie de parentesco (v.g., art. 144, IV).

Seção V
Da Confissão
(arts. 389 a 395)

Art. 389. Há confissão, judicial ou extrajudicial, quando a parte admite a verdade de fato contrário ao seu interesse e favorável ao do adversário.

Art. 390. A confissão judicial pode ser espontânea ou provocada.

§ 1º A confissão espontânea pode ser feita pela própria parte ou por representante com poder especial.

§ 2º A confissão provocada constará do termo de depoimento pessoal.

Art. 391. A confissão judicial faz prova contra o confitente, não prejudicando, todavia, os litisconsortes.

Parágrafo único. Nas ações que versarem sobre bens imóveis ou direitos reais sobre imóveis alheios, a confissão de um cônjuge ou companheiro não valerá sem a do outro, salvo se o regime de casamento for o de separação absoluta de bens.

Art. 392. Não vale como confissão a admissão, em juízo, de fatos relativos a direitos indisponíveis.

§ 1º A confissão será ineficaz se feita por quem não for capaz de dispor do direito a que se referem os fatos confessados.

§ 2º A confissão feita por um representante somente é eficaz nos limites em que este pode vincular o representado.

Art. 393. A confissão é irrevogável, mas pode ser anulada se decorreu de erro de fato ou de coação.

Parágrafo único. A legitimidade para a ação prevista no *caput* é exclusiva do confitente e pode ser transferida a seus herdeiros se ele falecer após a propositura.

Art. 394. A confissão extrajudicial, quando feita oralmente, só terá eficácia nos casos em que a lei não exija prova literal.

Art. 395. A confissão é, em regra, indivisível, não podendo a parte que a quiser invocar como prova aceitá-la no tópico que a beneficiar e rejeitá-la no que lhe for desfavorável, porém cindir-se-á quando o confitente a ela aduzir fatos novos, capazes de constituir fundamento de defesa de direito material ou de reconvenção.

1. Observações. 2. Repetições. 3. Alterações. 4. Inovações.

1. Observações – Em sete artigos, o novo Código, rente ao revogado, trata da confissão. Ela constitui, sem dúvida, modalidade de prova oral, próxima do depoimento pessoal, quando feita em juízo, como, aliás se infere do § 2º do art. 390.

Na seção aqui examinada, o novo Código tal como o anterior, não trata da chamada confissão ficta como confissão, que, na realidade, não é, não se podendo tomar como tal o silêncio da parte (v.g., art. 344, segunda parte) que pode gerar efeitos semelhantes ao da confissão.

2. Repetições – A maioria dos dispositivos do CPC de 2015, reguladores do instituto, corresponde a normas constantes do Código anterior, que agora aparecem alteradas sem que contudo se haja modificado o seu sentido.

Rigorosamente idênticos são os arts. 392 do novo Código e 351 do antigo, assim como as epígrafes da Seção V do Código vigente e da Seção III do revogado. Há todavia repetidas coincidências parciais, como, por exemplo, no caso dos arts. 390 do diploma atual e 349 do antigo.

A repetição e as alterações são apontadas, neste trabalho, para lembrar a conveniência da consulta à doutrina e à jurisprudência dos artigos repetidos e alterados, sem falar do proveito que se extrai da consulta a quanto se escreveu e se decidiu sobre a matéria.

3. Alterações – O art. 389 do CPC atual alterou, formalmente apenas, o art. 348 do anterior. Em vez de usar período simples autônomo para dizer que a confissão é judicial ou extrajudicial, intrometeu a divisão no período que define o instituto. Suprimiu, ademais, o artigo indefinido **um**, anteposto a fato, no dispositivo revogado, para substituí-lo pela preposição **de**.

O art. 390 repete, literalmente, a primeira parte do revogado art. 349. Não acompanhou, entretanto, a segunda parte deste artigo, conforme a qual se lavraria o respectivo termo, se ela fosse referida pelo confitente mas a confissão provocada constaria do depoimento pessoal prestado por quem confessasse. Quanto ao art. 349, anterior, melhor dirão a respectiva doutrina e jurisprudência.

Veja-se que a norma do § 2º do art. 390 repete igual regra, posta no anterior art. 349. Suprimiu todavia a pleonástica oração "prestado pela parte" porque só há depoimento pessoal da parte (art. 389), ainda quando ele é prestado por representante com poder especial para confessar (art. 390, § 1º). Aliás, o parágrafo único do art. 349 do velho Código encontra-se repetido no § 1º do art. 390, salvo no ponto em que trocou **mandatário** por **representante** e pôs no singular – **poder especial** – o que estava no plural, **poderes especiais**. O novo dispositivo usou o substantivo "representante" porque, se ele abrange o mandatário, que representante é, designa também a pessoa física que, sem o vínculo contratual do mandato, representa uma pessoa, inclusive jurídica, ou mesmo formal, autorizada por conta do confitente, que se pode servir de alguém que confessa, diretamente autorizado por ele, ou, pelo órgão competente.

O parágrafo único do art. 391 aparece acrescido do vocábulo **companheiro**, cujo significado se há de buscar no direito material. O companheiro é reconhecido no § 3º do art. 226 da Constituição da República, onde se fala em reconhecimento da união estável entre o homem e a mulher. Só haverá companheiro, existindo união estável. A norma constitucional alude à união entre homem e mulher, sem contudo excluir a união estável entre duas pessoas do mesmo sexo, homens ou mulheres. Existente a união estável de qualquer gênero, a confissão, nas ações mencionadas no parágrafo, não será nula, se faltar a aquiescência do par. Já se fala numa esdrúxula, para não dizer teratológica união estável plúrima, de feição poligâmica, constituída por um homem e duas ou mais mulheres e vice-versa. Coonestada essa união insólita, contrária à Constituição, à lei, aos costumes, à moral, haveria a necessidade de confissão de todas as partes. Não se diga demasiada esta observação, consideradas as proporções que vai assumindo a jurisprudência. A confissão de um cônjuge não produzirá os efeitos de confissão, mas esse efeito pode ocorrer, sobrevindo a confissão do outro cônjuge, ou companheiro, que será uma complementação. Documentos que poderiam ser tomados como expressão equivalente à confissão não suprem, não equivalem a ela. É preciso que se manifeste a vontade de confessar, ainda que não se use o verbo, ou o substantivo.

A norma do parágrafo único desse art. 391 coincide com a de igual tópico do art. 350 do CPC de 1973, acrescida porém da ressalva de que ela não incide, se o regime dos cônjuges for o da separação absoluta de bens. Não é o direito processual que define esse regime, mas, sim, a lei civil. Se houver união estável, incide a ressalva, caso exista pacto dos companheiros, excludente da participação nos bens de um deles.

O art. 393 difere do art. 352 do Código passado. Preceituava este que a confissão emanada do erro, dolo ou coação poderia ser revogada. Conforme aquele artigo, a confissão viciosa permanece irrevogável, existindo, enquanto não for anulada. A anulação da confissão decorrente de erro busca-se por ação cognitiva, cujo pedido, se julgado procedente, o será por sentença, ou acórdão constitutivo (art. 486). Enquanto não for anulada, a confissão produz efeitos. A sentença, que a decreta, não produz efeitos *ex tunc*.

O parágrafo único do art. 393 encontra semelhança em igual parágrafo do revogado art. 352. É personalíssimo o direito de propor a ação. Proposta a ação (art. 312), ela pode ser transferida aos herdeiros do autor, se ele falecer após a propositura. Na verdade, os herdeiros, todos os herdeiros, inclusive o Município, ou a União (se território federal vier a existir) serão sucessores do autor, não substitutos dele, no sentido do art. 18. Se quem propuser a ação não for herdeiro do falecido (v.g., filho de um primo dele), não haverá legitimidade pela falta de coincidência do esquema da lei (parágrafo único do art. 993) e o esquema exposto na inicial. Nesse caso, haverá sentença terminativa, que porá fim ao processo sem julgamento do mérito (art. 485, VI).

O art. 395 do novo Código está muito próximo do art. 354, anterior. Sem alterar a vontade expressa neste, o novo dispositivo substituiu **de** regra por **em** regra. Preferiu seguir no período, mantendo a tmese. Substituiu **suscetíveis** por **capazes**. Eis tudo. Como se viu, não houve alteração substancial. O art. 395 vivificou o art. 354.

4. Inovações – Apenas duas são as inovações trazidas pelo novo Código à seção dedicada à confissão. Mesmo assim, são de pequena monta e retrata o que ensina a doutrina e quiçá a jurisprudência sobre os pontos abordados.

O § 1º, sem correspondência no Código anterior, estatui que a confissão não produzirá eficácia se feita por quem não seja capaz de dispor do direito a que se referem os fatos confessados. Confissão haverá, como a define o art. 389, mas não produzirá efeitos, não se podendo atribuir a ela os efeitos normalmente produzidos pela confissão feita por quem podia dispor do direito. A incapacidade é definida pelo direito material. A ineficácia não precisa ser declarada, mas é mister prová-la, mesmo no processo em que foi proferida, ou em ação própria. A sentença de mérito proferida com base nessa confissão pode ser desconstituída por ação rescisória fundada na violação manifesta da norma do § 1º do art. 392 (art. 966, V). A ineficácia prevista no § 1º opera *ex tunc*. Ocorre desde a confissão. Há uma condição dessa ineficácia: é preciso que o confitente seja incapaz de dispor do direito a que se referem os fatos confessados, como, v.g., na hipótese do parágrafo único do art. 391, se o confitente confessar sozinho.

O § 2º transforma em norma jurídica essa consequência inerente à confissão que, a rigor, não carecia de explicitação. Se o representante for além dos direitos a que pode vincular o representado, a confissão será ineficaz em tudo que exceder os limites traçados ao representante.

Válida, porém a confissão quanto ao que ficou nos limites da representação. O problema é de excesso dos limites da representação, versado no direito material. Obedecendo os limites da representação, o representante não vincula o representado porque é este quem fala por aquele.

Seção VI
Da Exibição de Documento ou Coisa
(arts. 396 a 404)

Art. 396. O juiz pode ordenar que a parte exiba documento ou coisa que se encontre em seu poder.

Art. 397. O pedido formulado pela parte conterá:
   I – a individuação, tão completa quanto possível, do documento ou da coisa;
   II – a finalidade da prova, indicando os fatos que se relacionam com o documento ou com a coisa;
   III – as circunstâncias em que se funda o requerente para afirmar que o documento ou a coisa existe e se acha em poder da parte contrária.

Art. 398. O requerido dará sua resposta nos 5 (cinco) dias subsequentes à sua intimação.
   Parágrafo único. Se o requerido afirmar que não possui o documento ou a coisa, o juiz permitirá que o requerente prove, por qualquer meio, que a declaração não corresponde à verdade.

Art. 399. O juiz não admitirá a recusa se:
   I – o requerido tiver obrigação legal de exibir;
   II – o requerido tiver aludido ao documento ou à coisa, no processo, com o intuito de constituir prova;
   III – o documento, por seu conteúdo, for comum às partes.

Art. 400. Ao decidir o pedido, o juiz admitirá como verdadeiros os fatos que, por meio do documento ou da coisa, a parte pretendia provar se:
   I – o requerido não efetuar a exibição nem fizer nenhuma declaração no prazo do art. 398;
   II – a recusa for havida por ilegítima.
   Parágrafo único. Sendo necessário, o juiz pode adotar medidas indutivas, coercitivas, mandamentais ou sub-rogatórias para que o documento seja exibido.

Art. 401. Quando o documento ou a coisa estiver em poder de terceiro, o juiz ordenará sua citação para responder no prazo de 15 (quinze) dias.

Art. 402. Se o terceiro negar a obrigação de exibir ou a posse do documento ou da coisa, o juiz designará audiência especial, tomando-lhe o depoimento, bem como o das partes e, se necessário, o de testemunhas, e em seguida proferirá decisão.

Art. 403. Se o terceiro, sem justo motivo, se recusar a efetuar a exibição, o juiz ordenar-lhe-á que proceda ao respectivo depósito em cartório ou em outro lugar designado, no prazo de 5 (cinco) dias, impondo ao requerente que o ressarça pelas despesas que tiver.

Parágrafo único. Se o terceiro descumprir a ordem, o juiz expedirá mandado de apreensão, requisitando, se necessário, força policial, sem prejuízo da responsabilidade por crime de desobediência, pagamento de multa e outras medidas indutivas, coercitivas, mandamentais ou sub-rogatórias necessárias para assegurar a efetivação da decisão.

Art. 404. A parte e o terceiro se escusam de exibir, em juízo, o documento ou a coisa se:

I – concernente a negócios da própria vida da família;
II – sua apresentação puder violar dever de honra;
III – sua publicidade redundar em desonra à parte ou ao terceiro, bem como a seus parentes consanguíneos ou afins até o terceiro grau, ou lhes representar perigo de ação penal;
IV – sua exibição acarretar a divulgação de fatos a cujo respeito, por estado ou profissão, devam guardar segredo;
V – subsistirem outros motivos graves que, segundo o prudente arbítrio do juiz, justifiquem a recusa da exibição;
VI – houver disposição legal que justifique a recusa da exibição.

Parágrafo único. Se os motivos de que tratam os incisos I a VI do *caput* disserem respeito a apenas uma parcela do documento, a parte ou o terceiro exibirá a outra em cartório, para dela ser extraída cópia reprográfica, de tudo sendo lavrado auto circunstanciado.

1. Observações; 2. Repetições; 3. Alterações; 4. Inovações;

1. Observações – Tanto o novo CPC quanto o diploma de 2015 reservaram nove artigos à exibição de documento ou coisa. O instituto não consubstancia obrigação de dar porque, na realidade, a parte não entrega, porém mostra. Quando a lei fala que "o juiz pode ordenar", ela cuida de uma obrigação de fazer. A parte, ou requerente, ocupa um dos polos, ativo ou passivo, da relação processual. O pedido, todavia, pode dirigir-se a um terceiro, que não é só o terceiro interveniente, na acepção que lhe dá o Título III do Livro I da Parte Geral, como uma pessoa que não integra o processo. Se, porventura, o documento ou a coisa, o que raramente acontece, estiver em poder de auxiliar da Justiça não se obedece o procedimento de que agora se trata, mas o juiz apenas dará uma ordem para que essa pessoa o exiba, sob pena de sofrer as sanções da lei. Se o documento ou a coisa se encontrarem sob a guarda de outro órgão jurisdicional, o juiz requererá ao titular deste que lhe envie, ainda que por cópia, o documento, ou a coisa, mesmo que reproduzida em foto ou outro meio semelhante, acrescentando à sua solicitação o pedido de que o objeto não seja restituído ao seu apresentante.

Uma vez apresentado o documento ou a coisa, eles passam a integrar a categoria das provas documentais, sabido que documento não é apenas o escrito, mas, sim, qualquer elemento material com que se demonstra a veracidade dos fatos, como papéis, desenhos, coisas, e até pessoas, quando destas, e não da manifestação delas, se recolhe a convicção, como a identificação do autor do ato, ou de uma abstenção, ou as amostras de sangue e cabelo, úteis para determinar a filiação. Apresentado o documento, ou reprodução dele, cuja autenticidade constará de termo, fica ele nos autos, assim como a reprodução, nas mesmas condições.

A conjunção coordenativa **ou** serve para ligar sinônimos (v.g. dicionário **ou** léxico) ou antônimos (por exemplo, claro **ou** escuro). Ainda para juntar vocábulos que exprimem ideias excludentes, como sim **ou** não, bem como para designar coisas diferentes mas integrantes do mesmo gênero (livros **ou** cadernetas). Neste último sentido, a epígrafe da Seção emprega o vocábulo **ou**. Documento ou coisa incluem-se entre as provas destinadas a demonstrar materialidades que se encontram no mesmo campo porém indicam objetos diferentes.

Num sentido amplo, documento (de **docere**, ensinar), é toda a prova de uma existência ou inexistência. O papel escrito é documento, e documento será qualquer objeto perceptível ao sentido, como a amostra de um produto agrícola, ou de uma composição química. No sentido estrito, entretanto, documento é um suporte sobre o qual se escreve, se desenha, se colocam figuras, ou se sulcam sinais. A epígrafe desta Seção VI não usa os dois termos como sinônimos, mas, sim, para expressar objetos distintos, cada um na acepção restrita que se acaba de mencionar. Ressalvo aqui a minha compreensão de que **coisa** é espécie de documento, como será qualquer animal, inclusive o ser humano, considerado na expressão corpórea.

Aplicam-se, *mutatis mutandis*, à exibição de coisa as normas reguladoras da exibição de documentos, como se extrai dos dispositivos que disciplinam a exibição, que não é prova, porém incidente destinado à produção de provas.

2. Repetições – O novo Código repetiu o anterior, na epígrafe da Seção, ambas com o título "Da exibição de documento ou coisa".

O art. 397 e seus três incisos repetem o anterior art. 356 e seus três itens. O inciso III do art. 399 reproduz o art. 358 anterior, havendo apenas deslocado a conjunção subordinativa condicional se do *caput* para o início de cada um de seus três incisos, em duvidoso aperfeiçoamento semântico.

3. Alterações – O art. 396 é idêntico ao art. 355 do CPC de 1973, com exceção da troca do subjuntivo **ache** por **encontre**.

O art. 398, que agora aparece, ecoa o anterior art. 357, salvo quando elimina o artigo **a** antes do possessivo **sua**, quando põe em numeral o quinquídio e transforma em parágrafo o restante do dispositivo revogado, revelando contudo o substantivo **requerido**, oculto no texto anterior.

No art. 399, nota-se que o *caput* incluiu a conjunção **se** de igual ponto do art. 358 anterior, eliminando-a do início dos três incisos. O *caput* do art. 400 é o mesmo do art. 359, acrescentada, porém, a conjunção **se**. O inciso I desse artigo substitui o pronome **qualquer** pelo indefinido **nenhuma** e inicia o inciso II sem a conjunção **se**.

O art. 401 enuncia norma idêntica à do art. 360 do Código revogado, porém substituindo a oração "mandará citá-lo para responder", por "ordenará sua citação para responder". Aumentou também o prazo, de dez para quinze dias.

No art. 402, o novo Código apresenta como inovações, que talvez o seu legislador, não sem algum exagero, dissesse fundamentais, a supressão da vírgula após o infinitivo **exibir** e a mudança do substantivo **sentença** por **decisão**.

No art. 403, a próclise **lhe ordenará**, do anterior art. 362, foi substituída pela mesóclise **ordenar-lhe-á**. Pôs **em outro** no lugar de **noutro** e substituiu o subjuntivo **embolse das** pelo conjuntivo **ressarça pelas**. Criando um parágrafo único para nele colocar a última parte do art. 362, o novo CPC suprimiu a alusão ao pagamento de multa e outras medidas indutivas.

O *caput* do art. 404 ficou diferente de igual ponto do art. 363 pelo acréscimo da conjunção **se**, eliminada dos seus cinco primeiros incisos. O parágrafo único desse artigo eliminou a abreviatura **ns.** de igual parágrafo do anterior art. 363 e acrescentou a referência ao inciso VI desse item. Trocou o adjetivo **só** pelo advérbio **apenas**. Eliminou a referência à parte ou terceiro. Trocou a condicional **se extrairá** por **ser extraída**, substituiu **suma** por **cópia reprográfica**, mandando que de tudo se lavre auto circunstanciado, mas sem a oração "para ser apresentada em juízo".

4. Inovações – A primeira novidade da Seção VI está no acréscimo do parágrafo único ao art. 400, sem correspondência no anterior art. 358. Esse parágrafo permite ao juiz adotar medidas indutivas, coercitivas, mandamentais ou sub-rogatórias, para compelir o obrigado a exibir o documento ou a coisa, se sua recusa à exibição for considerada ilegítima, isto é, improcedente. Medidas indutivas são as que convencem o obrigado a proceder à apresentação, como, por exemplo, a exortação, feita em despacho. Providências coercitivas são as que impõem alguma espécie de sanção. Mandamentais, as ordens dirigidas à Administração (*lato sensu*). Medidas sub-rogatórias são aquelas que implicam a possibilidade de transferência do encargo a terceiro, ou as derivadas das outras providências que o texto indica.

Outra inovação é a do inciso VI do art. 404. Este item ampara a recusa de exibir documento ou coisa, se houver norma jurídica impeditiva da exibição. O inciso era desnecessário porque bastaria a alegação do dispositivo legal determinante da abstenção de exibir.

SEÇÃO VII
DA PROVA DOCUMENTAL
(ARTS. 405 A 441)

SUBSEÇÃO I
DA FORÇA PROBANTE DOS DOCUMENTOS
(ARTS. 405 A 429)

Art. 405. O documento público faz prova não só da sua formação, mas também dos fatos que o escrivão, o chefe de secretaria, o tabelião ou o servidor declarar que ocorreram em sua presença.

Art. 406. Quando a lei exigir instrumento público como da substância do ato, nenhuma outra prova, por mais especial que seja, pode suprir-lhe a falta.

Art. 407. O documento feito por oficial público incompetente ou sem a observância das formalidades legais, sendo subscrito pelas partes, tem a mesma eficácia probatória do documento particular.

Art. 408. As declarações constantes do documento particular escrito e assinado ou somente assinado presumem-se verdadeiras em relação ao signatário.

Parágrafo único. Quando, todavia, contiver declaração de ciência de determinado fato, o documento particular prova a ciência, mas não o fato em si, incumbindo o ônus de prová-lo ao interessado em sua veracidade.

Art. 409. A data do documento particular, quando a seu respeito surgir dúvida ou impugnação entre os litigantes, provar-se-á por todos os meios de direito.

Parágrafo único. Em relação a terceiros, considerar-se-á datado o documento particular:
    I – no dia em que foi registrado;
    II – desde a morte de algum dos signatários;
    III – a partir da impossibilidade física que sobreveio a qualquer dos signatários;
    IV – da sua apresentação em repartição pública ou em juízo;
    V – do ato ou do fato que estabeleça, de modo certo, a anterioridade da formação do documento.

Art. 410. Considera-se autor do documento particular:
  I – aquele que o fez e o assinou;
  II – aquele por conta de quem ele foi feito, estando assinado;
  III – aquele que, mandando compô-lo, não o firmou porque, conforme a experiência comum, não se costuma assinar, como livros empresariais e assentos domésticos.

Art. 411. Considera-se autêntico o documento quando:
  I – o tabelião reconhecer a firma do signatário;
  II – a autoria estiver identificada por qualquer outro meio legal de certificação, inclusive eletrônico, nos termos da lei;
  III – não houver impugnação da parte contra quem foi produzido o documento.

Art. 412. O documento particular de cuja autenticidade não se duvida prova que o seu autor fez a declaração que lhe é atribuída.
  Parágrafo único. O documento particular admitido expressa ou tacitamente é indivisível, sendo vedado à parte que pretende utilizar-se dele aceitar os fatos que lhe são favoráveis e recusar os que são contrários ao seu interesse, salvo se provar que estes não ocorreram.

Art. 413. O telegrama, o radiograma ou qualquer outro meio de transmissão tem a mesma força probatória do documento particular se o original constante da estação expedidora tiver sido assinado pelo remetente.
  Parágrafo único. A firma do remetente poderá ser reconhecida pelo tabelião, declarando-se essa circunstância no original depositado na estação expedidora.

Art. 414. O telegrama ou o radiograma presume-se conforme com o original, provando as datas de sua expedição e de seu recebimento pelo destinatário.

Art. 415. As cartas e os registros domésticos provam contra quem os escreveu quando:
  I – enunciam o recebimento de um crédito;
  II – contêm anotação que visa a suprir a falta de título em favor de quem é apontado como credor;
  III – expressam conhecimento de fatos para os quais não se exija determinada prova.

Art. 416. A nota escrita pelo credor em qualquer parte de documento representativo de obrigação, ainda que não assinada, faz prova em benefício do devedor.
  Parágrafo único. Aplica-se essa regra tanto para o documento que o credor conservar em seu poder quanto para aquele que se achar em poder do devedor ou de terceiro.

Art. 417. Os livros empresariais provam contra seu autor, sendo lícito ao empresário, todavia, demonstrar, por todos os meios permitidos em direito, que os lançamentos não correspondem à verdade dos fatos.

Art. 418. Os livros empresariais que preencham os requisitos exigidos por lei provam a favor de seu autor no litígio entre empresários.

Art. 419. A escrituração contábil é indivisível, e, se dos fatos que resultam dos lançamentos, uns são favoráveis ao interesse de seu autor e outros lhe são contrários, ambos serão considerados em conjunto, como unidade.

Art. 420. O juiz pode ordenar, a requerimento da parte, a exibição integral dos livros empresariais e dos documentos do arquivo:
    I – na liquidação de sociedade;
    II – na sucessão por morte de sócio;
    III – quando e como determinar a lei.

Art. 421. O juiz pode, de ofício, ordenar à parte a exibição parcial dos livros e dos documentos, extraindo-se deles a suma que interessar ao litígio, bem como reproduções autenticadas.

Art. 422. Qualquer reprodução mecânica, como a fotográfica, a cinematográfica, a fonográfica ou de outra espécie, tem aptidão para fazer prova dos fatos ou das coisas representadas, se a sua conformidade com o documento original não for impugnada por aquele contra quem foi produzida.

§ 1º As fotografias digitais e as extraídas da rede mundial de computadores fazem prova das imagens que reproduzem, devendo, se impugnadas, ser apresentada a respectiva autenticação eletrônica ou, não sendo possível, realizada perícia.

§ 2º Se se tratar de fotografia publicada em jornal ou revista, será exigido um exemplar original do periódico, caso impugnada a veracidade pela outra parte.

§ 3º Aplica-se o disposto neste artigo à forma impressa de mensagem eletrônica.

Art. 423. As reproduções dos documentos particulares, fotográficas ou obtidas por outros processos de repetição, valem como certidões sempre que o escrivão ou o chefe de secretaria certificar sua conformidade com o original.

Art. 424. A cópia de documento particular tem o mesmo valor probante que o original, cabendo ao escrivão, intimadas as partes, proceder à conferência e certificar a conformidade entre a cópia e o original.

Art. 425. Fazem a mesma prova que os originais:
    I – as certidões textuais de qualquer peça dos autos, do protocolo das audiências ou de outro livro a cargo do escrivão ou do chefe de secretaria, se extraídas por ele ou sob sua vigilância e por ele subscritas;
    II – os traslados e as certidões extraídas por oficial público de instrumentos ou documentos lançados em suas notas;
    III – as reproduções dos documentos públicos, desde que autenticadas por oficial público ou conferidas em cartório com os respectivos originais;
    IV – as cópias reprográficas de peças do próprio processo judicial declaradas autênticas pelo advogado, sob sua responsabilidade pessoal, se não lhes for impugnada a autenticidade;

V – os extratos digitais de bancos de dados públicos e privados, desde que atestado pelo seu emitente, sob as penas da lei, que as informações conferem com o que consta na origem;

VI – as reproduções digitalizadas de qualquer documento público ou particular, quando juntadas aos autos pelos órgãos da justiça e seus auxiliares, pelo Ministério Público e seus auxiliares, pela Defensoria Pública e seus auxiliares, pelas procuradorias, pelas repartições públicas em geral e por advogados, ressalvada a alegação motivada e fundamentada de adulteração.

§ 1º Os originais dos documentos digitalizados mencionados no inciso VI deverão ser preservados pelo seu detentor até o final do prazo para propositura de ação rescisória.

§ 2º Tratando-se de cópia digital de título executivo extrajudicial ou de documento relevante à instrução do processo, o juiz poderá determinar seu depósito em cartório ou secretaria.

Art. 426. O juiz apreciará fundamentadamente a fé que deva merecer o documento, quando em ponto substancial e sem ressalva contiver entrelinha, emenda, borrão ou cancelamento.

Art. 427. Cessa a fé do documento público ou particular sendo-lhe declarada judicialmente a falsidade.

Parágrafo único. A falsidade consiste em:
I – formar documento não verdadeiro;
II – alterar documento verdadeiro.

Art. 428. Cessa a fé do documento particular quando:
I – for impugnada sua autenticidade e enquanto não se comprovar sua veracidade;
II – assinado em branco, for impugnado seu conteúdo, por preenchimento abusivo.

Parágrafo único. Dar-se-á abuso quando aquele que recebeu documento assinado com texto não escrito no todo ou em parte formá-lo ou completá-lo por si ou por meio de outrem, violando o pacto feito com o signatário.

Art. 429. Incumbe o ônus da prova quando:
I – se tratar de falsidade de documento ou de preenchimento abusivo, à parte que a arguir;
II – se tratar de impugnação da autenticidade, à parte que produziu o documento.

1. Observações. 2. Repetições. 3. Alterações. 4. Inovações.

1. Observações – Como antes se assinalou, documento (do latim *docere*, ensinar) é, etimologicamente, o que ensina, e, por extensão, o que se exibe. Já escrevi que a prova documental consiste nos elementos materiais com que se demonstra a veracidade das alegações, acrescentando que ela não se limita a textos escritos, mas abrange ainda quaisquer objetos suscetíveis de infundir a certeza dos fatos, como são os papéis, as fotografias, os desenhos, as coisas, e até as pessoas, quando destas se recolhem, não as manifestações, porém a convicção. Tratando da força probante dos documentos, a Subseção I não esconde essa realidade, porém a ressalta, em alguns dos seus dispositivos.

Vários artigos da parte do novo Código que agora se examina repetem dispositivos do diploma anterior. Outros trazem pequenas alterações. É reduzido o número de inovações, como busca demonstrar, adiante, o tópico específico.

Não custa destacar o fato de que o laudo do perito, os pareceres dos assistentes, os registros da inspeção judicial, e mesmo elementos apresentados pelas partes ou testemunhas, uma vez juntos aos autos, tornam-se documentos com a força probante dessa modalidade de prova.

Renovo aqui a lembrança de que o estudo do novo Código não dispensa a consulta à doutrina e à jurisprudência do anterior, mormente quando se ocupam dos dispositivos repetidos ou alterados. Registre-se também que não poucos artigos, que aparecem pela primeira vez, incorporam ao Direito Processual opiniões dos autores e julgados dos tribunais, cuja consulta, então, se faz aconselhável.

2. Repetições – A epígrafe da Subseção I repete a de igual Subseção do Código anterior, abrindo ambas o rol de dispositivos que não tratam da natureza ou da constituição dos documentos, porém disciplinam a força deles como elementos de convicção da veracidade das alegações das partes ou dos terceiros.

O art. 407 é igual ao 367 do CPC de 1973. O art. 408 repete o art. 368. Os incs. I a V do parágrafo único do art. 409 correspondem aos incs. I a V do revogado art. 370. Os incs. I e III do art. 410 do CPC de 2015 espelham iguais itens do anterior art. 371.

Tratando da firma do remetente dos quase extintos telegrama, radiograma e quejandos, o parágrafo único do art. 413 é igual ao parágrafo único do art. 374 anterior. Os incs. I a III do art. 415 são iguais aos mesmos incisos do revogado art. 376. O *caput* do art. 416 não difere, sequer numa letra, do *caput* do anterior antigo 377.

Iguais aos três incisos do art. 381 do Código passado são os três do art. 420 do novo Código. Assim também os arts. 421 e 382.

Os arts. 424 e 385 dos dois Códigos, respectivamente, igualam-se na redação. Coincidem os *capita* dos arts. 425 e 365, assim como os respectivos incs. II, III, e V. O *caput* do art. 427 é cópia do art. 387, assim também o *caput* dos arts. 428 e 388. O *caput* do art. 429, por seu turno, repete o *caput* do art. 389.

3. Alterações – Examinem-se agora as alterações e já se verá que, na maioria, são despojadas de relevância.

O art. 405 diferencia-se do art. 364 pela inserção de referência ao chefe de secretaria e ao servidor, em vez de funcionário. O art. 406 apenas inverteu a ordem das palavras do art. 366 do Código revogado, que, contudo, permanecem as mesmas.

O parágrafo único do art. 408 só não é cópia do parágrafo único do art. 368 do anterior CPC porque retirou o vocábulo **relativa** deste último, antecedido por vírgula, e trocou o substantivo **declaração** por **ciência**. Ademais, em vez de **fato declarado** pôs apenas **fato em si**, substituindo o gerúndio **competindo** por **incumbindo**. Por derradeiro, diz que incumbe ao interessado, quanto ao fato, o ônus de prová-lo em sua veracidade, enquanto o texto revogado expressava a mesma ideia, asseverando que ao interessado competia "em sua veracidade o ônus de provar o fato".

O art. 409 transferiu para o parágrafo único, eliminada a adversativa **mas**, o que constava da última proposição do art. 370.

O art. 410, no *caput*, substituiu a oração "reputa-se autor" por "considera-se autor". O inciso II desse artigo considera autor do documento particular "aquele por conta de quem ele foi feito", explicitando pronome que estava oculto no mesmo item do art. 371 do CPC de 1973.

No *caput*, o art. 411 trocou o verbo **reputar**, do art. 369, pelo verbo **considerar**. Pôs a referência ao tabelião no inciso I, mas suprimiu a norma do anterior art. 369 quando ela reputava autêntico documento desde que, além de reconhecer a firma do signatário, o tabelião declarasse que ela foi aposta na sua presença. Tanto o reconhecimento da firma quanto a declaração do serventuário geram uma presunção relativa, *iuris tantum*, por isto suscetível de anulação.

O paragrafo único do artigo 416 substituiu o demonstrativo **esta** do parágrafo único do art. 377 pelo demonstrativo **essa**, e trocou a conjunção **como** pelo pronome **quanto**.

No art. 417, o adjetivo plural **comerciais** foi substituído pelo vocábulo "**empresariais**". Transformou o indicativo **é** pelo gerúndio **sendo**, além de mudar **comerciante** por **empresário**, denominações que, se não constituem sinônimos perfeitos, aproximam-se uma da outra. No art. 418, vê-se também a troca do adjetivo **comerciais** por **empresariais**, eliminando o advérbio **também** do art. 379 do Código anterior, substituindo o substantivo plural **comerciantes** pelo substantivo plural **empresários**.

É propósito deste livro indicar as alterações que o novo Código de Processo Civil fez nos textos aproveitados do diploma que revogou. Entretanto, o autor destas linhas não pode omitir a observação de que essas modificações não alteraram a vontade da norma a que se deu redação diferente, conservado o sentido do texto anterior.

O art. 419, posto frente a frente com o art. 380, mostra a despicienda inovação constante da inclusão da conjunção coordenativa aditiva **e** após a troca do ponto e vírgula por vírgula, em seguida ao adjetivo **indivisível**.

A única alteração do art. 420 foi a mudança do substantivo plural **comerciais** do art. 381 pelo vocábulo **empresariais**.

O art. 422, bem examinado, não trouxe inovação substancial ao texto do revogado art. 383. Antepôs aos adjetivos fotográfica, cinematográfica e fonográfica o artigo **a**. Trocou "faz prova" por "aptidão para fazer prova". Sem lhe alterar o sentido, substituiu a última proposição da norma anterior por outra a ela equivalente. Admitir a conformidade é, *a contrario sensu*, não impugnar.

O § 2º do art. 422 fala em fotografia publicada em jornal, acrescentado o substantivo **revista**, que não constava do § 2º do art. 385. Põe a oração "será exigido um exemplar original" no lugar de "exigir-se-ão o original e o negativo", como estavam no parágrafo correspondente do revogado art. 385. Atente-se em que, conforme a redação do novo parágrafo, só se exigirá a apresentação de um exemplar do periódico se houver impugnação da sua veracidade. Admite-se que se junte aos autos a reprodução do original, devidamente autenticada pela serventia.

No art. 423, mudou-se de lugar a referência a documentos particulares e substituiu-se pelo verbo **certificar** a expressão "portar por fé".

O inciso I do art. 425 menciona, além do escrivão, o chefe da secretaria, trocando a gerundial "sendo extraídas" pela condicional "se extraída". No inciso IV, para evitar a duplicidade do adjetivo **próprio**, foi ele suprimido antes do substantivo **advogado**, constante a repetição no inciso IV do art. 365 do Código anterior. Na primeira oração do inciso VI, retirou-se a vírgula após o substantivo **documento**. Mudou-se para o feminino o particípio **juntadas**. Incluiu-se menção à Defensoria Pública e seus auxiliares. Colocou-se uma vírgula após **advogados**, qualificando-os de públicos ou privados. Indicou-se que pode ser questionada a autenticidade, alegando-se a adulteração, não importa se ocorrida antes ou durante o processo. É sutil a diferença entre alegação motivada e alegação fundamentada, já que, no texto, uma e outra têm a mesma significação.

No § 1º do art. 425, suprimiu-se a vírgula depois de **digitalizados**; não se esclareceu, por desnecessário, que o inciso VI se prende ao *caput* do artigo. E substituiu-se, corretamente, o substantivo **interposição** por **propositura**, já que se propõe e não se interpõe a ação rescisória.

Idêntico embora o *caput* do art. 427 ao *caput* do art. 387, acrescentou-se ao *caput* do parágrafo único a preposição **em**, por isto suprimida dos seus incisos I e II.

Mais abrangente, o inciso I do art. 428 retira a fé, isto é, a eficácia probante do documento público, quando for impugnada a sua autenticidade. A oração concessiva "enquanto não comprovar sua veracidade" mostra que até a ocorrência dessa comprovação se presume a ineficácia pela só impugnação. Entenda-se, porém, que a impugnação pode ser indeferida de plano, pelo juiz, quando for inepta. Equivalem-se os incs. II dos arts. 428 do novo Código e 388 do antigo. No parágrafo único, retiraram-se as vírgulas que, em igual parágrafo do art. 388, se encontravam após **aquele, assinado** e **parte**.

No inciso I do art. 429, acrescentou-se o adjunto **de documento**, inexistente no inciso I do art. 389. No inciso II, já não se fala na contestação de assinatura, porém em impugnação da autenticidade. Impugna-se a autenticidade de qualquer documento, e não só da assinatura, como constava do inciso II do art. 389.

4. Inovações – A Subseção I da Seção VII não apresenta inovações de monta. Aparece como nova, sem correspondência no Código anterior, a norma do inciso II do art. 411. Consoante essa regra, considera-se autêntico o documento quando a autoria estiver identificada por qualquer outro meio legal de certificação, inclusive eletrônico, nos termos da lei. A identificação da autoria nada mais é que sua demonstração por qualquer meio de prova, cujo emprego o juiz apreciará conforme o seu livre convencimento. No inciso III, o vocábulo **parte** não indica apenas quem estiver no polo ativo ou passivo da relação processual, mas também o terceiro interveniente e mesmo outro integrante do processo, como será, **v.g.** o documento que se apresente para contraditar algo constante do laudo pericial.

São também inovadoras as normas dos §§ 1º e 3º do art. 422, que não se liam iguais ao art. 383 do antigo CPC. O longo § 1º dá como prova as fotografias digitais e as extraídas da rede mundial de computadores. Se forem impugnadas essas fotos, a autenticidade delas se comprova mediante a apresentação da autenticação eletrônica, nos termos da lei regente dessa modalidade. Inviável essa apresentação, o juiz pode produzir prova pericial sobre ela, limitada, no entanto, a perícia ao objeto da impugnação, incabíveis considerações sobre outros aspectos da demanda. O § 3º manda aplicar o artigo, na sua inteireza, à forma impressa de mensagem eletrônica. Essa forma impressa é a reprodução da mensagem, tal como expedida, reputando-se inidônea qualquer alteração, devendo-se contudo atentar na irrelevância de erros banais, cometidos a olhos vistos.

Como se vê, são minúsculas as inovações da Subseção. Diga-se, sem rodeios, que, apreciada no seu todo, esta parte do Código limitou--se, ou a repetir, literalmente, disposições constantes do diploma anterior, ou a alterar a redação dos seus artigos, sem, todavia, modificar-lhes o sentido ou a vontade.

Subseção II
Da Arguição de Falsidade
(arts. 430 a 433)

Art. 430. A falsidade deve ser suscitada na contestação, na réplica ou no prazo de 15 (quinze) dias, contado a partir da intimação da juntada do documento aos autos.

Parágrafo único. Uma vez arguida, a falsidade será resolvida como questão incidental, salvo se a parte requerer que o juiz a decida como questão principal, nos termos do inciso II do art. 19.

Art. 431. A parte arguirá a falsidade expondo os motivos em que funda a sua pretensão e os meios com que provará o alegado.

Art. 432. Depois de ouvida a outra parte no prazo de 15 (quinze) dias, será realizado o exame pericial.

Parágrafo único. Não se procederá ao exame pericial se a parte que produziu o documento concordar em retirá-lo.

Art. 433. A declaração sobre a falsidade do documento, quando suscitada como questão principal, constará da parte dispositiva da sentença e sobre ela incidirá também a autoridade da coisa julgada.

1. Observações. 2. Alterações e Inovação.

1. Observações – A procedência da arguição de falsidade, incidente do processo, leva à desconsideração do documento apresentado, como se ele não existisse. Eventual referência feita ao documento, na sentença ou noutra decisão, deve ser ignorada, salvo se ele servir de fundamento ao ato decisório que, nesse caso, não será nulo, porém suscetível de reforma, como acontece quando o juiz, singular ou colegiado, se vale de uma prova imprestável como razão de decidir.

O documento, cuja falsidade é reconhecida, permanece nos autos. Concorre para formar a convicção no sentido de que não se fez a prova tensionada pelo apresentante dele. Assim, exemplificando, o juiz dirá, na decisão, que o fato tal não foi provado porque falso o documento a cuja prova ele visava.

É preciso entender que também nesta subseção o documento não é apenas o papel escrito, mas qualquer outro elemento material de convicção trazido ao processo, ainda que não caiba nos autos, como acontecerá se se tratar de um objeto, como um quadro ou uma estátua que ficará num depósito judicial ou nas mãos de terceiro. Sobre o ponto, veja-se, em seguida, a nota ao art. 430.

2. Alterações e Inovação – Nenhum dos quatro artigos da subseção de que ora se trata repete, literalmente, dispositivos do Código anterior mas, salvo o parágrafo único do art. 430, uma inovação, repetem-se normas do diploma revogado, posto que alteradas.

O art. 430 estatui que a falsidade deve ser suscitada, isto é, alegada, na contestação, e na réplica. Deixa, entretanto inequívoca a possibilidade de suscitar-se o incidente em qualquer momento, quando fala no prazo de quinze dias, contado a partir da intimação da juntada do documento aos autos. Não importam opiniões contrárias, creio que a referência do artigo à juntada do documento aos autos não exclui a apresentação da coisa em juízo. Da intimação dessa mostra corre o prazo de quinze dias para questionar a falsidade. O art. 390 do Código anterior falava em incidente suscitado em qualquer tempo e grau de jurisdição, o que não diz a norma genérica do art. 430. Entendo que a arguição é cabível, se, quando e onde for apresentado o documento, pela juntada ou exibição. Excluído o documento do processo, a arguição de falsidade é inadmissível. O prazo de dez dias do art. 390, anterior foi estendido para quinze dias pelo art. 430.

O art. 431 simplificou a norma do art. 391 anterior. Sem falar em oferecimento antes de encerrada a instrução, como dispunha o art. 391, argui-se agora a falsidade em qualquer momento, mediante petição que exponha a pretensão do arguente e indique os meios de prová-la.

O art. 432 ampliou para quinze o prazo de dez dias estipulado no art. 392 do velho Código. Ouvida, nesse prazo, a parte contra quem se produziu documento, seja ela autora, ré, ou terceiro, realizar-se-á a perícia, obviamente quando esse exame se tornar necessário. O parágrafo único do artigo que agora se anota é diferente de igual parágrafo do anterior art. 392. Neste, permitia-se à parte contrária opor-se ao desentranhamento da peça ou, entenda-se, a sua devolução ao apresentante, se se tratasse de objeto. Não mais, na norma que agora aparece. Compreenda-se todavia que, se se permite à parte produtora do documento concordar em retirá-lo, também se deve admitir a oposição da parte contrária que será apreciada pelo juiz, mediante ato decisório suscetível de agravo de instrumento pelo art. 1.015, VI, do novo Código, na interpretação desse item.

O parágrafo único do art. 430, que aparece como novidade no CPC de 2015, estabelece que, arguida, resolver-se-á a falsidade como questão incidental, no caso decisão interlocutória. Ressalva, porém, sem correspondência no CPC de 1973 que, se a parte, qualquer parte, requerer que o juiz decida a arguição como questão principal haverá sentença pois o requerimento consubstanciará uma ação declaratória incidental, revista no art. 19, II, do novo CPC. Acrescente-se que, nesse caso, a declaração sobre a falsidade, conforme o art. 433, será sentença incidental e poderá vir na parte dispositiva da sentença principal. Essa sentença fará coisa julgada material, tal como a define o art. 502.

Se a sentença for terminativa (art. 485), ainda assim ela pode conter a declaração de falsidade. Nessa parte, haverá coisa julgada material, depois do trânsito da decisão, o que não acontecerá relativamente ao julgado terminativo.

Subseção III
Da Produção Da Prova Documental
(arts. 434 a 438)

Art. 434. Incumbe à parte instruir a petição inicial ou a contestação com os documentos destinados a provar suas alegações.

Parágrafo único. Quando o documento consistir em reprodução cinematográfica ou fonográfica, a parte deverá trazê-lo nos termos do *caput*, mas sua exposição será realizada em audiência, intimando-se previamente as partes.

Art. 435. É lícito às partes, em qualquer tempo, juntar aos autos documentos novos, quando destinados a fazer prova de fatos ocorridos depois dos articulados ou para contrapô-los aos que foram produzidos nos autos.

Parágrafo único. Admite-se também a juntada posterior de documentos formados após a petição inicial ou a contestação, bem como dos que se tornaram conhecidos, acessíveis ou disponíveis após esses atos, cabendo à parte que os produzir comprovar o motivo que a impediu de juntá-los anteriormente e incumbindo ao juiz, em qualquer caso, avaliar a conduta da parte de acordo com o art. 5º.

Art. 436. A parte, intimada a falar sobre documento constante dos autos, poderá:
  I – impugnar a admissibilidade da prova documental;
  II – impugnar sua autenticidade;
  III – suscitar sua falsidade, com ou sem deflagração do incidente de arguição de falsidade;
  IV – manifestar-se sobre seu conteúdo.

Parágrafo único. Nas hipóteses dos incisos II e III, a impugnação deverá basear-se em argumentação específica, não se admitindo alegação genérica de falsidade.

Art. 437. O réu manifestar-se-á na contestação sobre os documentos anexados à inicial, e o autor manifestar-se-á na réplica sobre os documentos anexados à contestação.

§ 1º Sempre que uma das partes requerer a juntada de documento aos autos, o juiz ouvirá, a seu respeito, a outra parte, que disporá do prazo de 15 (quinze) dias para adotar qualquer das posturas indicadas no art. 436.

§ 2º Poderá o juiz, a requerimento da parte, dilatar o prazo para manifestação sobre a prova documental produzida, levando em consideração a quantidade e a complexidade da documentação.

Art. 438. O juiz requisitará às repartições públicas, em qualquer tempo ou grau de jurisdição:

I – as certidões necessárias à prova das alegações das partes;
II – os procedimentos administrativos nas causas em que forem interessados a União, os Estados, o Distrito Federal, os Municípios ou entidades da administração indireta.

§ 1º Recebidos os autos, o juiz mandará extrair, no prazo máximo e improrrogável de 1 (um) mês, certidões ou reproduções fotográficas das peças que indicar e das que forem indicadas pelas partes, e, em seguida, devolverá os autos à repartição de origem.

§ 2º As repartições públicas poderão fornecer todos os documentos em meio eletrônico, conforme disposto em lei, certificando, pelo mesmo meio, que se trata de extrato fiel do que consta em seu banco de dados ou no documento digitalizado.

1. Observações. 2. Repetições. 3. Alterações. 4. Inovações.

1. Observações – No pórtico das observações à Subseção III, integrada pelos arts. 434 a 438 do novo Código de Processo Civil, remete-se ao conceito de **documento**, apresentado nas observações à Subseção I (arts. 405 e ss.).

Nesta subseção III, o Código regula a produção da prova documental mas não define o seu objeto. Os artigos dessa subseção levam, contudo, a entender que o documento é apenas o escrito, ou, por extensão, o que se imprime sobre o papel, como desenhos, gráficos, plantas, excluída, então, a coisa como prova documental, o que a deixa numa espécie de limbo, sem regras específicas concernentes ao uso dela como meio de convicção.

Repare-se que o Código agora vigente, assim como o anterior, dá tratamento cuidadoso à prova documental, que se não tem primazia sobre as demais, inexistente hierarquia dos meios probatórios, é muito significativa porque representa fatos que ficam nos autos físicos, ou eletrônicos, para demonstrar uma ocorrência, ou melhor, uma situação de existência, ou inexistência.

O documento deve ser apresentado com a inicial ou com a contestação. Admite-se, porém, a sua apresentação fora desses momentos, até mesmo quando o processo tramitar nas cortes superiores, em grau de recurso, ou em ação de competência originária. A regra do § 1º do art. 397 emana da garantia constitucional do contraditório (CF, art. 5º, LV). Nula será a decisão que não observar essa norma, desrespeitando a prerrogativa. Pode, entretanto, o juiz de qualquer instância determinar a retirada dos autos do documento irrelevante.

2. Repetições – O art. 435 do novo Código repete o art. 397 do anterior. O *caput* do art. 438 e seu inciso I são iguais ao *caput* do art. 399 e inciso I do Código precedente.

3. Alterações – O *caput* do art. 434 do novo Código é, praticamente, repetição do art. 396 do velho, salvo quanto à troca de **compete** por **incumbe**, a mudança de **resposta** para **contestação**, a troca de "provar--lhe as alegações" por "provar suas alegações", omitida a referência aos artigos revogados já não aplicáveis.

O § 1º do art. 437 repete, basicamente, o art. 398, valendo-se contudo da oração "que disporá do prazo de 15 (quinze) dias", no lugar de "o juiz ouvirá a seu respeito a outra, no prazo de 5 (cinco) dias". Acrescentou, ademais, a alusão à finalidade do prazo que é concedido à "parte para adotar qualquer das posturas indicadas no art. 436". Enquanto o inciso II do art. 399 do Código anterior falava na União, Estado, Município ou nas respectivas entidades da administração indireta, o inciso II do art. 438 pôs os vocábulos **Estado** e **Município** no plural e suprimiu o adjetivo **respectivas**. O § 1º do mesmo art. 438 só se distingue de igual parágrafo do art. 399 porque fala em **um mês**, em vez de **30 dias**, aludindo a "peças que indicar e das que forem indicadas", no lugar de "peças indicadas pelas partes ou de ofício". Mudou a expressão "ou de ofício" e a oração "findo o prazo", constante do § 1º do artigo revogado. No § 2º, só se nota que foi posta uma vírgula depois do adjetivo eletrônico, suprimida a contração **do**, constante do texto, feita a alteração para mostrar que a alusão separa o banco de dados do documento digitalizado, adequada a correção.

4. Inovações – A primeira inovação é o parágrafo único do art. 434. Segundo esse dispositivo, a reprodução cinematográfica ou fonográfica (ou de outras espécies do mesmo gênero) é permitida, mas a sua exposição deve ser realizada em audiência, intimadas as partes para o ato. Como se vê, o juiz marca uma sessão para os interessados assistirem à projeção dos elementos apresentados. Preso o parágrafo único ao *caput*, a sua interpretação literal leva a concluir que ele diz respeito apenas às reproduções acompanhantes da inicial, ou da contestação. Porém, não é assim. Pelo seu conteúdo a norma se aplica a todos os casos em que admitida a juntada de tais reproduções. *Ubi eadem ratio ibi eadem dispositio.*

Constitui inovação o longo parágrafo único do art. 435. Além de admitir a juntada nos termos do *caput* pelo uso do advérbio **também**, o parágrafo consente a juntada posterior àquelas oportunidades de documentos formados, isto é, constituídos, depois da petição inicial ou após a contestação. Vai adiante o parágrafo, permitindo a juntada de documentos que se tornaram conhecidos, acessíveis ou disponíveis depois da inicial ou da contestação, aditando o preceito de incumbir à parte que o produziu a comprovação do motivo que a impediu de juntá-los anteriormente. O parágrafo, na sua parte final, estabelece que incumbe ao juiz avaliar a conduta da parte de acordo com o art. 5º, verificando se ela deixou de proceder à juntada por má-fé. Neste caso, o juiz poderá determinar que se desentranhe o documento junto.

O art. 436 e seus quatro incisos permitem que a parte, intimada a falar sobre documento junto aos autos, impugne a admissibilidade da prova documental (inciso I). Pode então a parte insurgir-se contra a juntada do documento ou alegar que, por qualquer motivo, a prova não é admissível. Pode também a parte impugnar a autenticidade do documento (inciso II), que se contrapõe ao fato dele não ser fidedigno porque contaminado de algum vício. Cria-se, então, um incidente, dada a parte contrária ao impugnante responder a imputação, que o juiz julgará mediante decisão interlocutória. O inciso III permite à parte (também ao terceiro) contra quem se apresentou documento arguir a sua falsidade. Ressalva o inciso que essa arguição pode, ou não, dar ensejo ao incidente, nos termos em que o Código regula a arguição de falsidade. Permite também que a arguição seja simples, isto é, feita a alegação, dá-se à parte contrária o direito de manifestar-se e, logo após, o juiz resolve o incidente. O inciso IV, último dos itens do art. 436, é redundante porque dá à parte o direito de manifestar-se sobre o conteúdo do documento. O parágrafo único do artigo tem sabor expletivo porque, obviamente, aliás como todas as manifestações da parte, tanto a inautenticidade quanto a falsidade devem ser arguidas mediante razões específicas, denunciadoras do vício alegado, não se admitindo afirmações genéricas, inespecíficas, obscuras. Nesses casos, o juiz deverá indeferir a alegação.

Indaga-se se era necessária a norma do art. 437, de evidente inutilidade, pois o direito de manifestar-se o réu, sobre os documentos juntos à inicial e o autor, sobre os acompanhantes da contestação é garantia constitucional, consubstanciadora do contraditório. Também é novidade o § 2º do art. 437, que permite ao juiz dilatar o prazo para manifestação da parte, autor, réu ou terceiro, a respeito do documento. A extensão do prazo, o juiz a fixará atento à quantidade de documentos e à dificuldade de vencer a complexidade.

Seção VIII
Dos Documentos Eletrônicos
(arts. 439 a 441)

Art. 439. A utilização de documentos eletrônicos no processo convencional dependerá de sua conversão à forma impressa e da verificação de sua autenticidade, na forma da lei.

Art. 440. O juiz apreciará o valor probante do documento eletrônico não convertido, assegurado às partes o acesso ao seu teor.

Art. 441. Serão admitidos documentos eletrônicos produzidos e conservados com a observância da legislação específica.

1. Observações. 2. Inovações.

1. Observações – Chamam-se documentos eletrônicos os produzidos pelos meios de comunicação utilizados para transmitir, à distância, as imagens dos suportes sobre os quais se lançam escritos ou outros caracteres. As repartições forenses, por exemplo, dispõem de instrumentos de transmissão ou captação eletrônica, como são os computadores. Equiparam-se a essa espécie de documento as petições e arrazoados componentes do denominado processo eletrônico que tanto mais se usam quanto mais se torna obsoleto o processo físico que se vai finando, cujo desaparecimento já se vislumbra.

2. Inovações – Os artigos da Seção VIII são insuficientes para regular o uso da parafernália destinada à remessa e colheita de documentos eletrônicos. Recorra-se, então, às normas jurídicas específicas e seus princípios, bem como a informações técnicas. O art. 439 condiciona o uso de documentos eletrônicos no processo convencional, à possibilidade de sua conversão para a forma impressa. Transcreve-se, portanto, o documento eletrônico, desde que seja possível reduzir a escrito o texto veiculado. Isto acontece quando se passa para o papel o objeto da transmissão. Elementos não escritos são reproduzidos e juntos aos autos chamados físicos. Não basta todavia a possibilidade de conversão. É preciso também que haja meios de verificação da sua autenticidade, "na forma da lei", como termina o artigo, aludindo, de modo evidente, à legislação específica. Pode-se usar qualquer meio lícito, inclusive o telefone, para as informações, que serão objeto de termo junto aos autos.

O art. 440 aparentemente contraria o art. 439. Enquanto este condiciona a utilização de documentos eletrônicos no processo convencional à possibilidade de sua conversão, fala aquele em documento eletrônico não convertido. Cotejados os dois dispositivos, conclui-se que o art. 440 admite a possibilidade do uso de documento eletrônico fora dos autos convencionais. Noutras palavras, havendo autos físicos, só se admite o documento eletrônico se houver a possibilidade da sua conversão à forma expressa. Não havendo tais autos, pode-se usar, livremente, o documento eletrônico, que vai integrar o processo da mesma natureza. O art. 440 preceitua que o juiz apreciará o valor probante do documento eletrônico não convertido e assegurará o acesso das partes ao seu teor. A norma tem algo de expletivo em seu conteúdo porque o juiz sempre apreciará o valor probante do documento transmitido por via eletrônica, como também a aptidão de qualquer outro documento como meio de prova. Obediente ao contraditório, o juiz também determinará à parte contrária à produtora do documento o direito de manifestar-se sobre ele. O parágrafo primeiro do art. 437 incide.

O art. 441 é desnecessário quando admite documentos eletrônicos produzidos e conservados de acordo com a legislação específica. Obviamente, a norma incide, salvo nos pontos em que alguma outra regra afastar a possibilidade da sua aplicação.

Seção IX
Da Prova Testemunhal
(Arts. 442 a 463)

Subseção I
Da Admissibilidade e do Valor da Prova Testemunhal
(Arts. 442 a 449)

Art. 442. A prova testemunhal é sempre admissível, não dispondo a lei de modo diverso.

Art. 443. O juiz indeferirá a inquirição de testemunhas sobre fatos:
    I – já provados por documento ou confissão da parte;
    II – que só por documento ou por exame pericial puderem ser provados.

Art. 444. Nos casos em que a lei exigir prova escrita da obrigação, é admissível a prova testemunhal quando houver começo de prova por escrito, emanado da parte contra a qual se pretende produzir a prova.

Art. 445. Também se admite a prova testemunhal quando o credor não pode ou não podia, moral ou materialmente, obter a prova escrita da obrigação, em casos como o de parentesco, de depósito necessário ou de hospedagem em hotel ou em razão das práticas comerciais do local onde contraída a obrigação.

Art. 446. É lícito à parte provar com testemunhas:
    I – nos contratos simulados, a divergência entre a vontade real e a vontade declarada;
    II – nos contratos em geral, os vícios de consentimento.

Art. 447. Podem depor como testemunhas todas as pessoas, exceto as incapazes, impedidas ou suspeitas.
    § 1º São incapazes:
        I – o interdito por enfermidade ou deficiência mental;
        II – o que, acometido por enfermidade ou retardamento mental, ao tempo em que ocorreram os fatos, não podia discerni-los, ou, ao tempo em que deve depor, não está habilitado a transmitir as percepções;
        III – o que tiver menos de 16 (dezesseis) anos;
        IV – o cego e o surdo, quando a ciência do fato depender dos sentidos que lhes faltam.
    § 2º São impedidos:
        I – o cônjuge, o companheiro, o ascendente e o descendente em qualquer grau e o colateral, até o terceiro grau, de alguma das partes, por consanguinidade ou afinidade, salvo se o exigir o interesse público ou, tratando-se de causa relativa ao estado da pessoa, não se puder obter de outro modo a prova que o juiz repute necessária ao julgamento do mérito;
        II – o que é parte na causa;
        III – o que intervém em nome de uma parte, como o tutor, o representante legal da pessoa jurídica, o juiz, o advogado e outros que assistam ou tenham assistido as partes.
    § 3º São suspeitos:
        I – o inimigo da parte ou o seu amigo íntimo;
        II – o que tiver interesse no litígio.
    § 4º Sendo necessário, pode o juiz admitir o depoimento das testemunhas menores, impedidas ou suspeitas.
    § 5º Os depoimentos referidos no § 4º serão prestados independentemente de compromisso, e o juiz lhes atribuirá o valor que possam merecer.

Art. 448. A testemunha não é obrigada a depor sobre fatos:
    I – que lhe acarretem grave dano, bem como ao seu cônjuge ou companheiro e aos seus parentes consanguíneos ou afins, em linha reta ou colateral, até o terceiro grau;
    II – a cujo respeito, por estado ou profissão, deva guardar sigilo.

Art. 449. Salvo disposição especial em contrário, as testemunhas devem ser ouvidas na sede do juízo.

Parágrafo único. Quando a parte ou a testemunha, por enfermidade ou por outro motivo relevante, estiver impossibilitada de comparecer, mas não de prestar depoimento, o juiz designará, conforme as circunstâncias, dia, hora e lugar para inquiri-la.

1. Observações. 2. Repetições. 3. Alterações. 4. Inovações.

1. Observações – A prova testemunhal é uma espécie de prova oral. Não a única. O depoimento pessoal constitui outro tipo dessa modalidade probatória, assim como os esclarecimentos verbais do perito e dos assistentes técnicos, conquanto essas declarações complementem a prova pericial, a integrando. Integram também o elenco das provas orais os esclarecimentos das pessoas menores, impedidas ou suspeitas, referidas no § 4º do art. 447, chamadas informantes, na linguagem forense.

A prova testemunhal, se se permite a redundância, é meio de convicção consistente no depoimento de testemunhas (de *testis*: o que está ou assiste como terceiro). Não há hierarquia de provas. Convenha-se, entretanto, que a prova testemunhal é de suma importância, pois existem fatos que só olhos viram e só a memória guardou. Vezes há em que a testemunha contribui para a compreensão de um documento, para a descrição de uma coisa, ou até para o entendimento da prova pericial. Daí, haver o Código dedicado oito artigos para a disciplina da sua admissibilidade e do seu valor. Como essa prova não avantaja as outras, é preciso que o órgão julgador a confronte com as demais e atribua a ela o valor que tiver, no contexto probatório.

2. Repetições – As epígrafes da Seção IX e da sua Subseção I repetem iguais pontos do Código de 1973. O art. 442 copiou a primeira parte do anterior art. 400, e o *caput* do art. 443 e seus dois incisos, a segunda parte daquele, com seus dois incisos. O inciso I do art. 446 é idêntico a igual inciso do art. 404, anterior.

O *caput* do art. 447, seu § 1º e inciso IV, o *caput* do seu § 2º e seu inciso II, o *caput* do § 3º e seu inciso II, repetem, letra a letra, o *caput* do art. 405 do Código anterior, e seu § 1º e inciso IV, o *caput* do § 2º e seu inciso II, bem como o *caput* do § 3º e seu inciso IV. O *caput* do art. 448 do novo Código é igual ao *caput* do art. 406 do antigo, igualando-se também os respectivos incisos II.

3. Alterações – O art. 444 do CPC de 2015 é diferente do art. 402 do Código de 1973. Dizia este admissível a prova testemunhal, qualquer que fosse o valor do contrato, contanto que, conforme o seu inciso I, houvesse começo de prova escrita, reputando-se esse tipo de prova o documento emanado da parte contra quem se pretendesse utilizar como prova, ou consoante o inciso II, o credor não pudesse moral ou materialmente obter a prova escrita da obrigação, em casos como de parentesco, depósito necessário ou hospedagem. A doutrina e a jurisprudência ocuparam-se da interpretação ou aplicação dessas normas.

O art. 444 incorporou ao seu *caput* o inciso I do anterior art. 402. Não explicita todavia que a prova testemunhal é admissível qualquer que seja o valor do contrato. Alude, admitindo-a, à prova escrita da obrigação, abrangente do contrato, sem limitar o valor dela, tal como estava na norma revogada. Não fala mais em documento, porém só em começo de prova por escrito, como já constava do art. 402, a cuja doutrina e jurisprudência se remete. O artigo do novo diploma já não menciona documento porque tem essa natureza o começo da prova escrita cuja declaração expressa, seja qualquer assertiva sua prova, não importa onde lançada. Bem examinado, o art. 444 não se afasta, o seu conteúdo, do anterior art. 402 e seu inciso I.

O art. 445 repete o inciso II do anterior art. 402, acrescentando todavia à sua enumeração exemplificativa a dispensa da prova escrita, em razão das práticas comerciais do lugar onde contraída a obrigação, não importa o local do cumprimento dela, no território nacional, ou no estrangeiro. Por **práticas comerciais** entende-se o modo de contrair a obrigação. Nas bacias leiteiras, por exemplo, há cooperativas de laticínio que apanham o leite dos produtores sem contudo assinarem documento da obrigação de pagar o preço do produto. Assim também nos lugares onde se plantam ou se vendem flores ou hortaliças.

O *caput* do art. 446 retirou o adjetivo **inocente**, usado no *caput* do art. 404. Com isto, permite mesmo à parte culpada fazer prova testemunhal, afastando, dessarte, o princípio *nemo de improbitate sua consequitur actione*. A norma permite à parte provar com testemunhas, conforme o inciso I, que repete igual item do art. 404, nos contratos simulados, a divergência entre a vontade real e a vontade declarada. No inciso II, onde apenas se substituiu a contração **do** pela preposição **de**, é admitida a prova testemunhal dos vícios de consentimento nos contratos; quaisquer contratos.

O *caput* do art. 447 e do seu § 1º são iguais ao art. 405, como já se assinalou. O inciso I do § 1º do mesmo artigo mudou **demência** por **deficiência mental**, patologias equivalentes, ambas de identificação por especialistas. O inciso II trocou **debilidade mental** por **retardamento mental**, situações equivalentes, para o fim de identificar a perturbação determinante da incapacidade. O inciso III substituiu a referência a **menor de 16 anos**, do inciso III do art. 404, por "o que tiver menos de 16 anos".

O inciso I do § 2º faz referência ao companheiro e elimina a locução **bem como** de igual inciso do § 2º. O item III fala apenas em tutor, suprimindo o desnecessário adjunto **na causa do menor**, empregado no inciso III do § 2º do art. 405. O § 3º suprimiu o adjetivo **capital** do inciso III do mesmo artigo, tal como fizera no inciso I do art. 145. O qualificativo era desnecessário, basta a inimizade para gerar a suspeita. O § 4º do mesmo art. 447 retirou o advérbio **estritamente**, que consta no § 4º do revogado art. 405. O adjetivo **necessário** indica o que não se pode dispensar, tornando-o assim demasiado. O § 5º extraiu do § 4º norma que deste já constava.

O *caput* do art. 448 trocou a preposição **de** pela preposição **sobre**. Alteração desnecessária, pois permite-se o uso do verbo acompanhado pela preposição substituída. No inciso I, surge o substantivo **companheiro**, que não aparece no inciso I do revogado art. 406. Aumentou, ademais, o grau, de segundo, para terceiro.

4. Inovações – O art. 449 do novo Código é diferente do art. 336 do diploma anterior. Este dispositivo dispunha, em demasia, que as provas deveriam ser produzidas em audiência, o que nem sempre é possível, tanto assim que o artigo afastava a incidência da norma, se houvesse disposição especial contrária. Vigora, doravante, a norma pela qual as testemunhas devem ser ouvidas na sede do juízo, salvo disposição especial em contrário. Essa disposição não precisa ser explícita, como no caso dos arts. 453 e 454. Ouvem-se as testemunhas, por precatória, ou rogatória (arts. 200 e 202, § 1º) onde estiverem. O dispositivo possibilita o depoimento do enfermo, sem possibilidade de locomover-se (art. 449, parágrafo único), fora da audiência.

Subseção II
Da Produção de Prova Testemunhal
(arts. 450 a 463)

Art. 450. O rol de testemunhas conterá, sempre que possível, o nome, a profissão, o estado civil, a idade, o número de inscrição no Cadastro de Pessoas Físicas, o número de registro de identidade e o endereço completo da residência e do local de trabalho.

Art. 451. Depois de apresentado o rol de que tratam os §§ 4º e 5º do art. 357, a parte só pode substituir a testemunha:
    I – que falecer;
    II – que, por enfermidade, não estiver em condições de depor;
    III – que, tendo mudado de residência ou de local de trabalho, não for encontrada.

Art. 452. Quando for arrolado como testemunha, o juiz da causa:
   I – declarar-se-á impedido, se tiver conhecimento de fatos que possam influir na decisão, caso em que será vedado à parte que o incluiu no rol desistir de seu depoimento;
   II – se nada souber, mandará excluir o seu nome.

Art. 453. As testemunhas depõem, na audiência de instrução e julgamento, perante o juiz da causa, exceto:
   I – as que prestam depoimento antecipadamente;
   II – as que são inquiridas por carta.

§ 1º A oitiva de testemunha que residir em comarca, seção ou subseção judiciária diversa daquela onde tramita o processo poderá ser realizada por meio de videoconferência ou outro recurso tecnológico de transmissão e recepção de sons e imagens em tempo real, o que poderá ocorrer, inclusive, durante a audiência de instrução e julgamento.

§ 2º Os juízos deverão manter equipamento para a transmissão e recepção de sons e imagens a que se refere o § 1º.

Art. 454. São inquiridos em sua residência ou onde exercem sua função:
   I – o presidente e o vice-presidente da República;
   II – os ministros de Estado;
   III – os ministros do Supremo Tribunal Federal, os conselheiros do Conselho Nacional de Justiça e os ministros do Superior Tribunal de Justiça, do Superior Tribunal Militar, do Tribunal Superior Eleitoral, do Tribunal Superior do Trabalho e do Tribunal de Contas da União;
   IV – o procurador-geral da República e os conselheiros do Conselho Nacional do Ministério Público;
   V – o advogado-geral da União, o procurador-geral do Estado, o procurador-geral do Município, o defensor público-geral federal e o defensor público-geral do Estado;
   VI – os senadores e os deputados federais;
   VII – os governadores dos Estados e do Distrito Federal;
   VIII – o prefeito;
   IX – os deputados estaduais e distritais;
   X – os desembargadores dos Tribunais de Justiça, dos Tribunais Regionais Federais, dos Tribunais Regionais do Trabalho e dos Tribunais Regionais Eleitorais e os conselheiros dos Tribunais de Contas dos Estados e do Distrito Federal;
   XI – o procurador-geral de justiça;
   XII – o embaixador de país que, por lei ou tratado, concede idêntica prerrogativa a agente diplomático do Brasil.

§ 1º O juiz solicitará à autoridade que indique dia, hora e local a fim de ser inquirida, remetendo-lhe cópia da petição inicial ou da defesa oferecida pela parte que a arrolou como testemunha.

§ 2º Passado 1 (um) mês sem manifestação da autoridade, o juiz designará dia, hora e local para o depoimento, preferencialmente na sede do juízo.

§ 3º O juiz também designará dia, hora e local para o depoimento, quando a autoridade não comparecer, injustificadamente, à sessão agendada para a colheita de seu testemunho no dia, hora e local por ela mesma indicados.

Art. 455. Cabe ao advogado da parte informar ou intimar a testemunha por ele arrolada do dia, da hora e do local da audiência designada, dispensando-se a intimação do juízo.

§ 1º A intimação deverá ser realizada por carta com aviso de recebimento, cumprindo ao advogado juntar aos autos, com antecedência de pelo menos 3 (três) dias da data da audiência, cópia da correspondência de intimação e do comprovante de recebimento.

§ 2º A parte pode comprometer-se a levar a testemunha à audiência, independentemente da intimação de que trata o § 1º, presumindo-se, caso a testemunha não compareça, que a parte desistiu de sua inquirição.

§ 3º A inércia na realização da intimação a que se refere o § 1º importa desistência da inquirição da testemunha.

§ 4º A intimação será feita pela via judicial quando:
 I – for frustrada a intimação prevista no § 1º deste artigo;
 II – sua necessidade for devidamente demonstrada pela parte ao juiz;
 III – figurar no rol de testemunhas servidor público ou militar, hipótese em que o juiz o requisitará ao chefe da repartição ou ao comando do corpo em que servir;
 IV – a testemunha houver sido arrolada pelo Ministério Público ou pela Defensoria Pública;
 V – a testemunha for uma daquelas previstas no art. 454.

§ 5º A testemunha que, intimada na forma do § 1º ou do § 4º, deixar de comparecer sem motivo justificado será conduzida e responderá pelas despesas do adiamento.

Art. 456. O juiz inquirirá as testemunhas separada e sucessivamente, primeiro as do autor e depois as do réu, e providenciará para que uma não ouça o depoimento das outras.

Parágrafo único. O juiz poderá alterar a ordem estabelecida no *caput* se as partes concordarem.

Art. 457. Antes de depor, a testemunha será qualificada, declarará ou confirmará seus dados e informará se tem relações de parentesco com a parte ou interesse no objeto do processo.

§ 1º É lícito à parte contraditar a testemunha, arguindo-lhe a incapacidade, o impedimento ou a suspeição, bem como, caso a testemunha negue os fatos que lhe são imputados, provar a contradita com documentos ou com testemunhas, até 3 (três), apresentadas no ato e inquiridas em separado.

§ 2º Sendo provados ou confessados os fatos a que se refere o § 1º, o juiz dispensará a testemunha ou lhe tomará o depoimento como informante.

§ 3º A testemunha pode requerer ao juiz que a escuse de depor, alegando os motivos previstos neste Código, decidindo o juiz de plano após ouvidas as partes.

Art. 458. Ao início da inquirição, a testemunha prestará o compromisso de dizer a verdade do que souber e lhe for perguntado.

Parágrafo único. O juiz advertirá à testemunha que incorre em sanção penal quem faz afirmação falsa, cala ou oculta a verdade.

Art. 459. As perguntas serão formuladas pelas partes diretamente à testemunha, começando pela que a arrolou, não admitindo o juiz aquelas que puderem induzir a resposta, não tiverem relação com as questões de fato objeto da atividade probatória ou importarem repetição de outra já respondida.

§ 1º O juiz poderá inquirir a testemunha tanto antes quanto depois da inquirição feita pelas partes.

§ 2º As testemunhas devem ser tratadas com urbanidade, não se lhes fazendo perguntas ou considerações impertinentes, capciosas ou vexatórias.

§ 3º As perguntas que o juiz indeferir serão transcritas no termo, se a parte o requerer.

Art. 460. O depoimento poderá ser documentado por meio de gravação.

§ 1º Quando digitado ou registrado por taquigrafia, estenotipia ou outro método idôneo de documentação, o depoimento será assinado pelo juiz, pelo depoente e pelos procuradores.

§ 2º Se houver recurso em processo em autos não eletrônicos, o depoimento somente será digitado quando for impossível o envio de sua documentação eletrônica.

§ 3º Tratando-se de autos eletrônicos, observar-se-á o disposto neste Código e na legislação específica sobre a prática eletrônica de atos processuais.

Art. 461. O juiz pode ordenar, de ofício ou a requerimento da parte:
  I – a inquirição de testemunhas referidas nas declarações da parte ou das testemunhas;
  II – a acareação de 2 (duas) ou mais testemunhas ou de alguma delas com a parte, quando, sobre fato determinado que possa influir na decisão da causa, divergirem as suas declarações.

§ 1º Os acareados serão reperguntados para que expliquem os pontos de divergência, reduzindo-se a termo o ato de acareação.

§ 2º A acareação pode ser realizada por videoconferência ou por outro recurso tecnológico de transmissão de sons e imagens em tempo real.

Art. 462. A testemunha pode requerer ao juiz o pagamento da despesa que efetuou para comparecimento à audiência, devendo a parte pagá-la logo que arbitrada ou depositá-la em cartório dentro de 3 (três) dias.

Art. 463. O depoimento prestado em juízo é considerado serviço público.

Parágrafo único. A testemunha, quando sujeita ao regime da legislação trabalhista, não sofre, por comparecer à audiência, perda de salário nem desconto no tempo de serviço.

1. Observações. 2. Repetições. 3. Alterações. 4. Inovações.

1. Observações – A Subseção I da Seção IX, voltada para a admissibilidade da prova testemunhal e o valor dela, cuida dos casos do cabimento dessa modalidade de convicção, das pessoas que podem e não podem ser ouvidas e do conteúdo dela. O Capítulo XII ocupa-se, na Subseção II da Seção IX, da produção dessa prova, isto é, do modo como se devem colher os depoimentos das testemunhas. A prova testemunhal, já se disse, é uma das espécies de prova oral. Juntam-se a essa modalidade o depoimento pessoal e também os esclarecimentos em que o perito e os assistentes complementam seu laudo e pareceres, os informantes e também, num conceito mais amplo, todas aquelas pessoas que concorrem, verbalmente, para afirmarem ou negarem fatos. Doutrina e jurisprudência seculares já versaram, demorada e profundamente, o procedimento da prova testemunhal, o que dispensa considerações sobre o assunto neste livro que procura apontar os artigos repetidos do CPC de 1973, os alterados e explicar as inovações. A produção da prova testemunhal é o modo de realiza-la, a trazendo para o processo. Trata-se, portanto, de um procedimento, tanto quanto o procedimento é o modo pelo qual o processo se desenvolve.

2. Repetições – A epígrafe da Subseção II repete igual título da Subseção III da Seção V do Capítulo VI do Título VIII do Livro I do Código de Processo Civil de 1973.

Os incs. I e II do art. 451 do novo Código repetem iguais incisos do art. 408 do anterior. Assim também o inciso II do art. 452 copiou igual item do art. 409 do diploma derrogado.

O art. 453, nos seus dois incisos, duplica iguais partes do revogado art. 410. Assim também os arts. 458 e 415 são iguais, no *caput* e no parágrafo único.

O art. 461, *caput* e seus dois incisos, reproduz o anterior art. 418 e incs. I e II. O art. 462 é igual ao anterior art. 419. Finalmente, o art. 463 e seu parágrafo resultam do parágrafo único do passado art. 419.

3. Alterações – O rol de testemunhas da parte ou do terceiro deve ser apresentado, no prazo que o juiz fixar, nunca superior a quinze dias (art. 357, § 4º). Se o juiz não estipular esse prazo, poderá o interessado, mediante requerimento, ou embargos de declaração (art. 1.022, II) requerer que o faça. A audiência é a de instrução e julgamento. O art. 450 é diferente do anterior art. 407 porque exige o estado civil da testemunha, a idade, o número do CPF, o número do registro de identidade (RG) e os endereços completos da residência e do local de trabalho; não do domicílio. O arrolante pode desconhecer alguns desses dados. Então, ele requererá ao juiz as providências necessárias à obtenção deles (v.g., ofício a departamento de identificação, à Receita Federal, à Justiça Eleitoral). A falta desses dados pode ser suprida pela testemunha, quando comparecer para depor. Não sendo possível intimá-la por desconhecimento do seu paradeiro, ou falta de elementos, não se publica edital. O juiz apenas registrará a impossibilidade, no termo da audiência. Incumbe à parte fornecer informações sobre a identidade da testemunha, o que constitui ônus dela. A falta da intimação, se houver dado para proceder a ela, acarretará o adiamento da audiência.

O *caput* do art. 451 é semelhante ao do extinto art. 408, salvo na referência que fazia ao revogado inciso III. No inciso III, esse artigo acrescentou à indicação da residência a do local de trabalho e suprimiu a menção ao oficial de justiça, já que a intimação pode fazer-se por outros meios, como carta, comunicação eletrônica e até mensagem telefônica, documentada em termo. Dir-se-iam desnecessariamente minucioso o artigo e muitos outros, semelhantes nos detalhes, não se destinasse o Código a vigorar em todo o território nacional, onde nem sempre será possível obedecer o seu sistema.

O *caput* do art. 452 suprimiu o demonstrativo **este**, que se encontrava no *caput* do art. 409, anterior. O inciso I do artigo substituiu **defeso** do art. 409 do CPC de 1973 por **vedado**, alteração insignificante.

O *caput* do art. 454 eliminou o artigo **a**, anteposto à **sua função** no anterior art. 411. Corretamente, o novo Código alterou os incisos I, II, IV, VI, VII e XII para pôr em minúscula os nomes escritos com maiúsculas nos incisos I, III, V, VI, VII e X do anterior art. 411, que cedera à mania de colocar-se o nome da função ou do órgão em maiúscula, como se a respeitabilidade deles decorresse da designação em inicial graúda. Rui Barbosa escrevia república brasileira em minúsculas. O inciso III desse art. 454 colocou os conselheiros do Conselho Recursal de Justiça (CF, art. 92, II), entre as autoridades ali nomeadas. O inciso IV incluiu a referência aos membros do Conselho Nacional do Ministério Público (CF, art. 130-A). O inciso IX estendeu a prerrogativa aos deputados distritais, quando vierem a funcionar.

O inciso X suprimiu a referência aos juízes dos tribunais de alçada. Deu o título de desembargador aos membros dos Tribunais de Justiça, dos Tribunais Regionais Federais, dos Tribunais Regionais do Trabalho e dos Tribunais Regionais Eleitorais. A Constituição Federal chama esses magistrados de **juiz** (arts. 103-B, VI, VIII, e 107). O § 1º substituiu o verbo **designe** por **indique**.

Interpreta-se o art. 455 no sentido de que a intimação deve ser feita pelo oficial de justiça, se o advogado da parte que arrolou a testemunha não a informar ou intimar do dia, hora e local da audiência, mas o advogado deve justificar a impossibilidade (v.g., a testemunha não quis recebê-lo nem ouviu sua informação) ao juízo que, procedente a justificativa, mandará que a intimação se faça pelo oficial ou por outro meio idôneo. De acordo com o § 1º, o advogado, que fará a intimação por carta, apresentará o aviso de recebimento. Não comparecendo, a testemunha ficará sujeita às sanções reservadas ao depoente recalcitrante. O § 2º antepôs o objeto direto de **levar** (a testemunha), ao objeto indireto à audiência. Faz referência ao § 1º do dispositivo e mudou "que desistiu de ouvi-la" por "desistiu de sua inquirição".

O inciso III do § 4º do art. 455 substituiu, com vantagem sobre o § 2º do art. 412, o substantivo **servidor** por **funcionário**. Também suprimiu do inciso a cognição subordinativa temporal **quando**, posta na epígrafe do parágrafo. O § 5º do mesmo artigo, menos prolixo que o anterior art. 412, manteve a condução da testemunha que, imotivadamente, não comparece à audiência. Ela responderá pelas despesas do adiamento da audiência.

O art. 456 alterou o art. 413 do diploma anterior, só para substituir "providenciando de modo" por "providenciará para". Modificação irrelevante porque se manteve o sentido da norma.

O art. 457 do novo CPC só se distingue do anterior art. 414 porque determina que a testemunha declare os seus dados, que são os que indica o art. 450, acrescidos de outros, quando houver importância no acréscimo. O § 1º desse artigo é semelhante ao § 1º do art. 414 do Código anterior, dividido este último pela colocação da sua derradeira proposição no § 2º do art. 457. O § 3º permite à testemunha requerer ao juiz dispensa de depor, "alegando os motivos previstos neste Código". Abrangente a oração gerundial, entendem-se esses motivos como aqueles que geram impedimento ou suspeição do juiz, dos auxiliares da justiça, ou quaisquer outros óbices ao depoimento. O juiz apreciará os fundamentos do pedido e o acolherá ou rejeitará, no todo ou em parte, em decisão interlocutória.

O art. 459 é minucioso mas não difere, na substância, do anterior art. 416, salvo no ponto em que dispõe que as perguntas serão feitas diretamente à testemunha e não ao juiz, porém as questões formuladas ele as fiscalizará e indeferirá, quando impertinentes. A norma do § 2º do art. 459, parecida com o § 1º do art. 416 do velho Código, explicitando o que ali estava implícito, impõe o dever de urbanidade a todos os figurantes do processo. O § 3º permite à parte requerer que constem do termo da audiência as perguntas que o juiz indeferir. Do indeferimento não cabe agravo mas incide o § 1º do art. 1.009 (q.v.).

O art. 460 retirou a referência à datilografia, prevista no art. 417 anterior, mas nada impede o uso desse método, já que ele, além de não ser proibido, é instrumento adequado de fixação. O *caput* do artigo permite a gravação por qualquer meio de fixação, inclusive a que permite a filmagem do depoimento. Fotos são admissíveis. O § 2º não permite a digitação do depoimento quando for impossível o envio de sua documentação eletrônica. Entende-se por envio a remessa do depoimento à página eletrônica relativa ao processo, já existente, ou criada para esse fim. O § 3º é, de certa forma, repetitivo, pois as normas do Código e da legislação específica incidem, independentemente do que determina esse tópico.

4. Inovações – Caminhando com os tempos, o § 1º do art. 453 permite que a testemunha residente fora da comarca onde corre o processo, não importa o seu domicílio, deponha por meio de videoconferência ou outro recurso tecnológico de transmissão e recepção. O parágrafo acolhe o entendimento reiterado de que, obviamente, a testemunha não é obrigada a locomover-se até a sede do juízo para depor. A toda evidência, nada impede que o faça mas se proceder assim uma vez, não pode ser obrigada a repetir sua ida. O dispositivo fala em outro recurso tecnológico, prevendo o aparecimento de novas modalidades, além das existentes. Fala o parágrafo em transmissão e recepção de sons e imagens. Entretanto, a conjunção **e** não obsta a que a testemunha deponha sem aparecer no vídeo, ou, sendo mudo, por meio de sinais, contanto que se dê ao juízo e às partes a certeza de que se trata da pessoa arrolada.

O depoimento não precisa ser prestado em juízo do lugar da residência da testemunha. Pode ser dado na residência dela, ou alhures, desde que haja meios de ter a certeza da identidade do depoente (veja-se, adiante, a nota ao § 2º). O advérbio **inclusive** mostra que o depoimento pode ser prestado na audiência, ou fora dela, porém, durante o expediente forense da sede do juízo, salvo nos casos de urgência. O § 3º do art. 385 edita norma semelhante à que agora se focaliza, aplicável ao depoimento pessoa. As pessoas referidas no art. 454 também podem depor por videoconferência ou meios semelhantes.

Surgindo qualquer questão relativa ao depoimento prestado à distância, o juiz o solucionará proferindo decisão interlocutória.

O depoimento de que se trata pode ser prestado do estrangeiro. A prestação do depoimento para outro país dependerá, como é óbvio, da legislação dele.

A norma do § 2º do art. 453 é planejamento. Os juízes deverão manter equipamento para transmissão e recepção de som e imagens, mas nem sempre disporão desse equipamento, crônica a falta de recursos para equipar o Judiciário. O fato do parágrafo aludir à equipamento de transmissão não significa que o depoimento só possa ser prestado na sede do juízo da residência do depoente. Isto deverá acontecer apenas quando o depoimento for ato a ser praticado perante o órgão jurisdicional, como acontecerá no depoimento pedido por carta precatória, rogatória, ou de ordem, ou quando, para evitar ou dissipar dúvidas, o juízo do processo solicitar ao juízo da residência que presida à inquirição. Se a solicitação for feita sem que exista juízo prevento, esse pedido deverá ser distribuído, como se precatória fosse.

O inciso VIII do art. 454 incluiu o prefeito entre os quinhoados com o benefício do *caput* do artigo. De interpretação restritiva, como são as regras jurídicas criadoras de exceção, a norma não se estende aos vice-prefeitos, nem aos vereadores. O inciso XI concedeu o benefício ao procurador-geral da justiça; não, porém, aos procuradores em geral.

Conforme o § 1º do art. 454, o juiz solicita à autoridade que indique dia, hora e local em que será inquirida e remeterá a ela uma cópia da inicial ou da defesa da parte que a arrolou. A inicial e a defesa, consistente na contestação e reconvenção, respectivamente, deverão sempre ser remetidas. O juiz não está obrigado a aceitar o dia, hora e local indicados pela autoridade, podendo, por qualquer motivo (v.g., uma audiência, ou inspeção judicial), solicitar a ela, autoridade, nova designação, que, em nenhuma hipótese pode recair em feriados ou outros dias em que haja paralisação do foro. Estando o juiz e as partes de acordo, o ato poderá ser praticado em qualquer dia ou hora, mas dentro do expediente forense, observado o princípio da publicidade. De acordo com o § 2º, se a autoridade não responder a solicitação dentro de um mês, contado do recebimento dela, o juiz designará dia, hora e local para o depoimento. O depoimento se fará, preferencialmente, na sede do juízo mas o juiz também pode designar outro local para o ato. Consoante o § 3º, se o depoente não comparecer, no dia, na hora, ou no local por ele próprio indicado, o juiz fará a designação de data, horário e lugar do depoimento. Se, intimada, a autoridade não comparecer espontaneamente, ela ficará sujeita à mesma condição da testemunha recalcitrante.

Encontram-se seis inovações no art. 455, cujo *caput* impõe ao advogado da parte o ônus de informar ou intimar a testemunha por ele arrolada do dia, hora e local do depoimento. Já se falou, no item relativo às alterações do novo Código, nos §§ 1º e 2º do art. 455. Anote-se agora que, conforme o § 3º, se o advogado não proceder como determina o *caput* do dispositivo, se reputará que desistiu da testemunha, cujo depoimento, entretanto, o juiz pode determinar de ofício, ordenando a intimação dela. A sanção prevista no § 3º só é aplicável quando o advogado não informar ou intimar a testemunha. Se ele o fizer, porém sem êxito, deverá comunicar o fato ao juízo, pedindo a intimação da pessoa arrolada.

O § 4º do art. 455 enumera as hipóteses em que a intimação da testemunha se faz pela via judicial, isto é, pelos meios de comunicação admissíveis e não apenas por meio do oficial de justiça. Procede-se à intimação, conforme o inciso I, se frustrânea a comunicação prevista no § 1º. De acordo com o inciso II, faz-se a intimação por via judicial também quando a parte arrolante demonstrar ao juiz a conveniência de utilização desse meio, como no caso em que a testemunha, intimada noutros processos, não compareceu nem apresentou as razões de sua ausência. Consoante o inciso III, se for arrolado como testemunha servidor público ou militar (que servidor público também é), o juiz solicita o comparecimento, mediante ofício ao chefe da repartição onde o arrolado trabalhar, ou ao comandante da unidade onde ele serve. É claro que, recebendo a solicitação, essa pessoa dará ciência à testemunha de que ele deve comparecer e que está dispensado do serviço durante o tempo necessário ao depoimento. O inciso IV contém a regra de que se faz a intimação pela via judicial, quando a testemunha for arrolada pelo Ministério Público, ou pela Defensoria Pública, dispensados esses órgãos do cumprimento da norma do *caput* do artigo, dirigida, por sinal, apenas ao advogado, o que inclui os procuradores e advogados públicos em geral (art. 182). O inciso V exclui a incidência do *caput* do artigo nos casos das testemunhas referidas no art. 154, cuja convocação obedecerá os §§ 1º, 2º e 3º do art. 454.

O parágrafo único do art. 456 permite ao juiz alterar a ordem das inquirições, se as partes concordarem. A discordância precisa ser fundamentada e, divergente do processo (art. 139), o juiz pode, em decisão fundamentada, indeferir a oposição e manter a alteração da ordem. Esse parágrafo tem que ser interpretado, à luz dos princípios regentes da função do juiz, nos seus deveres e poderes. O direito das partes de se oporem à inversão da ordem não é potestativo, se é que a ordem jurídica admite essa modalidade de direito.

Na realidade, o § 1º do art. 459, ao contrário de inovar, explicita uma possibilidade que deflui da própria função do juiz de qualquer instância. Se ele pode, de ofício, determinar que qualquer pessoa deponha como testemunha, independentemente da vontade das partes, pode também interrogá-la, antes que o façam os litigantes, que livres estarão para quesitar após isto, inclusive formuladas perguntas que complementem as respostas já dadas. Não se pode esquecer que também a prova testemunhal é instrumento de convicção do juiz. A praxe forense mostra que não muito raramente o juiz começa a questionar a testemunha antes das partes. Óbvio que também pode interrogá-las depois, ou mesmo após a resposta a um quesito, com a finalidade de instruir-se. Desnecessário esse § 1º que edita norma implicitamente contida na sistemática do procedimento. Os §§ 1º e 2º do art. 461 não constituem, propriamente, uma inovação. Pode o juiz, de ofício, ou a requerimento das partes, formular tantas perguntas quantas necessárias para extrair da acareação a veracidade dos fatos sobre os quais ela versa. Meio de apuração da verdade dos fatos, fim maior da atividade probatória, a acareação presta-se a desfazer contradições, esclarecer obscuridades, tudo no sentido de convencer. Tudo o que disserem os acareados será reduzido a termo, destinado a documentar o ato. Esse termo deve, consoante as regras gerais de estilo, ser preciso, conciso, claro no registro do que ocorreu no confronto. Eis o que se deve ler no § 1º do artigo. Conforme o § 2º, a acareação pode ser feita por videoconferência com outro recurso tecnológico, existente no momento da acareação, ainda que inventado depois da instauração do processo. Devem-se estender ao § 2º do art. 461, *mutatis mutandis*, a interpretação e aplicação do § 1º do art. 453 (q.v.).

Seção X
Da Prova Pericial
(arts. 464 a 480)

Art. 464. A prova pericial consiste em exame, vistoria ou avaliação.
§ 1º O juiz indeferirá a perícia quando:
I – a prova do fato não depender de conhecimento especial de técnico;
II – for desnecessária em vista de outras provas produzidas;
III – a verificação for impraticável.
§ 2º De ofício ou a requerimento das partes, o juiz poderá, em substituição à perícia, determinar a produção de prova técnica simplificada, quando o ponto controvertido for de menor complexidade.
§ 3º A prova técnica simplificada consistirá apenas na inquirição de especialista, pelo juiz, sobre ponto controvertido da causa que demande especial conhecimento científico ou técnico.
§ 4º Durante a arguição, o especialista, que deverá ter formação acadêmica específica na área objeto de seu depoimento, poderá valer-se de qualquer recurso tecnológico de transmissão de sons e imagens com o fim de esclarecer os pontos controvertidos da causa.

Art. 465. O juiz nomeará perito especializado no objeto da perícia e fixará de imediato o prazo para a entrega do laudo.
§ 1º Incumbe às partes, dentro de 15 (quinze) dias contados da intimação do despacho de nomeação do perito:
I – arguir o impedimento ou a suspeição do perito, se for o caso;
II – indicar assistente técnico;
III – apresentar quesitos.
§ 2º Ciente da nomeação, o perito apresentará em 5 (cinco) dias:
I – proposta de honorários;
II – currículo, com comprovação de especialização;

III – contatos profissionais, em especial o endereço eletrônico, para onde serão dirigidas as intimações pessoais.

§ 3º As partes serão intimadas da proposta de honorários para, querendo, manifestar-se no prazo comum de 5 (cinco) dias, após o que o juiz arbitrará o valor, intimando-se as partes para os fins do art. 95.

§ 4º O juiz poderá autorizar o pagamento de até cinquenta por cento dos honorários arbitrados a favor do perito no início dos trabalhos, devendo o remanescente ser pago apenas ao final, depois de entregue o laudo e prestados todos os esclarecimentos necessários.

§ 5º Quando a perícia for inconclusiva ou deficiente, o juiz poderá reduzir a remuneração inicialmente arbitrada para o trabalho.

§ 6º Quando tiver de realizar-se por carta, poder-se-á proceder à nomeação de perito e à indicação de assistentes técnicos no juízo ao qual se requisitar a perícia.

Art. 466. O perito cumprirá escrupulosamente o encargo que lhe foi cometido, independentemente de termo de compromisso.

§ 1º Os assistentes técnicos são de confiança da parte e não estão sujeitos a impedimento ou suspeição.

§ 2º O perito deve assegurar aos assistentes das partes o acesso e o acompanhamento das diligências e dos exames que realizar, com prévia comunicação, comprovada nos autos, com antecedência mínima de 5 (cinco) dias.

Art. 467. O perito pode escusar-se ou ser recusado por impedimento ou suspeição.

Parágrafo único. O juiz, ao aceitar a escusa ou ao julgar procedente a impugnação, nomeará novo perito.

Art. 468. O perito pode ser substituído quando:
  I – faltar-lhe conhecimento técnico ou científico;
  II – sem motivo legítimo, deixar de cumprir o encargo no prazo que lhe foi assinado.

§ 1º No caso previsto no inciso II, o juiz comunicará a ocorrência à corporação profissional respectiva, podendo, ainda, impor multa ao perito, fixada tendo em vista o valor da causa e o possível prejuízo decorrente do atraso no processo.

§ 2º O perito substituído restituirá, no prazo de 15 (quinze) dias, os valores recebidos pelo trabalho não realizado, sob pena de ficar impedido de atuar como perito judicial pelo prazo de 5 (cinco) anos.

§ 3º Não ocorrendo a restituição voluntária de que trata o § 2º, a parte que tiver realizado o adiantamento dos honorários poderá promover execução contra o perito, na forma dos arts. 513 e seguintes deste Código, com fundamento na decisão que determinar a devolução do numerário.

Art. 469. As partes poderão apresentar quesitos suplementares durante a diligência, que poderão ser respondidos pelo perito previamente ou na audiência de instrução e julgamento.

Parágrafo único. O escrivão dará à parte contrária ciência da juntada dos quesitos aos autos.

Art. 470. Incumbe ao juiz:
    I – indeferir quesitos impertinentes;
    II – formular os quesitos que entender necessários ao esclarecimento da causa.

Art. 471. As partes podem, de comum acordo, escolher o perito, indicando-o mediante requerimento, desde que:
    I – sejam plenamente capazes;
    II – a causa possa ser resolvida por autocomposição.

§ 1º As partes, ao escolher o perito, já devem indicar os respectivos assistentes técnicos para acompanhar a realização da perícia, que se realizará em data e local previamente anunciados.

§ 2º O perito e os assistentes técnicos devem entregar, respectivamente, laudo e pareceres em prazo fixado pelo juiz.

§ 3º A perícia consensual substitui, para todos os efeitos, a que seria realizada por perito nomeado pelo juiz.

Art. 472. O juiz poderá dispensar prova pericial quando as partes, na inicial e na contestação, apresentarem, sobre as questões de fato, pareceres técnicos ou documentos elucidativos que considerar suficientes.

Art. 473. O laudo pericial deverá conter:
    I – a exposição do objeto da perícia;
    II – a análise técnica ou científica realizada pelo perito;
    III – a indicação do método utilizado, esclarecendo-o e demonstrando ser predominantemente aceito pelos especialistas da área do conhecimento da qual se originou;
    IV – resposta conclusiva a todos os quesitos apresentados pelo juiz, pelas partes e pelo órgão do Ministério Público.

§ 1º No laudo, o perito deve apresentar sua fundamentação em linguagem simples e com coerência lógica, indicando como alcançou suas conclusões.

§ 2º É vedado ao perito ultrapassar os limites de sua designação, bem como emitir opiniões pessoais que excedam o exame técnico ou científico do objeto da perícia.

§ 3º Para o desempenho de sua função, o perito e os assistentes técnicos podem valer-se de todos os meios necessários, ouvindo testemunhas, obtendo informações, solicitando documentos que estejam em poder da parte, de terceiros ou em repartições públicas, bem como instruir o laudo com planilhas, mapas, plantas, desenhos, fotografias ou outros elementos necessários ao esclarecimento do objeto da perícia.

Art. 474. As partes terão ciência da data e do local designados pelo juiz ou indicados pelo perito para ter início a produção da prova.

Art. 475. Tratando-se de perícia complexa que abranja mais de uma área de conhecimento especializado, o juiz poderá nomear mais de um perito, e a parte, indicar mais de um assistente técnico.

Art. 476. Se o perito, por motivo justificado, não puder apresentar o laudo dentro do prazo, o juiz poderá conceder-lhe, por uma vez, prorrogação pela metade do prazo originalmente fixado.

Art. 477. O perito protocolará o laudo em juízo, no prazo fixado pelo juiz, pelo menos 20 (vinte) dias antes da audiência de instrução e julgamento.

§ 1º As partes serão intimadas para, querendo, manifestar-se sobre o laudo do perito do juízo no prazo comum de 15 (quinze) dias, podendo o assistente técnico de cada uma das partes, em igual prazo, apresentar seu respectivo parecer.

§ 2º O perito do juízo tem o dever de, no prazo de 15 (quinze) dias, esclarecer ponto:
  I – sobre o qual exista divergência ou dúvida de qualquer das partes, do juiz ou do órgão do Ministério Público;
  II – divergente apresentado no parecer do assistente técnico da parte.

§ 3º Se ainda houver necessidade de esclarecimentos, a parte requererá ao juiz que mande intimar o perito ou o assistente técnico a comparecer à audiência de instrução e julgamento, formulando, desde logo, as perguntas, sob forma de quesitos.

§ 4º O perito ou o assistente técnico será intimado por meio eletrônico, com pelo menos 10 (dez) dias de antecedência da audiência.

Art. 478. Quando o exame tiver por objeto a autenticidade ou a falsidade de documento ou for de natureza médico-legal, o perito será escolhido, de preferência, entre os técnicos dos estabelecimentos oficiais especializados, a cujos diretores o juiz autorizará a remessa dos autos, bem como do material sujeito a exame.

§ 1º Nas hipóteses de gratuidade de justiça, os órgãos e as repartições oficiais deverão cumprir a determinação judicial com preferência, no prazo estabelecido.

§ 2º A prorrogação do prazo referido no § 1º pode ser requerida motivadamente.

§ 3º Quando o exame tiver por objeto a autenticidade da letra e da firma, o perito poderá requisitar, para efeito de comparação, documentos existentes em repartições públicas e, na falta destes, poderá requerer ao juiz que a pessoa a quem se atribuir a autoria do documento lance em folha de papel, por cópia ou sob ditado, dizeres diferentes, para fins de comparação.

Art. 479. O juiz apreciará a prova pericial de acordo com o disposto no art. 371, indicando na sentença os motivos que o levaram a considerar ou a deixar de considerar as conclusões do laudo, levando em conta o método utilizado pelo perito.

Art. 480. O juiz determinará, de ofício ou a requerimento da parte, a realização de nova perícia quando a matéria não estiver suficientemente esclarecida.

§ 1º A segunda perícia tem por objeto os mesmos fatos sobre os quais recaiu a primeira e destina-se a corrigir eventual omissão ou inexatidão dos resultados a que esta conduziu.

§ 2º A segunda perícia rege-se pelas disposições estabelecidas para a primeira.

§ 3º A segunda perícia não substitui a primeira, cabendo ao juiz apreciar o valor de uma e de outra.

1. Observações. 2. Repetições. 3. Alterações. 4. Inovações.

1. Observações – Trazendo importantes inovações à disciplina dessa modalidade de prova, repetindo dispositivos do Código anterior, alterando normas daquele diploma, na tentativa de aperfeiçoá-los, o CPC de 2015 dá à perícia tratamento compatível com a sua finalidade. Ela propicia aos órgãos jurisdicionais os conhecimentos de que eles não dispõem. A menos que se queira, por ingenuidade, ignorância ou malícia, fazer o que outros doutrinadores chamam de "jogo de avestruz", consistente no desconhecimento da realidade, como ocorre com a ave, que mete a cabeça num orifício do solo para forrar-se do perigo iminente, como o vento que lhe fustigará o corpanzil, é forçoso reconhecer que, frequentemente, os juízes se deixam subjugar ao laudo do perito, que sequer analisam, aderindo às conclusões dele, com desprezo dos pareceres dos assistentes técnicos e da crítica das partes. Algumas questões de relevância podem ser suscitadas sobre a prova pericial, inclusive as concernentes à qualificação do perito e à imparcialidade dos assistentes técnicos.

O art. 436 do Código revogado dispunha que "o juiz não está adstrito ao laudo pericial, podendo formar sua convicção com outros elementos ou fatos provados nos autos". São muitas e importantes as considerações dos doutrinadores em torno desse dispositivo. Encontra-se norma semelhante no art. 479 do novo Código, que será considerado adiante, no item 3. Tratar-se-á ali das alterações de artigos daquele diploma, postos, no atual, com redação modificada.

2. Repetições – Apontam-se, aqui, os dispositivos do Código de 2015 que repetem, literalmente, normas do anterior. O destaque a essas repetições destina-se a lembrar que se deve consultar a doutrina e a jurisprudência dos artigos apenas reproduzidos. É preciso distinguir os artigos repetidos, os alterados e os que aparecem novos, na Seção X, de epígrafe idêntica à da Seção VII do Código anterior: "Da Prova Pericial".

O art. 464, seu § 1º e incs. I a III repetem, pura e simplesmente, o art. 420 do Código anterior, seu parágrafo único e os incs. I a III. Os incs. II e III do § 1º do art. 465 copiam os incs. I e II do § 1º do art. 421, anterior.

O art. 468, no *caput*, no inciso II e no § 1º são iguais ao *caput*, ao inciso II e ao parágrafo único do anterior art. 424. O art. 470 coincide com o art. 426, no *caput* e no inciso I.

O art. 472 corresponde, literalmente, ao art. 427.

O art. 474 é idêntico ao anterior art. 431-A e o art. 475, ao art. 431-B. O § 2º do art. 480 é foto do art. 439.

Essas, as repetições de artigos do Código de Processo Civil de 1973, que o legislador do atual Código resolveu incorporar a ele, sem alterá-los. Alguns desses dispositivos – é ler e conferir – raramente foram aplicados. Essa escassez prejudicou a eficácia do sistema de perícia, tal como concebido pelo legislador do diploma passado. Isto mostra que só a reforma da legislação processual não resolve os problemas da administração da justiça, cuja solução requer adequada infraestrutura, qualificado pessoal de apoio, competentes postuladores e prestadores da jurisdição. Considerável parcela da precariedade da efetivação do processo judicial é preciso confessar que se deve debitar à má formação dos advogados privados e públicos e aos excessos do MP, instituição merecidamente prestigiada, nos dias que correm, mas que não pode correr o risco de desgaste pelo abuso dos poderes que lhe dão as leis, a partir do diploma fundamental.

3. Alterações – Não foram poucas as alterações de dispositivos do CPC de 1973 transplantadas para o Código de 2015, algumas dessas modificações de natureza somente formal.

O art. 465 do novo Código foi inspirado no art. 421 do diploma revogado. Em boa hora, o dispositivo manda que o juiz nomeie perito especializado no objeto da perícia, suprimindo o artigo **o** que precedia o substantivo **perito**. Por certo que a especialização do perito, referido como **louvado** na terminologia forense, é inafastável, quando houver quem atenda esse registo. Para alcançar a vontade da norma, o juiz pode nomear perito de fora do âmbito territorial onde atua, nada obstando a que busque o especialista em qualquer outro lugar, inclusive no exterior, contanto que as partes se disponham a arcar com as despesas e os honorários do perito. Inviável, por qualquer motivo, a nomeação de especialista, o juiz deve designar, dentre as pessoas disponíveis, aquela que for mais apta a desempenhar a incumbência. O juiz pode designar mais de um especialista, se a perícia for mais produtiva quando entregue a conhecedores de diferentes aspectos a serem focalizados. No mais, o artigo repete a norma revogada. O § 1º do artigo em causa apenas aumentou de cinco para quinze dias o prazo para as medidas indicadas nos incisos. O § 4º simplificou a norma do parágrafo único do anterior art. 33. O juiz pode autorizar pagamento de, no máximo, cinquenta por cento dos honorários arbitrados para a remuneração do perito, no início dos trabalhos, e, *a fortiori*, em qualquer momento posterior. Deve o perito requerer o pagamento, que o juiz condenará ou negará, depois de ouvidas as partes. O pagamento será feito diretamente pelo responsável (art. 82 e parágrafos), que juntará o recibo aos autos, ou mediante levantamento, se os honorários estiverem depositados. O saldo remanescente será pago ao perito depois de entregue o laudo. Por esclarecimentos necessários devem-se entender os complementares ao laudo, prestados para o entendimento do que nele se contém. Excepcionalmente, o juiz, ouvidas as partes, pode autorizar o pagamento dos honorários finais do perito, antes da conclusão do seu trabalho, quando ele requerer esse adiantamento em petição fundamentada (por exemplo, a necessidade de adquirir livro ou instrumento imprescindível ao seu mister). Não estão as partes obrigadas ao custeio do material necessário à perícia mas os honorários do perito deverão ser arbitrados de modo a cobrir a aquisição desses instrumentos. De comum acordo, uma das partes, ou ambas podem adquirir o que necessário for para a perícia, mas as despesas com a perícia são os gastos necessários para a diligência, como transporte, filmes, alimentação. O § 6º do art. 465 não é diferente, senão na forma, do anterior art. 428. Este artigo incide também se a perícia se fizer no estrangeiro. Entretanto, o juiz da causa pode alterar a nomeação de perito ou a aprovação de assistente técnico, feita no exterior.

O § 1º do art. 466 é igual à última parte do revogado art. 422. O art. 467 e seu parágrafo único desdobravam os comandos que estavam juntos no art. 423. O inciso I do art. 468 difere de igual tópico do anterior art. 424 pela substituição do verbo **carecer** pelo verbo **faltou**. O art. 469 e o seu parágrafo único desdobraram o anterior art. 425. Acrescentaram-lhe, porém, a regra de que os quesitos suplementares podem ser respondidos previamente ou na audiência. O advérbio **previamente** permite que os quesitos suplementares sejam respondidos antes da audiência, em peça isolada, ou no corpo do próprio laudo. Sutilmente, o *caput* desse artigo acrescentou uma norma à do § 3º do art. 477 e ao inciso I do art. 361. Segundo esse acréscimo, perito e assistentes podem, na audiência, não apenas prestar esclarecimentos sobre o laudo e pareceres, como também responder aos quesitos suplementares.

O inciso II do art. 470 explicitou a regra de igual inciso do art. 426, trazendo à luz o objeto direto **quesitos**, oculto no inciso II deste dispositivo. Comparados o § 3º do art. 473 do novo Código com o art. 429 do antigo, vê-se que aquele se distingue deste porque pôs na ordem direta o verbo **podem** e substituiu **utilizar-se** por **valer-se**.

O art. 476 é diferente do art. 432, anterior, porque permite ao juiz atender pedido justificado do perito e conceder-lhe prazo extra, igual à metade do prazo estipulado para a entrega do laudo. Dependendo contudo da complexidade da perícia, o juiz pode conceder extensão maior do prazo, a fim de que o laudo analise cumpridamente o objeto da perícia. O *caput* do art. 477 mudou o verbo **apresentará** e substituiu o substantivo **cartório** por **juízo**, o que não significa que o laudo e os pareceres deverão ser entregues ao juiz. Podem ser protocolados ou entregues, diretamente no cartório, ou na secretaria do juízo. O § 1º do art. 477 é norma cogente. Manda intimar as partes para se pronunciarem sobre o laudo. Elas podem manifestar-se, sendo-lhes permitido apontar erros do laudo, solicitando a correção deles. Essa manifestação não exclui a possibilidade de arguição do perito na audiência. Ao assistente técnico de cada uma das partes o parágrafo permite que apresentem seus pareceres no prazo comum de quinze dias. Para tanto, eles serão avisados pela parte que os indicou. O perito pode ser chamado a opinar sobre os pareceres, se assim decidir o juiz. Se ele ou os assistentes juntarem documentos, é obrigatória a concessão de prazo às partes para falarem sobre eles (art. 437, § 1º, por extensão lógica). É preciso que se entenda que à produção da prova pericial não pode seguir um procedimento rígido. Deve ser adaptado às necessidades e circunstâncias específicas, cabendo a sua condução ao juiz. O § 3º do art. 477 não cai longe do art. 435 do Código anterior, a cuja doutrina e jurisprudência se deve recorrer, em busca do que se escreveu e decidiu sobre a formulação antecipada de quesitos, que podem ser acrescidos de outros, na audiência, desde que, a critério do juiz, o perito e assistentes possam respondê-los de plano. O § 4º fala em intimação do perito ou do assistente técnico por meio eletrônico. Para tanto, será preciso que o acesso a esses técnicos já esteja indicado nos autos ou seja fornecido pelas partes. No caso contrário, procede-se a informação pelos meios admitidos. O prazo de dez dias é dilatório. O descumprimento dele poderá consubstanciar prejuízo ao direito de defesa das partes (CF, art. 5º, LV). Neste caso, deve-se renovar a oportunidade.

O art. 478 é quase igual ao art. 434, anterior. Falava este em remessa dos autos e do material ao diretor do estabelecimento. O novo dispositivo omitiu contudo a referência ao destinatário da remessa, que será a pessoa responsável no estabelecimento, a ser identificada pelo portador. O § 3º do artigo diverge, minimamente, do parágrafo único do art. 434. Colocou a contração **da** antes do substantivo **firma**. Tirou o ponto e vírgula colocado após repartições públicas e prosseguiu no texto.

Na interpretação do art. 479, deve-se atentar no que se escreveu e decidiu sobre o anterior art. 436. Dispunha este que "o juiz não está adstrito ao laudo pericial, podendo formar a sua convicção com outros elementos ou fatos provados nos autos". O art. 479 manda o juiz analisar a prova pericial segundo a diretriz do art. 371 (q.v.) que consagra o princípio da livre apreciação da prova. A segunda parte do artigo prestigia o perito, quando obriga o juiz a indicar, na sentença, ou o tribunal, na decisão monocrática ou no acórdão, os motivos que o levaram a tomar em conta as conclusões do laudo, ou a descartá-las. A oração gerundiva que encerra o artigo reza apenas que o juiz considerará o método utilizado pelo perito, que pode ser chamado a esclarecer essa técnica ao magistrado.

O *caput* do art. 480 substituiu a locução verbal "poderá determinar" pelo futuro do presente **determinará**. É todavia o juiz quem determina a insuficiência do laudo e manda repetir a prova. A repetição pode ser ordenada tantas vezes quantas forem reputadas necessárias, podendo levar à destituição do perito (art. 468, I). O § 1º é supletivo. O § 3º manda o juiz apreciar os dois laudos, impedindo-o de descartar um deles. Deve cotejá-los e dar as razões da sua opção. Juntos mais de dois laudos, a norma incidirá no tocante a todos eles. O *caput* do artigo e seus parágrafos não aludem aos pareceres dos assistentes. Entretanto, pode o juiz facultar ao assistente, sem obrigá-lo, a elaboração ou complementação do seu parecer. Nesse caso, o parecer suplementar será apreciado junto com o original, tal como no caso do § 3º.

4. Inovações – Para ordenar a exposição das inovações relativas à prova pericial, separam-se por letras do alfabeto os dispositivos que as trouxeram ao Código.

Constituem inovações os §§ 2º, 3º e 4º do art. 464.

a) **art. 464, §§ 2º, 3º e 4º** – Atento aos princípios da celeridade e da utilidade, o § 2º autoriza a produção de prova técnica simplificada, cujo conteúdo e procedimento é disciplinado nos §§ 3º e 4º. O juiz pode determinar a substituição da perícia por prova técnica, que também é espécie de prova pericial, informada, então, pelas normas e princípios governantes dessa modalidade probatória. A determinação de que tal prova se realize é do juiz que pode ordená-la, sem ouvir as partes que, no entanto, podem pedir-lhe a reconsideração do ato, do qual não cabe agravo de instrumento. Determinada essa prova, no tribunal, por decisão monocrática, ela poderá ser objeto do agravo do art. 1.021. Se, antes de determiná-la, o juiz ouvir as partes sobre a conveniência da realização da prova simplificada, poderá ele decidir por ela, não obstante a manifestação contrária de todas as partes ou de alguma delas. Fala o parágrafo na prova simplificada, "quando o ponto controvertido for de menor complexidade". Pode, então, o juiz, dependendo da relevância de um ou mais pontos específicos sobre os quais deva recair a prova, excluí-los da perícia, que se desenvolverá quanto aos demais pontos. Entenda-se, então, que, no mesmo processo, podem ser realizadas a prova pericial e, simultaneamente, a técnica simplificada. Imagine-se a perícia realizada para determinar as causas de um desmoronamento de um edifício, que incluirá a análise da consistência de um dos ingredientes (v.g., areia, cimento) usados para misturar a massa da construção. A necessidade de conhecimento especializado sobre um dos pontos da perícia poderá levar à divisão dela, entregue a mais de um especialista, como, aliás, pode acontecer no âmbito da prova pericial.

Conforme o § 3º do art. 464, a prova de que se trata consistirá apenas na inquirição sobre o ponto, ou pontos controvertidos, feita pelo juiz. O advérbio **apenas** indica que a prova técnica simplificada se fará sem quesitação e sem a participação de assistentes. O juiz indaga os técnicos, mas numa audiência, isto é, num momento previamente marcado, em local, dia e hora. Podem as partes comparecer e formular perguntas que o técnico responderá mediante determinação do juiz. O ato obedecerá ao princípio da publicidade (CF, art. 93, IX). As respostas do especialista serão registradas, posto que sinteticamente, admitida a documentação delas por gravação ou qualquer outro meio de fixação. A necessidade de ouvir-se mais de um especialista sobre o ponto afasta a ideia da menor complexidade, aludida no § 2º. Por isto, não deve ser admitido o § 4º.

Determina o § 4º que o especialista tenha formação acadêmica. Conquanto essa formação normalmente decorra da colação de grau universitário, não é necessário que o especialista o detenha. Por formação acadêmica deve-se compreender a formação científica, resultante da dedicação a certos ramos do conhecimento. Fala-se da existência de pessoas que atuaram certas áreas técnicas, sem jamais terem frequentado uma faculdade. Em Cachoeiro de Itapemirim, minha terra natal, há especialistas na fabricação de pios, instrumento de imitação do canto de aves, que nunca foram a uma escola superior mas são, incomparavelmente, dotados de conhecimentos específicos na área. Consoante esse dispositivo, o especialista pode depor, valendo-se de qualquer – veja-se o pronome – recurso tecnológico de transmissão de sons e imagens. "A fim de esclarecer os pontos controvertidos da causa", oração que, no âmbito de incidência do parágrafo, deve ser entendida como alusiva, não aos pontos da causa objeto da controvérsia, porém só ao ponto controvertido de menor complexidade, mencionado no § 2º. Lavrar-se-á termo de inquirição, registrando-se as respostas do especialista, eventuais objeções das partes e a decisão correspondente, admitindo-se o depósito de documentos.

b) **art. 465, §§ 1º, I, 2º, I, II, III, 3º e 5º** – Conforme o inciso I do § 1º desse artigo, as partes (ou os terceiros admitidos) arguirão, no prazo de quinze dias, contados da intimação do despacho que o nomeou, o impedimento ou a suspeição do perito (art. 148, II). Faz-se a arguição por petição sobre a qual se devem manifestar a parte contrária e também o perito, antes da decisão do juiz. Não se argui impedimento nem suspeição dos assistentes, mas uma parte pode impugnar a atuação de qualquer deles, por inidoneidade, devidamente explicada. Ouvidos o assistente e as partes, o juiz deliberará.

Sem correspondência no Código anterior, o § 2º do art. 465 e seus incisos aparecem como novidade. Ciente da nomeação, isto é, intimado dela pelos meios admissíveis, o perito dispõe de cinco dias para cumprir as exigências dos incisos I, II e III do parágrafo. Ele apresentará proposta dos seus honorários, entendendo-se que ela foi formulada diante do trabalho a ser desempenhado, se não acompanhada de fundamentação. Ouvidas as partes, como determina o § 4º, o juiz deliberará sobre o pedido, podendo reduzir o montante pretendido, sem jamais aumentá-lo. O perito não está obrigado a aceitar a redução, podendo declinar do encargo. A exigência do inciso II é dispensável quando notória a especialização, inerente às atividades do perito. A comprovação se faz mediante qualquer documento ou declaração, não importa a espécie. Os contratos profissionais, exigidos no inciso III, são os meios de comunicação com o perito. O inciso não alude a contatos do perito com outros profissionais ou entidades, o que todavia cabe no inciso II.

O § 5º só incide nos casos em que a perícia comportar uma conclusão. Isto pode não acontecer, não por deficiência do perito, mas por motivos circunstanciais (v.g., razão para dúvida acerca da autenticidade da assinatura de pessoa morta ou desaparecida, pela falta de matrizes suficientes). O ato determinante da redução não admite agravo de instrumento, cabendo ao perito pedir a reconsideração ao juiz. Aludindo a perícia inconclusiva ou deficiente, o parágrafo tem por pressuposto necessário a entrega do laudo. A redução obriga o perito a devolver quantia excedente dela, porventura já recebida. Reduzida a sua remuneração, o perito não fica dispensado de emendar o laudo, responder quesitos suplementares e comparecer à audiência. Acrescente-se que da decisão de redução não cabe agravo de instrumento, nem mandado de segurança, remédio esdrúxulo, no caso, porque exigiria o exame de prova. Abusos na fixação ou redução dos honorários podem ser suscitados pela parte, como preliminar da sua apelação, aplicável, pois, o § 1º do art. 1.009. O juiz pode ser alvo de reclamação administrativa diante dos manifestos abusos que cometer, sendo possível arguir a suspeição dele, com fundamento no inciso IV do art. 145, combinado com os arts. 148, II e 149. Só quem desconhece os abusos que, no Brasil, têm sido praticados, no tocante à nomeação e remuneração dos peritos, dirá sem solução as deliberações escabrosas de órgãos jurisdicionais nessa área.

c) **arts. 466, § 2º e 468, §§ 2º e 3º** – O § 2º do art. 466 mostra que a prova pericial é constituída pelo laudo do perito e pelos pareceres dos assistentes técnicos, também eles órgãos jurisdicionais auxiliares. Para que possam criticar o laudo e levar ao juízo suas observações, os assistentes devem ter acesso às diligências e acompanhá-las. Para isso, receberão prévia comunicação do perito, que deverá comprová-la, juntando aos autos físicos ou eletrônicos cópia da comunicação e do recebimento dela. Sem a comunicação, a prova será nula, a menos que os assistentes tenham comparecido aos atos de modo espontâneo.

O § 2º do art. 468 impõe ao perito substituído o dever de restituir ao juízo, no prazo de quinze dias, contados da data em que intimado da substituição, os valores recebidos pelo trabalho não realizado. O perito justificará o valor restituído, explicando a retenção da parte correspondente ao trabalho realizado. Ouvidas as partes e o Ministério Público, quando funcionar, o juiz decidirá o incidente, mandando entregar a soma a quem a houver adiantado, ou ordenará ao perito que complete a devolução. A grave sanção cominada no parágrafo só é aplicável se, intimado da substituição, o perito não devolver o que recebeu, no todo ou em parte, nem justificar sua recusa. A decisão de substituição, ou de aplicação da penalidade poderá ser questionada pela parte como preliminar da apelação. Ao perito, se frustrâneo o seu pedido de reconsideração, caberá impetrar mandado de segurança, fundado no fato de que a sanção viola o seu direito de exercício de trabalho ou profissão, constitucionalmente assegurado (CF, art. 5º, XIII). No mandado de segurança haverá, mediante a análise da prova pré-constituída, uma atividade cognitiva limitada.

Nos termos do § 3º do art. 468, não restituída pelo perito a soma recebida em excesso, poderá a parte que a adiantou cobrá-la do perito por meio de execução por quantia certa, cujo título será a decisão que determinou a devolução, fixando-lhe o valor. Essa decisão será título executivo judicial (art. 515, I), como dispõe o parágrafo, fazendo remissão ao art. 513 e ss.

d) **art. 471 e incs. I e II, e §§ 1º a 3º** – O novo Código traz oportuna inovação, permitindo às partes escolher, conjuntamente, o perito, desde que atendidos os requisitos dos incisos I e II do *caput*. A condição, imposta nesse segundo item, mostra que a escolha é ato privado, de natureza obrigacional. Como as partes podem dispor do direito, mediante autocomposição, submetendo a lide a juízo arbitral da escolha deles, podem também escolher o perito. Essa eleição, negócio processual, não obriga contudo o juiz. Destinatário da prova, ele pode, em decisão fundamentada, nomear outro perito. Conforme o § 1º, ao comunicar ao juízo a escolha do perito, as partes devem indicar assistentes técnicos. Não o fazendo, preclui o direito à indicação. Podem elas dispensar a atuação de assistentes, subentendida essa dispensa pela falta de nomeação deles na petição que comunicar ao juízo a escolha do perito. O § 2º apenas determina que perito e assistentes entreguem o laudo e os pareceres no prazo estipulado pelo juiz (art. 465). O descumprimento do prazo, sujeita o perito ou os assistentes ao ressarcimento de despesas e danos, mas não compromete o trabalho que, uma vez pronto, deve ser considerado. O § 3º explicita o que ficou implícito no *caput* do art. 471. Se as partes podem escolher o perito, é óbvio que não cabe à parte a nomeação de outro perito, salvo no caso de substituição (art. 468). Nomeado o perito de escolha das partes, ele desempenha a sua função em consonância com as regras e princípios que a regem. O perito sujeita-se às normas a que estaria submetido o perito de escolha do juízo pois é também órgão jurisdicional auxiliar (art. 149).

e) arts. 473, incs. I a IV, §§ 1º e 2º e art. 478, §§ 1º e 2º – O art. 473, seus incisos e §§ 1º e 2º não encontram correspondentes no Código de Processo Civil de 1973. Esse artigo enumera os requisitos obrigatórios do laudo pericial, não dos pareceres dos assistentes. Preteridos, eles não levam à nulidade irremediável do laudo, que pode ser apagada em apêndice escrito, apresentado espontaneamente pelo perito, ou por ordem do juiz, dada de ofício, ou a requerimento das partes.

Conforme o inciso I do art. 473, o laudo deve principiar pela exposição, não da causa, mas do objeto da perícia, revelando os pontos sobre os quais incidirá a prova técnica. O perito não relata a causa, mas apenas revela o objeto da perícia, delimitando o seu âmbito. O inciso II fala em análise técnica, impondo ao perito, não apenas uma opinião, mas a elaboração do laudo de acordo com normas legais, normas específicas e princípios. Assim, por exemplo, se se trata de determinar a autenticidade de uma assinatura, o perito deve indicar as regras e instrumentos a se usarem nessa espécie de exame. O inciso III complementa o item II. Impõe ao perito a indicação do método utilizado com a explicação de que ele avantaja, ao menos nas circunstâncias, outras técnicas disponíveis, ou se é o único existente. A demonstração de que o método é o predominantemente aceito pelos especialistas da área se faz com a referência a publicações, declarações e quejandos, mas só se exige nos casos incomuns, não naqueles de rotina, do quotidiano forense. Seria exagero que se exigisse do perito a explicação do método por ele usado para medir um terreno. O inciso IV impõe ao perito uma resposta conclusiva a todos os quesitos. Cumpre, portanto, ao perito responder, clara e precisamente, as perguntas, sem titubeios ou tergiversações. A perícia existe para esclarecer; não para confundir e é a indecisão que o inciso quer evitar.

O § 1º do art. 473 tem disposição algo ociosa. Claro que o perito deve fundamentar o laudo, em termos acessíveis, explicando o significado de cada termo técnico e a autoridade de cada autor mencionado. O laudo deve ser pedagógico. O § 2º impede que o perito vá além das sandálias, desbordando do objeto da perícia mediante a abordagem de assuntos estranhos a ela, ou dando opinião sobre o direito das partes, ou sobre o julgamento da causa.

Conforme o § 1º do art. 478, ao remeter os elementos, na forma do *caput* do dispositivo, o juiz deve conceder um prazo para o laudo e pedir que, dentro desse tempo, se dê prioridade ao exame, passando-o à frente de outros, demandados do estabelecimento. O § 2º não esclarece o ponto, mas a prorrogação do prazo estabelecido para a apresentação do laudo deve ser buscada pelo servidor incumbido do exame, que encaminhará ao juízo requerimento fundamentado. Pode a parte, ou o Ministério Público, pedir a prorrogação, se tomar conhecimento da impossibilidade da tempestiva elaboração de laudo.

Seção XI
Da Inspeção Judicial
(Arts. 481 a 484)

Art. 481. O juiz, de ofício ou a requerimento da parte, pode, em qualquer fase do processo, inspecionar pessoas ou coisas, a fim de se esclarecer sobre fato que interesse à decisão da causa.

Art. 482. Ao realizar a inspeção, o juiz poderá ser assistido por um ou mais peritos.

Art. 483. O juiz irá ao local onde se encontre a pessoa ou a coisa quando:
 I – julgar necessário para a melhor verificação ou interpretação dos fatos que deva observar;
 II – a coisa não puder ser apresentada em juízo sem consideráveis despesas ou graves dificuldades;
 III – determinar a reconstituição dos fatos.

Parágrafo único. As partes têm sempre direito a assistir à inspeção, prestando esclarecimentos e fazendo observações que considerem de interesse para a causa.

Art. 484. Concluída a diligência, o juiz mandará lavrar auto circunstanciado, mencionando nele tudo quanto for útil ao julgamento da causa.

Parágrafo único. O auto poderá ser instruído com desenho, gráfico ou fotografia.

1. Observações. 2. Repetições. 3. Alterações. 4. Ausência de Inovações.

1. Observações – Um dos princípios do "sistema da oralidade", assim denominado pelo uso de um dos preceitos que o compõem, é o da imediação, que recomenda o contato direto do juiz de qualquer instância com a pessoa, ou coisa objeto que deva considerar para o desempenho da sua função de dirigir e julgar o processo. Efetiva-se esse princípio por meio de inspeção judicial. Ela permite a verificação diante do juiz que observará a coisa, ou estará com a pessoa, de tudo se lavrando o auto referido no art. 484. A inspeção judicial, objeto de considerações doutrinárias e julgados dos tribunais, é meio de prova que não integra contudo nem o elenco das provas documentais, nem orais, tampouco da prova pericial da qual, de certo modo, se aproxima. Quando o juiz toma depoimento pessoal, examina documentos de toda ordem, lê laudos periciais ou pareceres e interroga perito e assistentes, ele não procede à inspeção, no rigor técnico. Essa prova autônoma só se realiza quando o juiz, pessoalmente, entra em contato direto com as pessoas ou coisa, visando a esclarecer-se e a outros órgãos jurisdicionais "sobre fato que interesse à decisão da causa", como está no último período do art. 481.

2. Repetições – O art. 481 repete o art. 440 do Código anterior. O art. 483 e seus três incisos são iguais ao revogado art. 442 e seus incisos. O art. 484 e seu parágrafo único reproduzem o anterior art. 443 e seu parágrafo único.

Essa reprodução preponderante mostra que o legislador entendeu adequada a disciplina do instituto pelo Código de 1973. Por isto, convém a consulta à doutrina e à jurisprudência dos dispositivos repetidos e a tudo quanto se disse e deliberou acerca da inspeção judicial.

3. Alterações – O art. 482 do novo Código exprime a mesma vontade do art. 441 do diploma anterior. Ao repetir os dizeres deste, o artigo apenas suprimiu o adjetivo **direta**, que qualificava a inspeção, em demasia, já que ela é sempre direta. Além disso, substituiu a preposição **de** pela palavra **por**, pertencente à mesma classe da substituída. Não costumam os clássicos trazer o verbo **assistir**, no sentido de auxiliar ou ajudar, acompanhado dessas preposições, posto que não seja errôneo o emprego delas.

O parágrafo único do art. 483 só se diferencia de igual parágrafo do anterior art. 442 porque trocou **reputem** por **considerem**.

4. Sem Inovações – O novo Código não trouxe ao Direito Processual Civil positivo qualquer inovação. São idênticas as normas da Seção dedicada à inspeção judicial, no Código de 2015, às regras assentadas na Seção correspondente do Código de Processo Civil de 1973.

Da comparação das normas de um e do outro diploma infere-se a desnecessidade de acrescentar novas regras à disciplina do instituto cuja prática deve ser estimulada pelos postulantes da jurisdição e efetivada pelos prestadores dela.

Capítulo XIII

Da Sentença e da Coisa Julgada
(arts. 485 a 508)

Seção I
Disposições Gerais
(arts. 485 a 488)

Art. 485. O juiz não resolverá o mérito quando:
  I – indeferir a petição inicial;
  II – o processo ficar parado durante mais de 1 (um) ano por negligência das partes;
  III – por não promover os atos e as diligências que lhe incumbir, o autor abandonar a causa por mais de 30 (trinta) dias;
  IV – verificar a ausência de pressupostos de constituição e de desenvolvimento válido e regular do processo;
  V – reconhecer a existência de perempção, de litispendência ou de coisa julgada;
  VI – verificar ausência de legitimidade ou de interesse processual;
  VII – acolher a alegação de existência de convenção de arbitragem ou quando o juízo arbitral reconhecer sua competência;
  VIII – homologar a desistência da ação;
  IX – em caso de morte da parte, a ação for considerada intransmissível por disposição legal; e
  X – nos demais casos prescritos neste Código.

§ 1º Nas hipóteses descritas nos incisos II e III, a parte será intimada pessoalmente para suprir a falta no prazo de 5 (cinco) dias.

§ 2º No caso do § 1º, quanto ao inciso II, as partes pagarão proporcionalmente as custas, e, quanto ao inciso III, o autor será condenado ao pagamento das despesas e dos honorários de advogado.

§ 3º O juiz conhecerá de ofício da matéria constante dos incisos IV, V, VI e IX, em qualquer tempo e grau de jurisdição, enquanto não ocorrer o trânsito em julgado.

§ 4º Oferecida a contestação, o autor não poderá, sem o consentimento do réu, desistir da ação.

§ 5º A desistência da ação pode ser apresentada até a sentença.

§ 6º Oferecida a contestação, a extinção do processo por abandono da causa pelo autor depende de requerimento do réu.

§ 7º Interposta a apelação em qualquer dos casos de que tratam os incisos deste artigo, o juiz terá 5 (cinco) dias para retratar-se.

Art. 486. O pronunciamento judicial que não resolve o mérito não obsta a que a parte proponha de novo a ação.

§ 1º No caso de extinção em razão de litispendência e nos casos dos incisos I, IV, VI e VII do art. 485, a propositura da nova ação depende da correção do vício que levou à sentença sem resolução do mérito.

§ 2º A petição inicial, todavia, não será despachada sem a prova do pagamento ou do depósito das custas e dos honorários de advogado.

§ 3º Se o autor der causa, por 3 (três) vezes, a sentença fundada em abandono da causa, não poderá propor nova ação contra o réu com o mesmo objeto, ficando-lhe ressalvada, entretanto, a possibilidade de alegar em defesa o seu direito.

Art. 487. Haverá resolução de mérito quando o juiz:
  I – acolher ou rejeitar o pedido formulado na ação ou na reconvenção;
  II – decidir, de ofício ou a requerimento, sobre a ocorrência de decadência ou prescrição;
  III – homologar:
    a) o reconhecimento da procedência do pedido formulado na ação ou na reconvenção;
    b) a transação;
    c) a renúncia à pretensão formulada na ação ou na reconvenção.

Parágrafo único. Ressalvada a hipótese do § 1º do art. 332, a prescrição e a decadência não serão reconhecidas sem que antes seja dada às partes oportunidade de manifestar-se.

Art. 488. Desde que possível, o juiz resolverá o mérito sempre que a decisão for favorável à parte a quem aproveitaria eventual pronunciamento nos termos do art. 485.

1. Repetições. 2. Semelhanças. 3. Inovações.

1. Repetições – Como dito e repetido, apontam-se, nas anotações ao novo Código, os dispositivos repetidos do Código de 1973, bem como os superficialmente alterados, a fim de que se possam consultar a doutrina e a jurisprudência dessas normas, construídas nos anos em que vigorou a diploma anterior.

O inciso X do art. 485 repete o inciso XI do art. 267 anterior. Igualmente, o *caput* do art. 487 é igual ao *caput* do art. 269.

2. Semelhança – Nesta Seção I, há normas que repetem, praticamente, porque ligeiras as alterações, regras que já constavam do Código revogado.

Assim, o *caput* do art. 485 do novo Código assemelha-se, no conteúdo, ao anterior art. 267, porquanto não há diferença entre dizer-se que o processo se extingue sem resolução do mérito e que o juiz não resolverá o mérito. No inciso I do artigo, apenas se suprimiu a temporal **quando**, acrescentada ao *caput*. Idem, no inciso II. A diferença entre os incs. II, III, IV e V do revogado art. 267 e iguais incisos do art. 485 está na supressão do advérbio **quando**, mais a troca do infinitivo **competir** por **incumbir**, no inciso III. Difere o inciso V do finado art. 267 do inciso V do art. 485 porque neste se mudou o verbo **acolher** por **reconhecer**. O inciso VI do art. 485 distanciou-se do inciso VI do art. 267, porque não se fala, naquele, em condições da ação, mas apenas em legitimidade e interesse processual, que todavia são condições da ação, no sentido de requisitos a se atenderem, a fim de que se possa obter uma sentença de mérito. No mesmo inciso, a eliminação do possessivo **das partes** indica que a legitimidade tem que ser também do terceiro, que deve ser excluído do processo se for ilegítimo. Por último, seguindo manifestação doutrinária italiana, o inciso suprimiu a possibilidade jurídica da enumeração das condições da ação. Aliás, o inciso não alude à legitimidade e ao interesse como condições da ação, embora essas figuras tenham tal natureza. A falta da possibilidade jurídica pode ser arguida como defeito da petição inicial porque, impossível o pedido, faltará a ele, evidentemente, o fundamento jurídico. Essa ausência levará ao indeferimento daquela peça porque insuprível a condição. O § 3º do art. 485 permite ao juiz indeferir de ofício a inicial. A primeira oração do inciso VII do art. 485 fala no acolhimento da alegação de existência de convenção de arbitragem, no passo que o item VII do velho art. 267 prescrevia a extinção do processo por sentença terminativa pela convenção de arbitragem, correspondente esse ato à cláusula compulsória e ao compromisso arbitral. Sobre a segunda parte do inciso VII, veja-se o item 3, abaixo dedicado as inovações. O inciso VIII do mesmo art. 485 fala em homologação da desistência, enquanto o anterior inciso VIII aludia apenas à desistência, que só é eficaz, depois de homologada.

O § 1º do art. 485 determina a extinção do processo se, intimada pessoalmente, a parte não providenciar o andamento do processo, tanto se ele ficar paralisado durante mais de um ano (imperfeito o uso da preposição **durante**) por negligência das partes, quanto se o autor abandonar a causa por mais de trinta dias (incisos II e III). Nos dois casos, a parte deve ser intimada pessoalmente. O uso desse advérbio exclui a validade da intimação do advogado porque pode ser que a paralisação se dê por falta dele. O parágrafo aumentou de quarenta e oito horas para cinco dias o prazo para suprimento da falta, que consistirá na movimentação do processo. No caso do inciso II, a intimação se faz de qualquer das partes, cada uma delas, por si só, habilitada a promover a movimentação do feito. Na hipótese do inciso III, a parte a ser chamada é apenas o autor que, intimado, providenciará os atos e diligências do seu encargo. O § 2º do mesmo art. 485 apenas adaptou o dispositivo ao novo Código, remetendo ao inciso II do § 1º e suprimindo a menção ao art. 28, como fazia o antigo.

O § 3º do art. 485 do CPC de 2015 permite ao juiz conhecer, de ofício, em qualquer tempo e grau de jurisdição, da matéria constante dos seus incs. IV, V, VI e IX. Suprimiu, entretanto, a sanção da última parte do revogado § 3º do art. 267, cuja aplicação é incabível porque não mais cominada.

Deve-se atentar na oração temporal "enquanto não ocorrer o trânsito em julgado", que encerra o § 3º do art. 485 e compará-la com o período "enquanto não proferida a sentença de mérito", de igual parágrafo do ab-rogado art. 267. Como a mudança do dispositivo anterior constitui inovação, tratar-se-á desse ponto, no item seguinte, concernente às novidades do CPC de 2015.

Acrescente-se que o § 3º do art. 485 eliminou a sanção do § 3º do art. 267 da lei anterior, incompatível com o poder, dado ao juiz, de aplicar de ofício os quatro incisos indicados.

O § 4º do art. 485 é semelhante ao anterior § 4º do art. 267, mas com a diferença de que, neste último, se proibia a desistência sem o consentimento do réu, depois de decorrido o prazo para a resposta, enquanto, naquele, diz-se que a proibição ocorre depois de oferecida a contestação, única modalidade de resposta, conforme o art. 335. Na hipótese de revelia (art. 344), a desistência pode ocorrer independentemente da vontade do demandado que, não contestando, não se opôs à pretensão do demandante, deixando-o livre para desistir. Note-se a frase "oferecida a contestação", que, como norma restritiva, impõe interpretação limitada.

O § 5º do art. 485 preceitua que a desistência, direito do autor, condicionado à aquiescência do réu apenas na hipótese do § 4º, pode ser formulada até a sentença; não depois dela, entenda-se, porque aí já houve a oferta da prestação jurisdicional, pedida pelo autor, suscetível de consubstanciar a resposta do Judiciário, ainda que contrária ao pedido da inicial. "Até a sentença", reza o parágrafo, aludindo ao ato definido no § 1º do art. 203. Interprete-se o substantivo **sentença** como abrangente das decisões terminativas (art. 485), ou definitivas (art. 487), bem como os pronunciamentos que, sob a forma de decisão interlocutória, julgam parcialmente o mérito, nos casos em que a jurisdição é fracionária. Entende-se também a proibição até a prolação do acórdão, nos casos dos processos da competência originária do tribunal. Proferida a sentença, ou o acórdão, o autor não poderá desistir da ação, nem mesmo com o consentimento do réu.

O art. 486 do novo Código assemelha-se ao art. 268 do anterior, quando permite que o autor proponha de novo a ação. O velho CPC excluía da possibilidade o caso em que a ação fosse extinta com fundamento no art. 267, V, porque, nessa hipótese, haveria decisão de mérito, como está apenas no art. 487, II.

O art. 487 assemelha-se ao art. 269. Ajuntou-se contudo ao *caput* daquele a conjunção **quando**. O inciso I do artigo fala em acolhida do pedido formulado na ação ou na reconvenção, ao passo que o item anterior aludia apenas ao pedido do autor, o que dá no mesmo porque o reconvinte autor é.

O inciso II do mesmo art. 487 assemelha-se ao inciso IV do anterior art. 269, ao falar em decisão de ofício sobre a ocorrência de decadência ou prescrição, juntando, entretanto, à expressão **de ofício** a alternativa **a requerimento**, desnecessária, pois a parte pode requerer tudo o quanto se permite ao juiz decidir independentemente de provocação.

O § 6º condiciona a extinção do processo se o autor abandonar a causa – isto é, o processo – ao requerimento do réu (art. 485, III) porque, tanto no caso desse parágrafo quanto na hipótese do § 4º, o demandado, contestando, abdicou do pedido da prestação jurisdicional, feito na contestação, que é exceção. Contestando, o réu assume, quanto ao pedido da jurisdição, estado idêntico ao do autor, *mutatis mutandis*. As normas dos §§ 4º e 6º aplicam-se também às hipóteses em que o réu houver apresentado só reconvenção mas sem contestar.

Vejam-se as notas ao § 7º do art. 485, no item seguinte.

Ainda no campo das semelhanças, os incs. I e II do art. 487 repetem, praticamente, iguais incisos do passado art. 269, mínima a diferença entre eles. No inciso I daquele, suprimiu-se a frase "quando o juiz", posta no *caput* e falou-se em pedido formulado na ação, ou na reconvenção, onde o reconvinte é autor. O inciso II do art. 487 distancia-se do item IV do anterior art. 269 porque fala em decidir, em vez de pronunciar. Um pouco demasiada a norma, quando afirma que o juiz pode decidir de ofício porque ela já consta do § 3º do art. 485. Ademais, a parte pode requerer tudo o que o juiz puder julgar por conta própria. O inciso II diferencia-se do § 5º do revogado art. 219 porque este só falava em pronunciamento de ofício da prescrição, pois o caso de decadência já contava do inciso IV deste artigo. O inciso II do art. 487 fala, todavia, em reconhecimento, de ofício, das duas hipóteses extintivas.

Têm semelhança o art. 488 do novo Código e o § 2º do art. 249 do anterior, na medida que ambos se referem à possibilidade de julgamento do mérito, sempre que a decisão for favorável à parte a quem aproveitaria uma sentença terminativa (art. 485). Quanto a este ponto, vale consultar a respectiva doutrina e jurisprudência. No artigo apontado, o CPC de 2015 não fala em nulidade, mas somente nas hipóteses do art. 485, que inclui esse defeito, implicitamente, no seu inciso IV. O juiz, então, não extinguirá o processo em função da nulidade, mas somente se ela fosse sanável. Não procederá assim, no entanto, se a nulidade for insanável. Seria inconcebível, por exemplo, que o juiz julgasse o mérito da ação, se o autor, ou o réu já estivesse morto, quando da propositura dela.

3. Inovações – O Código de Processo Civil de 2015 trouxe uma inovação, ao dispor, na última oração do § 3º do art. 485, que o juiz conhecerá de ofício da matéria constante dos incs. IV, V, VI e IX, em qualquer tempo e grau de jurisdição, "enquanto não ocorrer o trânsito em julgado". O § 3º do art. 267 do Código anterior dava igual competência ao juízo para decidir de ofício, "enquanto não proferida a sentença de mérito", em qualquer tempo e grau de jurisdição.

A interpretação literal do dispositivo, de todas a mais perigosa, como amiúde adverte a doutrina, levaria à absurda conclusão de que, mesmo depois de proferida a sentença, ou o acórdão, mas antes que essas decisões transitassem em julgado, o juiz, ou o tribunal (no parágrafo, o vocábulo "juiz" é empregado nos dois sentidos) poderia voltar atrás e extinguir o processo sem julgamento do mérito, mesmo já tendo proferido este julgamento. Porém, não é assim; não se trata de mudar a sentença, para extinguir o processo com fundamento num dos quatro incisos referidos no parágrafo, nem por meio de embargos de declaração com efeitos infringentes. Cuidar-se-ia, na esdrúxula hipótese aqui e agora imaginada, de outra sentença, dada no lugar da anterior, não transitada em julgado.

Usando, como expletiva, a oração "enquanto não transitado em julgado", o § 3º, na melhor interpretação, proíbe que uma vez proferida a sentença, a decisão monocrática, ou o acórdão, o juiz, o relator, ou o órgão do tribunal volte atrás para proferir novo julgamento, este terminativo, de extinção do processo sem julgamento do mérito, aplicando um dos incs. IV, V, VI e IX, do art. 485. Repara-se que, proferida uma daquelas decisões, o juiz, o relator ou o tribunal exaure a sua competência. O art. 494 incide. Assim, só poderá o órgão judicial proferir a sentença terminativa, em qualquer tempo ou grau de jurisdição, antes de proferida a sentença de mérito. No juízo recursal, sim, pode o tribunal por seu órgão colegiado, ou pelo relator, monocraticamente, extinguir o processo sem julgamento do mérito, assim substituindo a decisão definitiva, recorrida, por outra, terminativa, aplicando, então, o § 3º.

Conquanto o Código anterior não contivesse normas iguais às dos §§ 5º e 6º do art. 485, que constituem inovações, cuidou-se delas no item anterior desta exposição porque constituem desdobramento da regra do § 4º desse dispositivo.

Não se pode tomar ao pé da letra a segunda oração do inciso VII do art. 485, conforme a qual o juiz não resolverá o mérito, "quando o juízo arbitral reconhecer sua competência". Obviamente, o juiz não pode ficar submisso à afirmação da competência feita pelo juízo arbitral, uni ou pluripessoal. O juiz só julgará extinto o processo se decidir, ele próprio, pela competência do juízo arbitral. Assim, será dele a decisão de extinguir o processo. Se, no entanto, o juiz não acolher o reconhecimento do juízo arbitral, ocorrerá um conflito positivo de competência (art. 66, I), que poderá ser suscitado pelo próprio juiz, por qualquer das partes ou pelo Ministério Público (art. 951). Esse conflito será julgado pelo Superior Tribunal de Justiça, conforme a alínea *d* do inciso I do art. 105 da Constituição Federal.

Aparece com sabor de novidade o inciso VIII do mesmo art. 485, que fala em homologação da desistência, e não mais em extinção do processo quando da desistência da ação, como fazia o inciso VIII do anterior art. 267. Quanto aos efeitos, não há distinção entre a homologação da desistência e o julgamento do processo, proferido diante dela, pois ambas as situações redundam numa sentença terminativa. Desnecessário dizer que não cabe ação rescisória da sentença homologatória da decisão porque essa demanda só cabe para a desconstituição da sentença do mérito (art. 966). Incide, no caso, o art. 486 porque a sentença de que se trata é meramente homologatória, já que se limita ao exame dos requisitos da desistência (v.g., §§ 4º e 5º do art. 485, art. 38). No inciso IX, fala-se em extinção do processo, se morta a parte, autor ou réu, não terceiros, a ação for considerada, intransmissível, "por disposição legal". Essa disposição, no entanto, pode decorrer da natureza da ação (contemple-se a hipótese de morte de um dos cônjuges, parte na ação de separação, ou do vinculado a obrigação personalíssima).

Inovação importante é o § 7º do art. 485, que permite ao juiz retratar-se da sentença terminativa, prevista em qualquer dos incisos do mesmo dispositivo. Nesse caso, o parágrafo torna a apelação um recurso reiterativo, já que permite ao juiz voltar atrás, desconstituindo a sentença, tal como ocorre na norma do art. 332, já existente no § 1º do art. 285-A do Código anterior. Falava esse parágrafo que o juiz poderia não manter a sentença e determinar o prosseguimento da ação. A frase **não manter**, de tal parágrafo, assim como a retratação, referida no § 7º do art. 485, equivale a anular a sentença, desmanchando-a, por assim dizer. Falava o extinto § 1º em prosseguimento da ação (*rectius*, do processo). A regra está implícita no § 7º. O juiz pode retratar-se, não apenas para julgar o mérito da ação, mas também para proferir outra sentença terminativa, ocorrendo um dos casos do art. 485. A paralisação do processo, assim como o seu abandono pelo autor, situações previstas nos incisos II e III do artigo, pode repetir-se, dando origem a outra sentença de extinção do feito sem decisão de mérito. Depois da retratação, o juiz pode também extinguir o processo por fundamento outro, diferente daquele em que se funda a sentença retratada. A inobservância do prazo de cinco dias pode sujeitar o juiz a sanções administrativas, porém não anula a sentença proferida além desse tempo. O § 7º se aplica depois da apelação, interposta na instância da sentença, fazendo dela um recurso reiterativo de retratação.

Constitui também inovação o § 1º do art. 486, sem correspondência no Código anterior. Conquanto o *caput* do artigo preceitue que a extinção do processo por sentença terminativa não impede a renovação da ação, o parágrafo condiciona a repropositura à correção do vício que determinou aquela sentença. Assim, extinto o processo por um fundamento, não cabe propor de novo a ação sem que se supere esse defeito. Atente-se todavia em que se pode afastar o fundamento pela ocorrência de outra situação formalmente idêntica porém diversa no conteúdo. Assim, v.g., extinto o processo pela falta de interesse (art. 485, VI), a ação poderá ser reproposta pelo superveniente aparecimento dessa condição. Para ficar, num singelo exemplo, propôs-se a ação de cobrança de uma dívida, sem que ela ainda fosse exigível. Superveniente a exigibilidade, pode ser de novo proposta a ação, já aí pela existência do interesse.

Seção II
Dos Elementos e dos Efeitos da Sentença
(arts. 489 a 495)

Art. 489. São elementos essenciais da sentença:
  I – o relatório, que conterá os nomes das partes, a identificação do caso, com a suma do pedido e da contestação, e o registro das principais ocorrências havidas no andamento do processo;

II – os fundamentos, em que o juiz analisará as questões de fato e de direito;

III – o dispositivo, em que o juiz resolverá as questões principais que as partes lhe submeterem.

§ 1º Não se considera fundamentada qualquer decisão judicial, seja ela interlocutória, sentença ou acórdão, que:

I – se limitar à indicação, à reprodução ou à paráfrase de ato normativo, sem explicar sua relação com a causa ou a questão decidida;

II – empregar conceitos jurídicos indeterminados, sem explicar o motivo concreto de sua incidência no caso;

III – invocar motivos que se prestariam a justificar qualquer outra decisão;

IV – não enfrentar todos os argumentos deduzidos no processo capazes de, em tese, infirmar a conclusão adotada pelo julgador;

V – se limitar a invocar precedente ou enunciado de súmula, sem identificar seus fundamentos determinantes nem demonstrar que o caso sob julgamento se ajusta àqueles fundamentos;

VI – deixar de seguir enunciado de súmula, jurisprudência ou precedente invocado pela parte, sem demonstrar a existência de distinção no caso em julgamento ou a superação do entendimento.

§ 2º No caso de colisão entre normas, o juiz deve justificar o objeto e os critérios gerais da ponderação efetuada, enunciando as razões que autorizam a interferência na norma afastada e as premissas fáticas que fundamentam a conclusão.

§ 3º A decisão judicial deve ser interpretada a partir da conjugação de todos os seus elementos e em conformidade com o princípio da boa-fé.

Art. 490. O juiz resolverá o mérito acolhendo ou rejeitando, no todo ou em parte, os pedidos formulados pelas partes.

Art. 491. Na ação relativa à obrigação de pagar quantia, ainda que formulado pedido genérico, a decisão definirá desde logo a extensão da obrigação, o índice de correção monetária, a taxa de juros, o termo inicial de ambos e a periodicidade da capitalização dos juros, se for o caso, salvo quando:

I – não for possível determinar, de modo definitivo, o montante devido;

II – a apuração do valor devido depender da produção de prova de realização demorada ou excessivamente dispendiosa, assim reconhecida na sentença.

§ 1º Nos casos previstos neste artigo, seguir-se-á a apuração do valor devido por liquidação.

§ 2º O disposto no *caput* também se aplica quando o acórdão alterar a sentença.

Art. 492. É vedado ao juiz proferir decisão de natureza diversa da pedida, bem como condenar a parte em quantidade superior ou em objeto diverso do que lhe foi demandado.

Parágrafo único. A decisão deve ser certa, ainda que resolva relação jurídica condicional.

Art. 493. Se, depois da propositura da ação, algum fato constitutivo, modificativo ou extintivo do direito influir no julgamento do mérito, caberá ao juiz tomá-lo em consideração, de ofício ou a requerimento da parte, no momento de proferir a decisão.

Parágrafo único. Se constatar de ofício o fato novo, o juiz ouvirá as partes sobre ele antes de decidir.

Art. 494. Publicada a sentença, o juiz só poderá alterá-la:

I – para corrigir-lhe, de ofício ou a requerimento da parte, inexatidões materiais ou erros de cálculo;

II – por meio de embargos de declaração.

Art. 495. A decisão que condenar o réu ao pagamento de prestação consistente em dinheiro e a que determinar a conversão de prestação de fazer, de não fazer ou de dar coisa em prestação pecuniária valerão como título constitutivo de hipoteca judiciária.

§ 1º A decisão produz a hipoteca judiciária:

I – embora a condenação seja genérica;

II – ainda que o credor possa promover o cumprimento provisório da sentença ou esteja pendente arresto sobre bem do devedor;

III – mesmo que impugnada por recurso dotado de efeito suspensivo.

§ 2º A hipoteca judiciária poderá ser realizada mediante apresentação de cópia da sentença perante o cartório de registro imobiliário, independentemente de ordem judicial, de declaração expressa do juiz ou de demonstração de urgência.

§ 3º No prazo de até 15 (quinze) dias da data de realização da hipoteca, a parte informá-la-á ao juízo da causa, que determinará a intimação da outra parte para que tome ciência do ato.

§ 4º A hipoteca judiciária, uma vez constituída, implicará, para o credor hipotecário, o direito de preferência, quanto ao pagamento, em relação a outros credores, observada a prioridade no registro.

§ 5º Sobrevindo a reforma ou a invalidação da decisão que impôs o pagamento de quantia, a parte responderá, independentemente de culpa, pelos danos que a outra parte tiver sofrido em razão da constituição da garantia, devendo o valor da indenização ser liquidado e executado nos próprios autos.

1. Repetições. 2. Semelhanças. 3. Inovações.

1. Repetições – A Seção I do Capítulo VIII do Título VIII do Livro I tinha por epígrafe, no Código de 1973, "Dos Requisitos e dos Efeitos da Sentença". Entretanto, a Seção II do Capítulo XIII do Título I do Livro I da Parte Especial da lei de 2015 tomou a epígrafe "Dos Elementos e dos Efeitos da Sentença". Substituiu-se, então, o substantivo plural **requisitos** por **elementos**, sem que isto haja alterado o setor, se bem que elementos da sentença sejam as partes que a compõem, enquanto o vocábulo **requisitos** poderia ser tomado na conta de pressupostos, ou condições, exigências que deveriam ser satisfeitas antes da sentença, como, por exemplo, a competência do juiz e o concurso das condições da ação.

Os dispositivos do novo Código, que se descobrem iguais no velho, são os incs. II e III do art. 489, o inciso I do § 1º do art. 495 e o *caput* do art. 494.

2. Semelhanças – No estudo das normas semelhantes, deve-se atentar na jurisprudência e na doutrina das assemelhadas.

No art. 489, o *caput* substituiu o vocábulo **requisitos** pela palavra **elementos**, como já se explicou, no item anterior. Trocou-se também a expressão **resposta do réu** por **contestação**, , espécie daquela (art. 335). Manda o inciso que a sentença proceda à identificação do caso, isto é, a síntese do pedido e da contestação. A identificação do caso consiste na indicação do nome dado à ação pelo autor, ainda que errôneo, dos nomes do autor, ou réu, e dos litisconsortes e de eventuais terceiros intervenientes, apontando-se algumas peculiaridades, como o número do processo e a referência a apensos.

Assemelha-se também o art. 490 ao anterior art. 459. A mudança da frase "pedido formulado pelo autor" por "pedidos formulados pelas partes" é propícia, pois o juiz não acolhe ou rejeita apenas o pedido do autor, como também o do réu. Imagine-se, v.g., que o demandado haja pedido a condenação do autor, que diz litigante de má-fé, na multa do art. 81. O artigo agora anotado fez desaparecer a norma da parte final do extinto art. 459, que mandava o juiz proferir concisa a sentença terminativa, de extinção do processo sem julgamento do mérito. Mesmo proferindo essa espécie de julgamento, o juiz pode sentir necessário fundamentá-lo amplamente, inclusive recorrendo à doutrina e aos ditames dos tribunais.

O art. 492 faz um ajuste na norma anterior do art. 460, ao substituir a frase "é defeso" por "é vedado". Correta a determinação da referência ao autor e ao réu, substituída pelo nome plural **partes**. Na reconvenção, o réu é autor, formulando pedido tal qual seu adversário mas no processo da ação principal, o réu também pode formular pedido, como o da sua condenação numa obrigação alternativa específica. Irrelevante a mudança da redação do parágrafo único desse art. 492, que passa a ter o mesmo sentido de igual parágrafo do ab-rogado art. 460.

O parágrafo único do art. 493 é inovação. O *caput* desse dispositivo, entretanto, apenas substituiu, corretamente, a palavra **lide** pelo substantivo **mérito** porque o pedido pode não buscar sentença que apague toda a lide.

O inciso I do art. 494 substituiu **para lhe corrigir**, do inciso I do anterior art. 463 por **para corrigir-lhe**; melhor a próclise do que a ênclise.

O art. 495 começa por usar **decisão** no lugar de **sentença** do velho art. 466. Cria a alternativa "ou em causa" para a prestação em dinheiro, apagado o indefinido **uma**, anteposto a esse vocábulo, no texto anterior. O § 1º substitui a expressão **sentença condenatória** por **decisão**, sem adjetivo porque, por exemplo, a sentença meramente declaratória e a homologatória (art. 515, I e III) também podem ser executadas. O inciso II mudou a locução **ainda quando**, do revogado inciso III do parágrafo único do art. 466 pela expressão **ainda que**, concessiva esta, temporal aquela, idênticas as duas. Substituiu também a frase "execução provisória da sentença" por "cumprimento provisório da sentença", para harmonizá-la com o art. 520.

3. Inovações – Voltem-se os olhos agora para as inovações, que aparecem pela primeira vez no Direito Processual Civil positivo.

O § 1º do art. 489 deve ser examinado com os seis incisos que o complementam. Abrangente de todas as decisões proferidas nas três espécies do processo civil contencioso e na jurisdição voluntária, sejam decisões interlocutórias, sentenças, terminativas e definitivas, acórdãos e, *a fortiori*, decisão monocrática do relator, o parágrafo lhes comina a sanção de nulidade. Não considera inexistente a decisão, mas a reputa nula pela falta da fundamentação, elemento essencial do ato (art. 489, II). Transitada, formalmente, em julgado, a decisão pode ser declarada nula, sem necessidade de desconstituição por ação rescisória, que contudo seria cabível com fundamento no art. 966, V, aplicável também, da mesma forma, o § 4º desse artigo.

Consoante o inciso I do parágrafo, não se considera fundamentada a sentença que se cingir a indicar, ou a reproduzir ato normativo, como constituição, lei, decreto, portaria, do tipo "julgo improcedente conforme o artigo tal da lei tal", ou "dizendo o parágrafo x da lei y que[...], indefiro com base nele". A paráfrase é imitação, modo diverso de expor a mesma ideia, por isto, só por si, proibida, como se a lei dissesse que se rescinde a locação por meio da ação de despejo, a sentença afirmasse que a relação locatícia se desfaz pela postulação de despedida. Note-se que a indicação, a reprodução, a paráfrase só tornam a decisão carente de fundamento, se desacompanhadas da explicação da relação delas com a causa ou a questão. Acompanhadas da relação delas com a causa ou a questão, da indicação do vínculo, podem essas figuras ser utilizadas. O inciso II não fica longe do inciso I porque também ele considera sem fundamentação a sentença que empregue conceitos jurídicos indeterminados, sem mostrar como eles se ajustam à decisão. Assim, não se pode falar apenas que a sentença está eivada de nulidade sem se dizer no que consiste esse vício e como o conceito incide no caso concreto. Sem fundamento, então, seria a sentença que, por exemplo, dissesse que, "considerando que a nulidade é o defeito obstativo de produção, por um ato, de resultado de atos semelhantes, julgo nulo o contrato", sem mostrar como e por que ele se deu.

De acordo com o inciso III do § 1º do art. 489, também será desprovida de fundamentação a decisão assentada na invocação de motivos que justificariam qualquer decisão. Intrigante esse dispositivo porque o mesmo motivo pode servir para fundamentar questões iguais. Não se trata, pois de motivos aplicáveis a situações idênticas, mas de motivos polivalentes, como a inobservância da prerrogativa da igualdade, sem se dizer como ela se deu.

Principie-se a nota ao inciso IV, dizendo-se que ele não determina que a decisão enfrente cada argumento, ou invocação da parte. A jurisprudência está repleta de decisões que afirmam isto. É preciso que o juiz mostre que não ocorrem os motivos que, noutro quadro, levariam a uma decisão contrária à proferida. O inciso, se se permite o recurso à figura literária, obriga o julgador a um arremedo de prolepse, pois ele, invocando o motivo que poderia servir para fundamentar decisão contrária, o destrói.

O inciso V encontra-se virtualmente contido no inciso I. É infundada a decisão que se limita a dizer que o requerimento é contrário ou conforme a determinado precedente, ou súmula, sem explicar a razão do seu entendimento; sem mostrar por que motivo a hipótese se distancia do precedente, ou se entrosa com ela. Esse inciso vaticina que, considerado, principalmente, o acúmulo de processos, será observado com extrema temperança. Não se aplicará quando ficar implícito, mas inequívoco, que o caso contraria precedente ou súmula, ou coincide com os respectivos enunciados.

Norma estranhável é a que obriga a decisão a explicitar o motivo pelo qual se recusou a aplicar súmula ou precedente invocado pelas partes ou pelo terceiro. É preciso que haja, para usar fórmula adotada, pertinência **temática** entre o precedente ou a súmula ou a hipótese. Não se pode obrigar o órgão julgador a enfrentar a jurisprudência não aplicável ao caso.

Cabe uma palavra de censura aos incisos do parágrafo. Melhor seria que se reputasse sem fundamentação o ato decisório que não tivesse conteúdo. Deve, entretanto, o órgão julgador aplicar os incisos sem todavia distanciar-se do conceito de fundamentação. Preciso será compatibilizar as normas desses itens com as exigências de celeridade do processo (art. 139, II; CF, art. 5º, LXXVIII). A jurisdição impõe também a aplicação das normas jurídicas com a plasticidade inerente a elas, de modo a evitar a prevalência rigorosa de dispositivos canhestros, que devem ser moldados às circunstâncias do processo, no qual se fazem atuar normas materiais por meio de normas formais.

O § 2º prima pela obscuridade. Trocando em miúdos, ele diz apenas que, existindo normas colidentes com o mesmo objeto, opta-se por uma, afastando a outra pela inadequada incidência.

O inciso III do § 1º do art. 495 dispõe que a decisão, indicada no *caput*, condenatória do réu ao pagamento de prestação em dinheiro e a que determinar a conversão da prestação de fazer, de não fazer, ou de dar coisa em prestação pecuniária, produz a hipoteca judiciária, mesmo que impugnada por recurso dotado de efeito suspensivo. Trata-se de situação singular porque, na realidade, exclui do recurso a produção do efeito suspensivo. Se a suspensividade implica a sustação da eficácia do ato decisório recorrido, o inciso cria um caso excludente dela. Torna a ação eficaz quanto à hipoteca judiciária, permitindo a realização dela, como no caso do § 2º do dispositivo. Diga-se que o instituto da hipoteca judiciária tem sido de pouca usança, quiçá por seus limitados efeitos, apontados pela doutrina e pelos tribunais nos comentários e decisões em torno do art. 466 do Código anterior.

O § 2º desse art. 495 faz a hipoteca judiciária executável, independentemente de ordem judicial, consistente em despacho, que seria chamado decisão interlocutória, na extensão hodiernamente atribuída a esse adjetivo, ou da sentença. Nada obsta, entretanto, que o juiz ou o tribunal expeça ordem no sentido do cumprimento do registro da hipoteca, ou o faça por meio de ofício dirigido ao cartório competente. Chega a cópia da sentença, que obrigaria o serventuário a decidir se ela se enquadra na situação do *caput*, nada impedindo que ela suscite dúvida ao juízo. A desnecessidade da demonstração da urgência do registro permite que ele seja simplesmente solicitado à serventia, mediante cópia da sentença produtora da hipoteca, ou da determinação judicial, todavia disponível. O § 3º obriga a parte a informar ao juízo a realização da hipoteca, de que trata o parágrafo anterior, no prazo de quinze dias, a fim de que o juiz ordene a intimação da parte contrária para ciência do registro. Enquanto não feita a intimação, a hipoteca não produzirá efeito relativamente à parte não intimada. A informação poderá ser prestada mesmo decorrido o prazo de quinze dias. Feita essa intimação o registro será oponível à parte intimada. Informada ao juízo a realização da hipótese pelo cartório, ou por terceiro, ele deverá proceder à intimação.

A constituição da hipoteca judiciária, referida no § 4º, nada tem a ver com a intimação tratada no § 3º. Ela ocorrerá depois do registro da hipoteca, necessária quanto a imóveis, ainda que situados fora da comarca, possível quanto a móveis ou semoventes, se houver reputação que contenta o registro desses bens. O direito de preferência de que trata esse § 4º não se sobrepõe a outras preferências legais que devem ser atendidas antes daquela. A oração reduzida participial posta ao fim do parágrafo diz respeito à prioridade de uma hipoteca sobre outras, que será determinada pelo momento do registro, pouco importando a data da sentença que produziu o gravame.

O § 5º trata da hipótese de reforma ou decretação da invalidade da sentença referida no *caput*. A decisão que impôs o pagamento de quantia é a sentença ou o acórdão condenatório. A recuperação da quantia porventura paga é matéria concernente à execução, que refoge ao âmbito de incidência da hipoteca judiciária. O § 5º é claro, quando alude aos danos, não importa se materiais ou morais, decorrentes da eficácia da hipoteca, ou da sua simples instituição. O parágrafo cria a responsabilidade objetiva do credor hipotecário, que então ficará obrigado ao ressarcimento, ainda que não tenha tomado atitude culposa no tratamento da hipoteca, como aconteceria, v.g., se a obrigasse com o intuito de impedir algum negócio do devedor. O prejuízo deve ser demonstrado nos próprios autos para propiciar a determinação do valor do dano, por arbitramento ou pelo procedimento comum (art. 509, I e II), afastada a possibilidade de liquidação por cálculo já que não se trata de realizar simples operação aritmética (art. 509, § 2º). A sentença que homologa ou julga a liquidação é título executivo judicial. Será cingida do modo estabelecido no art. 513 e ss.

Seção III
Da Remessa Necessária
(art. 496)

Art. 496. Está sujeita ao duplo grau de jurisdição, não produzindo efeito senão depois de confirmada pelo tribunal, a sentença:
    I – proferida contra a União, os Estados, o Distrito Federal, os Municípios e suas respectivas autarquias e fundações de direito público;
    II – que julgar procedentes, no todo ou em parte, os embargos à execução fiscal.

§ 1º Nos casos previstos neste artigo, não interposta a apelação no prazo legal, o juiz ordenará a remessa dos autos ao tribunal, e, se não o fizer, o presidente do respectivo tribunal avocá-los-á.

§ 2º Em qualquer dos casos referidos no § 1º, o tribunal julgará a remessa necessária.

§ 3º Não se aplica o disposto neste artigo quando a condenação ou o proveito econômico obtido na causa for de valor certo e líquido inferior a:

I – 1.000 (mil) salários-mínimos para a União e as respectivas autarquias e fundações de direito público;
II – 500 (quinhentos) salários-mínimos para os Estados, o Distrito Federal, as respectivas autarquias e fundações de direito público e os Municípios que constituam capitais dos Estados;
III – 100 (cem) salários-mínimos para todos os demais Municípios e respectivas autarquias e fundações de direito público.

§ 4º Também não se aplica o disposto neste artigo quando a sentença estiver fundada em:

I – súmula de tribunal superior;
II – acórdão proferido pelo Supremo Tribunal Federal ou pelo Superior Tribunal de Justiça em julgamento de recursos repetitivos;
III – entendimento firmado em incidente de resolução de demandas repetitivas ou de assunção de competência;
IV – entendimento coincidente com orientação vinculante firmada no âmbito administrativo do próprio ente público, consolidada em manifestação, parecer ou súmula administrativa.

1. Observações. **2.** Repetição. **3.** Semelhanças. **4.** Inovações.

1. Observações – Não importa o nome que se lhe dê, **remessa necessária**, como está na epígrafe desta Seção III, **recurso *ex officio*, de ofício, oficial,** ou **reexame necessário**, o instituto de que trata o art. 496, sobre cuja natureza a doutrina é oscilante, constitui, entendo eu, um recurso de natureza preventivo-supletiva. Aparecido no processo penal português e já disciplinado, no século XIV, pelas Ordenações Afonsinas, em 1355, o vetusto recurso de ofício é interposto pelo Estado, através do juízo, agente dele, para prevenir-se contra a possibilidade de inércia dos seus representantes, no que tange à iniciativa recursal, assim a suprindo. Mas não é este o lugar apropriado para tratar da natureza da remessa necessária, que talvez continuará, às vezes, sendo referida como apelação de ofício, por força da tradição, nem para lembrar a sua história. Anotem-se, pois, o extenso art. 496, no seu *caput* e desdobramentos.

A sentença sujeita ao duplo grau obrigatório não produz qualquer efeito antes de confirmada pelo tribunal. Até que haja a confirmação (*rectius*, a substituição dela por acórdão de igual dispositivo, conforme o art. 1.008), a sentença será oferta de prestação jurisdicional, mas não entrega dela. A chamada confirmação é condição sem cujo implemento a sentença permanece improdutiva de efeitos. O inciso III do § 1º do art. 495, que dita a eficácia da hipoteca judiciária mesmo que a sentença seja impugnada por recurso com efeito devolutivo, também se aplica, no caso de sentença condenatória sujeita à remessa necessária.

2. Repetição – Repetição literal do CPC de 1973, somente o *caput* do art. 496 do novo diploma, igual ao art. 475 daquela lei.

Não custa assimilar contudo que a remessa necessária só cabe da sentença, como tal definida no § 1º do art. 203. Se se entender, como antecipa a jurisprudência do Código antigo, que é interlocutória a decisão que julga, parcialmente, o mérito, naqueles processos em que a jurisdição é entregue em porções, não caberá aí a remessa. Entendido porém que se trata de sentença, posto que parcial, caberá a providência e a remessa se realizará por meio da duplicação dos autos físicos em que se proferiu o julgamento, ou do envio do processo se eletrônico.

3. Semelhanças – Assinalem-se as semelhanças entre dispositivos do Código novo e do antigo, para indicar a conveniência da consulta à doutrina e à jurisprudência das normas parecidas deste último.

Os dois incisos do art. 496 assemelham-se aos iguais do art. 475. A alteração do inciso I daquele consistiu em colocar no plural os substantivos **Estado** e **Município**, que estavam no singular no inciso anterior. O novo inciso II preferiu aludir à execução fiscal, em vez de mencionar a dívida ativa da Fazenda Pública com remissão ao art. 585, VI, da velha lei. Dirão os fanáticos da exatidão, obstinados em afirmar que não se diz procedente ou improcedente a ação, mas, sim, o pedido nela formulado, que o inciso II falou, imprópria ou erroneamente, em procedência dos embargos, quando deveria ter dito procedência do pedido formulado nesta ação. Igual censura farão ao inciso II do art. 968, em se alude à ação declarada improcedente. Pura especificidade, porque também na linguagem técnica se pode tomar um termo por outro, do mesmo significado.

No § 1º, o novo Código, sem mudar o sentido da norma anterior, usa, simplesmente, a frase "não interposta a apelação", no lugar de "haja ou não apelação", substituindo, ademais, pela condicional "se não o fizer", a gerundial "não o fazendo". A mesóclise **avocá-los-á** é melhor do que a próclise **avocá-los**. Quer o novo § 1º dizer que a remessa é obrigatória, mas só haverá a avocação, se a apelação não for interposta, ou sendo, não subir ao tribunal, como no caso de desistência desse recurso voluntário. A desistência, aliás, impediria a incidência do § 3º do art. 1.010, na sua interpretação literal.

Conquanto lembre o enunciado do § 2º do revogado art. 475, o § 3º do art. 496, dele difere no *caput* e pelo acréscimo de três incisos, que apareceram novos, como anotado no item seguinte, dedicado às inovações. O § 4º do novo artigo só se assemelha ao § 3º do art. 475, na parte em que exclui a incidência do artigo, o que impede a interposição da remessa necessária.

4. Inovações – O § 2º do art. 496 será tido como inovação, se se considerar que ele explicita a regra segundo a qual o tribunal julgará a remessa necessária, desde que ocorram as hipóteses dos incisos I e II do dispositivo, às quais remete o § 1º, porém não noutros casos. Conforme esse § 2º, o tribunal julgará a remessa, devendo-se entender que ele o fará, haja ou não apelação voluntária, seja esta ou não admitida. Também a remessa necessária está sujeita a um juízo de admissibilidade do tribunal, que decidirá, por exemplo, se se trata de sentença o ato a ser revisto, ou se a revisão é da competência do órgão ao qual se distribui a remessa. O julgamento da remessa é ilimitado. Abrange as possibilidades de anulação da sentença e da sua reforma. Incide o art. 942 se não for unânime o julgamento, pois a remessa necessária é apelação necessária.

O § 2º do art. 496 parece-se com o anterior § 2º do art. 475, quando exclui certos casos de incidência e aplicação do dispositivo. O parágrafo já não fala em valor do direito controvertido, como fazia a revogada norma análoga. Exige o § 3º, no seu *caput*, que o valor da condenação ou do proveito econômico seja certo e líquido para dispensar a apuração pericial dele. Conforme esse parágrafo, não haverá a remessa necessária nas causas de valor líquido e certo inferior a mil salários-mínimos, se nelas a União, suas autarquias e as fundações de direito público forem interessadas. Isto acontecerá também se essas pessoas intervierem no processo como terceiros e, nessa condição, puderem sofrer condenação no valor indicado. Por falta de nomeação, o inciso não se estende às empresas públicas. O inciso II reduz o valor da exclusão a quinhentos salários-mínimos, limitando-a porém aos Estados da Federação (e territórios, se voltarem a existir), ao Distrito Federal, autarquias e fundações de direito público estaduais, bem como aos Municípios que forem capitais das Unidades Federadas. O inciso III reduz a mais de cem salários-mínimos o valor das causas em que forem parte os Municípios, que não sejam capital, autarquias e fundações de direito público. Incluem-se nesse inciso III os Municípios que, não sendo, eles próprios, a capital, integraram com ela as regiões metropolitanas, aglomerações e microrregiões, referidas no § 3º do art. 25 da Constituição Federal.

O valor de que trata o § 3º tem que sempre ser menor do que a quantia indicada nos seus três incisos, ainda que diminuída de um centavo. Igual o valor, o disposto no artigo se aplica, plenamente.

O § 4º do art. 496 tem parecença com o § 3º do passado art. 475 mas, diferentemente deste, desdobrou em três incisos os casos da exclusão. Destarte, não se sujeita à remessa necessária a sentença fundada em súmula de tribunal superior. É tribunal superior, obviamente, o Supremo Tribunal Federal, como são o Superior Tribunal de Justiça, o Tribunal Superior do Trabalho, o Tribunal Superior Eleitoral e o Superior Tribunal Militar. A Constituição da República os indica como superiores, nos §§ 1º e 2º do seu art. 92, quando diz que eles têm sede na Capital Federal e jurisdição em todo o território nacional. Assim, não está sujeita à remessa a sentença fundada em súmula de qualquer desses tribunais, ainda que o juízo da sentença não esteja a ele hierarquicamente vinculado. Não se pode esquecer que o Judiciário, composto dos órgãos enumerados no art. 92 da Carta Política é nacional, por isto compreensível que a lei dê eficácia às suas súmulas, determinando a aplicação delas em casos como o do inciso I ora examinado. O Código excluiu da incidência do inciso I desse § 4º do seu art. 496, a súmula dos tribunais de justiça, ou dos tribunais regionais federais (e, *a fortiori*, dos demais tribunais de segunda instância), que não são tribunais especiais.

Também não se sujeita à remessa necessária a sentença fundada em acórdão do STF, ou do STJ, apenas quando proferido no julgamento de recurso repetitivo (art. 1.036 e ss.), não em julgamento isolado. A sentença fundada em acórdãos da competência originária das duas aludidas Cortes estão sujeitas à remessa necessária diante da falta de norma excludente. Também ficam excluídas da remessa as ações fundadas em entendimento formado em incidente de resolução de demandas repetitivas, ou de assunção de competência, diz o inciso III. Por entendimento, deve-se compreender a tese jurídica referida no § 2º do art. 987 e no § 3º do art. 947, que alude à existência dela ao falar na sua revisão.

Por derradeiro, o inciso IV torna descabida a remessa necessária, se a sentença adotar entendimento igual ao de um órgão administrativo, vinculante de outros órgãos de igual natureza, como são as respostas da Advocacia-Geral da União, dadas no exercício da sua função consultiva (CF, art. 131). Esse entendimento deve constar de manifestação específica da autoridade administrativa competente para enunciá-la, ou constar de parecer vinculante, ou de súmula que condense o entendimento do órgão administrativo. Na aplicação desse inciso IV, deve-se sempre buscar a eficácia vinculante em norma legal determinante da vinculação. O inciso, por sua natureza, só incide quando a sentença adotar a tese jurídica em casos em que sejam partes, ou terceiros, órgãos da Administração direta, ou indireta. A norma do inciso não é inconstitucional, considerando-se que ela não obriga o juiz sentenciante a adotar a tese jurídica mas apenas dispensa a remessa necessária da sentença que a adotar.

Incumbe ao juiz competente para determinar a remessa, que será, salvo improvável disposição legal contrária, o juiz do órgão sentenciante, verificar a ocorrência das excludentes determinadas no artigo. Diante da norma cogente do *caput*, ele deverá proferir decisão de afastamento da incidência dela. Não caberá agravo de instrumento desse ato decisório, já que não previsto nos incisos do art. 1.015, ou em qualquer outra norma. Diante de tal decisão, irrecorrível por agravo, pode a parte ou o interessado requerer ao presidente do tribunal que determine a remessa, no exercício da competência de avocação, dada na última parte do § 1º do artigo. Da decisão que indeferir o requerimento caberá o agravo interno do art. 1.021. Da decisão de deferimento não cabe recurso mas o órgão competente para julgar a remessa necessária proferirá juízo de admissibilidade dela, como sempre lhe cabe fazer.

Seção IV
Do Julgamento das Ações Relativas às Prestações de Fazer,
de Não Fazer e de Entregar Coisa
(arts. 497 a 501)

Art. 497. Na ação que tenha por objeto a prestação de fazer ou de não fazer, o juiz, se procedente o pedido, concederá a tutela específica ou determinará providências que assegurem a obtenção de tutela pelo resultado prático equivalente.

Parágrafo único. Para a concessão da tutela específica destinada a inibir a prática, a reiteração ou a continuação de um ilícito, ou a sua remoção, é irrelevante a demonstração da ocorrência de dano ou da existência de culpa ou dolo.

Art. 498. Na ação que tenha por objeto a entrega de coisa, o juiz, ao conceder a tutela específica, fixará o prazo para o cumprimento da obrigação.

Parágrafo único. Tratando-se de entrega de coisa determinada pelo gênero e pela quantidade, o autor individualizá-la-á na petição inicial, se lhe couber a escolha, ou, se a escolha couber ao réu, este a entregará individualizada, no prazo fixado pelo juiz.

Art. 499. A obrigação somente será convertida em perdas e danos se o autor o requerer ou se impossível a tutela específica ou a obtenção de tutela pelo resultado prático equivalente.

Art. 500. A indenização por perdas e danos dar-se-á sem prejuízo da multa fixada periodicamente para compelir o réu ao cumprimento específico da obrigação.

Art. 501. Na ação que tenha por objeto a emissão de declaração de vontade, a sentença que julgar procedente o pedido, uma vez transitada em julgado, produzirá todos os efeitos da declaração não emitida.

1. Observações. 2. Repetição. 3. Semelhanças. 4. Inovações.

1. Observações – O Código de Processo Civil de 1973 não continha seção com a epígrafe de que agora se examina. As normas aqui reunidas estavam agrupadas no Capítulo VIII do Título VIII do Livro I, dedicado à sentença e à coisa julgada (arts. 461, 461-A e 466). Mais perfeito na sistematização, o novo Código reuniu, na Seção IV, normas semelhantes às enunciadas nos apontados artigos do Código anterior.

Não se distanciam, entretanto, as disposições dos arts. 497 do CPC de 2015 das regras dos arts. 461 e 466 do diploma revogado. Para a interpretação dos novos artigos deve-se consultar, com todo o proveito, os pronunciamentos da doutrina e dos tribunais sobre os dispositivos substituídos. Recomendação igual a esta tem sido dada, ao longo destas páginas, para que se dispensem comentários sobre normas e princípios de que já se ocuparam autores e tribunais.

2. Repetição – Repetição literal, somente a do *caput* do art. 498, que reproduz, fielmente, o *caput* do art. 461-A do Código anterior.

3. Semelhanças – O art. 497 do Código de 2015 assemelha-se ao art. 461 do diploma anterior. Suprimiu "cumprimento da obrigação" por "prestação de fazer ou não fazer", sem contudo alterar o sentido da norma, eliminou o possessivo **da obrigação** posposto ao substantivo **tutela** e eliminou, por desnecessário, a condicional "se procedente o pedido", implícita no texto, tal como a referência ao adimplemento, também suprimida. Como se vê, os dois artigos permanecem idênticos no conteúdo e no comando, apesar das modificações apontadas. A permanência da norma substituída na substituta é fenômeno dominante no novo Código.

O parágrafo único do art. 498 só difere do § 1º do anterior art. 461-A pela correta substituição do substantivo **credor** por **autor**, que é quem pede o cumprimento da obrigação. Irrelevante a colocação da mesóclise **individualizá-la-á**, de audível má sonância. Correta a referência a **réu**, no lugar de **devedor**, modificação desimportante.

No art. 499 apenas se substituiu a frase **se converterá**, do anterior § 1º do art. 461 pelo termo **será convertida**, trocando-se o adjetivo **correspondente** por **equivalente**. Pergunte-se agora se para isto foi feito o novo Código.

O art. 500 apenas esclareceu que a multa, fixada para compelir o réu ao cumprimento da obrigação, não é compensatória. Por isto, a cominação e o pagamento dela não influem na estipulação do valor do ressarcimento das perdas e danos, que se fixará abstraindo-se a sanção.

O art. 501 de novo CPC não é, no conteúdo, diferente do revogado art. 466. A redação do novo dispositivo aventa a do antigo porque vincula os efeitos da declaração não emitida à sentença que julga a ação, e não à condenação do réu. Mera alteração de forma.

4. Inovação – Novidade, na Seção IV, é somente o parágrafo único do art. 497. Ele dispensa o autor da ação de demonstrar que o inadimplemento lhe causou prejuízo, ou que ele se deve a culpa ou dolo do devedor. Bastará, então, mostrar o descumprimento. Nem a sentença precisará mostrar a ocorrência de dano ou afirmar a culpa ou dolo do obrigado. Bastará que a decisão reconheça a existência da lide e acolha a pretensão do autor, rejeitando a resistência do réu, que a qualifica.

Tudo sopesado, é de ver que a Seção IV não deu novo tratamento à situação que é objeto dela, que continua submetida a normas e princípios iguais aos constantes do Código revogado, a cuja doutrina e jurisprudência se deve recorrer.

Seção V
Da Coisa Julgada
(arts. 502 a 508)

Art. 502. Denomina-se coisa julgada material a autoridade que torna imutável e indiscutível a decisão de mérito não mais sujeita a recurso.

Art. 503. A decisão que julgar total ou parcialmente o mérito tem força de lei nos limites da questão principal expressamente decidida.

§ 1º O disposto no *caput* aplica-se à resolução de questão prejudicial, decidida expressa e incidentemente no processo, se:

I – dessa resolução depender o julgamento do mérito;

II – a seu respeito tiver havido contraditório prévio e efetivo, não se aplicando no caso de revelia;

III – o juízo tiver competência em razão da matéria e da pessoa para resolvê-la como questão principal.

§ 2º A hipótese do § 1º não se aplica se no processo houver restrições probatórias ou limitações à cognição que impeçam o aprofundamento da análise da questão prejudicial.

Art. 504. Não fazem coisa julgada:
I – os motivos, ainda que importantes para determinar o alcance da parte dispositiva da sentença;
II – a verdade dos fatos, estabelecida como fundamento da sentença.

Art. 505. Nenhum juiz decidirá novamente as questões já decididas relativas à mesma lide, salvo:
I – se, tratando-se de relação jurídica de trato continuado, sobreveio modificação no estado de fato ou de direito, caso em que poderá a parte pedir a revisão do que foi estatuído na sentença;
II – nos demais casos prescritos em lei.

Art. 506. A sentença faz coisa julgada às partes entre as quais é dada, não prejudicando terceiros.

Art. 507. É vedado à parte discutir no curso do processo as questões já decididas a cujo respeito se operou a preclusão.

Art. 508. Transitada em julgado a decisão de mérito, considerar-se-ão deduzidas e repelidas todas as alegações e as defesas que a parte poderia opor tanto ao acolhimento quanto à rejeição do pedido.

1. Observações. 2. Repetições. 3. Semelhanças. 4. Inovações.

1. Observações – A coisa julgada, ou julgado, é o mais importante instituto do Direito Processual Civil, e não menos intrincado. Ainda hoje, como acontecerá pelo futuro adiante, este instituto desafia a facúndia, a argúcia e a ciência dos processualistas, que encontram dificuldades, não na conceituação do fenômeno, porém na determinação dos seus efeitos no estabelecimento dos seus limites objetivos e subjetivos. Não é este, entretanto, o lugar para a análise da coisa julgada, tratada pela doutrina e vista pelos tribunais. Este livro, como exaustivamente repetido, destina-se a mostrar as normas repetidas, as semelhantes e as que configuram inovações. Louve-se o legislador do CPC de 1973 que procurou dar à coisa julgada a melhor sistematização possível (arts. 467 a 475), seguida, aliás, pelo novo Código.

Distingue-se da coisa julgada formal, chamada também preclusão, a coisa julgada material, objeto dos artigos que aqui se examinam. A nota distintiva entre elas está em que a coisa julgada formal ocorre pelo trânsito em julgado de qualquer decisão proferida no processo, ao passo que a coisa julgada material decorre também da preclusão, mas da sentença de mérito. Assim se via no art. 467 do diploma anterior; assim se vê no art. 502 do Código de 2015.

2. Repetições – O *caput* do art. 504 e seus dois incisos repetem, literalmente, o anterior art. 469 e seus incs. I e II. O art. 503 e seu inciso II repetem o art. 471 e seu inciso II. O art. 504 de agora é igual o art. 469, anterior, e o *caput* e o inciso II do art. 505 espelham o revogado art. 471 e seu item II.

3. Semelhanças – O art. 502 do Código de 2015 trocou o vocábulo **eficácia** do anterior art. 467 por **autoridade** e aludiu, genericamente, a **recurso**, sem falar em recurso ordinário ou extraordinário. Ambas as normas dizem a mesma coisa. O art. 502 apenas seguiu uma linha doutrinária em vez da outra, sem contudo alterar a concepção do instituto.

O art. 506 é igual ao 472, na primeira parte, salvo no ponto em que eliminou o gerúndio **beneficiando** do Código anterior, deixando permanecer o gerúndio **prejudicando**. De fato, a coisa julgada pode beneficiar terceiros, que contra ela não poderão reclamar porque ela lhes atenderá a pretensão, ainda que não manifestada. O terceiro contudo tem direito de opor-se à coisa julgada que lhe é prejudicial, quando ela afetar direito seu. O art. 506 do Código de agora não repetiu a parte do anterior art. 472, deixando de preceituar, como nesta se fazia, que "nas causas relativas ao estado de pessoa, se houverem sido citadas no processo, em litisconsórcio necessário, todos os interessados, a sentença produz coisa julgada em relação a terceiros". Essa disposição era supérflua porque, alterado o estado de pessoa como acontece no casamento, ou no divórcio, a decisão de que decorre a alteração não produz coisa julgada em relação a terceiros, **porém** que não participaram do processo, mas é eficaz *erga omnes* pela natureza da relação jurídica (art. 114). A citação dos litisconsortes necessários não é condição da eficácia da coisa julgada em relação a terceiros, mas, sim, requisito de validade e eficácia da sentença, nula, se não ocorreu a citação dos litisconsortes obrigatórios.

O art. 507 apenas substituiu a palavra **defeso**, do anterior art. 473, por **vedado**, sem contudo alterar o sentido da norma.

O art. 508 mudou o substantivo **sentença**, do anterior art. 474 e colocou, no lugar dele, o nome **decisão**, troca inútil, tal como a da mesóclise **reputar-se-ão** por **considerar-se-ão**. Desnecessário acentuar a importância do dispositivo, como têm desacordos processualistas.

4. Inovações – Aparecem como inovações o § 1º do art. 503 e seus três incisos, bem como o seu § 2º. Eles estendem a coisa julgada com os respectivos efeitos à decisão da questão prejudicial. Assim se lê no conjunto desses dispositivos.

A primeira observação é a de que o artigo dispensa a ação declaratória incidental, regulada pelo Código anterior, nos seus arts. 5º, 325 e 470, que se propunha para obter-se o efeito de coisa julgada da decisão da questão prejudicial, que é aquela cuja solução influi no conteúdo da prestação jurisdicional de mérito (por exemplo, se o autor pede alimentos contra o réu, alegando que ele é seu pai e o demandado contesta, negando a paternidade, o juiz terá de decidir a existência do parentesco antes de julgar o pedido de alimentos, mérito da ação). O inciso I deixa claro esse ponto, quando preceitua que ocorra o efeito do *caput*, se da decisão prejudicial depender o julgamento do mérito.

Conforme o *caput* do § 1º do art. 503, para que a decisão da questão prejudicial possa produzir os efeitos da coisa julgada material, é mister que, primeiramente, ela seja expressa, isto é, explícita, identificada e fundamentado o entendimento de que se trata, efetivamente, de questão prejudicial, de cuja solução depende o julgamento do pedido (inciso I).

Além de expressa, reza o parágrafo, é preciso que o juiz decida a questão como incidente, isto é como um fato processual, consubstanciado na pretensão de uma parte e na resistência da outra, assim formado o contraditório, como exige o inciso II do mesmo § 1º. Tem-se o contraditório por configurado se a uma parte se der o direito de pronunciar-se sobre a pretensão da outra, ainda que ela não o faça. Havendo revelia, entende-se que não se formou o contraditório. Nesta hipótese, a decisão da questão prejudicial pode e deve ser proferida sem produzir, entretanto, a coisa julgada, prevista no § 1º. Se se tratar de questão prejudicial a ser decidida de ofício, a respectiva decisão só fará coisa julgada se o juiz der às partes a oportunidade de pronunciar-se sobre ela (art. 101). Caso contrário, abstraída, aqui, a indagação sobre a existência de possível nulidade da decisão, não se produzirá o efeito. Deve-se entender que houve o contraditório, se a questão prejudicial for objeto de pronunciamento das partes, ou se, dado a qualquer delas o direito de manifestar-se, ela permanecer inerte. Quando o inciso II do § 1º exige o contraditório prévio, ele alude o que se trave antes da decisão da questão prejudicial. Essa decisão pode ocorrer fora da sentença e antes dela, sem que de tal ato caiba agravo de instrumento por falta de previsão no art. 1.015, ou noutro dispositivo legal. No recurso do julgado que adota como fundamento a decisão prejudicial poderá o legitimado impugná-la, já que ela se terá tornado parte da sentença. No tribunal, caberá o agravo do art. 1.021, se a questão prejudicial for decidida monocraticamente, nada obstando que se impugne aquela ou esta decisão no recurso interposto do julgado que a adotar como fundamento.

O inciso III condiciona o efeito de coisa julgada material à decisão da questão prejudicial, se o juiz, que a decidir, for competente para julgá-la como questão principal, objeto de ação autônoma. Vezes há que, competente para julgar a questão prejudicial (v.g., art. 313, § 5º), o juiz seja incompetente para julgar o respectivo pedido, se formulado em ação própria. A parte pode propor ação autônoma para obter sentença com força de coisa julgada sobre a questão prejudicial, se não forem aludidos os requisitos do § 1º do art. 503 para a ocorrência desse fenômeno. Aludidos eles, haverá litispendência entre a ação autonomamente proposta e o incidental embutido no principal. Assim, v.g., revel o réu, tanto ele quanto o autor podem propor a ação autônoma, já que a decisão da questão prejudicial, dada no processo, não produzirá o efeito de coisa julgada material por causa da revelia (art. 503, §§ 1º e 2º). Não é necessário que o réu, ou o autor, requeira a produção de coisa julgada material da decisão de questão prejudicial, assim propondo a ação declaratória incidental do art. 5º do Código anterior. No novo Código, atendidos os requisitos do § 1º, a decisão da questão prejudicial fará coisa julgada material, nos termos do § 1º do art. 503 combinado com o seu *caput*.

O § 2º do art. 503 torna a formação da coisa julgada material, prevista no § 1º, dependente da inexistência de restrição probatória acerca dos fatos inerentes à questão prejudicial. Se, por qualquer motivo, a prova não puder ser feita, não se consubstanciará a coisa julgada. Também não se forma a coisa julgada material, se a decisão dela se der num processo ao qual não ocorreram os elementos fundamentais à plena análise da questão prejudicial, redundante a última parte do parágrafo, se vista sob a ótica da primeira proposição dele. Exemplo de limitação à cognição será a falta de julgamento de outra causa, que obrigará o juiz a julgar, incidentalmente, a matéria objeto dela (art. 313, V, *a* e §§ 4º e 5º).

EXPLICAÇÃO

O interesse manifestado pela disciplina da ação rescisória e dos recursos, no novo Código de Processo Civil, leva-me a interromper a sequência desta exposição, para fazer anotações aos artigos reguladores dos dois institutos.

O segundo volume desta obra retomará a ordem cronológica dos dispositivos do CPC de 2015 e conterá notas aos artigos regentes da liquidação, do cumprimento da sentença, da execução, do processo nas instâncias superiores e dos outros meios de impugnação das decisões judiciais.

PARTE ESPECIAL

Livro III
DOS PROCESSOS NOS TRIBUNAIS E DOS MEIOS DE IMPUGNAÇÃO DAS DECISÕES JUDICIAIS

Título I
DA ORDEM DOS PROCESSOS E DOS PROCESSOS DE COMPETÊNCIA ORIGINÁRIA DOS TRIBUNAIS

Capítulo VII

Da Ação Rescisória
(arts. 966 a 975)

Art. 966. A decisão de mérito, transitada em julgado, pode ser rescindida quando:
    I – se verificar que foi proferida por força de prevaricação, concussão ou corrupção do juiz;
    II – for proferida por juiz impedido ou por juízo absolutamente incompetente;
    III – resultar de dolo ou coação da parte vencedora em detrimento da parte vencida ou, ainda, de simulação ou colusão entre as partes, a fim de fraudar a lei;
    IV – ofender a coisa julgada;
    V – violar manifestamente norma jurídica;
    VI – for fundada em prova cuja falsidade tenha sido apurada em processo criminal ou venha a ser demonstrada na própria ação rescisória;
    VII – obtiver o autor, posteriormente ao trânsito em julgado, prova nova cuja existência ignorava ou de que não pôde fazer uso, capaz, por si só, de lhe assegurar pronunciamento favorável;
    VIII – for fundada em erro de fato verificável do exame dos autos.
§ 1º Há erro de fato quando a decisão rescindenda admitir fato inexistente ou quando considerar inexistente fato efetivamente ocorrido, sendo indispensável, em ambos os casos, que o fato não represente ponto controvertido sobre o qual o juiz deveria ter se pronunciado.
§ 2º Nas hipóteses previstas nos incisos do *caput*, será rescindível a decisão transitada em julgado que, embora não seja de mérito, impeça:
    I – nova propositura da demanda; ou
    II – admissibilidade do recurso correspondente.
§ 3º A ação rescisória pode ter por objeto apenas 1 (um) capítulo da decisão.

§ 4º Os atos de disposição de direitos, praticados pelas partes ou por outros participantes do processo e homologados pelo juízo, bem como os atos homologatórios praticados no curso da execução, estão sujeitos à anulação, nos termos da lei.

§ 5º Cabe ação rescisória, com fundamento no inciso V do *caput* deste artigo, contra decisão baseada em enunciado de súmula ou acórdão proferido em julgamento de casos repetitivos que não tenha considerado a existência de distinção entre a questão discutida no processo e o padrão decisório que lhe deu fundamento.

§ 6º Quando a ação rescisória fundar-se na hipótese do § 5º deste artigo, caberá ao autor, sob pena de inépcia, demonstrar, fundamentadamente, tratar-se de situação particularizada por hipótese fática distinta ou de questão jurídica não examinada, a impor outra solução jurídica.

Art. 967. Têm legitimidade para propor a ação rescisória:

I – quem foi parte no processo ou o seu sucessor a título universal ou singular;

II – o terceiro juridicamente interessado;

III – o Ministério Público:

a) se não foi ouvido no processo em que lhe era obrigatória a intervenção;

b) quando a decisão rescindenda é o efeito de simulação ou de colusão das partes, a fim de fraudar a lei;

c) em outros casos em que se imponha sua atuação;

IV – aquele que não foi ouvido no processo em que lhe era obrigatória a intervenção.

Parágrafo único. Nas hipóteses do art. 178, o Ministério Público será intimado para intervir como fiscal da ordem jurídica quando não for parte.

Art. 968. A petição inicial será elaborada com observância dos requisitos essenciais do art. 319, devendo o autor:

I – cumular ao pedido de rescisão, se for o caso, o de novo julgamento do processo;

II – depositar a importância de cinco por cento sobre o valor da causa, que se converterá em multa caso a ação seja, por unanimidade de votos, declarada inadmissível ou improcedente.

§ 1º Não se aplica o disposto no inciso II à União, aos Estados, ao Distrito Federal, aos Municípios, às suas respectivas autarquias e fundações de direito público, ao Ministério Público, à Defensoria Pública e aos que tenham obtido o benefício de gratuidade da justiça.

§ 2º O depósito previsto no inciso II do *caput* deste artigo não será superior a 1.000 (mil) salários-mínimos.

§ 3º Além dos casos previstos no art. 330, a petição inicial será indeferida quando não efetuado o depósito exigido pelo inciso II do *caput* deste artigo.

§ 4º Aplica-se à ação rescisória o disposto no art. 332.

§ 5º Reconhecida a incompetência do tribunal para julgar a ação rescisória, o autor será intimado para emendar a petição inicial, a fim de adequar o objeto da ação rescisória, quando a decisão apontada como rescindenda:

I – não tiver apreciado o mérito e não se enquadrar na situação prevista no § 2º do art. 966;
II – tiver sido substituída por decisão posterior.

§ 6º Na hipótese do § 5º, após a emenda da petição inicial, será permitido ao réu complementar os fundamentos de defesa, e, em seguida, os autos serão remetidos ao tribunal competente.

Art. 969. A propositura da ação rescisória não impede o cumprimento da decisão rescindenda, ressalvada a concessão de tutela provisória.

Art. 970. O relator ordenará a citação do réu, designando-lhe prazo nunca inferior a 15 (quinze) dias nem superior a 30 (trinta) dias para, querendo, apresentar resposta, ao fim do qual, com ou sem contestação, observar-se-á, no que couber, o procedimento comum.

Art. 971. Na ação rescisória, devolvidos os autos pelo relator, a secretaria do tribunal expedirá cópias do relatório e as distribuirá entre os juízes que compuserem o órgão competente para o julgamento.

Parágrafo único. A escolha de relator recairá, sempre que possível, em juiz que não haja participado do julgamento rescindendo.

Art. 972. Se os fatos alegados pelas partes dependerem de prova, o relator poderá delegar a competência ao órgão que proferiu a decisão rescindenda, fixando prazo de 1 (um) a 3 (três) meses para a devolução dos autos.

Art. 973. Concluída a instrução, será aberta vista ao autor e ao réu para razões finais, sucessivamente, pelo prazo de 10 (dez) dias.

Parágrafo único. Em seguida, os autos serão conclusos ao relator, procedendo-se ao julgamento pelo órgão competente.

Art. 974. Julgando procedente o pedido, o tribunal rescindirá a decisão, proferirá, se for o caso, novo julgamento e determinará a restituição do depósito a que se refere o inciso II do art. 968.

Parágrafo único. Considerando, por unanimidade, inadmissível ou improcedente o pedido, o tribunal determinará a reversão, em favor do réu, da importância do depósito, sem prejuízo do disposto no § 2º do art. 82.

Art. 975. O direito à rescisão se extingue em 2 (dois) anos contados do trânsito em julgado da última decisão proferida no processo.

§ 1º Prorroga-se até o primeiro dia útil imediatamente subsequente o prazo a que se refere o *caput*, quando expirar durante férias forenses, recesso, feriados ou em dia em que não houver expediente forense.

§ 2º Se fundada a ação no inciso VII do art. 966, o termo inicial do prazo será a data de descoberta da prova nova, observado o prazo máximo de 5 (cinco) anos, contado do trânsito em julgado da última decisão proferida no processo.

§ 3º Nas hipóteses de simulação ou de colusão das partes, o prazo começa a contar, para o terceiro prejudicado e para o Ministério Público, que não interveio no processo, a partir do momento em que têm ciência da simulação ou da colusão.

1. Observações. 2. Repetições. 3. Inovações.

1. Observações – Comparado com o Código de Processo Civil de 1973, o novo Código fez poucas alterações de substância, no tocante à ação rescisória, cujos processo e procedimento seguiram o diploma anterior. A ação continua sendo um meio de desconstituir a sentença de mérito transitada em julgado, salvo as exceções do § 2º do art. 966. O ajuizamento da ação inicia um processo cognitivo, da competência originária dos tribunais. Ele pode concluir-se por um julgado terminativo, de extinção do feito sem apreciação do mérito, ou definitivo, no qual se decide o mérito, somente para eliminar o decidido, ou para substituí-lo por outro julgamento.

O Código de 2015 situou a ação rescisória, no livro que trata dos processos nos tribunais e dos meios de impugnação das decisões judiciais. Se a ação rescisória integra o elenco dos processos nos tribunais, fazendo parte dessa categoria, ela não é, no sistema brasileiro, um meio de impugnação de decisões judiciais, senão num sentido impróprio, pois não visa, como os recursos, à reforma ou à anulação do julgado. Busca a desconstituição da coisa julgada, para extinguir a sua autoridade (art. 502).

2. Repetições – O Código de 2015 manteve-se fiel ao anterior, em vários dispositivos, dos quais não trata este livro de notas apenas ao que aparece novo no Direito Processual positivo. Assinalam-se essas repetições somente para facilitar a consulta à doutrina e à jurisprudência das normas repetidas. São elas os incs. I, IV e VI do art. 966; o *caput* e os incs. I e II do art. 967; o art. 968 e seus dois incisos, e o art. 971, *caput*.

3. Inovações – O novo Código não repetiu, no art. 966, o inciso VII do art. 485 do CPC de 1973. Ocorrendo uma das situações previstas nesse item, a rescisória se fundará noutros incisos daquele dispositivo. Explicam-se, agora, as inovações relativas à ação rescisória com a observação de que há entre elas modificações de texto, sem que se tenha apagado o seu conteúdo.

O *caput* do art. 966 fala em **decisão de mérito transitada em julgado**, enquanto o art. 485 do Código anterior empregava o substantivo na acepção, tanto do julgamento definido no § 1º do art. 162, quanto no seu art. 163. Nunca se duvidou disto, nem se pode vacilar na conclusão de que o nome **decisão** de mérito, empregado no *caput* do art. 966 do novo CPC, engloba tanto a sentença, definida no § 1º do art. 203, quanto o acórdão, de que trata o art. 204, desde que encerrem julgamento de mérito, ou caibam no § 2º.

Surge, então, o primeiro problema, consistente em saber se consubstanciam decisão de mérito, portanto suscetíveis de ação rescisória, os atos indicados no art. 932, III, IV e V e no art. 1.021 do CPC de 2015.

No caso do inciso III do art. 932, não há decisão de mérito, pois o relator não julga o recurso. Apenas o indefere, proferindo juízo negativo de admissibilidade. Nessa hipótese, porque não se julgou o mérito do recurso, não ocorre a substituição do julgado de que trata o art. 1.008. Subsiste a decisão impugnada pelo recurso indeferido e é para a desconstituição dela, se for de mérito, que se proporá a ação rescisória.

Na hipótese do inciso IV e respectivas alíneas do mesmo art. 932, o relator nega provimento ao recurso, julgando-lhe, então, o mérito. Transitada em julgado essa decisão, ela substitui o pronunciamento recorrido, tomando-lhe o lugar, admitindo-se, então, que contra ela se mova a ação rescisória, desde que de mérito.

A decisão do relator, que nega provimento a recurso interposto de julgamento de mérito, é, também ela, decisão de mérito. Transitada em julgado, admite-se que contra ela se proponha a ação rescisória. Entretanto, se de tal decisão se interpõe o agravo interno, previsto no art. 1.021, o acórdão que o julga será também de mérito, a menos que profira juízo negativo de admissibilidade. De mérito o acórdão, também ele será rescindível, uma vez transitado em julgado.

Ainda no âmbito do inciso V do art. 932, têm-se aí casos de provimento do recurso pelo relator. De novo, se a decisão de provimento for de mérito, a ação rescisória caberá contra ela.

Quanto à alínea c do inciso V do art. 932, cabe o que se disse, até agora, nas notas feitas aos demais itens desse dispositivo. Se o relator nega provimento a recurso, interposto de julgamento de mérito contrário à decisão proferida no caso de demandas repetitivas (arts. 976 e 978, parágrafo único), ou assunção de competência (art. 947, §§ 2º e 3º), caberá, igualmente, a ação rescisória.

No tocante à rescindibilidade da decisão referida no inciso VI do art. 932 (decisões formalmente interlocutórias), o inciso permite ao relator decidir o incidente de desconsideração da personalidade jurídica (art. 133), quando esse incidente for instaurado, originariamente, perante o tribunal. O parágrafo único dispõe que, se a decisão for proferida pelo relator, caberá agravo interno desse ato. É importante assinalar que, conforme o art. 137, "acolhido o pedido de desconsideração, a alienação ou a oneração de bens, havida em fraude de execução, será ineficaz em relação ao requerente". Entenda-se, então, que o adquirente do bem, ou a pessoa a quem ele é dado em garantia, fica privado do bem, ou da garantia da satisfação do seu crédito. Não importa que a decisão do incidente seja considerada interlocutória (art. 136). Na realidade, esse pronunciamento julga uma lide, privando de eficácia uma alienação ou oneração (art. 792), a pedido do legitimado (art. 133). Por isto, cabe ação rescisória da decisão interlocutória que declara a fraude, desde que ela, ou o acórdão que a confirmar, ou decretar, transite em julgado. Não faria sentido admitir-se a ação rescisória da sentença, ou do acórdão, que, em ação cognitiva, desfizesse o ato fraudulento, ou decretasse a sua ineficácia, e negar-se a ação da decisão do mesmo conteúdo só porque ela foi proferida numa ação e processo incidentais.

Por sinal, há hipóteses em que a jurisdição é prestada mediante várias decisões, proferidas sem a extinção do que, formalmente, é um único processo. Veja-se, por exemplo, o caso do julgamento do mérito da reconvenção, ou da ação em cujo processo ela foi proposta. O § 2º do art. 343 não é exaustivo. Não proíbe o julgamento separado do mérito de uma e de outra ação. Essa decisão terá forma de interlocutória, quando, efetivamente, será uma sentença de mérito, por isto suscetível de desconstituição pela rescisória.

Para dar outros exemplos, use-se o art. 570, que permite a cumulação das ações de divisão e demarcação, estipulando todavia que se processará, primeiramente, a demarcação. Formalmente, o processo será o mesmo, porém há uma sentença homologatória da demarcação (art. 587) e outra, da divisão (art. 597, § 2º). Ambas essas sentenças constituirão julgamento de mérito, efetivado num só processo. Ambas podem ser desconstituídas pela ação rescisória. Poder-se-ia estender a exemplificação, lembrando-se que o § 3º do art. 701 declara cabível a ação rescisória da decisão (*rectius*, sentença) que ordena a expedição de mandado de pagamento (art. 701). Todavia, o processo avança no seu curso, inclusive com a oposição, nos próprios autos, de embargos (art. 702), que ali serão julgados por sentença apelável (art. 702, § 9º).

Arrematem-se estas considerações, sem dúvida mal acomodadas, num trabalho que se destina a anotar as inovações do CPC de 2015, dizendo-se que, quando a jurisdição é fracionária, como acontece, ainda ilustrando, em processos como o inventário, ou a falência, cabe ação rescisória de cada julgamento parcial, uma vez transitado em julgado.

Conhecem-se as dificuldades para dissociar a jurisdição voluntária da contenciosa. Certo, porém, que o procedimento, aliás processo, de jurisdição voluntária se encerra por sentença, como mostra o art. 724. É de mérito essa sentença, quando compõe lides e reconhece direitos (v.g., arts. 725, VI, e 741, § 3º). Então, trata-se de julgamento rescindível.

No art. 966, são de pouca monta as alterações feitas nos incs. I a VIII (excluído o V). No I, somente mudou-se o verbo **dar** por **proferir** (**dada, proferida**). No inciso II, fez-se a distinção entre juiz e juízo, para indicar que o impedimento é de magistrado, pessoa física, e a incompetência, do órgão jurisdicional. Não se afaste, entretanto, a possibilidade de incompetência do juiz, como quando a lei retirasse a possibilidade de exercer a jurisdição, no órgão da primeira instância de que é titular, o juiz convocado para o tribunal, ou para o desempenho de alguma função, como a de integrar banca examinadora de concurso. No item III, a referência à simulação é demasiada porque esse defeito é abrangido pela colusão. Não se trata, aqui, de vício contaminante do ato jurídico, porém de sentença de mérito proferida em processo que resulta da anomalia apontada. O inciso IV repete, literalmente, o art. 485, IV, do Código de 1973. O inciso VI copia o inciso VI do mesmo artigo do diploma anterior, modificando, no entanto, a oração **se fundem**, com a frase **for fundada** e alterando a frase **seja provada** por **venha a ser demonstrada**, o que não implica alteração da norma.

O inciso V do art. 485 do Código anterior permitia a ação rescisória, quando a sentença de mérito transitada em julgado violasse "literal disposição de lei". O inciso V do art. 966 declara admissível a ação, quando a sentença rescindenda violar manifestamente norma jurídica. Conquanto não se confundam norma, regra de conduta, com lei, meio pelo qual a norma se manifesta, os dois vocábulos são empregados, metonimicamente, um no sentido do outro, de modo que a substituição deles não faz diferença. Contudo, a troca do adjetivo **literal** pelo advérbio **manifestamente** aprimora o dispositivo, dando-lhe agora o significado que lhe vêm atribuindo doutrina e jurisprudência. **Manifesto** corresponde ao que é evidente, claro, insuscetível de perplexidade, induvidoso. O inciso emprega o advérbio para afastar a possibilidade de rescisória, quando se aplica dispositivo controvertido, numa das suas possíveis interpretações. Na adequada exegese do inciso V do art. 966, há que se ter por incidente o dispositivo, quando a sentença, ou o acórdão rescindindo for inequivocamente contrário à norma. Na vigência do novo Código, continuam atuais as lições da doutrina e as decisões da jurisprudência que interpretaram e aplicaram o inciso V do art. 485 da lei anterior.

O inciso VII do mesmo art. 966 torna claro que só se admite a ação rescisória, quando a prova de que trata for obtida, não depois de proferida a decisão (sentença ou acórdão), porém após o seu trânsito em julgado. A expressão **prova nova** é mais abrangente do que o substantivo **documento**, usado na lei anterior, sobre cujo significado já se manifestaram opiniões e julgados. A prova nova, que fundamenta a ação rescisória, não está consubstanciada apenas em instrumento escrito, porém pode resultar de perícia, ou mesmo de manifestação oral. Pense-se, por exemplo, no exame laboratorial, feito após o trânsito em julgado da sentença proferida antes que se desenvolvesse certo método científico de investigação (parece que, no momento em que se escrevem estas linhas, ainda é incipiente o método de determinar, pelo exame do sangue, saliva, cútis ou ossos, se duas pessoas são filhas dos mesmos pais). Imagine-se a declaração idônea, induvidosa, de quem desmente o que afirmara em juízo.

O inciso VIII do art. 966 corrigiu o inciso IX do art. 485 do Código de 1973, onde se falou, equivocadamente, em erro de fato, decorrente de atos, quando o erro resulta do exame dos autos. A doutrina e os tribunais esclareceram o ponto. O inciso VIII já não alude aos documentos da causa, mencionados no item IX do art. 485 do diploma anterior, porque documentos da causa são os que estão nos autos.

A prova nova, obtida depois da sentença, porém antes do seu trânsito em julgado, poderá ser usada, na conformidade do art. 1.014. Obtida depois do acórdão mas antes que ele faça coisa julgada, a produção dessa prova já não será útil no âmbito dos recursos especial, extraordinário, ou embargos de divergência, que são de natureza extraordinária, pois, visando a preservar a norma constitucional ou de direito federal, não se prestam ao exame de evidências. Não se deve descartar a possibilidade de propor-se a ação rescisória fundada em prova obtida antes do trânsito em julgado da decisão, se se puder encaixá-la num dos incisos do art. 966 (v.g., obtida a prova da prevaricação, concussão ou corrupção do juiz, ela pode ser usada para fundamentar a ação no inciso I do art. 966).

O art. 967, *caput* e os incs. I, II, III, *a* e *b*, IV e parágrafo único permanecem inalterados. A alínea *c* desse inciso III é supérflua. Obviamente, se houver outros casos já previstos em lei, ou supervenientes, em que se der ao MP legitimidade para propor a ação rescisória, ele poderá intentá-la. Da legitimidade de que trata o inciso IV se poderia dizer que, independentemente dessa norma, a pessoa que não foi, obrigatoriamente, integrada no processo, como no caso do litisconsorte necessário que ficou fora dele, tem legitimidade para a ação rescisória. Essa legitimidade caberá no inciso II, desde que a ele se empreste a acepção mais ampla do que a do art. 996, *caput* e seu parágrafo único. O parágrafo único do art. 967 não diz respeito à legitimidade do Ministério Público, mas, sim, à situação em que ele tenha de intervir no processo da ação rescisória.

O art. 968 seguiu o rumo do art. 488 do Código anterior, fazendo contudo o dispositivo mais elástico. Sem maior significado as alterações dos incisos I e II desse dispositivo, redigido, com melhor técnica, pois o depósito não é multa, mas apenas pressuposto processual objetivo. Ele se converte em sanção, na hipótese ali prevista.

O § 1º do art. 968 estende a exceção às autarquias e fundações de direito público, à Defensoria, deixadas de fora as empresas públicas e as sociedades de economia mista (seria inadequado dispensar-se do depósito, por exemplo, a Caixa Econômica Federal e a Petrobras, mesmo saqueada). Corretamente, o § 1º dispensa do depósito os beneficiários da gratuidade de justiça, obtida na forma da lei, porque a exigência os impediria de propor a ação, já que despojados dos meios para efetuá-lo. O terceiro (art. 967, II) não está dispensado dessa exigência, a menos que também o beneficie a gratuidade. O depósito feito por terceiro, interessado, ou não, em favor do autor, impedido de efetuá-lo, constituirá, por assim dizer, um hiato na dispensa que lhe é benéfica mas não suspenderá a gratuidade.

Aparece como novidade o § 2º do art. 968, que limita o depósito a mil salários-mínimos. A norma surge em boa hora porque o depósito ilimitado, que pode ascender a soma formidável, deixaria o legitimado órfão da garantia de acesso à Justiça (CF, art. 5º, XXXV) e seria, por isto, inconstitucional. Se o autor só dispuser de uma parte da soma necessária ao depósito, que a recolha, obediente aos princípios postos no art. 77.

Sem precedente específico no Código anterior, o § 4º do art. 968 manda aplicar à ação rescisória o art. 332, que incidiria, independentemente da remissão.

Decomponha-se o § 5º do art. 968, para facilitar-lhe a exegese. A primeira proposição desse parágrafo é pressuposto da incidência das normas nele contidas. Para que elas se apliquem, é mister a declaração de incompetência do tribunal, aqui compreendido o órgão a que a ação for distribuída para julgá-la. Essa declaração poderá ser só do relator (art. 64, § 1º), caso em que será impugnável por agravo interno (art. 1.021), ou do órgão a cujo julgamento ele submeter a questão.

Reconhecida (*rectius*, decretada) a incompetência, o órgão julgador, antes de remeter o processo ao órgão competente, ordenará a intimação do autor para emendar a inicial. Para isso, ele tem competência. No próprio órgão que reconhecer a incompetência, o autor será chamado a corrigir a inicial, não na hipótese do § 2º do art. 966, porque aí a rescisória será cabível, mas para escoimá-la de alguma irregularidade, ou indicar a sentença ou o acórdão rescindendo, o que poderá deslocar o processo para o órgão competente, a fim de se desconstituir o julgado. Inexistente sentença de mérito (art. 966, *caput*), o órgão a que se distribuir a ação deverá extinguir-lhe o processo por decisão terminativa. O inciso II mostra a possibilidade de emenda da inicial, para pedir a rescisão de outro julgado. O art. 1.008 aponta a substituição da decisão recorrida pela que julgar o recurso. Dessarte, se se pedir a rescisão da primeira, pode-se corrigir a inicial para pedir-se a rescisão da segunda.

O § 6º do mesmo art. 968 obedece à prorrogativa constitucional do contraditório e da ampla defesa. Modificado o pedido, permite-se ao réu complementar os fundamentos da defesa, ou mesmo substituí-la por outra, dependendo da modificação. A última oração desse § 6º deixa claro que só se remete a ação rescisória ao órgão ou ao tribunal competente, depois da emenda que bem pode alterar a competência, de acordo com a norma que a regula (por exemplo, proposta, num tribunal de justiça, a ação para rescindir um acórdão dessa Corte, porém substituído por outro, do Superior Tribunal de Justiça, a este último se remeterá o processo. O mesmo acontecerá, no âmbito do próprio tribunal, como quando numa turma da Corte for ajuizada rescisória da competência de seção ou do pleno, ou vice-versa).

O art. 969 repete, sinteticamente, o art. 489 do diploma anterior, dizendo o que nele já se continha. Tal como este, o art. 969 principia excluindo a possibilidade de suspensão do julgado rescindendo, mas cria exceção, já adotada sob o direito anterior, para o pedido de tutela provisória, de natureza cautelar, preparatória ou incidental do processo da ação desconstitutiva, formulado por meio de ação, sempre acessória.

O art. 970 não se distancia do art. 491 do Código anterior. Está no texto o gerúndio **querendo** porque, tal como a ação, a resposta é regida pelo princípio dispositivo. O autor ajuíza aquela se quiser; o réu responde se a isso se dispuser. O art. 971 retira a alusão aos embargos infringentes, eliminados do rol dos recursos admitidos (art. 994). Substituiu a palavra **tribunal**, por **órgão competente**, usado aquele substantivo numa acepção abrangente. O parágrafo único do art. 971 determina que a escolha do relator recaia em juiz que não haja participado do julgamento. A norma não faz distinção entre o juiz que foi vencedor no julgamento de que resultou o julgado rescindendo e o juiz vencido. Ambos ficam excluídos da função de relator.

Urge compreender a frase **sempre que possível**, usada no parágrafo único do art. 971. Ela afasta a possibilidade de convocação de um juiz para relatar a ação rescisória, se todos os integrantes do órgão julgador houverem participado do julgamento da decisão rescindenda. Nesse caso, o relator será um destes, não, porém, o relator da decisão rescindenda. Haverá convocação na eventualidade de ser preciso formar-se o quórum necessário ao julgamento. Não haverá revisor na ação rescisória, como determinava o art. 551 do CPC de 1973.

O art. 972 tem a inconveniência de ordenar a remessa do processo ao órgão que proferir o julgado rescindendo, para que perante ele se produza a prova. O verbo **poderá**, usado no artigo, não exclui a possibilidade de remessa do feito a juiz da comarca onde a prova deva ser produzida, como estava no anterior art. 492.

O art. 973 eliminou, corretamente, a alusão à competência, constante dos dois incisos daquele artigo, normas de organização judiciária, inadequadas num código de processo.

O art. 974 não alterou o art. 494 do Código anterior, mas o ampliou, no parágrafo único. Vejam-se, então, a pertinente doutrina e jurisprudência.

O art. 975 põe fim ao debate sobre o termo inicial do biênio para a propositura da ação rescisória. Contam-se os dois anos, a partir do trânsito em julgado da última decisão proferida no processo da decisão rescindenda, ainda quando ela não constitua julgado de mérito, como no caso em que esse julgamento derradeiro se haja limitado a um juízo negativo de admissibilidade de um recurso. Dir-se-ia que, intempestivo o recurso, o prazo se conta desde o trânsito em julgado da decisão, que ocorrerá no termo do prazo recursal peremptório. Não é assim. O prazo da rescisória será sempre computado a partir do último julgamento, ainda quando a coisa julgada (preclusão) haja sido apenas formal. Se se permite um exemplo, da decisão do relator que julgou intempestiva uma apelação, foi interposto agravo interno que, desprovido, confirmou a decisão de intempestividade. O prazo da rescisória da sentença apelada conta-se do trânsito em julgado da decisão proferida no agravo interno.

O § 1º do art. 975 estende o prazo para a ação rescisória, estatuindo que esse lapso de tempo não pode ser encurtado (arts. 212 e 214). O § 2º exige a prova da descoberta da prova nova (art. 966, VII). Impossível a demonstração, a ação poderá ser proposta, não nos dois anos referidos no *caput*, porém num quinquênio a partir do trânsito em julgado, presumindo-se, em termos absolutos, que a prova foi descoberta no curso desse prazo, findo o qual haverá a decadência do direito à rescisória.

Tal como a regra do § 2º, o § 3º do art. 975 cria uma situação complexa. Incumbe ao terceiro prejudicado e ao Ministério Público a prova do momento, isto é, do dia em que tiveram ciência da simulação, ou da colusão. Impossível a indicação dessa data, incidirá, por analogia, o § 2º. Essa construção é a que mais se adequa à necessidade de mitigar uma norma de cumprimento praticamente impossível.

Livro III

Título II
DOS RECURSOS
(arts. 994 a 1.044)

Capítulo I

Disposições Gerais
(arts. 994 a 1.008)

Art. 994. São cabíveis os seguintes recursos:
    I – apelação;
    II – agravo de instrumento;
    III – agravo interno;
    IV – embargos de declaração;
    V – recurso ordinário;
    VI – recurso especial;
    VII – recurso extraordinário;
    VIII – agravo em recurso especial ou extraordinário;
    IX – embargos de divergência.

Art. 995. Os recursos não impedem a eficácia da decisão, salvo disposição legal ou decisão judicial em sentido diverso.

Parágrafo único. A eficácia da decisão recorrida poderá ser suspensa por decisão do relator, se da imediata produção de seus efeitos houver risco de dano grave, de difícil ou impossível reparação, e ficar demonstrada a probabilidade de provimento do recurso.

Art. 996. O recurso pode ser interposto pela parte vencida, pelo terceiro prejudicado e pelo Ministério Público, como parte ou como fiscal da ordem jurídica.

Parágrafo único. Cumpre ao terceiro demonstrar a possibilidade de a decisão sobre a relação jurídica submetida à apreciação judicial atingir direito de que se afirme titular ou que possa discutir em juízo como substituto processual.

Art. 997. Cada parte interporá o recurso independentemente, no prazo e com observância das exigências legais.

§ 1º Sendo vencidos autor e réu, ao recurso interposto por qualquer deles poderá aderir o outro.

§ 2º O recurso adesivo fica subordinado ao recurso independente, sendo-lhe aplicáveis as mesmas regras deste quanto aos requisitos de admissibilidade e julgamento no tribunal, salvo disposição legal diversa, observado, ainda, o seguinte:

I – será dirigido ao órgão perante o qual o recurso independente fora interposto, no prazo de que a parte dispõe para responder;
II – será admissível na apelação, no recurso extraordinário e no recurso especial;
III – não será conhecido, se houver desistência do recurso principal ou se for ele considerado inadmissível.

Art. 998. O recorrente poderá, a qualquer tempo, sem a anuência do recorrido ou dos litisconsortes, desistir do recurso.

Parágrafo único. A desistência do recurso não impede a análise de questão cuja repercussão geral já tenha sido reconhecida e daquela objeto de julgamento de recursos extraordinários ou especiais repetitivos.

Art. 999. A renúncia ao direito de recorrer independe da aceitação da outra parte.

Art. 1.000. A parte que aceitar expressa ou tacitamente a decisão não poderá recorrer.

Parágrafo único. Considera-se aceitação tácita a prática, sem nenhuma reserva, de ato incompatível com a vontade de recorrer.

Art. 1.001. Dos despachos não cabe recurso.

Art. 1.002. A decisão pode ser impugnada no todo ou em parte.

Art. 1.003. O prazo para interposição de recurso conta-se da data em que os advogados, a sociedade de advogados, a Advocacia Pública, a Defensoria Pública ou o Ministério Público são intimados da decisão.

§ 1º Os sujeitos previstos no *caput* considerar-se-ão intimados em audiência quando nesta for proferida a decisão.

§ 2º Aplica-se o disposto no art. 231, incisos I a VI, ao prazo de interposição de recurso pelo réu contra decisão proferida anteriormente à citação.

§ 3º No prazo para interposição de recurso, a petição será protocolada em cartório ou conforme as normas de organização judiciária, ressalvado o disposto em regra especial.

§ 4º Para aferição da tempestividade do recurso remetido pelo correio, será considerada como data de interposição a data de postagem.

§ 5º Excetuados os embargos de declaração, o prazo para interpor os recursos e para responder-lhes é de 15 (quinze) dias.

§ 6º O recorrente comprovará a ocorrência de feriado local no ato de interposição do recurso.

Art. 1.004. Se, durante o prazo para a interposição do recurso, sobrevier o falecimento da parte ou de seu advogado ou ocorrer motivo de força maior que suspenda o curso do processo, será tal prazo restituído em proveito da parte, do herdeiro ou do sucessor, contra quem começará a correr novamente depois da intimação.

Art. 1.005. O recurso interposto por um dos litisconsortes a todos aproveita, salvo se distintos ou opostos os seus interesses.

Parágrafo único. Havendo solidariedade passiva, o recurso interposto por um devedor aproveitará aos outros quando as defesas opostas ao credor lhes forem comuns.

Art. 1.006. Certificado o trânsito em julgado, com menção expressa da data de sua ocorrência, o escrivão ou o chefe de secretaria, independentemente de despacho, providenciará a baixa dos autos ao juízo de origem, no prazo de 5 (cinco) dias.

Art. 1.007. No ato de interposição do recurso, o recorrente comprovará, quando exigido pela legislação pertinente, o respectivo preparo, inclusive porte de remessa e de retorno, sob pena de deserção.

§ 1º São dispensados de preparo, inclusive porte de remessa e de retorno, os recursos interpostos pelo Ministério Público, pela União, pelo Distrito Federal, pelos Estados, pelos Municípios, e respectivas autarquias, e pelos que gozam de isenção legal.

§ 2º A insuficiência no valor do preparo, inclusive porte de remessa e de retorno, implicará deserção se o recorrente, intimado na pessoa de seu advogado, não vier a supri-lo no prazo de 5 (cinco) dias.

§ 3º É dispensado o recolhimento do porte de remessa e de retorno no processo em autos eletrônicos.

§ 4º O recorrente que não comprovar, no ato de interposição do recurso, o recolhimento do preparo, inclusive porte de remessa e de retorno, será intimado, na pessoa de seu advogado, para realizar o recolhimento em dobro, sob pena de deserção.

§ 5º É vedada a complementação se houver insuficiência parcial do preparo, inclusive porte de remessa e de retorno, no recolhimento realizado na forma do § 4º.

§ 6º Provando o recorrente justo impedimento, o relator relevará a pena de deserção, por decisão irrecorrível, fixando-lhe prazo de 5 (cinco) dias para efetuar o preparo.

§ 7º O equívoco no preenchimento da guia de custas não implicará a aplicação da pena de deserção, cabendo ao relator, na hipótese de dúvida quanto ao recolhimento, intimar o recorrente para sanar o vício no prazo de 5 (cinco) dias.

Art. 1.008. O julgamento proferido pelo tribunal substituirá a decisão impugnada no que tiver sido objeto de recurso.

1. Observações. 2. Recursos. 3. Repetições. 4. Semelhanças. 5. Eficácia da Decisão Recorrida e Suspensão Dela. 6. Análise Autônoma da Questão. 7. Outras Inovações. 8. Desaparecimento dos Embargos Infringentes.

1. Observações – A estrutura deste Capítulo I assemelha-se à do Capítulo I do Título X do Livro I do Código anterior. A maioria das alterações não modifica, senão na forma, os artigos semelhantes do CPC revogado. Quanto às alterações, estas notas se limitam a remeter à doutrina e à jurisprudência da lei revogada, pois o objetivo deste trabalho é explicar os dispositivos que só agora aparecem.

As duas maiores inovações, no capítulo das disposições gerais sobre os recursos, encontram-se no art. 995 e no parágrafo único do art. 998.

Tal como o Código de 1973, o novo diploma não contém qualquer dispositivo sobre a fungibilidade recursal. Esta omissão não significa contudo que se proíba a admissão de um recurso por outro, como pode acontecer em alguns casos. Como se sabe, e mostra a processualística, processos há nos quais a prestação jurisdicional é dada em porções. Assim, por exemplo, pode acontecer no inventário, no processo falimentar, ou de recuperação judicial. Ainda cabe debater sobre o recurso admissível do pronunciamento que extingue o processo da ação principal, deixando prosseguir o da reconvenção, ou vice-versa. Consagrado o princípio da fungibilidade, o relator, ou o tribunal pode determinar que se processe o agravo como apelação, ordenando a remessa do recurso ao juízo recorrido, assim como pode este órgão, tomando a apelação como agravo, ordenar a remessa do recurso ao tribunal, depois de desentranhado e complementado, de modo a atender o art. 1.016. Prova da fungibilidade, no sistema do novo CPC, encontra-se no § 3º do art. 1.024 (q.v.).

2. Recursos – Lendo-se a enumeração dos recursos, feita no art. 994 do novo Código, sente-se logo a falta dos embargos infringentes, referidos no art. 496, III, do Código anterior. A Lei nº 13.105 ouviu as críticas da doutrina, segundo as quais aqueles embargos eram inaceitáveis, pois a existência de um voto vencido não justificaria um meio de impugnação. Fosse assim, seria justificável a instituição de um recurso toda vez que, no julgamento de um deles, ocorresse dissidência. Não prosperou o argumento de que, precária, no país, por vários motivos, a administração da Justiça, mal não haveria em novo julgamento da apelação, ou da ação rescisória, toda vez que um voto vencido indicasse, pela divergência, a necessidade de aprimoramento de um julgado.

O novo Código criou todavia, no art. 942 (q.v.) um instituto próximo dos embarbos infringentes, ao se dispor que, quando não for unânime o resultado da apelação, se convocarão outros julgadores, em número suficiente para possibilitar a inversão do resultado do julgamento do recurso do art. 1.009. Trata-se de um apêndice, que bem se poderia chamar de *extensão do julgamento*. Se, por exemplo, dois desembargadores, numa turma de três, **dão provimento** à apelação, e um terceiro lhe nega provimento, convocam-se mais dois, que poderão fazer vencedor o voto vencido, se o acompanharem. Ao contrário do que já começa a acontecer, o art. 942 incide sempre que, no julgamento da apelação, houver voto vencido, ainda quando a divergência ocorra sobre questão prévia, como uma preliminar ou **prejudicial**. Não se aplica o art. 942 na hipótese do § 1º do art. 1.009, pois ali não se trata de julgamento *da* apelação, mas, sim, *na* apelação, nem no recurso ordinário cível, previsto nos arts. 102, II e 105, II, da Constituição Federal, que apelação não é.

Do § 3º do art. 942, que enuncia regras semelhantes à do *caput*, se falará nas anotações a esse dispositivo.

Eliminou-se também o agravo retido, repetição do antigo agravo no auto do processo, instituído no século XVI.

Quando o inciso V do art. 994 repete igual item do art. 496 do extinto Código, alude a uma espécie recursal; não a uma categoria. No elenco dos recursos ordinários, que permitem a revisão da sentença, entra o recurso ordinário, criado para tal fim, como todos os da sua espécie. Os recursos extraordinários visam, primordialmente, a assegurar a correta aplicação do direito objetivo, constitucional, ou infraconstitucional. São recursos ordinários a apelação, o agravo em qualquer dos seus tipos, os embargos de declaração, quando assumem natureza recursal e o recurso ordinário, ao passo que entram no rol dos extraordinários o recurso especial, o recurso extraordinário e os embargos de divergência.

Na lista do art. 994, o inciso I coincide com o de igual número do anterior art. 496. O inciso IV de agora é o IV do mesmo artigo da lei revogada. Assim também os incisos V, VI e VII de cá e de lá.

3. Repetições – Idênticos na estrutura e no conteúdo, os dois Capítulos iniciais de ambos os Códigos, dedicados ao instituto, deve-se atentar na coincidência do inciso III do art. 997 com igual inciso do art. 500 do CPC de 1973. O art. 998 do atual Código espelha o art. 501 do revogado. Iguais os arts. 999 e 502, 1.001 e 504, 1.004 e 507, 1.005 e parágrafo único e 509 e parágrafo único, bem como os arts. 1.007 e § 1º e 511 e seus incs. I e II, 1.000 e parágrafo único, e 503 e parágrafo único, 1.002 e 505, 1.003, § 3º, e 242 e 506 e § 3º, bem como 1.006 e 510.

4. Semelhanças – Uma das características do Código de Processo Civil de 2015 são as repetições de artigos do Código revogado com pequenas alterações que, se algumas esclarecem o dispositivo, não lhes alteram a substância. Inçado de alterações de pouca monta, o Código, que agora aparece, faz-se muito próximo da lei antecedente, aumentado por acréscimos expletivos, ou mudado por trocas de vocábulos ou expressões equivalentes. *Plus ça change plus reste la même chose.* Veja-se, por exemplo, o *caput* do art. 996, que se limita a explicitar o que implicitamente se continha no art. 499, *caput*, quando afirma a legitimidade recursal do Ministério Público, como parte, ou como fiscal da ordem jurídica, abrangente essa expressão da lei e dos princípios que a informam, ainda quando estejam em jogo interesses privados, como na hipótese do art. 178, II.

No primeiro período, o art. 997 modificou o art. 500, apenas para substituir a oração **e observadas as exigências legais**, pela frase **e com** observância das exigências legais. Os §§ 1º e 2º do mesmo artigo decompuseram o art. 500 da extinta lei. Eliminou-se do § 1º a conjunção **porém** da segunda proposição do art. 500 e substituiu-se, no mesmo ponto, **a outra parte** por **o outro**. A oração **poderá aderir**, do revogado art. 500, *caput*, subsistiu no § 1º do art. 997, indicando a permanência da denominação do instituto, que continua a chamar-se **recurso adesivo** (§ 2º), apesar de críticas da doutrina, acompanhadas de alguns pronunciamentos judiciais, segundo a qual melhor seria chamar o recurso de **subordinado**, eis que o recorrente não adere ao recurso do seu adversário. Chamando **recurso independente** o que o finado art. 500 qualificava como **principal**, o § 2º do art. 997 não fica longe do *caput* daquele dispositivo. A última parte do art. 500, e seu parágrafo único, do Código anterior são gêmeas do § 2º do art. 997. O inciso I deste artigo substitui **será interposto** por **será dirigido**. Muda, para melhor, **autoridade competente** por **órgão**. O inciso II do artigo repete igual inciso do art. 500, tendo, no entanto, suprimido a referência aos embargos infringentes, que já não existem (veja-se, porém o art. 942). O art. 1.000 só fala em **decisão**, sem aludir à **sentença**, como fazia o anterior art. 503. O parágrafo único desse art. 1.000 trocou o pronome **alguma**, do parágrafo único daquele artigo, pelo pronome **nenhuma** e suprimiu o artigo indefinido **um** da antiga redação. O art. 1.002 substituiu o substantivo **sentença** do velho art. 505 pelo nome **decisão**. No art. 1.002 fez-se a mesma substituição.

O § 3º do art. 1.003 não fica distante do parágrafo único do art. 506 do CPC de 1973. Substituiu a preposição **do** por **de**, e a frase **segundo a norma de organização judiciária** por **conforme as normas de organização judiciária**. Ademais, falou em regime especial, quando a velha lei aludia, especificamente, ao § 2º do art. 525.

O art. 1.006 do novo Código mudou a frase **transitado em julgado o acórdão**, do art. 510 do anterior, para **certificado o trânsito em julgado**. A rigor, considerada a vontade da norma, não há diferença na troca de dizeres. O dispositivo agora anotado ordena a menção expressa da data (dia, mês, ano), da ocorrência do trânsito em julgado, sem esclarecer contudo a qual decisão se refere, subentendendo-se que pode ser sentença, acórdão, ou decisão monocrática. Obviamente, não haverá baixa dos autos ao juízo de origem, quando transitar em julgado o pronunciamento por ele proferido. O juízo de origem será, se se permite o truísmo, o órgão jurisdicional onde o processo começou, podendo, então, ser um tribunal, no caso da sua competência originária. Sem importância a substituição do substantivo **secretário** por **escrivão** ou **chefe de secretaria**. Não é decisão o ato de baixa, praticado pelo serventuário. Qualquer reclamação deverá ser dirigida ao relator do processo, cuja baixa for determinada, ou ao órgão que o receber. Eletrônico o processo, não haverá baixa dos autos, ficando o trânsito registrado no respectivo sítio.

O § 2º do art. 1.007 distingue-se de igual parágrafo do anterior art. 511 pela alusão ao porte de remessa e de retorno, elementos do preparo, e pela norma de que a intimação para o suprimento se fará na pessoa do advogado do recorrente. Este só será intimado, se não houver ou já não houver advogado. O § 6º tem redação parecida com a do *caput* do anterior art. 519. Substituiu-se, todavia, com melhor técnica a palavra **apelante** pelo vocábulo **recorrente**, já que a necessidade de preparo não é requisito só da apelação. Reza agora o § 6º que a pena de deserção será comutada pelo relator, por despacho irrecorrível. A irrecorribilidade não é proibida por qualquer lei. O dispositivo fala apenas em relator, coerente com a norma de que se remete o recurso ao juízo recursal, independentemente do juízo de admissibilidade da instância recorrida (veja-se, porém, a nota ao § 3º do art. 1.010).

5. Eficácia da Decisão Recorrida e Suspensão Dela (art. 995 e parágrafo único) – A regra é a eficácia imediata da decisão judicial da qual se interpõe recurso que não produz efeito suspensivo, de modo que o ato possa ser cumprido assim que proferido, sem que o recurso lhe impeça a efetivação, muito menos o curso do prazo para recorrer. A decisão é exequível desde logo, porém provisoriamente, na conformidade do art. 520 que se aplicará, *mutatis mutandis*, a todos os casos. O *caput* do artigo exclui a sua incidência, quando a lei assim dispuser (v.g., art. 1.012, *caput*, ou por decisão judicial, como, por exemplo, na hipótese do art. 1.019, I).

O relator do recurso, entenda-se o parágrafo único do artigo, poderá suspender a eficácia da decisão recorrida, caso em que ela será ato processual de eficácia contida. Esse parágrafo dispensa o uso de remédios destinados à sustação dos efeitos, como o mandado de segurança, o requerimento de tutela cautelar, a reclamação ou correção parcial, que acabariam ressuscitados. Já distribuído o recurso, o requerimento de suspensão será dirigido ao relator, de cuja decisão caberá o agravo interno do art. 1.021. Se o recurso ainda estiver na instância recorrida, ou se ainda se encontrar em curso o prazo para a interposição dele, o requerimento de suspensão será feito em petição isolada instruída com as peças necessárias à compreensão do pedido. Será distribuído a um relator que ficará prevento para julgar o recurso. A incidência do parágrafo tem por pressupostos o preenchimento dos requisitos nele indicados: o risco de dano grave, de difícil ou impossível reparação e a probabilidade de provimento do recurso. A medida autorizada pelo dispositivo tem natureza de providência cautelar preparatória ou incidente. Descobrem-se, no dispositivo, as exigências da tutela cautelar: o *periculum in mora* e o *fumus boni juris*, que já eram indicados no art. 273 e inciso I do velho Código, dispositivos à cuja doutrina e jurisprudência se remete.

A lei não dá nome ao remédio previsto no parágrafo único do art. 995. Não é, formalmente, um agravo, posto que sua natureza e fim se assemelham aos desse recurso. Poderá ser chamado, simplesmente, de requerimento e, faltando assinação específica, deverá ser manifestado no prazo de cinco dias (art. 218, § 3º). Nada impede que, nesse prazo, ou antes que comece a correr, faça o recorrente ao órgão recorrido esse requerimento que, entretanto, não interrompe nem suspende o quinquídio para pedir o efeito suspensivo ao relator, de cuja decisão, como se disse, caberá agravo interno (art. 1.021). Deferida a suspensão pelo juízo recorrido, pode o sucumbente pedir ao relator, juiz último do incidente, que revogue o despacho.

A decisão que defere o requerimento, indispensável à providência do parágrafo único do art. 995, que não pode ser dada de ofício, tem natureza de liminar. Por isto, o pedido será apreciado sem a audiência da parte contrária, que poderá, no entanto, agravar (art. 1.021) da decisão de deferimento dele, assim como o requerente, no caso de indeferimento.

6. Análise Autônoma da Questão – O parágrafo único do art. 998 traz uma novidade, quiçá inspirada no *common law*. Não se pode olvidar o fato de que a jurisdição é uma atividade também didática, que ensina o sentido do direito aos jurisdicionados. Voltado para esse aspecto, que já se vislumbra em cada pronunciamento judicial, pode a lei descartar a pretensão das partes para aproveitar a discussão da sua incidência, voltando o debate para o sentido do direito objetivo. Assim, para ficar num exemplo, ainda que o contribuinte desista da ação movida contra o Fisco, para ver-se livre da obrigação de pagar certo tributo, pode o órgão jurisdicional ir em frente e proferir decisão sobre a incidência da norma tributária. Conhece-se o caso, ocorrido nos Estados Unidos, em que se discutia a constitucionalidade do aborto pretendido pela mulher grávida. Nasceu a criança mas a Suprema Corte valeu-se do processo para, desaparecido embora o interesse processual, ir adiante e decidir sobre a admissibilidade da interrupção voluntária da gravidez diante da lei fundamental. O Código de Processo Civil não foi tão longe.

Ocorrida a desistência do recurso, o processo pode extinguir-se pelo trânsito em julgado da decisão recorrida. Parcial a desistência (art.

1.002), o trânsito em julgado corresponderá a ela. Evidentemente, pode ocorrer a desistência de um recurso sem a extinção do feito, como ocorrerá se precluir uma decisão interlocutória.

Havendo a desistência do recurso, o parágrafo incide, respeitando as limitações da norma, que permite ao Supremo Tribunal Federal ir adiante e analisar a questão objeto do recurso, desde que haja sido reconhecida a repercussão da decisão. A desistência também não impede a análise da questão, pelo Supremo Tribunal Federal, ou pelo Superior Tribunal de Justiça, se ela já houver sido objeto de recursos de procedimento repetitivo (art. 1.035, §§ 1º a 5º; art. 1.036).

Falando apenas em recursos extraordinário e especial, o parágrafo exclui sua incidência nos casos de recurso ordinário constitucional. Também não se aplica o parágrafo nos casos de renúncia ao direito de recorrer (art. 999), nem no de aquiescência à decisão (art. 1.000) porque aí o recurso não terá sido interposto.

O parágrafo único do art. 998 é vago. Fala em análise de questão sem contudo determinar como ela se realiza. A matéria pode ser regulada pelo regimento interno dos dois tribunais competentes. Feita a análise, o tribunal proferirá acórdão de conteúdo declaratório, que produzirá os efeitos inerentes às decisões proferidas nos casos de repercussão geral, ou de recurso repetitivo. Desse acórdão, que visa, didaticamente, a demonstrar o sentido e a vontade da lei, não cabe recurso porque, aí, a jurisdição não se presta a pedido de um dos legitimados do art. 996, mas somente para a preservação da norma.

7. Outras Inovações – O capítulo I apresenta ainda algumas inovações, a que agora se alude com as observações pertinentes:

a) art. 996, parágrafo único – Em vez de repetir o § 1º do art. 499 do Código anterior, o parágrafo único do art. 996, repetindo, na essência, a mesma norma, impõe ao terceiro, legitimado a recorrer, como autoriza o *caput*, a demonstração da possibilidade da decisão a ser proferida no recurso afetar direito de que se entenda titular. A admissibilidade do recurso não se fará mediante a determinação de existência do direito afirmado, porém da situação exposta pelo recorrente com foros de verossimilhança, como ensinaram doutrinadores e tribunais, na vigência do revogado § 1º do art. 499. A admissão do recurso não implica coisa julgada relativamente à pretensão do terceiro, que pode não merecer a tutela jurisdicional em ação própria. O parágrafo explicitou a legitimidade do terceiro para recorrer quando a decisão a ser proferida no recurso puder afetar direito cuja tutela ele pode buscar, como substituto processual (art. 18). Se o terceiro pode, em nome próprio, pleitear direito alheio, pode, *a fortiori*, invocar a jurisdição recursal como terceiro prejudicado.

b) art. 1.001 – Embora tenha repetido, literalmente, a norma do art. 504 do Código anterior, o art. 1.001 merece uma reflexão. O § 3º do art. 203 não vai longe, nem fundo, quando define despacho por exclusão, dizendo que esse ato é o pronunciamento que não for sentença, nem decisão interlocutória (§§ 1º e 2º do mesmo artigo). Essa categoria compreende os despachos de mero expediente, insuscetíveis de causar sucumbência, como é da sua natureza, e os despachos propriamente ditos, de conteúdo decisório. Deve-se dizer que o art. 1.005 obedeceu um dos preceitos do conjunto denominado **sistema oral**, que inclui o princípio da irrecorribilidade das decisões interlocutórias. Esse entendimento levará à conclusão de que, mesmo de conteúdo decisório, os atos que não se incluem na categoria de sentença, ou de decisões interlocutórias (art. 203, §§ 1º e 2º) são irrecorríveis. Integram, então, o elenco das decisões exorbitantes enumeradas nos treze incisos do art. 1.015, cujas anotações (q.v.) abordam o problema dos pronunciamentos que a interpretação desse artigo, feita *a contrario sensu*, leva a entender irrecorríveis. Em suma, de acordo com o artigo que ora se analisa, os despachos, sejam de mero expediente, sejam atos decisórios, são irrecorríveis, nos termos do art. 1.001, cuja compreensão é facilitada pelo sistema do art. 1.015.

c) art. 1.003 e §§ 1º a 4º – O *caput* desse artigo faz correr o prazo para a interposição de recursos, a partir da intimação dos advogados, da sociedade de advogados que eles integram, da Advocacia Pública, da Defensoria Pública, ou do Ministério Público. Quanto ao advogado, chega a indicação do seu nome, acompanhada de referência ao processo, nominal, ou numérica. A intimação à sociedade de advogados que ele integra faz-se pelo nome dela, dispensável o nome do profissional, desde que referido o processo, de modo a identificá-lo. Os elementos apontados nos §§ 2º e 3º do art. 105 destinam-se a identificar o advogado ou a sociedade profissional a que pertence, mas não é necessário que constem da publicação, cuja nulidade será casuisticamente determinada, mediante a consideração de haver ela atingido o seu fim.

O *caput* do art. 1.003 determina a contagem do prazo a partir da intimação da Advocacia Pública, da Defensoria Pública, ou do Ministério Público. Nesses casos, a intimação é pessoal (arts. 180, 183 e § 1º, 186, § 1º) e se fará na pessoa de qualquer dos integrantes do órgão, indicados no processo, que nele atuem efetivamente. Podem esses órgãos estabelecer meios de intimação pessoal, de modo a facilitá-la, como, por exemplo, a entrega do processo num determinado setor, ou a um advogado ou estagiário credenciado. Qualquer das pessoas indicadas no *caput*, referidas como sujeitos, no § 1º, se considerará intimada na audiência, quando nela for proferida a decisão. Audiência será qualquer ato processual a que compareçam, devam ou possam comparecer os advogados. Mesmo ausentes as pessoas referidas no *caput*, elas se considerarão intimadas na audiência, ainda que, regularmente intimadas para ela, não hajam comparecido.

Conforme o § 2º, o prazo para o recurso do réu contra decisão proferida antes da sua citação, ou integração no processo por comparecimento espontâneo (art. 332) começará a partir dos momentos indicados no art. 231, isto é, a partir do dia do início do prazo para a resposta, como definido nesse dispositivo. O § 3º fala sobre o exercício da demanda recursal, determinando que, no prazo de recurso, a petição que o interpõe deverá ser protocolada no cartório (ou na secretaria), ou no lugar designado por norma de organização judiciária. A interposição eletrônica será feita do modo estatuído na legislação específica.

O § 4º estabelece que o recurso por via postal se considerará interposto na data da postagem, ou seja, na data da entrega da petição, ainda que em envelope lacrado, à repartição competente para enviá-la. Estende-se a norma à remessa do recurso por qualquer outro meio de comunicação, *v.g.*, e-mail ou mensagem eletrônica.

O § 5º estabelece o prazo para recorrer, determinando que, salvo no caso de embargos de declaração (art. 1.023), quando o prazo é de cinco dias, o recurso seja interposto em quinze dias, dando-se ao recorrido igual prazo para responder a ele. Por isto, aliás, não é necessário que se indique o prazo de interposição de cada recurso, como mostra, por exemplo, o art. 1.021, onde não se determina o prazo para o agravo interno, embora, desnecessariamente, o § 2º indique o prazo para a resposta a ele.

A demonstração da ocorrência de feriado local, capaz de interferir na contagem do prazo, é ônus do recorrente, que o comprovará, juntando cópia da lei, ou de qualquer outro ato indicativo do feriado. Assim dispõe o § 6º, que não estipula prazo, mas apenas trata da prova de fato jurídico capaz de interferir na contagem desse período de tempo.

d) art. 1.007, §§ 2º a 7º – O § 2º desse artigo manifesta a mesma vontade do § 2º do art. 511 do Código anterior. O recorrente pode suprir a insuficiência do valor do preparo recolhido em montante menor do que o devido de acordo com a regra pertinente. A deserção só ocorrerá quando, intimado na pessoa do advogado, ou na pessoa dele, quando desassistido, o recorrente não completar o preparo, recolhendo a soma faltante.

O § 3º do art. 1.007 dispensa o recolhimento do porte de remessa e de retorno, quando o processo se realizar por via eletrônica. O parágrafo não dispensa o preparo na porção não abrangente do custo desses emolumentos. O preparo é taxa que deve incidir nos termos da lei que o institui, não importa se físico ou eletrônico o recurso. O parágrafo exime o recorrente da parte do preparo relativa ao porte, e só.

O § 4º trata, não do preparo insuficiente, mas da falta de comprovação dele, decorra ela de esquecimento, de qualquer outro fator impeditivo da comprovação, ou da falta do recolhimento. A sanção para a falta de comprovação é o recolhimento do dobro do preparo, se ele não tiver sido pago.

Conforme o § 5º, se não havendo comprovado o preparo, o recorrente o houver feito, ou vier a fazê-lo em valor menor que o devido, já não poderá complementá-lo, como também não poderá complementar o recolhimento insuficiente da quantia da sanção. Nesse caso, o recurso se considerará deserto por falta de preparo, ocorrente também no caso de recolhimento não bastante para o pagamento da taxa.

O § 6º permite ao relator relevar a pena de deserção, contanto que o recorrente lhe demonstre não ter realizado o preparo por justo impedimento, equivalente à justa causa, definida no § 1º do art. 223. O preparo é pressuposto recursal objetivo, sem o qual o recurso não pode ser admitido. No novo Código, o juízo negativo de admissibilidade é do órgão recursal, mas constitui faculdade do órgão recorrido. O § 6º fala que o relator poderá remir o recorrente da deserção, não mais aludindo ao juiz, como fazia o art. 519 do Código anterior (veja-se, porém, a anotação ao § 3º do art. 1.010). Da intimação do ato irrecorrível do relator que relevar a deserção, correrá o prazo de cinco dias para que o recorrente efetue o preparo, incidindo também quanto a ele as normas dos §§ 2º a 5º.

Finalmente, o § 7º do alentado art. 1.007 trata do equivocado preenchimento da guia de custas, que se há de entender como guia de recolhimento do preparo, pois o parágrafo logo fala em pena de deserção. Se o recorrente errar ao preencher a guia e recolher o montante no valor insuficiente desse errôneo preenchimento, o relator determinará que ele complemente o preparo em cinco dias. A deserção é a sanção para o descumprimento desse despacho. Pode também haver dúvida quanto ao preenchimento. Nesse caso, o relator determinará ao recorrente que o explique, no prazo de cinco dias, podendo, depois do esclarecimento, determinar, também num quinquídio, a correção do equívoco, mediante a complementação do preparo insuficiente.

8. Desaparecimento dos Embargos Infringentes – O novo Código de Processo Civil eliminou do rol dos recursos os embargos infringentes. Veja-se, a propósito, o item 7 das notas à apelação e o que ficou escrito no item 3, relativo ao Capítulo I do Título II.

Capítulo II

Da Apelação
(arts. 1.009 a 1.014)

Art. 1.009. Da sentença cabe apelação.

§ 1º As questões resolvidas na fase de conhecimento, se a decisão a seu respeito não comportar agravo de instrumento, não são cobertas pela preclusão e devem ser suscitadas em preliminar de apelação, eventualmente interposta contra a decisão final, ou nas contrarrazões.

§ 2º Se as questões referidas no § 1º forem suscitadas em contrarrazões, o recorrente será intimado para, em 15 (quinze) dias, manifestar-se a respeito delas.

§ 3º O disposto no *caput* deste artigo aplica-se mesmo quando as questões mencionadas no art. 1.015 integrarem capítulo da sentença.

Art. 1.010. A apelação, interposta por petição dirigida ao juízo de primeiro grau, conterá:

I – os nomes e a qualificação das partes;
II – a exposição do fato e do direito;
III – as razões do pedido de reforma ou de decretação de nulidade;
IV – o pedido de nova decisão.

§ 1º O apelado será intimado para apresentar contrarrazões no prazo de 15 (quinze) dias.

§ 2º Se o apelado interpuser apelação adesiva, o juiz intimará o apelante para apresentar contrarrazões.

§ 3º Após as formalidades previstas nos §§ 1º e 2º, os autos serão remetidos ao tribunal pelo juiz, independentemente de juízo de admissibilidade.

Art. 1.011. Recebido o recurso de apelação no tribunal e distribuído imediatamente, o relator:

I – decidi-lo-á monocraticamente apenas nas hipóteses do art. 932, incisos III a V;
II – se não for o caso de decisão monocrática, elaborará seu voto para julgamento do recurso pelo órgão colegiado.

Art. 1.012. A apelação terá efeito suspensivo.

§ 1º Além de outras hipóteses previstas em lei, começa a produzir efeitos imediatamente após a sua publicação a sentença que:

I – homologa divisão ou demarcação de terras;
II – condena a pagar alimentos;

III – extingue sem resolução do mérito ou julga improcedentes os embargos do executado;
IV – julga procedente o pedido de instituição de arbitragem;
V – confirma, concede ou revoga tutela provisória;
VI – decreta a interdição.

§ 2º Nos casos do § 1º, o apelado poderá promover o pedido de cumprimento provisório depois de publicada a sentença.

§ 3º O pedido de concessão de efeito suspensivo nas hipóteses do § 1º poderá ser formulado por requerimento dirigido ao:
I – tribunal, no período compreendido entre a interposição da apelação e sua distribuição, ficando o relator designado para seu exame prevento para julgá-la;
II – relator, se já distribuída a apelação.

§ 4º Nas hipóteses do § 1º, a eficácia da sentença poderá ser suspensa pelo relator se o apelante demonstrar a probabilidade de provimento do recurso ou se, sendo relevante a fundamentação, houver risco de dano grave ou de difícil reparação.

Art. 1.013. A apelação devolverá ao tribunal o conhecimento da matéria impugnada.

§ 1º Serão, porém, objeto de apreciação e julgamento pelo tribunal todas as questões suscitadas e discutidas no processo, ainda que não tenham sido solucionadas, desde que relativas ao capítulo impugnado.

§ 2º Quando o pedido ou a defesa tiver mais de um fundamento e o juiz acolher apenas um deles, a apelação devolverá ao tribunal o conhecimento dos demais.

§ 3º Se o processo estiver em condições de imediato julgamento, o tribunal deve decidir desde logo o mérito quando:
I – reformar sentença fundada no art. 485;
II – decretar a nulidade da sentença por não ser ela congruente com os limites do pedido ou da causa de pedir;
III – constatar a omissão no exame de um dos pedidos, hipótese em que poderá julgá-lo;
IV – decretar a nulidade de sentença por falta de fundamentação.

§ 4º Quando reformar sentença que reconheça a decadência ou a prescrição, o tribunal, se possível, julgará o mérito, examinando as demais questões, sem determinar o retorno do processo ao juízo de primeiro grau.

§ 5º O capítulo da sentença que confirma, concede ou revoga a tutela provisória é impugnável na apelação.

Art. 1.014. As questões de fato não propostas no juízo inferior poderão ser suscitadas na apelação, se a parte provar que deixou de fazê-lo por motivo de força maior.

1. Observações. 2. Repetições. 3. Agravo Retido. 4. Sentenças Apeláveis. 5. Procedimento. 6. Efeitos. 7. Eliminação dos Embargos Infringentes.

1. Observações – A apelação é o mais completo dos recursos. Na verdade, uma segunda instância, que renova, nos limites da impugnação, o exame de todo o processo. Se, etimologicamente, recurso significa o caminho de volta, ela mais que qualquer outro, procede a um novo juízo. Daí ser chamada, traduzida expressão de língua alemã, uma "segunda primeira instância". Para cobrir os pontos essenciais da apelação o Código de 1973 disciplinou o recurso em nove artigos. O CPC de 2015 fez isto em seis. Descobrem-se, na apelação, uma simbiose dos recursos ordinário e extraordinário, já que ela permite, simultaneamente, o reexame dos fatos e a verificação, no aresto, da identificação da norma incidente e da interpretação dada a ela.

2. Repetições – O art. 1.009 repete o art. 513 da lei revogada, mudando o futuro do presente **caberá** pelo presente do indicativo **cabe**. O *caput* do art. 1.010 e os seus incs. I e IV são iguais ao *caput* e aos incisos I e III do art. 514 do Código revogado. O inciso II do art. 1.012 só difere de igual item do art. 587 porque muda o infinitivo **condenar** pelo indicativo **condena**, substituindo a frase **condenar a prestação de alimentos** pela frase condena a pagar alimentos, do mesmo sentido. O inciso IV troca o infinitivo **julgar** pelo indicativo **julga**. O art. 1.013 é gêmeo do art. 515, coincidindo o § 2º de um e do outro. O art. 1.014 espelha o anterior art. 517. Essas repetições mostram que, como fez ao longo do novo Código, o legislador foi servil ao Código revogado, mantendo, em termos práticos, várias das suas normas. De acordo com o propósito deste livro, dedicado às inovações, não se comentam os artigos que ab-rogaram os anteriores mas reeditaram as normas revogadas.

3. Agravo Retido – A leitura do art. 994 leva a crer que o novo Código eliminou o agravo retido, antigo agravo no auto do processo. Não é bem assim porque, na realidade, até determinado ponto, o diploma manteve, sob certo aspecto, o recurso. O art. 1.015, a cujas anotações se remete o eventual leitor, enumerou os casos de agravo de instrumento, de modo a não admitir que se interponha o recurso de outras decisões. Impediu contudo, no § 1º do art. 1.009, que as questões resolvidas na fase de conhecimento, sejam por despacho de que decorra sucumbência, seja por decisão interlocutória, não precluem ("não são cobertas pela preclusão"), assim permitindo que se suscitem em preliminar da apelação. Sem ela, não se admite o pedido de reexame, do pronunciamento, que não pode ser revisto de ofício, nada obstante a que o tribunal a ele proceda, quando isto for permitido pela lei. O dispositivo não vai longe do art. 523 e § 1º do Código anterior. Pode-se chamar o expediente do § 1º do art. 1.009 de **revisão, preliminar** ou quejando, demasiado o *nomen iuris* **agravo retido**, ou **agravo no auto do processo** porque o sucumbente não interpõe qualquer recurso da decisão, que fica nos autos físicos ou eletrônicos, até que haja o requerimento de revisão.

O § 3º do art. 1.009 institui quase um sucedâneo do agravo retido, quando permite que as decisões referidas no art. 1.015 sejam proferidas em capítulo da sentença. Nas razões da apelação, o apelante pede a revisão como preliminar do recurso.

Logicamente, o recorrido pode pedir, na sua resposta, o reexame do pronunciamento proferido ao longo do processo cognitivo, ou em capítulo da sentença (art. 1.009, § 2º). Formulado esse pedido, o recorrente será intimado para responder a preliminar em quinze dias; pelo princípio da igualdade (art. 139, I).

A epígrafe do Livro I da Parte Especial refere-se, nominalmente, ao **processo de conhecimento**, uma das categorias em que se triparte o processo civil contencioso. O § 1º do art. 1.009 fala, entretanto, não em processo de conhecimento, porém em **fase de conhecimento**, indicando assim que, onde houver conhecimento e couber apelação, caberá o pedido de reexame previsto nesse tópico. A execução por quantia certa é, se se permite o truísmo, instituto do processo de execução, ainda regido, por força do art. 1.052, pelo Título IV do Livro II do CPC anterior (arts. 748 a 786-A). A sentença que declara extinta as obrigações do devedor insolvente (art. 782 do CPC de 1973) é apelável e há cognição nesse processo. Também apelável a sentença de extinção da execução (art. 925 do novo Código). Nesses casos, e noutros de igual natureza, o § 1º do art. 1.009 incide. Esse dispositivo aplica-se também aos processos de procedimentos especiais (art. 539 e ss.), ainda quando acessórios, observadas, porém, as ressalvas do § 1º do art. 203.

4. Sentenças Apeláveis – O § 1º do art. 203 (q.v.) define sentença como o pronunciamento que põe fim à fase cognitiva do procedimento comum, ou extingue o processo sem julgamento do mérito, ou com ele (art. 487). A sentença é apelável.

O inciso II do art. 1.015 chama de interlocutórias (art. 203, § 2º) as sentenças que decidirem o mérito do processo sem contudo encerrá-lo, como ocorrerá toda vez que o mérito for decidido parceladamente, em muitas vezes, como ocorrerá, por exemplo, no processo de inventário, ou no processo falimentar. Assim fez para evitar qualquer perplexidade em relação ao recurso cabível em tais casos. Bem vistas as coisas, a lei acaba instituindo agravo de instrumento para sentenças de mérito, considerando-as interlocutórias, como se julgassem incidentes.

Pode acontecer todavia que se profira sentença terminativa, sem julgamento do mérito, sem que se extinga o que, formalmente, é o processo. Nesses casos, não caberá agravo, excluída a incidência do inciso II do art. 1.015, que só cuida de julgamento do mérito do processo. Se se considerar decisão interlocutória a sentença de extinção de parte do processo, sem julgamento do mérito, ela será irrecorrível. Considere-se, por exemplo, o ato que extingue o processo quanto a um dos pedidos pela falta de interesse (art. 485, VI). Se se considera esse ato decisão interlocutória, ele não poderá ser impugnado por agravo de instrumento por estar fora do elenco do art. 1.015. Dê-se outro exemplo, imaginando-se o caso em que o juiz julga extinta a reconvenção (art. 343), sem apreciar o pedido (art. 343, § 2º). Visto como decisão interlocutória, esse pronunciamento, que não cabe em qualquer inciso do art. 1.015, será irrecorrível. Considere-se que se, em vez de reconvir, o réu houvesse formulado o mesmo pedido em ação própria. Extinto o processo desta ação, caberia apelação, incabível contudo, numa perigosa interpretação literal do Código de 2015, se a decisão extintiva se desse no que, formalmente, seria o processo onde o réu reconveio. Há, aqui, invisível contrassenso nessa disparidade de tratamento da mesma situação.

Nos casos de extinção de parte do processo sem julgamento do mérito, ou de extinção do mesmo modo do processo embutido, a melhor solução será formar autos com as peças pertinentes, a sentença, a apelação e respectiva resposta as principais delas e remeter esses autos ao tribunal, se forem físicos, ou por via eletrônica. Por comodidade, a jurisprudência, tal como aconteceu na vigência do Código anterior, considerará o ato decisão interlocutória, estranhamente impugnável por agravo de instrumento, conquanto esse pronunciamento não figure entre as decisões das quais cabe esse recurso.

5. Procedimento – O novo Código não apresenta nenhuma inovação de monta quanto ao procedimento da apelação. Conforme o inciso II do art. 1.010, o apelante deve fazer a exposição do fato e do direito. Neste ponto, o recurso compreende a exposição analítica do fato com a indicação da erronia do juízo quanto a esse ponto. Na exposição do direito, cabe a crítica à identificação da norma incidente, à interpretação e à indicação da norma aplicável. Diga-se que a exposição é ampla, abrangente dos reparos e defeitos quanto à interpretação dos fatos e das normas jurídicas pertinentes.

O inciso III revela o que eventualmente estava contido no inciso II do art. 514. O § 1º do art. 1.010 trata da resposta do apelado, chamada contrarrazões no texto.

O prazo de quinze dias para a interposição e resposta já está no § 5º do art. 1.003. O § 2º do art. 1.010 manda o juiz determinar a intimação do apelante para responder, também em quinze dias, o recurso adesivo do apelado. Interposto o recurso adesivo pelo apelante, o apelado terá igual prazo para responder a ele.

O CPC de 2015 não repetiu a regra do § 2º do art. 518 do Código anterior. O § 3º do mesmo art. 1.010 manda remeter os autos ao tribunal, se físico o processo, ou encaminhar o recurso, se o processo for eletrônico, pela introdução dele no *site* do feito.

Atente-se que o § 3º do art. 1.010 manda o juiz remeter os autos (ou usar o meio eletrônico), independentemente de juízo de admissibilidade. O parágrafo concede ao juiz uma faculdade, porém não o proíbe de exercer juízo de admissibilidade, de cuja decisão não caberá recurso, porém um pedido ao tribunal que o reveja, caso em que a apelação será remetida ao órgão superior. Absurdo será o fato do juiz verificar, por exemplo, que a apelação é intempestiva e não poder indeferi-la. O Código falhou no particular, cabendo uma interpretação e aplicação elásticas do § 3º do art. 1.010, junto com o § 1º do art. 1.009. O juízo de admissibilidade do recurso extraordinário e especial faz-se, primeiramente, no tribunal recorrido. Positivo o juízo, remete-se a apelação. Negativo, também se deve enviar a apelação ao tribunal, se o apelante assim requerer, no prazo de cinco dias do § 3º do art. 218.

A apelação será remetida ao tribunal e distribuída ao relator de pronto, o que não impede que se aguarde a hora da distribuição, a menos que os recorrente e recorrido peçam urgência na prática desse ato. Recebida a apelação, o relator decidirá o recurso monocraticamente, **apenas** nas hipóteses dos incisos III a V do art. 932, conforme o inciso I do art. 1.011. O uso do advérbio sublinhado não permite a decisão referida no inciso I em outros casos. Fora da ocorrência prevista nesse primeiro inciso, o relator fará o relatório (art. 931) e elaborará seu voto, que será proferido na sessão de julgamento. Na atualidade, costuma o relator, que já houver encaminhado o relatório aos seus pares, por via eletrônica ou qualquer outra, fazer um resumo dessa exposição, ou mesmo suprimi-la, mediante a concordância das partes. Não é incomum o relator dispensar a sustentação da parte em favor da qual proferirá o seu voto, depois de manifestada a concordância dos demais juízes com ele. Não há revisor na apelação. O novo Código não repetiu a norma do art. 551 do CPC anterior.

6. Efeitos – O art. 1.012 do novo Código não repete o art. 520 do anterior, onde se dizia que a apelação seria recebida em seus efeitos devolutivo e suspensivo. Do efeito devolutivo fala o art. 1.013. O art. 1.012 começa por enunciar a regra geral de que a apelação terá efeito suspensivo, para logo abrir exceções a essa norma, nos seus seis incisos. O inciso I, igual ao item I do art. 520 do Código anterior, explicita que a divisão e a demarcação são de terras, irrelevante a troca do infinitivo **homologar** pelo indicativo **homologa**. No conteúdo, não são desiguais os incisos II dos dois artigos porque pagar alimentos é a mesma coisa que prestar alimentos. O inciso III avantaja igual inciso do art. 520 porque, de modo abrangente, fala em extinção dos embargos do executado (art. 914) por sentença terminativa e não apenas de rejeição liminar deles. O inciso IV do art. 1.012 é idêntico ao VI do art. 520, anterior. O inciso V fala em tutela provisória que aparece nova no Livro V da Parte Geral do CPC de 2015. O inciso V dá efeito suspensivo para que opere imediatamente a sentença que decreta a interdição. Dispositivo novo, que se explica pela natureza da restrição.

O § 1º do art. 1.012 determina que, nos casos previstos nos seus incisos, a sentença começa a produzir seus efeitos, tão logo publicada (§ 2º). Eventuais embargos de declaração à sentença não impedem os seus efeitos imediatos. Conjuga-se o parágrafo com o art. 995. O § 2º é compatível com a falta de suspensividade da apelação, nos casos dos incisos do art. 1.012 (art. 52). O § 3º do art. 1.012 permite que o apelado peça efeito suspensivo para a apelação das sentenças referidas nos seus incisos e para aqueloutros mencionados na primeira proposição do § 1º. Faz-se esse pedido na forma dos dois incisos do parágrafo. Em curso a apelação na primeira instância, o pedido de efeito suspensivo se dirigirá ao tribunal em petição autônoma que será distribuída ao relator que, por isto, ficará prevento para julgar a apelação. Da decisão do relator que defere ou indefere o pedido caberá agravo interno (art. 1.021).

Tirante o seu § 2º, o art. 1.013 apresenta inovações nos seus §§ 1º, 3º a 5º.

O § 1º do art. 1.013 cria uma limitação que não constava do § 1º do art. 515, anterior. Só se devolvem ao tribunal as questões não solucionadas, se relativas ao capítulo da sentença que houver sido impugnado. Cuida o parágrafo da apelação parcial.

As hipóteses do § 3º do artigo ora examinado estavam virtualmente contidas no § 3º do art. 515 do Código anterior. Qualquer das sentenças do art. 485 é julgado terminativo e pode ser substituído, no tribunal, por acórdão definitivo. A decretação da nulidade da sentença não obsta a que o tribunal profira outra, de mérito, dentro dos limites do pedido e da causa de pedir que o fundamento. Decreta-se a nulidade da sentença mas se julga o mérito da ação, como não terá feito a instância recorrida. Não julgado um dos pedidos formulados na inicial, na reconvenção ou em processo acessório, o tribunal o julgará, ainda quando rejeitados os embargos declaratórios opostos à sentença omissa quanto à apreciação de um ou mais pedidos. Como é nula a sentença não fundamentada, poderá o tribunal, ao decretar-lhe a nulidade, proferir outra sentença, nada obstando a que rejeita o dispositivo da sentença nula.

A possibilidade de proferir outra sentença significa levar o efeito devolutivo da apelação à sua extensão mais ampla. Não se diga que os dispositivos que permitem o julgamento no tribunal sejam inconstitucionais. Quando a Constituição assegura aos litigantes os recursos inerentes à ampla defesa, não impõe a criação deles mas apenas alude aos recursos existentes, que se interporão na forma que a lei os instituiu. Se a lei fundamental admite processos de competência originária dos tribunais, haverá de admitir que se julgue o processo na corte superior, quando a lei assim dispuser.

A sentença que reconheça a decadência ou a presunção é sentença de mérito (art. 487, II). Reformada ela, para negar esses fenômenos extintivos, o tribunal da apelação segue adiante e julga a causa na parte excedente da questão prévia, podendo proferir quanto a esta julgamento terminativo, ou definitivo (arts. 485 e 47).

O § 5º faz apelável a parte da sentença que concede ou revoga a tutela provisória, mas, quanto a esse capítulo, a sentença não produz efeito suspensivo (art. 1.012, V), que pode, no entanto, ser atribuído, como permite o § 3º desse dispositivo.

7. Eliminação dos embargos infringentes – O art. 530 do Código de 1973 admitia a oposição de embargos infringentes, "quando o acórdão não unânime houvesse reformado, em grau de apelação, a sentença de mérito, ou houvesse julgado procedente ação rescisória". Esse recurso, aliás, constava da enumeração feita no art. 496 daquele diploma, como se via no seu inciso III.

O Código de Processo Civil de 2015 eliminou os embargos infringentes do rol dos recursos por ele admitidos, como se vê no seu art. 994. Acontece, entretanto, que o art. 942 do novo CPC dispõe que "quando o resultado da apelação não for unânime, o julgamento terá prosseguimento em sessão a ser designada com a presença de outros julgadores, que serão convocados nos termos previamente definidos no regimento interno, em número suficiente para garantir a possibilidade de inversão do resultado inicial, assegurado às partes e eventuais terceiros o direito de sustentar oralmente suas razões perante os novos julgadores".

Os §§ 1º e 2º do mesmo artigo editam normas que poderiam ser aplicadas, ainda que não existissem. O § 1º permite que prossiga o julgamento, na mesma sessão, desde que haja julgadores no órgão colegiado, obviamente em condições de votar. Assim, por exemplo, se, composto o órgão da apelação por cinco julgadores, os dois remanescentes, que não participaram da votação, serão chamados a votar, já que seus votos podem reverter o julgamento. Se se permite a ilustração, havendo votado o relator e o primeiro vogal, num sentido, e o segundo vogal, noutro, os dois julgadores chamados a participar do julgamento, na conformidade do § 1º, bem poderão somar-se ao voto vencido, que se tornará vencedor pela maioria de três votos a dois. Se o primeiro dos dois aderir ao relator e ao vogal, vencedores na primeira votação, já se configurará a maioria, o que, entretanto, não obstará ao voto do segundo convocado, que pode levar os demais a mudarem a sua decisão, como permite o § 2º.

O disposto no art. 942, *caput*, não se aplica ao recurso ordinário, previsto no inciso II dos arts. 102 e 105 da Constituição Federal, que, conquanto tenham o mesmo objetivo, são diferentes, na existência, do recurso de apelação, tanto assim que o novo CPC alude a ela, no inciso I do seu art. 994, e ao ordinário no seu inciso V. A norma do art. 942 é exceção e como tal deve ser interpretada e aplicada.

Convenha-se em que o art. 942 dissimula os embargos infringentes, quando institui medida semelhante a esse recurso, assegurando-se sustentação oral, antes do voto dos juízes convocados. Ao contrário do art. 530 do diploma anterior, cabe a medida do art. 942 tanto na hipótese de confirmação, quanto no caso em que se reverter a decisão apelada. Leiam-se as notas ao art. 942, abrangentes de todo o dispositivo. O art. 942 incide no caso de voto divergente sobre questões prévias, preliminares, ou prejudiciais.

Do § 3º do art. 942 se falará no comentário a esse dispositivo que não fica longe da norma do *caput*.

Capítulo III

Do Agravo de Instrumento
(arts. 1.015 a 1.020)

Art. 1.015. Cabe agravo de instrumento contra as decisões interlocutórias que versarem sobre:
    I – tutelas provisórias;
    II – mérito do processo;
    III – rejeição da alegação de convenção de arbitragem;

IV – incidente de desconsideração da personalidade jurídica;
V – rejeição do pedido de gratuidade da justiça ou acolhimento do pedido de sua revogação;
VI – exibição ou posse de documento ou coisa;
VII – exclusão de litisconsorte;
VIII – rejeição do pedido de limitação do litisconsórcio;
IX – admissão ou inadmissão de intervenção de terceiros;
X – concessão, modificação ou revogação do efeito suspensivo aos embargos à execução;
XI – redistribuição do ônus da prova nos termos do art. 373, § 1º;
XII – (Vetado);
XIII – outros casos expressamente referidos em lei.

Parágrafo único. Também caberá agravo de instrumento contra decisões interlocutórias proferidas na fase de liquidação de sentença ou de cumprimento de sentença, no processo de execução e no processo de inventário.

Art. 1.016. O agravo de instrumento será dirigido diretamente ao tribunal competente, por meio de petição com os seguintes requisitos:
I – os nomes das partes;
II – a exposição do fato e do direito;
III – as razões do pedido de reforma ou de invalidação da decisão e o próprio pedido;
IV – o nome e o endereço completo dos advogados constantes do processo.

Art. 1.017. A petição de agravo de instrumento será instruída:
I – obrigatoriamente, com cópias da petição inicial, da contestação, da petição que ensejou a decisão agravada, da própria decisão agravada, da certidão da respectiva intimação ou outro documento oficial que comprove a tempestividade e das procurações outorgadas aos advogados do agravante e do agravado;
II – com declaração de inexistência de qualquer dos documentos referidos no inciso I, feita pelo advogado do agravante, sob pena de sua responsabilidade pessoal;
III – facultativamente, com outras peças que o agravante reputar úteis.

§ 1º Acompanhará a petição o comprovante do pagamento das respectivas custas e do porte de retorno, quando devidos, conforme tabela publicada pelos tribunais.

§ 2º No prazo do recurso, o agravo será interposto por:
I – protocolo realizado diretamente no tribunal competente para julgá-lo;
II – protocolo realizado na própria comarca, seção ou subseção judiciárias;
III – postagem, sob registro, com aviso de recebimento;
IV – transmissão de dados tipo fac-símile, nos termos da lei;
V – outra forma prevista em lei.

§ 3º Na falta da cópia de qualquer peça ou no caso de algum outro vício que comprometa a admissibilidade do agravo de instrumento, deve o relator aplicar o disposto no art. 932, parágrafo único.

§ 4º Se o recurso for interposto por sistema de transmissão de dados tipo fac-símile ou similar, as peças devem ser juntadas no momento de protocolo da petição original.

§ 5º Sendo eletrônicos os autos do processo, dispensam-se as peças referidas nos incisos I e II do *caput*, facultando-se ao agravante anexar outros documentos que entender úteis para a compreensão da controvérsia.

Art. 1.018. O agravante poderá requerer a juntada, aos autos do processo, de cópia da petição do agravo de instrumento, do comprovante de sua interposição e da relação dos documentos que instruíram o recurso.

§ 1º Se o juiz comunicar que reformou inteiramente a decisão, o relator considerará prejudicado o agravo de instrumento.

§ 2º Não sendo eletrônicos os autos, o agravante tomará a providência prevista no *caput*, no prazo de 3 (três) dias a contar da interposição do agravo de instrumento.

§ 3º O descumprimento da exigência de que trata o § 2º, desde que arguido e provado pelo agravado, importa inadmissibilidade do agravo de instrumento.

Art. 1.019. Recebido o agravo de instrumento no tribunal e distribuído imediatamente, se não for o caso de aplicação do art. 932, incisos III e IV, o relator, no prazo de 5 (cinco) dias:

I – poderá atribuir efeito suspensivo ao recurso ou deferir, em antecipação de tutela, total ou parcialmente, a pretensão recursal, comunicando ao juiz sua decisão;

II – ordenará a intimação do agravado pessoalmente, por carta com aviso de recebimento, quando não tiver procurador constituído, ou pelo Diário da Justiça ou por carta com aviso de recebimento dirigida ao seu advogado, para que responda no prazo de 15 (quinze) dias, facultando-lhe juntar a documentação que entender necessária ao julgamento do recurso;

III – determinará a intimação do Ministério Público, preferencialmente por meio eletrônico, quando for o caso de sua intervenção, para que se manifeste no prazo de 15 (quinze) dias.

Art. 1.020. O relator solicitará dia para julgamento em prazo não superior a 1 (um) mês da intimação do agravado.

1. Observações. 2. Repetições. 3. Decisões Agraváveis. 4. Decisão Majoritária.

1. Observações – "Não sendo possível modificar a natureza das coisas, o Anteprojeto preferiu conceder agravo de instrumento de todas as decisões interlocutórias". Assim escreveu Alfredo Buzaid, no Capítulo II da Parte III (item 22) do seu Anteprojeto de Código de Processo Civil, transformado no CPC de 1973, cujo art. 522 dizia: "Das decisões interlocutórias caberá agravo[...]". Essa norma contraria, sem dúvida, o princípio da irrecorribilidade das interlocutórias, um dos pontos fundamentais do **processo oral**, sistema cuja denominação é a de um dos preceitos que o integram. "Não sendo possível modificar a natureza das coisas", escreveu o celebrado processualista, aludindo ao fato de que, tendo o art. 842 do Código de 1939 arrolado, em *numerus clausus*, as decisões suscetíveis de agravo de instrumento, o empenho dos advogados concebeu meios de impugnar decisões exorbitantes da admissibilidade desse recurso. Daí, o uso da **correição parcial**, ou **reclamação**, ou até mesmo do mandado de segurança, descaracterizado quando empregado, muito impropriamente, como sucedâneo de recurso. O inconformismo com certas decisões judiciais, não poucas teratológicas, levou as partes a engendrarem um meio de se insurgirem contra elas. A prática não é nova. A *supplicatio*, origem remota do agravo luso-brasileiro, surgiu depois de proibida a apelação dos julgamentos dos prefeitos do pretório.

Atento à mais pura processualística, mas fechando os olhos à "natureza das coisas", ou melhor, à realidade jurisdicional brasileira, o legislador do Código de Processo Civil de 2015 limita o agravo de instrumento aos casos enumerados no art. 1.015 e a outros, expressamente previstos em lei, como está no inciso XIII do dispositivo (o agravo retido foi eliminado do Código mas veja-se a anotação ao § 1º do art. 1.009).

A estrutura do agravo de instrumento no Código de Processo Civil é a mesma do Código anterior mas com alterações de pouca monta.

2. Repetições – O art. 1.016 do novo Código repete o art. 524 do anterior. O inciso II copia o revogado inciso I. O inciso III repete o inciso II, acrescentando, entretanto, ao pedido de reforma o de invalidação do ato decisório agravado. O inciso IV do mesmo art. 1.016 determina que a petição de interposição do agravo indique o nome e o endereço completo dos advogados constantes do processo. Assim também dispunha o inciso III do art. 524. Não é necessário que se indiquem os nomes de todos os advogados constantes da procuração junta aos atos, porém os nomes de todos os advogados atuantes no processo, isto é, os que, constantes da procuração ou substabelecimento, efetivamente postulam por meio da inicial, da contestação, réplica, reconvenção e demais atos processuais, demonstrando presença constante no feito. Por isto, dispensa-se a nomeação de advogado que interveio para a prática de um só ato, ou de poucos, na eventual substituição de um colega. Desnecessária a nomeação de advogados que, por qualquer motivo deixaram o processo, como morte, interdição, renúncia. Não se indicam o Ministério Público ou a Defensoria ou membros da Advocacia Pública que não são advogados, no sentido do Código, que exige apenas a indicação dos advogados, não a dos que atuam nesses órgãos. Os advogados dos terceiros intervenientes também serão nomeados, assim como os atuantes nos processos apensados. A ocasional omissão de um nome, dentre vários, não constitui nulidade insanável, que vicie irremediavelmente o recurso. Entenda-se que a finalidade de nomeação é identificar os advogados atuantes, a fim de intimá-los para atos processuais. Não é necessário que a intimação se faça em nome de todos os advogados, bastando a referência a um deles para a validade dela.

3. Decisões Agraváveis – O art. 1.015 do Código de 2015 alinha em onze incisos (vetado o XII, e o XIII fazendo menções a outros casos), as decisões interlocutórias que podem ser impugnadas através de agravo. Diz o *caput*: "[...] as decisões interlocutórias que versarem[...]", indicando que não se trata de uma decisão só, porém todas aquelas ligadas ao instituto a que atendem. Assim, todas as decisões proferidas no âmbito das tutelas provisórias, previstas no Livro V da Parte Geral, podem ser impugnadas pelo agravo de instrumento, fiquem elas no âmbito dos arts. 294 a 299, sejam relativas à tutela de urgência (arts. 300 a 304), sejam proferidas no campo da tutela de evidência (art. 311).

O inciso II fala em decisões interlocutórias que julgaram o mérito do processo, que não devem ser compreendidas como as sentenças de mérito, apeláveis, conforme o art. 1.009. Este inciso mostra que o Código considera decisões interlocutórias, não sentenças, os pronunciamentos que julgam o mérito do processo, como o que decide pela procedência ou improcedência de um pedido, deixando para momento posterior o julgamento do outro ou dos outros pedidos formulados. Atente-se na sentença de mérito proferida no processo principal em que houve reconvenção, sem que ela seja julgada (arts. 317 e 318 – q.v.). Tenham-se em mente aqueles casos em que a jurisdição é prestada de modo fracionário.

O inciso III permite o agravo contra a decisão que rejeita a exceção (tomado o substantivo no sentido de defesa) de compromisso arbitral (art. 337, X). Não da decisão que a acolhe. Se, de ofício ou a requerimento da parte, o juízo arbitral entender que o caso não é de arbitragem, suscitará conflito negativo de competência (art. 66, II), a ser decidido pelo Superior Tribunal de Justiça (CF, art. 105, I, *d*). Se o juiz entender que o caso não é de arbitragem, também suscitará conflito, este positivo, a ser julgado pelo STJ da mesma forma, sem cumprir, cegamente, a segunda parte do inciso VII do art. 485.

O inciso IV fala em decisão que versar sobre desconsideração da personalidade jurídica (art. 133), num sentido lato. Qualquer decisão interlocutória, ou despacho de que advém sucumbência, a ela equiparado, comportará o agravo.

O inciso V dá agravo de decisão que rejeita o pedido de gratuidade de justiça, mas não permite o recurso dos atos decisórios que admitem o benefício. Esses cairão no § 1º do art. 1.009. (Veja-se o art. 101).

O inciso VI concede o agravo de instrumento contra as interlocutórias que versarem sobre incidente de exibição ou posse de documento, ou coisa. Esse incidente, que se espraia dos arts. 396 ao 404 do novo Código, se efetiva através de diferentes decisões, todas elas suscetíveis de agravo de instrumento.

Os incisos VII e VIII do mesmo art. 1.015 outorgam o recurso de agravo de instrumento para todas as decisões relativas à exclusão de litisconsorte, ou ao pedido de limitação do litisconsórcio. A exclusão de litisconsorte, ativo ou passivo, ocorrerá quando o juiz, ou o tribunal determinar que deixe de integrar a relação processual um ou mais litisconsortes (art. 113). A decisão que manda incluí-los no processo (arts. 114 e 115, parágrafo único) não pode ser impugnada por agravo de instrumento mas ela cai no § 1º do art. 1.009. Também cabe agravo de instrumento do ato decisório que rejeitar pedido de limitação do litisconsórcio, isto é, do número de colitigantes, no polo passivo, ou ativo da relação processual, ou em ambas as partes, desde que facultativo o litisconsórcio, não importa se simples ou unitário (art. 116). Não se admite a limitação no caso de litisconsórcio necessário mas a decisão que a determina, ou nega, é suscetível de agravo de instrumento pois versa sobre limitação do número de litisconsortes.

O inciso IX concede o agravo, tanto da admissão quanto do indeferimento de intervenção de terceiros. Convém lembrar que o verbo **versarem** abrange qualquer decisão relativa a esse ingresso. Os terceiros não são apenas os indicados no Título III do Livro III da Parte Geral do Código, como ainda qualquer terceiro que, nessa qualidade, venha a intervir no processo, assim, por exemplo, o terceiro recorrente (art. 996).

No caso do item X, cabe o agravo da decisão que concede o efeito suspensivo aos embargos à execução (art. 914 e ss.), que revoga esse efeito, ou o modifica. Não assim da decisão que indefere o requerimento desse efeito, que será uma daquelas para as quais não se concedeu o recurso, que se submetem à regra do § 1º do art. 1.009.

O § 1º do art. 373 e os §§ 2º e 3º contemplam diferentes casos de distribuição do ônus da prova. Da decisão que inverta ou modifique esse encargo cabe o agravo.

Vetou-se o inciso XII, que teria dado agravo, nos casos de conversão da ação individual em ação coletiva. O inciso XIII alude a outros casos expressamente referidos em lei. É preciso, então, que uma lei estabeleça, expressamente, ou seja, especifica e inequivocamente, a admissibilidade do agravo. O art. 101 é exemplo disso.

Finalmente, o parágrafo único do art. 1.015 concede o agravo de outras decisões interlocutórias proferidas durante a liquidação de sentença (arts. 509 e ss.), ou ao longo, e que versarem sobre o cumprimento da sentença (arts. 513 e ss.).

Importante é o parágrafo quando concede agravo de instrumento de todas as decisões interlocutórias proferidas no vasto processo de execução. É do Padre Leonel Franca a afirmação de que o homem vive do que nega para não morrer do que afirma. O parágrafo dá razão a esse juízo. No *caput*, o art. 1.015 limita os casos de agravo, porém o parágrafo único admite amplamente recurso contra todas as interlocutórias proferidas no processo de execução e no de inventário. O parágrafo editou essa regra geral e abrangente para não escolher as decisões suscetíveis de agravo nos dois feitos.

O art. 1.016, *caput*, repete o art. 524 do Código anterior. O inciso I daquele dispositivo determina, corretamente, que a petição de agravo indique o nome das partes; de todas, sejam agravantes ou agravadas, convindo destacar eventual desistência de recurso, abdicação do direito de recorrer, ou aquiescência à decisão. Esses atos não apagam a suspeição ou o impedimento do relator ou de algum integrante do órgão julgador porque as partes continuam no processo.

O inciso I do art. 1.017, igual, no *caput*, ao art. 525 do CPC de 1973, passou a exigir a juntada de cópias da petição inicial e da contestação, desnecessária a cópia dos documentos acompanhantes delas, isto para dar ao tribunal visão ampla da controvérsia. A juntada da petição que deu origem à decisão agravada, quando esta resultar de alguns requerimentos; como normalmente acontece, é requisito lógico. Só se juntam cópias de reconvenção ou a respectiva contestação ou de pedido de intervenção de terceiro se a decisão agravada tiver relação com esses pleitos. Diga-se, em síntese, que deve ser juntada qualquer petição de incidente do qual tenha advindo a decisão agravada com a manifestação contrária. O inciso II manda o advogado suprir a falta de qualquer dos documentos exigidos no inciso anterior com a declaração da sua inexistência. A norma aplica-se também ao agravado. Os cinco incisos do § 2º são inovações. O agravo não é interposto por protocolo, conforme o inciso I, mas o protocolo documenta a interposição do agravo. O inciso II, desdobramento do I, permite que se interponha o agravo, não diretamente no tribunal, porém na comarca, na seção ou na subseção judiciárias. Aqui, incide a norma complementar de organização judiciária que só não pode impedir que se interponha o recurso do modo permitido no item. Será a lei de organização que definirá comarca, seção ou subseção. Pode ainda o agravante interpor o agravo pelo correio, na modalidade "aviso de recebimento" ("AR"). Permite-se também, consoante o inciso IV, a interposição do recurso por fax, convindo que ele seja dirigido ao setor de distribuição do tribunal competente. Por derradeiro, o inciso V fala na interposição, por outra forma (*rectius*, modo), previsto em lei, como é o caso do processo eletrônico. O inciso não fala em telefone mas esta via é também admissível, contanto que se documente a transmissão. *Mutatis mutandis*, os arts. 264 e 265 incidem, quanto a esse meio, admissíveis ainda o telegrama ou radiograma (art. 414).

Remetendo ao art. 932, parágrafo único, o § 3º permite que o relator (*idem*, o órgão julgador do recurso, em cujo nome ele decide) mande suprir a falta de qualquer peça, ou corrigir a petição de interposição do recurso. Essa regra segue a esteira do art. 231. Não satisfeita a determinação, o recurso não será admitido pelo relator, de cujo despacho caberá o agravo interno do art. 1.021 (q.v.).

A regra do § 4º só se aplica nos casos dos incs. IV e V do § 2º. Extrai-se do parágrafo que, interposto o recurso por transmissão de dados, as peças acompanhantes da petição de interposição devem ser juntas, no momento de protocolo da petição original, que é a petição de interposição do recurso. Assim, não basta a petição, sendo preciso juntar as peças, que devem ser necessariamente juntas, nos casos de protocolo, ou de postagem (incisos I, II e III), sempre incidente o § 3º. Conforme o § 5º, dispensam-se as exigências dos incisos I e II do *caput* (cópias da petição inicial etc. e declaração de inexistência). A oração gerundiva que termina o parágrafo permite a juntada de outros documentos que vêm aos autos pela primeira vez, desde que propícios à compreensão da controvérsia. Desnecessários a esse fim, o relator e o órgão julgador simplesmente não os considerarão, em vez de ordenar o desentranhamento deles. A faculdade se estende ao agravado.

O verbo **poderá**, usado no *caput* do art. 1.018, levaria à conclusão de que a juntada de cópia da petição de agravo é faculdade do agravante, não fossem os §§ 1º e 2º do dispositivo. É claro que o agravante poderá deixar de promover a juntada, assim como lhe é assegurado o direito de desistir do recurso (art. 998), renunciar ao direito de recorrer (art. 999), ou aquiescer, expressa ou tacitamente à decisão (art. 1.000 e parágrafo único), advindo consequências de qualquer desses atos.

O art. 1.018 torna o agravo um recurso de retratação. Regularmente formulado o pedido de juntada nele previsto, o juízo poderá voltar atrás, revendo a sua decisão, para substituí-la por outra, ou mesmo lhe destacar a nulidade. O reexame será parcial, se parcial o agravo (art. 1.002). Exercendo o juízo de retratação, pode o juiz reformar a decisão, no todo ou em parte. Se o fizer no todo, o relator considerará prejudicado o agravo, isto é, proferirá julgamento de inadmissibilidade dele pela falta de interesse superveniente, consoante o § 1º, cuja correta interpretação levará ao entendimento de que se parcial a reforma, parcial também será o juízo negativo de admissibilidade. Reformado pelo juízo recorrido o pronunciamento agravado, caberá agravo da decisão reformadora por qualquer dos legitimados (art. 996), desde que caiba no art. 1.015 ou noutro dispositivo do CPC ou de lei extravagante. Se o agravo for julgado antes da decisão reformadora, esta será ineficaz; se depois, ineficaz será o acórdão de julgamento do agravo.

O *caput* do artigo é claro em determinar que, ao requerer a juntada de cópia da petição do agravo, o agravante apresentará cópia do comprovante da interposição do recurso e a relação dos documentos que o instruíram; somente a relação dos documentos e não cópia deles, cuja apresentação, no entanto, será facultativa.

O § 2º do art. 1.018 determina que a juntada se fará em três dias, contados da interposição do agravo. Se o agravante não promover a juntada nesse tríduo, o agravo de instrumento será julgado prejudicado, pelo relator, ou pelo colegiado, em cujo nome ele decide, admissível o agravo interno (art. 1.021) da decisão singular. Assim determina o § 3º, que torna a juntada exigida no *caput* um requisito da admissibilidade do recurso.

Acrescente-se que, de acordo com o § 2º do mesmo art. 1.018, se os autos forem eletrônicos, o agravante não necessitará de requerer a juntada dos documentos indicados no *caput* do artigo, que já estarão no sistema. Deverá, no entanto, requerer, no tríduo, o juízo de retratação cuja abstenção provocará juízo de inadmissibilidade do recurso. Não faz sentido condicionar a admissibilidade do recurso ao requerimento de juntada referido no *caput* e dispensar o requerimento de reexame do julgado, no caso de autos eletrônicos. Também aqui o princípio dispositivo incidirá.

Conforme o art. 1.019, distribuído o agravo, imediatamente, logo após sua chegada ao tribunal (o advérbio **imediatamente** tem o mesmo sentido do adjetivo **incontinenti** do revogado art. 527) o relator, ou procederá conforme os incs. III e IV do art. 932 (q.v.), ou agirá como determinam os incisos I, II e III do mesmo artigo. O inciso I é idêntico ao inciso III do anterior art. 527. O inciso II manda que se intime o agravado para responder. Essa intimação faz-se por carta com aviso de recebimento. Assim se procede, se o agravado não tiver, ou já não tiver procurador. Tendo, a intimação se realiza na pessoa do advogado, mediante publicação no Diário de Justiça, ou por carta com aviso de recebimento, ainda que na comarca haja órgão oficial. O prazo para a resposta é de quinze dias. O pronome **lhe**, acrescentado ao gerúndio **facultando**, destina-se ao recorrido que, por si, se não tiver advogado, ou por meio deste, poderá juntar documentos que entender necessários ao julgamento do recurso. Nesse caso, será aplicado o § 1º do art. 437. O inciso III determina a intimação do Ministério Público, de preferência por meio eletrônico, ainda que o processo não se desenvolva nessa modalidade. Para evitar a errônea interpretação, semelhante à que se fez, especialmente nas vergônteas do CPC de 1973, do seu art. 454, quando se decidiu pela obrigatoriedade da presença do Ministério Público na audiência de instrução e julgamento, o inciso III esclarece que o MP só será intimado, quando for o caso em que ele já esteja atuando no processo, ou tenha que intervir. Fora disso, é descabida e nula a intimação.

O art. 1.020 determina ao relator que solicite dia para julgamento, num prazo não superior a um mês (30 ou 31 dias, ou 28 ou 29, se o mês for fevereiro e bissexto), contado da intimação do agravado. Interprete-se contudo esse dispositivo, considerando-se o início do prazo após o último dia para a resposta do agravado, ou para a manifestação do Ministério Público. A norma do art. 1.020 é programática, pois não há sanção processual para o descumprimento desse prazo, anomalia que pode decorrer do excesso de recursos a serem julgados, ou da extensão da pauta.

4. Decisão Majoritária – No inciso II do § 3º do art. 942, o CPC de 2015 traz uma inovação ao Direito Processual Civil positivo. Permite que se proceda como explicado na referência a esse dispositivo, feita no item 7 do capítulo de notas à apelação. Admite-se, inusitadamente, o julgamento do agravo, na conformidade do art. 942, "quando houver reforma da decisão que julgar parcialmente o mérito".

A interpretação desse inciso II impõe a definição do que seja mérito do agravo de instrumento. O mérito de qualquer recurso, portanto do agravo de instrumento, é o pedido que se faz nessa impugnação. Assim, por exemplo, se se rejeita alegação de convenção de arbitragem, e se recorre de tal decisão (art. 1.015, III) o mérito do agravo será o pedido de deferimento da alegação que, como salta aos olhos, nada tem a ver com o mérito da ação. Pode, entretanto, acontecer que o juiz julgue, efetivamente, o mérito do processo, naqueles casos em que a jurisdição é fracionária, hipótese em que o Código concede agravo de instrumento da decisão (art. 1.015, II). Como o art. 942, § 3º, II, não distingue o julgamento do mérito do agravo do julgamento do julgamento do mérito da ação por ele impugnada, há que se entender, pela alusão genérica a mérito, que cabe a providência do *caput* do dispositivo, tanto na hipótese de julgamento majoritário do mérito do agravo de instrumento, quanto no caso de julgamento majoritário do mérito da ação.

Como se vê, o legislador, suprimindo os embargos infringentes, mas concedendo a medida inominada do art. 942, deu com uma das mãos o que tirou com a outra, já que a providência se assemelha aos embargos infringentes. O art. 942, *caput*, assegura às partes e eventuais terceiros o direito de sustentar oralmente suas razões, perante os novos julgadores. Não assim na hipótese de agravo de instrumento porque, não havendo sustentação nesse recurso, não há razão para que isso aconteça no prolongamento dele.

Capítulo IV

Do Agravo Interno
(art. 1.021)

Art. 1.021. Contra decisão proferida pelo relator caberá agravo interno para o respectivo órgão colegiado, observadas, quanto ao processamento, as regras do regimento interno do tribunal.

§ 1º Na petição de agravo interno, o recorrente impugnará especificadamente os fundamentos da decisão agravada.

§ 2º O agravo será dirigido ao relator, que intimará o agravado para manifestar-se sobre o recurso no prazo de 15 (quinze) dias, ao final do qual, não havendo retratação, o relator levá-lo-á a julgamento pelo órgão colegiado, com inclusão em pauta.

§ 3º É vedado ao relator limitar-se à reprodução dos fundamentos da decisão agravada para julgar improcedente o agravo interno.

§ 4º Quando o agravo interno for declarado manifestamente inadmissível ou improcedente em votação unânime, o órgão colegiado, em decisão fundamentada, condenará o agravante a pagar ao agravado multa fixada entre um e cinco por cento do valor atualizado da causa.

§ 5º A interposição de qualquer outro recurso está condicionada ao depósito prévio do valor da multa prevista no § 4º, à exceção da Fazenda Pública e do beneficiário de gratuidade da justiça, que farão o pagamento ao final.

1. Observações. 2. Cabimento. 3. Impugnação. 4. Prazos. 5. Vedação. 6. Multa e Restrição.

1. Observações – O relator decide sempre em nome do colegiado que integra, câmara, turma, seção, corte especial, pleno. As suas decisões consubstanciam também a entrega da prestação jurisdicional. Delas pode normalmente advir sucumbência, que torna o pronunciamento recorrível, sujeito, entretanto, a juízo negativo de admissibilidade. Esse recurso, o novo Código o denominou **agravo interno**, adotando terminologia assente nos tribunais. Chamou-se esse recurso de **agravo regimental**, quando previsto em regimentos internos, ou **agravinho**, quando expediente sem denominação específica, como ocorre quando se pede o reexame do ato do relator pelo órgão em cujo nome ele age.

O agravo pode também ser interposto de ato de outro juiz, como o que pediu vista, mas será dirigido ao relator, nesse caso.

2. Cabimento – O agravo interno é admissível contra qualquer decisão do relator, proferida ao longo da preparação do recurso para julgamento, ou mesmo depois dele, ainda que substituído o relator por outro, quando aquele se afastou do órgão sem vinculação aos feitos a ele distribuídos, ou ficou vencido.

O agravo cabe de outras decisões proferidas pelo relator, sejam elas interlocutórias, ou despachos a ela equiparados, desde que gerem sucumbência. Aplicam-se a esse recurso as normas do CPC, assim como, complementarmente, as regras dos regimentos internos dos tribunais, editados no âmbito da sua competência. O relator do recurso será o magistrado autor da decisão recorrida, ou quem o substitua.

3. Impugnação – Conforme o § 1º do art. 1.021, o agravante, ali chamado recorrente, impugnará os fundamentos da decisão de que recorre. Atacará os fundamentos nos quais se baseia a decisão, não outros, cogitáveis ou usados como argumento na petição ou no ato que levou ao pronunciamento agravado. Havendo mais de um fundamento, o agravante impugnará cada um deles. Essa objeção multidirecional é pressuposto de admissibilidade do agravo, que não será admitido se ela não se concretizar.

4. Prazos – Não diz o Código novo, mas o prazo do agravo interno será de quinze dias (art. 1.003). Dirigido ao relator que proferiu a decisão agravada, ele dará vista ao agravado, para responder em quinze dias. Esgotado esse prazo, o relator poderá reconsiderar sua decisão proferindo outra, também suscetível de agravo interno. Mantida a decisão agravada, o relator submeterá o agravo ao órgão colegiado, como determina o § 2º. A inclusão do recurso em pauta é obrigatória. Sem ela, nulo será o julgamento, a menos que o agravante e o agravado hajam comparecido a ele. A nulidade é relativa.

5. Vedação – O insólito § 3º proíbe o relator de limitar-se à reprodução dos fundamentos da decisão agravada. Significa essa norma que o relator não poderá simplesmente copiar, *verbatim*, os fundamentos da decisão recorrida. Deverá justificá-los. Impossível evitar a reprodução, o relator destacará esse ponto. A vontade da norma é que o relator examine, efetivamente, o agravo e demonstre esse exame. Preterida a exigência, o acórdão será nulo, salvo em casos em que ela se tornar forçosa.

6. Multa e Restrição – São draconianos os §§ 4º e 5º do art. 1.021.

Visivelmente destinado a evitar a interposição de agravo manifestamente inadmissível, ou improcedente, o dispositivo estipula multa a ser paga pelo agravante, se o agravo interno for declarado manifestamente inadmissível, ou improcedente. Essa condenação será imposta, não pelo relator, mas só pelo colegiado. A imposição da multa pode decorrer de votação apenas majoritária. Não assim a declaração de inadmissibilidade ou improcedência, que será unânime, como está no § 4º do art. 1.021. O advérbio **manifestamente** exige que o agravo seja inequivocamente, inquestionavelmente, inadmissível ou improcedente. O adjetivo **inadmissível** refere-se a impositivo juízo denegatório de admissibilidade, enquanto o qualificativo **improcedente** alude aos casos de imperioso desprovimento. A decisão assim proferida deve ser fundamentada com a demonstração dos motivos dos fatos determinantes da imposição de multa. O simples juízo negativo de admissibilidade, ou de desprovimento não acarreta a imposição da pena.

Determinando a fixação da multa em quantia variável, que oscilará entre um e cinco por cento do valor da causa, monetariamente atualizado no dia do pagamento que se pode distancar da data do acórdão por causa da oposição de embargos declaratórios ou da interposição de recursos, o § 4º é absurdo. Esqueceu-se o legislador de que o valor da causa, estipulado na conformidade do art. 292, pode ascender a montante elevadíssimo. Por isto, a aplicação dos percentuais indicados pode ofender os princípios da proporcionalidade e da razoabilidade, de aplicação constitucionalmente assegurada pelos incs. LIV e LV do art. 5º da Constituição da República. Essa inconstitucionalidade fica sujeita a controle concentrado ou difuso. Pode o agravado argui-la, como também pedir o benefício da gratuidade de justiça pela impossibilidade de pagar a multa, mas, neste último caso, ficará obrigado a pagar ao final do processo, como dispõe a última proposição do parágrafo.

Severamente, o § 5º condiciona a interposição de qualquer outro recurso ao depósito do valor da multa, a menos que a impugnação seja da Fazenda Pública e (leia-se *ou*) do beneficiário da gratuidade de justiça. Entre esses, figuram as pessoas indicadas no § 1º do art. 511 e no art. 91, numa interpretação ampliativa desses dispositivos. Não ficam, entretanto, dispensados da multa e do pagamento final. A multa não precisa ser paga antes da oposição de embargos de declaração, que recurso não é, mas, sim, antes da interposição de recursos especial ou extraordinário, que não produzem efeito suspensivo. O pagamento tem que ser feito antes da interposição do recurso, ou depois dela, porém antes do processamento dessa impugnação. Convém aplicar, pela semelhança de situações, os §§ 2º, 4º e 5º do art. 1.007.

Diga-se também que a norma do § 5º contraria a Constituição por ser extensão do § 4º do artigo, podendo-se afirmar dela o que ficou dito na respectiva anotação.

Capítulo V

Dos Embargos de Declaração
(arts. 1.022 a 1.026)

Art. 1.022. Cabem embargos de declaração contra qualquer decisão judicial para:
I – esclarecer obscuridade ou eliminar contradição;
II – suprir omissão de ponto ou questão sobre o qual devia se pronunciar o juiz de ofício ou a requerimento;
III – corrigir erro material.
Parágrafo único. Considera-se omissa a decisão que:
I – deixe de se manifestar sobre tese firmada em julgamento de casos repetitivos ou em incidente de assunção de competência aplicável ao caso sob julgamento;
II – incorra em qualquer das condutas descritas no art. 489, § 1º.

Art. 1.023. Os embargos serão opostos, no prazo de 5 (cinco) dias, em petição dirigida ao juiz, com indicação do erro, obscuridade, contradição ou omissão, e não se sujeitam a preparo.

§ 1º Aplica-se aos embargos de declaração o art. 229.

§ 2º O juiz intimará o embargado para, querendo, manifestar-se, no prazo de 5 (cinco) dias, sobre os embargos opostos, caso seu eventual acolhimento implique a modificação da decisão embargada.

Art. 1.024. O juiz julgará os embargos em 5 (cinco) dias.

§ 1º Nos tribunais, o relator apresentará os embargos em mesa na sessão subsequente, proferindo voto, e, não havendo julgamento nessa sessão, será o recurso incluído em pauta automaticamente.

§ 2º Quando os embargos de declaração forem opostos contra decisão de relator ou outra decisão unipessoal proferida em tribunal, o órgão prolator da decisão embargada decidi-los-á monocraticamente.

§ 3º O órgão julgador conhecerá dos embargos de declaração como agravo interno se entender ser este o recurso cabível, desde que determine previamente a intimação do recorrente para, no prazo de 5 (cinco) dias, complementar as razões recursais, de modo a ajustá-las às exigências do art. 1.021, § 1º.

§ 4º Caso o acolhimento dos embargos de declaração implique modificação da decisão embargada, o embargado que já tiver interposto outro recurso contra a decisão originária tem o direito de complementar ou alterar suas razões, nos exatos limites da modificação, no prazo de 15 (quinze) dias, contado da intimação da decisão dos embargos de declaração.

§ 5º Se os embargos de declaração forem rejeitados ou não alterarem a conclusão do julgamento anterior, o recurso interposto pela outra parte antes da publicação do julgamento dos embargos de declaração será processado e julgado independentemente de ratificação.

Art. 1.025. Consideram-se incluídos no acórdão os elementos que o embargante suscitou, para fins de pré-questionamento, ainda que os embargos de declaração sejam inadmitidos ou rejeitados, caso o tribunal superior considere existentes erro, omissão, contradição ou obscuridade.

Art. 1.026. Os embargos de declaração não possuem efeito suspensivo e interrompem o prazo para a interposição de recurso.

§ 1º A eficácia da decisão monocrática ou colegiada poderá ser suspensa pelo respectivo juiz ou relator se demonstrada a probabilidade de provimento do recurso ou, sendo relevante a fundamentação, se houver risco de dano grave ou de difícil reparação.

§ 2º Quando manifestamente protelatórios os embargos de declaração, o juiz ou o tribunal, em decisão fundamentada, condenará o embargante a pagar ao embargado multa não excedente a dois por cento sobre o valor atualizado da causa.

§ 3º Na reiteração de embargos de declaração manifestamente protelatórios, a multa será elevada a até dez por cento sobre o valor atualizado da causa, e a interposição de qualquer recurso ficará condicionada ao depósito prévio do valor da multa, à exceção da Fazenda Pública e do beneficiário de gratuidade da justiça, que a recolherão ao final.

§ 4º Não serão admitidos novos embargos de declaração se os 2 (dois) anteriores houverem sido considerados protelatórios.

1. Observações. 2. Casos de Embargos. 3. Prazos. 4. Endereço, Fundamentos e Preparo. 5. Efeitos Infringentes. 6. Procedimento.

1. Observações – O novo Código foi mais extenso na disciplina dos embargos de declaração do que o diploma de 1973, mas repetiu, de outro modo, normas já constantes deste último. A leitura dos cinco artigos regentes do instituto, alongados por parágrafos e incisos, desconvence de que esses embargos sejam um recurso. Apesar de incluídos entre os recursos, na enumeração do art. 994 (inc. IV), constituem, na realidade, um incidente, destinado a esclarecer obscuridades, desfazer contradições, suprir omissões e, agora, também corrigir erros materiais de quaisquer pronunciamentos dos órgãos jurisdicionais.

Sobre os efeitos infringentes dos embargos declaratórios, veja-se a anotação ao § 2º do art. 1.023.

2. Casos de Embargos – O *caput* do art. 1.022 esclarece que os embargos são oponíveis a qualquer decisão judicial. Cabem, então, os embargos a acórdãos, sentenças, decisões interlocutórias e despachos. As decisões monocráticas e os votos vencidos são também embargáveis pois podem apresentar os mesmos defeitos, prejudiciais à compreensão da abrangência e alcance desses atos, igualmente jurisdicionais.

O inciso I admite os embargos para esclarecer obscuridade, ou eliminar (*rectius*, desfazer) contradição. O inciso II, para suprir omissão sobre algum ponto ou questão que deveria ter sido objeto de deliberação. Mais conciso, o item II do art. 535 do Código de Processo Civil de 1973 avantajava igual inciso do art. 1.022. Idênticas as normas dos dois incisos, remete-se à jurisprudência e doutrina que trataram deles. Fala o inciso III em correção de erros materiais, cujo significado já foi estabelecido por escritores e tribunais. O erro material, do inciso III do artigo analisado, equivale às inexatidões materiais do inciso I do art. 463 do Código anterior, ou do inciso I do art. 494 do atual. Este dispositivo permite que o juiz altere de ofício a sentença, o que pode ser pedido pela parte quanto a essa decisão. Deve-se entender que o requerimento de correção do erro material e os embargos de declaração destinados a esse fim consubstanciam um concurso de meios. Tanto se pode pedir a correção do erro material constante da sentença, ou de qualquer outra decisão, por simples requerimento, ou mediante embargos de declaração, proibida todavia a cumulação dos dois meios. Se o juiz pode corrigir de ofício o erro material, admite-se requerer a ele que o faça, diante do princípio que se permite pedir tudo o que ao juiz de qualquer instância a lei autoriza fazer de ofício. O prazo para o requerimento e para os embargos é de cinco dias (arts. 218, § 3º, e 1.023).

Norma inexistente no Código anterior, o parágrafo único do art. 1.022, I, considera omissa a decisão que se abstenha de manifestar-se sobre tese formada em recurso repetitivo (art. 1.036, q.v.), ou em incidente de assunção de competência (art. 947, q.v.). Eventual manifestação contrária à tese formada, certa ou errada, não é abstenção. O inciso refere-se só ao caso em que não se alude à tese, que ficou esquecida, como se não existisse. Configurada a omissão, conforme o inciso II, quando a decisão incorreu em qualquer das condutas descritas no art. 489, § 1º, reporta-se aqui às anotações feitas a esse dispositivo.

3. Prazos – Ao estabelecer o prazo de quinze dias para a interposição de recursos e resposta a eles, o § 5º do art. 1.003 excluiu os embargos de declaração, sem contudo fazer deles um recurso pela simples menção. O art. 1.023 estipula o prazo de cinco dias para a oposição dos embargos, fazendo incidir a norma do art. 229 e, pela falta de referência exclusiva ao seu *caput*, dos seus dois parágrafos, integrantes daquele dispositivo. O prazo para a manifestação do embargado, quando intimado a apresentá-la, é também de cinco dias, conforme o § 2º do art. 1.023. Aplica-se também, no caso, a regra do § 1º, abrangente porque este a faz incidir, genericamente, nos embargos de declaração, que compreendem tudo o que neles se passa. Cochilou o legislador, quando não fez iguais o prazo do § 2º do art. 1023, de cinco dias, e o prazo do § 4º do art. 1.024, pois ambas as normas são ontologicamente idênticas.

4. Endereço, Fundamentos e Preparo – O art. 1023 manda que se dirijam os embargos ao relator. Assim se procede, ainda quando os embargos forem opostos ao voto vencido, a decisões unipessoais (§ 2º do art. 1.024), ou mesmo a papeleta que registre o resultado do julgamento, porque é o relator que dirige o processo, cabendo-lhe, por isto, enviar o incidente à apreciação do autor do voto discrepante, ou do registro. Os embargos serão dirigidos ao juiz, quando opostos às suas decisões e ao relator do recurso julgado, na primeira instância, pelos colegiados revisores. Opostos nos termos do art. 1.023, os embargos devem indicar a obscuridade, a contradição, a omissão, ou o erro do ato embargado, nada obstante a que se peça a expunção do defeito num determinado sentido. Faltando a indicação, os embargos provocam juízo negativo de admissibilidade, proferido por decisão do relator, impugnável por agravo interno, ou decisão do juiz, irreversível mas submetida à incidência do § 1º do art. 1.009.

Incidente processual, os embargos de declaração não se sujeitam a preparo, seja por sua natureza, seja pela norma final do art. 1.023.

5. Efeitos Infringentes – Devem ser conjuntamente considerados o § 2º do art. 1.023 e o § 4º do art. 1.024. Ambos aludem à modificação da decisão embargada pelo acolhimento dos embargos declaratórios. É o caso em que se dão aos embargos **efeitos infringentes**, na terminologia consagrada. Consiste esse efeito na modificação total ou parcial do ato embargado, em decorrência do julgamento do incidente.

Espanta e admira que os anais forenses registrem casos de oposição de embargos infringentes e, pior, de provimento deles, não para suprir omissão, esclarecer obscuridade, desfazer contradição, mas, pura e simplesmente, para obter a revisão do julgamento e a modificação dele, sem que ocorram as situações previstas nos incisos do art. 1.022. Esclareça-se, entretanto, que não existem, no Direito Processual brasileiro, embargos nos quais se obtém o reexame da decisão embargada, como se se estivesse interpondo um recurso para esse fim. Os embargos opostos apenas com esse escopo não devem ser admitidos. Se forem, o julgamento deles, ainda quando de desprovimento, será nulo e inconstitucional porque se estará criando um recurso não previsto na legislação, assim transgredida a garantia do inciso LV do art. 5º da lei fundamental. Inválido será o provimento desses "embargos infringentes", que deixará incólume a decisão embargada. Diga-se, então, que os embargos declaratórios só produzem efeitos infringentes, consubstanciados na modificação do ato decisório embargado, quando ela ocorrer em função do esclarecimento de obscuridade, desfazimento de contradição, suprimento da omissão, correção de erro material; jamais pelo simples reexame da decisão embargada que daria aos embargos declaratórios a natureza de recurso de reiteração.

O § 2º do art. 1.023 determina a intimação do embargado para (o gerúndio **querendo** é expletivo) manifestar-se sobre o pedido formulado nos embargos, se o seu provimento modificar a decisão embargada, no seu dispositivo. Cabe ao relator decidir acerca dessa possibilidade, mas a falta do despacho que ordene a manifestação do embargado não acarreta a nulidade do julgamento porque o juiz, o relator, ou o colegiado não podem perceber a necessidade de modificar a decisão, durante o julgamento dos embargos. Melhor aplicação se faria do parágrafo se, antes de proferir a decisão modificadora, na iminência dela, se sobrestasse o julgamento para a manifestação do embargado.

O § 4º do art. 1.024 também contempla a hipótese de efeitos infringentes. Verificada a possibilidade de modificação, intimar-se-á o embargado, nos termos do já examinado § 2º do art. 1.023. Se ele já houver interposto recurso da decisão embargada, poderá, somente nessa hipótese, complementar ou mesmo alterar suas razões, mas sempre nos limites da modificação possível. Indo além, o excesso será desprezado.

O art. 1.025 manda se considerarem prequestionados os elementos, neles incluídos os artigos de lei que se pretendem incidentes, suscitados pelo embargante, mesmo no caso de juízo negativo de admissibilidade do incidente, ou de seu desprovimento. A presunção é absoluta, mas só se considerará o prequestionamento que faz suprir o parágrafo, se o tribunal superior, exigente do prequestionamento, considerar a decisão embargada errônea pela inexistência de erro não sanado, de contradição não desfeita, obscuridade não esclarecida, ou omissão não suprida.

Mutatis mutandis, o tribunal procederá como se houvesse julgado os embargos, declarando a existência desses defeitos.

6. Procedimento – O art. 1.024 repete, no *caput* e no § 1º, o art. 537 do Código anterior. Acrescenta, entretanto, a regra de que, não havendo julgamento (entende-se compreendido nessa situação o julgamento inconcluso) os embargos serão incluídos na sessão seguinte. O advérbio **automaticamente** cria uma presunção, dispensando a referência aos embargos na pauta da sessão posterior. Não assim se houver interrupção do julgamento por qualquer motivo, como, por exemplo, pedido de vista, ou morte do embargante. Nesse caso, será necessária a inclusão dos embargos na pauta da sessão em que o seu julgamento for agendado. Não se pode fugir da observação de que esse § 1º alude aos embargos de declaração como recurso.

Conforme o § 2º do art. 1.024 os embargos serão decidos monocraticamente pelo prolator da decisão monocrática da qual caberá o agravo interno do art. 1.021. O § 3º adota o princípio da fungibilidade, admitindo o julgamento dos embargos como agravo pelo órgão julgador. O procedimento previsto no parágrafo será bifásico. Na primeira etapa, o órgão julgador transformará os embargos em agravo interno, determinando a intimação do embargante para complementar suas razões, ou mesmo substituí-las, mas sempre observando o § 1º do art. 1.021 (q.v.). O princípio do contraditório, constitucionalmente assegurado (CF, art. 5º, LV), exige que se abra prazo ao agravado para falar, em cinco dias (art. 1.021, § 2º). Na segunda etapa, serão julgados os embargos de declaração. A desigualdade dos prazos para complementar e responder não contraria a lei, à vista da desigualdade de situações.

O § 5º dispensa a ratificação do recurso já interposto contra a decisão embargada, desde que, no julgamento, os embargos sejam rejeitados, nisto incluída a inadmissibilidade ou não alteração da decisão. Alterada a decisão pelo provimento dos embargos, o embargado, e também o embargante se vencido em algum ponto, poderá recorrer da decisão modificada.

O art. 1.026 retira dos embargos o efeito suspensivo que por aplicação analógica, pode ser concedido, na forma do § 3º do art. 1.012. Eles interrompem o prazo para a interposição do recurso por qualquer das partes, como estava no art. 538 do Código anterior. O emprego do substantivo **recurso**, precedido da preposição **de**, mas sem o pronome **outro** indica a exclusão dos embargos da categoria dos recursos. A ordem de suspensão da eficácia da decisão monocrática ou colegiada, condicionada aos pressupostos do § 1º do art. 1.026, é medida cautelar embutida.

Essa suspensão pode ser determinada pelo juiz ou pelo relator, cabendo da decisão deste o agravo interno do art. 1.021. O parágrafo exclui a possibilidade de suspensão pelo juiz singular do acórdão ou da decisão monocrática proferida no tribunal.

Diga-se dos §§ 2º e 3º do art. 1.026 o que se falou dos §§ 4º e 5º do art. 1.021 (*quod vide*).

Por fim, o § 4º proíbe novos embargos de declaração, se dois outros, anteriores, houverem sido considerados protelatórios. A norma não se aplica porém à decisão que julga inadmissíveis esses novos embargos, mas só ao ato decisório duas vezes embargado. Essa norma deve ser aplicada com temperança porque casos haverá em que a admissibilidade dos novos embargos é indispensável. O § 4º deve ser aplicado casuisticamente.

Capítulo VI

Dos Recursos Para o Supremo Tribunal Federal e para o Superior Tribunal de Justiça
(arts. 1.027 a 1.044)

1. Observações. 2. Exceção à Singularidade.

1. Observações – Nas suas quatro seções, o Capítulo VI do Título II do Livro III da Parte Especial do Código de Processo Civil, instituído pela Lei nº 13.105, de 16 de março de 2015, regula os recursos constitucionais estabelecidos na Carta Política (a) para rever os julgados indicados no inciso II do art. 102 e no inciso II do art. 105; (b) para preservar a correta aplicação das leis federais, como estipulado no inciso III do art. 105; e (c) para assegurar o império da Constituição, como estipula o art. 102, III, assim como nos seus desdobramentos.

Distinguem-se, nitidamente, na disciplina desses recursos, os que são de natureza ordinária e os que têm conteúdo extraordinário. Visam aqueles à revisão do julgamento anterior, tal como acontece na apelação, com a finalidade de proteger o direito das partes. Estes foram criados com a finalidade de garantir a observância do direito federal e constitucional. É certo que o legitimado interpõe os recursos ordinário, especial e extraordinário com a finalidade de satisfazer a sua pretensão, mas, procedendo assim, ele serve de instrumento destinado a alcançar o escopo desses meios de impugnação. Lembrar-se-ão, aqui, para dar um colorido a estas linhas desbotadas e insípidas, os versos de Bilac: "Enquanto sonhavas o teu sonho egoísta/teus pés, como os de um deus, fecundavam o deserto".

2. Exceção à Singularidade – Um dos pressupostos objetivos dos recursos é a singularidade. Conforme esse requisito, a lei estabelece um recurso para cada decisão, como a apelação para a sentença, ou o agravo para certas interlocutórias. A Constituição, entretanto, afastando a singularidade, permite que da mesma decisão se interponham dois recursos, o especial e o extraordinário, o primeiro, fundado em contrariedade à lei; o segundo, na transgressão de norma constitucional. No caso do recurso extraordinário, a Constituição o admite também contra sentença, mas só permite a interposição do especial de acórdão, como dispõe o inciso III do art. 105.

Não é necessária a interposição simultânea dos dois recursos, pois, autônomos, eles podem ser ajuizados em momentos distintos do prazo comum. A interposição de um deles não gera preclusão quanto ao outro.

Seção I
Do Recurso Ordinário
(arts. 1.027 a 1.028)

Art. 1.027. Serão julgados em recurso ordinário:
I – pelo Supremo Tribunal Federal, os mandados de segurança, os habeas data e os mandados de injunção decididos em única instância pelos tribunais superiores, quando denegatória a decisão;
II – pelo Superior Tribunal de Justiça:
a) os mandados de segurança decididos em única instância pelos tribunais regionais federais ou pelos tribunais de justiça dos Estados e do Distrito Federal e Territórios, quando denegatória a decisão;
b) os processos em que forem partes, de um lado, Estado estrangeiro ou organismo internacional e, de outro, Município ou pessoa residente ou domiciliada no País.

§ 1º Nos processos referidos no inciso II, alínea "b", contra as decisões interlocutórias caberá agravo de instrumento dirigido ao Superior Tribunal de Justiça, nas hipóteses do art. 1.015.

§ 2º Aplica-se ao recurso ordinário o disposto nos arts. 1.013, § 3º, e 1.029, § 5º.

Art. 1.028. Ao recurso mencionado no art. 1.027, inciso II, alínea "b", aplicam-se, quanto aos requisitos de admissibilidade e ao procedimento, as disposições relativas à apelação e o Regimento Interno do Superior Tribunal de Justiça.

§ 1º Na hipótese do art. 1.027, § 1º, aplicam-se as disposições relativas ao agravo de instrumento e o Regimento Interno do Superior Tribunal de Justiça.

§ 2º O recurso previsto no art. 1.027, incisos I e II, alínea "a", deve ser interposto perante o tribunal de origem, cabendo ao seu presidente ou vice-presidente determinar a intimação do recorrido para, em 15 (quinze) dias, apresentar as contrarrazões.

§ 3º Findo o prazo referido no § 2º, os autos serão remetidos ao respectivo tribunal superior, independentemente de juízo de admissibilidade.

1. Observações. 2. Recursos Extraordinário e Especial: contrariedade à Constituição.

1. Observações – A característica dos recursos ordinários é permitir a revisão do pronunciamento recorrido. O órgão recursal procede ao reexame de toda a matéria que levou à decisão de que se recorre, inclusive ela própria, do seu relatório aos fundamentos e dispositivo. O novo Código não mudou o recurso ordinário constitucional, como não poderia fazê-lo, considerado o fato de que foi instituído na lei fundamental. Limita-se a repetir normas que já constam da Constituição, meros textos repetitivos, como são os que reproduzem regras jurídicas superiores. São dispositivos vazios de conteúdo. Na verdade, não são leis, porém enunciados que, se não chegam a ser nulos, são ineficazes.

2. Recursos Extraordinário e Especial: contrariedade à Constituição – Se, tratando dos recursos extraordinário e especial, o novo Código, tal como o anterior, se refere a esses dois meios de impugnação e disciplina o procedimento de ambos na esfera cível, não será demasiado tratar-se de uma questão que, por enquanto, não se acha definitivamente resolvida pela jurisprudência.

A Constituição (art. 102, § 3º) condiciona a admissibilidade do recurso extraordinário à repercussão geral da questão nele versada, como está no art. 1.035 do CPC, definida no § 1º desse dispositivo. Pode haver, entretanto, contrariedade à Constituição, sem que ocorra a situação que ultrapasse os interesses subjetivos do processo. Imagine-se, para exemplificar, o caso, encontradiço nos anais forenses, de um acórdão que nega provimento à apelação interposta de uma sentença proferida com base num escrito junto por uma parte, sem que à outra se desse oportunidade de manifestação, a pretexto de que o documento, por inequívoco, não poderia ser ilidido. Nessa e noutras hipóteses que se poderiam inventariar, há ofensa à Constituição, sem que contudo da decisão adviesse a repercussão geral consubstanciada na situação definida no § 1º do art. 1.035, ou na acepção dessa palavra.

Não importa o que já se haja decidido sobre a questão, inclusive com o compreensível propósito de não sobrecarregar a pauta do Superior Tribunal de Justiça, competente para o exercício da jurisdição civil. A Constituição é lei federal; sem dúvida a mais alta expressão da atividade legislativa do Estado. Consequentemente, condicionada a competência da mais alta Corte de Justiça do país para julgar recurso extraordinário só nos casos de repercussão geral, será da competência do Superior Tribunal de Justiça o poder de exercício da função de julgar o recurso especial, quando o acórdão recorrido houver contrariado a Constituição da República sem que do julgamento dele decorra decisão que repercuta em qualquer segmento da sociedade. Dir-se-á falho o entendimento que aqui se defende porque bem pode acontecer que outro tribunal superior, como o Tribunal Superior Eleitoral, o Tribunal Superior do Trabalho e o Superior Tribunal Militar, haja violado a Constituição sem que se admita, pela falta de repercussão geral, recurso extraordinário do seu julgamento. Atente-se em que, nesses casos, a vontade da Constituição é que não haja a possibilidade de outro recurso. É o que ocorrerá também quanto aos julgamentos do STJ. Diga-se, em suma, que os tribunais superiores têm competência para julgar recursos nos quais se alega contrariedade à Constituição, sem que o julgamento deles possa repercutir de modo geral. Esse entendimento parece até agora não acolhido pela jurisprudência do STJ mas fica registrado aqui, para fins de considerações.

Seção II

Do Recurso Extraordinário e do Recurso Especial

Subseção I

Disposições Gerais
(arts. 1.029 a 1.035)

Art. 1.029. O recurso extraordinário e o recurso especial, nos casos previstos na Constituição Federal, serão interpostos perante o presidente ou o vice-presidente do tribunal recorrido, em petições distintas que conterão:
    I – a exposição do fato e do direito;
    II – a demonstração do cabimento do recurso interposto;
    III – as razões do pedido de reforma ou de invalidação da decisão recorrida.
    § 1º Quando o recurso fundar-se em dissídio jurisprudencial, o recorrente fará a prova da divergência com a certidão, cópia ou citação do repositório de jurisprudência, oficial ou credenciado, inclusive em mídia eletrônica, em que houver sido publicado o acórdão divergente, ou ainda com a reprodução de julgado disponível na rede mundial de computadores, com indicação da respectiva fonte, devendo-se, em qualquer caso, mencionar as circunstâncias que identifiquem ou assemelhem os casos confrontados.
    § 2º (Revogado).
    § 3º O Supremo Tribunal Federal ou o Superior Tribunal de Justiça poderá desconsiderar vício formal de recurso tempestivo ou determinar sua correção, desde que não o repute grave.

§ 4º Quando, por ocasião do processamento do incidente de resolução de demandas repetitivas, o presidente do Supremo Tribunal Federal ou do Superior Tribunal de Justiça receber requerimento de suspensão de processos em que se discuta questão federal constitucional ou infraconstitucional, poderá, considerando razões de segurança jurídica ou de excepcional interesse social, estender a suspensão a todo o território nacional, até ulterior decisão do recurso extraordinário ou do recurso especial a ser interposto.

§ 5º O pedido de concessão de efeito suspensivo a recurso extraordinário ou a recurso especial poderá ser formulado por requerimento dirigido:

I – ao tribunal superior respectivo, no período compreendido entre a publicação da decisão de admissão do recurso e sua distribuição, ficando o relator designado para seu exame prevento para julgá-lo;

II – ao relator, se já distribuído o recurso;

III – ao presidente ou ao vice-presidente do tribunal recorrido, no período compreendido entre a interposição do recurso e a publicação da decisão de admissão do recurso, assim como no caso de o recurso ter sido sobrestado, nos termos do art. 1.037.

Art. 1.030. Recebida a petição do recurso pela secretaria do tri55bunal, o recorrido será intimado para apresentar contrarrazões no prazo de 15 (quinze) dias, findo o qual os autos serão conclusos ao presidente ou ao vice-presidente do tribunal recorrido, que deverá:

I – negar seguimento:

    a) a recurso extraordinário que discuta questão constitucional à qual o Supremo Tribunal Federal não tenha reconhecido a existência de repercussão geral ou a recurso extraordinário interposto contra acórdão que esteja em conformidade com entendimento do Supremo Tribunal Federal exarado no regime de repercussão geral;

    b) a recurso extraordinário ou a recurso especial interposto contra acórdão que esteja em conformidade com entendimento do Supremo Tribunal Federal ou do Superior Tribunal de Justiça, respectivamente, exarado no regime de julgamento de recursos repetitivos;

II – encaminhar o processo ao órgão julgador para realização do juízo de retratação, se o acórdão recorrido divergir do entendimento do Supremo Tribunal Federal ou do Superior Tribunal de Justiça exarado, conforme o caso, nos regimes de repercussão geral ou de recursos repetitivos;

III – sobrestar o recurso que versar sobre controvérsia de caráter repetitivo ainda não decidida pelo Supremo Tribunal Federal ou pelo Superior Tribunal de Justiça, conforme se trate de matéria constitucional ou infraconstitucional;

IV – selecionar o recurso como representativo de controvérsia constitucional ou infraconstitucional, nos termos do § 6º do art. 1.036;

V – realizar o juízo de admissibilidade e, se positivo, remeter o feito ao Supremo Tribunal Federal ou ao Superior Tribunal de Justiça, desde que:
a) o recurso ainda não tenha sido submetido ao regime de repercussão geral ou de julgamento de recursos repetitivos;
b) o recurso tenha sido selecionado como representativo da controvérsia; ou
c) o tribunal recorrido tenha refutado o juízo de retratação.

§ 1º Da decisão de inadmissibilidade proferida com fundamento no inciso V caberá agravo ao tribunal superior, nos termos do art. 1.042.

§ 2º Da decisão proferida com fundamento nos incisos I e III caberá agravo interno, nos termos do art. 1.021.

Art. 1.031. Na hipótese de interposição conjunta de recurso extraordinário e recurso especial, os autos serão remetidos ao Superior Tribunal de Justiça.

§ 1º Concluído o julgamento do recurso especial, os autos serão remetidos ao Supremo Tribunal Federal para apreciação do recurso extraordinário, se este não estiver prejudicado.

§ 2º Se o relator do recurso especial considerar prejudicial o recurso extraordinário, em decisão irrecorrível, sobrestará o julgamento e remeterá os autos ao Supremo Tribunal Federal.

§ 3º Na hipótese do § 2º, se o relator do recurso extraordinário, em decisão irrecorrível, rejeitar a prejudicialidade, devolverá os autos ao Superior Tribunal de Justiça para o julgamento do recurso especial.

Art. 1.032. Se o relator, no Superior Tribunal de Justiça, entender que o recurso especial versa sobre questão constitucional, deverá conceder prazo de 15 (quinze) dias para que o recorrente demonstre a existência de repercussão geral e se manifeste sobre a questão constitucional.

Parágrafo único. Cumprida a diligência de que trata o *caput*, o relator remeterá o recurso ao Supremo Tribunal Federal, que, em juízo de admissibilidade, poderá devolvê-lo ao Superior Tribunal de Justiça.

Art. 1.033. Se o Supremo Tribunal Federal considerar como reflexa a ofensa à Constituição afirmada no recurso extraordinário, por pressupor a revisão da interpretação de lei federal ou de tratado, remetê-lo-á ao Superior Tribunal de Justiça para julgamento como recurso especial.

Art. 1.034. Admitido o recurso extraordinário ou o recurso especial, o Supremo Tribunal Federal ou o Superior Tribunal de Justiça julgará o processo, aplicando o direito.

Parágrafo único. Admitido o recurso extraordinário ou o recurso especial por um fundamento, devolve-se ao tribunal superior o conhecimento dos demais fundamentos para a solução do capítulo impugnado.

Art. 1.035. O Supremo Tribunal Federal, em decisão irrecorrível, não conhecerá do recurso extraordinário quando a questão constitucional nele versada não tiver repercussão geral, nos termos deste artigo.

§ 1º Para efeito de repercussão geral, será considerada a existência ou não de questões relevantes do ponto de vista econômico, político, social ou jurídico que ultrapassem os interesses subjetivos do processo.

§ 2º O recorrente deverá demonstrar a existência de repercussão geral para apreciação exclusiva pelo Supremo Tribunal Federal.

§ 3º Haverá repercussão geral sempre que o recurso impugnar acórdão que:
    I – contrarie súmula ou jurisprudência dominante do Supremo Tribunal Federal;
    II – (Revogado);
    III – tenha reconhecido a inconstitucionalidade de tratado ou de lei federal, nos termos do art. 97 da Constituição Federal.

§ 4º O relator poderá admitir, na análise da repercussão geral, a manifestação de terceiros, subscrita por procurador habilitado, nos termos do Regimento Interno do Supremo Tribunal Federal.

§ 5º Reconhecida a repercussão geral, o relator no Supremo Tribunal Federal determinará a suspensão do processamento de todos os processos pendentes, individuais ou coletivos, que versem sobre a questão e tramitem no território nacional.

§ 6º O interessado pode requerer, ao presidente ou ao vice-presidente do tribunal de origem, que exclua da decisão de sobrestamento e inadmita o recurso extraordinário que tenha sido interposto intempestivamente, tendo o recorrente o prazo de 5 (cinco) dias para manifestar-se sobre esse requerimento.

§ 7º Da decisão que indeferir o requerimento referido no § 6º ou que aplicar entendimento firmado em regime de repercussão geral ou em julgamento de recursos repetitivos caberá agravo interno.

§ 8º Negada a repercussão geral, o presidente ou o vice-presidente do tribunal de origem negará seguimento aos recursos extraordinários sobrestados na origem que versem sobre matéria idêntica.

§ 9º O recurso que tiver a repercussão geral reconhecida deverá ser julgado no prazo de 1 (um) ano e terá preferência sobre os demais feitos, ressalvados os que envolvam réu preso e os pedidos de *habeas corpus*.

§ 10. (Revogado).

§ 11. A súmula da decisão sobre a repercussão geral constará de ata, que será publicada no diário oficial e valerá como acórdão.

> 1. Observações. 2. Constituição e Lei Federal. 3. Procedimento. 4. Efeito Suspensivo. 5. Admissibilidade. 6. Juízo de Retratação. 7. Sobrestamento e Seleção. 8. Remessa do Recurso.

1. Observações – Foi ab-rogado o § 2º do art. 1.029 e derrogados os incs. I e III do § 5º pela Lei nº 13.256, de 04.02.2016, que também revogou, parcialmente, o art. 1.030, acrescentando-lhe duas alíneas e substituindo o parágrafo único pelos §§ 1º e 2º. Revogados, igualmente, pela mesma lei, o inciso II do art. 1.035 e o § 1º desse dispositivo. Com as alterações apontadas, modificou-se o procedimento do recurso extraordinário e do recurso especial.

2. Constituição e Lei Federal – Na subseção I, o Código de Processo Civil disciplina o procedimento do recurso extraordinário e do recurso especial, no tribunal em que se proferiu a decisão recorrida, que pode ser impugnada, simultaneamente, pelas duas modalidades recursais. Repita-se que, enquanto o recurso especial só se admite de julgado dos tribunais de justiça e de tribunais federais da segunda instância, o recurso extraordinário pode se interposto também de decisão proferida em instância única, tal como acontece com os julgados dos juizados especiais.

3. Procedimento – Os artigos da subseção I têm por fonte os arts. 541 e ss. do Código anterior mas com modificações e acréscimos.

No art. 1.029, foi ab-rogado o § 2º pela Lei nº 13.256, de 04.02.2016. No § 5º, foram derrogados os incisos I e III pela mesma lei. Esses dois incisos repetiam os iguais do art. 541 do CPC anterior, acrescentado todavia ao inciso III do art. 1.029, o substantivo **invalidação** ("as razões do pedido de reforma ou de invalidação da decisão recorrida").

Interpreta-se o § 3º, entendendo-se, em primeiro lugar, que ele só incide se o recurso estiver eivado de vício formal que não seja grave. Vício formal sem gravidade será o defeito perfunctório verificável na petição de interposição do recurso, ou nas suas razões. Assim, a falta de indicação do capítulo que se impugna, se parcial o recurso; a omissão quanto ao nome do recorrido, o defeito na cópia do julgado divergido; a falta de assinatura da petição. Todos esses defeitos o relator, ou o órgão julgador, do recurso mandará que se corrijam. A norma de que só se pode determinar a correção de vício formal do recurso tempestivo leva ao entendimento de que se reputa grave o vício, se faltarem os pressupostos de admissibilidade do recurso. Assim, não se admitirá decisão que, por exemplo, mande fazer a demonstração da repercussão geral, essencial à admissibilidade do recurso extraordinário (CF, art. 102, § 3º e CPC, art. 1.035, § 2º). A jurisprudência será consolidada no tocante ao conceito de vício formal grave, ou sanável.

O § 4º do mesmo art. 1.029 contempla a situação em que se discute, no recurso extraordinário ou no recurso especial, questão cuja solução afete a segurança jurídica ou trate de interesse social excepcional (vejam-se as notas aos arts. 1.036 a 1.041). A verificação da ocorrência dessas situações é do presidente dos dois tribunais, limitada a competência do presidente do STJ aos casos em que venha à baila questão federal infraconstitucional, e dada competência ao presidente do STF, quando a questão federal for constitucional. Por segurança jurídica deve-se entender o caso em que o desencontro de decisões sobre a mesma questão pode criar situações de tratamento desigual entre jurisdicionados que se encontrem na mesma posição. Por questão de excepcional interesse social compreende-se aquela em que se deve decidir qual o tratamento a ser dado a certas situações. Imaginem-se os casos em que se deva determinar se cabe a adoção de filhos feita por duplas do mesmo sexo, ou sobre a incidência de determinado tributo.

A providência de que trata esse § 4º depende de requerimento ("quando[...] receber requerimento[...]"), formulado no curso do incidente de julgamento de questões repetitivas (art. 1.036). Não pode ser determinada de ofício, mas dependerá da postulação de qualquer interessado, recorrente ou recorrido, assim como do Ministério Público, ou de terceiro. A suspensão de processos depende de requerimento, mas a extinção deles em curso no território nacional pode ser determinada de ofício, tal como acontece no caso do art. 1.037, II. O pedido de suspensão é pelo princípio dispositivo. Não o de extensão, conquanto dependa do deferimento da postulação.

Não se confundem a suspensão de processos, prevista no § 4º, do pedido de efeito suspensivo do § 5º.

O § 5º do art. 1.029 não aponta a pessoa legitimada a pedir efeito suspensivo ao recurso extraordinário. Entenda-se contudo que esse requerimento pode ser feito pelo recorrente, por seus litisconsortes, que não hajam recorrido (art. 1.005), pelo terceiro prejudicado ou pelo Ministério Público (art. 996). A possibilidade de pedir esse efeito afasta a necessidade de mandado de segurança, para o qual faltará interesse de agir ao impetrante. Os três incisos resolvem também eventual perplexidade sobre o destinatário do pedido. Uma vez interposto o recurso, até que ele seja distribuído ao relator, o pedido de efeito suspensivo será dirigido ao tribunal, STF ou STJ, sem especificação de órgão ou relator. Ali, o requerimento será distribuído ao órgão competente, turma, seção, corte especial, pleno e, nele, a um dos juízes que o integrem, ou diretamente a um ministro, o que torna prevento o órgão que ele compõe (inciso I). Se o recurso especial, ou o recurso extraordinário, já se houver distribuído a um ministro, esse juiz, como relator, terá competência para apreciar o requerimento de suspensão (inciso II). Finalmente, conforme o inciso III, o requerimento será encaminhado ao presidente, ao vice-presidente, ou ao desembargador ou ministro designado no regimento (art. 1.037). Esse juiz terá competência para apreciar o pedido de efeito suspensivo, em qualquer das hipóteses dos três incisos. Contra a decisão do relator, que indeferir ou deferir o pedido de efeito suspensivo, caberá agravo interno, consoante o art. 1.021.

4. Efeito Suspensivo – Preceitua o § 5º do art. 1.029 que o pedido de concessão de efeito suspensivo a qualquer dos dois recursos poderá ser formulado ao tribunal superior, isto é, ao STF, ou ao STJ, se o recurso se encontrar na fase compreendida entre a publicação da decisão que o admitir e sua distribuição ao relator. Atente-se no art. 1.031, conforme o qual, interpostos conjuntamente, ou melhor, simultaneamente, os dois recursos, os autos do recurso especial subirão primeiro ao Superior Tribunal de Justiça e só depois ao Supremo Tribunal Federal. Interposto só um dos dois recursos, incidirá, igualmente, o inciso I, que também será observado quando admitidos ambos. Conforme o inciso II do § 5º do mesmo art. 1.029, o pedido de suspensão, no tribunal recursal, será formulado ao relator do recurso, depois da distribuição dele a esse juiz. Da decisão do relator, concessiva, ou denegatória, caberá o agravo interno do art. 1.021. O inciso III dispõe que o pedido de outorga do efeito suspensivo será dirigido ao presidente ou vice-presidente do tribunal recorrido (ou ao juiz do tribunal competente para a admissão), no período que medeia entre a interposição do recurso e a publicação da decisão que o admitir.

5. Admissibilidade – Os recursos especial e extraordinário serão interpostos em petições distintas, conforme o *caput* do art. 1.029, igual, nos três incisos, ao art. 541 do Código anterior, valendo ressaltar que, no inciso III, se colocou o vocábulo **invalidação**, implicitamente contido na palavra **reforma**.

O *caput* do art. 1.030 não se afastou de igual ponto do anterior art. 542, mas indicou o prazo da resposta do recorrido, que deverá apresentar suas razões em quinze dias, mais de uma petição para cada recurso.

Conforme o inciso I do artigo, o presidente ou vice-presidente (ou juiz competente para o juízo de admissibilidade) deverá negar seguimento ao recurso extraordinário, se à controvérsia o STF já houver negado repercussão geral. É preciso lembrar, na interpretação desse inciso, que o § 3º do art. 102 da Constituição Federal fez da repercussão geral requisito de admissibilidade do recurso extraordinário. O CPC de 2015 repete a norma, no art. 1.035, como fazia o anterior, no *caput* do art. 543-A. Também será indeferido o recurso contra acórdão que adotar o entendimento já assentado em precedente de repercussão ou de recurso especial repetitivo. Se o recorrente pleitear revisão dos precedentes, deverá fazê-lo em agravo (art. 1.042).

6. Juízo de Retratação – Sabe-se que os recursos podem ser iterativos, quando vão, diretamente, ao órgão recursal, ou reiterativos, quando permitem ao próprio órgão recorrido rever sua decisão. O inciso II do art. 1.030 torna reiterativo o recurso quando determina sua restituição ao "órgão julgador", isto é, ao órgão que proferiu a decisão recorrida (câmara, turma, seção, pleno), se o acórdão de que se recorre divergir de precedente proferido em exame de repercussão geral, ou de recurso especial em julgamento repetitivo. O órgão julgador reexaminará a decisão recorrida, para confirmar ou reformar, no todo ou em parte, o seu julgado. Não poderá todavia voltar ao juízo de admissibilidade do recurso, salvo quando este, obviamente, versar sobre essa questão preliminar. O que o órgão julgador não pode fazer é restituir o processo ao remetente, afirmando que não ocorre a divergência referida no inciso.

7. Sobrestamento e Seleção – Os incisos III e IV cuidam, respectivamente, do sobrestamento do recurso que verse sobre controvérsia objeto de recurso repetitivo, ou sobre seleção de recurso para remessa ao órgão recursal. No primeiro caso, é preciso que a controvérsia, melhor, a questão discutida no pronunciamento recorrido seja a mesma objeto de recurso repetitivo, assim admitido mas ainda não julgado. Aguardar-se-á o julgamento e se procederá na conformidade dele (art. 1.036, q.v.). No caso do item IV, o presidente do tribunal, o vice-presidente ou o juiz da Corte competente para admitir o recurso, procederá à seleção, mas nos termos em que a lei a admite (art. 1.036), observado o § 1º do artigo, a que a lei remete.

8. Remessa do Recurso – O nada conciso art. 1.030 cuida, no inciso V, nas alíneas e parágrafos, da remessa do feito, isto é, dos autos, ao tribunal superior (STF ou STJ) e do indeferimento do recurso. Conforme a alínea *a*, após admitido o recurso, ele subirá ao tribunal que irá julgá-lo, a menos que a matéria controvertida tenha sido objeto de repercussão geral, ou de recurso repetitivo, casos em que se aguardará o pronunciamento sobre essas espécies, ficando sobrestado o encaminhamento do recurso. A alínea *b* chove no molhado, determinando que se remeta ao órgão recursal o recurso objeto da seleção. A alínea *c* dispõe que se remeterá o recurso ao tribunal superior, se o órgão recorrido houver refutado o juízo de retratação. Leia-se: se o órgão que proferiu a decisão recorrida, ao qual se remeteu o recurso para juízo de retratação, conforme o inciso II, houver mantido o acórdão recorrido, negando-se a modificá-lo. Não haverá, nessa hipótese, a substituição do art. 1.008 porque a negativa de retratação, autorizada pelo Código, não implica revisão do julgado, mas apenas a confirmação dele. A retratação implica o rejulgamento da decisão recorrida. No juízo de retratação, não se admite que o órgão competente fique fora do âmbito do julgado novamente submetido ao seu exame, como, por exemplo, se proferisse juízo negativo de admissibilidade do recurso. Nesse caso, consubstanciador de erro de procedimento, caberia, em tese, novo recurso especial, ou extraordinário.

O § 1º do art. 1.030 concede agravo das decisões que não deferem o recurso, em juízo negativo de admissibilidade, fazendo remissão ao art. 1.042 (q.v.).

Como são do juiz competente para admitir o recurso as decisões previstas nos incisos I, II e IV do artigo, o seu § 2º concede agravo interno desses atos. Deferido o recurso, não cabe recurso do deferimento para o tribunal recorrido, mas o tribunal recursal reexaminará a admissibilidade, podendo proferir juízo negativo dela.

O § 2º do art. 1.030 concede agravo interno (art. 1.021) das decisões fundadas nos seus incs. I, II e IV. Assim, fundado o recurso extraordinário em controvérsia, isto é, em matéria sobre a qual o STF já haja negado a repercussão geral, tal recurso será indeferido por faltar-lhe o pressuposto do § 3º do art. 102 da Constituição. Consoante o inciso II, na substância igual ao inciso I, se o recurso coincidir com o julgado proferido em repercussão geral ou recurso repetitivo, ele será julgado no acórdão, mas, será proferido juízo negativo de admissibilidade do recurso interposto contra decisão que adotou tese afirmada em repercussão geral, ou julgamento repetitivo. Em consonância com o inciso III, não se proferirá juízo negativo de admissibilidade de recurso que tiver por objeto matéria de recurso repetitivo ainda não julgado. O recurso será apenas sobrestado até que se decida o repetitivo, não limitado o prazo do sobrestamento.

O inciso IV do art. 1.030 manda selecionar o recurso representativo de controvérsia que trate de questão constitucional ou infraconstitucional, se mais de um recurso houver sido interposto.

O inciso V enumera, nas suas alíneas *a*, *b* e *c*, as condições de remessa do recurso ao tribunal recursal, depois de juízo positivo de admissibilidade (da recorribilidade do juízo negativo, nos casos dos incisos I e II e do juízo de sobrestamento, do inciso III, cuida o § 2º do art. 1.030 e da recorribilidade da decisão proferida com base no inciso VI trata o § 1º, que remete ao art. 1.042 – q.v.). A primeira condição (alínea *a*) é não ter o recurso (isto é, a matéria nele versada) sido submetido à declaração da repercussão geral, ou a recurso repetitivo. Conforme a alínea b, se remeterá o recurso, se ele houver sido escolhido como representativo de controvérsia. Consoante a alínea c, o recurso subirá, se o órgão prolator do julgado recorrido não houver se retratado das decisões.

Pode haver interposição de recurso extraordinário e recurso especial contra o mesmo acórdão pela mesma parte ou por outros legitimados (art. 996). Imagine-se a hipótese em que vencido o réu num capítulo do acórdão, ele recorra dessa parte, enquanto o seu adversário recorra da parte em que tiver sido vencido, ambos mediante recursos extraordinário e especial. Nessa hipótese, se remeterá primeiro o recurso especial ao STJ, ainda que outra parte só haja manejado recurso extraordinário. Julgado o recurso especial, o recurso extraordinário sobe ao Supremo, a menos que provido o recurso especial. Do acórdão de provimento caberá recurso extraordinário, uma vez configurados os respectivos pressupostos. Quando o parágrafo usa a condicional "se este não estiver prejudicado", alude, na realidade, à perda superveniente do interesse recursal.

O relator do recurso especial pode considerar que a decisão do recurso extraordinário seja prévia à decisão do recurso especial (v.g., no recurso especial dá-se por questão prévia a decisão, a ser proferida no recurso extraordinário, em controle vinculado sobre a constitucionalidade da lei na qual se baseou o acórdão objeto também do recurso especial), de acordo com o § 3º, o juízo final acerca da existência de questão prévia é do relator a quem for distribuído o recurso extraordinário, que concordará com a remessa, do outorgado pelo § 2º, ou divergirá dela, ordenando a devolução dos autos físicos ou eletrônicos ao STJ, em decisão irrecorrível, isto é, não impugnável por agravo interno, excluída, então, a incidência do art. 1.021.

O art. 1.032 cuida da hipótese em que o recurso especial é recebido como extraordinário pelo relator que aplica, no caso, o princípio da fungibilidade. Nessa hipótese, o relator do especial, transformando esse recurso em extraordinário, concederá o prazo de quinze dias ao recorrente, a fim de preencher requisito específico deste último, que é a demonstração da repercussão geral do acórdão a ser proferido. Se o recorrente não fizer essa demonstração, ou a tendo feito, o relator, no STJ, mandará o recurso ao STF, sem proferir juízo de admissibilidade, privativo daquela Corte, de acordo com o parágrafo único do art. 1.030 (veja-se, porém, a nota no § 3º do art. 1.010). Fala o parágrafo único que o Supremo Tribunal Federal poderá, em juízo de admissibilidade, devolver o recurso ao STJ. Quem devolve é o relator, em despacho suscetível de agravo, ou o órgão, turma ou pleno, de ofício, ou mediante exame pedido pelo relator. O parágrafo usou, adequadamente, o verbo

poderá porque nada impede a própria corte de não conhecer (*rectius*, não admitir) o recurso, proferido juízo negativo de admissibilidade.

O art. 1.034 fala apenas em admissão do recurso, sem declarar, por desnecessário, os modos pelos quais se afirma a admissão. Ao juízo positivo de admissibilidade segue-se o julgamento do mérito do recurso, que pode constituir, não apenas a reforma da decisão recorrida como ainda a anulação dela com a ordem de que outra se profira. É dispensável a gerundial "aplicando o direito" porque isto sempre fará a corte ao julgar o recurso.

Em onze parágrafos se arrasta esse art. 1.035 (*excusez du peu...*), revogado o inciso II do § 3º. No *caput* e nos §§ 1º, 2º, 3º, e inciso I, 4º e 11, ele repete iguais dispositivos que se encontravam no art. 543-A e parágrafos do Código de 1973.

Compreende-se o § 5º, que manda suspender todos os processos pendentes, no território nacional, que versarem matérias cuja decisão terá repercussão geral, alcançando todos esses feitos. A norma é cogente porque ordena ao relator que determine a suspensão do processamento. A expressão "território nacional" põe a suspensão aquém dos seus possíveis limites porque ela pode abranger processos em curso em qualquer lugar onde fiquem submetidos à soberania nacional.

A incidência da norma do § 6º depende da intempestividade do recurso extraordinário, que é um dos pressupostos objetivos de sua admissibilidade. A norma deve estender-se à falta de qualquer outro pressuposto recursal objetivo ou subjetivo, cumprindo, para isto, dar-se elasticidade ao dispositivo, no qual se descobre a vontade da lei, no sentido de que se exclua do sobrestamento o recurso inadmissível. Em observância do princípio do contraditório (CF, art. 5º, LV), não se aprecia o requerimento sem que se dê às partes, todas elas, se não for o interessado o requerente, oportunidade de manifestar-se sobre a postulação, que será feita no prazo de um quinquídio, sob pena da preclusão do direito de pedir. O § 7º concede agravo interno do despacho de indeferimento do pedido de exclusão (art. 1.042, inciso I, posto que não referido na remissão).

Negada pelo Supremo Tribunal Federal a existência de repercussão geral, desaparece esse pressuposto específico da admissibilidade do recurso extraordinário. Por essa razão, se negará, no próprio tribunal de origem, o seguimento aos recursos extraordinários, que serão indeferidos por decisão da qual caberá agravo interno.

A norma do § 9º é programática; idealística. Como outras do mesmo jaez, o cumprimento dele dependerá de diferentes circunstâncias, começando pela pauta que, sobrecarregada, não dará espaço para o julgamento em um ano, como determina o § 9º. Havendo possibilidade, o julgamento deverá ocorrer, sujeito a sanções administrativas quem descumprir a regra. Uma outra sanção está no § 10: descumprido o prazo ânuo, desaparece *ex lege*, o sobrestamento e o processo retoma o seu curso, desenvolvendo-se de novo, a partir do momento da suspensão, como se ela não houvesse ocorrido.

O § 11 repete o § 7º do art. 543-A do Código anterior. A ementa é uma exposição concisa das razões pelas quais se entende que da decisão a ser proferida haverá repercussão, tal como a conceitua o § 1º do art. 1.035. Tal súmula valerá como acórdão para que se estabeleçam os limites da declaração, que pode dizer respeito a apenas uma parte do acórdão recorrido, assim inviabilizando o recurso na parte não abrangida pelo extravasamento.

SUBSEÇÃO II
DO JULGAMENTO DOS RECURSOS EXTRAORDINÁRIO E ESPECIAL REPETITIVOS
(ARTS. 1.036 A 1.041)

Art. 1.036. Sempre que houver multiplicidade de recursos extraordinários ou especiais com fundamento em idêntica questão de direito, haverá afetação para julgamento de acordo com as disposições desta Subseção, observado o disposto no Regimento Interno do Supremo Tribunal Federal e no do Superior Tribunal de Justiça.

§ 1º O presidente ou o vice-presidente de tribunal de justiça ou de tribunal regional federal selecionará 2 (dois) ou mais recursos representativos da controvérsia, que serão encaminhados ao Supremo Tribunal Federal ou ao Superior Tribunal de Justiça para fins de afetação, determinando a suspensão do trâmite de todos os processos pendentes, individuais ou coletivos, que tramitem no Estado ou na região, conforme o caso.

§ 2º O interessado pode requerer, ao presidente ou ao vice-presidente, que exclua da decisão de sobrestamento e inadmita o recurso especial ou o recurso extraordinário que tenha sido interposto intempestivamente, tendo o recorrente o prazo de 5 (cinco) dias para manifestar-se sobre esse requerimento.

§ 3º Da decisão que indeferir o requerimento referido no § 2º caberá apenas agravo interno.

§ 4º A escolha feita pelo presidente ou vice-presidente do tribunal de justiça ou do tribunal regional federal não vinculará o relator no tribunal superior, que poderá selecionar outros recursos representativos da controvérsia.

§ 5º O relator em tribunal superior também poderá selecionar 2 (dois) ou mais recursos representativos da controvérsia para julgamento da questão de direito independentemente da iniciativa do presidente ou do vice-presidente do tribunal de origem.

§ 6º Somente podem ser selecionados recursos admissíveis que contenham abrangente argumentação e discussão a respeito da questão a ser decidida.

Art. 1.037. Selecionados os recursos, o relator, no tribunal superior, constatando a presença do pressuposto do *caput* do art. 1.036, proferirá decisão de afetação, na qual:
    I – identificará com precisão a questão a ser submetida a julgamento;
    II – determinará a suspensão do processamento de todos os processos pendentes, individuais ou coletivos, que versem sobre a questão e tramitem no território nacional;
    III – poderá requisitar aos presidentes ou aos vice-presidentes dos tribunais de justiça ou dos tribunais regionais federais a remessa de um recurso representativo da controvérsia.

§ 1º Se, após receber os recursos selecionados pelo presidente ou pelo vice-presidente de tribunal de justiça ou de tribunal regional federal, não se proceder à afetação, o relator, no tribunal superior, comunicará o fato ao presidente ou ao vice-presidente que os houver enviado, para que seja revogada a decisão de suspensão referida no art. 1.036, § 1º.

§ 2º (Revogado)

§ 3º Havendo mais de uma afetação, será prevento o relator que primeiro tiver proferido a decisão a que se refere o inciso I do *caput*.

§ 4º Os recursos afetados deverão ser julgados no prazo de 1 (um) ano e terão preferência sobre os demais feitos, ressalvados os que envolvam réu preso e os pedidos de *habeas corpus*.

§ 5º (Revogado)

§ 6º Ocorrendo a hipótese do § 5º, é permitido a outro relator do respectivo tribunal superior afetar 2 (dois) ou mais recursos representativos da controvérsia na forma do art. 1.036.

§ 7º Quando os recursos requisitados na forma do inciso III do *caput* contiverem outras questões além daquela que é objeto da afetação, caberá ao tribunal decidir esta em primeiro lugar e depois as demais, em acórdão específico para cada processo.

§ 8º As partes deverão ser intimadas da decisão de suspensão de seu processo, a ser proferida pelo respectivo juiz ou relator quando informado da decisão a que se refere o inciso II do *caput*.

§ 9º Demonstrando distinção entre a questão a ser decidida no processo e aquela a ser julgada no recurso especial ou extraordinário afetado, a parte poderá requerer o prosseguimento do seu processo.

§ 10. O requerimento a que se refere o § 9º será dirigido:
    I – ao juiz, se o processo sobrestado estiver em primeiro grau;
    II – ao relator, se o processo sobrestado estiver no tribunal de origem;
    III – ao relator do acórdão recorrido, se for sobrestado recurso especial ou recurso extraordinário no tribunal de origem;
    IV – ao relator, no tribunal superior, de recurso especial ou de recurso extraordinário cujo processamento houver sido sobrestado.

§ 11. A outra parte deverá ser ouvida sobre o requerimento a que se refere o § 9º, no prazo de 5 (cinco) dias.

§ 12. Reconhecida a distinção no caso:
    I – dos incisos I, II e IV do § 10, o próprio juiz ou relator dará prosseguimento ao processo;

II – do inciso III do § 10, o relator comunicará a decisão ao presidente ou ao vice-presidente que houver determinado o sobrestamento, para que o recurso especial ou o recurso extraordinário seja encaminhado ao respectivo tribunal superior, na forma do art. 1.030, parágrafo único.

§ 13. Da decisão que resolver o requerimento a que se refere o § 9º caberá:

I – agravo de instrumento, se o processo estiver em primeiro grau;

II – agravo interno, se a decisão for de relator.

Art. 1.038. O relator poderá:

I – solicitar ou admitir manifestação de pessoas, órgãos ou entidades com interesse na controvérsia, considerando a relevância da matéria e consoante dispuser o regimento interno;

II – fixar data para, em audiência pública, ouvir depoimentos de pessoas com experiência e conhecimento na matéria, com a finalidade de instruir o procedimento;

III – requisitar informações aos tribunais inferiores a respeito da controvérsia e, cumprida a diligência, intimará o Ministério Público para manifestar-se.

§ 1º No caso do inciso III, os prazos respectivos são de 15 (quinze) dias, e os atos serão praticados, sempre que possível, por meio eletrônico.

§ 2º Transcorrido o prazo para o Ministério Público e remetida cópia do relatório aos demais ministros, haverá inclusão em pauta, devendo ocorrer o julgamento com preferência sobre os demais feitos, ressalvados os que envolvam réu preso e os pedidos de *habeas corpus*.

§ 3º O conteúdo do acórdão abrangerá a análise dos fundamentos relevantes da tese jurídica discutida.

Art. 1.039. Decididos os recursos afetados, os órgãos colegiados declararão prejudicados os demais recursos versando sobre idêntica controvérsia ou os decidirão aplicando a tese firmada.

Parágrafo único. Negada a existência de repercussão geral no recurso extraordinário afetado, serão considerados automaticamente inadmitidos os recursos extraordinários cujo processamento tenha sido sobrestado.

Art. 1.040. Publicado o acórdão paradigma:

I – o presidente ou o vice-presidente do tribunal de origem negará seguimento aos recursos especiais ou extraordinários sobrestados na origem, se o acórdão recorrido coincidir com a orientação do tribunal superior;

II – o órgão que proferiu o acórdão recorrido, na origem, reexaminará o processo de competência originária, a remessa necessária ou o recurso anteriormente julgado, se o acórdão recorrido contrariar a orientação do tribunal superior;

III – os processos suspensos em primeiro e segundo graus de jurisdição retomarão o curso para julgamento e aplicação da tese firmada pelo tribunal superior;

IV – se os recursos versarem sobre questão relativa a prestação de serviço público objeto de concessão, permissão ou autorização, o resultado do julgamento será comunicado ao órgão, ao ente ou à agência reguladora competente para fiscalização da efetiva aplicação, por parte dos entes sujeitos a regulação, da tese adotada.

§ 1º A parte poderá desistir da ação em curso no primeiro grau de jurisdição, antes de proferida a sentença, se a questão nela discutida for idêntica à resolvida pelo recurso representativo da controvérsia.

§ 2º Se a desistência ocorrer antes de oferecida contestação, a parte ficará isenta do pagamento de custas e de honorários de sucumbência.

§ 3º A desistência apresentada nos termos do § 1º independe de consentimento do réu, ainda que apresentada contestação.

Art. 1.041. Mantido o acórdão divergente pelo tribunal de origem, o recurso especial ou extraordinário será remetido ao respectivo tribunal superior, na forma do art. 1.036, § 1º.

§ 1º Realizado o juízo de retratação, com alteração do acórdão divergente, o tribunal de origem, se for o caso, decidirá as demais questões ainda não decididas cujo enfrentamento se tornou necessário em decorrência da alteração.

§ 2º Quando ocorrer a hipótese do inciso II do *caput* do art. 1.040 e o recurso versar sobre outras questões, caberá ao presidente ou ao vice-presidente do tribunal recorrido, depois do reexame pelo órgão de origem e independentemente de ratificação do recurso, sendo positivo o juízo de admissibilidade, determinar a remessa do recurso ao tribunal superior para julgamento das demais questões.

1. Observações. 2. Multiplicidade de Recursos. 3. Afetação. 4. Função do Relator. 5. Efeitos do Julgamento Repetitivo. 6. Consequências do Acórdão Paradigmático. 7. Manutenção do Acórdão Divergente.

1. Observações – Em seis longos artigos, desdobrados em muitos parágrafos e não poucos incisos (o art. 1.036 tem seis parágrafos; o 1.037, treze parágrafos, desdobrado o *caput* em três incisos, o § 10 em quatro incisos, o § 12 em dois, tal como o § 13), o novo Código regula o julgamento dos recursos especiais e extraordinários repetitivos, disciplinando as suas diferentes fases. Se se quisesse mostrar a utilidade desse procedimento, o que não cabe nestas notas, poder-se-ia lembrar que o julgamento de recursos que se repetem visa a evitar a aglomeração de recursos que discutem a mesma questão de direito, provocando a desnecessária reiteração da prestação jurisdicional, fenômeno que onera os tribunais, eleva sobremaneira o custo da jurisdição e retarda a tutela do direito dos jurisdicionados. A consulta à Revista Trimestral de Jurisprudência do Supremo Tribunal Federal mostra que, nas décadas dos anos sessenta e setenta, o STF julgou milhentos casos nos quais repetiu, exaustivamente, o entendimento, afinal condensado na Súmula nº 410, de que se presume a necessidade do pedido de despejo do imóvel, para uso próprio. Eis um exemplo eloquente da utilidade do instituto identificado pela expressão **recursos repetitivos**.

Os artigos que agora se examinam usam, várias vezes, o substantivo **afetação** e o verbo **afetar**, não porém no sentido de fingir, simular, lesar, afligir, com que aparecem no comum dos léxicos, mas na acepção de atribuir, separar e entregar.

2. Multiplicidade de Recursos – O art. 1.036 principia por enunciar o pressuposto do julgamento de recursos repetitivos: é a multiplicidade de recursos extraordinários, ou de recursos especiais cujo objeto é a mesma questão de direito. O artigo não especifica o que seja multiplicidade. Deve-se porém entender que o vocábulo indica vários recursos; mais de dois, nada obstando que baste a existência de dois que indiquem a futura multiplicação, como ocorrerá diante do advento de uma nova lei. A só perspectiva é suficiente, desde que fundada em situação palpável, não bastando a mera conjectura. A questão versada precisa envolver questão de direito concernente à incidência em aplicação de lei. A ocorrência de recursos fundados num fato, como acontecerá se se discutirem, por exemplo, os efeitos colaterais de certo medicamento, não consubstancia o pressuposto. A afetação para julgamento, mencionada no dispositivo, significa a entrega de mais de um recurso ao órgão competente para que ele dirima a questão de direito mediante julgado que a solucionará de modo a aplicá-la aos outros casos que tiverem por objeto questão jurídica idêntica. Não se irá aplicar a decisão mesma, transplantando-a de um processo para outro. Vai-se resolver do mesmo modo a questão jurídica, mediante decisão do mesmo conteúdo do paradigma. Assim, se, por hipótese, se fixar, no julgamento de recursos repetitivos, um termo inicial para a contagem de juros, esse será o critério a ser adotado nos demais casos (art. 1.039, q.v.).

3. Afetação – O § 1º do art. 1.036 trata da afetação pelo tribunal de justiça como pelo tribunal regional federal. Existindo aí recursos que versam a mesma questão de direito, o presidente, o vice, ou o juiz competente da Corte, seleciona dois recursos, que bem podem ser os únicos, e os envia, se especiais, ao Superior Tribunal de Justiça; se extraordinários, ao Supremo Tribunal Federal. Ainda de acordo com esse mesmo parágrafo, aquele magistrado determina a suspensão do curso de todos os processos pendentes, individuais ou coletivos, que versam a mesma matéria de direito. Essa determinação só se aplica no âmbito da jurisdição do tribunal estadual ou federal. A suspensão cessará uma vez julgados os recursos repetitivos e se procederá de acordo com esse julgamento.

Destina-se a afetação, bom é que se diga, ao julgamento da questão de direito, o qual será considerado parâmetro para os recursos pendentes, que versarem a mesma questão de direito.

As normas dos §§ 2º e 3º do art. 1.036 repetem os §§ 6º e 7º do art. 1.034.

O § 4º não vincula nem limita a atividade do relator, no tribunal a que o recurso é dirigido. Ele poderá indeferir a remessa, se entender que os recursos encaminhados não se prestam à finalidade indicada no art. 1.036. Nessa hipótese, devolverá os recursos ao tribunal remetente. Poderão também selecionar e avocar outros recursos representativos da controvérsia, interpostos naquele ou noutros tribunais. Assim dispõe o § 4º, que não impede o relator de proferir juízo negativo de admissibilidade dos recursos selecionados. Desnecessário dizer que a seleção a que se refere o § 1º do art. 1.036 faz presumir juízo positivo de admissibilidade do recurso, pois não caberia remeter aos tribunais superiores recursos que não satisfazem os respectivos requisitos. O § 5º, se não se confunde com o § 4º, o completa. Permite ao relator a quem se distribuem os recursos encaminhados, selecionar dois ou mais recursos, interpostos em quaisquer tribunais, independentemente do âmbito em que exercem a jurisdição. O § 6º fala na seleção de recursos admissíveis, isto é, que preencham os requisitos subjetivos e objetivos da admissibilidade. Condiciona também a seleção a recursos que apresentem "abrangente argumentação e discussão a respeito da questão a ser decidida". O parágrafo cria um requisito específico de admissibilidade do julgamento do recurso repetitivo. É preciso que, no juízo do relator, com a possibilidade de agravo interno, ao menos um dos recursos selecionados exponha a questão jurídica e apresente os argumentos quanto ao modo dela ser decidida. Convenha-se que esse parágrafo é expletivo.

Examinem-se agora as demais normas relativas à afetação e suas consequências.

Os arts. 1.037 e 1.038 são extensos, o primeiro com seus três incisos e treze parágrafos desdobrado o § 10 em quatro incisos, os §§ 12 e 13 em dois. Condescende-se, no entanto, com a observação de que a abundância de parágrafos e incisos de diferentes artigos dissimula a extensão do novo Código que com 1.072 artigos parece mais curto que o diploma anterior com 1.220 artigos. O CPC de 2015 é menor que o Código de 1973 apenas na aparência porque, no conteúdo, é mais extenso do que aquele, mesmo havendo suprimido as normas dos quase cem artigos disciplinadores do processo cautelar.

A decisão de afetação referida no *caput* e nos três incisos do art. 1.037 complementa o disposto nos artigos anteriores, determinando ao relator que identifique a instância jurídica a ser submetida a julgamento, com a finalidade de fazê-lo preciso; ordenando-lhe que determine a suspensão de todos os processos, não apenas os recursos, nos quais se discute, em qualquer parte do território nacional, e não mais no âmbito da jurisdição do tribunal remetente, a mesma questão jurídica, permitindo-lhe, ademais, requisitar, imperativamente, a todos ou alguns tribunais a remessa de um recurso representativo da controvérsia, o que lhe permitirá uma visão universal dos debates travados em torno da questão jurídica.

O § 1º do art. 1.037 cuida da hipótese em que, selecionados embora recursos, não se procede, por decisão do relator, ou do órgão competente para julgá-los, a afetação. Nesse caso, o relator comunica a decisão ao tribunal remetente, a fim de que se desfaça a ordem de suspensão para que o feito retome o seu curso. O § 2º enuncia regra lógica, proibitiva da decisão que exorbite da matéria para a qual se instituiu o procedimento. O § 3º torna prevento o relator que, em primeiro lugar, houver procedido à identificação de que trata o inciso I do *caput*. Remeter-se-ão ao relator assim prevento os recursos distribuídos a outros relatores. Os §§ 4º e 5º repetem os §§ 9º e 10 do art. 1.035, a cujas notas se remete. O § 6º não colide com o § 3º porque pressupõe a incidência do § 5º. Cessada a suspensão pela ocorrência ali prevista, desaparece a prevenção de que trata aquela norma. Assim, recebendo outros recursos repetitivos, outro relator pode proceder como se fosse o primitivo.

O § 7º remete ao inciso III do *caput* desse art. 1.037, conforme o qual o relator dos recursos repetitivos, no STF ou no STJ, poderá requisitar aos tribunais de justiça dos Estados e do Distrito Federal, bem como aos tribunais regionais federais a remessa de um recurso representativo da controvérsia, nada impedindo que solicite mais de um, como indica a oração temporal de abertura do § 7º, que fala em recursos, no plural. Esse parágrafo determina que, se os recursos, além da questão jurídica controvertida, suscitarem outras questões não alcançáveis pelo julgamento dos recursos repetitivos, essas questões sejam julgadas somente depois do julgamento do caso repetitivo. Assim ordena o parágrafo porque este julgamento pode tornar desnecessária a apreciação das outras questões. Não produzido esse efeito, essas questões serão julgadas, como se houvessem sido fundamento autônomo do recurso que pode ser, sob o ângulo delas, inadmitido, provido, ou desprovido. Destarte, se se recorrer suscitando-se uma questão jurídica controvertida e, além dela, outra, ou outras, não controvertidas, o tribunal julga aquela e, se o julgamento dela não prejudicar o julgamento das demais, julgará estas.

O § 8º está pessimamente redigido. Deve-se interpretar esse dispositivo no sentido de que, ordenada a suspensão do processamento, como previsto no inciso II do art. 1.037, o juiz do órgão da primeira instância, onde estiver o processo, ou o relator do recurso nele interposto, proferirá decisão ordenando a suspensão do feito específico. Genérica a decisão de que trata o inciso II, deve o juiz do processo paralisado ou o relator do recurso sobrestado, proferir decisão específica, determinando o sobrestamento do processo, ou do recurso que estiver dirigindo. Dessa decisão, e não da referida no inciso II, serão intimadas as partes do processo, ou os integrantes da relação recursal.

O § 9º permite que se a questão jurídica versada no recurso não tiver por objeto a questão controvertida, determinante do procedimento de recurso repetitivo, a parte, nesse substantivo compreendida a pessoa ativa e passivamente legitimada no recurso, poderá requerer o prosseguimento do seu processo. Noutras palavras, pode o recorrente ou o recorrido pedir que se exclua do procedimento dos recursos repetitivos o recurso que não couber na situação do art. 1.036 por não envolver questão de direito idêntica à que é objeto de outros recursos. De acordo com o § 10, o requerimento de exclusão será pedido ao juiz do processo sobrestado que ainda tramitar na primeira instância, ao relator do recurso no tribunal, ainda que haja necessidade de distribuí-lo para esse fim, ao relator do acórdão do qual se interpôs o recurso especial ou extraordinário sobrestado, ou ao relator, no STF ou no STJ, do recurso sobrestado. Assim dispõem os quatro incisos do § 10. Deferido o requerimento, cessa a suspensão e o recurso retoma o seu trajeto. Da decisão de deferimento do pedido caberá reclamação (art. 988, II). Do ato que decidir o pedido caberá agravo de instrumento, se proferida na primeira instância, ou agravo interno se na instância recursal. Consoante o § 11, obediente à prerrogativa constitucional do contraditório, tem que ser ouvida sobre o requerimento de exclusão a parte contrária à que postula o requerimento. Conforme o § 12, deferida a exclusão, o juiz perante cujo juízo tramitar o processo lhe dará segmento (incisos I, II e IV), ou o relator, se o processo estiver no tribunal, a comunicará ao magistrado que houver determinado a suspensão (presidente, vice, ou outro, conforme a norma de organização judiciária), para que tenha seguimento o recurso extraordinário, ou o especial sobrestado.

4. Função do Relator – Conforme o art. 1.038, o relator poderá solicitar, de ofício, ou admitir, manifestações sobre a matéria objeto do procedimento de recurso repetitivo. A pessoa que assim intervier atuará como *amicus curiae* (art. 138). Far-se-á audiência pública, na qual se ouvirão pessoas cujo depoimento possa contribuir para o adequado julgamento do recurso. Essas pessoas serão as que o relator admitir e prestarão esclarecimentos na audiência a realizar-se na data por ele fixada. Poderá também o relator requisitar informações aos tribunais inferiores sobre a controvérsia, não somente às cortes das quais houverem emanado a decisão, ou decisões recorridas. Sobre essas informações, o relator ouvirá o Ministério Público atuante no órgão competente para o julgamento (inciso III), nada obstante a que se peça também o pronunciamento dele sobre as manifestações de que tratam os incisos I e II. O MP sempre atuará como fiscal da lei, ainda que outro órgão da instituição seja o recorrente, hipótese em que atuarão no processo dois membros do órgão, um como parte, outro na condição de *custos legis*. Conforme o § 1º do artigo, o prazo para a manifestação dos tribunais (inciso III), a se prestarem, preferencialmente, por via eletrônica, será de quinze dias. De acordo com o § 2º, decorrido o prazo para a manifestação do Ministério Público, com ou sem ela, o relator, ministro do STJ, ou do STF, conforme o caso, remeterá cópia do relatório aos demais integrantes do órgão competente, para julgamento preferencial sobre os demais processos, salvo os que disserem respeito a réu preso, ou a *habeas corpus*.

5. Efeitos do Julgamento Repetitivo – A primeira parte do art. 1.039 manda julgar prejudicados os recursos idênticos aos julgados no procedimento de recursos repetitivos. Assim, para exemplificar, imagine-se a ocorrência de várias sentenças que, ao julgarem procedentes ações (*rectius*, pedidos) de cobrança de dívidas de certa natureza, hajam determinado o cômputo de juros a partir da citação. Várias apelações são interpostas, pedindo que se contem os juros a partir do inadimplemento. Duas das muitas apelações idênticas são selecionadas. No julgamento delas, decide-se que os juros se contam a partir do inadimplemento da obrigação de pagar, e não da citação para a ação de cobrança da dívida. Apelações idênticas serão julgadas prejudicadas porque a lei considera desnecessário o julgamento de cada uma delas. O acórdão proferido no procedimento de recurso repetitivo substitui a sentença impugnada pelo recurso sobrestado, como estabelece o art. 1.008. Para evitar a repetição de julgamentos idênticos é que se criou o procedimento de recursos repetitivos. O que neles se decidir aplica-se ao que se controverte nos recursos sobrestados, exatamente para se evitar os julgamentos deles com os ônus daí decorrentes. Julgar prejudicado significa, na verdade, não obstar ao julgamento do recurso, porém reputá-lo decidido. Em termos práticos, se juntará cópia do acórdão proferido no procedimento de recursos repetitivos aos autos físicos, nos quais se interpõe o recurso sobrestado, ou se acrescentará o acórdão aos autos eletrônicos. A primeira proposição do art. 1.039 diz que não se julgam recursos idênticos aos que foram decididos, aplicando-se àqueles o que nestes se julgou. Não importa que a decisão dada nos recursos repetitivos lhes dê ou negue provimento. Ela sempre se aplicará aos recursos sobrestados, que, na dicção do artigo, se considerarão prejudicados mas, na realidade, serão extintos pela superveniente perda do interesse recursal.

Deve-se interpretar a segunda parte do art. 1.039, no sentido de que a decisão dada no procedimento recursal repetitivo não torna prejudicados os recursos não idênticos, diferentes dos interpostos, mas deve ser considerada no julgamento deles. Voltando ao exemplo dado dir-se-á diferente a apelação de eventual sentença que, em circunstâncias iguais, haja determinado o cômputo dos juros a partir do inadimplemento. Apela-se, pedindo-se a reforma da sentença; pedindo-se a contagem a partir da citação. O tribunal não julgará prejudicado esse recurso, mas, considerando o que, no recurso repetitivo, se decidiu que os juros correm a partir do inadimplemento, negará provimento à apelação. Conclua-se então que se julgarão os recursos não idênticos, mas eles serão decididos mediante a aplicação do que no procedimento de recurso repetitivo se julgar.

A ação rescisória não é recurso. Por isto, não se pode fazer incidir no respectivo processo a que, quanto à questão jurídica nela versada, se decida sobre matéria idêntica em recurso repetitivo. Conseguintemente, não se pode usar o acórdão do recurso repetitivo, nem para extinguir o processo da ação rescisória sem julgamento do mérito, nem para acolher ou rejeitar o pedido do autor.

O parágrafo único do art. 1.039 é de fácil compreensão. A repercussão geral é pressuposto objetivo do recurso extraordinário (CF, art. 102, §3º). Sem ele, se julgará inadmissível esse recurso, proferindo-se, quanto a ele, juízo negativo de admissibilidade. Natural, então, que essa decisão se estenda a idênticos recursos extraordinários sobrestados. A inadmissibilidade deles será decretada no tribunal recorrido, pelo juiz competente para processar o recurso. O mesmo se aplica se houver sido interposto agravo de instrumento da decisão que indeferiu ou não admitiu recurso extraordinário.

6. Consequências do Acórdão Paradigmático – O art. 1.040 cuida do procedimento a ser adotado depois da publicação do acórdão paradigmático, ou do acórdão dos embargos declaratórios a ele opostos, se aquela publicação não houver ocorrido. Falando em **acórdão paradigma**, o *caput* adjetiva o aresto com um substantivo.

O inciso I enuncia regra exigida pela finalidade da instituição do procedimento de recursos repetitivos: não se nega seguimento aos recursos sobrestados no juízo ou tribunal de origem, se o acórdão (ou também decisão, no caso de recurso extraordinário) coincide com o que no recurso repetitivo se decidiu.

É deveras chocante e confuso o inciso II. Ele determina o reexame do processo de competência originária, a remessa necessária ou o recurso anteriormente julgado se o acórdão recorrido contrariar a orientação do Tribunal Superior. Essa orientação é a contida no acórdão proferido no procedimento de recurso repetitivo. Diante dele, conquanto já haja julgado o processo da sua competência originária, a remessa necessária, ou um recurso, o órgão que proferiu esse julgamento, num juízo de retratação obrigatório, proferirá novo julgamento para harmonizar a prestação jurisdicional com a decisão dada no recurso repetitivo. Muitas considerações poderiam ser feitas em torno do dispositivo, não refugissem elas do propósito deste livro. Esse reclame implicará um juízo de retratação porque o órgão que proferiu a decisão recorrida voltará a julgar, modificando o aresto que proferiu, que terminará desconstituído por essa figura nova, de parecença com a ação rescisória.

Outra coisa não diz o inciso III senão que os processos sobrestados serão novamente movimentados para que se profira julgamento, recursal ou não, tal como decidido no incidente de recursos repetitivos.

O inciso IV fala em serviço público, concessão, permissão, autorização, figuras que não são institutos processuais e, por isto, não foram definidas no texto, o que é correto. O inciso manda apenas que se comunique aos entes indicados o resultado do julgamento, não importa qual seja, mas sem os forçar à prática de atos harmônicos com a decisão, que não é obrigatória mas pode ter natureza suasória.

O § 1º dá à parte o direito de desistir da ação cujo processo, ainda sem sentença, tramite no primeiro grau. Essa desistência pode ocorrer se a decisão, dada no recurso repetitivo, for igual ou contrária à tese do autor da ação. Na primeira hipótese, o autor suporá que o réu condescende com essa pretensão. Na segunda, ele abdicará de sua pretensão, ciente da probabilidade de ela não ser acolhida. A desistência aplicada pelo inciso não exige o consentimento do réu, afastada, então, a incidência do § 4º do art. 485, como aliás, dispõe o § 3º do artigo ora anotado. O § 2º estimula a desistência, admitida pelo § 1º, eximindo o autor do pagamento de custas, por certo pendentes, e, curiosamente, de honorários de sucumbência que não terão sido fixados porque a sentença ainda não foi proferida. Se a desistência ocorrer depois da sentença, ela dependerá do consentimento do réu, aplicando-se, então, o § 4º do art. 485.

7. Manutenção do Acórdão Divergente – O art. 1.041 cuida da hipótese em que, deixando de adaptar a decisão recorrida ao julgamento dado ao procedimento de recursos repetitivos, o tribunal que a proferiu a mantenha. Nesse caso, o recurso extraordinário ou especial será remetido ao tribunal superior, que apreciará sua admissibilidade, julgando-lhe o mérito, depois do juízo positivo dela.

O § 1º determina que, alterado o acórdão do qual se interpôs o recurso, o órgão julgue as questões que hajam surgido em decorrência da modificação. O dispositivo não se ocupa das questões não decididas antes do acórdão recorrido que, quanto a estas, pode ter sido objeto de embargos declaratórios, ou de recurso.

O § 2º cuida da hipótese em que, como permite o inciso II do art. 1.040, o tribunal recorrido proferiu novo julgamento. Se essa reforma não houver coberto o recurso em toda a sua extensão, o tribunal recorrido determinará sua subida do recurso ao STJ ou STF, para julgamento das questões pendentes, o que ocorrerá depois de proferido juízo positivo de admissibilidade do recurso, do qual se excluirá a impugnação da parte alterada.

Resta concluir estas considerações com a nota de que, embora de improvável provimento, cabe recurso da decisão proferida em consonância com o julgamento do recurso repetitivo.

Seção III
Do Agravo em Recurso Especial e em Recurso Extraordinário
(art. 1.042)

Art. 1.042. Cabe agravo contra decisão do presidente ou do vice-presidente do tribunal recorrido que inadmitir recurso extraordinário ou recurso especial, salvo quando fundada na aplicação de entendimento firmado em regime de repercussão geral ou em julgamento de recursos repetitivos.

    I – (Revogado);
    II – (Revogado);
    III – (Revogado).
§ 1º (Revogado):
    I – (Revogado);
    II – (Revogado):
        a) (Revogada);
        b) (Revogada).
§ 2º A petição de agravo será dirigida ao presidente ou ao vice-presidente do tribunal de origem e independe do pagamento de custas e despesas postais, aplicando-se a ela o regime de repercussão geral e de recursos repetitivos, inclusive quanto à possibilidade de sobrestamento e do juízo de retratação.

§ 3º O agravado será intimado, de imediato, para oferecer resposta no prazo de 15 (quinze) dias.

§ 4º Após o prazo de resposta, não havendo retratação, o agravo será remetido ao tribunal superior competente.

§ 5º O agravo poderá ser julgado, conforme o caso, conjuntamente com o recurso especial ou extraordinário, assegurada, neste caso, sustentação oral, observando-se, ainda, o disposto no regimento interno do tribunal respectivo.

§ 6º Na hipótese de interposição conjunta de recursos extraordinário e especial, o agravante deverá interpor um agravo para cada recurso não admitido.

§ 7º Havendo apenas um agravo, o recurso será remetido ao tribunal competente, e, havendo interposição conjunta, os autos serão remetidos ao Superior Tribunal de Justiça.

§ 8º Concluído o julgamento do agravo pelo Superior Tribunal de Justiça e, se for o caso, do recurso especial, independentemente de pedido, os autos serão remetidos ao Supremo Tribunal Federal para apreciação do agravo a ele dirigido, salvo se estiver prejudicado.

1. Observações. 2. Cabimento do Agravo. 3. Procedimento

1. Observações – Na sistemática do Código de Processo Civil de 1973 o juízo de admissibilidade do recurso extraordinário e do recurso especial era do tribunal prolator da decisão recorrida (arts. 541 e 542 e § 1º), o art. 1.042 do novo Código repete o dispositivo anterior, estabelecendo que da decisão de indeferimento do recurso cabe agravo. O Código denomina esse recurso, simplesmente, **agravo**, sem qualquer adjunto, como acontece com o agravo de instrumento (art. 1.015) ou com o agravo interno (art. 1.021). Interposto e decorrido o prazo para a resposta, o agravo, salvo se houver retratação do indeferimento, será remetido ao tribunal superior competente. Assim dispõem os §§ 3º e 4º do artigo agora anotado, onde com apuro técnico o legislador substituiu o indigesto substantivo **contrarrazões** pelo vocábulo **resposta**.

2. Cabimento do Agravo – O prazo para a interposição do agravo regulado pelo art. 1.042 é de quinze dias (art. 1.003, § 5º), dispondo o agravado de igual tempo para responder o recurso (art. 1.042, § 3º).

O *caput* do artigo fala em presidente ou vice-presidente do tribunal, como se o Código de Processo Civil pudesse dispor sobre a organização judiciária das Cortes de Justiça. O art. 96, I, *a*, da Constituição Federal dá aos tribunais competência privativa para dispor, no seu regimento interno, sobre a competência e o funcionamento dos respectivos órgãos jurisdicionais. Bem pode acontecer, portanto, que o regimento interno de um tribunal atribua competência a outro dos juízes que o integram para os atos de que trata o artigo.

O inciso I do artigo dá esse agravo da decisão que indeferir o pedido de exclusão de que trata o § 6º do art. 1.035 e também da decisão, de igual natureza, prevista no § 2º do art. 1.036. Na verdade, esse inciso apenas repete o § 7º do art. 1.035 e o § 3º do art. 1.036.

O inciso II concede o agravo para impugnar a decisão do tribunal que indeferir o recurso extraordinário ou especial ali sobrestado se o acórdão recorrido coincidir com a orientação do tribunal superior (q.v.). Esse inciso torna o tribunal superior de onde proveio a decisão paradigmática o juízo competente para decidir, em última instância, a abrangência dela. Isto não aconteceria se não existisse o agravo, caso em que um tribunal julgaria com efeitos extravasantes e outro, inferior, delimitaria a incidência do mesmo artigo do julgado.

O inciso III permite a impugnação do despacho que indeferiu o recurso extraordinário com o fundamento de que o Supremo Tribunal Federal negou repercussão geral em caso idêntico. De novo, será da mais alta Corte o juízo final do alcance das suas decisões.

Cabe a observação de que, nos casos dos três incisos agora anotados não incide o parágrafo único do art. 1.030, já que eles preveem recurso de decisões consubstanciadoras de juízo negativo de admissibilidade.

3. Procedimento – O § 1º do art. 1.042 começa pela sanção para o descumprimento dos preceitos dos incisos I e II, *a* e *b*. Na hipótese do indeferimento, previsto no inciso I do *caput*, o agravante deve demonstrar, senão detalhadamente, com precisão, a intempestividade do recurso indeferido. No caso do inciso II do parágrafo, incumbe ao agravante mostrar que o caso versado no recurso indeferido é distinto do precedente invocado no despacho de indeferimento. Obviamente, não cabe o cumprimento de exigência do § 1º do art. 1.029. Basta comparar duas hipóteses, mediante a demonstração do que se decidiu numa e noutra. A distinção faz-se mediante o confronto entre a hipótese versada no acórdão do qual se interpôs o recurso indeferido e o acórdão no qual se baseou a decisão agravada para o indeferimento. De acordo com a alínea *a* a distinção deve ser demonstrada quando o indeferimento se fundar em acórdão resultante de recurso especial ou extraordinário repetitivo. Conforme a alínea *b*, deve-se demonstrar que o recurso extraordinário não visa à reforma de decisão idêntica àquela em que o Supremo decidiu pela falta de repercussão geral. O confronto dos julgados é indispensável.

O § 2º dispensa o agravo de preparo e manda que ele se dirija ao juiz do tribunal que proferiu a decisão de indeferimento. O § 3º concede ao agravado o prazo de quinze dias para responder o recurso.

O § 4º permite a retratação da decisão agravada pelo desembargador que a proferir, ou por outro, que seja competente nos termos da norma de organização judiciária. O agravo, portanto, é recurso reiterativo. O parágrafo não proíbe, explicitamente, o órgão agravado de proferir juízo negativo de admissibilidade. Entenda-se, porém, que o juízo negativo é inadmissível porque da decisão que o proferisse caberia novo agravo, o que criaria um círculo vicioso.

O § 5º pode ser resumido pela explicação de que o agravo pode ser julgado juntamente com o recurso indeferido, conquanto seja provido em decisão prévia à do recurso. A sustentação oral compreenderá as razões do agravo e do recurso, sendo possível a divisão do prazo dessas razões orais, tudo conforme o regimento interno do tribunal.

O § 6º também do art. 1.042 seria desnecessário. Ainda que, formalmente, seja um só o despacho de indeferimento dos dois recursos, na substância ele equivalerá à negativa de seguimento de cada recurso. Daí, exige o dispositivo a interposição de um agravo para cada indeferimento, impossível, por sinal, a interposição de um só recurso, já que são diferentes os tribunais que julgarão o recurso especial e o recurso extraordinário. Nada obsta ao provimento de um agravo e ao desprovimento do outro. O § 7º repete o procedimento de interposição conjunta dos dois recursos. Ocorrendo essa hipótese, remete-se primeiro ao STJ o agravo de indeferimento do recurso especial. Provido o agravo e julgado o recurso especial, como permite o § 5º, incidirá o § 1º do art. 1.031.

O § 8º do extenso art. 1.042 trata de diferentes situações. Concluído o julgamento do agravo pelo Superior Tribunal de Justiça e negado provimento a ele, os autos serão remetidos ao Supremo Tribunal Federal, para o julgamento do agravo da competência desta Corte. Se provido o agravo pelo STJ, será julgado o recurso indeferido. Provido este, os autos irão ao STF para julgamento do agravo a ele dirigido, a menos que o recurso extraordinário fique prejudicado (art. 1.031, § 1º). Nesta hipótese, o provimento do recurso especial pelo Superior Tribunal de Justiça constituirá também, só por si e implicitamente, um juízo negativo da admissibilidade do recurso extraordinário.

Seção IV

Dos Embargos de Divergência

(arts. 1.043 e 1.044)

Art. 1.043. É embargável o acórdão de órgão fracionário que:

I – em recurso extraordinário ou em recurso especial, divergir do julgamento de qualquer outro órgão do mesmo tribunal, sendo os acórdãos, embargado e paradigma, de mérito;

II – (Revogado);

III – em recurso extraordinário ou em recurso especial, divergir do julgamento de qualquer outro órgão do mesmo tribunal, sendo um acórdão de mérito e outro que não tenha conhecido do recurso, embora tenha apreciado a controvérsia;

IV – (Revogado).

§ 1º Poderão ser confrontadas teses jurídicas contidas em julgamentos de recursos e de ações de competência originária.

§ 2º A divergência que autoriza a interposição de embargos de divergência pode verificar-se na aplicação do direito material ou do direito processual.

§ 3º Cabem embargos de divergência quando o acórdão paradigma for da mesma turma que proferiu a decisão embargada, desde que sua composição tenha sofrido alteração em mais da metade de seus membros.

§ 4º O recorrente provará a divergência com certidão, cópia ou citação de repositório oficial ou credenciado de jurisprudência, inclusive em mídia eletrônica, onde foi publicado o acórdão divergente, ou com a reprodução de julgado disponível na rede mundial de computadores, indicando a respectiva fonte, e mencionará as circunstâncias que identificam ou assemelham os casos confrontados.

§ 5º (Revogado).

Art. 1.044. No recurso de embargos de divergência, será observado o procedimento estabelecido no regimento interno do respectivo tribunal superior.

§ 1º A interposição de embargos de divergência no Superior Tribunal de Justiça interrompe o prazo para interposição de recurso extraordinário por qualquer das partes.

§ 2º Se os embargos de divergência forem desprovidos ou não alterarem a conclusão do julgamento anterior, o recurso extraordinário interposto pela outra parte antes da publicação do julgamento dos embargos de divergência será processado e julgado independentemente de ratificação.

1. Observações. 2. Admissibilidade. 3. Casos Específicos. 4. Procedimento

1. Observações – O novo Código, ao contrário do anterior, reservou uma seção para a disciplina dos embargos de divergência, antes tratados apenas num artigo, o 546, inserto na Seção II do Capítulo V do Título X do Livro I, dedicado aos recursos extraordinário e especial. Sintético, o CPC de 1973 limitou-se, no *caput* desse artigo, e nos seus dois incisos, a criar o recurso e a determinar as hipóteses do seu cabimento. Dispôs também, no parágrafo único, que o procedimento dos embargos seria o estabelecido no regimento interno, óbvio que do tribunal competente para processar e julgar o recurso. Não assim na lei de 2015, cujo art. 1.043 enumera os casos em que se admitem os embargos, estabelecendo, nesse dispositivo e no seguinte, regras gerais de regência do recurso, mantendo contudo norma conforme a qual nele se observará o procedimento estabelecido nas regras regimentais (art. 1.044, *caput*). Vê-se, nos dois artigos integrantes da Seção, que os embargos entram na categoria dos recursos extraordinários, instituídos para assegurar a correta aplicação das normas de direito objetivo, conquanto também protejam os direitos das partes.

2. Admissibilidade – O *caput* do art. 1.043 diz embargável o acórdão de órgão fracionário, aludindo, assim, a órgãos específicos de um dos dois tribunais superiores, hoje turmas, seções, corte especial e pleno. Logo surge a questão de saber se são embargáveis os acórdãos do órgão mais alto do tribunal, se ocorrerem as hipóteses de qualquer dos quatro incisos do artigo. A resposta será afirmativa na eventualidade de algum caso em que se admita o julgamento do recurso extraordinário ou especial ou do processo de competência originária por um desses órgãos, corte especial no STJ; pleno, no STF. Admitem-se os embargos nos casos de divergência entre acórdão de órgão fracionário e a divisão mais alta do tribunal. Por igual, é de permitir-se a oposição dos embargos de divergência no caso inverso porque a finalidade do recurso é também uniformizar a jurisprudência. A oposição dos embargos, na hipótese de que se trata da divergência entre acórdão do órgão superior e do inferior permite a retratação deste, ocorrendo, então o caso de recurso reiterativo, nada desconhecida do Direito Processual positivo, como se vê no § 1º do art. 1.018 e no § 4º do art. 1.042.

Resta saber se cabem os embargos contra acórdão do mesmo órgão, proferido com outra composição majoritária, como já se decidiu. A resposta deveria ser negativa pois a divergência ocorre sempre entre acórdãos cada qual de um órgão do qual emanou a decisão; não dos seus juízes. O novo Código, entretanto, seguiu decisões proferidas sob a égide do diploma anterior, quando dispôs, no § 3º do art. 1.043, que cabem os embargos de divergência quando o acórdão paradigma houver sido emanado do mesmo órgão que proferiu o acórdão embargado, desde que a composição deste tenha sofrido alteração em mais da metade de seus membros. Portanto, o parágrafo considera diverso do órgão que proferiu o acórdão embargado o órgão do tribunal que, havendo proferido o acórdão paradigma, teve a sua composição majoritariamente alterada.

3. Casos Específicos – Da leitura dos três primeiros incisos do art. 1.043, conclui-se que só se admitem os embargos de acórdãos proferidos em recurso extraordinário e recurso especial. O *caput* é claro no particular. O inciso IV, entretanto, concede os embargos nos processos de competência originária.

Embora o relator aja como representante do órgão competente, não cabem os embargos nos casos dos incs. III e IV do art. 932 porque o recurso de decisão do relator será o de agravo interno (art. 1.021). Do acórdão proferido nesse agravo, caberão os embargos de divergência, se o aresto confirmar decisão equivalente ao acórdão embargável. Não faria sentido admitir embargos de certo acórdão divergente de outro e cortar cerce os embargos de divergência a acórdão do qual eles seriam admissíveis, se não houvesse o ato de indeferimento. Acrescente-se que os embargos de divergência não se admitem de acórdão que houver julgado agravo interno, fora da hipótese aqui levantada.

Compreenda-se o inciso I do art. 1.043, no sentido de que só cabem embargos de divergência se o acórdão embargado for de mérito, assim entendido não o mérito do recurso julgado por essa decisão, mas o mérito da ação. De mérito devem ser o acórdão embargado e o paradigma, nada importando se o acórdão embargado julgou, parcialmente, o mérito da ação, naqueles casos em que a prestação jurisdicional se proferiu em mais de um capítulo. Desnecessário dizer que o acórdão embargado tem que ser de mérito, proferido em recurso especial ou extraordinário, podendo o paradigma, contanto que de mérito, ter emanado de órgão diferente do que proferiu o acórdão recorrido. Consequentemente, caberá os embargos de divergência, quando o dissídio se der entre o acórdão de uma turma e outro, de uma seção ou do pleno, ainda que este não se haja proferido em recurso especial ou extraordinário, como acontecerá se emanar de embargos de divergência ou embargos de declaração com efeitos infringentes.

O inciso II não cai longe do I. Esse item admite os embargos, quando a divergência entre o acórdão embargado e o paradigma versar juízo de admissibilidade, negativo ou positivo. Será necessário, porém, que o juízo negativo da admissibilidade haja sido proferido em recurso interposto do acórdão de mérito. Providos os embargos, se julgará o recurso não admitido pelo acórdão embargado.

O inciso III permite a oposição de embargos, quando a divergência se der em acórdão de mérito, proferido em recurso especial, ou extraordinário e acórdão que houver proferido apenas juízo de admissibilidade. Assim, por exemplo, se o acórdão recorrido que houver julgado o mérito da ação, proferindo juízo implícito ou explícito de admissibilidade, pode o vencido embargar esse julgado, dando como divergente de outro que, em hipótese análoga, proferiu juízo negativo de admissibilidade.

O § 1º admite embargos de divergência quando o acórdão embargado e o paradigma houverem divergido na adoção de teses jurídicas antagônicas, pouco importando a coincidência de dispositivos. A norma atende a finalidade dos embargos de divergência, que é a formação da jurisprudência, mesmo quanto a teses sobre as quais se pronunciaram os acórdãos divergente e divergido.

O § 5º do art. 1.043 proíbe o tribunal de proferir juízo negativo de admissibilidade dos embargos (daí a oração "inadmitiu o recurso"), afirmando apenas a diferença de circunstâncias fáticas. Para proferir decisão negativa de admissibilidade afirmando que não ocorrem as hipóteses de incidência de qualquer dos quatro incisos do artigo, o órgão julgador dos embargos de divergência deverá demonstrar, cumpridamente, a diferença entre o acórdão embargado e o paradigmático.

A oração concessiva que conclui o inciso III, tem sabor expletivo porque inclui no elenco dos arestos suscetíveis de embargos o acórdão que haja acrescido a controvérsia, sem contudo julgá-la, diante do óbice criado pelo juízo negativo de admissibilidade.

O inciso IV inclui, dentre os acórdãos embargáveis, os proferidos nos processos da competência originária do tribunal que o proferiu, não da competência originária de outro tribunal, julgado em recurso extraordinário ou especial. O acórdão embargado pode ter julgado o mérito da ação, ou se cingido a um juízo negativo de admissibilidade, já que não consta do item a limitação que se encontra no inciso I.

Se se permite uma opinião, posto que exorbitante do objeto deste livro, poderia dizer-se que melhor teria agido o legislador, se houvesse repetido a norma do parágrafo único do art. 546 do Código anterior, que deixou o procedimento dos embargos de divergência ao regimento interno dos tribunais.

4. Procedimento – O Código regula, em parte, o procedimento dos embargos, que seguirá as normas procedimentais constantes da seção IV e, como está no *caput* do art. 1.044, as regras do regimento interno do STF, ou do STJ.

A norma do § 4º do art. 1.043 coincide com o que foi posto no § 1º do art. 1.029 (*quod vide*).

O § 1º do art. 1.044 dispõe que a interposição (*rectius*, a oposição) dos embargos de divergência, no Superior Tribunal de Justiça, interrompe o prazo para a interposição de recurso extraordinário por qualquer das partes. A interposição não suspende o prazo, porém o interrompe. Assim, ele começa a correr por inteiro, depois de publicado o acórdão proferido nos embargos de divergência. *Mutatis mutandis*, a norma é idêntica à da última proposição do art. 1.026 e do art. 538, *caput*, do CPC de 1973. Aliás, opostos embargos de declaração ao acórdão de julgamento dos embargos de divergência o prazo para o recurso extraordinário só começa a correr depois da publicação do acórdão que julgar os declaratórios, ou os novos embargos a este opostos.

O § 2º do art. 1.044 corrige defeito da jurisprudência que exige ratificação do recurso interposto antes do julgamento dos embargos de declaração. Negado provimento aos embargos declaratórios, ou proferido juízo negativo de admissibilidade deles, o recurso interposto antes desses embargos subsiste. Exigir a ratificação dele, não prevista na lei, nem por ela determinada, significa ordenar a interposição de outro recurso, com o abandono do recurso antes manifestado, o que, em última análise, viola o inciso LV do art. 5º da Constituição Federal que garante às pessoas o direito ao recurso estabelecido na lei. A exigência de ratificação é regra jurisprudencial, destinada a diminuir a carga formidável de processos que assoberbam os tribunais, mas encontra inafastável obstáculo na lei e nos princípios.

Impressão e acabamento:

Grupo SmartPrinter
Soluções em impressão